1985-2020

文化研究的自觉

文化理论与批评编年文集

单世联　著

辽宁人民出版社

© 单世联　2021

图书在版编目（ＣＩＰ）数据

文化研究的自觉：文化理论与批评编年文集/
单世联著. — 沈阳：辽宁人民出版社，2021.1
ISBN 978-7-205-10044-5

Ⅰ．①文… Ⅱ．①单… Ⅲ．①文化理论－文集
Ⅳ.①G0-53

中国版本图书馆CIP数据核字(2020)第240896号

出版发行：辽宁人民出版社
　　　　　地址：沈阳市和平区十一纬路25号　邮编：110003
　　　　　http://www.lnpph.com.cn
印　　刷：辽宁新华印务有限公司
幅面尺寸：170mm×240mm
印　　张：30
字　　数：471千字
出版时间：2021年1月第1版
印刷时间：2021年1月第1次印刷
责任编辑：娄　瓴　贾　勇
装帧设计：野子书衣
责任校对：吴艳杰
书　　号：ISBN 978-7-205-10044-5

定　　价：118.00元

序

———

应梁由之先生之约，我在清明时节的纷纷春雨中编选了这本文集。我写的文章一般都比较长，每年一篇的体例导致篇幅太大，故所选多为短篇评论或长篇论文的一节；为避免论域过于广泛，所选多为文化理论和批评类文字，且以符合目前的气氛和规范为标准。在统一格式的同时，也有修改补充。旧作重理，我从中认出了 30 多年来学、思、写的主要方向：文化研究的自觉。这里所说的文化研究不是英国式的 Cultural Studies，而是一般意义上的以"文化"为对象的学术研究，更具体地说，是文化理论研究，即对文化世界理、事、情的研究。我这样的理解，源于清人叶燮。他在《原诗·内篇》中说："自开辟以来，天地之大，古今之变，万汇之赜，日星河岳，赋物象形，兵刑礼乐，饮食男女，于以发为文章，形为诗赋，其道万千，余得以三语蔽之：曰理、曰事、曰情，不出乎此而已。"天地万物"发为文章，形为诗赋"就是文化，文化世界所由之"道"就是"理、事、情"。作为对文化之"道"的研究，"文化理论"就是对文化之理、事、情的研究。

我在 1985 年开始发表论文时，还没有现在所要求的专业约束、学科规范，读书写作至少在选题上可以自主选择。尤其是我长期在文联、社会科学院系统工作，那时对工作的评价和科研成绩的认定，并非现在高校中通行的根据发表、课题、经费、奖项等算分的方式，那时也没有核心期刊一说，一些没有级别的报刊影响也很大，我因此享受了一点自由抒写的愉悦。当然也付出了代价，这就是没有学科归属，难得身份标识和学术地位。而且因范围广泛，需要投入的时间精力也就更多，读写如同苦役，没完没了。2000 年前后十多年中，经常出现的情形是，如果第二天早上要出差，前一个晚上基本上不睡觉，因为次日可以在车（机）上睡。在散漫的读写实践中，我大体也有几个阶段性中心议题，如红学、美学、文化思想史以及 20 世纪激进政治文化实验的研究（集中在纳粹研究上）。我之关注文化问题，首先是源于 20 世纪 90 年代初对中外文化思想的研究，然后是 2000 年后参与地方文化产业发展调研，三是 2009 年进入高校后把自己的读写范围明确为"文化理论与文化思想"。按照我的理解，在现代学术思想中，与"文化"直接相关的主要有四个传统：始于 17 世纪维柯（Giovanni Battista Vico）的"文化哲学"；源于 18 世纪卢梭（Jean-Jacques Rousseau）的"文化批判"；19 世纪末以来人类学 – 社会学中的"文化科学"；因伯明翰学派而成形的"文化研究"。所有这些，在目前以"学科建设"为中心的学术体制中似乎找不到恰当的位置。1990 年前后就有人提议设置"文化学"学科，最近十多年也有众多学者呼吁为"文化管理"进行学科正名，但迄今为止，它依然"妾身未明"。以"文化研究"为例，尽管它自 20 世纪 90 年代以来已成为显赫的全球性学术思潮和知识领域，但至今它也未能为自己提供一个清晰的形象和稳定的构架。至于我关注的"文化理论"，虽接近哲学或勉强被纳入哲学，但显然也是哲学中的边缘领域。与学科地位稳固的中（中国哲学）、西（西方哲学）、马（马克思主义哲学）、真（逻辑学与认知科学）、善（伦理学、道德哲学）、美（美学）等相比，文化理论只能被放在哲学学科中的"其他"之中。这种状况，至少在目前还看不到改变的希望。一方面，学科划分有时并不是研究客体而是学科实践的产物，它更多反映了文化的、社会的和体制的需要。学科研究要求追问某些特定的问题，要求对已经构成现行专业的极少几个问题进行持续的关注，要求采用某类特定的术语和研究相对狭隘的某一系列事件。这样做的结果之一是使知识分子成为"专家"而与其他公共领域相脱离，把更多的人排除在外，或使之边缘化。学科的特性就在于它有标准化和等级化、同化与异化的双重特性，它可能支持、强化不平等的文化关系。要在现有学科体制中新列一门，显然要改变现代的文化权力结构。另一方面，在西方世界，从 19 世纪的"文化批判"到当代的"文化研究"，一直就具有"反学科"的意向。"文化批判"不属于哪个学科，从事文化批判的是作家、哲学家、宗教家、社会理论家、政治学家、人类学家等，他们在从事自己的专业之外，还希望通过"文化批判"的方式表达自己的文化关怀和政治态度。除了记者和业余作者，没有人想把"文化批判"变成自己的专业。同样，"文化研究"也不属于某一学科。狭义的"文化研究"（cultural studies）是指 20 世纪 70 年代以后以伯明翰大学"当代文化研究中心"为代表的英国学者的研究取向及其全球影响；广义的"文化研究"（the study of culture）是包含了许多传统、理论和方法的有关文化的种种研究，举凡电影、广告、时尚、购物商城、阶级和性别、玩具、身体、身份认同、公民性、全球经济力量、城市贫民、消费、寡妇殉葬、黑人政治、同性恋、地理政治等都是它的研究对象；马克思主义、民族主义、女性主义、结构主义、解构主义、后现代主义、新历史主义、后殖民主义等各种主义和理论都介入其中；经济学、政治学、文学、社会学、教育学、法学、人类学、媒体与传播研究、语言学和历史学等若干学科和专业都与之直接或间接地有关。文化研究关注一切有意义的事物，关注通常与权力关系有联系的现象、事件与产品，不但很难算作某一学科，甚至它自觉地以"后学科""反学科"自居。就中国情况而言，文化理论已经成为学术领域的显学之一，"文化研究"实际上也已进入高等教育系统，与文化相关的研究不但与经济社会密切相关，而且积极配合国家政策（比如"一带一路"倡议实施后"文化专家"们争先恐后地表态），但它在现行学科体制中始终处于游离状态，在政策、资源、评价标准都按照"学科"来进行的学术体制中，当然非常不利。目前一般的理解是，把"文化"研究或与文化相关的研究理解为"跨学科"——其实还是"无学科"，所以尽管我始终认为文化管理类研究教学大有可为，我自己所理解、所探索的"文化理论"也非常重要，但我明白，仍然得为此付出代价。

过去的 30 多年，我们的社会环境发生了天翻地覆的变化。尽管晚清以来中国一直在进行着艰难的转型，但只是这 30 多年中，现代性甚至后现代的诸种要素才真正全面进入我们的生活。遭遇经济社会、政治文化、生活方式、技术手段的深刻变化，这是我们的幸运，也是我们的压力。1985 年，正是"文化热"，以现代化为标准批判性研究中国传统文化是一个主题。我们这一代人都读过叶剑英的词句"追科学，西方世界鞭先着"，也记得毛泽东的"开除球籍"的预警。"西方"和"现代"是能唤起热烈想象的概念，其时的代表作就是电视政论片《河殇》。也就是这 30 多年，中国经济社会发展迅速，现在已经跃升全球第二大经济体。如果说从"五四"到"八十年代"是因为积弱积贫而激愤地否定传统的话，那么现在似乎又因为经济增长而涌动着自我肯定的冲动。一方面是在提升"软实力"的口号下，从上到下都在倡导传统文化；另一方面是在发展文化产业的逻辑中发掘各类历史资源，与此相应的是学术界建立中国文化主体性的呼声和遍及社会生活的所谓"国学"的兴起。季羡林先生曾经有过并无多少学术和历史根据的"三十年河东，三十年河西"之说，当时并未受到学术界的认真对待。现在看来，此说倒是预告了这几年的文化心理。至于，我们应当如何秉持"五四"以来对传统伦理的合理批判，今天在发扬传统的同时应当如何防止传统顽疾和污垢的沉渣泛起，应当如何评估鲁迅所说的"孔夫子之在中国，是权势者们捧起来的"观点，那是另外一些问题。我只是想说，在这30多年中，中国传统文化确实有"时来运转"甚至"唯我独尊"的势头。因"文明冲突论"而广为国人所知的亨廷顿（Samuel Huntington）有一个观点：非西方国家现代化过程是一根曲线。"原先，西方化与现代化密切相联，非西方社会吸收了西方文化相当多的因素，并在走向现代化中取得了缓慢的进展。然而，当现代化进度加快时，西方化的比率下降了，本土文化获得了复兴，于是进一步的现代化改变了西方社会与非西方社会之间的文化均势，加强了对本土文化的信奉。"[1]三十多年来的文化演变表明，现代化导致的是中国文化的复兴而不是中国的西方化，现代化的中国正在弱化西方的影响力，更加现代化与更少西方化可以是同一个过程。这样说，不应当导向对西方现代性的粗暴拒绝或简单超越。在全球文化深入交流互动的时代，即使是本源性、悠久性的中国文明，也绝非早先的历史文献、经典书籍中所描绘的那种"纯粹"的本土"华夏文明"了。目前所说的"中国文化"已经是包含了无数变迁、调适并吸收了许多外来文化因素的复杂整体，我们必须改变那种本质化的、固定化的思维方式，以一种动态的、综合的方法，来看待和理解中国文化以及中国文化与其他文化和文明之间的关系。同样，文化领域充满政治斗争和意识形态对抗，但文化毕竟还有共享的意义、性质和效果，还有普遍性的形式和美感。把一切外来的文化观念、产品政治化、他者化，是已经过时的冷战思维。尤其值得注意的是，非西方世界反西方的话语和理念，往往来自西方文化内部的异端，以之来叙述中国传统并批判西方，其实是一种不折不扣的文化殖民。总之，三十多年的文化经验和实践提出了太多的问题，我所做的工作，大体就是对这个时代变迁的一种学习、一种理解。这个过程还将继续下去。

还有下一个三十年吗？记得费孝通先生在一篇文章中说，人过八十来回顾自己的过去，心情是轻松的，因为到这个年纪已经无法改变自己了。依此推论，对于像我这样五十多岁的人，回首过去是不轻松的，因为我们还有一点继续进步、甚至改变自己的可能。顺着此前的思路和惯性，我想做的是文化伦理问题：文化在什么意

---

1 ［美］塞缪尔·亨廷顿：《文明的冲突与世界秩序的重建》（1996），周琪等译，北京：新华出版社1998年版，第67—68页。

义上塑造着人性和社会？这里所说的文化，当然是指狭义的文化艺术产品和服务。至少在沿海地区和大中城市，只要我们的经济社会还能顺利发展，我们的生活就会越来越富足，所享受的文化艺术也越来越丰富，但我们的生活是否就一定日益美好值得向往，每个人能否像马克思所说的那样"自由全面地发展"，还有待我们争取。最近发生在山东聊城的"辱母案"表明，人性中邪恶的一面依然顽固，而"毒牛奶"的一再出现，也说明还有企业把赢利置于生命之上。改变这一现状，需要多方面的努力，文化显然是一个方面。美国学者斯蒂芬·平克（Steven Pinker）认为，18世纪西方的人道主义革命的主要动力，是因阅读而来的移情的扩展。阅读是一种转换视角的技巧和行为，在阅读他人的文字时，人们走进另一个人的心灵，暂时分享他（她）对世界的感受、态度和反应。对别人观点的这种接受，不但可以改变一个人的成见，理解到"他人"不一定是邪恶的威胁，而且可以帮助人们养成代入别人观点的习惯，形成心理共性和普遍人性的观念，最终减少对他人的敌意和残酷虐杀的意愿。因此"道德并不是一套由充满复仇的神任意制定再写在纸上的规则，也不是某一文化或某一部落的习俗，它是人们视角的可相互置换性和世界给予正和博弈的机会共同产生的结果"[1]。此论并不是说，仅仅阅读、移情就可以减少暴力，因为还有世界能否给予"正和博弈机会"的制度性问题。但平克确实分析、强调了阅读、移情所带来的"视角的可相互转换性"在人性化过程中的重要性。这是当然的，文化史已一再证实了这一点。但同时我们也看到，纳粹大屠杀中一些凶手尽管拥有文化修养和阅读生活，但他们并没有将其同情移到其施害者身上。这一点，我在《黑暗时刻：希特勒、大屠杀与纳粹文化》一书已有介绍和分析。我当然不是说，文化没有发挥道德教育的作用、没有产生良好的社会效益，但在文化与"做一个好人"、建设一个"美好社会"之间，究竟有些什么样的关联，迄今还没有充分的解释和说明。现在全球范围内都在发展文化产业，但其中的若干文化产品甚至直接就是资本与权力的衍生物。在这种情况下，我们不能不严肃地关注文化伦理问题。当代文化面临着伦理、权力与资本之间的博弈，其后果关系到我们能否"做一个好人"、能否建设一个"美好社会"的大事。中国文化应当在这一方面大有作为，中国学者应当在这

1　[美]斯蒂芬·平克：《人性中的善良天使——暴力为什么会减少》（2011），安雯译，中信出版社2015年版，第219页。

个论域有所贡献。

编选此书，伴随的是对岁月流逝的悚惧——"啊！使人悔恨的过去！啊！如果每个人能／回转时间的车辙再做一次做过的事！／可爱的辰光都已流入不返的昨日。"（吴兴华）纵横书海遣华年，最记夜深灯残时。过去的时间基本没有浪费，但理想的读写生活似乎还没有开始，而生命的老年已蠕蠕而来，似乎"兴未尽"而"悲已来"。1994年采访庞朴先生时，他说他的人生计划是在70岁前完成或结束所有的学术工作。确实，70岁之后还保持着创造力，甚至像周有光先生那样百岁之后还神清智明的，毕竟是极少数人。老大伤悲没有必要，老大之后仍"志在千里"的只属于豪杰，像朱光潜80岁翻译《新科学》，冯友兰80岁写作《中国哲学史新编》等。对于像我这样的普通人来说，做一天和尚撞一天钟，自觉地把文化理论研究坚持下去并在此基础上推动中国"文化管理"学科的建设，是可能的，也是应该的。

写作《叔本华美学中的"理念"》时，我还是一个学生。现在编这本书时，我的孩子单成之已经是高中二年级的学生了。就是在我编选本书的同时，他写了一首词：

木兰花慢·清明感怀

叹独居瑟索，甚孤零，梦啼莺。正风暖天和，晴云爽气，谁记清明？多心，到处笑靥，怅疏烟何处惹愁情。悠悠无言永日，归来雨瘗花铭。

殷勤，靓状踏青，身袅袅，态娉婷。觑路旁老叟，焚香上火，追荐亡灵。伤情，谢公北征，但烈烈此魄古同今。难挤桃源去路，换得夜夜沉吟。

单世联

2017年4月10日在上海交通大学

本书三年前编成后，未能及时出版。根据由之先生的建议，我又补充了近三年的文章，交由辽宁人民出版社出版。

——2020年6月12日又记

目 录

——

1985_年

叔本华美学中的"理念"

　　本文完成于 1985 年 1 月 7 日，是我公开发表的第一篇文章，其时我在中山大学中文系读文艺学专业美学方向研究生。我之关注叔本华，源于对王国维的爱好。1982 年商务印书馆出版了石冲白先生翻译的《作为意志和表象的世界》一书，我反反复复读了大半年，结果就是本文与另一篇《天才即疯子》（1997 年发表于《广州文艺》）。1986 年下半年，我又写了一篇更长的《叔本华美学的悲观主义》，后来的著述中也常常涉及叔本华。本文对唯心主义的评论，是当时的大气候使然。我清晰记得，1986 年夏天，在广州文德路 79 号三楼的办公室里，时为《羊城晚报》记者的吴其琅女士，对我们侃侃而谈参加北京一个会议的见闻：XXX（文宣系统的领导人）说：唯心主义也不全是坏的。在当时，这属于思想解放、观念更新之论。而在此之前的几十年中，"唯心主义"基本等同于政治上的反动，唯物与唯心之争被认为是哲学史的主题。改革以后中国人文学术的起点之一，就是对这个公式的质疑。

德国哲学家阿图尔·叔本华（Arthur Schopenhauer，1788—1860），是唯意志论哲学的先驱和主要代表。他的美学思想，发挥了康德的美学思想，以其悲观主义的特征，在西方现代艺术中留下了深刻印记。作为批判研究的开始，本文拟就叔本华美学中的"理念"问题作一考察，不当之处，欢迎批评。

一、"理念"作为"意志"的客体化

意志—理念—表象是叔本华哲学的基本构架。在他的主要哲学著作《作为意志和表象的世界》中，叔本华多次批评从客体出发的唯物论和从主体出发的唯心论，认为它们都是由于理性的迷误，甚至误解理性自身的迷误而产生的，而他自己则"既未从客体，也未从主体，而是从表象出发的"[1]。"表象"是什么？为什么从表象出发就可以超越主体和客体呢？叔本华认为："表象是意识上最初的意识，表象的第一个本质上所有的基本形式就是客体主体的对立。"主体和客体既相对立又相依赖呈现表现中，从表象出发，就避免了唯物论和唯心论的错误。这是叔本华颇为自诩的观点。然而实际上，如恩格斯说关于思维和存在的关系这一哲学上的根本问题，是任何哲学家也不可避免的。叔本华在该书开篇第一句说的"世界是我的表象"，不过是思维决定存在、主体产生客体的另一种说法，"也就是说这世界的存在完全只是就它对一个其他事物的，一个进行'表象者'的关系来说的"。这"表象者"是指人作为认识的主体，而不是作为被认识的客体，客观世界只是相对于这个主观意识而存在。这是典型的主观唯心主义。如同叔本华自己所说，贝克莱（George Berkeley）主教是第一个说出这话的人，他本人不过是把这并不新颖的"真理"重复一下而已。

然而，叔本华又一再声称，说"世界是我的表象"，这只是"从世界的一个方面来说的，它还不是世界的全部"。至于这一考察，虽无损其为真理，究竟是片面的，从而也是由于某种任意的抽象作用引出来的。叔本华激赏康德区分世界为物自体和想象的做法，只是不满意康德把"物自体"看成是独立于人的客观存在，换句话说，认为康德的物自体学说还不够唯心。从考察人出发，叔本

1　[德]叔本华：《作为意志和表象的世界》(1819)，石冲白译，商务印书馆1982年版，下引此书，不再另注。

华认为人的身体对于认识着的主体而言，和其他事物一样是表象；但另一方面，人的任何意志活动都要在身体方面表现出来，身体运动不过是意志活动的"可见性"。这"可见性"和意志是一回事，当它呈现给认识的主体时，就成为表象，"可以说整个身体不是别的，而是客观化了的，即已成为表象的意志"。推而广之，整个世界都是这样。不承认这一点，就是只承认主观个体而否定外在现象的"自我主义"即主观唯心主义。"唯有这样运用反省思维，才使我们不致再停留于现象，才使我们超过现象直达自在之物。现象就叫作表象，再不是别的什么。""一切客体，都是现象。唯有意志是自在之物。"这种意志，已不再是某个具体人的意志，作为先天的自在之物，作为整个世界的真正本体，它是一种自发盲目、永无止境的冲动和欲求，求得生存是其出发点，因而也可以说是生活意志，它在逻辑上先于世界上任何具体存在，可见，在宇宙本体问题上，叔本华把意志从人类整个活动中抽取出来，竭力夸大它的作用，然后把意志实体化，并注入非理性因素，使之取代康德的物自体而成为整个宇宙的本质，决定一切，牢笼万物，这又成了客观唯心主义。

意志是世界的本质，大千世界的万事万物都是意志的客体化。但客体世界有无穷的等级和种类，"有如最微弱的晨曦或薄暮和最强烈的日光之间的无限级别一样，有如最高声音和最微弱的尾声之间的无限级别一样"。这不同的级别，叔本华借用柏拉图的语言，称为"理念"。"'意志客体化'的这些级别不是别的，而就是柏拉图的那些理念。""我对理念的体会是：理念就是意志的客体化每一固定不变的级别。"在意志和表象之间加上理念，把独立自在、混沌未分的意志具体化，并通过具体化企图解释客观世界的无限多样性、丰富性，这是叔本华的独特之处。

对于理念，叔本华有好多说明，冗长而繁复，我们只有把它放在整个唯意志论的哲学体系中，才能明了。具体说来：第一，对于意志而言，理念是"自在之物的直接的，因而也是恰如其分的客体性"。叔本华反对康德自在之物为客体，而认为只有自在之物客体化的理念才是客体。理念和意志的基本不同也在这里。本来，按哲学史家梯利（Frank Thily）的解释，理念在柏拉图那里，"是实体，是实在或实质的模式，即万物原始、永恒和超越的原型，先于、脱离和独立于事物而存在"[1]。叔本华就抓住理念是客体又非具体事务的特点，把它镶嵌在意志和表象之间，是意志客体化的不同级别，成为由意志到表象必不可少的中介。每类事物都有一个理念，最低一级是普通的自然力，逐步上升到植物、动物，人是意志客体化的最高级别，即所有理念中的最高理念，它们都直接表现为意志，本质来源是一致的。第二，因为理念是意志的客体化，因而相对主体来说，理念是客体。主客体之分是一种认识形式，而意志作为世界的本质，既非主体也非客体，只有在它客体化以后，才出现这些认识形式。但既然任何认识都是主体对客体的认识，认识一旦发生，就有主客体之分，因而主客体之分是认识的首要和基本的形式。所有表象，只有在这一共同形式之下，才有可能出现。因此，理念也和表象一样，是被认识的客体。时空和因果律是在这一基本形式之下专属于客体的次要形式，"理念作为意志唯一直接的客体性，除了表象的根本形式，亦即对主体是客体这一形式外，再也没有认识作为认识时所具有的其他形式"。理念和意志不同在于它已进入了认识的首要形式，成为客体，但它也只是进入这一首要形式，而没有像个别事物那样又进入认识的次要形式。个别事物是理念在时空和因果律中的进一步展开，因而是意志间接的客体性。第三，理念是事物种类的本质和典型。叔本华举例道："在浮云飘荡的时候，云所构成的形象相对于云来说并不是本质的，而是无所谓的；但是作为有弹性的蒸气，为风的冲力所推动 [时而] 紧缩一团，[时而] 飘散、舒展、碎裂，这就是它的本性，是把自己客体化于云中的各种力的本质，是理念。"意志是唯一真正的实体，理念直接表现了意志，各种理念在不同时间、空间按照不同的因果律展开，成为各种各样的具体事务。若干个体都体现了一个理念，同一个理念有无限多的表现，所以，"理念对个体的关系就是个体的典型对理念的摹本的关系"。个体事物存在于特定时空中，按因果律的必然性而出现，生灭无常，变动不居。唯有理念，与时空、因果律等认识的次要形式没有联系，因而无所谓生存死亡，它是永恒如一的先验存在，是个体事物的永恒形式和标准模式。个别事物同理念两者的关系，恰如一朵花，今天含苞滴翠，明天盛开怒放，后天却零落成泥了。但这都是个别具体事物，而花之为"花"，却是万年不变的。

---

1 [美]梯利：《西方哲学史》(1914)，葛力译，商务印书馆1979年版，第78页。

概括起来，意志、理念、表象三者的关系，如叔本华所说："个别的，按因果律而显现的事物就只是自在之物（那就是意志）的一种间接的客体化，在事物和自在之物中间还有理念在。""为了易于了解起见，我们可以把这些不同的理念作为个别的、自身简单的活动看，而意志的本质又是或多或少地把自己表现在这些活动中的。个体却又是这些理念——亦即那些活动——在时间、空间和杂多性中的一些现象。"理念不同于意志，也迥异于表象，它是代表该事物全体族类的本质的个体，却又不像意志那样独立自在不可认识，它体现在个体事物中，是可以直观认识的感性存在，却又不像个体那样幻灭无常、没有自由。这种理念实际上与柏拉图已大大不同了。

二、"理念"作为美

美学的基本问题是美的本质问题，叔本华认为理念作为审美静观的对象，就是美。他的美学就是从研究理念在什么条件下才能向主体呈现出来，从而使审美静观才能构成而开始的。

这一研究，叔本华是从区分审美和科学、常识入手的。人的认识能力有三种：感性、悟性、理性。叔本华重视的是悟性。悟性的功能是直观，也就是从后果推知原因，"不过如果没有直接认识到的某一效果而以之为出发点，那也就决到不了这种直观"。这"效果"就是每一动物性的身体所经受的变化，也就是主体的感觉，叔本华称之为"感觉张本"，它是悟性认识的前提。但叔本华否认世界的客观性，认为只有通过悟性把感觉转变为直观，从结果推到原因，形成因果性的认识，这才有世界的物质存在。因果性统一时间和空间，是事物得以存在的根据。世界就是物质，就是因果性，"一切因果性，即一切物质，从而整个现实都只是对悟性，由于悟性而存在，也只在悟性中存在"。这种悟性是人和动物皆有的，区分人和动物的是理性，即运用抽象的概念进行推理的能力。概念是"表象的表象"，抽象思维是直观认识的摹写和复制，只有经过抽象思维，悟性对因果关系的认识才能记载、固定下来，具有普遍的可传达性，这就是科学、常识的认识方式。在这种认识过程中，"既然是根据律把这些客体置于它们对身体，且通过对身体又是对意志的这种关系中，那么，为意志服务的认识，也就只有努力从这些客体认取根据律所建立的那些关系，也就推敲它们的空间、时间和因果性的复杂关系"。这说明，这种认识有两个特点：一是它只能是认识服从于因果律的个别事物，它要研究各个事物之间的因果联系，始终不能摆脱客体的关系；二是这种认识的目的是要为意志服务，它着重事物和主体欲求的关系，从本质上讲它是意志客体化较高级别上产生的为意志服务的器械和工具，本身没有独立存在的价值。这两个特点是互为条件、紧密不可分的，因为它们是同一意志的客体化。

但人作为意志客体化的最高级别，也有另一种认识方式，那就是对理念的认识。这必须从主体的态度谈起。叔本华认为，由于人们精神力的提高，摆脱了意志的束缚，不再按因果律来认识个别事物的相互联系，"在事物上考察的已不再是'何处''何时''何以''何用'，而仅仅是'什么'，与此同时，主体的全部精神活动都沉浸在直观之中，与对象融为一体，排除欲求和概念的干扰，个体完全为对象所占据、所充满"，那么，这样认识的就不再是如此这般的个别事物，而是理念，是永恒的形式，"是意志在这一级别上的直接客体性。并且正是由于这一点，置身于这一直观中的同时也不再是个体的人了，因为个体的人已自失于这种直观之中了。他已是认识的主体，纯粹的、无意志的、无痛苦的、无时间的主体"。这就是审美静观。这是一种完全不同于常识和科学的认识方式，它的构成，从主观方面来说，作为个别人的所有特性已全部除去，上升为不带任何意志的纯粹主体；与此相对的客观对象，也不是处在因果关系之中的个别事物，而是体现该事物种类本质的个体，即理念，主体和客体都是意志恰如其分的客体化，成为纯粹的主体和纯粹的客体，对应平衡，"个别事物和认识着的个体随着根据律的取消而一同取消了，剩下来的除理念与'认识'的纯粹主体外，再没有什么了"。

美，也就在这审美静观中呈现："当我们称一个对象为美的时候，我们的意思是说这对象是我们审美观赏的客体。"美就是理念，当个别事物完满地体现了该事物的种类本质时，就是美。那么，一方面，只要主体成为纯粹认识主体就可以认识到事物理念；另一方面，任何个别事物都是一种理念的展开，于是，叔本华认为："可以说任何一个事物都是美的。""一物之所以比另一物更美，则是由于该物体使得纯粹客观的观赏更加容易了，是由于迁就，迎合这种观赏，甚至好像是它在迫使人来作如是的观赏,这时我们就说该物很美。"人是理念的最高级别,因而最美。

理念作为审美静观的对象,并不是纯客观存在的,它有待于认识主体来看,并且只有在主体上升为纯粹认识主体时才呈现给主体,这实际上是用主体来规定美,认为审美静观产生美,美的等级决定于审美静观难易的程度。当代美学家乔治·迪基(George Dickie)因此而认为"叔本华所坚持的是一种强烈的审美态度理论的立场"[1]。基本上是符合叔本华原意。而汝信同志认为,叔本华在美字中引入理念,"实际上就修正了关于审美静观中主客体同一和审美经验的统一性的论点"[2],倒是与叔本华的原意相左,因为纯粹认识主体在对象上失去自己,与对象融为一体,就因为对象已经成为理念,认识个别事物是不能达到主客体统一的。主体摆脱意志和客体上升为理念,是同时并举互为条件的,叔本华一再强调:"如果要这些理念成为认识的对象,那就只有把在认识着的主体中的个性取消,才能办到。"对美的认识,"总是把纯粹认识的主体和作为客体而被认识的理念规定为同时不可分的"。汝信同志又认为,叔本华一方面认为事物只有处在主体的审美静观中才是美的,"但另一方面,事物之所以是美的,它的美的程度,却又取决于它是一定等级的理念的表现,而理念则是客观存在的,这样说来,美又不是主观的,而是客观化的了"[3]。因而产生了无法解决的矛盾。这和上述问题一样,按照叔本华的意思,理念虽然是客观的,但为欲望支配的个体人却不能认识理念,只有割断与主体的利害关系,放弃主体欲求,纯客观地观赏对象,才能认识理念,进入审美静观。所以说法虽不同,却并不矛盾。正如乔治·迪基所说,叔本华的审美静观有"一个主观的极和一个客观的极"[4],缺一不可,只是在我看来,其中主观的一极占有主导地位,因为它是审美静观的前提条件。

---

1 [美]乔治·迪基:《审美的起源·审美鉴赏和审美态度》,朱狄译,载《美学译文》(2),中国社会科学出版社1982年版,第20页。

2 汝信:《叔本华美学思想简论》,《西方美学史论丛》,上海人民出版社1983年版,第201页。

3 汝信:《叔本华美学思想简论》,《西方美学史论丛》,上海人民出版社1983年版,第202页。

4 [美]乔治·迪基:《审美的起源·审美鉴赏和审美态度》,朱狄译,载《美学译文》(2),中国社会科学出版社1982年版,第20页。

这种审美静观的特点是主客体的同一，即主体"自失"于理念之中。这种现象之所以能出现，是由理念的特点决定的。世界的本质是意志，认识的主体和客体就其"自在本身"来说，都是意志，没有表象的主体不能算是认识的主体而只是盲目的意志，同样，没有认识的主体，被认识的东西也不能算是认识的客体，也只是盲目的意志，只有在意志的客体化即表象的世界中，意志才一分为二为被认识的和能认识的，主体和客体同时出现，构成认识。叔本华引用谚语说："同类只为同类所认识。"作为个体，人只能认识个别事物，即处在某时、某地，总是因果链上的一个环节，这种认识总是服务于主体的欲求、效用。但上升一级，假如意志的这种客体化是纯粹而完美的，是恰如其分的，那么这客体就是理念，主体就是纯粹认识的主体，"这恰如其分的客体性以同样的方式把主体和客体包括在它自身之内，因为这两者是它唯一的形式"。于是，在审美静观中，客体仅仅是主体的表象，主体作为对象最鲜明的写照，也就是对象自身。在这种意义上，叔本华引用拜伦（George Gordon Byron）的诗说："难道群山、波涛和诸天——不是我的一部分，不是我——心灵的一部分，正如我是它们的一部分吗？"人和自然，都是意志的客体化，本来就是同一的啊！

主体的无利害态度，是一种迥异于现实科学方式的天才考察方式。"在外来因素或内在情调突然把我们从欲求的无尽之流中托出来，在认识甩掉了为意志服务的枷锁时，在注意力不再集中于欲求的动机，而是离开事物对意志的关系而把握事物时，所以也即是不关利害，没有主观性，纯粹客观地观察事物，只就它们是赤裸裸的表象而不是就它们是动机来看而完全委心于它们时，那么，在欲求的那一条道路上永远寻求而又永远不可得的安宁，就会在转眼之间自动地光临，而我们也就得到十足的怡悦了。"

审美无利害关系的思想，在西方美学史上占有重要地位。十八世纪英国经验主义美学家就作了不少探讨。康德更把它作为美的分析的第一个因素。认为审美不仅应当像经验派说的不涉及欲望、功利，而且不应当和一个对象的存在有关，"凡是我们把它和一个对象的存在之表象结合起来的快感，谓之利害关系"[1]。

---

1 ［德］康德：《判断力批判》（1790），宗白华译，北京大学哲学系外国哲学史教研室外编：《十八世纪末——十九世纪初德国哲学》，商务印书馆1975年版，第85页。

叔本华继承发展了审美无利害关系的思想，把放弃根据律、无利害地观赏客体作为审美静观的首要条件。在主体方面，康德认为审美充分体现了人既是感性又是理性的本质，它只与主体快与不快的情感有关，但又不是主体欲望的感性，而是主体作为理性存在的感性形式；而叔本华则认为审美静观主体是纯粹的认识主体，对于理念来说，主体一切个体的、感性的特征都不存在，而只是人的理念，一种先于存在的人的本质，"这样，人们或是从狱室中，或是从王宫中观看日落，就没有什么区别了"。在客体方面，康德认为审美的对象是客体的感性形式，而与对象的感性存在无关；叔本华则认为审美的对象已不是现实中的具体事务，而是这些事务的理念，即事物种类的本质：它是一种永恒的形式和标准的模式，而非具体事务的特定形式。而且，康德说，审美须与对象的感性形式有关，说明他并不认为审美仅仅是主观态度的事，而且还有客观对象方面的因素；到了叔本华，理念能否呈现，能否作为美而被认识，却要取决于主观态度了，所以只有少数天才才能认识理念。说到底，叔本华的审美静观是不可分析、无法说明的主客体的完全融合同一，是一种神秘的忘我境界。

叔本华在美学中引入"理念"，使他的美学呈现出一种复杂的面貌，尤其是他曾反复强调理念是客体，是主体的认识对象，在具体论述中也不断谈到主体对它的态度、关系，因而使他的美论多少有一些"客观论"的成分。但从本质上讲，他仍然是一个审美态度决定美的主观论者，他的整个美学，就是研究人怎么摆脱现实利害，无所执着地认识理念，从而进入审美观照。叔本华是一个主观唯心主义的美学家，但又有不同于其他主观唯心论者的地方，这根本上是由他的"理念"所决定的。只有通过分析他的理念，才能看出叔本华美学的基本倾向和主要特征。

三、"理念"作为艺术的对象

艺术的目的就是传达被认识了的理念。叔本华认为："艺术复制着由纯粹观审而掌握的永恒理念，复制着世界一切现象中本质和常住的东西；而各按用以复制的材料 [是什么]，可以是造型艺术，是文艺或音乐。艺术的唯一源泉就是对理念的认识，它唯一的目标就是传达这一认识。"在叔本华看来，理念＝美＝

艺术，三者本质上都是一样的。如果说在论述美的时候，他着重论述的是主体怎样才能认识理念，从而构成审美静观，那么在研究艺术的部分，他则反复强调作为艺术对象的理念的特点。

作为艺术的对象，叔本华认为理念"不是个别事物，不是理性思维和科学的对象"。他试图通过对理念特点的说明来规定艺术的本质。一方面，理念作为个体事物的种类本质和典型，虽存在于个体之中，但却具有超越个体的价值和意义。另一方面，尽管他的理念来自柏拉图，他还是批评柏拉图："应该说他有好些关于理念的例子，关于理念的讨论都只能适用于概念。"他认为理念是直观的，与概念完全不同。首先，概念是理性的认识，是抽象的反省思维所获得的，而理念则是直观的对象。叔本华对"直观"一词的用法是比较含混的，他既说悟性靠直观而认识因果关系，又说理念只是直观的对象，但理念是脱离于因果关系之外的。这种由谢林开端，经尼采（Friedrich Wilhelm Nietzsche）、狄尔泰（Wilhelm Dilthey）、伯格森（Henri Bergson）等广泛运用大加发挥的"直观"，是西方近现代哲学中的重要概念，主要指直接面对客体时，无须凭借抽象思维和概念推理而认识事物本质的一种认识功能，其中往往带有十分神秘的意味。叔本华也是这样，这里不作详细探讨，要之，他说理念是直观的，是说认识理念不要概念帮助，只要直接面对客体就可达到。第二，这种直观，对主体是有条件的。认识概念，只要有理性的人就能达到，而理念只有在主体超越一切欲求，成为纯粹主体时才能认识，他已不是现实生活中的某一具体人，而是代表整个人类的人的理念。作为个人，不能同时思维抽象而又理念直观。这种认识，对大多数人来说，是很难做到的。第三，概念所表现的范围虽是确定的，但它的含义圈是不确定的，叔本华以"旅行"为例，"旅行"的含义圈可分别套入"健康""费钱""铲除无聊""搜集经验的充分机会"这四个含义圈内，这四个含义圈又可套入其他含义圈，以此类推，可至无穷，人们似乎可以任意达到"有利"，也可达到"有害"；而理念，虽代表着众多的个体事物，但作为意志客体化的一定级别，却一贯是确定的，比如"人"的理念，包括各种各样的人，童稚衰翁，国王囚犯，种族、国家各不相同，语言、性格差别很大，但他们之所以被称为人，却是有固定的含义，与动物、植物等其他理念不容相混。最后，叔本华用一个比喻说，概念仿佛是一个无生命的容器，人们用综合判断放进去的东西是不能再用分析判断拿出来的，而理念则像一个有生命的、发展着的、拥有繁殖力的有机体，能够生出原来没有放进去的东西。

理念的这些特征就是艺术的特征，既非个别事物，也不是抽象概念，这确是艺术的本质特点。艺术家不是自然主义地、照相般地摹写现实，艺术所表现的是有普遍意义的本质特点，不借助抽象概括，而始终以感性形态体现出来；同时，就艺术品本身来看，叔本华认为它是有机体，能孕育、繁殖新的表象，说明艺术比它直接呈现的有更多的含义和意蕴，是一种不确定的确定性，这正好适应了创造者和欣赏者的想象力，而不为一个概念所范围。所有这些，抽象地讲都是正确的。问题在于叔本华唯心主义的思想体系，认为艺术不是现实生活的反映和艺术家真实情感的流露，而是对先验规定的事物本质的摹本和复制。另外，叔本华没有对情感予以重视，这里反复说明的只是理念的认识方式，所以虽然把握了艺术形象的表现形态上的特点，然而艺术形象的构成和内容要素，未能得到论述，其根源仍在于他要把艺术也纳入他的唯意志论体系。

由于理念与概念是根本不同的，因此，"理念，就其显著的原始性来说，只能是从生活自身，从大自然，从这世界吸取来的"。理念表现在艺术中，也要和自然一样，天机自足。叔本华在这里更强调的是艺术家创作的态度和方式。他认为，创造艺术的天才就是纯客观地掌握理念的才能，用中国话说就是"以物观物"，要求主体放弃自己的人格、欲求，无利害地观赏客体，成为纯客观地反映对象的镜子，直接感受到理念。这样，艺术家既不要理性思维、抽象概念来判断、推理，也不用苦思冥想、精雕细刻，而是顺乎自然信手拈来，仿佛"本能地工作着"。在艺术作品中看不到任何人工痕迹，宛自天成，这样的艺术，和自然一样，是不巧的。康德曾认为天才的特征之一是他的自然性，说天才是天生的，不能通过学习而获得。叔本华完全继承这一点，但他的"自然"主要不是指外部自然界，也不是人的现实生活，而是人的先验的本质规定。作为认识的主体，人本身就是自然，艺术的来源就在这里——天才的悟性。

因此，叔本华说艺术来源于自然，和艺术模仿自然这一传统命题完全是两回事，他在论述艺术家如何认识理念从而创造艺术时，还批评了艺术模仿自然、艺术家集中概括众多个体从而创造美的理想和典型看法，他说："因为这里又要问艺术家，从哪里识别恰好这一形式是美的，哪一形式又不美呢？"即评判美丑的标准不能从自然来，须有主观先验的尺度，"美的认识总是，至少部分地是先验的，不过完全是另一类型的先验认识，不同于我们先验意识着的根据律各形态"。这就是说，人有两种先验认识的形式：一是根据律各形态，用以认识个别事物；一是对美的预期，用以认识理念。这种美的预期，就是艺术家对事物理念的先验认识，这之所以可能，还是因为艺术家和理念都是意志恰如其分的客体性，本质上是一样的。凭借这美的预期，艺术家在经验之前就有美的理想，可以衡量一切事物。莎士比亚之所以能创造出众多栩栩如生的典型性格，不是由于他从生活、从经验中概括并提炼而来，而是来自他对理想美的预期。

可见，这里的根本问题一如上述，在于割断了艺术和生活的关系。这本来是唯心主义美学家的共同特征，但在叔本华"理念"论中，问题就更复杂些。创作者和欣赏者都有其审美观念和审美理想，它们原是从审美活动中逐渐形成的，并不断变化发展，总是和现实生活紧紧联系在一起。但叔本华却把它们抽象化，否认它们的现实根源，视之为万古如斯的金科玉律。这样用审美理想、审美标准的先天性来否认艺术与现实的联系，就比简单地认为艺术是主观的表现这类唯心主义理论更精致些。

长期以来，在对于哲学、美学的研究领域中，叔本华被冷落了。他政治上的反动性、理论上的荒谬性，是毋庸怀疑的。然而作为一个有较完整体系的、有广泛影响的哲学家，也还值得我们重视并认真批判的，即使是为了消除他在美学领域中的影响。

（原载《晋阳学刊》1985 年第 4 期）

1986年
钟嵘"托诗以怨"说漫评

本文引用过斯宾格勒的《西方的没落》和高尔泰《论美》，这两本书都是我当时读得比较熟的。我注意到两位作者都说到百合花：

高尔泰："当春天到来的时候，你望见在灰蒙蒙的天空中，高树的繁枝在大风里摇曳；在夜幕降临的时分，你看到静悄悄的山谷里，百合花在晚霞中一朵朵轻轻闭合起来……在这些神奇的时分，你的心灵也不由自主地随之发生骚动，或者归于平静，有如这广袤而又深邃的大自然。"（《现代美学与自然科学》，《论美》，甘肃人民出版社 1982 年版，第 211 页）

斯宾格勒："在黄昏的时候，你看到百合花一株一株地在落日中合闭起来。那时，不由你不发生一种奇异的情感——在这蒙昧的、朦胧的、固着土地的存在面前，一种莫名其妙的恐惧情感。沉默的森林，静寂的草地，这一丛矮树，那一条细枝，它们自己并不舞动，而戏弄它们的却是微风。"（《西方的没落》上册，商务印书馆 1963 年版，第 83 页）

也就是在写作此文的 1984 年，梁宗岱先生的《诗与真》《诗与真二集》在出版多年后由外国文学出版社重新出版。我特别注意到梁写于 1934 年的名作《象征主义》也有类似的一段话："当暮色苍茫、颜色、芳香和声音底轮廓渐渐由模糊而消灭，在黄昏底空中舞成一片的时候，你抬头蓦地看见西方孤零零的金星像一滴秋泪似的晶莹欲附，你底心头也感到——是不是——刹那间幸福底怅望与爱底悸动，因为一阵无名的寒颤，有一天，透过你底身躯和灵魂，……"（《诗与真》《诗与真二集》，外国文学出版社 1984 年版，第 79 页）

写完此文后，我曾想以钟嵘的《诗品》、严羽的《沧浪诗话》、叶燮的《原诗》、王夫之的《薑斋诗话》为中心写一本《中国诗学》。与青年时期的许多设想一样，这一计划也没有什么结果。1985 年 6 月 21 日完成的这篇文章之所以投到《西北师范学报》，是因为该刊设有《美学史研究》一栏。除此篇外，我还在这份期刊上发表过《自然：刘勰文学思想的核心》等中国美学方面的文章。

在论到建安诗歌时，钟嵘曾充满情感地盛赞："彬彬之盛，大备于时矣。"[1] 当我们回视魏晋六朝的理论批评时，也会怀有同样的喜悦之情，除体大思精的《文心雕龙》和思深意远的《诗品》外，文学方面从曹丕对文学地位的热情推崇，到陆机对艺术构思的认真探讨，从萧统规模宏大的《文选》编辑，到挚虞全面细致的源流划分，等等，都是前无古人后启来者之论，标志着经过汉末三国的动荡之后，文艺冲破经学藩篱，取得相对独立的地位，开始了文的自觉、美的自觉，并与魏晋玄学一道，表现了人的自觉。这是继先秦之后，中华民族理性精神的又一次觉醒和追求，在中国思想文化史上留下了深深的印记。

也许，只有基于这样一种观念，钟嵘的"托诗以怨"的思想才能得到全面认识。

一、"怨"的意义内涵

六朝诗坛并不寂寞。除诗歌本身的发展规律外，门阀士族的推波助澜也起到了相当作用。五言诗的成熟，声律论的兴起，玄言诗、事类诗、山水诗和各种题材、风格的诗不断出现，以至"终朝点缀，分夜呻吟"。然而，这些远远不能使钟嵘满意，根本问题在于这些诗一味追求用事用典，讲究宫商声病。"自然英旨，罕值其人"，而批评家又"不显优劣"，"曾无品第"。《诗品》写作，就是要建立一种创作和批评的标准，以指导创作和评论。这个标准，可以在其对曹植的评论中见出："骨气奇高，词采华茂，情兼雅怨，体被文质。"在风格和形式上要有骨气和奇采，情感内容上要雅、怨结合，两方面的完美统一，就是钟嵘的标准。在这里钟嵘明显地突出了"怨"，上品十二个诗人中，有七人都表现了哀怨之情，因此以怨作为诗歌理想的重要方面，是钟嵘诗论的重要特色。

这是基于钟嵘对诗歌本质的认识。如果说《诗品》序文开头的"气之动物，物之感人，故摇荡性情，形诸舞咏"和"动天地，感鬼神，莫近于诗"等观点还基本上是沿袭前人的话，那么下面一段为论者所常引的话，则是钟嵘自己的洞见：

---

1 钟嵘：《诗品》，陈延杰注，人民文学出版社1980年版。下引此书，不再另注。

嘉会寄诗以亲，离群托诗以怨。至于楚臣去境，汉妾辞宫，或骨横朔野，魂逐飞蓬；或负戈外戍，杀气雄边；塞客衣单，孀闺泪尽；或士有解佩出朝，一去忘返；女有扬蛾入宠，再盼倾国；凡斯种种，感荡性情，非陈诗何以展其义？非长歌何以骋其情？故曰："诗可以群，可以怨。"

　　这段话情感浓烈，一气呵成，明确地把"怨"的来源归诸社会生活、人生遭遇的感发激荡，把前人笼统的"物"扩展到广阔丰富的人间社会。本来，在钟嵘之前，也有不少人看到情感和社会生活的联系。《诗大序》提出"治世之音""乱世之音""亡国之音"的不同，从儒家乐教的思想出发，由乐音推究社会政治状态，间接指出了社会生活对情感的影响。班固认为乐府民歌源于"劳者歌其事，饥者歌其食"，把民歌的内容追溯到社会生活。刘勰《文心雕龙》中《时序》《通变》两篇也总结出"文变染乎世情，兴废系乎时序"的文学变迁规律。总的看来，他们都注意到社会因素在文学创作和演变中的作用，在诗情中探寻社会、政治因素。但只有到了钟嵘，才明确指出情感和社会生活本质不可分的联系，并把这种由社会生活决定的情感看成是诗歌的生命。从这个意义上看，钟嵘突出"怨"是深刻的。确实，生离死别，祸福无常，英雄末路，贤士失意，都是生活中难以避免的，尤其是在当时偏安江左、内乱不止的南朝，死亡随时可至，灾难无穷无已。实际上，整个充满冲突、对抗的阶级社会不都是如此吗？原始社会解体之后，历史总是在相互残杀的血与火的斗争中踏着千万具尸体而前进，个体的血肉之躯常常成了权力兴替的工具和阶级斗争的牺牲品，对具体的个人而言总是欢乐之时少而愁苦之日多。"尘世难逢开口笑"，一语道破人生的常态。生活总是充满那么多的哀伤、痛苦，使得本来短暂无常的生命始终处在忧患不安之中，很自然地会产生凄怆不平的情感。所以"怨"既是对现实社会的否定，又是对理想生活的渴慕。"怨"，来自社会，"托诗以怨"，又把诗和社会紧紧结合起来，它要求诗人真实地表现自己的思想情感，批判现实，追求理想，使诗歌成为苦难世界的理想的象征，成为人们精神的寄托。这种健康的审美理想，一直是我国古典诗歌所追求向往的。而那些远离尘世、吟花弄月、纯粹追求形式的作品始终不能长期统治诗坛。

　　这正是钟嵘重"怨"的动机。诗是"吟咏情性"的，首要的问题就是情感是否自然真实，也就是是否体现了"自然英旨"。当时盛行的用事用典，穷极声病，贵空谈、尚巧似等，都是无病呻吟、虚伪矫饰，没有真情实感。重"怨"，就是因为它是在诗人与不理想、不合理的社会冲突中产生的，它有深刻的社会根源，比起其他情感天然地更具真实性。"怨"和真是联系在一起的。钟嵘希望用具有丰富社会内容的"怨"情来冲击一下当时矫揉造作的诗坛，这就是何以其所评定的上品诗人多表现怨情的原因。他不满张华诗"儿女情多，风云气少"就正是因为这一点。真实的感情无不是在切身的遭遇中产生的，并且往往表现为"怨"。这方面刘琨最为典型的："既体良才，又罹厄运，故善叙丧乱，多感恨之词。"刘琨的"感恨"是由于"罹厄运"，因此他不同于一般啸傲烟霞、徜徉山水的诗人。直到为叛将所害，刘琨一直生活在戎马倥偬的军帐中，生涯充满悲壮色彩。他和祖狄"闻鸡起舞"的故事，至今还激动人心。其名句"功业未及建，夕阳忽西沉"是其壮志未酬一腔热血的真实抒写，而"何意百炼钢，化为绕指柔"十字又包含了多少坎坷的经历和辛酸的泪水啊！钟嵘倡导、礼赞的，就是这种"怨"，它具有一种震撼人心的力量。在评李陵时，钟嵘更明确地说："使陵不遭辛苦，其文亦何能至此！"是的，正是有了从"名家子"到"声颓身丧"的非凡经历，李陵才"文多凄怆"并成为"怨者之流"。"怨"之所以可贵，在于它是从个人与命运、社会的撞击中迸发出来的火花，它是最真实的，并且往往代表受苦者和追求理想者的思想情感，因而也最富于斗争性。

从美学方面看，钟嵘特别强调的诗之"味"也和"怨"联系在一起。在批评永嘉诗"理过其辞，淡乎寡味"时，他指出抽象平淡的说理没有滋味，只有"穷情写物，最为详切"的五言诗才是"众作之有滋味者也"。所谓"穷情写物"，就是淋漓尽致的情感表现和细致生动的形象刻画，"详切"即要有广度和深度。如上所说，"怨"的产生是个体与社会冲突的结果，具有丰富宽广的社会内容，并表现为深刻、强烈的主观体验，因而"非长歌何以骋其情"，最富于要求表现要求抒发的品格。五言"长歌"在充分抒发方面具有优势，因为五言虽只比四言多了一个字，但它可以在第三字或第五字上着一动词，比起四言诗两句才表达一个完整的意思来，它不但一句就可以表达一个完整的意思，而且可以组成包孕句式，表现各种复杂的情感。于是五言"长歌""详切"地表现了"怨"，就成为"众作之有滋味者也"。进一步，钟嵘又提出要"干之以风力，润之以丹彩"，才能"使味之者无极"，获得极大的满足。撇开"丹彩"作为形式方面的因素不论，"风力"是一种情感性的气势和力量。什么样的情感才具有这种气势和力量呢？按"风力"一词，钟嵘又指"建安风力"，而建安诗歌，正如刘勰所说，"观其时文雅为慷慨，良由世积乱离，风衰俗怨，并志深而笔长，故梗概而多气"（《文心雕龙·时序》）。可见建安诗的特点是充满"怨"气。钟嵘自己对建安诗人的分析也证明了这一点，如曹植"情兼雅怨"，王粲"发愀怆之词"，曹操"甚有悲凉之句"……这种"风力"的实质，就是"怨"。生命的强度，人格的力量只有依照阻力的大小才表现出来。"怨"体现了一种抗争性力量，诗歌无尽的滋味和感发兴起的力量就发自"怨"。钟嵘把"味"和"怨"联系起来，就是把诗歌的艺术性和思想性统一起来，被列入上品的诗人，大多既充满怨情，又有无限滋味，所谓"意悲而远"，"悲"是怨而"远"即味，重"怨"和倡"味"是钟嵘诗论的基本美学内容。

二、"怨"的时代精神

任何理论都是时代的产物。"托诗以怨"是钟嵘对魏晋之际一百多位诗人潜心研究的理论结晶。因此，联系钟嵘十分推崇的建安诗歌及其思想背景，对透视这一理论的现实基因和理论深度是极为重要的。

上溯秦汉，国家统一，疆域辽阔，物质文化得到迅速发展。"包括宇宙，总览人物"的汉赋，以其对宫殿、山水、田猎、禽兽的铺排和夸张，对人所创造的物质成果和美的对象作了明朗的再现和赞叹，表现了阔大的气魄和"巨丽"之美，其精神实质是对人的力量、人的事功、人的世界的肯定。与此同时，个体身心性命问题并没有被遗忘，这就是与各种宗教迷信相联系、广泛流行于各阶层的追求长生不老之术及其理论形态，雄才大略一代风流的秦皇汉武，都是一方面以无数生命为代价，扩大版图，统一文化，立不世之功，另一方面又寻仙访神，炼丹求术，企求自己长生不老永享人间富贵。这当然是虚幻骗人的。刘彻"欢乐极兮哀情多，少壮几时兮奈老何"的无奈，透露了当时对生命短促终将死亡的恐惧。到了渐趋不安的东汉末年，一批敏感的下层读书人，终于发现外在的一切都是虚假的。《古诗十九首》中"服食求神仙，多为药所误"，"仙人王子乔，难可与等期"的咏叹，都表明他们意识到，在永恒时光的无情消逝中，唯有个体的生命、此时的享受才是真实而不可重复的，他们真切地感到生命的短暂而且充满忧伤。德国哲学家斯宾格勒（Oswald Spengler）认为："感到自己孤独是一个人在日常觉醒状态中的第一个印象。"[1] 汉末诗歌中，"朝露"是反复出现的字眼，被用来象征短促如寄孤独无靠的人生，这是自我意识的"第一印象"。第二步，在无可奈何的哀歌中，又包含了对享乐不加掩饰的追求，既然"昼短苦夜长"，那么"何不秉烛游"？与其"人生寄一世，奄忽若飙尘"，又"何不策高足，先踞要路津"？既然生命无常，那就要追求生命的最大丰富和充实。当代学者李泽厚分析说："表面看来似乎是如此颓废、悲观、消极的感叹，深藏着的恰恰是它的反面，是对人生、命运、生活的强烈欲求和留恋"；"它实质上标志着一种人的觉醒，即在怀疑和否定旧有传统和命运的重新发现、思索、把握和追求"[2]。这被钟嵘誉为"惊心动魄""一字千金"的古诗精神，在建安时代获得了积极的内容和理性的升华。

建安时代，国家分裂，政权更替，战乱连绵，血火纷飞，不仅底层民众人命如草，就是那些权倾一时、高举远慕的大族名士，也朝不保夕。"魏晋名士，少有全者。"（《晋书·阮籍传》）"徐陈应刘，一时俱逝。"（曹丕《与吴质书》）死亡不期而至，个体生命的存在、价值、意义问题以极为紧迫的形式表现出来，严峻的现实不允许诗人徘徊在低沉感伤的情调中，动乱的环境激发了人的生命力和意志力，召唤人们正视自己的存在和处境，承担不可推卸的责任和使命。而且，建安诗人大多出身豪门，与社会政治有直接联系，他们自己也觉到重要的问题不是停留在内心世界哀叹生命的无常，而是如何使短促多难的人生具有更丰富的意义和更高的价值，应当从个人走向社会，只有江山和平、政治稳定，个体生命才能保存，荣名令誉才会显扬。因此，建安诗歌又充满趁时建功立业的慷慨情怀："勠力上国，流惠下民，建永世之业，流金石之功"（曹植《与杨德祖书》）。曹植谓辞赋小道而不甘心做一个文人，曹丕之所以推崇文学是因为文学是"经国之大业，不朽之盛事"，使人"不托飞驰之势，不假良史之辞"（曹丕《典论·论

1　[德]奥斯瓦尔德·斯宾格勒：《西方的没落——世界历史的透视》（1918），齐世荣等译，商务印书馆1963年版，第257页。

2　李泽厚：《美的历程》，文物出版社1981年版，第56页。

文》)而千古流芳，百世恒存。他们都不是就文学论文学，而把文学和个体存在、人生意义联系起来。

钟嵘所说的"建安风力"，其精神实质就是这种把个体和社会统一起来在完成历史的责任中追求更高的人生意义的情感意识，它不是汉赋中人的力量和功业的肯定和渲染，也不只是古诗十九首中对个体存在的悲伤和留恋。如果说汉赋显得比较外在而失之虚夸，古诗囿于一己不免低沉的话，那么建安诗歌则是扬弃二者之后在新的人生理论上达到综合，即一方面是对生命无常、人生易老的深切感受和执着留恋，另一方面是怀抱"周公吐哺，天下归心"的宏图大志，要在扫荡群雄建功立业中实现自己，这就使得建安诗歌在人生感叹中蕴含着一种昂扬向上、激励人心的力量，成为具有一定深度的积极情感。公宴、咏史、赠答、游览、乐府、杂诗……无不如此，属于美学上的崇高。"慷慨以任气，磊落以使才。"（《文心雕龙·明诗》）与"对酒当歌，人生几何"相应的是"烈士暮年，壮心不已"（曹操）。在"人生处一世，去若朝露晞"的下面是"捐躯赴国难，视死忽如归"（曹植）。虽然"征夫心多怀，恻怆令吾悲"，然而"身服干戈事，岂得念所私"（王粲）。如此等等。正如林庚所说："建安是一个解放的年代，也是一个艰苦的年代。"[1]唯其解放，所以豪放昂扬，骨力劲健；唯其艰苦，所以高亢激越，慷慨悲凉。一个很有意思的现象是，建安诗中充满对西风抒情性的描述："惊风飘白日"；"江介多悲风，淮泗驰急流"；"高台多悲风，朝日照北林"；"风声一何盛，松枝一何劲"；"风萧瑟而并兴兮，天惨惨而无色"；"秋风萧瑟天气凉，草木摇落露为霜"……不是清凉的南风，不是温馨的东风，更不是肃杀的北风，恰恰是健朗萧瑟的西风，成了建安诗人心态的对应物，它有点抑郁，有些悲凉，却使人热血沸腾，胸怀坦荡。也许正如现代"完形心理学"所说，西风正好与建安诗人的情感有同样的式样而同形同构吧。正是西风乍起、玉露凋伤之际，长林叶落，四野飘风，立时显出天地的高远广大。诗人登高望远，一种苍茫辽阔之感，一种昂扬兴起之情，会勃然而生。尤其是对那些生逢动乱而又怀抱非凡的诗人，更"会觉得自己既无复是春日迟迟时的幼稚和满怀惊喜，也已无复是夏日炎炎的紧张和不遑喘息，是黄落的草木蓦然显示了自然的变幻和天地的广远，是

1　林庚：《盛唐气象》，载《北京大学学报》1958年第2期。

似水的新寒蓦然唤起自我的反省和内心的寂寞"[1]。从而要求珍惜短暂的生命，在艰苦的环境中奋进有为，一扫群雄，澄清天下。西风，不仅唤起诗人的这种自我意识，而且也成了这种时代精神的绝好象征。

不只诗歌、绘画、书法、音乐乃至宗教性的壁画和雕塑等，都体现了与文学大致相同的特点。玄学，作为魏晋精神的精华，在本末有无的思辨中，集中讨论的主题是如何成为具有无限现实性的人格主体。随着汉末天下大乱，经学式微，儒家独尊地位受到动摇，怀疑精神、个性自由开始勃兴，首先是王弼揭露现存事物、仁义名教和传统权威的矛盾性、相对性、有限性而提出万有之上的本体问题，大倡以"无"为本，自然高于名教，借助"崇本息末"（《老子指略》）把人们引向对现实存在的批判与否定；到了与司马氏尖锐冲突的阮籍、嵇康，就直接舍末求本，"越名教而任自然"，"每非汤武而薄周孔"（嵇康《与山巨源绝交书》），彻底否认仁义名教、纲常规范，把个人的欲求、个性、人格推到显著地位，这当然是对当权者的大不敬，嵇康终于被杀，阮籍也消沉下去。于是郭象开始了总结工作，他否认万物之上有另外的本体："无既无矣，则不能生有，有之未生，又不能为生，然则生生者谁哉？块然自生耳。"（《齐物论注》）物各自造而无所待，物皆自然而非有使然，任何事物都是自生自足的，只有具体存在的有才是真实存在的，他就这样非"无"崇"有"，在调和论的色彩下，把自我的一切提升为唯一的存在，不承认一切支配、限制、屈曲个体的规范、观念，使个体获得绝对的自由。郭象哲学中充满那么多的"自生""自性""自足"等原因盖在于此。虽然他说的自由是虚伪的，实质上只是如陶渊明说的"心远地自偏"式的心理上、精神上的变幻，但无论如何，他提出把人的自我从外部标准、规范的束缚中解放出来，以获得对真正自我的自觉把握，却和建安文学中对个体存在的意义、价值的重新思考一起，构成了中华民族自我意识的一个重要环节，共同塑造了当时的社会心理。

因之，"托诗以怨"不仅仅是建安诗歌的理论概括，而且也能动地参加了当时人性觉醒的大合唱。是的，"吟咏情性，亦何贵于用事"！不是帝王将相的文治武功，无需孔颜乐处的道德修养，个体感性的"情性"，就是诗歌的对象和内

1　叶嘉莹：《王国维及其文学批评》，广东人民出版社1980年版，第454页。

容，人的情感本身就有独立的价值和地位，这就把传统思想中被伦理道德压抑的情感突现出来，表现了对个体价值和个体尊严的追求，比陆机笼统地讲"诗缘情"具体深刻得多。而且这个情，首先是怨，即个体与社会现实、道德规范的对峙而产生的情感也是正当的、合理的，诗歌也就不再是"助人伦、成教化"的工具，而是发泄怨情、自我表现的手段，诗歌的功能就在于个体情感的抒发和满足。对人的发现和对诗歌的认识，就这样紧紧联在一起。像被钟嵘列为上品的李陵，如果从事业功名、伦理正统来看，根本不值一提，但其诗"但叙别愁，无一语及于事实，而言外无穷，使人黯然不可为怀"（刘熙载《艺概·诗概》），有真实的情感，有动人的力量，这就是至高无上的价值，所以钟嵘以之为"托诗以怨"的代表，对他的评价远远超过那些身份显赫的权贵和恪守礼教的儒生。这就不是一个诗人的评价问题，实际上是一种对人的价值的全新认识。

并且钟嵘也并不因此主张个体脱离社会。首先，他理想的诗是"情兼雅怨"。《史记·屈原列传》中说《小雅》怨诽而不怒"，虽然充满怨情，却表现得蕴藉深厚，委婉有致。钟嵘对"清怨""凄怨"就有些不满，这不只是表达方式、表现技巧问题，而是指艺术所表现的情感应该是一种有节制的、社会性的情感，各种过分的哀伤、放肆的淫乐等都是诗歌所应当摒弃的。但在当时，社会的道德规范常常表现为统治者狭隘的政治要求，处于一种与个体尖锐对立的状态，直至否认个体存在，所以钟嵘特别重视怨，有其具体的现实内容。但在理论原则上，钟嵘是反对违背理性的放纵情欲或悲观厌世等极端情感的。其次，"托诗以怨"只是手段，只是"离群"以后重新回到社会群体的手段。本来，以孔子为代表的儒家美学，一直把艺术和人类社会联系在一起，强调艺术的情感心理、感染愉悦的作用，"诗可以群"就是诗可以通过情感感染、陶冶个体，使强制的社会伦理规范成为个体自觉的心理欲求，从而实现个体和社会的统一。所以儒家一向以礼乐并列而互补，礼以别异，乐以合同，共同维系社会。这种深刻的思想，当然为钟嵘所心领神会，他引孔子诗说只引"可以群，可以怨"，就因为他清楚地认识到并相当重视两者的内在关系，"离群托诗以怨"是为了用诗歌抒发、表现怨情，直接作用于人的社会性情感，交流、协调社会关系，以达到社会整体的和谐。"怨"情借诗歌而得到表现，诗歌也就成为人与社会沟通的纽带，相反相成、对立统一，这就是"托诗以怨"的辩证法。清人王夫之敏锐地看出这一点:"以其怨者而群,群乃益挚。"(《诗绎》)在这方面,可以说钟嵘一方面超越儒家思想局限,富有自由精神和批判态度,另一方面也丰富、发展了儒家合理的思想,而之所以能做到这一点,又与上述整个时代思潮有关。

三、"怨"的文化心态

其实,"托诗以怨"并不是某个理论家的奇想偶得。孔子说过"诗可以怨",司马迁强调"发愤著书"。钟嵘之后,又有韩愈的"不平则鸣"、欧阳修的"穷而后工"、贺贻孙的"以哭为歌"等贯穿中国文化史的观点,集中体现了古典艺术的精神。人们捧读诗文,听戏看画,总感到一种深沉的愁绪。"出亦愁,入亦愁,座中何人,谁不怀忧?"古乐府诗直观地把握住这一点。伤春悲秋,感时怀古,芳草斜阳,细雨梧桐,成为古典艺术的基本格调,"在那平静和超脱的境界背后,横卧着我们民族亘古的苦难"。[1]

深入认识这种艺术品格,有必要考察古老民族的历史心态。华夏文明是在漫长的岁月中经过顽强的斗争创造出来的,因为在严酷的自然环境中求得生存已是相当艰难,而无休止的部落战争又带来"人为"的死亡和灾难,这些都是宗教滋生的极好土壤。事实上,殷人就是很相信天命的,他们的行动完全取决于卜辞,但华夏民族终于没有向着否认现实生命的方向继续发展而陷入宗教迷狂,这不能不归之于周初以怀疑论为特征的理性精神的初次觉醒。殷周易代,本来自称"格于皇天"的观念,认为天命之降,实赖于人之修德,殷人之亡就在于"惟不敬厥德,乃早坠命"(《尚书·召诰》)。因此,"皇天无亲,惟德是辅。民心无常,惟惠之怀"(《尚书·蔡仲之命》)。天降于有德,人修德以配天,人可以通过自己的努力来决定未来。天的职能由主宰降为监督,人事可以转移天意。[2]这就在承认天命的前提下确定了人相对的自主性和独立性。与此一致,周人亡殷后,并没有表现出得胜者的喜悦,"我不可不监于有夏,亦不可不监于有殷"(《尚书·召诰》)。相传文王拘而演《易》,作《易》者正是在艰难困苦中自

1　高尔泰:《中国哲学与中国艺术》,载《论美》,甘肃人民出版社1982年版,第261页。
2　高亨:《周易杂论》,齐鲁书社1979年版,第17页。

觉思考吉凶祸福与人的行为的关系，得出"敬天""修德"可"祈天永命"的结论，而产生了与理性精神相一致的忧患意识的。在作《易》者看来，天地之道"显诸仁，藏诸用，鼓万物而不与圣人同忧"（《周易·系辞上》）。如果说基督教通过"罪"，佛教通过"苦"把自我否定后的自我依附到一个超越存在那里，那么忧患意识则是通过"敬"把天道下贯，落实到人，从而产生自我肯定，引发出"敬天""修德"的伦理观念，以及患德之不修的责任感。这到了保存发扬周文化的孔子那里，就发展成一套"仁"学体系，忧患意识是"仁"的根基。"德之不修，学之不讲，闻义不能徙，不善不能改，是吾忧也。"（《论语·述而》）孟子也认为："君子有终身之忧……忧之如何？如舜而已矣。"（《孟子·离娄》）他们都从忧患意识出发，强调君子的道德修养，要求能够修齐治平承担历史责任，具有相当积极的意义和现实性的品格。约略差不多同时的道家学派，在"洗洋自恣以适己"看似消极反动的外衣下，也同样深深地浸透着忧患意识。"贵大患若身"，"天地不仁，以万物为刍狗"（《老子》）。"今世俗之君子多危身弃生以殉物，岂不悲哉。"（《庄子·让王》）不同于儒家的是老庄所忧的是个体现实存在的丧失和人的自我异化。因此，他们描绘了无数缥缈美丽的世界，希冀超越现实苦难和生死大关，达到绝对自由的境界，"道"就是他理想的人格标本。这样，产生于中华民族初次理性觉醒的忧患意识，经过儒、道两家的发扬蹈厉，终于把对天命的信仰和敬畏转化为人类主体的自觉努力，突出了伦理道德、主体精神的作用，肯定了人的独立性和自主性，要求成就一种伟大的人格，与自然合一，克服忧患，保全自身，完成责任，从而形成中华民族的基本心态。

高尔泰指出："产生于忧患意识的快乐必然伴随着沉郁和不安。产生于忧患意识的痛苦必然具有奋发而不激越、忧伤而不绝望的调子。"[1] 钟嵘的"怨"就是忧患意识在充满冲突动荡而且悲苦激愤的社会里产生的典型情感形态，忧患意识是"怨"的历史原型和内在动力。这种既有社会理性内容又含有个体自觉意志的怨，一直是古典艺术的基本格调。钟嵘"托诗以怨"说的地位，就要从这一点入手来考察。孔子时代，诗还没有从整个学术文化中分化出来，主要被看作古代政治历史文献，是要通过艰苦努力学习掌握的经典，因此，孔子也就不

---

1 高尔泰：《中国哲学与中国艺术》，载《论美》，甘肃人民出版社1982年版，第258页。

可能在理论上把诗与情感联系起来，"怨"因而就不是情感，毋宁说是一种理智上的不满和批评，而且在排列上也放在最末，并"约之以礼"，没有充分承认它。司马迁进了一步，把诗、骚均视为仁人志士不得志而"抒其愤"的产物，而且是和"温柔敦厚"相对立的"忿怼之极"，但他仍然没有把文学和一般政治哲学历史著作分开，这样，"发愤著书"还不能说是美学观点。在此之后，班固、陆机、刘勰都注意到诗和感情的联系，但都比较笼统而且没有突出怨。钟嵘的贡献就在于他在认为诗是"吟咏情性"的前提下，把情感和个人遭遇、社会矛盾联系起来，突出强调了怨，明确提出"托诗以怨"的美学原则，在纯文艺的诗歌理论中确立了怨的地位。这是对民族历史心态的第一次自觉意识，从而根本上反映了古典艺术的审美特征。上下几千年的中国文学史，真正流传至今的，基本上是表现怨情的作品，沉郁顿挫、忧愤深广，因此而成了衡量作品价值的主要尺度，牢牢抓住这一点，就能更深入地研究古典艺术和美学。

　　钟嵘是杰出的。但如同任何历史人物一样，他也有局限。在本文开始引的那一大段话后，他又说："使穷贱易安，幽居靡闷，莫尚于诗矣。"比起上面意气风发、视野开阔的议论来，这又显得多么可怜和狭小啊！是的，社会有许多不平，人生充满怨愤，但只能"托诗以怨"，而不能去进行现实的斗争以实行改造自己的环境，非但不能进行"武器的批评"，甚至也不能采用"批判的武器"，仿佛把怨托之于诗，怨也就消失了，现实的苦难被精神、观念泯灭了，诗成了诗人与"艰辛孤寂的生活妥协相安"的过渡，成了"活人的止痛药和安神药"[1]，这实质上贬低了诗歌的社会作用。钱锺书先生认为"托诗以怨"下面的几句话"差不多是钟嵘同时代人江淹那两篇名文——《恨赋》《别赋》——提纲"[2]。这么多刻心镂骨、催人泪下的怨，"托之于诗"就完结了吗？

　　这不是钟嵘一个人的局限，根本上是在忧患意识的基础上形成的整个民族心态的弱点的表现。忧患意识高扬主体的独立性和价值，突出了以"敬""德"为主要内容的道德力量，要人与天地参，致力于完成伟大的人格，即一个主体性的内在精神世界。因而在另一方面，古老的民族毕竟在道德精神里沉潜得太

1　钱锺书：《诗可以怨》，载《文学评论》1981年第1期。
2　钱锺书：《诗可以怨》，载《文学评论》1981年第1期。

久了，它缺少一种向外扩张的力量，缺少现实行动的激情，加之原始社会中民族血缘关系在以后一直以各种方式不同程度地存在着，儒家的温柔敦厚，道家的某些消极成分如顺世哲学等，都相互交织、渗透在一起，束缚、屈曲了人们的思想和行动。江淹在《恨赋》中满怀悲愤地描述了无数似乎亘古难灭的"恨"后，不也是以"自古皆有死，莫不饮恨而吞声"的自解式的叹息而结束了吗？因之，今天的任务不仅要研究古典艺术和美学的历史基因和理论内容，而且要从如何走向现代化这一历史高度来反省中华民族心态的历史，而这是一项较之前者更为艰巨的任务。

（原载《西北师范学院学报》1986 年第 4 期）

1987^年
身前身后事难寻

　　1987 年秋，中央电视台播放电视剧《红楼梦》时，我正蛰居于广州市文德路 79 号一楼的一间办公室中，每天都要琢磨着晚上到哪里去看电视。在同事、友人、直接间接的相识者的帮助下，我基本上看完了 36 集电视剧。播出结束后，《文艺报》组织讨论，我觉得自己费了那么多精力看电视，又正在研究《红楼梦》，应当参加。印象中《文艺报》一共发表了 7 篇评论，此文是最后一篇。

因为有小说《红楼梦》，所以评论电视剧《红楼梦》就有了一个参照。当然，把注意力集中在由电视剧和小说两种不同媒介而产生的差异上是没有多大意义的。我这里主要把它和小说原著（包括高鹗的后四十回）相比，就电视在大的情节方面的改动谈一点看法。

电视剧对小说的改动，择其大者，主要是开头结尾。改编者删去了大荒山青埂峰的神话故事，直接从甄士隐、贾雨村的交往开始，结尾处又否定了高续中贾宝玉最后出家的结局，而根据改编者对前八十回的理解，以贾宝玉在白茫茫大地上流浪乞讨来与观众告别。这就是说，改编者取消了贾宝玉"从何处来向何处去"的问题，淡化、清除了小说原作的神话故事和佛教气氛，使之完全成为一个现实人间的盛衰变迁的故事。

我很理解改编者的一份苦心和用意。导演王扶林说，电视剧不满足于把《红楼梦》仅仅看作是一对青年男女的爱情故事，像越剧《红楼梦》那样，而是把它的主题理解为对整个封建主义的批判和否定，为此就扩展、深化了小说的现实内容和批判锋芒，删除原作中的神秘色彩和宿命论倾向。不用说，创造性改编是当代人的权利，也应当说改编所预期的效果也基本实现了。但问题显然不能到此为止，至少还可以合乎逻辑地引申出两个问题：《红楼梦》是怎样表现反封建主题的？《红楼梦》仅仅是反封建这一社会——政治主题的形象表现吗？而这两个问题，恰恰都与原著的开头结尾联系在一起。至于中国传统社会是否可用"封建主义"一语以蔽之，这里姑且不论。

先谈第一点。封建主义可算是中国的"国粹"，历时久远而发达完备，直到今天仍然阴魂不散，既创造了辉煌灿烂的古代文明，也给中华民族带来了深重灾难。对封建主义专制、腐朽、罪恶的批判揭发，从它诞生的那一天起，就成为文学艺术的重要主题。与《红楼梦》同时的《儒林外史》，就以一个个儒林群丑的讽刺画面而在客观上宣告了封建主文思想文化的崩溃灭亡。那么，作为中国古典文学总结的《红楼梦》在这个主题上有哪些新的拓展呢？我以为，它既不像《水浒传》那样以现实主义的勇气揭露统治者、地痞恶霸对底层人的压迫剥削，造成官逼民反的必然现象，也不同于《金瓶梅》冷峻得近乎客观地暴露统治者荒淫无耻的生活以显示封建制度已失去其历史合理性。《红楼梦》的独特、深刻之处在于：通过对贵族之家日常生活的铺叙描写，呈现传统的皇权专制、家族制度及其"三纲五常"价值观的反人性本质，从人的角度、从个体感性存在的角度，提出了从具体生活中、从人的情感方式中清除专制统治的基础，把人从异化的社会中解放出来的历史性课题。在整个封建社会中，它的思想深度和批判力量是空前绝后的。

有关古代史的研究一再表明，由于商代生产力并不很发达，中国社会是以保存了氏族公社的血缘关系的情况下进入阶级社会的，从周初开始形成的宗法式社会制度一直是中国历史的主要形态，家庭则是传统国家具体而微的象征，是封建专制规范和伦常观念的发源地和庇护所，从而只有从这一最基本而又最不引人注意的领域进行解剖，才能发现传统社会的全部秘密。与此相对应的另一方面，宗法式封建社会的正统思想儒家学说的基本特色和主要内容就是把本来是为了维护统治的外部社会规范解释为人之所以为人的内在必然要求，视"必须"为"当然"，把政治伦理化，把伦理人情化，在个体欲求中培植社会需求，"为仁由己"，"君子之道，造端乎夫妇"，等等，一直发展到宋明理学"性即天理""心即理也"，把封建社会的天理道义、伦常规范灌注、强化到家庭日常生活、个人情感生活之中，统一个人的生活方式，使个体发生全面异化而不自知，儒家思想得以统治中国数千年而岿然不动。

真正击中要害地进行批判、揭发的，就是曹雪芹。这个贵族家庭的不肖子孙，在古老体制回光返照的乾嘉盛世，在家庭变故的惨痛经历中，清醒地感受到专制社会违反人的本性、使人不成其为人的本质，并以文学家的敏感和思想家的犀利，无情地进行了剖析。他的主人公贾宝玉，在贺吊往还、读书上学的虚伪生活中，痛楚地感到自我的丧失，对社会规范和传统观念产生了极大的反感和厌倦，终于从他赖以生存的社会文化中分离出来，企图在女孩子中、在爱情生活中发现、占有自我的真实存在。贾宝玉的追求，鲜明地表现出真实人性和社会规范不可调和的对立，也反映了作者争取合乎人性的生活方式的美好理想。但这一切在当时的社会历史条件下不可能实现，贾宝玉探求的身影终于消失在封建末世的漫漫长夜之中，他不得不带着巨大的失望落荒而逃，重回青埂峰下。

这就是贾宝玉"从何处来向何处去"的问题。大荒山下锻炼已通的"通灵宝玉"，是人性的原初状态，晶莹洁白，纯真无瑕，没有感染尘世社会的污垢，代表了作者理想中的先验人性。"不拘兮地不羁，心头无喜亦无忧"，似乎是伊甸园中的极乐世界。但这块石头却不甘寂寞，艳羡尘世繁华，希冀人间富贵，跟着仙人高士降到"昌明隆盛之邦，诗礼簪缨之族"。这就是说，贾宝玉原来是准备到人间享受一下荣华富贵的，抓周时他给自己选择的未来是脂粉钗环的女儿国，希冀能摆脱外在的伦常规范和功名利禄，在具体的感性生活中自由地生活。然而，在他全身心地投入人性存在、享受到世俗欢愉的同时，也敏感到从"烈火烹油，鲜花着锦"到"家亡人散各奔腾""白茫茫大地真干净"的人世巨变，体验到"水月镜花"而又"到底意难忘"的刻骨爱情。人间充满悲剧，贾宝玉一再体会到这个世界的伦常规矩和现实禁忌竟然是要人克制、压抑作为一个人的感性欲望、情感意志，痛感当初对人生的美好设想和追求不过是一个幻影。而且，风花雪月、锦衣玉食的王孙生活不但有大荒山所没有的许多束缚限制，而且也腐蚀、污染了原来的清净自性，所谓"粉渍脂痕污宝光"，他由此而自惭和忏悔，并终于明白，只有在自觉地否定社会人间，重返青埂峰下才能复归本性。所以开头结尾篇幅虽短，却是整部作品的重要组成部分，神秘的形式包裹着极为现实的内容：真实人性和社会习俗的根本对立。人应当按照他的自然本性来生活，一切违反、干扰人性自然的存在都是必须否定的。贾宝玉反传统思想的起点就是追求、看守人的真实存在，他要清除在他和真实存在之间并阻碍他走向真实存在的传统观念、社会规范，固守人的自我本性。忽略了这一点，也就把《红楼梦》混同于一般的反封建作品。

再谈第二点。不管红学家们有多少分歧，《红楼梦》反封建思想这一点已经得到确认。然而在曹雪芹本人，也许根本不知道所谓"封建主义"为何物。他之所以在饱经人世沧桑之后"十年辛苦""著书黄叶村"，并非自觉地、有意识地批判封建主义，而是在追忆往日的美好生活，怀念当初"行止见识皆出于我之上"的美丽少女，并总结他对人间世相的思考，表达他的生活理想的。红楼辉煌，繁华诱人，但人世之事终不免"千红一哭，万艳同悲"。虽然人人都在竭力施展才能和手段追求自己的梦想，"乱哄哄你方唱罢我登场"，但殊途同归，都不过是大梦一场。值得注意的是，曹雪芹这样的人生彻悟不同于古诗中大量的人生无常的唱叹，而具有饱满充实的经验累积。红学研究一般都认为，曹雪芹年少时，他在金陵的江宁织造之家被抄，从锦衣玉食的富贵荣华一下子坠入生活底层，成为权力斗争的牺牲品。搬到北京以后，家庭又发生变异，终至于一败涂地，食宿维艰，有时甚至寄食朱门。生命之于他，确实是一连串惨痛的遭遇，他的锐感、他的天才使他得以把个体的悲剧抽象化为人性一般，用"沉酣一梦终须醒，冤孽偿清好散场"来解释生活本质，把人生的常态归结为"好便是了"的宿命论。为此，曹雪芹在贾府盛衰的现实事件上又加上大荒山青埂峰、太虚幻境这一神秘框架，以超越个人一己的偶然得失力图客观地反思人生，探究社会，他要写出一部人生启示录以昭告后人，启发来者。贾宝玉没有像传统士大夫文人那样，在仕途失意、遭遇挫折之后栖志山水、寄情诗酒，在自然和艺术中安顿灵魂，而是以彻底放弃自己生存、离开现实人间表明：人既不是伦理的符号，也不是精神的载体，如果感性、具体的生存方式不能实现，人生就毫无价值；离开了此世的真实生活，人也就无从谈起。所以尽管贾宝玉是自觉地悬崖撒手，弃绝人世的，但他丝毫没有庄子式的解脱感，他从来不想为痴人智，从来没有改变自己的"呆性"，巨大的失望使他的人世诀别带有浓厚的悲剧气氛。"幽微灵秀地"，人间有多少在吸引着他啊！"无可奈何天"，红尘给他的馈赠却不过是粉碎他的一切理想追求而已。这说明曹雪芹不仅批判正统的儒家学说，也否定了传统文化中作为失意者退避哲学的庄玄禅，对人的问题有了更深刻的体认，透露出朦胧的近代色彩。从而贾宝玉离家出走的行为就具有深永的哲学意味。

毫无疑问，对于今天的观众来说，《红楼梦》的真正价值并不在于作者人生如梦的结论和贾宝玉最后的"悬崖撒手"，无限的探求过程大于干巴抽象的结论。激动着、感染着人们的，是贾宝玉所要否弃的现世时光，是贾宝玉所曾追求过的人的真实存在。《红楼梦》是反封建的，因为封建文化是扼杀人性的，贾宝玉对此提出了强烈抗议；它又不仅仅是反封建的，在批判封建主义这一社会政治主题之外，它又蕴含着极为丰富的人生哲学。它提供的不是结论，而是怀疑精神和探究心态。人类不可能有理想王国，历史没有终极目的，贾宝玉的形象将永远激起人们的同情和共鸣，《红楼梦》的生命力是永恒的。

因此，可不能小觑了《红楼梦》的开头结尾，它关系到整部作品的思想意蕴和现代意义。电视剧刘除了这一切，原作的消极思想是被清理了，而其深刻性和独创性也就失去了。漫天风雪中，贾宝玉渐行渐远，电视剧的印象也越来越淡薄。因为它所表现的不过是一个大家庭的盛衰故事，而这在以家庭为本位的中国社会中已屡见不鲜。观罢 36 集电视剧，在痛骂一下传统社会、发几句梦幻沧桑的感叹之后，我不禁纳闷：《红楼梦》就是这些吗？

青埂峰的顽石后面，有一偈语："无才可去补苍天，枉入红尘若许年。此系身前身后事，倩谁记去作奇传。"脂评《红楼梦》各本大多名为《石头记》，可见这首诗是整个作品的序诗。作者的动机和作品的意义可以根据这首诗来体会。遗憾的是，电视剧删去了贾宝玉的"身前身后事"，我们到何处去寻找改编者孜孜以求的原作精神呢？

（原载《文艺报》1987年11月7日）

1988年
徘徊在规范之外
——贾宝玉的心灵历程

因为毛泽东的提倡，"文革"后期有几门显学：红学、鲁迅研究和太平天国研究。1978年我进扬州师范学院读书时，黄进德、曾华鹏和祁龙威老师恰好在此三个领域发表了重要成果。中文系学生不大会关注太平天国，但鲁迅和《红楼梦》是绕不过去的。当时我对红学的了解，主要是通过1974年"评红"运动中各个院校编选的参考资料，而以扬州师范学院中文系评红小组和资料室合编的《红楼梦研究参考资料选编》最有品质，因其所选，多为"文革"前的红学名作，而不是"文革"期间"工农兵"的"评红"文章。1986年秋，我在广州闹市区一间白天也要开灯的暗室中开始了梦境的沉酣。当时的设想，是用一年时间写十篇论文，在《红楼梦》中发掘与现代人文观念相关的资源。1988年初夏，完成九篇，因兴趣已经转移，就匆匆收场了。这些文章后来编为《人与梦：红楼梦的现代解释》一书出版。愧对母校老师的是，关于鲁迅，我只写过两篇文章。

如果不计那些大量的考证性文字，那么关于贾宝玉的各种议论便是红学史中篇幅最多的了。这位一贯喜欢和女孩子厮混的怡红公子，或许真如贾母说的是投错了胎的丫头，因此可以任人打扮：索隐派以诗人想象猜测他是清初词人纳兰成德甚至是清世祖顺治皇帝；新红学以史家的严谨力图考证他就是作者本人；20世纪中叶以后，贾宝玉又被分配到阶级斗争的框架中，俨然成了反封建的斗士和先驱。从作者的生活环境中寻找文学人物的原型，在虚构想象中发现作者的自传成分，以现实需要推论古典形象的社会意义，这几乎是现代文学研究的三种基本模式。在认可了接受美学和读者反映批评的今天，我们充分意识到，文学文本完全可能有各种不同的实现方式，而没有一种阅读、一种诠释能穷尽其全部意义。由于每个读者都会以他自己的方式充实文本的空白点，因此文本的意义是无穷开放的。正是在这个意义上，红学史上三大流派均有其合理性和必然性。可以也应当申论的是，现行的解释大多无视贾宝玉作为文学人物的完整存在和有机生命，或平面罗列几个特点而自相矛盾，或抓住一种倾向以偏概全，或是以阶级分析来论述他的思想，或是从政治态度来判断他的价值，总之是很少真正深入到贾宝玉的心灵世界，在其现实感性的具体遭遇中全面理解阐释这个人物。借用现代诠释学的术语，就是尚未实现解释者和文本之间"视野融合"。

有鉴于此，我这里试图对贾宝玉作一新的解释。首先是在审美感受的领悟中重建贾宝玉心理的结构模式，然后从具体的历史/生存条件追溯这种心理结构的所由成形，并用心理/逻辑的方法推导其发展转化，及其在特定时空中的当然归宿。希望这样能够比较清楚地呈现出贾宝玉这个人物形象所蕴含的人文意义。为表述方便，本文从发生学的角度把贾宝玉的心理分为四个相互渗透、融合推进的过程渐次论述。

一、严重的分离

在金屋绣榻、锦衣玉食的荣国府中，在花轻似梦、情柔如水的大观园里，贾宝玉却陷入了无可挽回的心理危机——他无法认同他所承袭的文化传统与存在环境。

这一严重的分离，贯穿了贾宝玉的一生。他还未露面，那位抱负非凡的贾雨村就对他作了一番半哲理的解说：既非秉"清明灵秀"之正气的仁者，也非秉"残忍乖僻"之邪气的恶者，而是正邪混合的产儿。"其聪俊灵秀之气，则在万万人之上；其乖僻邪谬不近人情之态，又在万万人之下。"非善非恶，亦善亦恶，是一特殊人格。"通灵宝玉"伴随他来到人间，正预告其非常的心性："潦倒不通庶务，愚顽怕读文章。行为偏僻性乖张，那管世人诽谤。"在他跟着一僧一道出走后，贾政顿然醒悟："那宝玉生下时衔了玉来，便也古怪，我早知不祥之兆……岂知宝玉是下凡历劫的。"历来关于贾宝玉分离叛逆的论述，夥矣。本文概括为四个方面：第一，无视传统和社会对自己的设计和规范，企求自我选择人生道路和生活方式。在悠长而延滞的古中国，读书人的出路唯在仕宦一途，所谓"留意于孔孟之间，委身于经济之道"。这是理想的，也是现实的，是由人文惯例和社会建制保证的。而贾宝玉从小就怕读书，长大更厌恶科举八股："可笑的是八股文章，拿他诓功名混饭吃也罢了，还要说代圣贤之言"；"不过作后人饵名钓禄之阶"。根本否认了习惯而又权威的立身扬名之道。但他同时又并非如贾政说的是"淫魔色鬼"，他与贾珍、贾琏、贾蓉等人的声色犬马保持距离，出污泥而不染，虽说不上完全的洁身自好，但始终保持赤子之心，既与传统的士子追求脱节，复与具体的生存环境对立。第二，拒绝承担家庭责任和人伦义务。在赖以生存的贵族之家急剧崩溃面前，贾宝玉毫不动心，对积极"补天"而改革家政的贾探春，他的劝勉十分消极：不要听，不要想，"只管安富尊荣才是"。连林黛玉都略有担忧的事，他也置若罔闻，这倒不是因为他麻木迟钝，而是把这一切都视为身外之事，他没有与家庭、家族休戚与共的关联和精神一体的契合，更没有"修齐治平"的宏愿。在家国一体的社会结构中，他不仅成了贾府衰败的重要因素，也是传统社会结构趋于解体的征兆。第三，反思传统的经典教义与价值理念，嘲讽了、否弃了各种崇高神圣的理念与实践。他批评《四书》和理学，喜欢阅读《庄子》《西厢记》等非主流作品；指斥"文死谏""武死战"的古训，认为各种忠君行为实在是"胡闹"，骂朝廷官吏是"国贼禄鬼"；对那些进退应付、贺吊往还之事不胜其烦，尽量躲避；贾元春被册封，合府上下大喜大贺，独贾宝玉不以为意。第四，也是最鲜明的，是贾宝玉喜欢与女孩子在一起，分享她们的欢乐与悲痛，赋予她们以一种形而上的美德和优点。中国古训，男女有别为君子立身处世之道，但贾宝玉却坚决地、毫无保留地礼赞女性而厌恶男性并具体落实到生活实践之中，这在古今中外都是罕见的。总之，君临一个泱泱大国数千年的价值标准和文化规范，包括"君臣之礼""文武之道""男女大防"等，都已不在贾宝玉的认同与选择之中。

知子莫如父。僵化古板的贾政，对这个宝贝儿子十分了解："在家只是和些女孩子们混闹，虽懂得几句诗词，也是胡诌乱道的，就是好了，也不过是风云月露，与一生的正事毫无关涉。"偌大的贾府，恐怕没有第二个人像贾政这样对贾宝玉与"正事"的分离有如此清楚的认识，所以他要运用传统规范和父权之力迫使贾宝玉及时醒悟，迷途知返，皈依正道。对于贾政来说，外出做官是例行公事，家庭管理有他人代劳，主要工作就是教育子女，使之成为传统文化和现实社会所能容许的人，这也是传统文化赋予家长的最重要的责任。赖嬷嬷不是说嘛："不怕你嫌我，如今老爷不过这么管你一管，老太太护在头里，当日老爷小时候挨你爷爷的打，谁没看见的。老爷小时候何曾像你这样天不怕地不怕的了。还有那大老爷，虽然淘气也没像你这扎窝子的样儿，也是天天打。"（第四十五回）文化传统总是通过强制性教育传播下来的，贾政可以百事不问，只要把宝玉教育成"人"，他就完成了文化使命。他的途径是两条：督促他读书，培养他社交。读书是为了向他灌输传统文化的经典教义，使之自觉信奉传统；社交是为了适应社会，将来能为宗法社会服务，以其道易天下。在思想观念和行为方式上双管齐下，使贾宝玉彻底驯化，成为和他一样的传统文化的孝子贤孙。

然而，贾宝玉是灵性已通的人，在传统伦理之外，他有着自己独特的情感意识和生命哲学，"玉兄一生天性真"。贾政认为，人之为人在道德教化，在遵守规矩，贾宝玉则坚持人性原来的状态，认为自然的状态才是真正的我。"我"的所有，就是和理、礼相对的"情"——"厚地高天，堪叹古今情不尽"。失去了情，人究竟还剩下什么，贾政是极好的先例。传统文化并不像佛教、基督教那样完全否认情感和感性，"孝"就源自人的自然情感，但它却在此基础上建立社会规范，以调整节制情感和感性。比如五伦，就是从人最基本的五种关系入手建立人伦秩序的网络系统，其结果不但使这些感性得不到自由发展，而且由于理、礼的渗透最终歪曲人性、窒息人性。贾宝玉的悲剧，就在于他要在不允许"情"生存的文化系统中追求情、执着情。所以敏感的贾宝玉就非常痛苦，他真正体验到一个"存在于世界上"的人是多么别扭，多么难受。费孝通说："文化的深处，时常并不是在典章制度之中，而是在人们洒扫应对的日常起居之间。……

愈是基本的价值，我们就愈不假思索。行为时最不经意的，也就是最深入的文化表现。"[1]日常生活的风俗、习惯、禁忌才是一个文化的深层所在，"三纲五常"并不只是抽象的戒律，也是具体的行为规范和生活准则。贾宝玉反传统的特点也即在此。说到贾宝玉，我们最清楚记得的是他对四书五经的伦理教导及读书仕进的本能性反感和厌恶，在所有这一切的背后，是他在情感意识和生活方式上对传统价值与道路的根本反叛。尽管他生在富贵官宦之家，长在鲜花锦绣丛中，当初到人间来的企图似乎都实现了，但他朦胧而执着地感到，传统伦理型文化不符合他对生命和生活的理解，不能满足他的天性欲求。在那些经典著作的神圣教诲和长辈规训的善意言词中，他找不到他作为一个人所需要的东西。

贾宝玉拒绝成为传统价值观传递的一环。人类进化的历史决定了他成了一种文化生物。但是从个体的角度看，并没有决定他有哪一种文化。因此，问题不是人是否有文化，而是有哪一种文化。贾政灌输给贾宝玉的文化，是使他丧失存在、异化人性的文化，贾宝玉以朦胧的直觉拒绝这一文化承续，因此，处处怀疑、时时苦闷，他始终没有一点"知足"感，他始终与传统文化和现实社会保持着很大的距离。这就是失去自我的焦虑。贾政很不解地责问他："我看你脸上一团思欲愁闷之色，这会子又唉声叹气，你那些还不足，不自在？无故这样，却是为何？"（第三十三回）是的，什么都有，唯独没有他所需要的感性生活和个性自由。贾宝玉在自身非人状态的痛楚体验中，发现了被传统文化省略了的个体人格。他喜欢一溜烟地从偏门出去看看广大世界，却极厌恶与士大夫诸男结交；他喜欢日常的家庭生活，却极反感家庭对他的约束、限制。"却因锻炼通交后，便向人间觅是非。"他要向规范要求感性，要向社会争取自我，从最具体的人的存在出发，从根本否定了纲常伦理。

这是贾氏父子冲突的基本含义。在此过程中，贾宝玉不是一时的精神变态或心绪波动，不是对某一具体人事的异议和分歧，而是自觉地把社会规范视为批判、否定的对象，所以贾政的同化努力只能导致更大的分离。当代学者舒芜认为贾宝玉是鲁迅"狂人"的先驱："在《红楼梦》以前，中国文学作品里从没有贾宝玉这样与环境不协调的人。过去的文学作品里，也有忠良被谗、英雄失

1　费孝通：《初访美国》(1945)，《美国与美国人》，三联书店1985年版，第76页。

路、公子落难、佳人薄命，等等，但是，他们同所属的环境是协调的，就是说，同当时社会的政治道德观念，同当时的真、善、美的标准，是完全协调的。""只有贾宝玉以他的整个性格，同他的社会相矛盾。除了林黛玉以同一类型的性格成为他唯一的知己而外，书中没有一个人了解他。"[1]

法国心理分析学家拉康（Jacques Lacan）认为，所谓自我原是一个想象的建构，是随着事实而被认定的一种虚构，他称之为个体心理发展的"镜像阶段"，以此来表明长期被认为是独立自主的"自我"其实是社会文化的建构。在后现代主义与文化研究中，建构"自我"被认为是文化的基本功能。具体地说，在一定的阶段，人的心理、行为类型从一开始就是被社会和家庭规范了的。外部世界的期待创造了一个人所应当扮演的角色，个体同化这一期待，转变为自觉的主体认同，最终满足社会需要，个人和社会从此处在相互推进不可分离的统一关系中。个体心理的这一发展规律在古代中国被转化为一种意识形态。如果按照美国社会学家米德（Margaret Mead）的见解，传统文化属于"后象征文化"："祖辈的人把刚出生的孙儿抱在怀里，除了他们往日的生活以外，他们想不出孙儿还会有什么别的未来。他们早已为新生一代的生活定下了基调。孩子们的祖先度过童年期后的生活，就是孩子们长大后将要体验的生活。"[2]贾政的教训和棍棒所提醒给贾宝玉的，就是这一文化惯例和社会规范的顽强持续。

这无疑只是一种理想。个体的人总是在整体社会的历史运动中不断丰富发展的，由遮蔽趋向敞开，由潜能变为现实，这是正面肯定的过程。而分离便是此一历史的中断，就是说，当一种成熟的文明要求个体作出越来越多的牺牲、越来越敌视人的时候，分离便成为人的本质表现，反抗就成为一种历史的现实，它预示着社会历史和文化传统巨大转折的到来。对中西文化有深切了解的傅雷先生，曾对他的儿子说："对中国知识分子拘束最大的倒是僵死的礼教，从南宋的理学起一直到清朝末年，养成了规行矩步、整天反省，唯恐背礼越矩的迂腐头脑，也养成了口是心非的假道学、伪君子。其次是明清两代的科举制度，不仅拘缚性灵，也使一部分有心胸有能力的人徘徊于功名利禄与真正修心养性、致知格

---

1 舒芜：《"新人"贾宝玉新在哪？》（1981），《说梦录》，上海古籍出版社1982年版，第18页。

2 [美]米德：《代沟》（1978），曾胡译，光明日报出版社1988年版，第20—21页。

　文化研究的自觉

物的矛盾中。"[1] 这不就是贾宝玉的生存现实吗？贾政就如是说："什么《诗经》古文，一概不用虚应故事，只是先把四书一气讲明背熟。"体验到这一规范和导向的非人性，贾宝玉走上了他的不归路：以个体身心的全部力量消解习俗和价值理想，寻求新的生存方式。

　　然而，先觉者总是痛苦的。从心理分析的意义上说，这种日渐分离的情形可能产生一种孤立状态，从而产生凄凉之感并造成强烈的焦虑和不安。这在古中国表现得尤为严重。自原始公社解体后，血缘纽带一直是维系社会统一的有效工具，宗法式的国家制度便是按家庭结构组建起来的。"列君臣夫子之礼，序夫妇长幼之别。"源于孔孟的礼教文化的主题和贡献就是以个人和社会的统一为原则，设计了一个理想的社会秩序，它既基于人性需要，又超越个人，把每一个人编组到严整的伦理/政治系统之中。个人进入社会的标志不仅在于找到早已确定好的生活位置，还在于根据这个位置接受社会期待的生活角色和价值标准，这就是所谓"君君、臣臣、父父、子子"的人伦之礼。这种个人和社会的统一不是建立在个人权利和个性自由的基础上，而是个人必须无条件地服从社会合理的安排，"齐之以德，导之以礼"，"克己复礼"。当这一学说被政治化为意识形态之后，便愈益成为充满统治者的利益的狭隘自私的规范和要求，桎梏着个人的自由发展。传统社会由于提供了可以满足个体多方面的心/身需要，个体很难从庞大复杂的价值/制度系统中逃逸出来，主体和个性的觉醒则需要更强烈的敏感和更大的勇气。毫无疑问，它所产生的痛苦也更为深重、巨大。恐惧和渴望，爱情和死亡，在贾宝玉的心灵中互相碰撞，这个被抛到人间的石头，这个孤独的"情痴"，时时刻刻都摆脱不了对人生和命运的一种形而上的思考和体验。即使在最热闹的场合，他也会陡然涌起一阵悲凉。比如第二十八回，是贾宝玉、薛蟠等人在冯紫英家里头喝酒玩乐，那是个乱哄哄却也热闹的场合，但贾宝玉唱的《红豆曲》却充满了惆怅和忧伤："滴不尽相思血泪抛红豆，开不完春柳春花满画楼，睡不稳纱窗风雨黄昏后，忘不了新愁与旧愁，咽不下玉粒金莼噎满喉，照不见菱花镜里形容瘦，展不开的眉头，捱天明的更漏，呀！恰便似遮不住的青山隐隐，流不断的绿水悠悠。"

1　傅雷：《傅雷家书》，三联书店1984年版，第221页。

分离意味着失去保护和依存。从心理学上说，"人之所以孤独是由于他是独特的存在，他与其他任何人都不同，并意识到自己的自我是一独立的存在"[1]。以孤独的个体面对广漠的世界和茫茫的人群，贾宝玉所体验到的最大痛苦便是无家可归。在第一次梦游太虚幻境时，他梦中欢喜，想道："这个去处有趣，我就在这里过一生，纵然失了家也愿意，强如天天被父母师傅打呢！"所以尽管他生活在家族之中、父母之怀，但没有家园之感。对灵魂栖居的追寻及其失望，使他周期性地产生心理郁闷："忽一日不自在起来，这也不好，那也不好，出来进去只是闷闷的。""只在外头鬼混，却又痴痴的。"他在浪游、漂泊，他在找寻归宿和家园，薛宝钗不是说他是"宝贵闲人"吗？因为宝贵，他可以在生存需要之上提出更多、更合乎人性的要求；因为苦闷，富贵之于他真的"如浮云"。有谁能理解他的心灵冲突和精神痛楚呢？不只贾府，应在当时的大清帝国，也并没有一个可以取代儒学正统而又为青春心灵接受的生活道路和人生理想。在这方面，贾宝玉确有些类似于19世纪俄国文学中的"多余人"。他向柳湘莲诉苦："我只恨我天天圈在家里，一点儿做不得主，行动就有人知道，不是这个拦就是那个劝的，能说不能行。"分明和冈察洛夫（Ivan Alexandrovich Goncharov）笔下的奥勃洛莫夫（Oblomov）梦中的童年一模一样。

　　尽管如此，贾宝玉还没有像奥勃洛莫夫那样不思改进、整天躺在床上。在大观园中，他是最好动的，常常"一溜烟"带着茗烟走出贾府的高墙深院，大街小巷、荒村僻野地乱跑。当代心理学家霍妮（Karen Danielsen Horney）从克服精神病痛苦的角度把人的需要概括为三个类型：趋向人、反对人、避开人。贾宝玉克服孤独感的方法是趋向人，"这种类型的人需要别人喜欢他、需要他、想他、爱他；他需要感到别人接受他、赞赏他、佩服他、离不了他，尤其是需要某一个人需要他；他需要人人帮助他、保护他、关心他、指导他"[2]。分离—孤独—趋向人，是贾宝玉的一个心理/情感线索。依此，才能理解他"专在内帏厮混"，喜聚不喜散的行为特征，才能理解他的心态变化，才能理解他和林黛

　　1　[美]埃利希·弗洛姆：《人的境遇》（1948），载马斯洛等著：《人的潜能和价值》，刘小枫译，华夏出版社1987年版，第106页。

　　2　[美]卡伦·霍妮：《我们内心的冲突》（1945），王作虹译，贵州人民出版社1990年版，第22页。

玉充满灵性的爱。人总是需要他者的，个体与特定的社会规范分离的力量，却没有也不应当有与整个人类分离的勇气。

《红楼梦》是中国古典文学的最后总结。有意思的是，中国第一个大诗人屈原，就是在孤独中行吟泽畔、以身殉国的。"恐皇舆之败绩"，有心报国、无路请缨，他的《离骚》是不为王者用的哀怨，并不游离于当时社会。到了贾宝玉，传统社会已经失去了存在的合理性，"忽喇喇似大厦倾，昏惨惨似灯将尽"——既是贾府的真实写照，也是整个传统社会结构的绝妙象征，贾宝玉是与整个社会脱节了。因而屈原的孤独可以创造出色彩缤纷的香草美人，而贾宝玉的孤独却只能弹奏出一曲人生如梦的哀歌。法国作家加缪（Albert Camus）把反抗者定义为"说不的人"，贾宝玉就是一个"说不的人"。时光是富有成果的，从屈原到贾宝玉，是一条极为曲折漫长的人性重建之路。

二、双重的忏悔

当个体与外部的社会规范分离之后，自我的价值和位置就突显出来，魏晋名士对儒学的社会人伦安排表示怀疑和否定之后，转而确定了内在人格和自我价值，以此和不合理的社会现实相对抗，这一点，当然与贾宝玉有相通之处。然而，如果按照贾宝玉的心理逻辑来考察他的"自我"的话，那么就可以发现他与社会的分离恰恰又以忏悔的形式内化到他的"自我"之中——这是一个分裂的自我，一个破碎的自我。

贾宝玉原是"情痴"，是一个对生活、青春，对一切美好的事物极端痴迷的人物，但在其对生命的执着和痛苦之中，他的心灵又常常笼罩着"男性原罪感"的阴影。还在七八岁时，他就以"女儿清爽，男子浊臭"而惊世骇俗，始终认定男子是罪恶的渊薮，要对世间的肮脏罪恶负责。可命运偏偏和他开玩笑，他生就是一个男子，对男性世界愈是厌恶、愈是抨击，他自己的心理压力和精神负担也就愈大。这是他一生中最大的不幸。很了解他的茗烟在祷告金钏儿时说："你在阴间保佑二爷来世也变个女孩儿。"来生究竟如何不知道，但今生此世贾宝玉，却注定要在忏悔懊恼中度过。

确实，贾府的男子们哪个不让他失望？他之所以要与传统礼教、社会现实分离，就是因为在男性中心的社会中，不是礼教纲常、功名利禄，就是财货贪婪、无耻荒淫。和贾宝玉共同语言比较多的三姑娘贾探春说道："我但凡是个男人，可以出得去，我必早走了，立一番事业……"痛切之中包含了对贾府男子何等的失望和鄙视！大观园的欢乐时光，贾宝玉生命的春天，都是由美丽多情、自由烂漫的少女带来的，她们与男子们形成泾渭分明的两个世界。

贾宝玉是男子，他为自己的同性而羞愧难堪；贾宝玉是生活在少女世界中的男子，他总能发现女子的才貌品德，对之怜悯、同情、赞叹、悲愤，在女儿面前他总是"自惭形秽"，每每以"浊物""浊玉""俗之又俗"自称，似乎要一个人担荷起男性世界的全部罪恶，祈求女儿们的宽宥和谅解。自视甚卑是贾宝玉的首要特征，在女儿面前，他总有极度的自惭、沉痛的自责，以能和女儿平等相处满足。有正书局的经营者（狄）平子有一个看法："怡红在园中与姊妹联咏诸章，往往平庸，盖实不欲压倒诸姊妹之意；其在外间之作，有绝佳者，如《滴不尽相思血泪》一曲，诚绝唱也。"[1]这确实是精细之论。宝黛爱恋，但每次和黛玉闹别扭，总是他赔不是，黛玉一哭，他就手足无措；一个女儿出嫁或离去，他会怅恨不已；在钗、黛、湘之间委曲求和的苦心自不必说，就是对普通供他役使的丫头，他也怀有极大的敬意和关切，反过来甘愿为她们服役。平儿挨打，他为能趁机给她梳头而怡然自乐；鸳鸯自尽，他听说可以给她磕头而悲中生喜；袭人说他一天不挨丫头们"两句硬话衬你，你再过不去"。这在他本人，都是求之不得的。在和着血泪写就的《芙蓉女儿诔》中，他酣畅淋漓地抒发了自己痛绝的忏悔："自谓红绡帐里，公子情深；始信黄土陇中，女儿命薄！汝南泪血，斑斑洒向西风；梓泽余哀，默默诉凭冷月。""蕙棺被燹，惭连同穴之盟；石椁成灰，愧迨同灰之诮。"讴歌女儿，一往情深；谴责自己，毫无保留。这是对女儿世界的同情赞美，是对男性罪恶的鞭挞起诉。

清纯的贾宝玉有什么罪过？他为什么要承受如此无辜的煎熬？第七回宝玉初遇秦钟，见其人品出众，"心中似有所失。痴了半日，自己心中又起了呆意，乃自思道：'天下竟有这等人物！'如今看来，我竟成了泥猪癞狗了。可恨我为

---

1 饮冰、平子等：《小说丛话》（1903—1904），王运熙主编：《中国文论选·近代卷》下，江苏文艺出版社1996年版，第309页。

什么在这侯门公府之家，若也生在寒门薄宦之家，早得与他交结，也不枉生了一世。我虽如此比他尊贵，可知锦绣纱罗，也不过裹了我这根死木头；美酒羊羔，也不过填了我这粪窟泥沟，'富贵'二字，不料遭我荼毒了"。文明人类不能没有礼，男性世界不能只有花月点缀，但毫无疑问的是，到贾宝玉生活的时代，男性主导的传统价值规范和社会体制已经暴露了它的全部虚伪、荒唐和非人性。贾宝玉的忏悔是对伤害人性的社会秩序和伦常规范的激烈抗议，它提出了从本真心灵和人性结构中清除畸形社会规范、价值意识的问题，表明即使是自觉地站在统治秩序对立面的叛逆者，也会烙上强制性社会文明的印记，受到虚假礼义的污染毒害。社会的罪恶让一个受害者来承担，这个社会的合法性危机已到了无可挽回的程度。忏悔意识是分离感受的深化。贾宝玉在把自我和社会分离之后，把自我也分为两层，并以极大的痛苦来清除自我中的非我层面，摒弃现实环境所强加给他的面具，由此去发现体验隐蔽在社会面具后面的陌生人——真实的自我。

显然，贾宝玉式的忏悔史无前例。作为理想人格的设计，传统文化在要求个人无条件地服从社会的同时，极力提倡"反求诸己""反身而诚"之类的自律性修养，认为价值之源内在于人心，个体无须外求就具有超个体的伦理自觉，"自明诚"即可"自诚明"，所谓格物、致知、诚意、正心，其目的就是要把客观准则、社会规范转化为内在意愿、主体欲求，达到自我认识和控制，最终取得个体意志与社会标准、人伦秩序与宇宙秩序的和谐统一。这样，中国人就比较具有心理的平衡和稳定，很少紧张激烈、不可调和的心理撕裂，没有拷打灵魂的自我忏悔。天—道—人的价值论模式遏制了向人性深处的开掘和体验，贾宝玉的忏悔，恰恰就在这封闭的模式上打开缺口，成为中国文学中第一个获得深度体验的分裂的自我。

生长在贵族社会的贾宝玉何以会有如此体验？作者是以神话故事为其依据的。他原是大荒山青埂峰下锻炼之后灵性已通的石头，晶莹洁白、纯真无瑕，没有沾染人间的污垢。"天不拘兮地不羁，心头无喜亦无忧。"灵石象征着作者理想中的至善至美的先验人性，但他不甘天国的寂寞，希图人间的富贵荣华，主动要求来到"昌明隆盛之邦，诗礼簪缨之族"，品尝文明的幸福之果，接受社会的陶冶、道德的驯化，当然就难免"粉渍脂痕污宝光"——他沉沦堕落了。神话的寓意是相当清楚的：只有原本是通灵宝玉的贾宝玉才能觉察到社会规范与真实人性的根本对立，只有因为特殊的生存环境而灵性未泯的贾宝玉才有可能忏悔自己所沾染的社会罪恶。他忏悔，忏悔自己当初为了满足感性欲求而走进红尘；他忏悔，忏悔自己为什么不是女儿，可以比较多地保持灵心真情；他忏悔，忏悔自己为"声色货利"所迷，失去了本性；他忏悔，忏悔那么多美丽洁净的女儿"死的死，嫁的嫁"，而他——"怡红院浊玉"却依然苟活在情天欲海之中浑浑噩噩……

现代学者王国维，以其悲天悯天的哲人情怀激赏贾宝玉的忏悔，并从叔本华（Arthur Schopenhauer）的意志论悲观主义出发大加发挥。他认为，人生、欲望、痛苦是三位一体的存在，唯有艺术，"使吾人超然于利害之外，而忘物与我之关系"[1]，在审美静观中摆脱人生的痛苦。而《红楼梦》的精神，就在于写出贾宝玉"自犯罪""自忏悔""自解脱"的全部历程，"示此苦痛之由于自造，又示其解脱之道不可不由自己求之道也"，为无尽欲流中的芸芸众生启示了一条解脱自由的拯救之途。王国维抓住了贾宝玉的忏悔是一个非常重要的见解，但他一方面省略了贾宝玉忏悔中的具体社会内容，抽象化为对人性一般的忏悔，这实际上宽宥了不合理的社会规范，另一方面又误解了贾宝玉忏悔的目的——不是为了解脱出世，而是为了更真实地获得自我，把握此在。

人的觉醒不仅在于争取做人的权利，取得独立的人格，也在于自觉地发挥自我潜能，在参与文化共同体的完善中实现自我的价值。前一方面合乎逻辑地表现为贾宝玉忏悔的第一层：清除自我中的非我，批判否定社会规范；后一方面在当时的社会历史中根本不可能，便反转为忏悔的第二层：对觉醒了的自我的忏悔，或者说是对忏悔的忏悔。贾宝玉拒绝了传统观念、社会规范、父母殷望，并且这一切已到了相当严重的程度。然而如上所说，分离出来便意味着无所依托。假如他能够按照社会规范塑造自己的话，他完全可以安身立命，博取功名，不受精神流浪之苦，虽然这是以丧失真我为代价，但在本已无我的中国社会，这实际上并不算太大的委屈。然而现在呢？灵性已通，自以为勇敢地和社会、传统对峙，似乎是"众人皆醉独我醒"，不仍然是碌碌无为并且是自寻烦

---

1 王国维：《红楼梦评论》（1904），《中国近代文论选》下，人民文学出版社1981年版，第745页。

恼吗？所以美国学者卢西恩·米勒（Lucien Miller）指出："在他从自己天石存在中跌落出来的过程中，宝玉遭遇着一种现实的悲剧性畸变，他在那里经历着一种异化的青春韶华。在那个理想的具有无穷浮欢与优待的大观园的天地中，宝玉以一种孩子的目光把自己看作一种一切围着他团团转的本初存在。他的实际情况与他的沉沦相背反，他父亲一再交付的重任，也鲜明地对应着他在复杂裙钗关系世界中的沉湎，对应着他的诗情和超脱哲学。在被从仙境中连根拔起之后，他一时失去了成为本己（石头）的力量。他不断地被诱惑着去归顺和沉迷于一个他实际上是无家可归的世界，去贪欢于浮面的餮足，从其自身分离出来。"[1] 因此，贾宝玉又要忏悔了——"却因锻炼通灵后，便向人间惹是非"。痴头和尚真是贾宝玉的心灵监护者，一语道破他的灵府隐秘。"背父母教育之恩，负师友规训之德。""愧则有余，悔又无益。"此生此世真不知如何了结。也许，还是太虚境中仙姑提醒的对："快休前进，作速回头要紧！"

如果说第一层忏悔是分离感的发展深化，那么第二层忏悔便是孤独感的必然引申。如同孤独感是伴随分离而来一样，第二层忏悔也是第一层忏悔在挽歌时代的唯一归结。所以不能把这一层忏悔解释成作者的曲笔或反语，除了这当中包含的沉痛愤切的情感外，至少可以分析出两重意义：对于理想的人性、真实的自我而言，这是对自身现状的忏悔：为什么不能有所保留、有所伸展呢？如此脆弱无能不问心有愧吗？对于社会规范和现实环境而言，也是真心忏悔：很抱歉，毕竟辜负了你们！这两重意义在主观上都是真诚忏悔，客观上却是极其深刻的反讽和揭发：前一重是直接的，唯其社会否定我的追求，不允许叛逆者存在、发展，我只能碌碌无为；后一重是间接的，表明在一个完全异己的世界上先知者的胆怯和动摇，传统和现实压力之大，使得它的叛逆者自己也有点悔不当初。

双重忏悔所造成的心理负荷是贾宝玉难以承受的，他时常流露出精神病症状。"大雨淋的小鸡似的，他反告诉别人下雨了，快避雨去罢。""时常有人在眼前，就自哭自笑的；看见燕子，就和燕子说话；河里看见了鱼，就和鱼说话；见

1　[美]卢西恩·米勒：《为旋风命名：曹雪芹与海德格》（1981），段小光译，《文化：中国与世界》第一辑，三联书店1986年版，第144页。

了星星和月亮，不是长吁短叹，就是咕咕哝哝的。"心理学研究发现，获得自由的人为了克服孤独感，往往会产生受虐待的冲动。贾宝玉的所作所为，实质上是为克服孤独感而趋向人的活动，而由双重忏悔而来的内在压力，又外显为相当明显的受虐症候。晴雯、袭人、麝月之间和钗、黛、湘之间的纷扰，都成了贾宝玉的烦恼之源。他常常在这些人的争夺战中被围困、被割裂，不但不能依他的主观愿望而获得调解，而且往往把一切锋芒聚集到自己的身上。然而，他不想回避，"便为这些人死了，也是情愿的"。现代心理学的一个伟大发现，就是揭示了恐惧、罪恶对个体精神生活的影响。马斯洛认为，真正的罪恶感能起到一种有益的作用，能引导人发展自己。但是，这无疑需要由自由人结合起来的良好环境，而在思想文化领域极端专制、社会对个人特别苛求的中国古代社会情境中，贾宝玉的罪恶感和忏悔意识显然不可能得到正常转化和发展，而只能以精神病状表现出来，这也就是弗洛伊德（Sigmund Freud）的一个观点。[1] 贾宝玉许多被人当作笑话的行为，除了一部分是当时人还不理解、还不接受的新东西外，有一部分确实是灵魂冲突、心理紧张的变态表现，需要借助现代心理学进行深入细致的辨析研究。直到 20 世纪初，鲁迅笔下的觉醒者"狂人"不也因沉重的罪恶感而有怪异心理吗？

贾宝玉出世还太早，时代和社会没有给他提供进一步发展的轨道，甚至根本不允许他存在，他只能在双重忏悔中挣扎彷徨。既然他已在大荒山下修炼那么多年，为何不索性再等待下去，既是更好地选择历劫之所，也为了使自己有更充分的准备。红尘游历，岂是等闲之事？贾宝玉进退两难的尴尬处境令人浩叹，古中国的历史性创伤令人震悸。

三、走向存在

支持着贾宝玉否定外部和内在的"非我存在"的，是他努力成为真实存在的强烈愿望。他在梦见甄宝玉时，听到他问自己"真性不知那里了"——梦境

1　参见［美］弗兰克·戈布丁：《第三思潮》（1969），吕明、陈红雯译，上海译文出版社1987年版，第81—84页。

传递出贾宝玉的焦灼和困惑。所谓"真性"，也就是修炼已通的"灵性"。分离之感源自对现存秩序和规范的否定；忏悔意识基于对非我的清洗，它们以拒斥的心态提示了人性中始终需加以捍卫、固守的东西——真我。甲戌本第二十八回脂批说："玉兄一生性天真。"庚辰本第三十一回脂批说："玉卿的是天真烂漫之人。"贾宝玉的付出是有意义的。

人有两种生存方式：占有和存在。也许是大家族子弟过惯了挥金如土的生活、厌倦了荣华富贵的缘故，贾宝玉从不为社会评价和世俗利益操心，他关心的是本性的灵真、自我的存在。晴雯撕扇子时，他说道："这些东西原不过是借人所用，你爱这样，我爱那样，各自性情不同。比如那扇子原是扇的，你要撕着玩也可以使的，只是不可生气时拿他出气。"人不是物，物是供人役使的，人的存在在本体论上具有优先地位，所以重要的是我适意，自我满足。出于这一思想，贾宝玉非常不满阻碍他自由发展的贵族之家，强烈抗议人的异化，每见到像秦钟、柳湘莲、蒋玉函这样的下层人物，就羡慕他们较少受到家庭门第的羁绊而相对自由的生活，渴望自己也能自由地存在。如果说贾政之不问家庭管理等"俗务"是由于其无能或是为了维持其虚伪清高的道学气的话，那么贾宝玉则是为了摆脱物的干扰而专注于作为人的自我存在。出于这一考虑，他又反对晴雯拿扇子出气，因为这是把人降到物的层次，以人的占有取代人的存在。贾环赌钱赖账，贾宝玉就批评说："你原是要取乐儿，倒招的自己烦恼。"切不可小看这句话，在贾府，在整个社会，对物的占有已成为相当一部分人的全部关切，聪明能干本领高强的王熙凤不就是以聚敛财富追求享受为人生的唯一目的吗？结果是"机关算尽太聪明，反算了卿卿性命"。贾宝玉对此原有自觉的认识，他从来都把人与物区分开来，承认自己一无所有。在通灵宝玉失而复得时，他终于喊出了心底的积愤："你们这些人，原来重玉不重人哪！"如此直切大胆，在几千年的传统社会里是绝无仅有的。现代存在哲学的千言万语，反复突出的其实也正是这一点。

然而贾宝玉并非事事都能像晴雯撕扇子这样超脱潇洒。对物的疏远，就是对人的执着，他是"情痴"，他关切的是人，是人情，是人的世界。庚辰本第二十二回批语云："试思宝玉虽愚，岂有安心立意与庄叟争衡哉。且宝玉有生以来此身此心为诸儿女应酬不暇，眼前多少现有益之事尚无暇去作，岂忽然要分心于腐言糟粕之中哉。可知除闺阁之外，并无一事是宝玉立意作出来的。"[1] 这是一个基本事实，需要从贾宝玉"立意"于"闺阁"入手，捕捉他的真正的生存关切。

贾宝玉的理想生活是怎样的？"且说宝玉自进花园以来，心满意足，再无别项可生贪求之心。每日只和姐妹丫头们一处，或读书，或写字，或弹琴下棋，作画吟诗，以至于描鸾刺凤，斗草簪花，低吟悄唱，拆字猜枚，无所不至，倒也十分快乐。""情痴"所要求的，不过是能和女儿们在一起，自由自在地生活。这是对孤独感的克服，是在忏悔之后的自我表现，但又不止是这些。

贾宝玉对男性世界是深为厌恶的。"宝玉本就懒与士大夫诸男接谈，又最厌峨冠礼服、贺吊往来等事。"他确实对三个男性有过好感，但他们都不同程度地有女性化的倾向。如秦钟"眉清目秀，粉面朱唇，身材俊俏，举止风流，……怯怯的有女儿之态"；蒋玉函"妩媚温柔"，柳湘莲"年纪又轻，生得又美，不知他身份的人，却误认作优伶一类"。对女性世界的向往，体现出对一种新的生活方式的选择。就其天性而言，女性无疑更能满足他对情感感性的渴求。心理学家荣格（Carl Gustav Jung）认为："若就情感无可争辩地是女性心理的一个比思维更为明显的特性来说，最显著的情感型也是发现于女子之中的……我能想到这种类型的事例，几乎没有例外都是女子。"[2] 她们有可能与社会规范保持一定的距离。事实上，贾宝玉对女儿的崇拜爱悯，正是基于这样一种背景：男性已经成了人格化了的社会规范和统治力量，对这一社会的否定便表现为对男性世界的疏远，而倾心于女性世界。在历史的进程中，女性由于其天赋"能够较少受履行原则所摧残，使妇女仍然能够保持她的感受性，也就是说使妇女能够比男人更具有人性"[3]。所以，只有在女性世界，贾宝玉才感到作为人的真实存在。应当感到幸运的是，贾宝玉从社会现实中分离出来以后，毕竟在女儿群中找到了暂时的栖居之所。与他毫无情感交流的尤氏说："我冷眼看去，原来他在女孩子前不管怎样都过去，只不大合外人的式。"说的很是，女儿国是他的家园，"外

1　[法]陈庆浩：《新编石头记脂砚斋评语辑校》（增订本），中国友谊出版公司1988年版，第414页。
2　引自杨清：《现代西方心理学主要派别》，辽宁人民出版社1980年版，第413页。
3　[美]赫伯特·马尔库塞：《自然与革命》，薛民译，复旦大学哲学系现代西方哲学研究室编译：《西方学者论〈手稿〉》，复旦大学出版社1982年版，第162页。

人"怎么能接受？然而这个家是极其窄小的。贾宝玉并非一无例外地喜欢女性，对于那些执行体制规范成为男人帮凶的女人他就十分痛恨，他不能容忍女子"一嫁了汉子，染上了男人的气味，就这样混帐起来，比男人更可杀了"。即使是未出闺阁的女子，只要接受了社会规范，如宝钗，他也感到不可理解："好好一个清静洁白的女儿，也学的钓名沽誉，入了国贼禄鬼之流。"每个少女的结婚，在他来说都是一个悲剧，一个真纯人性毁灭的悲剧。从自然人性和社会规范的分野出发，贾宝玉把人分为男性和女性，把女性分为结婚前的少女和结婚后的女人，再把少女分为林黛玉式的和薛宝钗式的——实质上这就是宝黛爱情的底蕴。

薛宝钗作为闺阁中社会规范的代表，正是贾宝玉与之分离，并力图在心性中清除的非我。不能说薛宝钗的爱情是虚伪的，目的仅仅是为了取得"宝二奶奶"的位置。也许，在根本没有平等交往和自由恋爱的中国古代社会情境中，拥有金玉良缘的婚配已经是比较理想的了。然而在对人性希冀很高的贾宝玉看来，薛宝钗的爱还不出"发乎情止乎礼义"的范围。她的情是社会化、理性化的情，是对善的屈从，说到底不是真实的，仅仅属于人的情。所以贾宝玉对她的态度是以礼相待。但宝钗这种并非率性而发的情，在社会规范看来恰恰是合理的情，"任是无情也动人"。她自有其魅力，可以取得婚姻的成功。而真正能获得贾宝玉爱情的只能是林黛玉，这位多愁善感、终日以泪洗面的林妹妹，集中表现了大观园少女世界中最使贾宝玉感动的情性质素。在特殊的家庭环境中，她从小就没有受到严格、标准的闺范教育，孤独任性，没有半点虚伪。惜春说她："林姐姐那样一个聪明人，我看她总有些瞧不破，一点半点儿，都要认真起来，天下事哪有多少真的呢？"（第八十二回）勘破三春的四小姐看人是很准的，林黛玉的真是真实人性对社会规范的摆脱，是对"善"的否定，其实是本原意义上的善。生活在后世的人们，会觉得她和贾宝玉有比较一致的思想倾向，但就其本人而言，却是无意识的。她和宝钗的区别不在于她自觉地、有意识地站在宝钗对立面，而是她根本就没有宝钗那样的社会自觉、理性意识，也就是说，她并非像贾宝玉那样自觉地从社会规范中分离出来，然则她又不像宝钗那样以社会规范为依归和准绳，一切都纯任情感，努力在污浊的环境中保持女儿天性。"质本洁来还洁去，不教污淖陷渠沟。"这就在精神上与贾宝玉一致，她"凤慧"，他"生来乖觉"，第一次见面就有似曾相识的惊异之感，两颗心一开始就相互认同。作者可以用身前的神话来解释他们的倾向和相爱，但本文却把他们理解为共同体现了未受邪恶的文明玷污的人性原初状态，一种可以辨认文明异化程度的想象性虚构。如果说贾宝玉曾被污染而不灵的话，林黛玉则始终未变，她以自己的整个生命唱出一曲儿女真情的悲歌。

而且，林黛玉的生活环境不能满足她高傲灵慧的天性，当时的生活世界中也没有她理想的去处。于是，一方面她的自尊自重在寄人篱下的限制下不能不受损伤，另一方面任性率真的她又不可能不对现实环境提出批评，这就不断加剧和环境的紧张，体验到异己的压迫和生活的痛楚，"一年三百六十日，风霜刀剑严相逼"。从小说中的具体描写来看，林黛玉有这样的感受似乎有些过敏，因为在此之前她确实受到贾母等人真诚的关心和庇护，但催人泪下的《葬花词》却极为真实地传达了林黛玉的内在心性，或许可以说，它不是具有某种确定对象的悲愁，而是对整个生存状态的哀伤，是一种普遍而独特的心灵体验。在后来的故事中，它已为许多真实具体的惆怅、悲苦、担忧、恐惧等情感所充实、所加剧。这就是说，确实只有这两句诗可以表达林黛玉的生存感受。而由于这，她又极为迅速地和因分离、忏悔而导致精神痛苦的贾宝玉产生共鸣——相同的天性和相通的遭遇熔铸了他们刻骨的爱。

因此，和林黛玉的爱情就成了贾宝玉唯一的属于"我"的世界。在这里，也只有在这里，他们不需要做作矫饰，不需要克制自己以适应对方，他们可以率性而为，倾心对话，而这样又不可避免地产生矛盾、误会、猜忌、怨恨。但因为到底是同一个精神家族的人，所以终不至于反目分离，林黛玉至死不是还呼唤着"宝玉"吗？

从而，把宝黛爱情的意义仅仅说成是以自由恋爱反对包办婚姻的论点，就实在是皮相之见了。传统的儒家学说之所以把个人统一于社会，认为价值之源内在于人，其基本手段就在于把"必须"视为"当然"，即把本来是外部规范的伦理道德解释为个体内在的当然要求，在个人欲求中培植社会需要，将圣言古训、纲常名教、礼义惯例等规范化了的总体要求内化为个体的内在信念，使个人认为自己同强加于他身上的存在是一致的，并可以在其中实现和发展自己。早在孔子，他一方面坚守周公的礼乐教化，另一方面又向人性深处开掘，以"仁"释"礼"，以亲子之爱的情感辐射关系来推导各种为秩序所必需的礼仪制度，突出了"为仁由己"。历代大儒们所推崇的"极高明而道中庸",固然是以人的现实生活为本,把天理道义、纲常伦理贯注落实到日常生活实践中,但更重要的却是使个体生活的一切方面都笼罩着、渗透着礼,使本来极平常的衣食住行、婚姻生育等"俗"事也带上浓厚的社会伦理色彩,铲除了个体感性的生活方式。结果,不但人的理性、意识完全社会化、伦理化,人的感性、欲求也规范化、道德化,遭到空前的扭曲和操纵,成为规训过的、蒸馏过的、受约束的感性。个体与群体之间、本能结构和社会规范之间冲突的深刻意义被淡化了。所谓个体心理,不过是内在化了的社会意识;所谓人格理想,不过是压抑社会和专制政治的意识形态,所以才会有"君子之道、造端乎夫妇"(《中庸》)、"性即天理"(朱熹)、"心即理也"(王阳明)之类的提法。当代批判理论的一些观点或许可以帮助我们认识这种文化操纵的秘密。批判理论家马尔库塞(Herbert Marcuse)指出:"摄取意味着同外部要求相区别甚至相对抗的一个内在的存在,即'独立于'公众舆论和公众行为的个人意识和个人无意识。这里,'内心的自由'这个观念有它的实在性:它指的是那种私人空间,在其中人可以成为和保持'自我'。现今,这种私人空间由于技术发展而造成的现实已经受到侵犯和削弱。大规模的生产和大规模的分配需要完整的个人。并且工业心理学早已不再局限在工厂范围里。这些多种多样的摄取过程被僵化成几乎是各种机械性反应。结果不是调整而是模仿:使个人与他的社会直接一致化,并通过它与整个社会直接一致化。"[1]

　　这是讲的发达工业社会,如果把"工业心理学"换成"伦理心理学",把"工业技术"变成"人文教化",那么,这也就是中国文化的特征之一。事实上,古中国在文明教化、社会整合方面的能力和效力,是一个远远没得到充分估计的问题。较之其他文化,中国传统更注意阐释、强调个体应该自觉自愿地接受异己的规范。贾政就是传统社会中典型的正人君子,薛宝钗的未来大概也是这样。社会需要秩序,规范必然划一,个体越是符合社会标准,满足规范要求,就越失去个性,成为社会原子,以至根本失去对"属人的现实的占有"。用存在论的语言来说,他已不是具体的"此在"而沉沦为"人们"。当然,物极必反。当王

　　1　[美]赫伯特·马尔库塞:《单向度的人》(1964),张伟译,上海社会科学院哲学研究所西方哲学研究室编:《法兰克福学派论著选辑》上册,商务印书馆1998年版,第498页。

阳明大讲"良心""个人"之时，毕竟表明不能离开心理、情感之类个体的东西来侈谈天理、道德。完全离开了个人也就不存在什么社会。尽管王阳明实际上正如马克思所评论的宗教改革领袖马丁·路德（Martin Luther），一方面破除了对权威的信仰，另一方面又恢复了信仰的权威，但由于良心毕竟是个体的良心，从而为颠倒传统的人伦关系在理论上提供了可能。左派王学终于发展为童心论，酿为思想解放的洪流，不是偶然的。从王阳明到李贽，再到贾宝玉，思想发展的线索极为明显。贾宝玉和林黛玉就是两个对生命、对命运最敏感，体验最深刻的人物，他们常常惆怅、落泪，但是他们的惆怅、落泪不仅仅是感叹他们两个人爱情生活的不幸，不仅如此，而是出于对生命、对人生、对存在一种带有形而上意味的体验，这一点非常重要。从小说提示的神话背景来看，贾宝玉是一块被天抛掉的灵石。天是无限，天是永恒，被天抛弃就意味着脱离了无限和永恒，而掉进了一个有限的人生，一个短暂的人生。这是小说一开始给予贾宝玉的一个形而上的起点。

　　出于对女性的文化理解，贾宝玉具有泛爱的意识。不只是对黛玉，对大观园所有温柔美丽的女孩子，他都有超出一般关心和同情的爱的情感。对其理智上反感的袭人，也不乏缕缕情丝。美国社会思想家弗洛姆（Erich Fromm）认为："任何只爱一个人的人实际上谁也不爱。"[1] 只要是没有被传统文化完全改造过的人，贾宝玉都会对之产生爱的情感，换言之，他爱的是自然感性的人，或者是爱人身上的自然感性。贾政是他的父亲，由于恪守僵化教条，在贾宝玉眼中，不是慈祥可爱的父亲，而是人格化的社会和传统，因此他对贾政只有表面上的服从和尊重，而没有亲人之爱。一听到贾政叫他，就吓得魂飞魄散。贾母虽然是贾府的至上者，同样带着传统思想和伦常观念，但她毕竟是女性，且晚年需要活泼伶俐的孙子来解除寂寞，从而在贾宝玉心目中也更多地作为一个具体的人而存在，接近一个本来意义的祖母形象，因此就有比较多的祖孙感情。许多论者从政治立场和阶级关系上分析，把贾宝玉和贾母的关系说成是贾宝玉的局限、软弱，恰恰是把问题搞颠倒了。在他五花八门的交往对象中，无论贤愚贵贱，不分三教九流，贾宝玉只把对方当一个人看待。贾府遭遇不测后，一贯不喜读书的贾宝玉居然要进考场了，"母亲生我一世。我也无可报答，只有入场用

1　[美]埃利希·弗洛姆：《说爱》，王建朗、胡晓春译，安徽人民出版社1987年版，第237页。

心作文章，好好的中个举人出来，那时太太喜欢喜欢，便是儿子一辈子的事也完了，一辈子的不好也遮过去了"。他是以功名向父母赎身的啊！拜辞贾政也是这样，这不是传统意义上的"孝"，贾政、王夫人在此仅仅是血缘关系上的父母，而非文化意义上的长辈，只有在自然亲属关系上，贾宝玉才对他们有感谢之情。在传统伦理关系之外，他把人与人的关系还原为更基本的情感关系，用爱来取代上下尊卑、恭敬服从等传统规范。

《红楼梦》的社会批判意义因此就不在于索隐派所说的是影射了清初的政治斗争，也不在于它直接反映了传统社会末期的阶级斗争，而在于从对传统大家族日常生活的铺叙描写中，揭示了传统的社会规范和伦理道德对人性的控制与迫害，提出了在传统文化的发源地和庇护所的家庭中清除专制伦理、衰落文明的历史课题。贾宝玉作为叛逆者，是感性的反抗，是对日常生活的批判。通灵宝玉唤醒人们从异化状态中回到真实的自我，珍重作为具体感性存在的人自身，争取一个合乎人性本然的生存状态。虽然这种对自我的追寻及其对社会规范的否定具有明显的历史规定性，但是，贾宝玉对真正人的生活的向往却是一个有着普遍而永恒意义的课题。自由解放迄今还只是我们只能希望的远景，压迫机制，即通过权力和经济的控制而导致的一部分人统治另一部分人的社会过程仍将长期伴随着人类。人的全面发展、人性实现等永远只是个理想。在严格的意义上，"只要文明存在，压抑和不幸也就必然存在"[1]于是表现人类自由的梦想就成为文学艺术的普遍主题。尤其是在延续数千年的中国传统社会，"多余的压制"改头换貌为"必须的压制"，社会对人的统治和剥夺表现得最为充分而又不十分巧妙。贾宝玉的反抗也就特别紧张迫切、忧伤美丽，他永远在抒发着所有受着专制、压抑、控制之苦的人类的心声。

四、逃避真实

在无尽的时间和广漠的空间中，渺小短暂的人类生命在持续地选择和组织着自己的世界。"大自然总是使我们在一切状态中都不幸，而我们的愿望则为我

1　[美] 赫伯特·马尔库塞：《爱欲与文明》(1955)，黄勇、薛民译，上海译文出版社1987年版，第183页。

们勾勒出一副幸福状态。"[1]实验心理学的研究表明，如果人的感官信息与我们的组织模式发生矛盾，这些信息往往在意识中遭到歪曲和篡改。实际上，我们的日常生活有一定的虚拟性和假定性，我们只能也最好生活在虚幻之中。人类组成集体固然是为了向自然索取，同时也未尝不是为了克服自我的脆弱而寻得的心理保护。作为族类整体的人类，是长存的甚至是永恒的，而个体的人却不可避免地面临着死亡和消逝。在这个意义上，喜剧是种族性的，而悲剧只有在个人意识发展以后才产生。至少在现代社会，清醒的自我意识、不屈的个体追求、敏感的情感体验等，都是悲剧的基本要素。从而，走向真实存在的贾宝玉就必然具有悲剧性。

真实人生给予贾宝玉的首先便是物是人非的巨大无常感。晴雯死后，他"又至蘅芜苑中，只见寂静无人，房内搬的空空落落的，不觉大吃一惊"。当薛宝钗极为明智地搬出大观园以回避贾府是非的时候，她也许没有想到这会在痴情公子心灵上刻下多深的创痛。"看着那院中的香藤异蔓，仍是翠翠青青……又俯身看那堁下之水，仍是溶溶脉脉地流将过去，心下因想：'天地间竟有这样无情的事！'"（第八十六回）是的，韶华短促，盛筵必散，生命存在即是流逝。应当说，中国人对消逝的感受是比较发达的，"树犹如此，人何以堪？"桓大司马的咏叹，是古诗文中不绝于耳的声息。但从根本上说，"天人合一"的思考模式却通过把个体与外部的无限存在（在儒家是天理道义，在道家是自然和谐）统一起来的方式来取消对人世无常的恐惧，宋明理学中"上下与天地同流"的道德主体，显然是超越时间的；"万古长空、一朝风月"，禅宗大德干脆否定个体的时间感化死为生。贾宝玉的特点在于，他是从虚假存在中走出来之后接触到这一无情事实的，因而就不是泛泛的时光流逝、好景不长的感慨，而是把此理解为真实存在的必然本质，并从而进入自我的本体体验。

哲学家海德格尔（Martin Heidegger）认为，人一旦忘记了自己的暂时性、有限性，把自己视为与其他存在物同样的物的存在，人的真正存在就被遮蔽和异化了，所以只有体会到个性的时间性必然死亡，才能把握住自己的存在。尽管人有在现代文化，特别是现代主义艺术中，个体的生命样式和感性存在才是已

1　[法]帕斯卡尔：《思想录》(1669)，何兆武译，商务印书馆1985年版，第58页。

充分呈现，但应当说，这个问题在中外古典文化都有所探索。贾宝玉就是从此真正理解人生的："想起那邢岫烟已择了夫婿一事，虽说是男女大事，不可不行，但未免又少了一个好女儿。不过两年，便也要绿叶成荫子满枝了。……再几年，岫烟未免乌发如银，红颜似槁了。"（第五十八回）人在时间之中存在，也在时间之中消逝。迎春出嫁，带走几个陪嫁的丫头，他立刻感到："从今后这世界上又少了几个清洁人了。"美好人性的丧失，天地自然似乎也为之变色："那岸上的蓼花苇叶，池内的翠竹香菱，也都觉得摇摇落落，似有追念故人之态，迥非素常逞妍斗色可比。"时间在消逝和变化中蠕蠕而来，物换星移，人事全非，贾宝玉终将失去他最珍贵的少女世界，他痛苦地体验到人的存在的独特和不可重复。

于是，个体生存的沉重艰难和死亡这个古老的秘密占据了贾宝玉的心灵。他有一段十分具体的心理活动："试想林黛玉的花颜月貌，将来亦到无可寻觅之时，推之于他人，如宝钗、香菱、袭人等，亦到无可寻觅之时矣。宝钗等终归无可寻觅之时，则自己又安在哉？且自身尚不知何在何住，则斯处、斯园、斯花、斯柳，又不知当属谁姓矣？"既已人亡，物在又有什么意义？贾宝玉在本是泛泛的物是人非感中倾注了对存在的关切，在人必然要死的本体体验中，再次突出了人对物的优先地位。只有进到这一层，才能理解贾宝玉远离社会规范、追求感性真我的终极动因：一切都是假的，唯有人都要死，我也必然会死才是真的。

良辰苦短，生命如寄。"弃我去者，昨日之日不可留"，这是人类共同的悲哀。帕斯卡尔说："消逝——感觉到我们所具有的一切都在消逝，这是最可怕的了。"[1]贾宝玉也怕死。在梦中听说秦可卿死了，"连忙翻身爬起来，只觉心中似戳了一刀的不忍，哇的一声，直喷出一口血来"。秦钟死后，他"日日思慕感悼，然亦无可如何"。金钏儿因他而死，他"心中早又五内摧伤"，"恨不得此时也身亡命殒，跟了金钏儿去"。晴雯死后，他悲中含愤，"洒泪泣血，一字一咽，一句一啼"地写了《芙蓉女儿诔》。最可怕的是黛玉的死，他若干天后才知道，"不禁嚎啕大哭。想起从前何等亲密，今日死别，怎不更加伤感。……哭得死去活来"。从此心中就与欢笑快乐无缘，动不动就眼泪流下来。在法国小说家普鲁斯特（Marcel

---

1　[法]帕斯卡尔：《思想录》（1669），何兆武译，商务印书馆1985年版，第103页。

Proust）的名著《追忆似水年华》中，也充满着贾宝玉式的对时间无情的忧伤，以及由此而来的拒绝一切存在的念头，但普鲁斯特终于创造出"失而复得的时间"，把一个纷乱混散的世界重新拼凑起来，使过去成为永不消逝的现实，以对抗无情的造物主，这满足了人类多少企望啊！"无才可去补苍天"的贾宝玉自然也无力扭转既往的时间，他的存在经验给予他的差不多是"天道周星，物极不反"的绝望。

贾宝玉当然不是束手无策。既然死亡是非关系性的，它消除了对世界的全部关系，把此在抛向他的孤独之中，那么贾宝玉的唯一可能也就在死亡前能保持他和世界的理想关系，拥有一段真实的人生。"只求你们同看着我，守着我，等我有一日化成了飞灰——飞灰还不好，还有形有迹，还有知识——等我化成一股轻烟，风一吹便散了的时候，你们也管不得我，我也顾不得你们了。"本能的求生斗争终归要失败，倒不如在生与死之间寻找尽可能多的生活，贾宝玉与社会规范的分离、自我的忏悔，对真实存在的关系等都分别在对死亡的思考上得到落实，死亡之思裸露了贾宝玉的悲剧意义。

论死到底还是讲生，死亡有一种在时间的本质之中存在着由将来向当下回溯的特性。贾宝玉渴望在有生之年和女儿们一起，生活在真实存在之中，不枉人生一世，他想用生之快乐对抗死之恐惧。然而，使人不成其为人的社会和各种偏离正常人性的恶人却容不下这一起码要求。"鸱鸮恶其高，鹰鹭翻遭；资施妒其臭，兰竟被芟。"（屈原）多少人间悲剧在贾府发生！探春远嫁，贾宝玉声泪俱下地说："我也知道，为什么散的这么早呢？等我化了灰的时候再散也不迟！""三春过后诸芳尽"，现实每每不给心性高洁的人留下一点余地，这就是对贾宝玉回到真实存在的惩罚。

而且，人是希望的动物。只是因为我们可以期待另一种可能，只是因为我们拥有对明天的向往，此时此地的苦涩才是可以容忍的。我们恐惧的不是今天的无奈困顿，而是明天和未来可能性的丧失。杰克·伦敦（Jack London）笔下的淘金者那种难以置信的生命力，正来自他"想着比尔一定会在藏东西的地方等他，他不得不这样想，不然，他就用不着这样拼命。他早就会躺下来死掉了"[1]。时间

1　[美]杰克·伦敦：《热爱生命》（1907），《美国短篇小说选》，人民文学出版社1978年版。

既表明人必然要死的悲剧性事实，又在一个限度内用来召唤人度过当下的苦难，但贾宝玉没有诱人的明天。"无尽头，何处是香丘？"是林黛玉的悲叹，也是贾宝玉的预感，所以他听完《葬花词》后，"不觉恸倒在山坡之上"。未来是个巨大的虚无，它将吞噬掉今天的一切。抄捡大观园后，春天已经一去不得复返了，"寿怡红群芳开夜宴"的欢乐场面已成为绝响。"这些姐姐妹妹，难道一个都不留在家里，单留我做什么？"从西塞罗（Marcus Tullius Cicero）到蒙田（Michel de Montaigne）、加缪，都说过学哲学就是学死亡，贾宝玉不喜欢读书，当然也就没有学好哲学，因而对死亡也只有徒唤奈何了。

贾宝玉在自然和文化、个体与社会之间作出不同于传统的选择，很大程度上接近于中、晚明时期的自然人性论，即人性之本然就是人性之应当，人之所以成人不在于理性文化和社会传统，而在于人自身，因此社会和文化不应当从外部搬来一些框架规范人性，应当完全尊重每个个体。实现自我的感性欲求，自由地发展自己的天性，是人的权利。在贾宝玉看来，林黛玉就最能体现这些理想。作为一个人，林黛玉似乎有很多缺点，孤芳自赏，目无下尘，心胸窄小，天性尖刻，自我中心，不能容人……贾府上下真正喜欢黛玉的人不多。然而林黛玉却发自天性，毫不矫饰，不是按照传统文化改造自己，也不是根据社会要求范围自己，"质本洁来还洁去"，"柳丝榆荚自芳菲，不管桃飘与李飞"，在无情的人世中固守自己的天性，在林黛玉的身上，集中了所有贾宝玉所喜欢的少女的特质，他们一见面就似曾相识正是天性的契合。"都说是金玉良缘，俺只念木石前盟"，贾宝玉要推翻一切堆积在儿女之爱上的文化垃圾。——一旦他们的爱情成为悲剧，也就证实了贾宝玉真实人性的不可能实现，那么，再留在这个人间，也不过是须眉浊物、行尸走肉罢了。"女娲炼石已荒唐，又向荒唐演大荒。"告别人间，成为他唯一的出路。

贾宝玉也只有逃避。深知贾宝玉性情的花袭人说他"听见奉承吉利的话又厌虚而不实，听了尽情实话又生悲戚"。否定了虚假的人生，又畏怕真实的人生，这就是贾宝玉的两难境遇。在姑娘们风流云散之后，他的宝玉也失去了，预示着他最终必然否定人生。第一次梦游太虚幻境时他还是刚刚步入人生的孩提时代，尽管未来如何尚是未知数，但毕竟可以幻想。梦中的一切对他并无影响，他正要品尝人生的禁果呢！第二次是在他经历了巨大的人生创伤之后，"自从二姐姐出阁以来，死的死，嫁的嫁"，"追思起来，想到《庄子》上的话，虚无缥缈，人生在世，难免风流云散，不禁的大哭起来"。他又一次来到旧游之地，这回虽未能细细翻阅，但依稀隐约的文词足以使他想到人间的悲剧，达到彻悟的境界。从此"不但厌弃功名仕进，竟把那儿女情缘也看淡了好些"。这一希图人间热闹的顽石，愿过假的人生，难以过真的人生，终于落荒而逃。"走了，走了，不用胡闹了，完了事了。"人生并不可羡，宝玉枉入红尘。他的一生总结仿佛是三月里啼血的杜鹃——不如归去。"蝴蝶梦中家万里，杜鹃枝上月三更。"（崔涂）

贾宝玉的最后出走是耐人寻味的。传统文化中除主张个人与社会应当也必然统一的儒家学说外，还有一套个人与社会分离之后的心理防御机制，这就是以庄子为代表的道家思想，后来又为佛学禅宗所发挥。如果说儒家是传统思想的"硬核"，庄、玄、禅便是传统思想的"保护带"和"润滑剂"。虽然儒家有"民胞物与"的观念，要求培养"鸢飞鱼跃"的心境，但毕竟庄子"天地与我并生，万物与我为一"的境界更能转移、慰藉个体失意之后的心理。"当君白首同归日，是我青山独往时。"士大夫文人多是在仕途落魄之后企慕清虚、栖情山水的，其杰出者能超越小我上达宇宙大化："纵浪大化中，不喜亦不惧，应尽便须尽，无复独多虑"，这是高蹈的陶渊明；"险夷原不滞胸中，何异浮云过太空，夜静海涛三万里，月明飞锡下天风"，这是超然的王阳明。凭着庄、玄、禅，中国人可以藐视任何人间悲剧，自得地度过一生。像贾宝玉这样真正离开人间世俗是极少的。从梦中高喊"和尚道士的话如何信得"到跟着一僧一道"悬崖撒手"，贾宝玉经过了热爱人生到彻底绝望的全部过程，一旦他想躲避人生的悲剧，他也就接受了最后的失败——出世。他所否定的，不是人生的某一方面、某一阶段，而是整个人间红尘。所以尽管他口头上说庄论禅，其最终抉择倒是对庄禅的否定。

应该怎样看待这一结局呢？不可否认，传统的庄玄禅是解决个体危机的绝好良药。生活总是充满令人痛心疾首的悲剧，就人必有一死来说，对厄运的每一次战胜也不过是对死亡靠近了一步，到了最后必是还是死亡战胜。然而，如果因此而就否认整个人生却既无益于社会人类也违反了自然目的，康德（Immanuel Kant）就说过自杀并不合乎道德。庄、玄、禅就在这里提供了极有价值的思想资源。隐士无疑有其存在的权利。正如朱光潜所说的："躲避者自有苦心，让我们庆贺无须饮酒的人们的幸福，同时也同情于'君当恕醉人'那一个沉痛的呼声。"[1]
问题在于，庄、玄、禅只是显扬了人的心理、精神方面的超脱，无视具有感性
欲求和多方面潜能的具体的人，以精神上的"无所谓""不在乎"，取消了人之
所以为人的多方面需要。所以尽管他们抗议社会规范、要求自我超脱，但实质
上他们所获得的，只是片面单维的人生，同样是一种异化。贾宝玉拒绝重复这
一条路便是以消极的方式包含着积极的意义，精神寄托和心理转移毕竟不能解
决人生问题。"任何令人满意的思想体系都不能仅限于精神的诸因素，还应包括
人在种种的奋求活动中所表现出来的情感和感觉。"[2]至少就曹雪芹的原意而言，
就前八十回的贾宝玉言行而言，贾宝玉既非潇洒出尘的名士，更非厌弃人间的
佛徒，而是中国批评家胡风所说的："曹雪芹正是梦想在这种他认为是人类历史
'末世'的旧社会里替他所肯定所珍爱的人物们找到出路，求得一个人与人之间
过合理的幸福生活的新社会。他为反抗这个非人的旧社会而被摧残被迫害被牺
牲的生命痛哭，他甚至还为这个非人的旧社会所欺骗所腐蚀以至惨亡的生命而
叹息以至痛哭。他泪尽而死了。"[3]

对贾宝玉的选择当然不能全面肯定，这倒不是因为他对生命问题的解决是
回避式的，而在于他所体验的真实人生只是传统社会中的贵族生活，是人生的
一种具体形态。如果在一个比较自由合理的社会文化中，他是可能在现实世界
中比较满足地度过他的一生的。因此批判贾宝玉没有现代观念是可笑的，唯有
展开的全部心理过程和思想矛盾，在他"以偏概全"的人生体会中发掘出他对
生命存在的理解和追求，阐释中国古代社会对个体的控制方式，深化对历史和
人生的体认，进而探求现代人文意识，开拓幸福的生活空间。

"沉酣一梦终须醒"，这是贾宝玉的启示；"枉入红尘若许年"，这是作者的
反讽。但是，正像英国诗人Asmns说的——每当人远航归来，他总有故事可说。
何况是从天国来到人间呢？贾宝玉在远离尘世之后，仍然丢下了一个难解的人
生之谜："既从空中来，应向空中去"——为什么人生只是空无？从接受心理来说，

1　朱光潜：《陶渊明》(1948)，《朱光潜美学文集》第2卷，上海文艺出版社1982年版，第215页。

2　[美]埃利希·弗洛姆：《人的境遇》(1948)，刘小枫译，马斯洛等著，林方主编：《人的潜能和价值》，
华夏出版社1987年版，第109页。

3　胡风：《〈石头记〉交响曲》(1976)，湖南文艺出版社1986年版，第45页。

贾宝玉给予人的不是对现实人生的厌倦弃绝，而恰恰是他对真实人生的追求。艺术就是反抗，无限的过程总是大于有限的终点。贾宝玉没有枉入红楼，他毕竟体验过真实的人生，他毕竟有过铭心刻骨的爱情。"空对着山中高士晶莹雪，终不忘世外仙姝寂寞林。"《红楼梦》最终也未能解决好留恋人生与弃绝尘世的对峙冲突，它们之间的紧张，永远激励着我们去探讨存在的意义和价值，把千古怅恨转化为文化转型的理由和动力。贾宝玉不是一个绝望者，而是一个见证者，一个希望者。

从伦理文化与社会规范中分离出来，寻找自我的真实存在和自由的人生境界，这在当时的环境中只能以失败和失望告终。贾宝玉的苦闷、追求和幻灭，如一道闪电，撕开了传统伦理文化的严密罗网，也在专制社会的悠悠长夜中瞬息发光。未来的社会不是贾宝玉所想象的，但文化的未来更能容忍、更能理解贾宝玉的生之希冀。贾宝玉所蕴含的意义，只有随着文明的演进，在人类组织发生深刻变化、社会为个人的全面发展提供了可能的时代充分呈现。在这个时代，组织我们生活、协调社会关系的准则，不是权力与伦理，而是自由和审美。

（写于 1987 年 8 月，原载《红楼梦学刊》1988 年第 2 期）

1989年

戏剧与经济的三重关系

20 世纪 80 年代初，我醉心于文艺理论，特别是“马列文论”。曾写过一篇《论席勒式》习作（这是我写作的第二篇文章，第一篇是 1980 年秋季写的《论文艺的人民性》），比较过莎士比亚与席勒的不同风格。1986 年，我到广东省戏剧家协会工作，写了不少戏剧、电视剧的评论文章。在所有这些文章以及此后的研究中，我都强调戏剧艺术以及整个文化艺术在内在逻辑和发展方式上与经济、技术的差异和不同。与此文差不多同时的还有《艺术生产与商品生产有质的区别》（载《南方日报》1989 年 11 月 13 日）等文。以审美艺术对抗世俗功利，是我后来探索“反抗现代性”思潮的主题之一。

如同人类的存在是一个永远解不开的谜一样，艺术的历程也常常令我们目眩：一方面，从原始壁画、石器工艺到伦勃朗（Rembrandt Harmenszoon van Rijn）、莎士比亚到新小说、荒诞剧，艺术史的变迁俨然有着某种合规律的必然趋向。但另一方面，不但《诗经》上的随便一首民歌都可能比现代诗人的刻意之作好上若干倍，而且今天和后世的人们仍然对远古粗糙的"不完整"的艺术景仰不止。艺术是否具有可理解的历史性，已经成为一个极为有趣的现代美学课题。

经历了 10 年开放改革的中国，政治经济和文化艺术都发生了深刻变化。由于社会生活发展的不平衡性，各地的艺术风貌和审美趣味也极其多样，作为一个总的趋势，是从传统向现代的转化和过渡，由于发展经济、加速现代化是时代的主导和主潮，因此艺术领域也有人自觉不自觉地以此来解说精神产品，比如置身于相对得到优先发展的广州的文人学士，便总感到广州的文艺也先行一步，描写商场生活的小说《商界》一出，便被作为这一观点的依据而反复张扬，这正刻画出广州文化人由焦急而惊喜的心理轨迹：都说广州文化先进，可压根儿就没有什么像样的作品，好容易出来一部真正写当代经济生活的，而且名字上就有"商"，那真是老天有眼！于是乎，南无《河殇》北无《商界》，不但是平分秋色，甚或还高你一等，在你们还在热衷于批判文化传统之时，我已进入公关投资竞争周转利润外资创汇无形的手的全新世界了。如此等等，大大满足了广州人，也报了广州"文化沙漠"论的一箭之仇。

然而全国毕竟只有一个广州，任何其他地区都不具备广州的政策优惠，濒临港澳的自然条件，那里的文化人自然也就不可能财大气粗、自我感觉良好了，有人因此悲观起来，落后地区的文艺也注定是落后的，似乎只能望西洋之背而兴叹（其实和西洋相比，广州也神气不了，它甚至只能取道香港而攀比西洋）。对此，阳雨在《何必悲观》中认为文学与社会生产力乃至科技发展水平之间并无对应关系，文学的发展并不以物质经济的发展为前提。他认为："古今中外，伟大作家与作品的存在未必从社会发展水准上找出足够的依据，也不存在一个进化的过程。"屈原、曹雪芹，19 世纪的俄罗斯，当代拉美的"文学爆炸"等。总而言之，文学的成就与国家落后与否没有关系，国家不幸诗人幸，处于国运维艰危机严峻的大背景下的中国文学正前途无限而又"何必悲观"[1]？

这一议论对庸俗化地理解文艺与经济的关系的倾向确有矫正意义，在听惯了把文艺商品化的多种议论的广州更是叫人痛快。它不但比那些在经济水准和文艺价值之间画等号的观点深入了一步，而且也触及文艺独特的生产过程和美学标准，提醒我们在商品化、市场化猛袭文艺的今天，应该清醒地对文艺进行反思，确立我们的美学追求。但本文要进一步申述的是，阳文没有充分注意到文艺受经济发展影响和制约的一面，在强调文艺创造的主体能动性时低估了大的社会环境的作用，没能展开文艺与经济的全部复杂关系。从整个艺术史看，文艺毕竟是伴随着社会经济的发展而不断变化自己的形态和意蕴的。在我看来，文艺和经济的关系可以从三个层面予以论析。

第一，经济的发展，决定了一定历史时期文艺作品的基本内容，这就是艺术的时代性问题。仅举三部悲剧杰作为例。古希腊悲剧《俄狄浦斯王》以人不能摆脱命运的控制为主题，拨开其重要神秘的外衣，它是以人与"命运"的抗争构成其审美特质的。所谓命运，实际上是没有被了解和掌握的自然和社会的客观规律。因此，好像冥冥之中有命运存在，它们总是以各种出人意料的、防不胜防的偶然性出现，来故意阻扰、危害、破坏人的生活和理想，强迫人类对它顶礼膜拜。这正好反映出上古时期人类不能战胜自然、认识自我的幼稚状态，只能是生产力低下、经济极不发达时代的产物。《哈姆雷特》是西欧曙光熹微的文艺复兴时代的悲剧，丹麦王子体现着走出中世纪的人文主义思想，一方面深感"时代脱节了，天生我，偏要我把它重新整好"，另一方面却又在犹豫、迟缓、游离不定，终于失去了复仇的最好机会，使自己陷于死亡，曲折地表现了近代生产关系刚刚建立、人文主义初登历史舞台的时代精神。再一个是8年前在我国演出过的阿瑟·米勒（Arthur Miller）的《推销员之死》，这是一部令人震撼的现代普通人的悲剧：个体不能进行选择，不能进行自由的和自主的活动，最多不过有点耐性，驯顺和服从单调的工作到了可怜的地步。高度发达的现代商品经济把人完全异化为使用价值，西方近代文明的危机和崩溃在一个推销员的一生中得到具体展示，现代美国生活造成了推销员的悲剧，米勒也只有在现代美

1　阳雨：《何必悲观》，载《文艺报》1989年1月28日。

国才能写出这个悲剧。既然物质经济的发展从根本上决定了整个社会的精神文化，艺术就不可能割断同特定时期经济状况的联系。确实，屈原、曹雪芹和海明威（Ernest Miller Hemingway）、卡夫卡（Franz Kafka）同样伟大，可谁又能因为他们都伟大就看不到他们完全不同的伟大呢？时代给包括伟人在内的任何人打上鲜明烙印，莎士比亚是人类艺术的天才，他前期的喜剧和后期的悲剧同是人类艺术的珍宝，其前后期的转折大体与英国历史演变相应，因为至少在社会表面上，16世纪最后10年，辉煌理想的驰骋掩盖了阴暗，而到17世纪最后10年，阴暗现实暴露，掩盖了光辉取而代之，"四大悲剧"恰好写在这个中心时期，特别是《哈姆雷特》就是写于1600年左右的转折点上，最明显地显示了英国社会历史的转向，另三部就以之做路标，发展，深化，一起来构成一大丛分水岭，达到莎剧所表现的阴沉思想的最低点。由此可见，从社会经济的发展来探索艺术变迁的逻辑是能够说明很多问题的，尽管这样难免机械论之嫌。文艺与经济的关系实在是太复杂了，但无视这一点，可能导致把艺术现象神秘化。

第二，艺术品的价值并不取决于它们产生的时代和它直接描写的对象。艺术具有时代性，艺术与特定时期的经济水平有关，和艺术的高低美丑是两回事。当代杰出的剧作家老舍大概是最能表明这两者的区别的，他的两部名作《龙须沟》和《茶馆》，前者似乎写的是新中国成立后北京出现的新生活新气象，而后者写的是一个小茶馆在1949年前几十年中的盛衰际遇。就表现的社会状况而言，前者比后者新鲜，是社会经济经过了一场剧变后的新的现实，而且实事求是地说，《龙须沟》在同时期同类型的作品中还是比较好的一部。但是，今天谁都会认为，作为戏剧，《茶馆》毫无疑问地比《龙须沟》好，因为艺术别有标准在。《茶馆》的问世或许是偶然的：20世纪50年代的一天，北京人艺的几位艺术家在老舍家里看到一个没有完成的剧本，觉得其中一场戏极好，就怂恿他以这场戏为中心写成一个剧本。听了这个建议，几年来一直热衷于配合大大小小各种运动的老舍不无遗憾地说："那就配合不上了"——这个没有配合上新的时代观念的戏，就是《茶馆》。1949年以后，老舍的作品，除了《茶馆》，几乎都是失败的。比如他费了很大气力写的绝笔之作《陈各庄上养猪多》，充其量只是一篇养猪宣传材料，而不是一个文艺作品。任何时代都有自己的艺术品，但这个作品是否成功、是否伟大，则取决于作者艺术创造的能力，即把现实存在转化为审美形式。在优秀作家那里，落后的、渺小的甚至肮脏的丑陋的现实也能获得最美的表现，"恶"能转变成"花"。当年曹禺写《日出》时，许多自命不凡写普罗大众、写革命文学的人是不屑理会陈白露这种风尘女子的，但我们今天却仍然在看《日出》、想白露。艺术和经济的关系在这个层次上展开为：艺术所关注的是处于经济环境中人的命运和情感，它并不直接以经济关系、物质利益为目的，而以经济生活的主体为艺术的主体，真实地、具体地深入到人的内心世界，把握这个同样波谲云诡的精神海洋，提炼并捉住一定时代的经济关系，只是在这里外在环境已完全融化进人物世界中去了。

第三，艺术对于当代的社会经济而言还具有一种超越性意义。这个超越有两种方式：其一是立足于当代社会经济塑造人物，但又升华为普遍性的人类情感和审美理想，超越时空局限。中国戏曲《桃花扇》，就其直接表现了明末之际的国家兴亡而言，早已成为过去，无论是忠臣良将还是才子佳人，对我们来说都已经相当遥远了。由于剧作在国家兴亡、儿女离合中提出了人生的目的和意义问题，就获得了永恒的艺术魅力："眼看他起高楼，眼看他宴宾客，眼看他楼塌了……"这固是家国大恨，也正是人世沧桑，难道人生只能归结为隐逸渔樵，寄情于山水花鸟？在这个意义上，明末清初具体的政治经济关系是不能范围《桃花扇》的，越到后来，人们越是注意体味这种人生况味。其二是艺术可以直接对经济现状提出批判，以凸现人的问题。商品经济的出现，在人类历史上是一大变革，它确实是进入现代社会的必由之路。可是，在众人为它鸣锣开道、摇旗呐喊的时候，偏偏有那些不识时务的艺术家从各方面和它唱反调，或是留恋前资本主义社会人和自然的和谐关系，或是愤懑于商品竞争带来人性分裂道德沦丧而要求建立公正的社会秩序，他们的抗议和批判，使社会的进一步发展获得据以调整完善的标尺和理想。19世纪的巴尔扎克（Honoré de Balzac）、狄更斯（Charles John Huffam Dickens）在商品经济已统治社会之时的深恶痛绝且不说了，就是在19世纪中叶的俄国，农奴制正根深蒂固，资本主义刚刚露面，托尔斯泰（Leo Tolstoy）、陀思妥耶夫斯基（Fyodor Mikhailovich Dostoevsky）却从根本上对它作了否决，比较温和的屠格涅夫（Ivan Sergeevich Turgenev）也常常在作品中让"西欧派"出洋相，时间证明这些作品是伟大的，比那部讴歌资本主义上升时期旺盛生命力的《鲁滨孙漂流记》更加伟大。之所以特别指出这一点，是因为在广东文艺界，近年来流行一种要艺术服务于商品经济，把艺术的命运系于商品经济之上的看法，似乎不如此就是落后和保守，不如此就不能体现出社会的进步和开放，则实在是天大的误会。

不应抽象否定艺术与经济的关系、艺术家参与经济生活，即使是企业文化也将是大有可为的领域，也不能笼统否定像《商界》这样直接描写当代商品经济生活的作品，尤其是在我们这个"重本抑末"的传统农业国，允许商品经济是来之不易的政策进步，艺术家对它的拥抱和热情是事出有因的。但作为艺术的主流，不应当是奴颜媚骨地服务于商品经济，因为这样做的结果是放弃了艺术本身的责任和特质，也使得我们的社会变革缺乏必要的张力和独立的精神世界。那种以为正面写商品经济、表现商人题材就是文学上的重要成就、就是文化创新的观念，其实是文艺的庸俗化，也是对文艺的不负责任。

（原载《广州日报》1989 年 3 月 9 日）

1990年
百感交集读凡·高

　　我一直喜欢读人物传记。1990年读了欧文·斯通的《凡·高传》，感动不已，8月7日连夜写作此文，次日清晨八点钟后骑自行车送给我的朋友胡开祥，他那时在广东旅游出版社编一本《旅潮》的杂志。此文后来收入文集《走向思维的故乡》，一版印刷八千，读者不少。1990年我到深圳参加活动时，听众中还有人拿出此书来签名。有关凡·高的东西我后来又读了一些，也经常考虑一个问题：生前贫困凄惨，少人关心，留下的画作动辄数千万美金，且成为富豪客厅的装饰，这种现象应该如何理解？答案现在还没有。我们需要更丰富地阅读凡·高，比如六卷本的《凡·高书信全集》、史蒂文·奈菲和格雷戈里·怀特·史密斯合著的《凡·高传》等。当时读过的艺术家传记中，朱塞佩·塔罗齐写的《音乐是不会死亡的——托斯卡尼尼的生平与指挥活动》一书，也是我难以忘怀的，并从托斯卡尼尼延伸到曾与他对立的德国指挥家富特文格勒，写过《指挥贝多芬的权利》等文。2019年秋，我在阿姆斯特丹参观了凡·高博物馆，算是看到了凡·高的部分真迹。

19世纪80年代的巴黎，巨大的拱廊勾勒出现代之都的特征，一边是富丽堂皇的商业摩天楼和机器轰鸣的工厂，一边是烟雾弥漫的小酒馆和破旧低矮的贫民区，富足而匮乏，五光十色而单调乏味。在熙熙攘攘的人群中，有终日在煤烟中劳作的工人和大腹便便志得意满的资产者，也有"波希米亚"流浪汉和在巴黎寻找机会的外省青年。此刻要谈论的温森特·凡·高（Vincent van Gogh），也在这人群之中。这个小个子的荷兰人，穿着镀锌工人的蓝色罩衫，袖子上溅着斑斑点点的油画颜色，一头竖直的红头发，一撮未经修剪的山羊胡子，一张健谈的利嘴，不断地和同行者辩论，那急切的言辞和挥动的臂膀，惹得行人不得不多看这土包子几眼。

当年，凡·高竭力想使自己的作品为人喜爱，甚至想卖些钱来报答他那"亲爱的提奥"，但在他一生中只卖过一幅400法郎的《红葡萄园》；他只能依靠弟弟提奥（Theo van Gogh）每月提供的100法郎（后来加到150法郎），月底不得不以白开水度日，他几次向他心爱的女人求爱，但连一个和他同居的妓女也养不起……人生，对于这位天才是多么的吝啬而苛刻。1890年，他以37岁的盛年开枪自杀，离开了他所挚爱而没有得到回报的人间，留下了2000余幅艺术瑰宝。逝世100周年后，凡·高成为国际艺术界的头等兴奋中心，他的家乡荷兰和他度过创作生涯的法国，都举行规模盛大的画展。如今，他的画悬挂在权贵和富豪的客厅，他的画成为艺术品市场上抢手的珍宝，一幅画就可以卖至8000万美金，相当于一个小国全年的收入。

终于，天才得到了承认，艺术得到了肯定。人们有理由感到庆幸。死者已矣，唯有艺术才是不朽的，但凡·高比绝大部分艺术家都更有权利说，他的作品和他的人是不可分割的整体。命运和艺术的如此乖离，不但可以说明不同时代的不同趣味，更给人类提供了一面自我批判的镜子。

命运原不该这样悲惨。凡·高家族因经营美术品而闻名全欧，他青年时代曾在海牙、伦敦、巴黎的美术商店做过职员，专门向顾客推销美术作品，对于当时的观众究竟想要什么画，他比一般画家清楚得多，他如果要卖画挣钱，无疑会比其他画家更容易成功。但是，凡·高总是固执农民的质朴和愚钝，大都市的商业气氛并未使他学得更精明、更灵活，在人生的许多尝试都未取得成功之后，他以北方农民特有的倔强和虔诚叩响艺术之门，真诚而痴迷地对待画画，宁愿挨饿受冻，也决不勉强自己适应世俗趣味："感受和热爱自然，迟早总会从人民那里找到反应的。完全为自然所吸引，把自己的全部智慧用在作品中表达感情，使作品为其他人所易于理解，这是画家的责任。照我看来，为市场而创作，这未必是正路；相反的，它欺骗了艺术爱好者。真正的画家不那样做，但是由于他们的真诚，他们迟早总要得到同情的。我所能知道的便是这些，我并不以为我需要懂得更多的东西。"[1]在资本主义凯歌高进、在文化市场持续繁荣的巴黎，凡·高自觉地反对市场取向的艺术。

这是农民的性格，这是底层普通人的价值观。凡·高明白：我不是城市画家，我是农民画家，我要回到我的田野里去，我要找到一个太阳，它燃烧得能把我心中除了绘画这种愿望以外的一切全都烧光。[2]他的书信，几乎就是一曲悲怆深沉的乡土颂：

当我把城市居民与这里的人们作一个比较的时候，我毫不犹豫地说，荒地上的人，挖泥炭的人，在我看来要比他们好。……一般说来，在乡村里比在城市里更加容易发现一个有理性的人。人们愈靠近大城市，他就愈深地陷入堕落、愚蠢和邪恶的黑暗之中。[3]

我感到住在乡下很愉快，我花费那么多的晚上，与矿工、挖泥炭工人、纺织工人、农民一起围坐在火炉旁沉思默想，绝不是没有益处的。我在白天的全部时间里，连续不断地观察农民的生活；我专心一意地进行观察，以至于别的什么都不放在我脑子里了。实际上除了深入、再深入乡村的心脏，画乡村的生活以外，我没有别的愿望。[4]

在吸取了印象派的光亮、品味了日本的浮世绘之后，他摆脱了热烈烦躁、

1　[美]欧文·斯通编：《亲爱的提奥——凡·高书信体自传》，平野译，四川美术出版社1983年版，第192页。

2　[美]欧文·斯通：《凡·高传》(1945)，常涛译，北京出版社1983年版，第409页。

3　[美]欧文·斯通编：《亲爱的提奥——凡·高书信体自传》，平野译，四川美术出版社1983年版，第335—336页。

4　[美]欧文·斯通编：《亲爱的提奥——凡·高书信体自传》，平野译，四川美术出版社1983年版，第381页。

过分理性的巴黎生活，走向南方，在普罗旺斯的阿尔（Arles）小镇，找到了只属于他的农民、田野和太阳。这是一个遭受烈日酷晒、狂风鞭打最凶的地方，以至于人们认为这里的人都疯了，而凡·高却惊喜地把自己的名字和阿尔联系在一起。他的艺术上的创造和贡献，很大程度上源自乡村与农民："这个时期，我一直在探索蓝色的调子。这里的农民一般都穿着蓝色服装。在成熟了的谷物中间，或者在山毛榉篱笆的枯叶前面，这种蓝色是非常美的，一眼看到就使我激动。这里的人本能地穿着我过去曾经看过的最美的蓝色服装，这是他们自己纺织的粗麻布，横蓝竖黑，织成一种黑色与蓝色的图案。这种布经过风吹和日晒雨淋褪了颜色之后，变成一种无比素净与优美的色调，把周围事物的各种鲜艳色彩烘托出来。"[1]

这种对乡村和农民生活的热爱与表现，不再是一般意义的乡村画，而有其自觉的对抗资产阶级文明的意义。在谈到名画《吃土豆的人》时，凡·高说：

我想要明白地表现出这些在灯光下吃土豆的人，就是用伸进盘子里的同一双手去锄地；因此这幅画所叙述的是体力劳动，说明他们是诚实地挣到他们的食物的。我要表达一种与我们这些有文明教养的人完全不同的谋生方法的印象，所以我并不急于要每个人都喜欢这幅画，或者马上称赞这幅画。[2]

就这样，凡·高进入了他一生中伟大的阿尔时期，把自己变成了一架狂热而盲目的绘画机器，创作了一大批不朽之作：《向日葵》《桃花盛开》《在阿尔的卧室》《自画像》《星光灿烂的夜空》《阿尔风景》以及许多底层人的肖像。普罗旺斯烈日炎炎的大地，金黄的灿烂阳光，碧蓝带绿的天空，麦浪滚滚的田野风景……色彩和激情，是凡·高作品二而一的主题，强烈的色彩传达着骚动不安的生命热情，他排除了沉闷、灰暗、无生气的色彩，代之以鲜艳的黄色——从柠檬黄到橙黄。这是他在阿尔赤裸的原野上受到震动的生命原色，来自宇宙光芒之源的太阳。在他的作品中，天空总是充满阳光，他笔下的自然：山谷、大

1　[美]欧文·斯通编：《亲爱的提奥——凡·高书信体自传》，平野译，四川美术出版社1983年版，第379页。
2　[美]欧文·斯通编：《亲爱的提奥——凡·高书信体自传》，平野译，四川美术出版社1983年版，第386页。

地、河流、桥梁、教堂、橄榄树、鸢尾花，等等，就像燃烧起来一样，生机勃发，光彩逼人；他笔下的各种人物：医生、税务官、邮递员、抽烟袋的人，等等，全都涂抹上一层对比强烈、浓郁厚重的颜料。在他的一切作品中，都可以找到太阳的光芒。为了突出阳光，凡·高选用了波形厚涂的笔触和简洁有力的线条，在静物中是被背景烘托出的厚实形式和扭曲线条，在人物画中是线条和轮廓线的粗野狂暴；而在1888年以后，他的笔触由有力转向奔放，所有形式都趋向于卷入快速的笔触旋涡，像《麦田上的鸦群》《星空、丝柏和教堂》《橄榄树：有太阳的黄天空》……这些画悲哀而激情、强烈而狂乱、梦幻而单纯，与当时斯文、平衡、精致、漂亮的法兰西画风完全不同。在素以领新标异、个性自由著称的巴黎，这些画作也不被欣赏，艺术界和文化市场没有给凡·高以肯定与回报，其结果是悲剧性的：凡·高越是拼命作画，他就越是贫困和痛苦。

农民靠自己的双手吃饭，凡·高也是一个不折不扣的劳动者、殉道者。确实，这位牧师的儿子，既然不可能获得侍奉上帝的圣职，就转而把艺术当成了自己的上帝，作画成了他生命的唯一寄托——"只有在露天热情奋发地作画，才是更新和保持我的力量与合乎我的需要的良好条件"[1]。无论是凡·高的画作还是他的书信，都充溢着内心沸腾的热情和自我牺牲的精神。在谈到《夜间咖啡馆》时，凡·高说："我想尽力表现咖啡馆是一个使人毁掉自己、发狂或者犯罪的地方这样一个观念。我要尽力以红色和绿色表现人的可怕的激情。"[2]这种磅礴的激情，首先是深沉的悲哀。一个大地的儿子，几乎辗转跑遍了欧洲，尝够了人间痛苦，他的作品怎能不是沉重的？而且凡·高又是一往情深、超脱不起来的农民！无论是人物画或风景画，他希望表现的都不是感伤的忧郁，而是沉重的悲哀。他把自己的画叫作"苦闷的呼喊"。悲哀不仅是出自个体的遭遇和肤浅的同情，而且包含着对当时社会生活和人际关系的深刻认知。这种磅礴的激情，同时也是对艺术的献身。传记作者欧文·斯通（Irving stone）评论说："他作画是因为他不得不画，因为作画可以使他精神上免受太多的痛苦，因为作画他内心感到轻松。他可以没有妻子、家庭和子女，他可以没有爱情、友谊和健康，他可以没

1　[美]欧文·斯通编：《亲爱的提奥——凡·高书信体自传》，平野译，四川美术出版社1983年版，第212页。
2　[美]欧文·斯通编：《亲爱的提奥——凡·高书信体自传》，平野译，四川美术出版社1983年版，第514页。

有可靠舒适的物质生活，他甚至可以没有上帝，但他不能没有这种比他自身更伟大的东西——创造的力量和才能，那才是他的生命。"[1] 就是根据这个准确的判断，他在为凡·高的传记中设计了这样一个情节：与凡·高同居的茜恩要离开了，他们之间有一段对话：

> "你能答应把那一百五十法郎都用来过日子，不用在模特儿和颜料上吗？"
> "我做不到。茜恩，那些东西得首先考虑。"
> "我得活呀，温森特。我不吃饭怎么能活得下去呢？"
> "我不画画也没法活。"[2]

这确实是凡·高的理念："存在着人们必须在工作和吃饭之间进行选择的情况。我宁愿要工作，我并不认为我错了。""为工作而工作是所有一切伟大艺术家的原则：即使濒于挨饿，弃绝一切物质享受，也不灰心丧气。"[3]

自然，凡·高也是人，他也要吃饭，也想有家——"我多么愿意安居下来并有一个家啊！"[4] 他也想要好一点的物质生活，比如他也想喝一份肉汁——"如果我能得到很浓的肉汤，就可以使我的身体马上好转"[5]。但命运就是如此的严厉，凡·高始终居无定所，食无肉汁。但他没有颓唐绝望："我或许处于比较大的困难之中，我的生活中有着阴暗的时候，可当一个人已经找到了他的工作，我以为这是一种无上的幸福，我不能把自己列入不幸者之中。"[6] 无论生活中有多少不平和悲哀，凡·高又总是往而不返地投注自己全部的热情，在被人间剥夺得一无所有的同时，却始终蕴积着博大的同情和满腔的热爱，他总是想到人生美好的时光，肯定人生的意义和价值。这就是何以凡·高的悲哀总是出之以辉煌的、

1　[美]欧文·斯通：《凡·高传》(1945)，常涛译，北京出版社1983年版，第426页。

2　[美]欧文·斯通：《凡·高传》(1945)，常涛译，北京出版社1983年版，第269页。

3　[美]欧文·斯通编：《亲爱的提奥——凡·高书信体自传》，平野译，四川美术出版社1983年版，第300、429页。

4　[美]欧文·斯通：《凡·高传》(1945)，常涛译，北京出版社1983年版，第511页。

5　[美]欧文·斯通：《凡·高传》(1945)，常涛译，北京出版社1983年版，第459页。

6　[美]欧文·斯通：《凡·高传》(1945)，常涛译，北京出版社1983年版，第258页。

未经调和的色彩，并使得观赏它的人热血沸腾、兴奋不已。能够以最深的感情拥抱世界上最深的痛苦，这只有强者能够做到。

这个强者却又是单纯的。凡·高的精神特质是一种惊人的单纯。他的选材是简单的：悲伤的女人、抽烟的自己、一本打开的《圣经》、一个鸟窝、一把椅子、一双鞋子、一顶草帽。没有繁缛的细节和丰富的装饰，但却准确地抓住对象的真实生命，具有隽永而不可磨灭的意义。他的情感也是单纯的，在时刻都要比较计算的市场世界中，在一个权力与财富控制一切的社会中，凡·高却只有一种情感：爱；只有一个愿望：画画。他剥去了束缚着人的文明紧身衣，撕破了人类社会中各种矫饰和外在关系，直逼生命本原，还原人性真相。他一生都在寻求简洁、单纯，而其目的，是要求得情感的真实性和绝对性，他希望他的作品能够像日本版画一样，具有简单、强烈的艺术效果，这一理想是完美地实现了，一片风景，一个头像，是多么的令观者流连忘返！直到临死的前一刻，凡·高还告诉他的弟弟："我现在完全被衬着群山的广大无边的麦田吸引住了。平原辽阔如海洋，美妙的黄色，美妙的、温柔的绿色，一小片犁过与播下种子的土地的美妙的紫色——这片土地被开了花的土豆画上了绿色的格子；在这一切的上面，是带着美妙的蓝色、白色、粉红色、紫色调子的天空。"[1]

凡·高是最严格意义上的"无私者"——他只想成为一个艺术家，只想画出优秀的作品，此外，他一无所求，但他一生悲惨；凡·高是最严格意义上的"艺术家"——他把美、色彩、热情留给人间，但他没有得到社会与艺术界的肯定。于是，他只能成为艺术的殉道者。所谓"凡·高现象"的核心，就是"对艺术的爱意味着丧失掉实际生活中的爱"[2]。艺术与生活的对立，不只是他的画风和画法问题，甚至也不是农村和农民的题材问题，而是他鲜明而自觉的反抗精神和批判意识所致。这种反抗和批判，首先是上面所说的对市场的拒绝，其次是强烈的反资产阶级的立场：

认识了人世间的各种偏见之后，我懂得了，我必须做的事，是脱离我自己的

1　[美]欧文·斯通编：《亲爱的提奥——凡·高书信体自传》，平野译，四川美术出版社1983年版，第638页。
2　[美]欧文·斯通编：《亲爱的提奥——凡·高书信体自传》，平野译，四川美术出版社1983年版，第444页。

阶级，这个阶级在很早之前就已经下决心要把我排挤出去。

我见到过许多弱者给踩扁了，我对许多被称之为进步和文明的东西的真实性，产生了极大的怀疑。[1]

凡·高他把自己的生命和画作与底层的苦难联系起来，他背叛了他所属于的中产阶级并向现代西方文明提出强烈的质疑。

这是一个繁荣进步却也痛苦不堪的时代。19世纪下半叶，正是世界资本主义如日中天的时代，英国是维多利亚的黄金盛世，法兰西第三共和国正在建设世界之都，德国在筹划并完成了被历史耽搁了的统一。这个时代的总体特征是商业精神日益占据人类生活的多个方面。马克思断定："它无情地斩断了把人们束缚于天然尊长的形形色色的封建羁绊，它使人和人之间除了赤裸裸的利害关系，除了冷酷无情的'现金交易'，就再也没有任何别的联系了。它把宗教虔诚、骑士热忱、小市民伤感这些情感的神圣发作，淹没在利己主义打算的冰水之中。它把人的尊严变成了交换价值，用一种没有良心的贸易自由代替了无数特许的和自力挣得的自由。总而言之，它用公开的、无耻的、直接的、露骨的剥削代替了由宗教幻想和政治幻想掩盖着的剥削。资产阶级抹去了一切向来受人尊崇和令人敬畏的职业的神圣光环。它把医生、律师、教士、诗人和学者变成了它出钱招雇的雇佣劳动者。资产阶级撕下了罩在家庭关系上的温情脉脉的面纱，把这种关系变成了纯粹的金钱关系。"[2]资本主义文明强有力地开发了人性和自然的资源，创造了巨大财富，打开了世界市场，带来了空前的解放。然而，在物欲获得极大满足的同时，早期资本主义也给一部分人带来深重创伤。马克思把这一时期的商品生产称之为异化劳动，即充满智慧的人的活动转化为静止的商品属性，充满主体个性的创造转换成生产流水线，人转变为物，人创造的物反过来奴役人、控制人。为了解决这一矛盾，马克思设想通过社会革命来重建人与物的关系，实现人的解放。这一时期，一面是资本主义商品经济的迅猛发展，

---

1 ［美］欧文·斯通编：《亲爱的提奥——凡·高书信体自传》，平野译，四川美术出版社1983年版，第148、149页。

2 ［德］马克思、恩格斯：《共产党宣言》（1848年3月），《马克思恩格斯选集》第1卷，人民出版社1995年版，第274—275页。

另一方面是对此过程中人的贬值和沦丧的日益高涨的文化批判和社会抗议。

所以这又是一个挺立起批判斗士的时代。艾米莉·勃朗特（Emily Bronte），一个29岁华年早逝的小说家，在英国北部约克郡荒原上构想出自己的《呼啸山庄》，向工业文明时代的社会风气和维多利亚时代的虚伪道德发出强烈的抗议。希刺克厉夫和凯瑟琳生死不渝的叛逆爱情，是和阻碍这一爱情的现有秩序的恨交织在一起的。他们表现出来的，不是尘世的爱或恨，而是超越社会、充塞宇宙的磅礴力量，作为它的极好背景和象征的是广袤严峻的荒原，面对利物浦弃儿的强悍之气和刻骨之爱，使我们意识到近代文明销蚀了人类多少真情和潜能。尼采（Friedrich Wilhelm Nietzsche），这个拿着铁锤思考的哲人，在喊出"上帝死了"之后对近代文明所造成的人性萎靡深致不满，他推崇的是古希腊悲剧文化："这种悲剧文化最重要的特色是以智慧取代科学的地位而作为我们最高的目标。"[1]他认为悲剧精神的沦亡，使现代人已远离人生的根本，贪得无厌、饥不择食的求知欲和世俗倾向恰恰暴露了内在的贫乏，"这种现代性——懒散的和平、胆怯的妥协、现代人的肯定与否定在道德上全部的不洁净——曾让我们患病……与其在现代德性和其他南方暖风之下，不如在冰雪之中生活！"[2]尼采呼唤着悲剧中诞生的新人。

我们不无兴趣地看到，凡·高和艾米莉·勃朗特、尼采分别来自三个西方主要资本主义国家，又恰为分布在艺术、文学、哲学三个领域。他们都敏感地觉察到资本主义社会中人性的虚伪、浅薄、势利和软弱，感受到现代价值观的虚伪、扭曲及其对个体生命的压迫，进而激发出一种毫无顾忌地反抗世俗的勇气。1873—1876年，尼采写了一本《不合时宜的考察》，主题是批判现代社会。实际上，凡·高与艾米莉·勃朗特也是"不合时宜"的人，他们的作品都没有为同时代所接受。凡·高很欣赏这样一句话："我从来不想压抑痛苦，因为正是痛苦往往才能使艺术家最有力地表达出自己的个性。"[3]这同样也是尼采、艾米莉·勃朗特的主张。他们感受到了痛苦，他们也有卓越的能力和技术，将这些痛苦富

---

1 ［德］尼采：《悲剧的诞生》（1871），周国平译，尼采：《悲剧的诞生——尼采美学文选》，三联书店1986年版，第37页。

2 ［德］尼采：《敌基督者——对基督教的诅咒》（1888），余明锋译，商务印书馆2016年版，第3—4页。

3 ［美］欧文·斯通：《凡·高传》（1945），常涛译，北京出版社1983年版，第313页。

有个性地表现出来。当然，痛苦也有不同，希刺克厉夫残酷的痛苦使人难以感受，查拉图士特拉贵族式的痛苦亦使我们不快，而凡·高的痛苦却是普通人的痛苦，从早期的《吃土豆的人》，到阿尔时《邮递员罗林》，表现的是底层人的痛苦和叹息。他最后的疯狂，是为了妓女的一句戏言而割下自己的耳朵。凡·高的单纯，使我们乐于接受，凡·高的强烈，使我们易于接受。但是，凡·高恰恰是他精神家族中最倒霉的一个，尼采可以当教授、艾米莉可以有佣人，凡·高却连面包也没有——解释只有一个：作为农民画家，凡·高也是农民的一员。有一本凡·高传记把他称为"人世间的陌生人"，就一个充满冷漠、无情、荒唐甚至荒谬的异化世界而言，凡·高当然是一个陌生人。

在凡·高这面镜子中，映照出人类惊人的病态和极度的异化。疾病使我们痴呆，长期感受不到他那明朗热烈的作品；疾病使我们僵死，以至于凡·高火样的激情也不能融化我们的心灵。精神分析理论喜欢说：在现代社会，最正常的人就是病得最厉害的人，而病得最厉害的人也就是最健康的人。可以说，一个不能欣赏凡·高画的人，一定是不健全的人。艺术家生前湮没、死后腾达的现象是艺术史上的常事，比较多地和时代审美趣味不同有关。但凡·高现象的深层含义，却是人类的自我意识与存在状况的一种变迁。直到两次世界大战暴露了西方近代文明的内在矛盾后，西方人才开始谦逊地承认已经走过的路并不就是最佳选择。正是在 20 世纪人类自我检讨的过程中，前此被正统文化所排斥的人物受到了异乎寻常的关注，凡·高成了现代艺术的先驱，成为 19 世纪最伟大的画家之一。在一些人看来他还是一位思想大师、哲学大师。今天，当我们把种种桂冠和献词奉送给凡·高的时候，有几许愧疚和自责呢？这不是对凡·高是否公平的问题，而是人类能否健康真实地生存的问题。我相信，只有当人们洗涤尽灵魂的文明积垢、从物的世界回到自我本真存在的时候，我们才能真正欣赏凡·高。离开这一根本点来谈凡·高，不过是另一种意义上的误解。

1890 年，凡·高自杀身亡。此时，他的画家朋友们都一无例外地遭遇不幸：修拉（Georges Seurat）因劳累过度而在 31 岁的盛年夭折，劳特累克（Henri de Toulouse-Lautrec）再次被关进精神病院且死期将近，高更（Paul Gauguin）是流落在布列塔尼的乞丐，亨利·罗稣（Henri Rousseau）在巴士底附近的破房子里艰难度日，塞尚（Paul Cézanne）在埃克斯一座高山顶上痛苦地隐修……这再次印证了凡·高的话：

自古以来，我们难道见到过一代身体健康的艺术家吗？
一切艺术家、诗人、音乐家、画家在物质状况上都是不幸的。[1]

这是为什么？我们可以有许多回答，但无论如何回答，都不能让我们的感
情平静下来。从古到今，有多少平庸者、低劣者甚至痞子、恶棍，志得意满、
飞扬跋扈？我们稍感安慰的是，凡·高说过，在画家的生活中，死亡或许不是
最痛苦的事。如果艺术不会死亡，画家其实也不会死亡。1888 年，凡·高以如
下诗句纪念他的老师毛威（Anton Mauve）：

别以为死的都死了。
只要还有活着的，
死去的也将活着，死去的也将活着[2]

我们活着，凡·高也应当活着！

（原载《旅潮》1990 年第 5 期）

---

1 [美]欧文·斯通编：《亲爱的提奥——凡·高书信体自传》，平野译，四川美术出版社1983年版，第
445、482页。
2 [美]欧文·斯通：《凡·高传》（1945），常涛译，北京出版社1983年版，第452页。

1991 年

理清《情结》：信任的危机与情感的力量

　　从 1985 年到 1995 年，广东剧坛以女作家许雁作品最多，质量最高。我那时在广东省戏剧家协会工作，先后为其几部剧作写过《从裂变到改革》《时代、戏剧与女性》《她们是幸福的》《许雁剧作的理想主义》《泪飞化作颂歌扬》等剧评。许雁的先生谢友良是我的领导，1986 年，是他带车把我从学校接到广东省戏剧家协会，八年后他又和许雁一起推动我调离这个单位。选出这篇文章，不仅是因为此文所论是文艺创作中的一个普遍问题，也是为了纪念那一段有限的戏剧缘分并向他们两位表达谢意。

一块钱买一块面包，怎么知道里面没有沙子甚至砒霜呢？跟一个朋友约会谁又能肯定对方会准时而来呢？生活中的一切无不建立在信任之上。信任不但是一个正常人理应持有的品格和享有的尊严，也是建立一个良好社会秩序的前提和条件。

话虽这样说，实际生活中不信任的现象太多了，且不论街边叫喊得很卖劲的小摊贩，且不说同事同僚同伙之间表面忠诚背后放枪，就是许多好人好事的信任度也很低。话剧《情结》给我的第一个印象就是信任的失落，其主人公崔长河对己严、对职忠，坚持原则而又不乏人情，道貌俨然而又真诚坦荡，本应在各方面都是一帆风顺、载誉而行的，但仿佛是"世人皆醉我独醒"，他偏偏不被理解，难得知音，常常处在被怀疑、冷嘲的窘境中。在崔长河与周围环境的紧张之中，《情结》把握到我们社会某些普遍而又深微的方面，刻画出一幅时代的肖像。

崔长河是好人。这一点，剧中所有人实际上并不否认。既然如此，信任危机就不是源自他的品质、能力和作风作为等主观方面，而是一种客观的社会情势。改革以来，有不少干部倒在糖衣炮弹之下，有的甚至是主动向金钱、权力、女人举手投降的。只要稍稍翻一下去年以来广东查处干部以权谋房的若干报道，就可以看出这个问题是多么的触目惊心。改革开放，经济搞活了，社会搞活了，最根本的是人心活了。随着社会控制的松动，人的各种要求理想、冲动欲望挣脱原有的社会规范释放出来，这本有其历史必然性和合理性，但在否弃旧的管制系统后，如果没有确立新的、更为健全的社会管理体制，那么如同历史上任何一次新旧交替之际一样，往往是人欲横流、理性沦落、道德瓦解，中国人在这方面从不恪守中庸之道。崔长河作为纪检书记，整天处理的就是这些。就当权者而言，一方面，他们的权力、地位使他们几乎是无监督地看守着几亿人几代积累起来的财富，更易于搞"活"自己的经济；另一方面，他们又是作为党的代表而出现的，从而问题从个人延伸到社会：共产党是否还能值得人民信任？

这个问题最初是由崔长河的女儿崔云提出来的，崔长河还未能作出义正词严的辩驳，他的老战友杜战威却以其所作所为做了一个现实例证。在当代话剧中，由功臣变成罪犯的现象并不鲜见，《情结》通过这个人物透视搞活后的社会环境对人性的腐蚀，表现出活跃在当前经济生活中一部分人的典型特征。杜战威原是一位能舍己救人的志愿军班长，转业后到地方工作也很负责，辛苦工作几十年，不过是个副厅级干部，即使他犯罪，也不能说完全出于"地主资产阶级思想"，为了他那一辈子没有住上好房子的父亲，他发誓要建一栋好房子——不管怎么说孝敬老父总是有点保留价值的"国粹"。然而，改革后的一片五彩缤纷使他意识到"公仆的同义词原来就是穷光蛋"，当然就不再有任何神圣光环了，他找情妇、建私房、占公款……"一个曾被剥削者吸过血的人，今天却反过来吸人民的血，吸国家的血。"奇怪的是，杜战威对此还有种种目前盛行的理由，甚至使崔长河也难在他面前占上风。结合到现实中大大小小的经理、主任、厂长的不良行为，谁又能说杜战威是十恶不赦、不可饶恕的呢？腐败似乎已经成为我们生存其中的空气。

于是，人们对一身正气的崔长河抱有疑虑就不是偶然的了。杜战威也好，崔长河也好，他们都不是孤立的原子，而是在一定范围内体现着党的形象：杜战威以权谋私，损害了党的形象；崔长河两袖清风，保护了党的肌体。就剧中人的真实感受而言，杜战威的行动似乎显得更为真实可信，崔长河的理想主义却有些虚幻可疑。我们都有一个经验，就是在若干场合下，要批评一个人、处罚一个人比较难。现在又发展了，要表彰一个人也很难，在缺乏基本信任的氛围中，即使做了利国利民的好事，其动机也颇令人怀疑：大家都一切向钱看，就你一人是神仙？本来，共产党这个中国最大的政治集团，除了它的社会理想和政治目标外，还通过诸如不拿群众一针一线、全心全意为人民服务、访贫问苦等"好人好事"博得人民拥戴，几十年来我们有一大批先进模范人物，党需要以他们的模范行为在人民心中树立起党的形象。正因此，当党内一再出现阴谋家、骗子、腐化分子时，人民对党的信任也就降低了。崔长河虽然是个戏剧人物，而其言行并不比那些真实的榜样更加"高大全"。他真诚地为自己没有给儿子一个发挥特长的机会而内疚，他对犯罪的老战友不忍遽然下手，一再给予机会……可是无论他怎样殚精竭虑，想在不违反原则的前提下稍作变通，尽量做得合乎人情物理，他也仍然是孤独的，包括真心爱着他的子女，也不能在根本信念上和他产生共鸣。问题很清楚：在大家都讲究交换、关系、实利的关系网络中，规章、正义、理想是"不合时宜"的，崔长河生错了时代，非但不获认可，甚至被看作怪人、虚伪，他和现实人群之间始终存在着某种程度的游离而又紧张的关系，他的天地只有在纪检会办公室才显出开阔。《情结》之所以有别于同类题材的其他作品，就在于它不写崔长河如何雷厉风行、六亲不认，不写事件处理的具体过程和成功结局，而把戏剧冲突集中在崔长河的正常举动如何在一种丧失了基本信任的环境中表现为"不正常"的，写他的犹豫不决，写他的痛苦自责，写他的心理压力，看起来仿佛是他做错了什么事。如果说易卜生（Henrik Ibsen）的《人民公敌》写出了中产阶级虚伪道德状态下说真话者的孤独，《情结》则严肃地再现了一个坚持原则的纪检官员在当代生活中的尴尬和难堪，揭示出由于政治上缺乏信任所导致的反常成为正常的现实。

对于他的现实处境，崔长河并非一无所知。在舞台上，我们很少听到他的豪言壮语，很少看到他直接向现实挑战。他的腰常常躬着，嗓门不大，手的动作也不太利索，本来理直气壮的话说出来也反复掂量似乎不好意思，但在大的原则问题上毫不让步，在小的生活问题上也并不马马虎虎。我感到困惑，在今天的条件下，他为什么不随波逐流，听之任之？为什么他真的能为了原则和纪律而得罪自己的恩人和子女呢？《情结》一再暗示：对党的负责，对人民的忠诚，在崔长河这里已不是机械执行，不是理性认识，它已凝聚为他的人格，融化到他的血液之中，沉淀到他的全部身心中了。崔云这样告诉我们："几十年来，您一直生活在忧国忧民之中，您还让我们一家人一起陪着您。您对我和小弟的要求，已不只是严格，而是近乎苛刻。我们家的日子，也不只是清贫，已近乎寒酸。我们家至今还住在这样一套又小又破的房子里。我学的是雕塑，需要一间工作室，哪怕只有几平米的小房间。可是，直到我出嫁的前一天，我都只能在自己的卧室里，堆上泥巴、画盒、画架、颜料……谁会相信，堂堂市纪委副书记的家里，至今最昂贵的家用电器就是一台 18 英寸彩电。爸，如果不是出于对您秉性和人格的深刻了解，连我这个女儿都要怀疑，这一切都是您装出来的，做给别人看的。"崔云在剧中没有多少戏，她的作用是向观众描述崔长河：他的性格，他的内心世界，他和环境的格格不入，总之是为崔长河那隐蔽的情结提供某种外显。因此我们看到，崔长河只有在女儿面前，才能袒露心灵："你以为，我不想住进宽敞一点的新房子吗？你以为，我就不想把你们送到国外去留学深造、扬名四海吗？你以为，我不希望生活的轻松愉快舒适吗？夜深人静的时候，这些念头也无数次在我的脑子里翻腾过，可是，我不能够！"为什么呢？"我只是在做我应该做的事，在实践党旗下的誓言。"

这就是崔长河的"情结"。在现代心理学中，特别是经过弗洛伊德学派的追索和彰显，"情结"（complex）已成了一个习用语了。它指被社会规范和人的理性意识压抑了的某种本能欲望，像俄狄浦斯和哈姆莱特的"恋母情结"等，看不见摸不着，却又在更深的层次上决定了人的观念和行为。在《情结》中，情结的非理性、神动性无疑是消失殆尽了，大体上指崔长河对价值、观念、理想等有一种特别牢固、稳定的忠诚和固执。把崔长河的这些本属于优秀干部特征的思想认识理解为"情结"，是剧作的深刻之处。在党的形象受到损害、对党的信任发生危机的当代社会，居然还真的有这样一个人，是需要作出相当铺垫和解说的。目前的社会风气和普遍事实，是难以找到崔长河形象的充分依据的。但剧作终究要写这样一个崔长河，以一般的保持传统、忠于职守、爱国爱民等来解释显然难以使人信服，那就只有换一种角度，不从外在的身份地位、客观要求着眼，而把他的所作所为联系于一种人格精神和心理定向，从主体心理结构入手，强化其情感的某一主导方面。这样，崔长河对党、对人民、对大地的情感累积得如此深厚，差不多成为一种本能性的情感倾向了，无论何种力量都难以移易，反而要把他所掌握的一切都纳入这一导向，自己的苦行僧大半辈不论，甚至连儿子的爱好、婚姻也牺牲。崔长河自己也觉得，在儿女心目中，他与其说是父亲，不如说是"不通人性的暴君"。人性是有的，但不是儿女私情、金钱地位，而是本能般地坚持原则、永远不断地工作。

《情结》是有组织的创作，主题是上面规定的。如何把理知的限制转化为积极的艺术创造，作者是下了不少功夫。党的信任危机是一个历史事实，追根求源，治病救人，需要深入的理性分析和全面的法制建设，而无论什么主题，文艺作品只能以塑造血肉丰满的具体个人来表现，功夫只能用在人物的个性、心灵、命运之中。历经"文化大革命"中多次组织观看文艺演出后，听惯了常常听到的空洞说教之说，观众之所以还能在友谊剧院坐下去，《情结》之所以一演再演直至五百场，除了组织观看等因素外，不能不归功于作者善于将社会问题审美化，不是图解文件、演绎道理，不是廉政建设、事件报道，而是一群活跃着的生命、冲突着的性格，是有分寸感的揭发，是浓郁的抒怀。

就是在这一点上，我觉得《情结》在情与理、主观与客观的冲突中太偏爱前一方面，在一定程度上把复杂的社会问题抽象化为个体的信念／道德问题。我愿再次指出，以文艺形式表现社会问题，必然要把政治审美化，把社会个体化，即通过个体做文章，否则就不是艺术。但在承认这一前提（既是文艺的优势，也是文艺的局限）下，也还有一个如何在艺术中真正展开问题的全部复杂性，帮助亟须改变现状的人们探索病因、根治疾病的问题。在剧作中，崔长河深情依依，表现在对党、对人民的情，对养育他的大地的爱，对老战友的真切爱护等。尽管他最终尽到了一个纪检干部应尽的责任，但他较少从社会制度、政治体制、社会监督等客观的建制方面分析原因，更多的是在理想信念、价值取向等主观方面表示痛心疾首。这在他和杜战威一起打猎的那一场中特别表现出来，这段戏是全剧最吸引人的一段。面对即将被自己送上法庭的恩人，震惊于老战友的沉沦，崔长河既痛惜对方，也痛责自己，情愿杜战威猛击自己。从艺术上看，这段戏极为精彩。可是，难道对自己的恩人绳之以法就会良心不安吗？难道英雄变成罪犯仅仅是主观上放纵吗？在中国文化传统中，法律的人情化、道德化是一个没有得到认真清理的问题，严重妨碍了现代中国法治化进程和制度创新。看来，《情结》也染上这一酱缸的一点紫色。尽管崔长河克服私谊把杜战威送上审判台，但他内心绞痛正透示出伦理情感大于法律制度的传统无意识。

剧作结束时，崔长河向着无垠的大地，在母亲的身后跪下，纪检书记原是十分重情的。崔云曾为他寻过根："……历史的等级，已经把您和乡亲们隔离在两个完全不同的世界里，当年赤着脚给地主放牛的崔家少年，已经走出大山很久很久，很远很远了。可是，那莽莽大山，悠悠清泉，依然是您生命和精神的集结地。"对母亲的挚爱，对故园的依恋，永远是人世间最美好的感情，它确实有助于人心的良善和社会的安定。然而，作为一个纪检干部，作为现代社会的清洁工，仅仅靠对家乡、对土地、对母亲的一片深情作为自己的精神支柱和力量源泉，显然是生活的诗化，政治的人情化。中国正在走向现代化，要清除随处可见的不正常现象，只能通过进一步的社会变革来完善法制，建立一个良好的公共管理机制。人性可能是恶的，但健全的社会结构却可以对之进行规范和整合。反之，即使主观动机再好，感情再纯，客观上也不一定能有效地发挥作用。崔云说得好："当人们在金钱和权力的面前，都变得不顾廉耻的疯狂和贪婪时，您所有的努力都是徒劳的。"关键不在个人的品质、意愿如何，而在于有没有一个健全的、民主的社会体制，合理的、稳定的社会结构。我并不是说，剧作应当写上这些，而是想强调，既然是写一个实在的社会问题，那就有必要以对现实的真确认识作为创作的心理背景。

说到底，"情结"毕竟有着某种本能色彩，它能解释许多现象，也会掩盖更多问题。梳理崔长河胶着的情结，就是要把他体验到的紧张还原到真实的社会关系之中，寻找信任危机的现实根源，并把我们在舞台观赏中所体验到的情感力量整合到变革社会的历史活动之中。

或许，这就是《情结》所能给予我们的意义内涵？

（话剧《情结》，广州话剧团 1991 年演出，原载《开放时代》1991 年第 3 期）

1992年
中国画的人文价值

　　20 世纪 80 年代初，从郭绍虞、王文生主编的四卷本《中国历代文论选》开始，我读了许多古典文论，主要是郭绍虞主编、人民文学出版社出版的《中国古典文学理论批评专著选辑》中的那些名著，也有此专辑之外的如胡应麟的《诗薮》陈沆的《诗比兴笺》、徐轨的《词苑丛谈》、夏承焘的《瞿髯论词绝句》、刘永济的《词论》等。由此扩展，也接触了一些戏曲、书画、音乐、园林类的论著，印象较深的有孙过庭的《书谱》郭熙的《林泉高致》、徐上瀛的《溪山琴况》和计成的《园冶》等。1989 年，经中国社会科学院涂武生先生的提议，我和徐林祥合写《中国美育史导论》，这些阅读成为写作的直接资助。此书写作扩展了我的读写范围，曾开玩笑地对朋友说：自从写了美育史，我什么文章都敢写了。90 年代初学术著作出版极为困难，广西教育出版社的李人凡先生慨然出版这部近五十万字的著作。我现在还记得收到稿酬后与李先生一起在广州吃饭的情形。

古中国政教合一，君主制与人伦教化直接相通，"文治"与"武功"是成功统治的两大标志，"崇文"与"宣武"是统治江山的主要方式。无论是作为教育科目的礼、乐、射、御、书、数"六艺"，还是作为儒教经典的《易》《书》《诗》《礼》《乐》《春秋》"六艺"，都被理解为一种教育形式。仅就"艺术"领域而言，有诗教："温柔敦厚诗教也。"（孔子）有乐教："移风易俗莫善于乐。"（《孝经》）有文教："文以载道。"（周敦颐）有书（法）教："书之为教，古者参与礼乐，恶可置哉？"（《墨池编·续书断》）……没有人明确指出"以画为教"，但不管什么时代、什么类型的绘画，都并不满足于形式审美，而有其多种多样的人文社会效果。本文简要总结一下人物画、山水画、文人画的创作动机及人文意义。

一、人物故事：存乎鉴戒

中国早期视觉文化的代表是青铜艺术。作为国之重器，青铜艺术有其明确的宗教伦理功能："铸鼎象物，百物而为之备，使民知神奸。"（《左传·宣公三年》）魏晋之前的中国画主要是人物画，是人就有行动，人与行动构成故事，是故事就有一定的意义甚至是教训，所以人物画承接了青铜艺术的社会功能。《孔子家语》中的一段话，就表达了这一点：

> 孔子观乎明堂，睹四门墉，有尧舜之容，桀纣之像，而各有善恶之状，兴废之诫焉。又有周公相成王，抱之负斧扆南面以朝诸侯之图焉。孔子徘徊而望之，谓从者曰：此周之所以盛也。夫明镜所以察形，往古者所以知今。（《孔子家语·观周》）

先秦时代，宫廷和庙堂都有不少壁画，孔子徘徊观望的就是一组壁画，画面上的尧舜和周公，正是孔子景仰的圣君贤臣。当他看到尧舜与桀纣对比，看到周公怀抱年幼的成王在斧形的屏风前接受诸侯的朝拜，心情激动，由此悟出了周朝所以兴盛的原因。"明镜察形"是指画可以真实地再现所画对象的细节和特点，"往古知今"则是画作所给予人的一种历史知识和兴亡教训。

尽管《孔子家语》是后人所作，其真实性大可怀疑，但一方面"往古知今"

符合孔子的一贯思想，另一方面"劝戒"也确实是人物画的主要功能，所以说这段话奠定了中国绘画的准则是不错的。汉末的文学家王延寿写过一篇《鲁灵光殿赋》，从壁画中人物故事的内容得出结论："恶以诫世，善以示后。"绘画已直接服务于礼教，成为文教体制和权力管控的一部分，体现了汉代大一统专制社会的要求和规范。魏晋时代的曹植曾写了一段他自己的直接观赏经验，把"孔子观画"的传说具体化了：

> 观画者，见三皇五帝，莫不仰戴；见三季暴主，莫不悲惋；见篡臣贼嗣，莫不切齿；见高节妙士，莫不忘食；见忠臣死难，莫不抗首；见放臣斥子，莫不叹息；见淫夫妒妇，莫不侧目；见令妃顺后，莫不嘉贵。是知存乎鉴戒者图画也。（《画赞序》）

曹植画论表明，其时的人物画已相当成熟，画上的人物类型相当丰富广泛，可以给人以多方面的感受和教益，见贤思齐，见不贤而自警。北宋画家米芾一语以蔽之："古人图画，无非劝戒。"（《画史》）

人物画之所以有"劝戒"的效果，在于它的主人公均是道德故事中的人物，其中多是古代圣贤。唐代的裴孝源认为："及吴魏晋宋，世多奇人；皆心目相授，斯道始兴。其于忠臣孝子，贤愚美恶，莫不图之于屋壁，以训将来。或想功烈于千年，聆英威于百代。乃心存懿迹，默匠仪形。其余风化幽微，感而遂至。飞游腾窜，验之目前，皆可图画。"（《贞观公私画史序》）人物画多以古圣贤为题材，既是中国文化尚古的表现，另一方面也表明它的道德指向。人物画基本不出人物、故事、教化三个要素，其教化功能不仅来自于人物的圣愚美丑，更重要的还在于这些人物是当作一定历史故事的主人公来刻画的，观者把画中的人物与一定的历史事件联系起来，才能明白全部意义，直到现代，欣赏人物也要大致理解其情节含义，否则就难以形成价值判断。这样，画人物就不能随意点染，要有真实性与历史感。北宋书画家郭若虚说："盖古人必以圣贤形象，往昔事实，含毫命素，制为图画者，要在指鉴贤愚，发明治乱。"（《图画见闻志》）与人物有关的各种体制，如典范、史鳎、高节、壮气、写景、靡丽等，都是名随意立，各有法度，不能任意编造或随意变换，一切都围绕着有助于突出人物善的方面，反衬恶的方面。清初大儒顾炎武在比较人物和山水时说："古人画，皆指事为之，使观者可法可戒。上自三代之时，则周明堂之四门墉，尧舜之容，桀纣之象，有周公相成王负扆南面朝诸侯之图；楚先王朝及公卿祠堂，图天地山川神灵，琦玮谲诡，及古圣贤怪物行事。秦汉以下，见于史者，如'周公负成王图'，'纣醉裾妲己图'，戴逵画'南都赋图'之类，未有无因而作。"（《日知录》卷二十一）所谓"因"，一是人物之因，即只有在直接关系到国家兴亡、世道人伦的意义上，人物才可以入画。二是创作之因，即作者选择什么人物入画是有其伦理道德动机的，这两点决定了人物画"皆指事为之"，只有人物身上"有事"，观者才"可法可戒"。

人物之所以有"劝戒"的效果，还在于它"附经而行"，既借"经"而显重，又诠释"经"典，直接传播人伦规范和社会价值观。据明初宋濂的说法："古之善绘者，或画《诗》，或图《孝经》，或貌《尔雅》，或像《论语》暨《春秋》，或著《易》象，皆附经而行，就未失其初也。下逮汉、魏、晋、梁之间，《讲学》之有图，《问礼》之有图，《列女》《仁智》之有图，致使图史并传，助名教而兴群伦，亦有可观者焉。"（《画原》）此处所说的"古"，应当是六朝以前。当时的人物画或附经而行，或图史并传，直接参与引导世风、教化百姓的政治工程，是当时政治统治和社会教化的主要方式之一。张彦远就是在这个意义上把人物画与"六籍"相提并论："夫画者，成教化，助人伦，穷神变，测幽微，与六籍同功，四时并运，……""以忠以孝，尽在于云台；有烈有勋，皆登于麟阁。见善足以戒恶，见恶足以思贤。"他还具体比较绘画和文学："记传所以叙其事，不能载其容；赋颂有以咏其美，不能备其象；图画之制所以兼之也。"（《历代名画记》）绘画不但可以像《史记》《左传》那样叙事，也可以像《赋》《颂》那样表达作者的情感判断，美丑之中寓有是非善恶的判断。要特别说明的是，古中国识字率很低，绝大多数人没有阅读能力，所以教化百姓就必须取通俗、可见的方式，看图明理，看图受教。能读"六籍"的人不多，但配上画，就所有人都能明白了。

古中国倡导"以德治国"，中国文化偏重伦理，树立道德标准、推行政治教化的方式很多，绘画在实施"劝戒"方面的特殊效果，在于它能"存形"，即能具体地描绘各种各样的人物，使其社会关系和行为方式得到真实的呈现。南朝陆机说:"宣物莫大于言,存形莫善于画。"(《演连珠》)魏晋六朝人物画高度发达的重要原因之一,就是当时人已经明确意识到绘画"存形"的特点,开始自觉地追求人物造型的"像"——从惟妙惟肖到栩栩如生。顾恺之在"形似"的基础上进一步提出"神似"的要求,即不但在外貌形状,而且在精神气质、个性风韵方面把握人物。谢赫由此提出更具普遍意义的"气韵生动"作为画之"六法"的第一法。"神似"指的是画要表现出人物的气韵意态,要像一个活人。此后对人物画的评价,越来越看重"神似"。如唐代刘道醇评论说:"大抵观释教者,贵庄严慈觉,观罗汉者,尚四象归依。观道流者,尚孤闲清古,观人物者,尚精神体态。"(《圣朝名画评》)从"存形"到"传神",是中国人物画史上的一场革命。进一步看,画作所"存"之"形"、所"传"之"神"并不限于当代,它可以上溯远古,跨越时空。南齐的谢赫指出:"图画者,莫不明劝戒,著升沉。千载寂寥,披图可鉴。"(《古画品录》)人类总是生活在特定历史时期和地理空间,但我们需要尚友古人,希贤崇圣,而绘画则可以"形""神"兼备地保留下往古的人事,使后人"披图可鉴"往昔的崇高。这里讲的还是"劝戒",但指出了绘画艺术再现既往、保留形神的特性,扩展了绘画的记录、认识作用。

从孔子到明清,人物画论强调的都是画的政教功能。这里有两种说法,一种《孔子家语》式的从人物中读出历史教训,另一种是直接把人物画规定了政教手段。从张彦远的"图画者,有国之鸿宝,理乱之纪纲"(《历代名画记》),到宋濂的"弥纶其治具,匡赞其政原"(《画原》),绘画作为艺术的特性和目的已被取消。就强调绘画作用以提高画的地位而言,这可能是有效的,但此论及其实践把绘画置于政治、伦理的控制之下,绘画的多方面价值和功能受到抑制,实际上不利于中国绘画的发展。唐宋以来,文人士大夫游心于山林泉石,寄意于花鸟虫鱼,轻故事人物而重写意山水,绘画的教化功能亦发生根本性变化,颇让人感到惋惜。如明代的吴宽说:"古图画多圣贤与贞妃烈妇事迹,可以补世道者,后世始流为山水禽鱼草木之类而古意荡然。然此数者,人所常见,虽乏图画,何损于此?乃疲精竭思,必欲得其肖似;如古人事迹,足以益人,人既不得而见,宜表著之,反弃不省,吾不知其故也。"(《书画谱》)而以绘画为治具的宋濂,对此更是痛心疾首:

世道日降，人心寝不古若，往往溺志于车马仕女之华，怡神于花鸟虫鱼之丽，游情于山林水石之幽，而古之意益衰矣。是故顾、陆以来，是一变也；阎、吴之后，又一变也；至于关、李、范三家者出，又一变也。（《画原》）

这是对中国绘画史的段落划分。顾（恺之）、陆（探微）之后，画中多有楼阁车马、宫廷仕女，所以是一变。阎（立本）重礼教，吴（道子）画宗教，他们之后，屋宇、山水、鞍马、鬼神、花鸟成为主要题材，所以是又一变。关（同）、李（成）、范（宽）三家主画山水林石，故又为一变。经此三变，以劝戒、教训为主题的人物画日益衰落。在宋濂的眼中，这是人心"溺志"、古德瓦解的过程。此论并未理解由人物向山水转变的历史原因，实际上，唐宋以后山水花鸟勃兴，人物式微，古典劝戒意义在绘画中逐渐丧失，但绘画作为表达主观情意、适应观者需要的特性却得到更大的发展，形成了一种新的美育途径。

二、山水寄托：可游可居

李白诗云："头陀云月多僧气，山水何曾称人意。"（《江夏赠韦南陵冰》）可见，除王维、孟浩然等人之外，盛唐之际"称人意"的不是远离尘世的寂寞之境，不是宁静灰暗的荒寺寒钟，不是幽深曲折的山溪野谷，而是直上白云的黄河，势拔五岳的天姥，飞流直下的瀑布，悲歌激越的塞外。尽管山水诗的起源可以追溯到汉末，且在谢灵运、陶渊明的笔下达到高峰，第一幅山水画是隋代画家展子虔的《游春图》，但山水画真正由附庸而独立，自然景物从神的笼罩下而解放出来，日渐获得自己的现实性格，是在中唐以后。造型艺术在拓展新的美育途径方面晚于语言艺术。

与中唐至北宋的社会文化变异相应，士大夫知识分子的心理状况和审美趣味也在变化。经过中晚唐的沉溺声色繁华之后，部分知识分子发现了另外一个美的世界，这就是自然山水。与魏晋时代不同，这一些自在客观之物作为这批人数众多的士大夫知识分子居住、游玩、观赏的环境，处在与他们的实际生活既不再是在门阀贵族的压迫下要求奋发进取的六朝贵族的占有和开发，基本上是一种满足于既得利益、希望长久保持和固定的情感态度。他们常常由朝而野，由农而仕，从江湖到庙堂，从地方到京城，丘山溪壑、野店村居成了他们冠冕轩荣、楼台亭阁的一种心理上的必要补充和替换，一种情感上的回忆和追求，从而在绘画上，"以山水为上"（屠隆），"山水第一"（唐志契），"画以山水为上"（钱杜）……

这是一个令文人士大夫备感亲切的世界："直以太平盛日，君亲之心两隆，……然则林泉之志，烟霞之侣，梦寐在焉，耳目断绝，今得妙手郁然出之，不下堂筵，坐穷泉壑，猿声鸟啼，依约在耳，山光水色，滉漾夺目，此岂不快人意实获我心哉？ 此世之所以贵夫画山水之本意也。"（郭熙：《林泉高致》）唐宋士大夫追慕自然，但也留恋庙堂事功，不舍家庭亲友。解决这一矛盾的方法就是山水画，它把自然带入世俗，因此可以"不下堂筵"而"坐穷泉壑"，正所谓儒道双修。这些画作的基调是牧歌式的宁静和谐，画家与自然之间是一种亲切友好的关系。就是刘勰《文心雕龙》所说的"情往似赠，兴来如答"。即使点缀着负薪的樵夫、泛舟的渔父，也绝不是什么真实的劳动，而仍然是一幅藏匿了各种人世不平的懒洋洋、慢悠悠的传统农村的理想画，审美趣味日益呈现出静、幽、淡、雅的倾向。"渡口只宜寂寂，人行须是疏疏。""野桥寂寞，遥通竹坞人家；古寺萧条，掩映松林佛塔。"（王维《山水诀》）山水是主体，所以画面上"空山无人"，但"空山"不是"死山"，因为画面上的自然的生气和活力；"空山"也有"人"，因为萧条寂寞却远非死灭，它传达的是士大夫文人"山林者之乐"的心理状态。山水画中那幽远的重山、寒江的暮雪、深深的庭院、静静的密林，哪一幅不给人静谧闲适的感觉？那画的标题，如《雪景寒林》（范宽）、《秋江瞑泊》（佚名）、《渔村小雪》（王诜）、《烟岚萧寺》（李唐）、《寒江独钓》（马远），哪一个不表现了画家追求静寂旷远的情趣？宋人宋迪干脆归纳出八种山水画的主题：平沙落雁，远浦帆归，山市晴岚，江山暮雪，洞庭秋月，潇湘夜雨，烟市晚钟，渔村落照。在这里，政争权斗、人世纠纷、风暴惊雷、生存压迫统统没有了，只是自然的沉静、人的闲适以及人和自然的和谐一体。

山水功能的新发现本质上是人和自然关系的重建。"君子之所以爱夫山水者，其旨安在？丘园素养，所常处也；泉石啸傲，所常乐也；渔樵隐逸，所常适也；猿鹤飞鸣，所常亲也。"（《林泉高致》）郭熙明确而深入地阐释这种新的关系。无论中西古今，自然山水都被认为具有理想寄托和精神象征意义，它满足了知识分子超越卑琐繁杂的世俗和险夷莫测的官场的需要。就中国传统而言，这种超越并非一心向外、往而不返，而始终是往来反复、交换不已的。现代美学家宗白华指出："中国人于有限中见到无限，又于无限中回归有限，他的意趣不是一往不返，而是回旋往复的。"[1] 像唐诗名句"行到水穷处，坐看云起时。"（王维），"去雁数行天际没，孤云一点静中生"（韦庄），"落日登高屿，悠然望远山，溪流碧水去，云带清阴还"（储光羲），"水流心不竞，云在意俱迟。"（杜甫），等等，都在表达某种超越理想的同时，实现了当下安顿。山水在"人事"之外，但还在"人世"之中。但正如当代学者徐复观指出的："不过，并非任何山水，皆可安顿住人生，必山水自身，现示有一可供安顿的形相，此种形相，对人是有情的，于是人即以自己之情应之，而使山水与人生，成为两情相洽的境界；则超越后的人生，乃超越了世俗，却在自然中开辟出了一个更大更广的有情世界。"[2] 这个世界便成为广大世俗知识分子的精神家园——"世之笃论，谓山水有可行者，有可望者，有可游者，有可居者……但可行可望，不如可居可游之为得。何者，观今山川，地占数百里，可游可居之处，十无三四。而必取可居可游之品，君子之所以渴慕林泉者，正谓此佳处故也"（《林泉高致》）。仅仅可望可行，则人与山水仅仅是外在的欣赏，可游可居才是真正的融合。

其实，自然本身无所谓意义，是否发现自然的美，如何发现自然的美，说到底都与主体的文化意识和心理结构相关。所以，并不是任何人、任何情况下都可以自由地回到这一家园的。山水画论对此作了许多精彩论述，其中最有代表性的是郭熙提出的"林泉之心"：

看山水亦有体，以林泉之心临之则价高，以骄侈之目临之则价低。（《林泉高致》）

所谓"价高""价低"，就是山水的审美价值。什么是这种"林泉之心"呢？郭熙回答说："世人止知吾落笔作画，却不知画非易事。庄子说画史解衣盘礴，

1　宗白华：《中国艺术意境之诞生》（1949年3月），《美学与意境》，人民出版社1987年版，第262页。
2　徐复观：《中国艺术精神》（1966），春风文艺出版社1987年版，第297页。

此真得画家之法。人须养得胸中宽快，意思悦适，如所谓易直子谅，油然之心生，则人之笑啼情状，物之尖斜偃侧，自然列布于心中，不觉见之于笔下。"（《林泉高致》）"胸中宽快"即庄子所说的"虚静"，心中旁涉，心无黏滞。"林泉之心"的第一步要求"空"诸世俗，静诸杂念，这样方可接纳自然物象。但这个"空"静并非枯木死灰，而是充满生机和情感。"易直子谅，油然之心生"一句原出《乐记》。《礼记正义》解释云："易谓和易，直谓正直，子谓子爱，谅谓诚信。"徐复观解释说："郭熙在这里主要是说明精神由得到净化而生发出一种在纯洁中的生机、生意；易、直、谅，都是精神的纯洁；'子'是爱，爱即精神中所含的生机、生意。因为有此一生机、生意，才能把进入到自己精神或心灵中的对象，将其有情化，而与自己的精神融为一体，精神由此而得到解放。"[1] 从而"林泉之心"可以将观审的物象人情化、精神化，主体在欣赏山水时已经完成了人格、心境的转换。是山水改变了主体，还是主体改变了之后才看出真山水，这是一个互动的关系：

余因暇日，阅晋唐古今诗什，其中佳句，有道尽人腹中之事，有装出目前之景。然不因静居燕坐，明窗净几，一炷炉香，万虑消沉，由佳句好诗，亦看不出，幽情美趣，亦想不成。即画之主意，亦岂易及乎？（《林泉高致》）

当画家或欣赏者"万虑消沉"时，他就已在心理上摆脱了现实世界。如此看来，山水意境的真正特点就不是静，而是远，即把士大夫文人的心理、精神置诸一个超越性"远"的世界，把主体心理、精神物化在客观山水的造型之中。郭熙说："山有三远。自山下而仰山颠，谓之高远；自山前而窥山后，谓之深远；自近山而望远山，谓之平远。高远之色清明，深远之色重晦，平远之色，有明有晦。高远之势突兀，深远之意重叠，平远之意冲融而飘飘渺渺。其人物之在三远也，高远者明瞭，深远者细碎，平远者冲淡。"（《林泉高致》）"远"使人想到庄子的"游乎四海之外"，逍遥于"无何有之乡，广漠之野"的无限境界，也使人忆起魏晋名士的"玄远"和"清远"。对这个问题的最好解释，还是徐复观：

1　徐复观：《中国艺术精神》（1966），春风文艺出版社1987年版，第289页。

"一个人当怡情山水时，可远于俗情，暂时得到精神的解脱解放。但山水究系一有形质之物；形质的本身，即一种局限：精神在局限中不得自由。宗炳、王微，必须在山水的形质中发现它是灵，然后形质的局限性得以破除，主观之精神与客观之灵，得同时超越而高举。但蕴藏在山水形质中的灵，不是一般人所易把握得到，也不是经常可以把握得到。因为在形和灵的中间，总不能不感到有某种障壁的存在。现在郭熙提出一个'远'的观念来代替灵的观念；远是山水形质的延伸。此一延伸，是顺着一个人的视觉，不期然而然地转移到想象上面。由这一转移，而使山水的形质，直接通向虚无，由有限直接通向无限，人在视觉与想象的统一中，可以明确把握到从现实中超越上去的意境。在此一意境中，山水的形质，烘托出了远处的无。这并不是空无的无，而是作为宇宙根源的生机、生意，在漠漠中作若隐若现的跃动。而山水远处的无，又反转来烘托出山水的形质，乃是与宇宙相通相感的一体化机制。宗炳、王微们所追求的形中之灵，在这里却可以当下呈现出来了。追求形中之灵，使我们被尘凡所污渎了的心灵，得凭此以得到超脱，得到精神的解放，这是山水画得以成立的根据。但灵是不可见的，而艺术则必须成为可见的形象。由远以见灵，这便把不可见与可见的东西，完成了统一。而人类心灵所要求的超脱解放，也可以随视线之远而导向无限之中，在无限中达成了人类所要求于艺术的精神自由解放的最高使命。"[1] 这里从主体何以欣赏山水（"远于俗情"）说到山水本身的矛盾（灵与形质），从"远"如何统一山水的有无天、形和灵说到"远"如何实现主体对无限境界和精神解放的追求，相当深入地分析了山水画所具有的寄托意义。徐复观特别指出了三远之中"高"与"深"都带有刚性、进取性的意味，而"平"的形相则带有柔性、消极而放任的意味，因此，平远比高远、深远更能表现出山水画的品格，郭熙说平远是"冲融""冲淡"，这正是士大夫文人的理想形态。自郭熙以后，中国山水画便向平远的方向用力和发展。

半壑松风，一滩流水，白云度岭而不散，山势接天而未止，别有日月，问是何世。倘欲置身其中，可以逍遥自乐，仿彼巢由，庶几周生，无北山之嘲矣。

1　徐复观：《中国艺术精神》（1966），春风文艺出版社1987年版，第302页。

寂寞无可奈何之境，最宜入想，亟宜着笔。所谓天际真人，非鹿鹿尘埃泥滓中人所可与言也。(恽寿田《南田画跋》)

这些文人士大夫在松风流水、青山白云中找到了另一个世界，"别有日月"，仿佛古代的巢父、许由和庄周（子），进入"真人"之境。从此，士大夫文人的精神理想找到了一条比较合适的表现方式，宋以后，山水画成了中国画的正宗和主流。"无穷之趣"（米芾），"其格清淡，其理幽奥"（韩松），"风流潇洒"（唐志契）……所以"今人画以意趣为宗，不复画人物及故事，至花鸟翎毛，则辄卑视之"（谢肇淛《五杂俎》）。而水墨画又进一步成为山水画的主体，也因为它更适于表现简淡疏远而又意趣超然的主体心境，这种山幽水寒、寂静寥落的意境，更符合大批世俗文人的审美理想和人生哲学。山水画创作和欣赏中主体地位的日益突出，情与景、意与境之间和谐关系逐渐被打破，前者日益取得较后者更为优先的地位，山水画也就发展到以元四家为代表的文人画阶段。

三、文人笔墨：抒写自由

"逸"本来是一种生活形态和精神境界，先秦时代就有"逸民"。《论语》中就记载有孔子不断遇到些避世的"隐者"，如长沮、桀溺、楚狂接舆、荷蓧丈人等，他们要从"浊世"中逃离出来，过自己的生活。以孔子"知其不可为而为之"的积极态度，当然与他们格格不入。这些"逸民"的生活态度，在庄子那里得到了升华，他"以天下为沉浊"，要"上与造物者游，而下与外死生无终始者为友"。庄子精神就是超脱沉浊的"逸"的精神，后世无数崇尚"清逸""超逸""高逸""飘逸"的人莫不以庄子为精神之父。

唐宋山水已经把自然置到世俗之上，但大体还能保持一定的平衡，但"隐逸"的念头越来越强烈。按照北宋黄休复的讲法，"逸"的内涵是："拙规矩于方圆，鄙精研于彩绘。笔简形具，得之自然，莫可楷模，出于意表。"（《益州名画录》）超越规矩限制，所以"莫可楷模""出于意象"；不再细笔描绘，所以"笔简形具"。综此两点，山水画是"得之自然"而非刻意强求。"自然"既指自然物象的感兴，也是指一种超越世俗的精神境界，其含义和嵇康所说的"越名教而任自然"的

"自然"相通。把"逸"搁置于"神""妙""能"诸格之上，反映了中国山水画向其更精粹、更独创的文人画的演进。

当代学者伍蠡甫指出："大致说来，文人画审美范畴与艺术成格有'简''雅''拙''淡''偶然''纵恣''奇倔'等，以及与之相联系的'古朴''虚浑''僻涩'等。"[1] 这其中最重要的是"雅"或"士气"，即士大夫文人气质。"雅"与"俗"相对。就"俗"指人间烟火以及与之一体的功利计较、争名逐利而言，"雅"就是分部地脱离社会生活。就"俗"是指趣味低劣、品格不纯而言，"雅"就是超诣精纯，也无市井的庸俗气，也无"画工"的精描细刻的俗气。明人屠隆说："如赵松雪、黄子久、王叔明、吴仲圭之四大家，及钱舜举、倪云林、赵仲穆辈，形神俱妙，绝无邪学，可垂久不磨，此真士气画也。"（《画笺》）画家与非画家的区别就在于此：

人之所有而我无之，驱一俗字而已。人之所无而我有之，藏一雅字而已。（恽向）[2]

今之论画，必日士气。所谓士气者，乃士林中能作隶家画品，全在用神气生动为法，不求物趣，以得天趣为高。观其日写而不日描者，欲脱画工气耳。（高濂《燕闲清赏笺》）

"雅"要在笔墨上见出。所以文人画的另一个显著特点是"简"。文人画把绘画中的"笔墨"放在最高位置上，强调物象自身无所谓雅不雅，雅要在描绘物象的线条、用墨上见出。如黄公望所说："画一窠一石，当逸墨撇脱，有士人家风。才多便入画工之流矣。"（《写山水诀》）笔墨之"雅"在"简"不在繁。明人陈继儒认为："文人之画不在蹊径而在笔墨。李营邱惜墨如金，正为下笔时要有味耳。元四大家皆然。"[3] 以简单的笔墨不写尽、不道完，才能引发想象，才能"味无穷"。清初画家恽格说："香山曰：须知千树万树，无一笔是树；千山万山，无

1 伍蠡甫：《宋元以来文人画的审美范畴和艺术风格》，《伍蠡甫艺术美学文集》，复旦大学出版社1986年版，第338页。

2 转引自邓乔彬：《中国绘画思想史》，贵州人民出版社2011年版，第347页。

3 转引自邓乔彬：《中国绘画思想史》，贵州人民出版社2011年版，第372页。

一笔是山；千笔万笔，无一笔是笔。有处恰是无……无处恰恰是有，所以为逸。"（《南田画跋》）"简"的本身就是对烦琐的世俗社会与官场礼仪的否定。所谓"士大夫气味"内在地要求"笔简形具"。所以明人唐志契说："苏州画论理，松江画论笔，理之所在，如高下大小适宜，向背安放不失，此法家准绳也。笔之所在，如风神秀逸，韵致清婉，此士大夫气味也。"（《绘事微言》）关键是画家要有"士大夫气味"，笔墨只是手段，是工具。所以说"画要士夫气，此言品格也。第今之论士夫气者，唯此干笔俭墨当之。……盖品格之高下不在乎迹在乎意"（张庚《浦山论画》）。"简"之为"简"，在于不对山水进行细致描绘：

　　写画亦不必写到，若笔笔写到便是俗。落笔之间，若欲到而不到便雅。唯习学纯熟，游戏三昧，一浓一淡，自有神行。神到写不到便佳。（唐志契《绘事微言》）

　　这与哲学中的"言不尽意"、诗歌中"韵外之致"、戏剧中的"不到顶点"是一致的。艺术要求含蓄，但文人画的"简"又不只是表达方式上含蓄问题，而是事关人品、艺品的原则性问题。通过线的飞沉放涩、墨的枯湿浓淡、点的稠稀纵横、皴的披麻斧劈，画面虽然稀疏，笔墨虽然简单，气韵却可以非常浓厚："元人幽亭秀木，自在化工之外，一种灵气。惟其品若天际冥游，故出笔便如哀弦急管，声情并集，非大地欢乐场中可得而拟议者也。"（恽寿平《南田画跋》）"至平至淡，至无意而实有所不能不尽者。"（恽向《宝迂斋书画录》）这"一种灵气"，这"不能不尽者"，才是文人画所要表达的东西。
　　三是有"我"。文人画的重心不再是客观对象的忠实再现，而在精练隽永的笔墨意趣；画面不是追求客观景象的多样丰富，而是如何通过某些自然景物以笔墨趣味来传达出艺术家主观的心绪意念。"山水之胜，得之目，寓诸心，而形于笔墨之间者，无非兴而已矣。"（沈周《石田论画山水》）"远山一起一伏则有势，疏林或高或下则有情。"（董其昌《画禅室外随笔》）文人画不仅是种形式美、结构美，而且在这形式结构中传达出人的种种主观精神境界、"气韵"、"兴味"、情性。文人画的代表"元四家"——倪瓒、吴镇、黄公望、王蒙——他们一致从主体角度谈画："适一时之兴趣"，"游戏而已"（黄公望）。"仆之所谓画者，不过逸笔草草，不求形似，聊以自娱耳。"（倪瓒《答张仲藻书》）"余之竹聊写胸中逸气耳，岂复较其似与非，叶之繁与疏，枝之斜与直哉。"（倪瓒《题自画竹》）……既然在现实社会中找不到自我实现的地方，那么在作画中就再不能委屈自己了：

　　吾辈处世不可一事有我。惟作书画，必须处处有我。（松年《颐园论画》）

　　文人画的"我"不是一般意义上的个体，而是经过了人文熏陶、自我净化、人格转换之后的一种特殊的情性、趣味和价值观。它不是模山范水，而是主体"写意"，但又并非任何一种主观意趣，而是特定的意，即"清逸""高逸""超逸"之意，总称之为"逸气"。绘画由人物转向山水自然，本是由隐逸之士的隐逸情怀所创造出来的，因此"逸"是山水画自身应有的性格。这种性格之所以得到完美的表现，其基本条件在于画家生活的"逸"。欧阳修曾认为："萧条淡泊，此难画之意。……故飞走迟速，意浅之物易见，而闲和严静，趣远之心难形。"（《鉴画》）但文人画的实践恰恰表明，以图绘状貌、再现形象见长的绘画，也可以很好地表现无形可见的"萧条淡泊"之境——正如王安石所说"欲寄荒寒无善画"。文人画上"无我"，但所有的物象都仿佛是为了"我"才呈现、才存在。黄公望的《富春大岭土》中，苍山兀立，幽林点缀，时有两三座小桥横空，溪路边茅屋藏露其中，却无一点人间气象，简练、幽深；吴镇的画空灵飘逸，"岚霏云气淡无痕"；王蒙的画恬淡自然，多画秋山草堂，夏日山居；倪瓒的画萧瑟寒寂，清旷闲雅。如其自述："风雨萧条晚作凉，两株嘉树近当窗。结庐人境无来辙，寓迹醉乡真乐邦。南渚残云宿虚牖，西山青影落秋江，临流染翰摹幽意，忽有冲烟白鹤双。"（倪瓒《秋亭嘉树图自跋》）他们的画上几乎没有人迹，也很少让主体的感情直接流出，而是把主体的意气熔铸在山水景物之中，画上的自然成了一种真正的"人化的自然"，而文人画境也是典型的"有我之境"。

　　无论是"雅""简"还是"有我"，都须从读书来。伍蠡甫指出："文人画家不同于画院画师或民间画工，都是读书人，能写文章，能作诗，兼通书法，有的还爱好哲学，所以文论、诗论、书论以及儒、释、道三家的思想都融会到文人画的理论之中，引导着文人画创作。士大夫们的学问和修养更规定了他们的绘画须表现他们所认为美的趣味和意境，以'神似'取代'形似'，以抒情寄兴取代描摹物象，于是画中有诗的境界，画中有我的生命的脉搏，画中有我的精神面貌、个性特征，乃是绘画艺术的最高造诣。"[1]在传统社会，绘事位于技工、俳优之列，文人多鄙之，然书卷气却可点石成金，使之身价百倍。元人赵希鹄点明这一点："士夫以此为贱者之事，皆不屑为。殊不知胸中有万卷书，目饱前代奇迹，又车辙马迹半天下，方可下笔。此岂贱者之事哉。"（《洞天清禄集·古画辨》）书卷气使画有了地位，也使人的修养进于"雅"，所谓一树一石皆从学问人品中流出。对书卷气的重视，是净化精神、脱俗近雅的前提。董其昌一方面认为气韵是"自然天授"，一方面又承认"亦有学得处，读万卷书，行万里路"。明人李日华把读书看成是养成"士气"的必要之路："绘事必须多读书，读书多，见古今事变多，不狃狭劣见闻，自然胸次廓彻，山川灵奇，透入性地，时一洒落，何患不臻妙境。"（《墨君题语》）从这个意义上说，只有学问人品到了一定火候，方可落笔作画，所以作画不但可以拓展人的心胸精神，而且能否画画、怎么画画本身也成为其人品格、修养和境界的标志。

这就是何以古人认为"画者，文之极也"的原因。画画使人的精神情感在笔墨挥洒中得到表现，并客观化为山水意境；而含蓄、淡远、幽深的选题和用笔，也消融了主体和社会的冲突，中国士大夫文人终于学会了在尘世俗氛中超越尘世的方法，既鲜明地表现自己的个性又不与社会正面对峙，既忘却痛苦而又平静自得，在平息了心灵的波动骚乱后，陷入对自然的体察谛听和对自我的冥想沉思。这样，一切都可以无所足道，一切都变得美丽安详，从而不期然地泛起淡淡喜悦，在他们的眼中笔下，只有肃穆仁立的小山，明镜般的秀水，晶莹洁白、落地无声的飘雪，永恒无限的天空……"文人画"是古中国文人士大夫精神的最独特、最完美的表现。它甚至还能延年益寿：

画之道，所谓宇宙在乎手者，眼前无非生面，故其人往往多寿。至如刻画细谨，为造物役者，乃能损寿，盖无生机也。黄子久、沈石田、文徵仲皆大耋。仇英短命，赵吴兴止六十余。仇与赵品格虽不同，皆习者之流，非以画为寄，以

1　伍蠡甫：《宋元以来文人画的审美范畴和艺术风格》，《伍蠡甫艺术美学文集》，复旦大学出版社1986年版，第337页。

画为乐者也。寄乐于画，自黄公望始开此门庭耳。（董其昌《画禅室外随笔》卷二）

仇英、赵孟頫是否是不入品的"习者"，暂且不论，重要的是，董其昌此论指出了文人画的价值，不在"刻画细谨"为物所役，而在于逸兴纷飞以画为寄、以画为乐。在这个意义，文人画的"简"就不只是技术问题，而是决定画家是否为真画家的关键。

然而，文人画又不只是"隐逸""闲适""乐"，也有痛苦、无奈和悲凉。正是在异族统治的元代，士大夫文人放弃对国家民族，乃至一切社会事务的责任，形成一种普遍的隐逸之风。赵孟頫一生富贵已极，但也悲痛已极："一生事事总堪怜"，"湖光山色不胜悲"。他追慕陶渊明，对其隐逸生活向往不已："周（庄子）也实旷士，……渊明亦其人……九原如可作，执鞭良所依。"（赵孟頫《次韵钱舜举四慕》）倪瓒不仅自己隐逸，也劝所有的朋友包括已做官的友人退出官场，鼓励王蒙保持隐者的清净，"不将身作系官奴"。他们如此消极，有其特定社会环境和历史背景，但在古中国，有多少文人士大夫没有感受到因王朝兴替、权力更迭、政治压迫而来的忧患、痛苦。元曲《高祖还乡》有道："体乾坤姓王的由他姓王，他夺了呵汉朝，篡了呵汉邦，倒与俺闲人每留下醉乡。"元代文人的遭遇、沉痛和忧愤在传统中国士人中具有普遍性，所以元以后，文人笔墨也依然为人实践，令人向往。这些杰作表现了传统知识分子的自由精神、超越情怀，代表了中国艺术的独特创造和最高水平，也塑造了中国知识人"不以物喜，不以己悲"的阔大境界和高蹈风格，当然也内含着把知识人逃避、自私、不负责的言行合理化、文饰化的机制。今天和未来的中国人都会欣赏文人画，但要使之成为一种积极的文化遗产，则又需要涤除其中所含有的阿Q式的麻木自大。

（本文为《中国美育史》第15章，该书1992年由广西教育出版社出版）

1993年
大于逻辑的精神现象

　　20 世纪 80 年代人文学生在西方哲学方面的阅读，大概都少不了黑格尔的《美学》，这不仅是因为此书四卷由当时声望极高的朱光潜先生翻译，也是因为此书可作为西方文艺史的导论，是黑格尔著作中最不晦涩的。1981 年冬天，为了报考美学专业研究生，我熟读了黑格尔《美学》第一卷，背诵了其中的一些段落。写作生涯中与黑格尔有关的还有两篇：《黑格尔美学人道主义》《告别黑格尔：从张中晓、王元化、李泽厚到顾准》。国内外的黑格尔研究，早已是天翻地覆，我惭愧自己未能与时俱进。

就《精神现象学》展开了人类意识的形成史、发展史而言，完全可以把它当作思想史来读。也就在黑格尔写作《现象学》的1906年，他在耶拿大学开始讲授哲学史。从其《耶拿讲演录》来看，黑格尔的哲学史观念此时已基本成形。然而，至少和黑格尔1816年海德堡时期的《哲学史讲演录》相比，《现象学》的命运却好得多，它不但未蒙受以逻辑结构歪曲历史发展的酷评，反而受到比大小《逻辑学》更为热烈的欢迎和仔细的释读，它对某些意识形态的解说已成为脍炙人口的篇章，一些现代思潮也试图从中寻找支持。

不能同意某些西方学者关于《现象学》之后黑格尔的创造力趋于衰竭的说法，但可以认定，《现象学》之后，黑格尔的思想进入了严格的体系阶段，以《现象学》为高峰的青年时代那种敏感活泼的洞察力和随意挥洒的表达方式已被代之以逻辑理念的有序演进和周期性的三一模式，这固然是哲学成熟的标志，但也失去了自由奔放、意气风发的姿态。

重要的还不是结构形式和语言风格。对立展开、矛盾发展是《现象学》和《哲学史》共同持有的立场。但在《哲学史》中，既往体系被严格安排在理念的螺旋式演讲序列中，"历史上的那些哲学系统的次序，与理念里的那些概念规定的逻辑推演的次序是相同的"。哲学史是精神自我认识的历史，从抽象到具体，从简单到复杂，从低级到高级，最终在黑格尔本人的绝对理念中得到完成和实现。比如希腊本体论和形而上学见解的次序，从前苏格拉底到柏拉图，在原则上就等于思辨逻辑中质的范畴三次序。黑格尔哲学史的根本原则就是历史和逻辑的统一，就是体系的历史次序和逻辑的范畴转换的同步。与那些把哲学史视为分歧意见之堆积、各种体系的墓场等哲学史观相比，黑格尔着力发掘以往学说中包含的科学思想本身，给曾经存在的哲学体系以历史—逻辑的合理位置，体现了一代大哲深广的哲学慧思。问题是，历史和逻辑对应得如此整齐，似乎是造物主的有意安排，确实，黑格尔就曾说过绝对就是上帝，这不能不使人产生怀疑。如同排除了恶的世界是不存在的一样，能完全纳入黑格尔逻辑结构的哲学史是不真实的，难怪罗素（Bertrand Russell）挖苦地说：宇宙渐渐在学习黑格尔的哲学。

正是在这一背景下，《现象学》特别引人注意。它诚然要描述"一般科学或知识的形成过程"，是"关于意识的经验的科学"，它叙述的是精神克服自身的异化，克服主体客体、思维存在、理智直观的对立的过程，通过这一过程，精神发展为绝对，实体发展为主体，异化及异化的扬弃因此成为《现象学》的中心内容和基本环节。但和《哲学史》不同，精神现象的发展并无与之完全吻合的逻辑序列，它的辩证发展并未落实为一个个递进推转的小圆圈。在以辩证法著称的"自我意识"一章中，自我意识在主人和奴隶的斗争中确立，主人依赖奴隶的劳动，因为是自我依靠的。自我意识诞生以后，黑格尔着重分析了它的三种形态，首先是斯多葛主义，那似乎就是奴隶的态度，不管实际处境如何，都可以感觉到自我依赖和独立。只是它否认外部世界的实在性和意义，只是靠主观意义，一旦真正怀疑，斯多葛主义就成为"怀疑主义"。怀疑主义是自相矛盾的，一方面它把自己看成是个别的、偶然的、丧失了自我意识的东西，另一方面又把自己弄成一般的、自我同一的东西，这个自我矛盾、内在冲突的意识就是"苦恼意识"。在矛盾就是联系的意义上，这三种自我意识是统一的辩证运动，但没有呈现为正反合的三一式。在《哲学史》中，这三种哲学则是这样安排的，前苏格拉底哲学以普遍抽象的规定作为它们的本体论模式，它在阿那克萨戈拉的"奴斯"原则中开始具体化，后来在苏格拉底的伦理自我确定性中被明确地具体化，柏拉图、亚里士多德丰富了这一阶段。这个实现的、具体的整体性本身又分为伊壁鸠鲁的独立形态和斯多葛主义，并且达到它们否定的结合，即达到渗入罗马哲学的怀疑主义，由此通向中世纪并为近代哲学作过渡。

这一介于两个时代之间的思想史，在《现象学》中是粗放犀利、类似史诗般的人类精神传奇，在《哲学史》中则是整齐划一、有规律的古典主义戏剧。《现象学》没有严密的程序，也没有程式化的黑格尔意义上的辩证法，而是充满着矛盾和对立、纠缠和冲突。它有历史精神也有辩证运动，但这是通过角色互换、位置颠倒、意义转化实现的，而没有一个综合的、统一的总结。可以认为，在《现象学》的主体部分，人类精神没有完成，更无终结，它和自强不息的浮士德精神一样，表达着、应和着人类的永恒创造和绝对运动，远比《哲学史》阔大而奔放。

问题的关键是，人类精神以及表述它的哲学，是否是唯一的"绝对"的展开，是否有一个逻辑的完成？这个问题太大，此处无法申论。从思想史的解释来看，《哲学史》体系的核心是把全部哲学史的进程归结为黑格尔本人的"绝对理念"，前此的一切努力都是它的成长和引渡。如果不做一个黑格尔主义者，那么就不难发现不是哲学史的进展以"绝对"为归宿，而是"绝对理念"预设了此前哲学史的解释。青年黑格尔派的切夫考夫斯基（August von Ciezkowski）认为黑格尔的哲学只能事后解释历史，原因即在于此。多彩多姿的哲学史在"绝对理念"这个关隘面前，就不得不放弃溢出绝对发展的渠道的那部分内容，纯化为单一的绝对的自我生成，始终与绝对保持一种辩证意义上的一致。这样，颠倒时间顺序、重编体系结构还不是主要的，重要的是所有哲学体系都没有独自价值和风格个性，它们只是"世界史中普遍精神的进展"。如果像黑格尔说的，每一个前此哲学体系都只能降格为逻辑学的一个范畴，那么，有了黑格尔庞大的思辨哲学体系，则此前数千年的哲学体系都没有存留的价值和意义，哲学史的唯一功能在于它作为逻辑学的序论。

　　这至少有两个问题：一是逻辑学是否概括、统摄了此前全部哲学？答案是否定的，不但东方哲学，就是近代哲学的两个大人物维科（Giambattista Vico，1668—1744）、帕斯卡尔（Blaise Pascal，1623—1662）也未在黑格尔的讲演录中露面，更遑论进入"绝对"的光圈；二是黑格尔的解释是否把握了得到"绝对"朗照的哲学体系的全部内容？回答也是否定的，因为黑格尔留意的只是其本体论与形而上学的意义，古希腊哲学因其符合这一原则而得到较充分的解释，而中世纪、近代则遗落甚多。严格地讲，《哲学史》并不是哲学发展史，而是以历史形态展开的黑格尔逻辑学的系统，历史与逻辑的统一其实是逻辑主宰着历史。比较同情的评论认为："在展开的阐述中，黑格尔是按其或者明显或者暗合的本体论与形而上学的意义来评价以往哲学理论的发展状的。"[1] 这种视角可能造成的错误审估，只要想一下黑格尔的名言就清楚了："我们无须要求古代哲学具有一些属于较深刻意识的概念。"对照一下英国哲学家怀特海（Alfred North Whitehead）说的一部西方哲学史只是柏拉图的注释，以及海德格尔关于苏格拉底以后西方哲学遗忘存在、步入误区的看法，至少可以说，确实不能把黑格尔的哲学史当作西方哲学史的真实重现。

　　自然，说"重现"是对史学的一种不合情理的要求。任何思想史、哲学史

---

1 [德]克劳斯·杜辛：《黑格尔与哲学史》（1983），王树人译，社会科学文献出版社1992版，第23页。

的解释，叙述都有史家自己的态度、模式、框架，成见和偏好不可避免，突出和失落也并不荒唐，只是在这个过程中，各种哲学体系、思想见解总有自己特定的内容和意义，它们必定要限制、抵制解释者的"成见"，如果不想委屈先人、扭曲历史，就得给它们相当的尊严和权利，这样唯一可行的是伽达默尔说的"视界融合"，即解释者"成见"与被解释对象"成见"的相互融合，拓展出更广更大的视界，酝酿生发新的意义。

《现象学》的处理就占了这方面的优势。本来，《现象学》也有自己的合，这就是最后阶段的"绝对知识"（第八章）。不过，在精神现象漫长艰难的运动中，这一结局异常简略，仿佛是暴风骤雨后宁静的黄昏，"合"题包容不了前此那么多威武雄壮的戏剧性冲突，而且由于《现象学》在感性、知性、意识、理性、精神等几个大的环节上都没有把圆圈画满，没有环环相扣的小圆圈作铺垫，这一综合便显有人为和匆忙的痕迹，只是表明黑格尔想使精神在自己的体系中有一个安顿和完成，建构一个"体系"而已。就像浮士德的"停停吧，你真美"的满足并不代表浮士德精神一样，《现象学》的不朽魅力还是在于主人与奴隶，诚实意识与分裂意识、高贵意识与卑贱意识等有声有色的撕打颠倒，它们确实传达出人类精神的真实情态。

这样说，并不意味着黑格尔在《现象学》中另有一套哲学史方法。《哲学史》是讲解狭义的哲学体系，它们是自觉的、合理性的思维，"因为在哲学史里所涉及的乃是纯粹理念，尚不是理念的特殊化形态——自然和精神，所以对这些进展过程的发挥，主要的乃是逻辑哲学的课题与任务"。哲学史本身就是哲学，可以而且应当作哲学逻辑的分解和综合。《现象学》的对象则是广义的精神现象，即从感知觉开始的全部意识经验，在其主体的"精神"一章，主要是理念的异化形态——精神，即渗透于各具体时期的时代精神、意识形态，它们的内容远远大于纯粹的逻辑思维，实际上并不遵循范畴序列而展开、递进，很难像《哲学史》那样逻辑化、范畴化。应当说，黑格尔基于不同对象的不同处理是很有意义的，但正由于他强调哲学史的逻辑性、纯粹性，所以在《哲学史》中把历史与逻辑相统一的原则体现为具体哲学体系与特定逻辑范畴的等同关系，历史与逻辑的原则统一落实到历史与逻辑的具体统一上，历史被彻底地逻辑化，成为干枯的理性结构、范畴系列。在《现象学》中，黑格尔正视精神不只是纯粹理念，发展虽有规律可循，却又并不和"绝对"在具体环节上一一对应，因而他没有以绝对知识的逻辑顺序严格套住各意识形态。"主人与奴隶"很难讲就是奴隶社会的普遍意识；"苦恼意识""绝对自由"固然在中世纪和法国大革命中表现得特别充分，但黑格尔并未说它们只属于这两个时期。逻辑和历史的这种游离，使历史只在基本走向和内在精神上暗合逻辑，它保持着自己的独立性、偶然性和差异性。从解释学的意义上说，也就是在相当程度上承认各种意识形态有自己的存在价值和独立品格，它们和黑格尔的绝对精神相互解释，奏出了人类精神的昂扬乐章，成为一部风采秀异的思想史。

历史是非逻辑的，但理解历史又少不得逻辑，否则历史就是一堆说不清、理还乱的混沌材料。思想史的逻辑是思想问题自身的深化和转换，而这又有赖于史家的发现和建构，在究极的意义上，也可以说是后来者给此前历史灌注了一种秩序，拟定了一个目的。就此而言，任何一种思想史、哲学史都是一种简化、一种曲解。所争者，只在一种解释图式在多大程度上涵盖了已知的历史事实，在多大程度上揭呈了新的历史意义。应当肯定，任何一种理论预设和解释模式都不可能穷尽历史事实，也不可能完备自足地理解历史。理论、逻辑、概念、范畴这种"天生"的不完备性提醒我们在解释古典学术时，要谨慎地使用"有规律""合逻辑""必然地"等自信十足的语汇。俄罗斯作家陀思妥耶夫斯基的小说《地下室手记》中说："总而言之，关于全世界的历史，任你怎么说都行，凡是头脑里能够产生的最紊乱的想法都用得上。只有一点不能说，——那就是合乎理性。"[1] 诚然是悲观至极。扪心自问，个体的生存经验大概都会赞同这一点。所谓"合理的""应当的"等其实都是解释历史的方便设施，它们本身即已表明不是确然实存。为理解历史而赋予历史一种逻辑秩序，原是不得已的，万万不能成为君临历史的"绝对"，顺我者昌，逆我者亡。

黑格尔本人也曾批评过那种"拿我们的思想方式去改造古代哲学家"的做法，多次强调哲学史的逻辑统一、正反合的发展模式并不是他的发明和臆想，而是客观的、真实的精神运动方式，圆圈说也并不否认有轨道外的偶然、偏差、

1　［俄］陀思妥耶夫斯基：《地下室手记》（1864），顾柏林译，《陀思妥耶夫斯基作品集·赌徒》，上海译文出版社1988年版，第162页。

脱落，但"大体上这次序是相同的"，因而总体高于个别，"一切特殊部分都只是这唯一生命的反映和摹本。它们只有在理念的统一里，才得到它们的真实性，而它们的区别或不同的特性，也只是理念的表现和包含在理念里的完成"。照这样看，他的圆圈似乎就是"解释学的循环"，也即狄尔泰讲的"整体只有通过理解它的部分才能得到理解，而对部分的理解又只能通过对整体的理解"。整个《哲学史》就是整体（绝对理念）与部分（个别体系）互释的范例。问题是这个"整体"究竟指什么。在狄尔泰（Wilhelm Dilthey）的意义上，一是解释对象的整体，二是解释对象所处的历史文化的整体背景，它们都属于解释对象方面的，是客体。当黑格尔把所有哲学体系都置于"绝对"自我发展的过程中评论时，他的"整体"实际上是他自己的哲学理念。这里的奥秘在于：黑格尔声称"真理"是运动的过程总体，真理作为体系才是真实的，似乎整体与部分的循环运动是客观的，而真实情况倒是，黑格尔以此掩盖了这一循环的实际意义，它是伽达默尔（Hans-Georg Gadamer）讲的另一种循环，即解释者的前理解与解释对象的循环，也就是把各个哲学体系都放在他创造的"绝对"视域中显现和解释。这个客观唯心论其实是最大的主观唯心论，黑格尔谦逊地把自己摆在"绝对"的秘书的位置上，实际上"绝对"是他的工具和手段。

在一定意义上，把哲学史、思想史、学术史等史学理性化、逻辑化、规律化，都是把历史目的化、主观化，它确乎可以发掘、拓展一种新的意义之源，但更可能遮蔽、戕伤既往时代活跃的精神生命。维特根斯坦（Ludwig Wittgenstein）后期主要攻击的"对普遍性的渴望"，应当是人文工作者不断警惕的。

（原载《学人》第 4 辑，江苏文艺出版社 1993 年版）

1994年

自觉做精英

——庞朴先生访谈记

1993 年 10 月到 1998 年 12 月,我与吴重庆、李公明、陈少明三人业余合编《岭南文化时报》。我当时的主要工作,一是以"本报编辑部"的名义,写了若干评论;二是以一个不正式的"记者"身份,采访一些当时我们认为需要采访的人,现在记得有马采、李锐、杨天石、姜义华、达式常等人。这份报纸并不公开发行,采编的自主性较强,由于思想解放,议论横生,在国内思想文化界口碑甚好,像《每周一书》《精英观察》《旧文新读》《岭南物语》等栏目,都为读者称赞。我们四人现在都在高校工作,教研学科及思想观念已不复当年模样,但过往的共同经验,仍为我们所珍惜。这篇访记最后说的要写一篇《庞朴与黑格尔》,后来确实写了,就是《中国现代性与德意志文化》第 15 章第 3 节。

庞朴先生——对他,任何一个关心中国学术文化的人想来都不会陌生——20世纪80年代以来,以大量识见透辟、论证周详、考据严密的学术论文当之无愧地成为中国传统文化研究方面的真正权威。他的一系列论著,不但极大地提高了中国人文学术的研究水平,为广大青年后学提供了丰富的学术营养,也有效地推进了中国人文传统的现代转化及其与世界文化的交流。其中《儒家思想的辩证法》《说无》《说参》《忧乐圆融》《火历》等早已脍炙人口,为学界津津乐道。可以肯定地说,今天及今后要学习、了解中国文化,庞先生的论著不可不读。

酷暑之中,庞先生南下广州参加会议来了。1994年7月12日晚,我得到机会向他请教。

一、"文革"的苦果,大众文化

单:目前不仅在广东、在大城市,而且在神州大地,最令人触目惊心的文化现象是大众娱乐:流行音乐、地摊读物、模特表演、通俗电视剧、言情小说、卡拉OK……究竟应当如何看待,见仁见智,我个人认为,就其作为政治控制权力、个体欲望满足的表征而言,大众文化有一定的合理性,但作为一种文化形态,特别是当它裹挟精英文化、遮蔽整个文化生活时,问题就很多了。先生以为如何?

庞:关键在于为什么有这么多人接受大众文化。拿王朔现象来说,王朔思想很敏锐,语言技巧很高,非常勤奋,但可惜的是没有根,"文化大革命"中生长的,没有好好读过书,没有什么文化根源,但却看到了过多的丑恶。"文革"准备了这些人、这些力量,由这些人、这些力量再来对"文革"进行报复、清算。

单:这就是黑格尔讲的"历史的狡狯"?

庞:正是。像"文化大革命"这样灾难性的浩劫,历史让它自己准备了自我否定的力量。现在对各种大众文化的狂热接受,正是"文化大革命"扼杀文化的报应。可怕的不是一些人,特别是年轻人的无知,可怕的是它已成为了一种普遍性态度和氛围。王蒙在《躲避崇高》中为王朔辩护,赞成嘲笑一切、撕破人生,反文化、反人文精神。有心的读者能理解王蒙要躲避的是什么,但粗心的人也可能由之得出反对一切崇高即人文价值的结论,那就很可怕。"人之异于禽兽者几希"，那一点"几希"，是很崇高的，大力倡导还来不及哩！

单：王朔小说、电视剧都很逗笑，主人公都是能言善侃之辈，王蒙作品的喜剧效果也很强烈。不过黑格尔早就讲过喜剧只限于使没有价值的东西归于毁灭，如果把一切都看作空无、看作游戏，那就不是喜剧了。今年春天，李默然来广州演出时说过：艺术不是调侃，人生不能游戏。我很赞成这一点，当然，王蒙与王朔还是不一样的。

庞：王朔现象的出现有其历史必然性。理想主义之后就是自然主义，禁欲主义失禁后必然是纵欲主义。古代的儒家是理想主义者，行不通了，就出现了庄子的自然主义，不过庄子还是由孔孟理想滋养过的，有根有源，不像"文化大革命"培养出来的那样。

单：大众娱乐多是从中国香港引进的，有人便据此认为香港非但不是"文化沙漠"，而且还有非常"现代"的文化。由于它挟带着巨大的经济效益，再加上"追星族"和"大款们"的呼唤，香港的大众文化在中国大陆似乎所向披靡，长城内外，大河上下，稍有文化的人大概都知道"四大天王"，大概都看过香港电视。完全否认大众文化是不可能的，但假如现代文化以这些东西为标准和样板，中国文化的前景也许是非常暗淡，甚至是令人恐怖的，"试看明日之域中，竟是谁家之天下"，提出这样的问题，不能算是杞人忧天吧！

庞：我不愿简单说香港就是文化沙漠。但当年到香港谋生的人，大多没有多少文化理想，后来发了财，他们的那一套人生价值和趣味被略加包装，形成一套文化，现在把它当作新的、先进的东西引进，与"文化大革命"中成长的一代人一拍即合，酿成了今日的文化现状。

单：和大众文化一样走俏的还有张艺谋，有人批评他是"东方主义"的产物，指责他过多地展示中国生活中的不太公开的那一面，如野合、乱伦、妻妾斗法，等等。我觉得关键不在于揭呈黑暗、披露隐秘，鲁迅当年在这方面就毫不手软，问题是张艺谋没有鲁迅的眼界和精神力量。"哀其不幸，怒其不争"，鲁迅在痛切揭发脓疮时总是怀抱深切的同情和救治的冀望，而张艺谋在以高度艺术性的画面、场景排比中国历史的另一面时，我总感到有一种"奇货可居"的自得之情，如果说鲁迅是沉郁地批判，张艺谋则是沉郁地欣赏。先生怎么看？

庞：为了适应西方俗人的东方主义需要，张艺谋制造了许多奇风异俗，比如《大红灯笼高高挂》之类。如果说大众文化是媚俗，媚世俗，《大红灯笼》等就是媚洋，媚洋俗。他们都很有才华，遗憾的是缺少一些历史使命感，对世俗和洋俗，疏于分析，乐于迁就。附带说说，还有一种媚俗文化，媚旧俗，也就是反对改革开放，抱住教条不放，留恋于意识形态化的文化。今天就不多谈它了，因为它已经日落西山了。

单：我也写过一些批评大众文化的文章，主张知识分子要搞一个"反调俱乐部"，批评、抗击浸入精神文化领域中的庸俗化、实用化狂潮。我的理论立场主要取自 18 世纪末、19 世纪初的德国古典文化和现代批判理论。然而，虽然中国和德国一样拥有一个悠长而独特的文化传统，但由于您刚才说的"文化大革命"的报复，当代中国人似乎连根拔起、心无所系，所以批判大众文化俨然是知其不可为而为之。难道中国文化就要被这些玩意儿长期垄断吗？

庞：当然不会。从 1993 年开始已有改观的迹象，如上海举行的"外滩音乐会"就是报春的燕子，香港所谓的"四大天王"已不像过去那样热了，批评的声音也多了起来。在这方面，人文知识分子有不可推卸的责任，不能在价值失落后再踏上一只脚。

二、学术不能意识形态化

单：变革时代的特点之一或许就是不断地有热点关注。80 年代以来，学术界热点频频不断，从一门学科（如美学）到一个人物（如萨特），从一个问题（如人道主义）到一本书（如马克思的《手稿》），都可能引起一场热闹。正是这一个个热点关注，使中国学术界逐步舍弃了中世纪式的尊圣、注经传统，走向独立自由的现代思维，在意义阐述、理论建设方面颇多建树。其中，持续时间最长、涉及面最广、影响最大的当算 80 年代中期兴盛的"文化热"，也就是在这场"文化讨论"中，您和李泽厚先生以卓越的成就成为这个领域公认的带头人物。差不多十年过去了，现在您如何评价这场"文化热"？

庞：文化研究冲破了多年的沉默，唤醒了一门学科，有很大的意义和成绩，但我想指出的是一些问题。大概在 1986 年以后，文化研究开始意识形态化，有的学者甚至情绪化。这些人的用心是可以理解的，但做学问须有客观求实的态度，一旦意识形态化，就离开真理了。像电视政论片《河殇》，对中国历史文化的理解就很粗糙，对未来的设想就很片面。年轻人的热情是好的，宣传改革也是对的，但学术研究不是宣传鼓动，不能带进过多的主观情绪和实用目的。1989年以后，文化研究中的激进势头被遏止了，一些仍然关心学术、关心中国文化的人退回书斋，认真研读原典，这是一个好现象，可以说是一个觉悟，这表明我们对中国传统到底是些什么，过去其实知之不多。研究原著，对提高文化研究的学术水准是有益的，对如何进入现代走向未来也是有益的。

单：关于中国传统的研究，被另外一些人规定为一种所谓"爱国主义教育"，并直接赋予了许多现行政治需要的意义和目的，把学术文化强行纳入长官意志、政治手段之中。先生刚才对激进的意识形态化进行了批评，但迄今为止，另一种保守的意识形态化，也就是您说的"媚旧俗"，虽然为您所说"日薄西山"，却仍凭借外部势力在学术界横行，它不但遏止了、阻滞了现代中国的创造精神，也歪曲了、涂改了中国文化的真实面目，危害甚大。只是它的功夫在学术之外，学者对之也无可奈何。

庞：仅仅爱国，境界不高了。所谓境界，是说自觉处在某个范围中。一个人可以以自己为范围，以家庭为范围，高一点的，以朋友为范围，公司为范围，故乡为范围；更高一点的，以本省本国为范围。他以范围的是非为是非，范围的爱恶为爱恶，总之，以范围的价值为价值。范围就是井，他坐在井里看宇宙。爱国的人，当然会爱省、爱友、爱家、爱自己，因为大范围包括小范围，但所谓爱国主义者，充其量不过如此而已。

我们的传统所教导我们的，显然不止于此。譬如"四海之内，皆兄弟也"，就是要我们从家庭范围扩大到世界范围。"民吾同胞，物吾与也"，除了上一个意思外，还要求从人类扩展到物类，也就是当今时髦的生态问题，如此等等。中华文化还强调人生的意义，把人为什么要活着，活着是为了什么的问题搞清楚，境界也就上去了。

一些人以为提出爱国为目标，就很了不起了。其实他那口井很小很小，更不用说那个"国"是否真是国，他那种"爱"是否真叫爱了。

单：先生所言极是，无论是激进的还是保守的意识形态对学术研究都是不利的，抵御两方面的诱惑与压力是当代人文知识分子的精神任务之一。不过话说回来，中国人文从孔孟老庄开始就与主体的生命体验、精神理想分不开，我们当然不能用现实意愿梳理传统，但纯客观的要求也难以达到。

庞： 也许完全中立是办不到的，我提倡"同情的了解"，不同情就扎不进去，就不能了解，不了解就不能继承，更无从批判。这当然也可以说是一种态度，但不是把目前条件下的具体要求转接到传统文化中去，不是古为我用。"同情的了解"不一定是最好的方式，而是一种不坏的方式或较好的方式，英文所谓的better。

单： 确实，非要在人文研究中认准一种最好的方式恐怕是一种幻觉，有一种"不坏"的方式就很不错了。

我理解您讲的"同情"是包含了一定程度的欣赏的，近十多年关于中国文化最好的两本书，也就是您写的《稂莠集》和李泽厚的《中国古代思想史论》，前者阐释中国的人文主义，后者重构中国的文化心理结构，对传统均有欣赏之情，尽管您曾声明说"人文主义是中国文化传统的核心精神"，这是认识判断而非价值判断，但您十分强调中国文化的意义，就已表明了您对它有一定的价值认同。当然，这里的问题相当复杂，比如韦伯（Max Weber）认为学术研究应"价值中立"，但他在描绘清教徒如何把金钱转化为资本的刻苦精神时却流露出赞赏之意，而在指出现代世界是一个"祛除魅力"的合理性的世界时，又难掩其厌恶之情。我觉得，就中国人文研究而言，"同情的了解"可能比笼统的"价值中立"较为可取。

三、"大部头"，学术规范

单： 最近几年，一方面"文化热"明显降温，另一方面有关中国文化的专著却频频涌现，不少是以系统性、通史性自居的"大部头"，有的甚至卷帙浩繁，我本人也出过一本美育史，从上古一直到未来构想。这种现象能算是学术繁荣吗？

庞： 1989年以后，有关中国文化的著作确实非常之多，表面上很热闹，但不能估价太高。内行人都知道，学术研究中真正有价值的是研究论文，而不是没有任何专题研究做基础的所谓"专著"。当年我曾和李泽厚约定不写专著，只写论文。现在各种专著如雨后春笋，动辄上百万字，显然有市场因素在内；出版社以大而全来求销路、争评奖；编者可以通过群体合作抄书赚钱；年轻人则想在短期内搞一两本书好去评职称。这些情况造成了目前成堆的大部头。不能说它们一无是处，但总体上，这些"专著"究竟有多少学术价值，解决了哪些问题是很可疑的，很多是把古代的材料塞进通行学科概论的框架，这就成了"××史"，既没有搞清历史的真相，也无助于人文学科的理论建设，有的连史料都不准确。所以"大部头"多并非好事，至少不是一种严格的学风、文风，因为它们过于急功近利了。

单：学术领域和社会生活中其他领域一样，黑白颠倒、是非不清的现象所在皆是。一是以量为标准，似乎部头越大、数量越多，学术成就也就越大，有的人著作等身，实则没有任何具体贡献；二是混迹于学术界的一些人，根本无意于学术，而是借学术以营私，唯上、唯风气是从，实则是奴才学术，令人愤慨的是这些伪学者反而如鱼得水，名利双收。有鉴于此我觉得学术领域应当建立自身的价值秩序，有必要的文化学术规范和学术评议机制，维护学术的尊严和公正。先生在学界久历风雨，且富有批评精神，以为如何？

庞：文化学术规范，其实是有的。评奖评上去的，畅销销出去的，不一定都合乎规范，不见得都够格，往往只是合乎某种意图、趣味、需要而已。规范是由公众来掌握，由历史来论定的。所谓是非自有公论，公道自在人心，所谓历史是无情的，谁笑在最后谁笑得最好，都是这个意思。远的不用说，你到书店去看看特价柜、处理柜，便明白了，那里躺着待沽的，不是有许多曾经红极一时吗？

小伙子！不要牢骚满腹，风物常宜放眼量嘛。我是乐观主义者，我相信真理一定胜利。

单：真理一定会胜利，但总还需要知识分子的努力和争取。目前的趋势是意识形态消退，市场规律、交换关系君临一切，文化作为点缀也是寒碜的，知识分子要谋第二职业才能生存。历史具有讽刺性：知识分子曾为现代社会（民主政治和自由经济）而奔走呼号，可现代社会是如何安置知识分子和文化的呢？1993 年 10 月，德国学者汉斯·迈耶（Hans Mayer）在和记者谈话时这样描绘德国文化现状：一边是艺术的绝望，一边是文化企业的堕落。他举出 1945 年以来德国文学的五个天才人物无一不走向自我毁灭，由此认定艺术实际上已不存在，文化生活不过是伪装体面的骗子的乐园，"我们已不再有文化"。中国目前还不能和德国相提并论，但迈耶所描述的文化状况在中国并不陌生。他讲的文化企业的堕落与我们刚才讨论过的大众文化不是一个问题吗？我关心的是，假如此一趋势不可避免，知识分子是否就只能听之任之呢？

庞：困难是很多的，但知识分子必须有清醒的自我意识，要耐得清贫，甘于寂寞，提高自己的人文情怀，以天下为己任。"国家兴亡，肉食者谋之；天下兴亡，匹夫有责。"这好像是顾炎武说过的。天下指的是社会，知识分子应该关心社会。我常讲不要坐井观天，而要坐天观井，就是指知识分子站在整个历史、整个文明的立场上关怀社会、关怀人的素质，从根本上做起。

单：就是说新的经济关系、生活方式并不影响知识分子的精英意识。在一定意义可以说现代精英意识的一个主要标志就是能够拒绝社会总体的整合和同化，既对社会公正和人文理想怀抱热情和兴趣，又能与普通流行的价值标准、功利目的及大众文化保持距离，并对之展开批判。

庞：知识分子要自觉做精英，大腕大款可以是社会的关键人物，他们可以左右形势，吞吐风云，但无钱无势的知识分子却应主动把自己放在社会精英的位置上。所谓精英，不是在地位上高人一等、居四民之首，而是高瞻远瞩，是精神境界的英才。有人哀叹知识分子边缘化，如果只看到从四民之首退居臭老九，那当然是边缘化了，而且不止于边缘化而已。有人说智囊知识分子和科技知识分子还处在中心，边缘化的只是人文知识分子。不客气地说，这些都只能算皮相之见。科技是第一生产力，政策能决定国家方向，但社会之为社会，人之为人，是由人文知识来提供目的与准则的。历史已经证明这一点，历史仍将证明这一点。

单：您讲的是总的关怀，具体到个人而言，还有一个选择何种方式的问题，这有两层：一是知识分子在现代分工社会中必须首先选择一种职业以图生存，在目前中国，大体上以高校教师、研究人员及一些文化单位的职员居多，只是这一层意义不大，因为很多这种职业的人根本就没有知识精英的情怀。二是具体的参与、表现方式。我记得萨特（Jean Paul Sartre）在这方面有许多见解，他本人以一个自由知识分子（他从未有固定的职业）的身份主动介入，办刊物，写戏剧，经常发表宣言，公开参加抗议，充当庭长审判美国战争罪，甚至上街卖报……具有典型的法兰西风格。在中国传统和现实中，主动出击的知识分子可能不多，但在世俗功利的包围、逼进之中，仍能动心忍性地从事那些没有经济效益和直接目的的人文学术研究，也是尽了知识分子的责任，这些工作往往不是对具体社会事件的反映，但对人文理想却有滋养性的长远意义，甚至像王国维、陈寅恪那些高度专门化的论著，也能嘉惠后学、参与塑造人文精神。先生的论著，大体也属这一类。知识分子要想有具体的社会影响，就要从事文化批判和社会评论，像19世纪40年代德国的青年黑格尔派和俄国的别、车、杜，但要从事人文精神的建设，可能主要还是通过深入的学术研究。究竟选择何种方式，只能由知识分子个人来决定。

庞：当然，各人可以选择适当的方式。我选择了学术研究。要唤起群众，办报是一种方式，我看了你们的报纸（指《岭南文化时报》——单按），印象不错。如果我年轻，可能也会去办报，要时时研究如何唤醒民众，把知识精英的追求和理想推广到社会生活中去。

四、余英时的地位本应是大陆学者的

单：像先生这一代人，也就五六十年代上大学，现在五六十岁的一代，在学术上大多建树无多，以至于80年代以来的学术研究是上接30年代，从那里开始向前推进，中间四十多年基本上是空白。也许可以开个玩笑，当代青年学人似乎没有父亲，而只有祖父，冯友兰、陈寅恪、贺麟、闻一多、朱光潜、宗白华，离我们显然更近一些。只是我依然觉得由于学术环境的巨大差异，要成为一个成功的学者，父辈又显然比祖辈更其艰难。从背景来看成就，您仿佛是一个"另类"——这个说法也许不恰当。

庞：我是参加过革命的，知识分子参加革命有个人因素，但我们都认真读过马克思主义著作，对党、对组织绝对忠诚。我是1949年1月10日淮海战役结束那一天通过封锁线从苏南经滩头阵地进入解放区的，在前期的政治运动中，我一直是积极分子。70年代初在曲阜劳动，因为写了一篇关于孔子的文章，不知怎么被看中，一纸调令让我赴京报到。进京不久，所知略多，逐渐对长期信奉的许多信念产生怀疑，感到幻灭。四十多年中只有1979年以后才集中写作、研究，至少浪费了十五年时间，损失是很大的。比如1956年我去北京进修佛学，反右一来学不成了，而没有十年专攻是不能谈佛学的，所以我从未写过佛学方面的文字。

单：青年和中年，是生命最宝贵的时期，而先生却正处在践踏文化、要知识分子挪屁股、洗脑子的氛围中，对那些庸碌无为的学者，后人不必苛求，但对于庞先生，除了钦佩外，我还想知道，是否有什么特殊因素？

庞：1938年我在苏北淮阴念到小学六年级，这时日本人来了，我没有进日本人办的学校，而是入私塾，有机会熟读中国古籍，《三字经》《百家姓》《四书》《幼学琼林》我都能背，一些典籍现在用起来也很顺手，并由此萌发了对中国文史的兴趣和感情。这或许是国家不幸诗人幸吧。1946年后我在苏州当小职员，并在社教学院旁听，闲来无事喜欢练字，对古文字也有兴趣，我现在写文章经常利用古文字材料，和那时的自我训练有关。至于性格上，我自小有个人英雄主义，干事总想干得出色些，出乎其类。说句笑话，比如最近，我在北京就以电脑写作出名，用得非常熟练，还先后收了十二名教授做"学生"。

总的说，我们这一代人失去的很多。李泽厚对我说：余英时的地位本应当是大陆学者的。这是真的，但大陆学者毕竟没有余英时的地位，这是历史有负于我们的。

五、庞朴与黑格尔

单：先生的论著一发表，我总想找来读一读，觉得对中国文化的了解又多了一点，因您不是排比史料、描述现象，而是真正致力于中国人文精神的发掘和阐释。我感到您的治学方式近乎"义理之学"而非"训诂之学"，只是您的"义理之学"又有充分的"训诂之学"做基础和前提，就此而言，您把"宋学"和"汉学"较好地结合在一起，更具有中国学术的特色。您近来在研究些什么？

庞：我主要研究中国的智慧，偏重在方法论方面。中国的智慧与西方不同，很高明。拿外交来说，周总理虽然不在了，但我国的外交策略看上去总是比克林顿高出一筹。

单：方法论才是中国文化的深层，讲中国文化只注意道德训诫和具体议论是远远不够的，比如有人说中国尊德性而西方重智识，其实要在各自文化中找出反例是太容易了。真正重要的是探索、发现中国文化特有的运思机制和思维方式，这些东西，正像先生在抉发《荀子》的方法时说的"固然寄迹于文字之中，却常超然于论述之外"。您的论著之所以新颖别致，在于您确实在阐释中国智慧，而不是在一般地评论中国观念。比如您在讲儒家的"中庸"时，从中辨析出 A 然而 B、A 而不 A、不 A 不 B、亦 A 亦 B 四种形式，展示儒家如何重在从各种角度处理对立两端的关系，并由此断定儒家辩证法重依存不重发展，因而具有保守的特色，使我们对中庸有真切具体的了解。不进到这一层，讲中国智慧不过是隔靴搔痒。您现在讲方法论，是否是过去研究中国辩证法的继续？

庞：是的，中国的辩证思想非常丰富，在讲圆融、重贯通方面比黑格尔还高明。徐复观讲中国文化是"忧患意识"，李泽厚认为是"乐感文化"，我则写了篇《忧乐圆融》，自认是更准确地把握了中国精神，这就是运用了圆融的好处。

单：如此看重辩证法，先生的论著总使我想起黑格尔。

庞：西方哲学中黑格尔对我影响很大，中国哲学中则是庄子，《小逻辑》和《庄子》我都读过多遍，是我基本的理论武装。

单：黑格尔大概是当代中国哲学界最受青睐的哲学家，在现代西方哲学涌入中国之前，他被视为马克思主义之前西方哲学的高峰。"文化大革命"期间什么书都读不到了，但商务印书馆却在 1973 年重印了《逻辑学》，这可能是一贯重视对立和斗争的毛泽东对他有好感。不过尽管中国人从未拒绝过黑格尔，但真正运用辩证法分析、研究中国思想而又不牵强附会的，我觉得只有您的《儒家思想的辩证法》，这本小书巧妙而令人信服地复活了一套中国辩证哲学，它和《道家辩证法论纲》及其他论文几乎是字字珠玑。我近年来对德国文化兴趣殊深，同时也写些中德文化比较方面的文字，哲学方面包括牟宗三与康德、李泽厚与席勒等，"庞朴与黑格尔"也是拟写的题目之一。不知先生新的计划进行得怎样？

庞：你对我太过奖了。我最近的研究还是以系列论文的方式进行，如《相马之相》《解牛之解》《谈玄》《原道》《说智》等，因为我不懂佛学，时间也不多了，写中国的智慧大概只能写到魏晋。我越来越老，如能假我数年以学佛，那当然最好，可惜求之不得。以后的工作就拜托你们了。

　　单：期待您早日完成，这不但有功于学术，也可使我叨光写成《庞朴与黑格尔》。

　　（原载广州《岭南文化时报》1994 年 8 月 18 日，收入《庞朴文集》第 3 卷，山东大学出版社 2005 年版）

1995年
"人文精神"的双重含义

　　20世纪80年代以来，中国文化思想的主题基本围绕着"人"的问题展开。首先是对各种非人的理论、政策和行动的抗议。老作家巴金说得朴素："只有在经历了接连不断的大大小小的政治运动之后，只有在被剥夺了人权、在牛棚里住了十年之后，我才想起自己是一个'人'，我才明白我也应当像人一样用自己的脑子思考。"（《随想录》）哲学家汝信则有理论的提问："人道主义是修正主义吗？"尽管"马克思主义人道主义"的观点一度受到批评，但90年代以来，人道主义作为现代社会的一项基本价值，即使没有"马克思主义"的修饰语也逐步被承认并实践。与发展市场经济的现实趋势、建设民主政治理论承诺以及多样文化在事实上初步呈现等相应，"人权"概念已为政府所使用，"以人为本"的传统理念成为党和国家的指导思想。在中国社会形势已发生深刻变化，异己的他律对人性的严格桎梏已部分打破，功利追求、物欲享受、消费文化已经得到正面肯定的条件下，如何从人文精神的角度反对汹涌澎湃的拜金主义、物质主义、享乐主义，又成为另一个问题。本文对此有所思考。

"人文精神"是当代中国知识界使用最多的概念之一。这一概念的普及极大地得益于 20 世纪 90 年代中期有关"人文精神"的讨论。

　　这是"文化大革命"结束后思想文化论争的重要一环，其起源可以追溯到 80 年代初的人道主义思潮。"马克思主义人道主义"命题的锋芒所向主要是曾给中国人带来深重灾难的种种"政治异化"和"经济异化"，也理所当然地包含着对人的价值和尊严的期待。马克思主义人道主义的主要倡导者王若水 1986 年就指出，过去我们"把人看成抽象的'政治'而忽视了人的物质需要"，这些年纠正了这种偏向，强调了物质鼓励，"但也出现一种偏向，以为物质鼓励是万能的，一切问题都可以靠钱来解决。这又把人看成片面的'经济人'，以为他们的行为只受物质的需要考虑支配。两者都没有看到人是'社会人'，他们的需要是多层次的，是在社会历史中变化发展的。两者都没有看到人有自我实现的需要，它不是简单地用物质报酬来满足的，也不是可以用宣传'自我牺牲''毫无怨言'而加以忽视的"[1]。此论实际上已正视到人为物役的现代情境。随后而来的"文化热"在中 / 西、古 / 今的对比语式中批判中国传统文化，鲜明地提出了人性解放、个性实现等文化 / 政治理想。进入 90 年代后，市场经济的迅速发展在丰富社会物质资源、满足世俗欲望方面显出巨大能量的同时，也使计划体制时代的精神文化的生产和接受方式发生重大变化。功利目的、交换原则、消费逻辑开始向精神、文化领域移殖，由此呈现出来的文化的市场化导向，直接催生了"人文精神"的议题。

一、中国议题："精神"与"人文"

　　"人文精神"的讨论于 1993—1995 年之间展开。这是市场经济初潮涌动、社会转型开始呈现的年代，也是知识分子日益边缘化、文化艺术需要重新定义自

---

　　1 王若水：《关于马克思主义的人的哲学》，北京：《新华文摘》1986 年第 9 期，第 24 页。高尔泰亦说：社会主义人道主义"不仅满足人的物质需要，而且满足人的创造性活动的需要，包括用物质工具进行的物质生产活动和用语言符号进行的精神生产活动的需要。这就要求不但着眼于人的共性，而且着眼于人的个性；不但着眼于人的现实性，而且着眼于人的可能性，并自觉地创造条件促使这种可能性向现实性转化。"（高尔泰：《人道主义争论备忘录》，北京：《新华文摘》1986 年第 10 期，第 26 页。）

己的年代。20 世纪 80 年代新启蒙的乐观声调已经远去，1992 年踏上的新路前景诱人而又难以捉摸。沉默了 3 年的人文知识界正寻找新的发言时机。《上海文学》1993 年第 6 期发表王晓明等人的《旷野上的废墟——文学和人文精神的危机》对话，对话者在批评王朔"痞子文学"、张艺谋电影等流行文化后提出了"人文精神"失落、需要重建人文精神的话题。当张汝伦、朱学勤等学者参与后，当《读书》杂志于次年 5 次连载以"人文精神"为总题的讨论后，特别是当作家王蒙旗帜鲜明地提出不同于上海诸人的观点和主张后，讨论进一步深化，具有全国性规模。人文学界之外，也有经济学家参与讨论。在持续两年的过程中，共发表文章 100 多篇，《光明日报》《文汇报》等还开辟了专栏。1996 年讨论基本结束，相关的文章分别编入《人文精神寻思录》（王晓明选编）和《人文精神讨论文选》（丁东选编）。

在现代论述中，"人文精神"是一个针对性明确而其内在含义却甚为模糊的概念，甚至"人文精神"能否作为一个概念来使用也是有疑问的。比如朱维铮当时即著文提出，"人文"与"精神"两个概念在中国虽古已有之，却不能互训，也无缀成一词的先例。讨论者在使用"人文精神"时，其内涵就是西方的"人文主义"，但"人文精神"与"人文主义"之间似乎还不能画等号。（朱维铮：《何谓"人文精神"？》，天津：《探索与争鸣》1994 年第 10 期）王蒙后来说："我至今闹不清'人文精神'四个字的确切含义。我遍查字典，《辞源》与《辞海》上都有'人文'词条而无'人文精神'一词。对于'人文'的解释，二书都说一指礼教文化，二指人事（区别于自然现象）。《辞海》中有'人文主义'一条，解释是一指非神学的世俗文化，二指人道主义与人性论。""我在《人文精神偶感录》一文中用的英语 humanism 一词也不对，那只能译成人本主义、人文主义、人道主义，后来我才知道，一般我们说的人文精神一词源自 humanity 一词，但《新知英汉辞典》对 humanity 一词的解释是：人性、人类、慈爱、人文学科与希腊、拉丁的古典文学。Humanity 一词中确实有人，但没有文啊，而我们的国人是喜欢望文生义的，于是搞文学的人自以为是人文精神的捍卫者、解释者、承担者与发言人了。"（《王蒙自传·九命七羊》，广州花城出版社 2007 年版，第 164 页。）当年的讨论语境复杂、论域广泛，且讨论者有自说自话的特点，因此，要对当年的讨论作全面回顾和理性评论是相当困难的。对今天的读者来说，最重要的可能是上海诸人与王蒙的不同主张。

　　"人文精神"的提倡者针对的是人文精神"失落"的现状。王晓明的起点是文学的危机：杂志转向、作品质量下降、读者减少、作家批评家"下海"；张汝伦关心的是人文学术的困境：在一个功利心态占主导地位的时代，人文学术被普遍认为可有可无；不断有人要求人文学术实用化以适应市场经济的需要；各种政治、经济因素对人文知识分子的持久压力，等等。那么，什么是"人文精神"？王晓明开始说得比较含糊：爱好文艺是现代文明人的基本品质，"一个人除了吃饱喝足，总还有些审美欲望吧，他对自己的生存状况，也总会有些理不大清楚的感受需要品味，有些无以名状的疑惑需要探究吧？在某些特别事情的刺激下，他的精神潜力是不是还会突然勃发，就像老话说的神灵附体一样，眼睛变得特别明亮，思绪一下子伸得很远，甚至陶醉在对人生的全新感受之中，久久不愿'清醒'过来"[1]。张汝伦说得干脆一些："实际上人文精神是一切人文学术的内在基础和根据。正是由于人文精神意识的逐渐淡薄乃至消失，使得智慧与真理的追求失去了内在支撑和动力，使得终极关怀远不如现金关怀那么激动人心。"当代人文学术的一系列问题，"从知识分子自身来看，人文精神的逐渐淡化和失落当是主要的原因。如果你有这个精神，体现在学问上，境界自高，格局自大。而现在灵魂既失，当然就只徒具形骸。所以，今天如欲追寻失落的人文精神，恐怕先要从追问它是怎样失落的开始"。也许受张的启发，王晓明在与张汝伦等人的对话中也以"终极价值"说人文精神："如果把终极关怀理解为对终极价值的内心需要，以及由此去把握终极价值的不懈的努力，那么我们讲的人文精神，就正是这种关怀所体现，和实践不可分割，甚至可以说，它就是指这种实践的自觉性。"[2] 2003 年 11 月，王晓明在讲演中回忆说，当时中国的文化状况非常糟糕，文化人的精神状况普遍不良，如人格萎缩、批判精神缺失，艺术乃至生活趣味的粗劣，思维方式的简单和机械，文艺创造力和想象力的匮乏，等

　　1　王晓明等：《旷野上的废墟：文学——人文精神的危机》（原载《上海文学》1993年第6期），王晓明编：《人文精神寻思录》，上海文汇出版社1996年版，第2页。下引此书，均据此版。

　　2　张汝伦等：《人文精神：是否可能与如何可能》，原载《读书》1994年第3期，《人文精神寻思录》第19、21、29页。袁进亦曾强调指出人文精神具有"终极价值"的性质。（高瑞泉等：《人文精神寻踪》，原载《读书》1994年第4期，《人文精神寻思录》第34页。）

等。从知识分子（文化人）自身的一面看，主要问题就是丧失了对个人、人类和世界的存在意义的把握，丧失了基本价值观，"暴露了当代中国人人文精神的危机"[1]。2008 年 12 月，陈思和也以"对精神滑坡的集体抗衡"来回顾这一讨论。[2]大体而言，上海诸人设置了一个精神／物质的论述结构，他们在指摘种种"精神失落""精神危机""精神滑坡""精神侏儒"等现象的同时，有意无意地把社会生活中的拜金主义、文化上的庸俗化与市场经济转型联系起来，进而提倡重建人文精神，并期在生活中实践这一追求。

　　就是这个一再为上海诸人反复指出的"失落"，引起了深切地体验过文化禁欲主义和专制蒙昧主义的王蒙的反对。还在此前评论王朔小说的《躲避崇高》等文章中，王蒙就对市场经济与市俗文化表达了真诚的礼赞，"人文精神"的话题正好给了他一个从容发挥的机会。"失落"意味着先有后失，而据王蒙看来，实际情形是中国原来就没有欧洲意义上的"人文精神"，此前数十年倒是有过一些反人文精神、伪人文精神的东西。如果说上海诸人的语境是人文精神与市场体制的对立，那么王蒙却将市场体制与计划体制置于一个对比性结构中："计划经济的悲剧恰恰在于它的伪人文精神，它的实质是用假想的'大写的人'的乌托邦来无视、抹杀人的欲望与需求。它无视真实的活人。""是市场而不是计划更承认人的作用，人的主动性。""是市场经济诱发了悲凉的失落感了吗？是'向钱看'的实利主义成了我们道德沦丧、世风日下的根源了吗？如果现在是'失落'了，那么请问在'失落'之前，我们的人文精神处在什么态势呢？"判断的不同在于认知的不同。王蒙对"人文精神"的理解包含了世俗性、物质性、自由性的内涵，即除了含有某种纯精神性的"终极关怀"外，这个概念还应包含某种"常识性世俗性的精神"，某种"坛坛罐罐"之类的"具体的物质的内容"："对人的关注本来是包括了对改善人的物质生活条件的关注的，就是说我们总不应该以叫人人长期勒紧裤带喝西北风并制造美化这种状况的理论来弘扬人文精神。但是，当我们强调人文精神是一种'精神'的时候，我们自古已有于今尤烈的

　　1　王晓明：《人文精神讨论十年祭——在上海交通大学的讲演》，天益网·讲坛·文学与文化演讲稿。
　　2　陈思和：《对精神滑坡的集体抗衡——陈思和答关于"人文精神大讨论"的若干问题》，载上海《文学报》2008 年 12 月 18 日。

重义轻利、安贫乐道、存天理、灭人欲、舍生忘死、把精神和物质直到与肉体的生命对立起来的传统就开始起作用了。"显然，王蒙对上海诸人的反感，基于中国曾经有过的以天理、道德、精神否定物质需要和肉体满足的传统，他当然没有否认"精神"，但更强调的是人的整体存在，是人与人之间的差别，是个体需要的多层次性；有关人文精神的讨论也"应该承认人的差别而又承认人的平等，承认人的力量也承认人的弱点，尊重少数的'巨人'，也尊重大多数的合理的与哪怕是平庸的要求"。人性需要是如此差异而又多样，因此王蒙主张"不要企图人为地为人文精神奠定唯一的衡量标尺，不要企图在人文精神与非人文精神中间划出明确无疑的界限，非黑即白，非此即彼。不要以假定的或者引进的人文精神作为取舍的唯一依据"。显然，在此多元主义的背后，王蒙关注的不是人的"精神"状况而是人的"生活"状况，准确地说，他认为"精神"不在"生活"之外而在"生活"之中，重要的不是弘扬"精神"，而是改善"生活"，先有"人"，然后才有"精神"。"如果真地致力于人文精神的寻找与建设，恐怕应该从承认人的存在做起。"[1] 如此则市场经济、物质主义都不是"人文精神"的对立面，更不应是指责的对象。

王蒙此论同样有其同调。比如王朔就说："如果我们回溯历史的话，也许真正形成整体性的民族的人文精神是产生了共产党并提出了共产主义之后。这里头事实也证明包含有不少乌托邦的东西。"吴滨则指出："在选择的机会越来越多、选择的方式越来越多的社会里，需要重视的不是人文精神失落不失落的问题，而是要不要尊重别人的选择问题。"杨争光明确地说："一些谈人文精神的人，把王朔作为一反面的例子，这很可笑。王朔该干什么还在干什么，依然红红火火，他实际上在做建设人文精神的实事。"[2]

争论是尖锐的。其中有许多交叉。比如陈思和、高瑞泉等就都把人文精神的失落与近代以来的中国境况联系起来；张汝伦后来明确反对把"失落"与市场经济联系起来："人文精神失落的原因要早得多，也要深得多。相反，市场经济的发展，中国人物质生活环境的改善，在事实上应该成为人文精神的恢复和

1　王蒙：《人文精神问题偶感》(原载《东方》1994年第5期)，《人文精神寻思录》第106—118页。
2　白烨等：《选择的自由与文化态势》(原载《上海文学》1994年第4期)，《人文精神寻思录》第95、96、97页。

发扬的重要条件。"[1]他们都并未笼统地把人文精神与市场体制对立起来。但有一点是肯定的，倡导"人文精神"的直接诱引是当代的市场经济对文艺和学术领域的挤压。许纪霖称之为"商业激情"："过去人们为政治激情驱使而写作，如今为商业激情（名利欲望）驱使而写作，这岂不是一种更严重的人文精神失落！"蔡翔则认为"一个粗鄙化的时代业已来临"，知识分子"下课的钟声已经敲响"，因此"……人文精神的重建，首先针对的是这种在思想解放及商品大潮中的困惑，以求重新获得信念的支持和角色的重新定位"。[2]

这里有两种"人文精神"：上海诸人看重的是"精神"——与物质、世俗保持距离甚至警觉的"精神"，王蒙看重的是"精神"的前提——与物质基础、社会进步、制度转换相关的人的权利，特别是个人的权利。白烨点出了这一点：王朔等人重视人的自由选择"也是一种人文精神，像注重个人的追求，尊重别人的选择，在人际关系上不同的个性平等共处等，都属于人文精神的内容"[3]。

"理想"与"权利"本来并不矛盾更不对立。人当然要生存，要拥有做人的权利，但生存着的人当然也有其精神生活和理想追求，即使是强调某一方面，也并不一定会产生冲突。正如人既要吃饭也要喝水一样，讲精神不一定脱离物质，重物质不一定非精神。之所以会发生争论，在于我们曾经有过把"革命精神"与物质需要对立起来并以前者抑制后者的时期，在于我们曾经有过把精神灌输与权力压迫联系在一起并以权力抑制物欲的时期。在2007年出版的自传中，王蒙再次强调指出："乖乖，计划经济时期反而从来没有哪个精英提出人文精神的问题，吃不饱肚子的时候反而不失落人文精神，越是从物质到精神都严重匮乏的时期，越是有高谈阔论、豪言壮语、高屋建瓴、势如破竹，也就越有人文精神！现在，小平同志刚刚在南方说了几句有利于改革开放不利于极'左'的话，市场经济八字还没有一整撇，封建主义极端主义教条主义与空论主义还十分猖獗之时，刚刚吃饱了肚子没几天，已经痛感人文精神的失落啦！"[4]"计划经济更有人文精神并非全无道理。第一，计划经济做什么事都集体化团队化，不易出现

1 张汝伦等：《关于人文精神》（原载《文论报》1995年1月15日），《人文精神寻思录》第165页。
2 许纪霖等：《道统、学统与政统》（原载《读书》1994年第5期），《人文精神寻思录》第55、49页。
3 白烨等：《选择的自由与文化态势》（原载《上海文学》1994年第4期），《人文精神寻思录》第97页。
4 王蒙：《王蒙自传·九命七羊》，花城出版社2007年版，第164—165页。

孤独寂寞个人冒尖一人成功多人失败。第二，计划经济对欲望的克制，计划经济下那种自私与贪婪的人性恶会受到更大的压制而比较不容易泛滥。计划经济的理想性浪漫性人的全能性，更能满足某类人的要求与幻梦。第三，计划经济需要说更多的话，提更多的口号，煽更多的情，写更多的文字文章文学，比各人自谋私利、各赚各钱富有语言性修辞性思辨性道德性理论性精神性与审美价值，高尚得多了。"对此王蒙不但以其对市场体制的称颂而明确了自己的政治立场，也是点出了上海诸人没有明白道出的政治背景："他们看不清或惹不起这些问题产生的体制性前现代性权力掌控的原因，却去大骂市场、拜金与通俗文艺去了。"他认为这是与"精神"论者"青春的'文革'背景"相关的"新左派的高蹈"。[1]

现代社会应当不只是物质丰盈（其实中国还远未到达此境），时代英雄应当不只是富豪显贵，我们还需要相对纯粹的人文艺术、特立独行的品行和相对超脱的价值理想，还需要与市俗社会保持距离的"牛虻"，因此在经济增长、生活富裕的时候反对拜金主义、物质主义对精神文化的压迫，当然是一种合理的反应。同时，在以"人总是要有一点精神的"来教导人们忍受艰难生活的时代结束不久，人们刚开始拥有追求自己幸福的权利，基本需要、基本欲望还远未得到满足之时，拜金、拜物也是合理的要求。在这样的意义上，不但在20世纪90年代，即使在21世纪初，我们同时需要这两种"人文精神"——因为30年的发展所解决的，主要还只是物质财富的初步满足。虽然，鱼与熊掌不可兼得，两种"人文精神"也许不能同时拥有。

二、西方经验：意大利与德国

在一个不太严格的意义上，这两种"人文精神"也曾都提倡于近代西方。王蒙后来说："……外国人讲人文精神，是讲脱离神学的钳制，承认世俗与人，而中国讲的是脱离物欲的引诱，走向伟大的理想精神，有时否定形而下，否定世俗与经济，甚至视世俗为罪恶。同样叫人文精神，外国人强调的是人，人的

---

1 王蒙：《王蒙自传·九命七羊》，花城出版社2007年版，第164—165页。

而不神的，我们强调的恰恰相反，我们强调的是原文中并不存在的人与精神，而不甚在意于人。"[1]其实，外国也有强调精神的"人文主义"。

英国学者布洛克（Alan Bullock）强调：人文主义"不是由一个统一的结构维系在一起的，而是由某些共同的假设和对于某些有代表性的、因时而异的问题的共同关心所维系一起的。我能够找到的最贴切的名词是人文主义传统"[2]。人文主义以人、以人的理想、以人的价值为基本内涵，但其表现形态却受着社会历史条件的具体制约。文艺复兴时期意大利人文主义的主题是人的潜在能力和创造能力，它抗议中世纪神权政治和禁欲主义，把积极主动的世俗生活与寺院静修、忏悔祈祷对立起来，认可人的权利、价值和物欲追求，鼓励个人以其全部的热情和冲动、崇高和卑鄙走向世界舞台。比如著名的人文主义者阿尔伯蒂（Leon Battista Alberti）就认为，世俗的道德最终体现在物质、金钱和财产上："不要蔑视财富，而要防止贪婪。物质极大丰富之后，我们就会生活得愉快和自由。"贫穷不能满足肉体生存的需要，而且会压抑精神的发展。另一位人文主义者布拉乔利尼（Poggio Bracciolini）也说："如果人的身体不健康，生活中缺少财富和失去祖国，那么我们的道德无疑就是僵化的、孤独的和无益的，它将不可能在人们的现实生活中体现出来。而从僵化和孤独的道德中只能产生一种粗俗的崇高，它与任何真正的崇高无共同之处。"[3]由文艺复兴所启动的近代文化主张人性的自由解放并予以政治和法律的保障，在破除了中世纪的神学束缚和来世感召之后，近代文化中也弥漫着享乐主义、功利至上、纵欲倾向，等等。荷兰思想家爱拉斯谟（Desiderius Erasmus）以为人生的目的首先在寻欢作乐，最快乐的生活就是毫无节制的生活、幸福就是顺应自然本性、在消除人生的忧患方面情欲胜于理性等似乎惊世骇俗的观点。[4]到16世纪初，当文艺复兴达到最高峰而同时这个民族的政治衰败看来已经不可避免的时候，有些严肃认真的思想家已经看到了这种衰败和流行的道德堕落之间的关系。否定了人的神性，是不是就

1　王蒙：《王蒙自传·九命七羊》，花城出版社2007年版，第168页。

2　［英］阿伦·布洛克：《西方人文主义传统》（1985），董乐山译，三联书店1997年版，第3页。

3　引自［意］金尼奥·加林：《意大利人文主义》（1947），李玉成译，三联书店1999年版，第64、44页。

4　北大西语系资料组编：《从文艺复兴到19世纪资产阶级文学家艺术家有关人道主义人性论言论选辑》（1971，此文为朱光潜所写），商务印书馆1971年版，第29—31页。

只剩下感性冲动呢？这是第二次文艺复兴即 18 世纪末兴起的德国古典文化的主题。

　　与意大利人文主义倡导人的解放不同，德国古典人文主义追求人的自我修养和精神境界的提升。德国古典哲学的主题就是弘扬"精神"的力量。黑格尔 1818 年 10 月 22 日在柏林大学开讲《逻辑学》时指出："精神的道德力量感受到了自己的潜能，举起了自己的旗帜，并且这种感受作为改变现实的威力发挥了效力。我们这个世代的人就在于以这种感受而生活、行动和发挥作用的，一切正义感、道德感和宗教感都集中于这种感受之中，我们必须把这视为不可估量的。在这种深刻的、广泛的作用中，精神会把自己提高到本当享有的地位，而平庸的生活和无聊的兴趣都会毁灭，肤浅的见解和意见也会暴露其弱点而烟消云散。"[1]这种唯心主义当然过于形而上，但由此塑造的精神世界至少使德意志哲人可以摆脱社会环境和物质功利而从事人文创造，并深刻地影响了德意志的民族生活。对于更加鲜明地代表了德国古典人文主义的歌德和席勒（Johann Christoph Friedrich von Schiller）来说，每个个人都有他自己的内在法则，而人性的最高实现，就是根据内在法则建立自己的生活，而充分实现每个人的个性也是社会的最高目标。作为对法国大革命暴力行动的反思，席勒认为，人和人类的概念不是一个自然概念，而是文化概念。个人通过和谐地培养自己的全部潜能来发展他的个性，其典范是作为人性的过去形式的希腊人——通过审美教育来脱离简单的直接性和粗糙的本能性而成为"有教养的人"。在这幅绚丽图景中，只有审美的人才是真正自由的人，才是人的理想。德国古典人文主义在精神与物质之间作了严格区分，批判粗野的感性欲望和抽象的理性戒律，在人文世界中寻找人的自由。然而，这种过于重视"提高"的人文主义，虽然代表了世俗人文精神的最高境界，却难以具体安排日常的世俗人生。席勒极大地颂扬了诗的力量："就这样，诗歌号召一声，世人立即把俗务丢开，奋起直追诗的精神，进入神圣的权力世界；他就隶属于崇高的神，任何污俗也不能接近，其他权威都不许作声，也不会遇到任何厄运；只要诗歌的魔力永存，就没有愁眉苦脸的人。"但他知道这只是诗，是实际人生中没有的诗境："要在诗歌之中永垂不朽，必须在人世间

1　[德]黑格尔：《逻辑学》（即俗称《小逻辑》），梁志学译，人民出版社2002年版，第26页。

灭亡。"¹正因此，告别了古典时代的海涅就针对德国理想主义的人文主义指出："……德国人民自己就是那博学的浮士德博士，就是那位唯灵主义者，他借助于心灵，最终理解到精神不能满足他的欲望，而要求物质的享受，并把他的物质享受的权利重新还给肉体。"²然而，当19世纪中叶德国流行起唯物主义、实证主义、现实政治后，19世纪末又涌动起推崇灵性和精神性的新浪漫主义和表现主义。

人就是人，也只是人。世俗享受与精神升华、唯物主义与理想主义、感性自由与理性节制……任何一方面都是人的需要、人的追求。歌德说得明白："在我的心中啊，盘踞着两种精神，这一个想和那一个离分：一个沉溺在强烈的爱欲当中，以固执的官能贴紧凡尘；一个则强要脱离尘世，飞向崇高的先人的灵境。"³当人性的感性之维、生存的基本冲动受到基督教长期禁锢、否定之后，意大利文艺复兴的人文主义就起而捍卫这一方面，要求实现人的基本权利；当人的物欲追求获得解放，甚至可能沦为自己欲望的奴隶之时，德国古典人文主义就起而彰显人的"神性"的一面，塑造文化的崇高感和神圣感。如果说人文主义有什么明确的内容，那就是维护人的完整性，反对任何形式的对人的肢解、割裂、异化。中世纪训人为圣徒，近代社会诱人以无尽物欲，都没有把人当作一个完整的存在，都是人文主义要批判的。所以，美国社会理论家弗洛姆（Erich Fromm）说得清楚：

人道主义总是作为对人类的威胁的回应而出现：在文艺复兴时期是对宗教迷信威胁的回应；在启蒙时期，是作为对极端民族主义以及机器和经济利益对人的奴役的回应。人道主义在当代的复兴，则是一种新的回应，是对程度更为严重的机器和经济利益对人的威胁的回应——害怕人成为物的奴隶，担心沦为自己所创造的环境的囚徒——以及害怕一种由核武器所造成的对人类存在的全

1 ［德］席勒：《诗歌的力量》《希腊的群神》，张玉书选编：《席勒文集》I，人民文学出版社2005年版，第49—50、44页。

2 ［德］海涅：《论浪漫派》（1833），孙坤荣译，《海涅全集》第8卷，河北教育出版社2003年版，第61页。

3 ［德］歌德：《浮士德》，董问樵译，上海：复旦大学出版社1983年版，第57—58页。

新的威胁。[1]

法国史家布罗代尔（Fernand Braudel）也有同样的判断："在某种意义上，人文主义一直是持反对态度的：反对排他性地从属于上帝，反对一种彻头彻尾的唯物主义世界观念，反对任何忽略或看上去忽略人性的信条，反对任何会减少人类责任的制度，它是一系列永恒的要求，它是荣誉的一种表现。"[2]

从西方文化史上两种人文主义来看，上海诸人与德国人文主义相似，而王蒙则接近意大利人文主义。我们同时需要这两种"人文精神"，但对整个中国社会而言，王蒙"解放型"的"人文精神"更为可取，这不但是因为我们作为人的权利仍需有进一步的发展和解放，而且因为"人文精神"本来就包括感性和诗性。但在中国经济形势已发生巨大变化、政治权力对人性的严格桎梏已部分打破，功利追求、物欲享受、消费文化已经得到正面肯定的条件下，从人文艺术的角度，我们当然要反对市场经济中汹涌澎湃的拜金主义、物质主义、享乐主义，至少就人文知识分子来说，上海诸人的"提高型"的"人文精神"也不必等待生活富足之后再来提倡，它完全可以作为个体，特别是人文知识分子的追求。事实上，近十多年来几乎成为日常语言和文化思想界基本议题的"人文精神"，其大致含义也主要是上海诸人所使用的那种对理想的精神境界的追求和实践，重点在"精神"。这是我们今天要感谢上海诸人的。

对此，袁伟时当时就有较为全面的认识。与上海诸人相似，袁也以"终极追求""人的价值""自身完善和理想实现""个性解放""理性"等偏重于"精神"的概念界定"人文精神"，但他指出市场经济既销蚀人文精神又确立人文精神，强调人文精神的物质基础与社会条件，强调人文精神盛衰取决于四个因素：政治上实行的是民主还是专制制度以及民主化的程度；经济发展水平和经济活动的自由度；教育状况；文化传统和人文学者及文化人的状态。此论实际上吸收了上海诸人与王蒙的主要观点而又作了更完整的解释。袁伟时还特别指出："谈论人文精神而不全面考察上述因素，就有失诸片面的危险"；"显然，如果不下决心系

1 Erich Fromm（ed），Socialist Humanism，New York：Doubleday，1965，p.iii.
2 [法]费尔南·布罗代尔：《文明史纲》（1987），肖昶等译，广西师范大学出版社2003年版，第318页。

统研究各自面对的领域，不系统全面地分析市场经济体制下各领域的变革，人文精神只能依旧若隐若现地在半空中飘荡。"[1]人文、精神等都只是文明生活中的一个要素、一种成分，究竟它对社会与个体有何意义，需要在政治、经济和文化的多元联系中才能辨析。

其实，人文精神的两种形态，五四时期的周作人早就有所辩证。如果"从动物进化的人类"这一观点可以接受，那么这就有两个要点：（一）"从动物"进化的；（二）从动物"进化"的。周作人由此认为："我们承认人是一种生物，他的生活现象，与别的动物并无不同。所以我们相信人的一切生活本能，都是美的善的，应得完全满足。凡有违反人性不自然的习惯制度，都应排斥改正。但我们又承认人是一种动物进化的生物，他的内面生活，比其他动物更为复杂高深，而且逐渐向上，有能改造生活的力量。所以我们相信人类以动物的生活为生存的基础，而其内面生活，却渐与动物相远，终能达到高尚和平的境地。凡兽性的余留，与古代礼法可以阻碍人性向上的发展者，也都应排斥改正。"[2]所以，满足人的动物性与提高人的精神性，都是合乎人道的行为，都应当包括在人文精神之中。

三、回到个人权利

中国正在创造着世界奇迹，十多亿的中国人无疑会走向小康和富裕。已经富裕了的人现在更富了，当年没有富裕的人现在也富裕了，当然还有不少人口仍处于脱贫状态。尽管发展仍然不平衡、不充分，但近年来的中国文化生活远比改革前丰富得不可想象，至少在城市和沿海地区，日常世界不但有物的丰盈，也越来越多地要求娱乐、品位、质量，阅读、观影、游戏等已成为相当一部分人的生活方式。当我们说戏剧危机、读者流失、规范解体的时候，只是表明我们面临着、实际上也在进行着更多的选择。对当代文化研究来说，作为特定意

---

1 袁伟时：《人文精神：从根救起》（原载广州：《现代与传统》1994年第5辑，《人文精神寻思录》第187、193页。

2 周作人：《人的文学》（1918年12月7日），王运熙主编：《中国文论选·现代卷》上，江苏文艺出版社1996年版，第106页。

义和价值的表达，文化不仅体现在艺术和知识之中，也存在于整个生活世界之中，存在于日常行为包括物质实践之中。不能说有了物质，文化艺术就随之而来，如我们早已看到的，很多吃饱了肚子的人并没有产生高层次的追求。我们需要的是改变文化导向，自觉地由"富"而"教"。所以正确的方向，只能是把人文精神的两种追求统一起来，把物质性与精神性统一到整个生活世界之中，同时实现人的解放与人的提高。

人的解放、人的提高，是文明人类的古老话题。仅就现代中国而言，在20世纪20年代的"科玄论战"中，在蔡元培、朱光潜的美学思想中，在宗白华、冯至、李长之、贺麟等人对德国古典文化的阐释中，"人文精神"传统都不绝如缕。但极少有人注意到，"人文精神"云云，并非就一定是理想胜境，在现代国家中，人文主义教育最好的莫过于德国，但纳粹大屠杀也发生在德国。一面是最崇高的精神，一面是最血腥的暴行，这其间难道毫无关系？王蒙指出了这一点："一种高尚的利他的精神追求，可以是人文精神的高扬与升华，也可以走火入魔，成为制造苦难、折磨与毁灭自己与别人的敌视人文精神的怪物。"[1]最明确提出这一点的是朱学勤。作为对王晓明人文精神在原则上是普遍的、在实践上应当是个体的这一观点的引申和强调，朱指出："我们的人文理想越炽热，我们的存在方式就越危险，越有侵略性。顾城就是一例，他那样燃烧的人文热情，有法西斯成分。历史上的法西斯运动，在最深层面，是由人文热情推动的。……今天的人文主义者是不多了。但不多的人文主义者中，对此有警惕的人则更缺乏。对此没有警惕，以俯瞰裁夺的方式对待别人、对待大众，这样的人文主义者、道德理想主义者，有可能成为一个潜在的雅各宾党人，一个潜在的罗伯斯庇尔，一个高尚的侵略者、高尚的精神杀手。"[2]

这是内含于西方人文主义传统的一个隐蔽议题。1971年，英国学者乔治·斯坦纳（George Steiner）在以《蓝胡子城堡》为题的讲座中，尖锐地指出了人文主义传统与纳粹主义的合谋："有很大一部分知识界人士和欧洲文明机构以不同程

1　王蒙：《人文精神问题偶感》（原载《东方》1994年第5期），《人文精神寻思录》，第112页。

2　张汝伦等：《人文精神：是否可能与如何可能》（原载《读书》1994年第3期），《人文精神寻思录》，第28—29页。

度的欢迎态度来对待这种不人道的行为。在紧邻着达豪集中营的世界中，没有任何事情可以影响慕尼黑贝多芬室内乐冬季巡回演出活动。当屠夫们手拿博物院指南，虔敬地缓缓经过时，墙上的油画也不会掉落下来。""我们现在意识到，极端的集体歇斯底里和野蛮，与高雅文化的机构、官僚和专业规范的保存和发展是并行不悖的。换言之，人文艺术与科学赖以传播的图书室、博物馆、剧院、大学、研究中心，等等，都是集中营合适的邻居，文化活动的差别性和独特性使之恰好可以忍受周围暴力和严密控制的压迫，它们的痛苦是很小的。人文学问中的感受性（特别是表演艺术家的感受性）、智力、顾虑，等等，都被放到一个中立的区域。我们也知道，——除了那些目前还无法被吸纳到一个合理心灵中的知识之外，现在的知识完全文献化了—— 文学教养、审美感情等可以与野蛮的政治施虐行为并存于一个人身上。像掌握东欧'最后解决'大权的汉斯·弗兰克（Hans Frank），就是一个狂热的艺术鉴赏家，有时还是巴赫和贝多芬的演奏家。我们知道，一些掌管拷问和焚尸炉职责的人，也十分熟悉歌德、热爱里尔克。"[1]
要为斯坦纳补充例证，那是太多了。大屠杀的主要领导人海德里希（Reinhard Tristan Eugen Heydrich）演奏小提琴时会感动得泪流满面；1941 年随德国进入苏联执行"安全任务"的特遣队的领导之一瓦尔德马·克林格尔赫弗（Waldenmar Klingelhofer）是歌剧演唱家；奥斯威辛集中营司令霍斯（Rudolf Hoess）的住宅常常传出巴赫的赋格曲；"死亡医生"门格尔（Joseph Mengele）爱好音乐崇拜但丁；斯坦纳提到的弗兰克不但在心里苦闷时与钢琴为伴弹奏肖邦和贝多芬，1943 年后还开始写一本叫《哥伦布的船舱伙计》的小说。在纳粹德国，每个集中营都有自己的乐队，其中以特雷布林卡（Treblinka）灭绝营的乐队最为出色，当刽子手折磨、处决犹太人时，他们就命令犹太人用一种新的 Lyrics 来演奏探戈，以和谐完美的音乐来缓解死者惨叫的恐怖。

在欣赏伟大艺术的同时又在制造空前的罪恶，这不是精神分裂，而是德国人文精神的感召力。崇尚人文艺术的德国人能够以维持纯粹精神之名与现实环境保持距离，能够以追求终极价值之名摆脱世俗伦理和法律制度的约束。这就

---

1 George Steiner, In Bluebeard's Castl, Some Nots Towards the Re-definition of Culture, London：Farber & Faber，1978，P54、63.

是马丁·路德（Martin Luther）说的："这外界的秩序是无关紧要的！"[1]也是诗人海涅（Heinrich Heine）讽刺德国人的："大陆属于法国人俄国人，海洋属于不列颠，但是在梦里的空中王国，我们有统治权不容争辩。"[2]一个沉醉于人文理想境界的人可以"超善恶"地接受现实人间的一切；一个注重自我修养（Bildung）的德国人可以在尘世浩劫面前闭上眼睛。纳粹集中营的刽子手是少数，大多数的德国人没有直接参与大屠杀，却也能够在暴政之下安然生活，其中的原因之一，就是他们对内在自我、对精神生活的专注。马尔库塞（Herbert Marcuse）指出："在德国，长时期的安分守己训练，已使人们对自由和理性的要求内向化了。新教的决定性功能之一，就是让人们的主张和要求由外部世界转到他们的内心生活，从而使解放了的个人接受新建立的社会制度。路德确立了基督教的自由，他把这种自由看作是不依赖于一切外在条件而实现的一种内在价值。就人的真正本质而言，社会现实已变得无关紧要了，人学会了转向其自身要求自身潜力的满足。从'自身中'而不是从外部世界中寻求人生的实现。德国文化的起源同新教是分不开的。在新教中，出现了美、自由和道德的王国，它不为外在的现实和斗争所动摇，它超然于悲惨的社会世界之外，停泊于个人的'灵魂'之中。……由于'受过教育的阶级'脱离了实际事物，因此，他们就没有运用理性来重建社会，而只是在科学、艺术、哲学和宗教领域实现自身。对于他们来说，那些领域成了超越现存社会悲惨状况的'真正现实'，同样，也成了真、善、美和幸福的避难所，而最为重要的是，成了一种不能付诸社会实践的、批判精神的避难所。"[3]在德意志文化传统中，人文艺术的功能之一是：人可以在根本没有幸福、没有自由的时候感到自己是幸福的、自由的。德国学者沃尔夫·雷彭尼斯（Wolf Lepenies）认为，日耳曼民族长期以来形成的一种习惯：重文化而轻政治，甚至于以文化代替政治——以文化的态度对待政治问题，由此导致"德国人的政治冷漠灵魂"。在纳粹集权体制下，许多文化人认为，公开

1　引自［英］阿伦·布洛克：《西方人文主义传统》（1985），董乐山译，三联书店1997年版，第269页。

2　［德］海涅：《德国，一个冬天的童话》（1843），张玉书编选：《海涅诗选》，人民文学出版社1985年版，第519页。

3　［德］赫伯特·马尔库塞：《理性与革命》（1941），张燕译，上海社会科学院哲学研究所外国哲学研究室编：《法兰克福学派论著选辑》上卷，商务印书馆1998年版，第354页。

反对新的政权这一行为本身，就已表明降低到肮脏的政治活动中去了，而公开支持或暗中默认却被认为是某种意义上的不问政治和保持客观。[1]作曲家普菲茨纳（Hans Erich Pfitzner，1869—1949）的座右铭"艺术遗世独立，不受人类存在的困惑和鲜血沾染"为一大批德国人文艺术家所分享。包括指挥家富特文格勒（Wilhelm Furtwängler）、作曲家理查·施特劳斯（Richard Strauss）、科学家海森伯（Werner Heisenberg）等人，都以"内心逃亡"为由，相信"德意志精神高于一切"、文化超越政治，从而心安理得地与纳粹合作。这不是德国传统的"人文精神"的直接后果，但纳粹之"恶"与人文主义之"善"之间的连续性，却是一个事实。

然而，又不能把"人文精神"与任何形式的暴政、酷行直接联系起来。伟大的杰作确实无力，也无意克服人间罪恶，但它们确实拥有提高个体的生活境界的功能，也确实体现了人的精神价值。欣赏艺术的人可能双手施虐，践踏艺术的人也不可能尊重人的生命。"人这种存在者在文化中并且通过文化来定义自身，不言自明，丧失了对文化行为和产品的尊重，也就丧失了对人的尊重。人道主义相信人类个体与生俱来就值得尊重，他们的自由有理有据，合乎道义，但是如今，使文化丧失了合法性的同一个过程正在一点一滴地侵蚀人道主义。因为，如果人类个体相信的、说过的、做过的和创造出来的一切都没有内在价值，所有这一切只不过是追求私人利益的欲望的产物，那我们又有什么必要尊重和评价人类个体呢？"[2]真正的问题，不在于精神与物质的对立，而在于公民是否拥有自由选择、自由创造的权利和空间。自由的精神不会否定他人的物质利益，合法的功利计较不会妨碍他人的精神生活。是喜欢音乐还是喜欢美食，是仰望星空还是埋头挣钱，都是个体的权利，都可以悉听尊便。重要的是保障公民的个人权利，禁止任何人以知识或修养、权势或财富之名要求他人、限制他人、委屈他人。如此，则追求精神与追逐物质就可以相互补充，和谐并存人文精神也好，人道主义也好，最重要的一条是对他人的尊重。我们既不能"己所欲而施于人"式地提倡"精神"，要全国人都来读自己喜欢读的书、看自己喜欢看的戏，也不能为了个人的私欲，"无法无天"，侵

---

1 参见 Wolf Lepenies，The Seduction of Culture in German History，Princeton University Press，2006。

2 [美]劳伦斯·E. 卡洪：《现代性的困境——哲学文化和反文化》（1988），王志宏译，商务印书馆2008年版，第417—418页。

犯他人。

所以问题又回到王蒙当年的说法："……正是由于计划经济的停滞与挫折，使左翼文人们集中批评资本主义的软腹部——精神空虚、道德堕落、吸毒、卖淫、环境污染、社会治安状况恶化，等等。而强大的政党、强大的人民政权、强有力的无所不包的无所不能的意识形态，似乎确实能够扫除或一度扫除人类面临的永无解除之日的精神危机。"[1]不能说上海诸人在期待这种种"强大"，但有一点是肯定的，在一个一切被计划、被领导、被号召的环境中，是没有人文精神可言的，即使是人文知识分子个体性的"修养""自律"和真善美的追求，也应当以人的解放和人的自由为前提。1973年，德国作家格拉斯（Günter Wilhelm Grass）在讲话中说得好："艺术的自由只存在于重视全社会和个人的人权的地方。无论在什么地方，凡是艺术的相对自由或者艺术家的特权地位是通过使自己摆脱潜在弊端的社会状况来换取，那么，艺术家就会作为精英而自我孤立，就会满足于游戏场的自由，倘若他们的艺术以迷惑和遮掩的方式美化束缚自由的关系，那么，这个艺术家就可能与世浮沉并为邪恶的权力所利用。"[2]

（原载广东炎黄文化研究会编：《岭峤春秋：岭南文化论集》，中国社会科学出版社1995年版，2009年补充修改后发表于《美术馆》总第15期，同济大学出版社2009年版）

1　王蒙：《人文精神问题偶感》，载《东方》1994年第5期。

2　[德]君特·格拉斯：《我们社会艺术家的言论自由——在欧洲委员会举行的佛罗伦萨学术交流会上的讲话》（1973年6月），《和乌托邦赛跑》，林笳等译，上海译文出版社2005年版，第124页。

1996年

"只是因为那些没有希望的人，
希望才被给予我们"

——《法兰克福学派史》中译本序

　　1989 年的春天，美国伯克利加州大学历史系马丁·杰伊（Martin E. Jay）教授寄来他的若干著作，我选择其中的《辩证的想象——法兰克福学派与社会研究所的历史，1923—1950》着手翻译。因为生病和写作《中国美育史导论》等原因，一度耽搁。1993 年我在福州参加第三届中国戏剧节，因为吃饭有保证，就抓紧这一周左右的时间，快速翻译余下的部分，回广州后又一再补译、自校，最后又请中山大学哲学系陈力胜老师校对全书。1996 年，此书收入袁伟时先生主编的《现代与传统丛书》出版。也就在此时，我发表了《我们无权对启蒙说三道四》一文。作家李陀读后质疑，大意为：既翻译批判启蒙的法兰克福学派，又批评对启蒙说三道四，岂不矛盾？但我当时以及现在都认为，这并不矛盾：在没有经过认真启蒙的中国，还得追求现代性的一些基本价值。这一方面，马克思主义者卢卡奇早有充分论述。正是这一思路，也是我后来写作《中国现代性与德意志文化》一书的思想动因之一。

当一些民间学术书刊意在挑战主流学术，当传统的汉宋之争以思想与学术、80年代与90年代之争再度搅动学界，当话语不同、背景各异的学术群体悄然可见，当一些本与中国无缘的学术如现象学、神学等几成显学时，世纪末的中国人文学术确实呈现出某种亢奋和骚动。尽管学人们仍在抱怨市场经济对学术文化的挤压和否定，尽管学术仍然受到相当多的非学术因素的制约和控制，但我们毕竟可以怀着热切而乐观的期待瞩望蠕蠕而来的新世纪。

然而，即使现有的学术"范式"能日趋完善、不断扩张，以至花繁叶茂、硕果累累，我认为也依然不够：中国还需要批判理论。

假如可以把"知识分子"这一极为抽象的群体分为政策知识分子（为政治集团设计方略提供论证）、技术知识分子（以其专业技能参与各分工领域）、自由知识分子（以其社会关切和价值信仰成为一个时代社会理想与文化精神的表达者），那么，我个人不成熟的意见是人文学者应当是属于技术知识分子，即以其专业之学致力于一个知识部门的累进和增长。在其成熟意义上，学术领域也有严格的等级体制和利益分配原则，而人文学者本身也更易于与社会现状相遇而安，因为他的研究对象及研究手段本与特定的社会条件没有根本关联。中国市场经济勃兴而学术文化前景看好是一个外在表征；通过学术与思想之争而体现出来的一些学人对激进的公共介入和思想历险的厌倦和冷漠，则是一个内在证据。

可以认为，当代现实能够为比较纯粹的学者和比较超然的学术研究提供更广大的语境，倒是倡导思想、颇具激进姿态的学人甚显困窘。交换原则对精神活动、思想求索的排斥，意识形态的规整和限制，多数学人转向学术而使之彷徨歧路等，固然相当重要；就思想者自身而言，似乎也缺乏充分的内在动力和准确的谈论对象。究竟何谓思想，我看也和其对立面的"何谓规范"一样难以清晰表述，还是不谈为妙。但我愿站在思想者的一边，从"批判理论"的角度谈谈当代"思想"。

首先要说明两点，"人一思考，上帝就发笑"。在上帝面前，卑微的人连伊甸园都不应走出，如果一切都看上帝的脸色，人类根本就不会存在。所以上帝自可发笑，人类仍应思考。再一个是，既然像I.伯林（Isaiah Berlin）、F.哈耶克（Friedrich August von Hayek）、R.阿隆（Raymond Aron）等保守人士都是一流思想家，可见思想有多种型，"批判理论"云云，只是其中之一。

所谓"批判理论"（Criticaltheory），在其特定意义上，即指法兰克福学派（Frankfurt School）的社会哲学。它以焕发马克思主义的激进意识和批判潜能为起点，在整合了韦伯、精神分析、现象学 / 存在哲学（后期还包括语言哲学、解释学等）现代思想后，发展为对现代社会，特别是对发达工业社会进行跨学科研究和批判的理论系统。批判理论植根于欧洲传统哲学的核心而又敏感于时代的重大问题（尤其是纳粹的兴起和大众文化的霸权），并吸收当代社会学的经验技术，思想锋利，意蕴幽玄，加上人物众多、组织一贯、历时甚久，不但成为当代思想界强有力的竞争者，也是任何现代化国家不能不聆听的清醒之音。

批判理论之所以诞生在德国，有其充分的传统积淀和背景期待。处在东西欧之间没有"罗马化"的德国，历史地形成了一套独特而深厚的文化传统，拥有可能对现代化运动作出另一种反应的精神资源；而德国现代化的迟缓，又使其思想家可以审慎地对待现代性的突破，揭发现代社会的矛盾和危机，反抗现代性的第一代人物就是德国浪漫派；悲剧性的巧合是，作为两次世界大战策源地和人类史上最残忍的奥斯维辛的制造者，德国充分暴露了西方文明的内在痼疾，提供了不尽的批判话题。最后，活跃于德国思想领域的精英人物，从马克思到法兰克福学派的斗士们，多为摩西的后裔，他们在德国的边缘地位有利于滋养其突兀峥嵘的批判意识。所以广义地讲，批判理论就是德国思想家反省文明历史、批判现代社会的思想学说。席勒（Friedrich von Schiller）对恐怖政治与机械分工的美学否定，青年黑格尔派对古典哲学的实践性转向，马克思对资本主义社会所作的经济学 / 哲学分析，尼采（Friedrich Nietzsche）重估一切价值的呼号，弗洛伊德（Sigmund Freud）对文明压抑人性的揭发，胡塞尔（Edmund Husserl）对"欧洲危机"的忧虑，海德格尔（Martin Heidegger）早期对西方历史遗失"存在"的发现及晚期对"技术"的敌意，等等，均属批判理论的家庭成员，而其"家族类似"或可概括为"反抗现代性"。

"反抗"，不是知识精英对现代世界怀旧的、禁欲式的拒绝，而是汹涌澎湃的现代化运动本身激活的精神反应和思想姿态，它正视现代性整体结构中工具理性和功能主义越位纵恣的现实，确认现代性的未完成性，改写并扩充现代主义及先锋艺术的否定精神以推进现代性的自我校正，反抗现代性是真正的现代思想。"反抗"也不是暴力行动和革命实践,而是基于人性潜能的理论反思和文化批判。批判理论家认识到,在20世纪被管理的噩梦中,社会总体的力量是如此强大,真正的主体性和自由的力量已分崩离析,黑格尔和马克思所设想的异化回归自身的动力——否定之否定也销蚀殆尽,一切合理的要求只能以缄默的确定形式出现,理论是向诚实的人们敞开着的实践的唯一形式。因此,批判理论放弃了经典与马克思主义以斗争实行剧烈变革的主张,拒绝向他们寻求实现其观念的社会力量妥协,自觉选择(或退入)思想领域:"主体与客体、语言和事物不可能在当前条件下整合,我们被否定性原则驱使,企图从虚假结局的残骸中拯救相对真理。"(阿多诺)批判理论把思想和现实与实践对立起来,坚持前者的优先性并反复比较,以超越作为暂时的历史现象的后者。

20世纪的中国是在动荡和恐怖中蹒跚走过的。悠久的文明传统与现代世界的冲突所透露出来的,不只是时代的错位和文化的差异,也映衬出现代性的难堪和悖论。而中国知识分子的天下情怀和兼济意识至今仍积重难消,急速转型的社会结构使知识分子在饱受政治摧残后又遭经济白眼,愈益边缘化、异己化,这些都可能使其本能地接近批判理论。重要的还有,拘谨贫困了数千年的国人在获得经济发展权后,像当年"政治挂帅"一样走向"经济挂帅",利益标准、物化机制、交换原则渗透到一切非经济领域,精神萎缩、道德失范、艺术衰颓等已绝非盛世危言。而大众文化却凭借其利益效果和现代传媒迅速播散,客观上操纵着文化主流,迫使文化平庸化、均质化、模式化,使大众丧失自由选择的空间和自我决断的资禀,更遑论从意识形态与技术控制的混合到政治全能与市场乌托邦的循环等一系列严峻的现代性问题了。所以这些,都逐步成为我们当下遭遇的情境,迫使我们向文明的内在演进逻辑和人类的自我管理能力质疑,批判理论也就呼之欲出,在所必需了。随便翻翻文化评论的论著,很少没有批判理论的潜在踪迹。如果思想不同于学术,总是植根于具体的社会状态并表达人性的理想追求,那么,当代思想首先必须是批判的。只有从这里,思想才能找到自己的激情和想象、灵感和语言。

批判的不和谐音也曾打破古中国的沉寂静阒,如汉末的清议思潮、晚明的儒学异端、近代的入世佛学等,但现代中国却没有批判理论滋长蓬勃的土壤和空气。实业和科技、革命和政治在民族危机面前被视为中国新生的必由之路,被抛离中心的知识分子急于向总体需要和权力系统认同，少数具有批判气质的人如鲁迅却不得不在大雾弥天、风沙扑面的境况中寂寞无助，"像一匹受伤的狼，当深夜在旷野中嗥叫，惨伤里夹杂着愤怒和悲哀"。客观地说，严格意义的批判理论是现代社会的伴随物，在一个幅员辽阔、贫穷落后的东方国家，批判理论不但是一件奢侈品，而且根本上没有自己的对象。于是，当现代化在世纪末真正成为中国社会的主题时，批判理论才终于成为中国社会文化的内在需要。

但，我们还缺少批判理论的另一个维度：根据和信念。我们何以能够批判现代社会和文化：奥斯维辛肯定是罪孽，因为它灭绝无辜平民。但大众文化比如广告和流行音乐呢？它们不是每天都在殷勤而周到地满足着现代人吗？西方历史上的人道主义、个体自由、幸福等都是批判理论的基本准则，而最主要的，首推古典哲学的"理性"。"哲学就是把理性带到世界上的不倦的方法论尝试。"（霍克海默）理性不是构成现代性核心的、愈益"僭妄"的工具理性，不是抽象空洞的逻辑范畴和思维形式，也不是外在于历史的超越观念，而是思想与人类命运联系在一起的唯一形式，在当代，它存在于对资本社会的内在批判之中。"如果理性的含义是依照人们在其认识的基础上所作出的自由决断去改造生活，那么，对理性的渴求就意味着创造一种社会组织的形式，个人在其中可以依照他们的需要经由集体的努力去规划他们的生活。随着理性在这个社会中的实现，哲学就会消亡。展示出这种可能性，并为经济结构的变革奠定了基础，这一切恰好就是社会理论的任务。"（马尔库塞）

鉴于人类在 20 世纪的特殊处境，批判理论还接受了精神分析对人性结构的解释，确认文化通过压抑而实现进步。在和马克思的意识形态理论结合后，它把真实的、自主的需要与虚假的、受控的需要区分开来，连带提出"必要压抑"与"额外压抑"、"施虐／受虐"的社会性格、"匿名的权威"、真假自由、真假幸福等观念，揭示已经消除了物质匮乏和政治压迫的现代社会依然存在的各种"舒舒服服"的压抑和异化，进而展望一种非压抑性文明的乌托邦前景。

相信一个可以普遍认可的理性，相信人性有一种本然的真实，这些与解构哲学要清洗的二元对立的思维方式联系在一起的观念，本身又有何"支援意识"呢？除古典资源和审美视角外，与批判理论并非充分自觉的犹太教观念相关。阿多诺（Theodor W Adorno）终生不能忘情于"救赎的悲愿"，弗洛姆（Erich

Fromm）总是激动于"普遍和平"的弥赛亚幻象，本雅明（Walter Benjamin）迷恋于名物一致的原始语言；贯穿于《启蒙的辩证法》一书的犹太教思想使得一些学者认为批判理论是一种"隐蔽的神学"；直到晚年，霍克海默（Max Horkheimer）还一再表达"对完全是另一种东西的渴求"……先知般的勇气，救赎的热情，深深潜藏的乌托邦冲动，绝望了的希望，如果据此而认为批判理论的历险是 20 世纪的一种宗教行动，也许并不为过。

作为中国哲学第一原则的"天理"，被宋儒解释为人性所本有，这不但以道德理性取消纯粹理性，也使人性本然湮没不彰，至于拯救情怀、宗教意识等，素为中国人所漠视。所以今天的思想虽面临着与批判理论相类似的处境，却没有批判理论据以建立的原则、标准和理想。我觉得，这也是相当一批知识分子迅速认同解构哲学，"争后恐先"的原因之一。后现代思潮自有其批判含义，它和批判理论家，特别是阿多诺、本雅明的亲缘关系也早已得到确认，这中间谈不上谁是谁非，但社会哲学自应与语言哲学、文学批判有别。霍克海默曾批评无政府主义因为不耐烦地否定一切权威而与专制主义相反相成，解构哲学、后现代主义是否应对此保持警惕呢？法国大革命后期，无套裤党人的激进就是和恐怖政治联系在一起的。

可见，中国批判理论的创立，需要从头做起。除睁眼看现实，开掘一切可资利用的传统宝藏外，准确而完整地学习西方批判理论是当务之急。这本《法兰克福学派史》就是一本精当的，任何有识之士都不能回避的批判理论的"引论"。

风雨如晦，鸡鸣不已。只有拒绝赞美现状，我们才可能憧憬一个较好的未来；只有严肃地培植现代社会中否定的、批判的力量，我们才能最终有所肯定。否定，而不是不成熟的寻找各种解决方式才是真理的真正的避难所。正如本雅明提示的：只是因那些没有希望的人，希望才被给予我们。

（写于 1995 年 12 月，《法兰克福学派史》，广东人民出版社 1996 年版）

1997年
经济转向后的南村社会

1995 年上半年，受霍英东基金会委托，我和吴重庆博士到广州番禺南沙镇就其社会组织关系进行调研。基金会顾问何铭思先生和中山大学哲学系袁伟时老师、何博传老师为我们提供了必要帮助。调研过程中，为我们介绍情况最多的是南沙一个村的治保主任黎先生。当时的治安形势不错，黎主任一般情况下没有多少事，就是一支烟、一杯茶，坐在村办公室值班，所以很乐意和我们交谈，记得还请我们吃了一次饭。按照分工，我负责写 1949 年以后的部分。年底报告完成，得到委托机构的好评。1997 年报告以《经济发展与农村社会组织关系的变迁》为题公开发表后，《新华文摘》1998 年第 1 期转载。刘作翔在《转型时期的中国社会秩序结构及其模式选择——对当代中国社会秩序结构几个论点的学术介评》(载《法学评论》1998 年第 5 期,《新华文摘》1999 年第 2 期转载)一文对报告作了一千多字的引述，将其与社会学家费孝通、法学家梁治平先生的有关观点并列，视为有关当代社会秩序结构的三种主要论点之一，认为"我们可以把它看作一种对于发展变化较大且较迅速的中国农村社会的写照"，"其看法和结论是具有启发性的且值得我们重视的"。

当代中国的改革始于农村。承包责任制开始也许不过是农民挣脱公社化的束缚，争取基本生存条件的一种自发尝试，但经过中央决策者们的认可，联产承包的经营方式启动了整个中国社会的改革，导致了农村的社会结构和权力关系一体化的解体。这一过程是急剧而复杂的，既充满生机又一片混乱，在许多方面令人担忧。1995年上半年，本文作者与广州市社会科学院吴重庆博士一起，在广州西部的南村，就此问题进行了调查，试图对由政治主导向经济聚合型转换过程中的农村权力系统获得部分理解。

一、从1979年至1994年征地之前

（一）行政控制的松动

从1958年公社化到1979年联产承包这一时期，农村的一切权力归公社，公社—大队—生产队垄断了农村的一切资源分配和事务管理。分田到户使农民重新回到以家庭为单位的耕作方式，依靠自己的劳动争取衣食温饱，而无须依赖生产队的集体分配，农民因此获得相当的自主权和自觉性。这不但指其农业生产，也包括人生观念、村民的相互关系、职业选择、时间安排等整个生活方式。随着生产和生活方面的许多事务由农民自己做主，原来严密控制村民一切事务的公社—大队—生产队系统面临着收缩权力、改变管理方式的问题。

首先是生产队职能的转变。改革后，原来的公社改为镇，大队改为村，生产队改为村民小组，但农民习惯上仍有大队、小队的说法。南村设支部书记、三个支委（分管宣传、组织、治安）及村长，他们是村里的领导核心。但村民直接与之发生关系的是村民小组，也就是过去的生产队。组织生产、协调矛盾、上联下串的主要责任也还是由村民小组长担任，组长从村里领取工资，从开始时的每年几百元到后来的2500元，他的身份、职责与过去的"队长"没有实质的区别，但原先的会计、出纳员、记工员却因没有相应的职责而自动取消。

分田到户后，农民之间的矛盾大幅度减少，过去令队长头痛的派工的轻重、工分的多少等都不存在了，劳动管理的任务也没有了。组长的主要任务是根据镇、村的要求和计划指导生产，统一布局。因为尽管具体劳作由农民自己完成，但各家各户的责任田种什么、用什么品种等通常还是由镇、村规定的，比如每

年应上交多少粮食、甘蔗，上面都有指令，队长就要根据这个比例来安排耕种。虽然不再是集体搞生产分配，但毕竟各家各户的责任田都连成一片，所以排水灌溉、施肥等都由村民小组统一管理，否则谁先谁后就不好定。比如在同一块田，同时喷药就没有事，我的田喷了你不喷，害虫就会飞到我的田里，关系好的可以相互协调，关系不好的就要由组长出面，争取相关的人家一起喷。再者，我的田施了肥你不施，一放水就冲走了我的肥，也容易发生争执。

作为一级基层单位，村民小组还有两个重要职能。一是每年交公粮、定购粮等。比如1600亩地应交公粮、定购粮20万斤，组长就按比例分配到各家各户，没有粮交的用钱顶，因为这是根据责任田来分配的，所以客观公正，一般不会引起矛盾。二是涉及全村、全镇、全县的公共工程。遇到这种情况，南村从镇里领回任务，再按人口分配给各生产队，由组长带领本小组劳动力完成。1983年9号台风造成南村附近的南横、大涌等地决堤，镇里组织大家上堤，财物由县里下拨，村里给伙食费，小组给每人每天记10工分（年终时统一发钱）。

其次是行政权力的简化。村里的支书、村长等在组织农业生产方面的任务要少得多，他们的主要任务属于社会事务管理一类，具体地说就是计划生育、治安保卫、落实公共工程（农田水利建设）等。比如七小组有一妇女超生，组长把情况汇报上来后，村里就由妇女主任出面处理。村民中一些大的纠纷，特别是一些跨组的纠纷，也要由村治安主任出面调解。另外，村里有两个采石场，也是由村长和经营者签订合同。集体经济本来是村级领导的主要任务，但南村此时还没有什么集体企业，所以在发展经济方面并无多少事可做。这样，村里的权力就"虚"了许多，以至于有的村民说"大队现在只管计划生育了"。

当然，这一切并不意味着村一级领导不重要了。正是为了加强村的工作，镇上不断派驻干部，任务是传达、督促执行上级布置下来的任务，协助村里抓生产、调解民事，他们一般十天左右向镇里汇报一次。1982年4月到1983年8月，派驻南村的是镇党委办主任，此人长期在本地工作，有较高的文化水平和工作能力。1949年以后南村有个祠堂，土改时分给四户人家居住，1982年其中有两户要求拆掉祠堂每家分，原因是他们担心分田到户后祠堂不再属于他们了。这两户态度很坚决，要求至少拆掉属于他们自己的一半，另两户不拆就不理他们。主任觉得祠堂的建筑结构还很完整，可以继续居住，即使四户都要求也不应拆,拆了不过是落几块砖头、几条杉木,没多大用处。反复劝说后,两户人家同意不拆。这位主任离开南村时,还特意叮嘱村干部祠堂不能拆。从这件事可以看出,上面派到村里的干部对村里的事是问得很细的。客观上也说明,村级权力始终是上面不想放弃的。

(二)传统礼俗的回归

集体化时代,一切生产／生活资源均由集体支配,加上日益激烈的反封建迷信运动,南村的民间礼俗活动几乎完全绝迹。改革以后,农村生活趋于正常,社会生活的整合原则不仅仅是政治权力,而且在征地后农民的闲暇时间大大增多,一些民间礼俗活动得以部分恢复。

首先是各种祭祀活动的公开化。南村村民均是数百年前从中原等地迁徙而来,风俗习惯、岁时佳节与中国大部分地区一样。清明、端午、七月十四、中秋、冬至、除夕等都有祭祀祖先的习惯,其中清明最为重要。1949年以前妇女地位低,没有资格去拜山,现在则女儿、媳妇也去,一般是同姓的人聚集在一起,有时多达五六十人,按男丁人数出钱购买甘蔗、肉包子、饮料、烧猪、饼等祭品,由年长者带领,先在祖坟前放上一张报纸,烧香点蜡烛放鞭炮,然后按年龄大小、先男后女的顺序磕头。磕头时每个人可以许愿;祭后祭品当场由众人分食,烧猪则带回去再分。关系好的同姓者,都集中到辈分最高的人家中吃饭。除清明外,其余节日都由主妇代表在家中拜一下就算了事。

天后宫是南村唯一的群众性宗教活动场所,也是南沙镇唯一的天后宫。改革后,南沙籍的香港人梁彩在东莞、番禺等地建了好几个庙宇,也到南村来呼吁砌建天后宫。他和南村的朱婶一起到各队捐款,多的给50元,少的10元、20元,愿意出多少就多少;梁彩收了钱,修房子、买菩萨。当时南村的支书不让建,派出所也反对。梁彩说修天后宫,不为别的,至少也让老人在树下歇歇,地方领导也就让步了。修好后,梁彩即委托朱婶负责日常管理,主要是整理供品、收拾卫生、夜晚锁门等。村里出钱买了一个铁皮箱,放在天后宫内,每月初一、十五来烧香磕头的人会捐些钱到箱中,每年1000元左右。钱柜钥匙由一个生产队长保管,他和朱婶一道开箱取钱;钱取出后放在队长那里,朱婶不时来取钱买香油。发票由一个支委签名后到队长那里报销,管理方法比较严格。天后宫是一个小庙,香火不算很旺,村里不给钱,本村有钱人也没有自动捐钱的。据朱婶讲，来拜的人不多，本村的妇女居多，倒是一些外地从事运输业的人，车子经常坏，就到宫里来祈求保护，早晚拜了几次，车子居然也就不坏了。本村玩具厂的香港人，也不时带了烧猪来拜。总的看，祭礼活动在南村社会生活中没有重要意义，基本上是一种形式。

改革后的农村，传统的宗教、迷信活动等一般都是呈回潮之态，南村之所以在这方面不明显，有两个主要原因：一是这里本是移民地区，生活资源比较缺乏，农民迁到这里后就告别了原来的礼俗背景，忙于日常生计，没有形成根深蒂固的礼俗传统。二是宗族势力单薄，南村6个姓，黎、朱是大姓，各有几十户，但没有特别亲密的关系，俗称"水流柴""大杂烩"，没有人利用宗族、祠堂、祖宗等来规约同姓村民；同姓中的年长辈高者也并不拥有社会权威，决定村民情感态度的主要是利益和现实关系。

其次是礼俗活动的淡化。经营方式的个体化加强了社会活动的个体化，自发的群体性民间活动基本上没有了。因为行政权力之外的民间社会并未形成，一些节日的集体性活动，主要是由村里以经济为杠杆组织操纵的，其中比较大的是两类。

一是端午节的龙舟赛。龙舟赛在南村较有传统，原本有一定的群体认同的仪式性意义。改革前的龙舟赛通常用一种一丈八尺的"泥艇仔"，每艇坐四五人，在河涌里比快。这种竞赛由大队组织，每个生产队一艘，比出名次后由大队出钱发奖金。不比赛时，小艇被用来运泥运肥料。分田到户后，这种龙舟赛作为集体活动自动取消，生产队的小艇也没有护养，干脆就卖给各户做交通工具。直到1985年，广州市举行国际龙舟赛，番禺县要派队参加，趁机就在县内搞一次龙舟比赛，各镇参加，由此层层过渡，带动龙舟赛的复兴。

通常由县、镇有关部门（如体委）发出通知，村里着手组织，每组选几个体格健壮的中年男性。赛前1个月开始训练，每艇50人，比赛在附近河涌里进行，全程2000—3000米。村里除竞赛费用外，还给参加者一定报酬，开始是每人每天10工分，后来是30元。龙舟平时没有什么用，就用泥埋在海滩里，否则容易腐烂，要用时再挖出来，上油晒干。由于龙舟在南村没有特殊的仪式意义，基本上是一种文体活动，其组织完全由行政部门掌握，下通知、选人员、定时定点比赛，现在很难说是严格意义上的民间活动。

二是春节娱乐。民间自发的是初一到初五的舞狮。南村有几个人精于此道，春节前就自发地凑到一起，稍作演练就可以走村串户。舞狮虽不以赢利为目的，但春节期间大家高兴，各家各户都会给一些，作为对民间娱乐的支持，村里也补助一些，村民小组给一个红包（100元左右），这样舞狮者每天有15元的收入。

春节期间主要娱乐是村里组织的各种比赛，一般有足球、乒乓球、象棋、拔河等项目，有兴趣有特长的人自动报名，在本村的场地或学校的操场上训练。春节期间以生产队或村为单位进行比赛，基本费用由村里出，优胜者有奖金，多时达1000元。

另外，五一、六一、国庆、元旦等，镇里会组织一些文艺晚会，唱歌跳舞等。参加者多是镇府机关工作人员及工厂青年，实际上是官方组织的现代娱乐，与传统的民间礼俗没有关系，与村里也没有太大关系。

（三）民间力量的重现及其流失

一些民间礼俗活动的恢复只是意味着出现了政治组织之外的民间文化活动，而不标志着一个民间社会的完全确立。事实上，无论是传统的还是现代的民俗礼仪在南沙社会生活中都是边缘性活动，村民们并不普遍认为有参与的必要。比如黎姓是南村的大姓，原有个黎氏宗祠，大约在1958年拆掉了，至今也未有人提议重修。黎氏族人的经济利益和社会身份已无需祖先来护佑了。另一例子是，黎姓村民过去是从东莞移居南村的，本族有一个在香港发了财，回到东莞修祠堂，他在族谱上看到南村也有黎氏后裔，就邀他们去拜山。村干部和部分群众去了一次，回来后群众们说去一次很累，此后就再也不去了，只有村干部每年还去，推测其本意也不过是为了和经济更为发达的东莞搞好关系罢了。

与此同时，作为一切民间关系基础的亲属关系实际趋向形式化，儿子结婚后就和父母分开，此后来往不多。一般是有什么喜事或父母有病时回来看看，兄弟姐妹之间几乎没有什么成功的合作经营，一旦有什么利益冲突，照样视若路人。4队有一对弟兄合伙买了一条船跑运输，不到一年就散伙了。既没有强有力的血缘亲属关系，也没有独立的经济利益集团，改革后的南村并未能建构民间社会，自然也就没有什么民间权威，即使在日常生活中，也只有村干部或他们委托的人才有发言权，才能调解民事纠纷。年长者、辈高者、有钱者均不具有充分的权威性。比如一个人不是党员或干部，又想插手管事，如果没有支部的委托，去也是多余的，还会惹得一身麻烦，就是见到打架，也只能劝阻、报告一下，而不能直接干涉、评说。

可见，在30多年的政权一体化之后，传统农村的礼俗结构、士绅阶层、长者权威等已被彻底摧毁。改革后政治控制相对放松，但与旧时完全不同的社会经济条件又不允许旧的权威重返舞台，因此村民自我组织能力很差，全部活动还是以家庭、个体为单位，一涉及集体性活动，只能靠行政权力系统及其派生机制来组织。

二、1992年征地之后

1992年6月广东省政府正式宣布成立广州市南沙经济技术开发区，原南沙镇所属的54平方公里的土地全部由国家征收纳入经济开发区。南村从此结束了300多年的农村史，改名为南村管理区，非自然地走向了都市化。此一空前的剧变给南村社会带来了几个显著的特点。

（一）行政权与经济权的汇聚

土地征收了，村民变成了市民，但原有的行政权力机构只是换了一个名字，由村支部书记和村长改为管理区支部书记和管理区主任，其功能和权限依然和过去一样，而且由于都市化带来的经济发展，又使其增加了经济控制权。

首先是经济权力的增长。改革以后，村民独立经营，村党支部和村长除村政管理和民事协调外，对村民的日常生活较少干预。由于村里除石场外基本上没有其他企业，村干部经济支配权也不大。征地以后，一是土地征收款40%以上由管理区留下发展集体企业，二是征收土地时留下10%土地由管理区开发，管理区因此拥有一大笔资金和不动产，支书和村长（主要是支书）有管理权和使用权。在经济主导时代，经济支配权实际上是最重要的权力，行政权力由于和经济的联合而再度强化。

按开发区管委会的要求，发给群众的征地款不能超过60%，由于南村原支部书记未做好群众工作，并用这笔钱来为自己谋私，激起群众抗议，后来不得已把征地款全部发给群众。不过开发仍然使南村经济有了较大增长。从1992年到1994年底建成厂房33000平方米，对外出租；东海明珠和圣地亚哥两个酒楼和三个制衣厂，加上原来的两个石场，总产值 1800 万，纯利润 500 多万，这些钱如何分配和使用，主要由支书决定。这样，有限的资金没有严格的管理程序、合理的预算和有效的民主监督，很难使南村经济进入良性循环的轨道。

权力与经济的结合必然导致干部腐败。不能完全否认管理区干部在振兴集体经济方面的努力，不过在当前，居民对干部一般是不满意的。首先是以权谋私，大笔款项的使用其实是支书一人说了算，很容易瞒天过海，化公为私。南村原来的支部书记花了 200 多万建楼款，村民反映强烈，管委会派人一查，原来贪污了征地款 100 多万。这样的恶性事件虽只一例，但现任领导经济上的不廉洁，村民几乎是众口一词，贪污的名目和方式非常之多。比如 1994 年南沙开发区开始股份制试点，主要有两种方式：一是把集体资产折资入股，年终时按集体企业总利润的 49% 折股分给农民，这是为了合理地分配集体经济收入。另一种是集资办企业，如两间厂集资 300 万，每年 15 厘利息。南村采取后一种方式。群众反映这种方式问题较多。其一，利息并非集资款所赚，厂房才刚刚开始建，并不能立即赢利分红，所以，用来分红的钱其实是村里的征地款；其二，集资并不是全村集资，而是有钱人集资，比如支书一户就投资 10 万元，这些钱是否到账，也无法证实；其三，这些钱集起来以后如何使用也是由管理区决定，其中少不了得吃回扣等。这种股份制尝试，实际上为少数人侵占大多数的利益提供了方便。

开发区成立后，建筑业首先发展。包工头多为外地人，主要来自福建、开平、湛江等地，其中有些人在南村已经营了好几年。为了在南村站住脚，非常注意和本地人搞好关系，除了在社会公益事业上表示热心外，特别和村干部打成一片。不少居民认为建了房子没人租、没人买，等于把钱搁在那儿，为何还要一建再建？答案只有一个：建房子对干部有好处，他们可以吃回扣。比如一个厂房工价是 400—500 元 / 平方米，包工头可以把价打到 500—600 元 / 平方米，把超出部分送给支书，支书就在合同上签字，整个过程没有公证人，也没有居民敢去查问。包工头中没有本地人固然与南村没有建筑业传统有关，但更主要的是本地人熟悉情况，容易披露内幕，所以即使是本村的工程队也接不到工程。据估计，南村的支书一年有 200 万—300 万元收入，甚至多达 400 万以上。有村民说现在的支书只差飞机大炮没有了，大厦都几幢了。

南村在公路边搞房产开发，建好后有一批临街铺位要出租，管理区还给3万元作为每个铺位的启动资金，这个条件非常优越，村民都想争取，管理区既不开会讨论，也不广泛征求村民意见，主办此事的支委把它们租给了自己的亲戚，村民提出意见，他根本不当一回事："我想给谁就给谁。"类似这样的事不少，如征地后大家都没有工作做，而集体企业中某些空位，被主办者首先安排给干部亲友。

土地征收，农村转为城市，是南村的一件大喜事，但因为集体资金的不合理使用以及干部普遍的贪污腐败，征地以后村民和干部之间的关系反而日见紧张，权力的合理性、公正性受到前所未有的质疑，行政权力系统的意识形态性淡化，转而成为一种资本。支书实际上是村里最大的老板，他最有权，也就最有钱，基层权力结构正在迅速转换。

（二）礼俗活动的危机

征地后，除少数复耕地和房前房后的小菜地以外，南村居民基本上告别了土地。因共同经营土地而产生的各种民间联系趋于消解，不少青壮年到外地打工，原来因群居而来的约束也自动消失，残留的一些仪式也日益经济化，都市化在逐步淘汰原来的民间礼俗。

比如春节等节日村里照例会组织一些文体活动，但都是管理区出钱张罗，居民即使有愿望也不会自行组织。1994年南沙管理委员会举办首届运动会，项目有龙舟赛、球类、拔河等。首先考虑的就是经费问题，运动员的训练费用由管理区出，各个项目都有企业赞助，获奖者由管委会发奖金。在运动会中获得龙舟赛冠军的南村干部说，龙舟赛费人费时费钱，请1个人每天要花五六十元，以后除非上级要求搞，不然管委会不会再组织。

民间礼俗本是一个社区共同体的庆典性、公共性活动，现在南村的社区共同体差不多已经解体，居民之间正在摆脱过去的血缘、邻里、生产协作关系的束缚，逐步转向社会化的都市居民。民间礼俗活动失去了社会基础，只能是一级行政组织的工作，于是即使是自愿的参加者也要求一定报酬，"我是在为你工作嘛"。同时，经济收入提高后，各家各户基本上都有收音机和电视机，都市大众传媒逐步介入村民生活，部分取代了传统民间礼俗的功能。按照目前情况看，今后除一些官方组织的文体活动外，基本上不会再有什么民间礼俗活动了。

当然，也可以有另一种设想。民间礼俗活动的经济目的一般是次要的，在南村度过了都市化的不适应而进入一个稳定富庶的日常生活之后，会建构一套民间文化系统，除文体竞争赛外，划龙舟是具有重大意义的，它有体育活动的竞技性、文娱活动的娱乐性，而万人争相围观的热闹场面又具有一定的仪式性，加上南村水网纵横，完全可以成为岭南龙舟中心之一。

（三）管理系统的紊乱

征地以后，南村的社会结构与矛盾日益单一明朗，环绕金钱而发生的权力腐败以及对此的抗议行为成为南村矛盾的焦点。

近三年来，南沙开发区范围内多次发生群众集体抗议事件，主要是针对管理区的干部，特别是支书。1992 年 6 月 28 日，工程队到南村已征收的土地上推土开工，50 多个村民闻讯赶来阻拦，有的静坐，有的躺下，对峙严重。南村干部无法劝阻，报到管委会，以为事态严重，有人在幕后操纵，调来一个中队的警察；管委会书记到现场了解原来并没有人在背后组织、操纵，只是村民觉得征地的补偿太少，每亩 12000 元，发到居民手中的只有 6000 元。他们有个比较，1987 年珠江电厂征地时每亩给 7000 元，时间过去 5 年，钱还少了 1000 元，所以他们拒绝让出土地，在这种情况下，管委会只好让步，督促南村把另外的 6000 元发给村民，南村是南沙唯一把全部征地款发给村民的管理区。

应当说，12000 元征地款中留下一半对发展集体经济是有好处的，是农村都市化之初资本积累的一个重要渠道。问题是村民根本不信任干部，不相信他们会真的为集体为群众办事，所以还是分到手里踏实，至少不会被干部乱花。这就形成一种两难格局：一方面干部确实在用居民的征地款来奢侈享受，到处旅游，买进口车，出入酒楼，中饱私囊。另一方面钱全分完后，集体没有发展基金，发下去的钱也不能成为滚动发展的资本。那么，失去了土地的南村人以后日子怎么过？现在南村成年人每月发 200 元，16 岁以下 100 元，1996 年就没有钱发了，到时连生活费也成了问题。村民的不满情绪大量积累后，就不时发生一些公开对立的事件。

集体抗议行为在南村附近各村也多次发生，有时村民阻塞公路，有时集体上访。经我们反复了解，得知这些行动并没有什么人首尾一贯地精心策划，基本上是某一件事引起公愤，大家七嘴八舌一起议论，听的人越来越多，其中利益受损最大的人嗓门最高，他一声召唤，激愤的人群就跟着行动。比如去年南村有3个队长和几个青年一道喝酒，其中有个人提出：本村的山头被邻近村的石场开采了8年，为什么不收回呢？一定是村干部得了好处。几个人都响应，吵吵嚷嚷很多人来围观，6个人变成五六十人。第二天以这些人为骨干，100多村民围住石场。管委会出面做工作，问明原委，要求石场做好开采后的工作（如修好道路等），这个问题才了结。但群众接着又提出本村干部的经济问题、作风问题，各种事情都扯了进来，调解好几次才平息下来。据镇农办刘主任讲，造成这种现象的主要原因是干部工作没做好，经济账目上不清楚，不敢面对群众，群众越不清楚就越怀疑，越怀疑就越有气，一遇机会就爆发。引发事端的一般是三类人：一是有文化的年轻人；二是过去做过干部的人，他们有一定社会见解，对现任干部的情况比较了解；三是因计划生育等原因而与现任干部有私愤的。因为这些行为主要是针对管理区干部，所以只有管委会出面做化解工作，并作出让步，在一定程度上纠正极端做法，群众的情绪才缓和下来。

有些抗议行动也有具体的组织者。1994年4月18日南沙石矿场用12.5吨火药引爆，造成南村50多间房屋破裂。石场不管，受害者向南村支书、村长反映，经有关方面测验后，确认受损事实，但几十天后都没有赔偿迹象。黎锦潮等房屋受损最严重的人就组织50余户受害者，每家出100元做活动经费，先到开发区，再到番禺市，最后又租汽车到广州市政府投诉，但直到我们调查时，都没有任何单位有答复。黎锦潮认为，原因之一是石场承包人与干部有关系，而受害者中没有一户是干部。在此活动中，黎锦潮是主要的组织者，此人读过8年书，做过大队会计，后被排挤走了，对南村社会的分析比较精辟。另据反映，南村附近的沙螺湾的一次集体上访，也由一个人组织的，他出钱租车，载人到番禺市，参加者有饭吃，每天还有10元钱。可以预期，随着居民自我组织能力的提高，有组织的民意表达行为会越来越多。

征地后村民对干部的意见一般比较大，收入悬殊太大，村干部收入超百万，有的居民穷到医院都去不了，为什么这些干部还能一任再任，稳坐交椅呢？从干部这一方面看，他们的任免并不取决于居民的信任度。各支部两年一度的换届选举，先是党员选支委，支委再选支书。支书为了自己连任，也做些拉选票之类的工作，如党员优先安排工作，可以出外旅游，支书、村长去新、马、泰，管理区其他干部去港澳，生产队长去肇庆、佛山，等级分明。发展党员时又任人唯亲，任人唯从。比如有一个支委就有五六个亲属是党员，每次选举时都能保持1/3以上的选票。而上级部门即开发区管委会也要依靠管理区干部支持工作，即使知道他们不够廉洁，只要不太突出、太暴露，通常也不会主动处理。南村的3个主要领导（支书、村长、治安委员）的任期都在25年以上，其他居民即使有能力也没有位置，上不来。

除对干部缺乏有效的民主监督机制外，民意表达的渠道也不畅通。成立开发区以前，南村有个村民代表大会，每个生产队5人，由村民选举产生，原则上村里的一般大事都要经村民代表大会认可。虽然这只是个形式，但至少有个说话的机会，征地后，村民代表大会无形中取消了，其并不是因为上级明文取消，而是因村民流动性太大，召集会议很困难，村干部本来也没有认为它会有多大作用，无形中不了了之。一年开一两次的党员会，人也到不齐，来了也只是听听传达而已，一个老党员就向我们抱怨说党员其实没什么发言权，提了意见也没用。现在管理区有事，一是通过广播，二是以生产队为单位开家长会，多是政策性通告，如计划生育、戒毒等，没有让群众表达意见的机会。征地款如何使用，村民们很关心，管理区也在办公楼的墙上贴了几张表，但会计做的表非常笼统抽象，只有大的收支。比如建楼花了100万，这100万怎么花的，表上反映不出来，也许只用了70万，居民看了等于白看，后来干脆就不看了。疑虑越积越多，不时就会以集体抗议行为表现出来。

中国农民在几千年的专制伦理的驯化下，习惯于逆来顺受，以忍耐著称。对未来生活的不确定感，一般并不会导致剧烈的社会冲突，况且对南村人来说，都市化的前景已经可望可即。问题在于，与失去土地后没有稳定职业生活难以保障相应，村里的干部却乘机大发横财，村民们本来就不稳定的情绪受到进一步激化，酿成一系列社会冲突，成为伴随南村都市化进程的有着严重消极影响的事件。

（四）村民生活的困境

其一是生活艰难。做了几百年土地的奴隶，村民们都厌恶种田，不但辛苦，收入也低，大家都向往城市，想出去做工。土地征收后使这一愿望成为现实，想耕地也没地耕了。但都市生活条件并未随之而来，过去种田虽然收入少，一日三餐的粮食还是充足的，土地没有了，吃的大米也得买，心理上就不适应。征地款发下后，每家都有 10 万元左右，首先用来砌楼，花去一大半，余下的钱买辆摩托、操办儿女婚事，所余无几。而每斤大米 1 元以上，以每户 4 口人算，每天吃米就要 5 元以上，光靠村里发放的每人每月 200 元的生活费是无法应付日常开支的。南村刚刚开发，一切还在初建阶段，没什么企业，就业机会很少。本村有家工厂，按协议要按比例招收本村人，但工厂招工只限于 18—25 岁之间有初中以上文化的女性，工资也只有每月 200—400 元。年轻人不想干，中年妇女想干又干不了；青壮年男性没有技术，出外打工反比不上外地劳工。比如珠江电厂挖泥，本地人开价 10 元／天，外地工 8 元／天也干了，所以除了少数有点技术的青壮年可以去东莞、顺德、中山等地打工外，80％以上的人无事可做。只好以摩托载客，一天可得 20—30 元。南村 4 队 500 多人，只有 30 个青年女性有正常职业；大量待业者的存在不但致使难以维持生计，而且其中少数人还染上了赌博等不良习。村头街尾到处有打麻将的人，这成为潜在的社会危机。

南村附近的金村，原有土地多，征地款发得也多，加上干部有经济头脑，土地开发和企业经营好，人均年收入万元以上，成人每月发 600 元生活费，未成年人每月 500 元，每户还有 70 平方米的住宅楼，村民生活水平高。这对南村刺激很大，两相对照，南村人对未来很悲观，都感到他们向往的都市化并没有使他们迅速过上幸福生活。

其二是邻里纠纷。无论各家各户的独立性如何增强，居住在一起的村民总还是会发生纠纷。农村社会的土地本不值钱，一旦向城市迈进，便是一寸土地一寸金。征收土地时按人口规定的宅基地不可能再增加，因此砌楼时各户都想多占一些，被占的一方就会有意见。比如 1994 年，南村一户人家有一块路边的土地，16 平方米，弟弟在此盖了一间房子做生意，征地前这块地属于姐姐的，现在看到弟弟这样做，当然很有意见，争吵起来，父亲护着儿子，越闹越大，以至于弟弟打伤了姐姐的头，女婿打坏了岳父的手。负责治安的黎主任调解了几次，姐姐总觉得自己吃亏，要求赔偿 4000 元，还把自己过去对家里的贡献公布出来。一年多了，姐姐还不认爸爸，关系似乎很僵。但黎主任很乐观，说这种事情的解决总得经一两年，即当哪一方有什么喜事时，会有亲戚帮助缓和。黎主任做治安工作 20 多年，对本村人情世故甚为了解，处理纠纷有一套办法。1994 年有一起舅舅和外甥的纠纷，他们本来关系不错，经常一道喝酒。两家住房一前一后，中间隔一条路，外甥要砌围墙，挡住了舅舅的窗户，舅舅不答应，要他让开几十厘米，外甥认为土地是他的，有权这么砌。为此，南沙城建、建委、管理区支书等调解了几个月不见效，他们来找黎岳均，黎不谈纠纷，只请他们喝茶聊天，和他们谈过去的事，谈他们过去的亲密无间，慢慢地再转入现在，结果外甥让出 70 厘米，舅舅的窗子可以打开了，矛盾也就解决了。

但是，如果按开发区建委的要求，房屋间隔要有一米，所以这起纠纷还未真正解决，黎主任说，砌房子违章不是我管，这是派出所、建委的事。这一点，正反映了黎的精明。邻里乡亲，总有些小摩擦和磕磕碰碰，有些小事很难确定谁是谁非，按原则照规矩是不能化解民事纠纷的，即使主要原因找到了，直接冲突缓解了，也并不就一劳永逸。他有句口头禅叫矛盾总是有的，所以他并不急于求成，并不希望有个完满的结局，而是考虑到现实具体情况，该管的就管，可管可不管的，只要不出大问题就不管，将之留给其他部门或当事人的亲友去协调。

其三是土客矛盾。南村目前外地工人只有几百个，主要是四川和湖南的。他们来到南村有时和当地人易产生纠纷。比如他们不讲卫生，租南村的房屋住，剩饭剩菜到处乱倒，随处大小便。本地人有意见，反映到黎主任处，由黎批评教育，这类事比较简单，但也有些复杂的。外地人到南村一般在南村待过一段时间，熟悉当地情况的人向老板介绍，这种人被称为"工头"，一般从工人中抽取工资的 10% 作为介绍费，工头手下通常有 4 来个人。不过工人一旦有什么事，工头并不管，如果是工作纪律等，厂里自己解决。但涉及劳资矛盾、斗殴等，又是黎主任出面。1994 年制衣厂工人罢工，起因是工人 3 个月没有拿到工资，工厂的副厂长也是外地人，把老板故意不发工资，将 37 万元存在银行等消息通报给工人，工人集体罢工抗议。老板是南村人，在广州念过大学，他来找黎主任希望把这事压下来，黎岳均了解情况后和番禺劳动局一道，要求老板立即发工资。有时出了工伤事故，老板不愿赔偿，也由黎出面处理。

我们多次和黎主任交谈，感到他比较有社会经验，反对打人。他和这些工人关系确实不错，自己在山上的果园就是请这些工人代耕的。当然，更主要的还是因为管理区在一定程度上控制着村民生活的命脉，村民一般会服从治安主任的调解。事实上，黎主任调解有两条原则：一是体察人情；二是经济手段，许多调解是以赔多少钱结束的。南村计划生育工作一直比较好抓，其中重要原因之一是管理区有经济制裁手段。

土客矛盾还有另一种形式。南村的教育在整个南沙是比较好的，不过，大规模的开发建设所需要的各种人才是南沙本地无法提供的，这样随着都市化的转向，越来越多的专业人才从广东各地乃至全国来到南沙，南村也有不少。他们在各级管理机构、工厂、企业任职，以自己的知识为南沙做了不少工作，但一般而言，他们并没有为南沙社会全面接受，外地人才总感到和本地人有距离，有时还会受到压制。南村有两个青年干部就是外省来的大学生，平时接触比较多，晚上也一道玩，基本上不和本地人在一起。土客矛盾在开发之初是一个相当普遍的现象。但南沙要建成国际水平的海滨新城，不解决这个矛盾，不充分调动外来人才（包括工人）的主动性，这个目标是难以实现的。

三、结论与思考

（一）改革后民间宗法礼俗的回潮，并未根本改变南村的社会组织关系，它的流变及被大部分地废弃，使其根本无助于民间权威的重新树立，更谈不上对现行行政权力的制衡。当代农村社会组织的主体仍然是经济利益调节下的行政权力系统。

1979年以后的农村改革，不只是土地经营方式的改变，由于社会控制的松动，政治活动和意识形态在农民生活中急速消退，传统的宗法关系和礼俗活动得以回潮，并和经济利益一起成为组织农村社会生活的准则；由于家庭再度成为生产单位，家长的权威性和家庭之间互相联系的重要性悄然增长，农村的社会结构亦与传统类似；自主经营后，农民闲暇时间较多，文化需求增大，生活风格多元化，也迫切需要一些民俗文化活动予以满足。

但是，尽管有上述三方面原因，宗法礼俗的回潮和重现仍然只是农村生活主流之外的支流，它既未能突破行政权力系统对农村生活的控制，也未能根本改变原有的农村组织结构。首先，行政权力虽然弱化，甚至部分放弃对村民日常生活和个体经济活动的控制，但它仍然是目前农村唯一合法的权力机制并是集体经济的唯一控制者，在利益分配、民事调解方面仍然保持着最后判决权。经过 30 年的政治洗礼，农村原有的宗法关系、礼俗活动已被根本摧毁，不可能回到从前。第二，改革的社会心理动力是私利和物欲的一定满足，在整个中国现代化、世俗化背景下，利益动机、经济标准已无可置疑地成为社会生活的准绳；以亲情为基础，以传统为导向的宗法礼俗无法与经济力量抗衡，只能作为它的配合和辅助。在高度一体化的行政权力控制松动之后，公共权力运作过程中的超越宗法关系的私人利益交换及时地取替了亲情关照，从而使宗法力量在公共权力被私有化的过程中丧失了独特有效性。第三，现代文化观念向农村的大举渗透，青年一代已不再全面认同传统生活方式和文化观念，挟带着巨大经济利益的都市文化在农村找到越来越多的接受者。现在农村只有 50 岁以上的人才对传统民间礼俗文化有点了解，要想在当代农村重建宗法民俗是完全不可能的。

因此，虽然当代农村确实出现了传统宗法关系和民俗活动，但从南村的调查中可以看出，这类活动基本上是由行政权力机构组织，或配合政治宣传，或为经济铺路，或作为农村文体活动，无论哪种类型，整个过程都是由经济作为动力和杠杆的，它们都不是传统意义的民俗活动。所谓民间社会、民间权威等还只是想象中的未来情景。

（二）经济关系和利益原则已重新梳理和编织当代农村社会网络，民间社会和礼俗关系趋于消解，社会结构和人际关系日益简单，农村的真实面貌与一般设想的大相径庭。

农村权力系统的运作，已明显经济化。大到政策落实组织活动，小到民事调解，都是通过金钱手段来完成的；农村的一些民俗活动，也不再具有唤起认同意识、凝聚群体情感的功能，从组织者到参与者，都以经济效益为出发点；农村的居民关系包括邻里、亲友、家庭关系，都或多或少地与金钱有关。另外，由于村民个体经济能力的增强，在亲属范围内寻找或互助的愿望大大减弱，原先具有强大凝聚力的人伦亲情已逐渐退居幕后。利益不但可以解释现行农村活动，更成为社会组织的真正内核。

一切以金钱为原则，不但使农村之间的地域性差异消失，也使农村与都市在许多方面接近。在现在的农村，我们已不大可能发现特别的社会形态和组织关系。至于奇风异俗等，看来也只是艺术家们的臆造。至少在南村，除少数残存并趋消失的农村事务管理机构外，我们没有感到它和广州等城市有什么原则性区别。

现代社会应当是结构丰富、个体自由的社会，这是由经济增长做先导的，但当代农村的经济发展却导致农村结构的简化和农民生活的平面化。这一现象的根源，应当是30年政治权力一体化对农村社会的改造。它首先摧毁了传统的民间社会，然后在改革后又因权力的运作为经济腐化严重侵蚀，导致农村生活的管理也成为纯粹的经济行为，所以农村社会就变得简而又简了。展望未来，只有在农村经济呈现有机发展并走向正常轨道，个体企业、私营经济等逐渐形成利益集团和共同体后，才能再向现代经济条件下的民间社会进步。

（三）目前农村的行政权力系统既不可少又有很大弊病和副作用，需要不断调整和改革。

南村都市化的起点是1992年6月广东省政府的一纸公文，荒僻贫穷的农村一夜之间就向富裕繁华的都市迈进。前景辉煌，但道路曲折。都市化不只是行政区划的改变，不只是一幢幢现代建筑，它更多的是经济方式和社会组织演进的必然结果。目前农村的经济活动方式主要是个体和集体企业，多数是三来一补、来料加工、转手贸易等。现代化的生产规模和金融体系还未普遍出现，还处在一般城镇水平，而负有领导这一进程的权力机构，又是形成于公社化时期的行政组织系统。保证转型期社会秩序的稳定，完成初步的资本积累，等等，都不能不依靠此一权力系统。不过，现行组织系统之所以承担这些使命，只是因为它是目前农村唯一的、没有受挑战的权力控制者，而不是因为其已获得现代洗礼，合理地拥有发展现代经济、组织现代农村生活的能力和权力。事实上，政治一体化时代结束之后，据此而形成的权力系统并不符合推进社会转换的需要。不少官员借发展经济之名的贪污腐败，实际上其已使现行权力系统的合法性和合理性受到动摇。然而，由于农村的现代转换本来就缺少充分的社会、经济准备，目前也还没有可以全面取代现行权力系统的组织和集团。唯一的希望是，在付出若干代价后，农村能够补上现代化的准备这一课，增强自组织、自管理能力，在渐进的更换中，平衡农村的权力控制系统，重建丰富多彩的乡土中国。

（本文原载《开放时代》1998年第2期）

1998年
散文时代的文化批评
——《南方新学人》丛书总序

在 1997 年的一次活动中，中山大学艾晓明教授提议编一套随笔之类的丛书，我当即表示赞同。晓明联系了出版社和其他作者，我只是写了这篇总序。设想很快就成为现实，首批推出的是鄢烈山《没有年代的故事》、艾晓明《骑桶飞翔》、李公明《思想守望录》和我的《迟到的光》。我的这一本是从 1986 年到 1998 年的文章选出的，此一时期我特别爱读歌德的作品，所以就拟借歌德的《学习时代》作为书名：遭逢一个日渐变化、逐步新异的世界，我们已无法依靠原有的知识结构和思想资源进行言说，所以需要学习。因为晓明不赞成，我又改名"迟到的光"，意指迟到的启蒙。在孙绍振、袁勇麟编写的《中国文学年鉴 1999—2000·散文创作扫描》中，这套丛书被认为是"1998 年较有影响的思想随笔丛书"。

我们的时代是一个"散文时代"

黑格尔曾把现代市民社会称为"散文时代"，而与"诗"的古典时代相对。市民社会中个体与总体不再统一，不再从城邦和国家中获得重大动机，人们所关心的只是"一只羊的丢失和一个姑娘的恋爱"之类的俗务。不能说黑格尔是在否定人的现实利益、鄙视平民的日常世界，但"诗"与"散文"之分，不但深刻洞察了艺术在现代世界的艰难命运和独特的存在方式，而且还一直延伸到我们现在的语言和思想之中："诗"是纯粹、青春和爱情，"散文"却是对庸常、世俗、实利的认可。

在浩劫之中的 20 世纪 70 年代初，中国思想家顾准呼唤"从诗走向散文"，他要以此告别以"终极理想"为号召的"一天等于 20 年"的革命时代，进入多元民主的开放社会。"诗"是红旗、广场、运动，"散文"是进步、改良、积累。20 年的中国改革也就是从诗到散文。

我们现在所处的"散文时代"同时包含这两个意义。

对于黑格尔来说，"散文"是一个批判性概念，"诗"的、"理想"的东西在"散文时代"的消逝，表征的是人的完整性的丧失和美的退隐，所以他说"我们现时代的一般情况是不利于艺术的"。通过席勒和马克思，"散文时代"延伸为"现代异化"，直接指向现代性的批评。

对于顾准来说，"散文"的概念是一个借用，它指称的是这样一个时代：社会生活中的矛盾和冲突不再通过暴力革命或一方吃掉一方的方式来解决，而是通过反思、商讨、妥协等民主的方式达到同意。如是，则自由的讨论和理性的批评将成为现代社会的主导精神。

星移斗换，大地沧桑。20 年的改革引发了中国空前的剧变。随着总体控制的松动和经济系统开始与行政系统的分离，公民生活的一部分开始脱离政治走向独立，由此出现了现代公共领域的雏形。尽管它还没有得到体制化的保障，还受到权力和经济的牢笼，并表现为从行政系统向经济系统的靠拢，但毕竟表明社会——文化系统日益开始成为一个相对独立的领域。在各专业学术之外，跨学科的社会评论和文化批评成为现时代最重要的文化形式。它们所指向的，是生气勃勃而又困难重重的当代现实；它们所表现的，是知识分子对社会进步的关切和呐喊。尽管这类出版物目前有不少还是流俗寻常之论，还属于一般文体学上的散文，但社会评论和文化批评无疑将会随着中国社会的进一步开放而峥嵘展露，有效地参与中国社会和文化的重建。

无论是在黑格尔还是在顾准的意义上，"散文时代"都是一个需要批评的时代。黑格尔认为"散文时代"的非理想性需要批评，顾准认为"散文时代"是自由批评的时代。批评不是对着干，不是故意唱对台戏，更不是政治裁决，而是对现象、事态和问题分析审查，是对一切不合理、不真实、不健康的存在的抗辩。这是民主体制下解决争端的基本方式，也是公民权利的主要表现。如果我们承认不能从过去的"过分集体化"和"过分政治化"反转为"过分私人化""过分经济化"，我们就需要自觉参与目前正在形成的公共领域；如果我们承认世界不可能通体光明，我们即使在进步中也需要批评；如果我们认为知识分子对社会的改进和公民的幸福负有责任，那么这首先就是批评的责任。

批评以自由为立场。作为对僵化体制和权威话语的挑战，批评不充当任何权威系统的代言人，也不自以为是普遍真理的传声筒，而是学术思想和公共关怀的自由表达。批评声音的合理存在本身，就意味着对舆论一律、统一标准、至上权威等的否定；批评的目的，是颠覆一切思想控制和文化霸权，创造一个每一个人都可以说话的空间，"人语喧哗"的自由思想，是开放社会的特征和标志。

批评以个体为起点。在否定了诸种先验的标准和外在的权威之后，只有以知识分子个体独特的生活体验和感知判断为出发点，批评才可能是真实的、有创造性的，才可能发出平等的、多元的声音。只有多元个体的交锋和探讨，才可望形成基本的交往道德和有效性标准，进而使个体言说和议论不是情绪发泄，不是随便闲聊，而是导向文化规范和公民文化的建设性努力。

批评精神、自由思想、个体经验是现代文化批判的原则。

诞生了康有为、梁启超的广东，是当代中国改革的先锋。我们可以骄傲于广东经济指标的增长，我们却难以自豪于广东文化批判的成绩。除 1993 年深圳海天出版社的"左岸文丛"外，我们的文化批评基本上乏善可陈。这也许与广东的文化积累相对贫乏有关，也许与知识文化人士的疏忽有关。但现状总得有所改变，作为生活在广东的知识分子，我们愿在这方面有所行动。

得到广东人民出版社的支持，我们根据批评精神、自由思想、个体经验三条标准组织了这套丛书，作者多为学有专长并对社会文化等较广泛的问题保持敏感的中青年学者，文章是从他们大量文化评论中选出的。随笔短论当然不能代表我们的全部学术与思想，但这些不拘一格的文章或许更直接地指涉我们的生存环境，也更能拥有广大的读者。

我们意在通过这套丛书，首先把广东知识界从事文化批评的朋友们、同志们聚合起来，进而更大范围内推进当代的文化批评。我们认为，广东所能贡献于中国的，不仅仅是经济改革的先行，也包括严肃批评的风气。批评立场不是任何一地学者的专利，自由精神是现代文化的普遍原则，个体写作是全部作者的权利。我们相信，凭借经济增长和社会进步而率先萌生现代性突破的广东，完全可以在社会评论和文化批评方面有所收获。

这是严肃的事业，这是连续的事业。我们期待着越来越多的朋友和同志参与进来，把"南方新学人丛书"不断地出下去。学人指看南粤，应是郁郁葱葱。

（1998 年 5 月 10 日）

1999年

没有人可以拒绝批评
——《文化名人批判》序

在我的印象中，20世纪90年代中后期的文化环境相对宽松。其时的学术思想还有一点抗拒功利主义、利益原则的自觉性，文化艺术市场也还没有完全娱乐化资本化，思想解放、知识更新、独立精神、批评意识等还是有意义的概念和行为，而所有这些也部分地得到当时环境的包容，各种形式的限制与他律较有弹性。我在那个时期写了许多文化批评类的文字，也为若干批评类文集写过序，此文即是其中之一。场景早已变化，文化领域的名利资源更为丰富，但拥有这些的"名人"的形象似乎并没有根本改善。孔子说："古之学者为己，今之学者为人。"后人补充说："古之学者为己，其终至于成物。今之学者为物，其终至于丧己。"我们还是要重温这一些优良传统。

名人是经由艰苦卓绝的劳动而在文化的某一领域、某一方面有重大建树的人，创造性和典范性是其成名的基本条件。

名人是个人努力与社会机遇结合的结晶，他们凝聚了历史与文化、价值与理想。

历史的星空漆黑如墨，人类的心灵暗昧不清，仰赖名人们的先知先觉和筚路蓝缕，薪火相传，历史得以走出混沌，人性开始觉醒。这些为人类文明做出贡献的人，理所当然地为人们所尊敬，理所当然地享有殊荣。

多少人眩惑于名人光环，多少人梦想自己成名人。

但文化与历史的进步，也需要我们向一些名人质疑，需要我们对一些名人的文化产品进行批判性审查。

这是因为，一些无名人之实而有名人之名的人，他们既无十载寒窗的苦功，更无惊世独创的成果，而是以种种"诗外功夫"攫获名利，垄断资源，不但盛名之下，其实难副，而且污染文化空间，颠倒价值标准，成为文化发展的障碍。

这是因为，一些名人固然在某一方面确有劳绩，但无论在个人品格还是在其他方面，都有很多局限，有很多与其身份不相适应的言行，其中一些甚至还有劣迹。金玉其外，败絮其中。在极端的情况下甚至不是一个称职的公民。

这是因为，一些名人在一朝成名之后，不再辛苦，不再劳作，不再从事专业劳作，而是尽情享受因名而来之权位和利益，或为权贵和他人利用，成为享受种种优待权和豁免权的特权者。

批判，只有批判，才是文化发展的清道器和发动机。批判是文化的自我整顿，其锋芒所向，在文化界的污泥浊水，在文化界的丑陋现象。

批判，并非故意抬杠，更非哗众取宠，而是为了今天的文化建设，为了精神文明的建设。

批判名人，意在剥开一些伪名人画皮，还其本来面目，如此方能整齐文化队伍，清洁精神空间，建立公正秩序。

批判名人，意在全面认识文化名人。他们并非圣人，并不十全十美。有名人自身对此要有充分的自觉和警醒，自恋狂必须治疗；普通人不必盲目崇拜名人，追星族可以休矣。

批判名人，意在解放文化的生产力，改造不合理的等级体制，让更多的人不再匍匐于名人脚下，而是站起来开掘自我的文化潜能，让文化领域真正百花齐放。

我们坚信，批评是社会民主在文化领域的落实，文化生活的正常与否，文化机制的健全与否，关键在于我们有没有自由而活跃的批评风气，特别是对于一些似乎名大位高、实则难副的人物敢于提出新的、有理有据的评论。

我们坚信，任何人都没有被批评的豁免权，名人更需接受公众的监督和批评。真名人不怕批评和暴露，那些闻批即跳、听不得捧场之外的其他声音的"名人"只能是伪名人。

我们坚信，批判名人是紧迫而必要的，多少年来文化生活不正常，"大师"满天飞，名人到处有，甚至一些骗子、混子、小人也浑水摸鱼，欺世盗名。批评无从展开，民主无望实现，我们不应当把这种现象带进 21 世纪。

我们庆幸，20 世纪 80 年代以来，中国文化终于走出"舆论一律"的牢笼，改革的环境和开放的格局，使我们有可能稍微自由地表达自己的意见。

我们庆幸，文化界终于出现了一批新人，终于出现了一些批判名人的文章。无论它们有多么不成熟，也总比少数一些名人垄断一切好得多。

基于此一愿景，我们从近年的报章杂志上选编辑录了若干篇批判文化名人的文章，入选的标准是：

一、有现实意义。批判的对象应为某一时期、某一领域的名人，他们确有可非议之处却又长期保持正面形象，且造成不良后果。那些早就为公众所不齿的"名人"不在此列。

二、有明确范围。实事求是，就事论事，不作无内容联系、无逻辑关系的延伸。对具体人、事、文的批判，并不意味着全面否定其人其事其作，我们无意也无权充当文化法庭。

三、有客观态度。批评其人有论据，批评其作有分析。重在一家之言，要求言之成理，不拘形式风格。严格排除泄私愤或发怨气。

20 世纪的中国经历了太多的挫折与曲折，文化领域见证了太多的价值混乱与世俗纠缠。世纪末的任务首先是整理本世纪的遗产。批判伪名人，正是期待21 世纪诞生真正的文化名人和文化杰作。

（写于 1999 年 3 月。《文化名人批判》一书未出版）

2000年
拒绝叙述的经验

在我的读写生活中，一直想做后来也部分地做成了的事情之一，是从文化思想上理解20 世纪的一些重大事件、重要人物和政治实验。有三本著作引导我走向纳粹德国。一是美国学者科尔佩·Ｓ．平森（Koppel S. Pinson）1955 年出版的《德国近现代史——它的历史与文化》一书，它提示我应当关注中德两国相似的现代命运。二是德国学者海因茨·赫内（Heinz Höhne）的《党卫队——佩髑髅标志集团》，它较为完整地叙述了大屠杀的基本情况。三是美国作家威廉·斯泰隆（William Styron）的《索菲的选择》，它表现了奥斯维辛经验的复杂性。近 20 年来，每年都会有几十种与纳粹德国有关的著作被翻译进来，这说明中国读者有认识纳粹德国的强烈需要。

1945年以来，纳粹德国实施大屠杀的主要机构奥斯维辛集中营成为西方文学创作的重要题材，其中的一部分作者就是当年的幸存者，故其作品具有高度的写实性、回忆性。波兰诗人塔杜施·博罗夫斯基（Tadeusz Borowski）几乎是一走出奥斯维辛就写作奥斯维辛的作家：1947年的《告别玛丽亚》和《某一个士兵》、1948年的《石头世界》等作品几乎是迫不及待地要向世人呈现集中营的生活，而其主题，也就是作者的主要认识：奥斯维辛的囚犯已经失了人的特征而沦为"集中营化的人"。20年过后，当匈牙利的幸存者凯尔泰斯（Imre Kertesz）再来写奥斯维辛时，或许是因为他又理解了极权体制的普遍性，所以能够用一种"非揭露性""非控诉性"的态度和语言把集中营"正常化"：这里的生活就像单调乏味而又真实的日常生活一样，有苦痛，有无聊，有时还会有幸福，奥斯维辛的囚犯所尊奉的不过是日常世界人际关系里所表现出来的生存法则，尽管这里的法则要比"正常"社会严酷得多，但并不例外于人类生活之外。

　　囚犯们一旦被"集中营化"，那么奥斯维辛的一切，就都是可以理解的；集中营一旦被"正常化"，它就不但是可以接受的，也是合理的。两种经验中的奥斯维辛都是可以记忆、可以叙述的。但是，不是每个幸存者都愿意记忆、叙述当年。美国学者阿伦·哈斯（A Hass）采访过许多幸存者，其中有三分之一的人都表示"我想把所有这一切都埋葬掉"[1]。而这些想埋葬过去的人当中，也各有不同原因和考虑。在美国作家斯泰隆（William Styron）的小说《索菲的选择》中，当年的囚犯索菲就在拼命忘却奥斯维辛：她不敢记忆，因为她在奥斯维辛的经验，动摇了她对人性和人类可能性的信念。那些人性的黑暗和世界的罪恶，已经超出了理性与情感的极限。索菲近乎疯狂的表象，正表明她既没有被集中营化，因此也不可能把集中营生活正常化为可以叙述的经验。

　　1947年，在纽约布鲁克林犹太区的公寓里，计划以写作为生的文学青年斯丁沟为楼上先是疯狂的男女欢爱、然后是激动的争吵和打闹声所吸引，制造这一切的是纳山和索菲。怀抱作家之梦的斯丁沟终于接近了他们。小说叙述的就是这三个人之间有关大屠杀及其后遗症的故事。

　　美丽的索菲留给斯丁沟的第一印象是"一种绝望的表情和临近死亡的阴影"，

1　[美]阿伦·哈斯：《大屠杀后遗症》（1996），梁骏等译，北京出版社2000年版，第6页。

她是奥斯维辛的幸存者。在成为朋友后，斯丁沟费尽心思地在其充满编造、空白、省略、扭曲的记忆中重建过去。索菲的故事不是有关奥斯维辛的叙事，而是关于如何处理奥斯维辛记忆的探索。

第一次是对斯丁沟讲的：她生于波兰克拉科夫，有一个当法学教授的父亲和精于厨艺的母亲，还有一个深爱着的丈夫卡兹克。那是一个幸福的时代："我常想，再没人有像我这样的父亲母亲，或者有比我更好的生活了。"[1] 波兰有着强烈的反犹传统，但并不是所有的波兰人都是那样，比如她的父亲就在哥萨克的屠刀下救出了三家犹太人。正如她父亲在 1932 年就担心的：这不可能延续太久，一定还会有战争，命运不允许波兰享有很久的快乐。1939 年 9 月，德国人来了。11 月，索菲从教堂回来，父亲与丈夫已被抓走。后来得知他们被送到奥斯维辛，于次年元旦被处决。战后，索菲从瑞典来到美国。想到与父亲、丈夫连一句告别的话都没有，而且在最后一个晚上还与丈夫大闹了一场，索菲感到自己是有罪的："只有硬心肠、抛弃了我的上帝，才会允许我所爱的亲人遭受杀害，而让我带着这种罪孽活下来。他们这样可怕地死去，使我这种罪孽更加不能忍受。人们能忍受苦难，但你只能遭受这么多苦难……"[2] 只是因为音乐，才使她感到世界上还有值得为其活着的东西，感到还有一线温暖。虽然有时她也无法忍受音乐那种抽象而无与伦比的美与自己可以触摸到的巨大痛苦绝望之间的强烈对比。这一次，索菲没有讲自己在战争期间的经历，"集中营"三个字已经在她的词汇中删除。"她知道，一旦它侵入记忆，她就有失去，或者说抛弃生命的危险。"[3] 在这个层次上，索菲的故事与其他幸存者基本差不多，只是愿意回忆痛苦的过去而已。

第二次是在得到纳山的救助后对纳山讲的：1943 年 4 月，因为购买被占领军当局禁止的火腿肉给母亲补养身体，索菲被关入奥斯维辛劳动。母亲不久死去，她在集中营劳动了 20 个月，之所以没有死，是因为她懂德语，有段时间得到好一些的差使，生活得好一些，有力量活下来。纳山是美国犹太人，对刚刚发生的大屠杀痛入骨髓，确信反犹的波兰人也是罪人，而从集中营活着出来的索菲

---

1 [美]威廉·斯泰隆：《索菲的选择》(1979)，谭雄明译，湖南文艺出版社1989年版，第102页。

2 [美]威廉·斯泰隆：《索菲的选择》(1979)，谭雄明译，湖南文艺出版社1989年版，第109页。

3 [美]威廉·斯泰隆：《索菲的选择》(1979)，谭雄明译，湖南文艺出版社1989年版，第117页。

更是疑心重重：那么多人死，你如何能活着？斯丁沟后来得知，"她略去了许多重要的地方。她并没有真正撒谎，也没有编造或歪曲任何重要的情节。……那天晚上的疲倦，毫无疑问。而长远地来说可能还有许多因素，但'罪过'这个词，那个夏天我一发现，是她语汇中最突出的一个词；现在我清楚她所被迫作的对她过去的评价总是主要被一种可怕的负罪感控制。同时我逐渐看到她用一种自我憎恶的透镜看待她自己最近的历史——很明显这在那些经历过灾难的人当中不是一种罕见的现象"[1]。索菲有什么"罪过"，仅仅是因为没有与父亲、丈夫告别以及与丈夫的争吵？问题开始变得复杂了。

第三次是索菲与纳山分手后，她对斯丁沟讲的。这是一段"令人心寒的华沙往事"：她的父亲是个顽固残忍的反犹分子，她本人也并不清白无辜。

在奥斯维辛，索菲到达不久就被一名女卫兵强奸，在为集中营司令霍斯（Rudolf Hoss）做速记员时又受到女管家威廉明尼的同性强暴。为了走出集中营，为了救出或者看一眼被关在儿童营的儿子，索菲向霍斯颂扬纳粹的屠犹政策。但是，把反犹只看作是上级交办的任务的霍斯却提出疑问：我对你的激情感到奇怪。对你的怒火感到奇怪。是什么促使你带着这么……这么强烈的感情憎恨犹太人？索菲拿出其父的反犹文章，这是她夹在靴子中带进来的："犹太人的性放荡是某种著名的，是他们丑陋的特点之一，我父亲，在他遭受一次不幸的意外之前……我父亲为这一点成了尤里斯·斯特莱彻先生的崇拜者。……我有一个妹妹……遭到一个犹太人的性攻击。"[2] 前一点是真实的，后一点是虚构的，目的是为了表示自己一家对纳粹意识形态的忠诚，但霍斯却完全不同意："斯特莱彻的理论是彻头彻尾的狗屁。……犹太人是许多形式的巨大邪恶的罪魁祸首，但不是强奸犯。"针对索菲父亲的反犹小册子，霍斯说："这个文献对我一文不值。即使你能使人信服地证明你恨犹太人。这对我算不上什么稀奇，只觉得它是一种普通的情绪。……而且你忘了你是一个波兰人，因而是帝国的敌人。"[3] 政治观念上无法接近，索菲转而以色诱霍斯，"无耻"地向他"卖弄风情"，就在霍斯激

1　[美]威廉·斯泰隆：《索菲的选择》（1979），谭雄明译，湖南文艺出版社1989年版，第180页。

2　[美]威廉·斯泰隆：《索菲的选择》（1979），谭雄明译，湖南文艺出版社1989年版，第339—340页。引文中的尤里斯·斯特莱彻（Julius Streicher）是纳粹意识形态专家，反犹报纸《冲锋报》主编。

3　[美]威廉·斯泰隆：《索菲的选择》（1979），谭雄明译，湖南文艺出版社1989年版，第340—341页。

动地压向她时，副官的敲门终止了这一切。霍斯一下子警醒了，转而对她说："我真想跟你性交。……与你性交将能使我迷失自我，让我找到忘性。……但我不能也不想这么干，这冒太大的风险了。这将会导致灾难。"[1]看到自己已经部分地吸引了霍斯，索菲提出了自己的要求。她知道纳粹有一个"利波斯波恩"（生命之泉）计划，即将占领区的种族"适合"的儿童运到德国，在无毒的国家社会主义环境中抚养成人。她想借助霍斯把自己"有着高加索雀斑和矢车菊蓝眼睛，具有一个羽毛渐丰的德国空军飞行员雕凿的轮廓，可爱的金发波兰男孩"从儿童营转到德国境内，这样他至少可以活下来。索菲表示"她不必知道孩子的目的地：她甚至愿意放弃知道他的去向和将来，只要她确信他在帝国心脏的某个地方安然无恙，而不是留在奥斯维辛，留在这里他必死无疑"[2]。霍斯一再答应了，并以德国军官的荣誉保证，但最终却没有让索菲见到儿子，也没有将他送出集中营。

这里有两个重要的人物。一个是父亲毕叶冈斯基教授。他既是家中的暴君也是凶猛的反犹主义者，丈夫（不是第一次所说的爱人）卡兹克则是其父的"男仆"。毕叶冈斯基是德国文化和希特勒崇拜者，是波兰种族隔离潮流中的一个主要活动家，曾被政府派往马达加斯加考察犹太人迁居的可能性。1938 年冬天，他向索菲口授了《波兰的犹太问题：国家社会主义能否有答案》的小册子，其中一再出现的词汇是"Vernichtung"（"灭绝"）：这些犹太人应当全部被谋杀殆尽。德军占领后，毕叶冈斯基与卡兹克多次求见德国人，兜售其决策建议。第一次不成功，是因为他在思想与感情上属于过去的一个世纪，与纳粹格格不入。他"一点也没意识到多么不可能穿着古老衣装在那不锈钢，铮亮的马靴，巨大的现代威力，第一个专制官僚国度的走廊中取悦于人。不知道在这具有自动存档系统和分类秩序，机械化的数据处理以及直通柏林的热线的运转迅速的机构中，不会有他这个手握一札证件，胸插麝香石竹红花，头飘雪花般的皮屑，辉闪着一对二尖齿，足裹两只呆笨的皮绑腿的无名波兰教师的地位"[3]。第二次是因为大气候。纳粹占领波兰后的第一件事就是消灭波兰政治、文化领域的精英，

1　[美]威廉·斯泰隆：《索菲的选择》(1979)，谭雄明译，湖南文艺出版社1989年版，第346页。

2　[美]威廉·斯泰隆：《索菲的选择》(1979)，谭雄明译，湖南文艺出版社1989年版，第346、371页。

3　[美]威廉·斯泰隆：《索菲的选择》(1979)，谭雄明译，湖南文艺出版社1989年版，第307页。

包括医生、律师、教授、牧师和地主。据史学家统计，在德国人统治的最初几个月中，杀害的人数为几万人。最终的统计是，在600万死亡人数——波兰总人口的22%，其中包括45%的医生、57%的律师、40%的教授、2600多名牧师和几乎全部新闻记者。大屠杀的主要组织者之一海德里希（Reinhard Heydrich）在1939年9月27日宣称："被占领地区内留下来的波兰领导人物至多还有百分之三。"尽管毕叶冈斯基在种族思想上与德国人高度一致，但其自身却是德国人蔑视的"波佬"，因此他不但"没有获得一刻的正视，没有争取到一只官僚的耳朵"，而且遭遇了与其他教师一样的命运。这样，德国人无意中关押与处死了一个在后来完全可能会被他们认为是个主要预言家的人——这位怪癖的斯拉夫哲学家，此人的"最后解决"的主意先于希特勒和他的同伙。父亲的文件是由索菲速记、打印的，她也恨犹太人，她希望把德国人的注意力引向犹太人："我不得不承认我有一种感觉，那就是犹太人身上发生的事使人非常感兴趣。……这就是：只要纳粹集中力量对付犹太人，消灭犹太人，——我就安全。不，并不真正安全，而是稍微安全一些。"[1] 在这个意义上，索菲兼具受害者与施害者的双重身份。

另一个是波兰地下抵抗者汪娜。在被送往集中营之前，索菲在华沙有一个情人约瑟夫，他与其同父异母姐姐汪娜都是抵抗组织"家乡军"的成员，汪娜还对她实施过两次同性恋。约瑟夫死后，索菲与汪娜被关进奥斯维辛后，汪娜要索菲使用色相取得霍斯的信任以获得情报，并告诉她纳粹"利波斯波恩"计划和霍斯的好色心理。责任和风险压垮了索菲，她未能完成任务。斯丁沟认为，这是索菲向他所忏悔的"最黑暗的部分"。从政治上说，汪娜及其所属的"家乡军"是反抗纳粹的正义力量，但正义者也对索菲实施性强暴。进而，正义的行为却要以色诱敌人的手段来进行。汪娜及"家乡军"的双重行为当然令索菲厌恶和反感。软弱的索菲不顾羞耻地照着汪娜的计划做了，却又没有成功，由此又产生失败者的泪丧。如此多的困扰、难堪和耻辱交织在一起，索菲如何能承受得了？

第四次是在与斯丁沟南下旅途中讲的。纳山最后一次出走后，爱上索菲的斯丁沟想与她到南方的家乡结婚。在酒精和性的刺激下，索菲又讲了两件事。一是她和她的两个孩子被押到奥斯维辛的当天，在站台上，纳粹医生要索菲在

---

1 [美] 威廉·斯泰隆：《索菲的选择》（1979），谭雄明译，湖南文艺出版社1989年版，第560—561页。

两个孩子中作出选择：一个将立即被处死，一个可以苟活在集中营中。"她简直不能相信这一切。她简直不能相信，她此时跪在坚硬、粗糙的水泥地上，拼命地把孩子往身上搂，以至于她感到他们的肉体似乎要嫁接到她的身上。"

"不要让我选择，"她听见自己喃喃地恳求，"我不能选择。"

"那么把他们两人都送到那边去，"医生对助手说，"向左。"

"妈妈！"她从水泥地上跌撞着站起来一把把孩子推出去时，听见伊娃凄惨的叫声。"拿走这孩子！"她喊道，"拿走我的小女孩！"

这时，助手带着一种索菲难以忘记的温柔拉着伊娃的手，把她带到了注定要灭亡的那一群人中去了。她将永远忘不了那模糊的印象：孩子不断地回头望着，乞求着。但她的双眼被泪水蒙住，因而幸运地没有看到伊娃脸上的表情。她最后瞥了一下逐渐消失的细小人影时，几乎疯了。[1]

索菲救下了儿子，却把女儿送上绝路。索菲无法选择，但纳粹让她作出了选择；索菲不是凶手，但纳粹让她成为凶手；索菲是受害者，但纳粹剥夺了她的受害者身份——至少她自己是这样认为的。当然，没有自由的人不可能为自己的行为负责，被强加的罪恶并不是真的罪恶。纳粹党卫军诱使、强迫众多的公民随之一道犯罪，使他们成为自己的人质，以至于像索菲这样的受害者也不会有洁白无瑕的记忆：这些年来，我一直不敢想这件事和不敢说这些话，不管用什么语言。

另一件事是，为了救出杰恩，索菲没有按汪娜的要求去偷霍斯家的收音机，也没有告诉汪娜她知道的情报。这就是说，在执行不光彩的任务时，索菲又打着自己的小算盘，以私废公，因此又多了一层负罪感，也就更没有厌恶、责备汪娜的资格，没有任何推卸责任的理由。

没有愿意叙述过去的痛苦。在古希腊悲剧中，俄狄浦斯的女儿伊斯墨涅说："我不想受两次苦，身受一次，再来述说一次回味它。"[2]而索菲所经验的，又何止

1　[美]威廉·斯泰隆：《索菲的选择》(1979)，谭雄明译，湖南文艺出版社1989年版，第574页。

2　[古希腊]索福克勒斯：《俄狄浦斯在科洛诺斯》，张竹明译，《古希腊悲剧喜剧全集》2，译林出版社2007年版，第143页。

是痛苦？为了摆脱过去，需要把过去的一切讲出来。过去的经验一旦成为叙述的对象，就意味着我们已经把它从心灵中解放出来。但索菲做不到。她不但承受着"活着就是有罪"的重负，还不能告诉人们自己是一个胆小鬼、一个肮脏的同谋，不能公开为了救自己而干的那一切。比如，在恳求霍斯帮忙的时候，索菲抱着霍斯的靴子、用舌头舔着冰凉的靴子来恳求他放过自己的孩子。她当时的想法是："如果霍斯给我一把刀或一支枪，要我去杀一个人，一个波兰人或犹太人，这都无所谓，我会毫不考虑地去做，甚至带着高兴的心情，如果这意味着我能看到我的小儿子一分钟，用我的胳膊把他抱在怀里。"[1]索菲只能反抗记忆，拒绝言说：不要让我这么受罪，不要让我记起过去！但心理的负荷实在压得她喘不过气来，过去的经验时不时从她的嘴中漏出来。斯丁沟发现，即使在索菲回忆他们最初幸福的日子时，也总是被意识中某种烦恼、痛楚和不祥的东西所笼罩。对索菲来说，每一次讲述华沙往事都是在承受着屈辱、痛苦、内疚和罪恶感的折磨，讲完之后，她必须以一场放荡的玩乐来缓解，她只能在令人寒心的往事与放荡的玩乐中转换。小说中反复叙述她强烈的情欲——这与她本身良好的自然生物激情有关，但同时也是逃避记忆和悲伤的需要。然而，就是这样欲说还休的日子也不能继续。纳山的责问、暴力成为压垮索菲的最后一个因素。

作为一个犹太人，纳山把自己看成是悲伤和痛苦的权威，他无法排除大屠杀的恐怖和重负。他既是优秀的生物学家，又是吸毒的精神分裂症患者。他帮助索菲恢复了健康，激活了索菲做梦也不会想到的自己身上强烈的肉欲，把她从"骷髅"变成五朵盛开的"玫瑰花"，她对他充满感恩之情。但纳山对波兰人的反犹耿耿于怀，一再责问索菲：是否波兰的反犹主义庇护你渡过难关，因而在成百万人死去的时候，你成为一小撮活着的人当中的一个？你创造出了什么样的诡计的杰作，使你免于皮肉之苦而其他人变成烟雾飞上天空？愤怒地要索菲令人信服地说明她如何幸免于奥斯维辛的屠杀，而其他人却死去了？索菲本来就不是单纯的受害者，她当然不能对纳山讲她与霍斯的关系、讲她的父亲、讲她的孩子。"的确，她是一个受害者，但既是受害者又是一个帮凶，参与了——不管这一参与是多么间接，多么不确定和不经意——大屠杀，这一大屠杀的云

---

1 [美]威廉·斯泰隆：《索菲的选择》（1979），谭雄明译，湖南文艺出版社1989年版，第351页。

雾状残渣从比克瑙的烟囱里徐徐升入空中，不管什么时候索菲从她的俘获者霍斯家阁楼的窗户穿过焦黄的秋天草地望去，都能看见这一令人恶心的景象。而这就是她负罪感的根源，……她摆脱不了她一生中曾有段时间扮演了犯罪的同谋这一观念。这就是：强烈、偏执和刻毒地反对，或仇视一切犹太种族的角色。"[1]索菲真是百难告解：奥斯维辛不但屠杀犹太人，而且模糊了甚至取消了迫害者与被迫害者之间的区别，在奥斯维辛，有人愿意失去自己的性命而使其他人活下来，有人由于要得到一点食物而杀害另外的囚犯。"人在集中营里行为非常不同，一些行为胆小或自私，一些勇敢和光辉——这没有定准。没有。但像奥斯维辛这样可怕的地方，斯丁沟，可怕得超出人的理智，你不能按外面世界的标准说这个人应该这样做，那个人不应当那样做。……纳粹是刽子手，而当他们不得不杀人的时候他们把人变成了病态的动物，……"[2]科学家纳山无法明白集中营的复杂性，他的思维非常简单：在那个非人世界活下来的波兰人，就是参与大屠杀的罪人。索菲确实是同谋，但这个同谋却不是纳山所理解的同谋。索菲有权利对纳山说：你知道什么集中营，根本不知道！你这样太原始了。她无法辨明自己的身份，也无法向纳山作任何的说明和解释。

纳山既给予索菲以巨大的爱，又造成索菲深刻的痛。他的诅咒、责骂、痛打，总是把索菲逼进黑暗的过去。他们的关系就是如此扭曲、怨怼而又无奈、妥协。正常时，纳山对她非常好，柔情似水，热情如火，两人在一起非常兴奋、充满欢乐。当他的情绪跌落下来时，却又总是说索菲不忠诚，然后想着离开。离开后又总是回来，回来后再吵。索菲不能说出集中营的真相，纳山又总想知道索菲活下来的真相，这样一个圣贤般极重感情的人同时也是恐怖的制造者。每次发病，他都要以粗口脏话大骂索菲，对她施以暴力，甚至把尿撒在她嘴里。安静下来后又是自责：我怎么能这样伤害你？纳山身上这种不时像毒雾一样显露出来的狂暴，源自两个方面，一是他自己的黑暗面，另一个是索菲的经历——"它像一缕就是从奥斯维辛烟囱里冒出来的残烟，一缕不绝的痛苦、混乱、自欺，

1　[美]威廉·斯泰隆：《索菲的选择》（1979），谭雄明译，湖南文艺出版社1989年版，第271页。

2　[美]威廉·斯泰隆：《索菲的选择》（1979），谭雄明译，湖南文艺出版社1989年版，第350—351页。

以及最主要的负罪的残烟，缭绕在索菲周围……"[1] 纳山期待着死亡：

> 我们必须死。死亡是一种必需。[2]

告别了奥斯维辛的非人世界，纳山却在不断地要把她拉向过去。索菲面对的，也是死亡。当斯丁沟把她从水中救出来以后，索菲悲痛欲绝：

> 啊，上帝，为什么你不让我死？为什么你不让我淹死？我这么坏——我已经坏透了，为什么你不让我淹死？[3]

在向斯丁沟说出一切并与斯丁沟经历了一夜肉欲狂欢之后，索菲离开旅馆又回到布鲁克林，与纳山一起服毒自杀。

索菲的故事有一个波兰人的反犹主义背景。充满悲情的波兰人也是犹太人的迫害者。在捷克斯洛伐克危机中，波兰始终与德国步调一致，坚持切欣（Cieszyn）地区的波兰人应当享有同苏台德地区德意志人一样的权利。虽然它没有将这个要求提到慕尼黑会议，但当 1938 年 9 月 30 日，波兰要求捷克斯洛伐克军队立即撤出切欣地区，布拉格政府答应了。第二天，当纳粹占领苏台德地区时，波兰部队也进驻了这一地区。而且，波兰军政府对其他民族也不友好。1939 年德军入侵波兰时，波兰逮捕了一万多德意志人，把他们强行驱逐到东部地区。一路上，德意志人稍有落后，就会遭到鞭打，许多精疲力竭而放弃前行的人被射杀。约有 2006 人死于这次驱逐行为。在中北部城市布郎柏格，德意志人起来武装反抗波兰驻军，有近 300 人被愤怒的波兰人杀死。这些行为，被纳粹宣传家戈培尔（Paul Joseph Goebbels）用来证明入分波兰的理由。[4] 在纳粹种族灭绝的计划中，波兰人受害程度之深仅次于犹太人和吉普赛人，但共同的命运没有改变波兰人的观念。纳粹之后，他们还在反犹、屠犹。从 1945 年 5 月到 1946 年夏，至少有

---

1 ［美］威廉·斯泰隆：《索菲的选择》（1979），谭雄明译，湖南文艺出版社1989年版，第232页。

2 ［美］威廉·斯泰隆：《索菲的选择》（1979），谭雄明译，湖南文艺出版社1989年版，第422页。

3 ［美］威廉·斯泰隆：《索菲的选择》（1979），谭雄明译，湖南文艺出版社1989年版，第447页。

4 ［英］理查德·J. 埃文斯：《揭秘第三帝国》（2008），蒋莉华等译，中国民主法制出版社2013年版，第7页。

500 名犹太人被波兰人杀害，绝大多数史家认为受害人数大约是 1500 人。在这里，犹太人被扔下火车，被洗劫财产，被带到森林里射杀。当地的民族主义团体写信警告犹太人：要么离开，要么被杀。被遗弃的尸体口袋上写着这样的纸条："所有还活着的犹太人，都是这个下场。"[1]作为受害者的波兰人是令人同情的，作为施害者的波兰人又是令人憎恨的。

甚至，索菲的故事与美国也有关系。纳山是个杰出的生物学家，对美国历史和文学非常熟悉，对斯丁沟的写作帮助很大。斯丁沟的介入，不仅因为索菲只能向他回忆自己与纳粹"同谋"的故事，而且还提示着罪恶的普遍性。斯丁沟生在弗吉尼亚州的潮水县，属于残酷统治黑人的美国南方白人。索菲向他讲述的波兰更唤起了他的南方印象，不但是自然风物，还有两者都在战败的命运中滋生了强烈的民族主义、种族主义。"在波兰和南方，种族同时造成了残忍和同情，偏见和理解，敌视和友爱，剥削和牺牲，刻骨的仇恨和疯狂的爱恋。"[2]纳山就一直指控黑奴在南方的遭遇与犹太人在纳粹德国的遭遇一样。联系到索菲刚到美国时在公共汽车里遭遇的性侵犯，在一个更深刻的意义上，斯丁沟的故事意在回答英国学者斯坦纳（George Steiner）就大屠杀提出的问题："就在梅林教授和兰格纳被迫害致死的那一刻，绝大多数人，无论是近在两英里之地的波兰村庄，还是远在五千英里之遥的纽约，都在吃饭、睡觉、看电影、做爱，或忙着看牙医。这正是我想象不下去的地方。相同的时间，却有两套不同的经历，无法调和达成任何共同的人类价值准则；它们的共存是可怕的悖论——特雷布林卡集中营的存在，既是因为有些人建造了它，也是因为几乎所有的人都任由它存在——以至于我对时间感到迷惑。难道真的如科幻小说和神秘主义所暗示，在同一世界上，有不同的时间体系，既有'美好时代'，也有层层包裹的野蛮时代，在其中，人类落入活受罪的魔掌？"[3]1943 年，索菲踏上奥斯维辛火车站台，

1　[英]基思·罗威：《野蛮大陆——第二次世界大战后的欧洲》（2013），黎英亮译，社会科学文献出版社2015年版，第232页。

2　[美]威廉·斯泰隆：《索菲的选择》（1979），谭雄明译，湖南文艺出版社1989年版，第304页。

3　[美]乔治·斯坦纳：《后记》（1966），《语言与沉默——论语言、文学与非人道》，李小均译，上海人民出版社2013年版，第178—179页。引文中的梅林（Franz Mehring）和兰格纳（Langner）都是特雷布林卡集中营的受害者。

斯丁沟在北卡罗来纳首府接受海军陆战队的体检；1943年10月3日，索菲在霍斯的办公室里企图引诱霍斯，斯丁沟在写生日贺信。"没有能理解奥斯维辛。……将来总有一天我将写索菲的生与死，由此展示绝对的邪恶是怎样没有和绝不可能在世界上消失。"[1] 这两个世界毫无关系吗？

既然邪恶不会在世界上消失，那么仅仅忘却过去的邪恶就没有意义。历史已一再昭示：尽管我们有过无数的记忆，甚至有过多次的忏悔，人类似乎并没有从中获得完善，经验和教训并没有教会人们什么。从集中营的骷髅中走出的犹太人、吉普赛人、波兰人留下了他们的记忆，但1945年以后，集中营以及类似集中营的机构仍然遍布世界，而且被赋予了更为神圣、更为堂皇的理由和名称，而且屠杀（或变相屠杀）的绝对人数更多。直到20世纪末，种族灭绝的行为也依然存在。所以说，记忆过去、总结教训不但没有把人类带向光明，而且使人惴惴于生存就是罪恶的悲苦之中。无论文明创造了什么，只要它不能禁绝屠杀，它就永远负载着不可救赎的罪恶，它的未来就永远无法摆脱阴影。正像批判理论家赫伯特·马尔库塞（Herbert Marcuse）说的："即使最终出现了自由，那些痛苦地死去的人也不能再生了，正是对于这些人的回忆和人类对于牺牲者长期所怀的负罪感，使一种无压抑的文明的前景暗淡下来了。"[2] 文明不能禁止屠杀，人类永远无法忘却。如此，我们还能有新生吗？

（原为《奥斯维辛之后的写作》之一节，发表于《南方周末》2000年8月31日。收入《黑暗时刻：希特勒、大屠杀与纳粹文化》一书时有补充。）

1　[美]威廉·斯泰隆：《索菲的选择》（1979），谭雄明译，湖南文艺出版社1989年版，第602页。

2　[德]赫伯特·马尔库塞：《爱欲与文明——对弗洛伊德哲学思想的探讨》（1955），黄勇等译，上海译文出版社1987年版，第175页。

2001年
鲍桑葵《美学史》中文新版序

朱光潜的《西方美学史》用较多篇幅讲俄国别林斯基、车尔尼雪夫斯基的现实主义理论，视之为西方美学的重要发展。朱光潜前期的论著从未涉及这些人，但在《美学史》中大书特书，显系当时环境的产物。马克思、恩格斯提倡现实主义，中国现代文学一直追求现实主义，别、车以及杜勃罗留波夫的作品20世纪30年代就由后来担任中国文艺界最高领导人的周扬等人翻译进来，这些都加重了别、车、杜的分量。1966年，《部队文艺工作座谈会纪要》中说："要破除对所谓三十年代文艺的迷信。那时，左翼文艺运动政治上是王明的'左'倾机会主义路线，组织上是关门主义和宗派主义，文艺思想实际上是俄国资产阶级文艺评论家别林斯基、车尔尼雪夫斯基、杜勃罗留波夫以及戏剧方面的斯坦尼斯拉夫斯基的思想，……他们的思想不是马克思主义，而是资产阶级思想。""文革"结束后，别、车、杜重新成为我们那时热情阅读的典籍。《车尔尼雪夫斯基论文学》三卷四册，《杜勃罗留波夫选集》两卷在80年代初出齐，印数都在一万以上。但80年代中期以后，西方文艺理论潮水般进入中国，别、车、杜在中国文艺理论界迅速被边缘化，当代学者的西方美学研究，大多都不再论及他们。满涛翻译、上海译文出版社出版的《别林斯基选集》的印数变化，也表明了这一点：

第一卷：1979年一版一印、1982年第二次印刷，共32000册；

第二卷：1979年一版一印、1982年第二次印刷，共31400册；

第三卷：1980年一版一印20000册；

第四卷: 1991 年一版一印 1200 册;

第五卷: 2005 年一版一印 1750 册;

第六卷: 2006 年一版一印 1750 册。

但我始终觉得,别林斯基的道德严肃性和社会批评的热情,至今也还是中国文学批评乃至整个文化生活所缺乏的。今天再读他那篇《给果戈理的一封信》,我还是会感觉激动。

在新世纪之初回首近半个世纪的中国美学，我想美学界的同仁都会深情回忆起1956年开始的"美学大讨论"和1980年前后的"美学热"，前者是1949年到1966年之间难得的一场相对自由且较具学术性的讨论，后者是浩劫刚刚结束、新生活晨光初露的消息之一。1956年的讨论起源于对朱光潜"资产阶级美学思想"的批判，继而转向美究竟是主观还是客观的争论，从中形成了主观论、客观论、主客观统一等当代中国的几个主要美学派别。80年代的"美学热"跳过荒芜的十年，仍然循五六十年代的思路集中于美的本质的讨论，论者们几乎都以马克思《1844年经济学哲学手稿》为根据，其客观效果之一是扩散了青年马克思的人道主义和异化论的批判锋芒。如果说50年代讨论的目的是用中国式的马克思主义占领美学领域，那么80年代的热流则自觉地包含着走出现代迷信、推动思想解放的意义。

应当承认，美学在当时的人文研究中风骚独领，反映的是当代学术思想空间的逼窄和贫乏，以至于很多被视为异端的思想似乎只能借美学来曲折地表达。比如1957年，当文学理论家巴人（1901—1972）因为一篇《论人情》的小文被批得死去活来时，朱光潜先生却依然在美学领域中谨慎地表达着有关人性、人情的观点；1979年，朱又在《关于人性、人道主义、人情味和共同美问题》一文中一反权威教条，直接把人性称为"人类的自然本性"，它与阶级性的关系是"共性与特殊性或全体与部分的关系"。这在当时差不多是石破天惊之论。而影响了中国思想达10年之久的李泽厚，也是主要通过他的美学著述普及了他的"主体性实践哲学"或"人类学本体论哲学"。也许可以说，从严格的学术进展而言，两次美学讨论中的大量论著并不具有相当的积累价值。它们在中国学术史上的地位和影响，除了普及"美学"这一概念及一些美学观念之外，主要还在于它承担了美学之外的职能。[1] 所以，尽管今天的研究者和读者已较少再去阅读那时的著述，但美学在当代文化生活中的特殊功能仍然使那些热情的讨论者得以自慰。

也只能如此。两次美学讨论基本上是在封闭的环境中展开的，除马恩列斯毛的经典著作及苏联的论著外，引导我们美学研究的是两个年轻人的著作：50年

1　参见单世联：《49年后的朱光潜：从自由主义到马克思主义》，载石刚主编：《现代中国的制度与文化》，香港社会科学出版社有限公司2004年版。

代是 27 岁的车尔尼雪夫斯基（Nikolay Chernyshevsky）写的《生活与美学》，80 年代是 26 岁的马克思写的《1844 年经济学哲学手稿》，这当然局限了当时谈论的学术水准。不但其言说的方式是已为 20 世纪哲学主流所摒弃的"本质主义"，而且对中外美学史、艺术史等基础知识的掌握上也相当贫乏，相当多的论著其实是如何注经之争。美学讨论中的空疏和抽象，当时就为有识之士所感觉。朱光潜先生后来说："50 年代的那场大辩论，有些题目是可笑的。"[1] 他一再指出中国美学研究的落后状况，批评一些论者对文学艺术、哲学史、心理学、人类学和社会学之类与美学密切相关的科学知之甚少，甚至缺乏常识。作为对此现状的矫正之一，美学界普遍强调对中外美学史的介绍与研究。60 年代初收获了这方面的成果：《古典文艺理论译丛》《外国文艺理论丛书》《西方文论选》等分别编辑出版；包括亚里士多德（Aristotle）的《诗学》和康德的《判断力批判》在内的美学名著被译成中文；伍蠡甫先生不但着手翻译美国学者韦勒克（René Wellek）多卷本的《近代文学批评史》（此书后由杨岂深先生发起其子杨自伍先生主译，于 1987 年开始由上海译文出版社陆续出版），还曾计划与俞铭璜先生合译吉尔伯特（K. E. Gilbert）、库恩（H.K.Kuhn）的《美学史》；在远离学术中心的河南安阳，张今先生大体完成了鲍桑葵《美学史》的翻译；朱光潜和蒋孔阳等开始撰写西方美学史论著。在"文革"耽误之后，80 年代不但旧事重提，正式出版了一些国外美学史论著，而且又提出了审美心理学和艺术史方面的众多具体论题。这些历史性、经验性、实证性的研究逐步改变了美学研究的思路和方法。翻翻现在的美学论著，已极少在美的本质问题大费笔墨或大动干戈。现在的问题也许是：我们能否消化这些外来成果，在美学理论上有一个具有创造性、综合性的成果。

80 年代是美学著作出版的黄金时代。在西方美学方面，不但李泽厚主编的《美学译文丛书》集中翻译了 20 来种，有关人文研究和社会科学的各种译丛中一般也少不了美学论著，还有多种西方文艺批评史的译介。仅就通史性著作而言，我见到的就有下列七种：

[英]李斯托威尔：《近代美学史评述》，蒋孔阳译，上海译文出版社，1980 年。

[意]克罗齐：《美学的历史》，王天清译，中国社会科学出版社，1984 年版。

1　冬晓：《朱光潜教授谈美学》（1981），载《朱光潜全集》第10卷，安徽教育出版社1993年版，第416页。

[英]鲍桑葵:《美学史》,张今译,商务印书馆,1985年版。

[苏]奥夫相尼科夫:《美学思想史》,吴安迪译,陕西人民出版社,1986年版。

[苏]舍斯塔科夫:《美学史纲》,樊莘森等译,上海译文出版社,1986年版。

[美]吉尔伯特、库恩:《美学史》,夏乾丰译,上海译文出版社,1989年版。

[波]塔塔科维兹:《美学史》,第一卷《古代美学》有两个译本,同时于1990年出版,一是理然译,广西人民出版社出版,二是杨力等译,中国社会科学出版社出版。第二卷《中世纪美学》,褚朔维等译,中国社会科学出版社,1991年版。第三卷《近代美学》迄今未出中文本。

除苏联的两种以外,其他5种均为美学史领域的代表性著作。遗憾的是,90年代以后,美学的相对沉寂,西方美学史的译介工作也趋于式微,80年代中期出版的《美学译文》丛书及丛刊都先后终止,甚至北京大学出版社"文艺美学丛书"在80年代就预告过的比厄兹利(Monroe C.Beardsley)的《美学史:从古希腊到当代》也至今未见。[1]

"历史学只不过是我们对死者所玩弄的一番把戏。"启蒙哲人伏尔泰(Voltaire)这句俏皮话其实包含至理:既然历史学并不是一种客观的存在,而是对已经消逝的事件在思维与想象中的重构,甚至是为了显示过去的某一部分而特别建立的复杂的语言结构,我们就不能要求历史著述成为与其对象相似或匹配的图画,而毋宁是一种解释、一种制作。历史著述不但有怀特海(Alfred North Whitehead)所说的不同时代"舆论气候",也有著者不同的"个人视角"。事实上,上述七种美学史论著没有一本是重复的,我们不可能依靠哪一种美学史来了解西方美学的全貌。朱光潜在《西方美学史》的"附录"中,认为鲍桑葵《美学史》"从新黑格尔派立场出发,着重形式主义与表现主义的对立,作者有独到的见解,但叙述不够全面,文字有些艰涩"。克罗齐(Bendetto Croce)的《美学的历史》"也从黑格尔派立场出发,目的在证明作者的艺术即直觉的基本论点,所以对形象思维的学说叙述较详"[2]。同样基于新黑格尔主义,克罗齐尊维柯(Giambattista Vico)为美学之父,鲍桑葵对之却不置一词。所以,引进西方美学史著述,多多

---

1 2006年,高建平翻译的门罗·C.比厄斯利的《西方美学简史》由北京大学出版社出版。

2 朱光潜:《西方美学史》下卷,人民文学出版社1979年版,第746页。

益善。

鲍桑葵（Bernard Bosanquet, 1848 — 1923）是 19 世纪末英国以格林（Thomas Hill Green）为首的新黑格尔主义的代表人物之一，毕业于牛津大学贝利奥尔学院，1871 — 1881 年在该院任教，此后迁往伦敦，从事著述并参与伦敦伦理学会和慈善组织协会的工作。1903 — 1908 年任安德鲁斯大学伦理学教授，1911 — 1912 年任爱丁堡大学吉福德讲座讲师。他自称"左翼黑格尔派"，在其主要著作《个性与价值的原理》《个性的价值与命运》中，他意图把黑格尔的绝对与形而上学的个人价值结合起来。他的著作除《美学史》外，译成中文的还有《美学三讲》《关于国家的哲学理论》。[1]

鲍桑葵是个有自己立场与方法的哲学家。他的"舆论气候"是英国的新黑格尔主义；他的"个人视角"是他在《美学史》第一章中说的：

在古代人中间，美的基本理论是和节奏、对称、各部分的和谐等观念分不开的，一句话，是和多样性的统一这一总公式分不开的。至于近代人，我们觉得他们比较重视意蕴、表现力和生命力的表露。一般地说，这也就是说，他们比较注重特征。如果我们把这两个要素融合在一起，我们就可以得到一个全面的美的定义："凡是对感官知觉或想象力，具有特征的，也就是个性的表现力的东西，同时又经过同样的媒介，服从于一般的，也就是抽象的表现力的东西就是美。"[2]

究竟鲍桑葵是先有了定义再来研究历史还是研究了历史之后才获得定义，这是一个典型的"解释学循环"，后人已不得而知，我想这应当是一个并进互动的过程。基于作者对美和美学史的这种认识，《美学史》的中心结构是古今对比，于是中世纪被视为美学的长期中断，《美学史》的选材标准是是否与当时美的基本理论有关，从而，他对因较早论及无利害关系而被当代研究者认为是现代美

1　[英] 鲍桑葵：《美学三讲》（1915），周煦良译，人民文学出版社1965年初版，上海译文出版社1983年重印；《关于国家的哲学理论》（1899），汪淑钧译，商务印书馆1995年版。

2　[英] 鲍桑葵：《美学史》（1892），张今译，商务印书馆1985年版，第9页。

学奠基者的夏夫兹伯利（The Earl of Shaftesbury）的介绍就不得要领。我们得益于鲍桑葵的精深阐述，同时也不得不付出无法客观了解西方美学史的代价。

《美学史》写的是审美意识的历史，所谓的"审美意识"，固然深深扎根于各个时代的生活之中，但鲍桑葵要处理的不是弥散的、经验状态的情绪、想象、意见和愿望，而是经过巨人们制作之后清晰而条理的思辨理论。鲍桑葵认为，希腊审美理论有三条基本原则：1. 道德主义原则：对艺术再现的内容，必须按照和实际生活中一样的道德标准来评判；2. 形而上学原则：艺术是自然的不完备的复制品，是第二自然；3. 审美原则：纯粹是形式的，美寓于多样统一的想象性表现中，即感官表现中。与此相对应的近代审美原则是：1. 由于把美局限于想象形式或形象，美从道德说教的要求下解放出来；2. 艺术是与自然并列的高一级的东西，两者都只有在可以自由地象征或表现超感性的意义时才是美的，艺术高于自然，模仿说被象征说所代替，形而上学的批判被关于美的形而上学意义的各种理论所代替；3. 多样统一的原则变为表现力、特征刻画、意蕴的原则。美学史就是古代美学的抽象向近代美学的具体自然进步的过程，凡是与此无关的人物和见解，都在《美学史》的范围之外。由于着眼于审美理论的形成和演变，《美学史》就与中国学者通常写的美学家的历史不同，除了康德由于把近代美学问题纳入一个焦点而独享一章外，全书没有任何一章是为个人而设。

这种有明确史观的史书优点很明显，不但可以在错综复杂的史料中建立一个清晰而紧凑的框架，使读者可以明确地掌握史的发展线索，更重要的还在于可以就一些问题展开深入论述。比如鲍桑葵从"敌视艺术"开始论述古希腊美学，从如何调和古今审美意识入手论述近代美学，都显示了敏锐的洞察力。他对亚里士多德与柏拉图的关系的分辨、对席勒和康德美学的分析、对黑格尔美学的概括、对近代美学中崇高与丑的观念的追溯等，也都比其他美学史论著都更具深度，甚至颠倒历史顺序，把莱辛（Gotthold Ephraim Lessing，1729—1781）放在温克尔曼（Johann Winckelmann，1717—1768）之前讲，也令人信服。

有得就有失。《美学史》无疑过于主观，史家的见识既引导着也限制着我们对美学史的端详和认识。这可以通过它与吉尔伯特、库恩的《美学史》的比较看出。后书以时代、国别、流派分章，然后再无所不包地打捞各章范围内种种美学和文艺理论见解，哪怕是一个小观点都不放过。如果读者要想查找前人对某一问题曾说过什么，翻开书就能找到。作者自称："倾听历史的声音，作者只想听点什么，不想提出异议。"朱光潜对它的评论是"资料收集很多，但作者缺乏分析力，时而以代表人物为纲，时而以问题为纲，叙述也很杂乱"[1]。此书的基本功能，我想应该是资料性工具书，可以给读者提供西方历史上几乎任何一种比较重要的美学见解，而且这是鲍桑葵无法满足我们的。

在鲍桑葵和吉尔伯特、库恩之间的，也许是波兰美学史家塔塔科维兹（Wladyslaw Tatarkiewicz）。他的美学史范围也很广："包括所有同美学有关的和使用过美学概念的思想，乃至其他学科中以其他名称出现的思想。"[2]具体地说，美学史包括美学思想史与美学名词史、外显美学史与内隐美学史、陈述史与阐释史、美学发现的历史与美学思想流行的历史。中世纪当然不能放过，作者专设一册，篇幅与古希腊一样大；在《古代美学》中，他述评了古代所有重要的哲学家、史学家、文艺家的美学见解和各种艺术理论，资料比吉尔伯特和库恩的那一本还要丰满。塔塔科维兹既没有像鲍桑葵那样根据自己的美学观和历史观取舍材料，也没有像吉尔伯特、库恩那样漫无系统，他仍然在极其庞杂多样的史料中发现了美学史的基本线索，这就是种种美学概念、范畴的起源和演变。美学史有它的脉络，但这个脉络不应当仅仅是史家赋予的，而应当是史家从史料中分辨、提炼出来的。塔塔科维兹既敢于深入纷杂凌乱的史料，又能把它们叙述得井然有序、清晰可辨。从学术史的角度看，他的《美学史》可能是最好的。

鲍桑葵的美学理论在中国影响不大，我没有看到过有关《美学三讲》的介绍或评论，也只看到极少的论著引用过这本书。但朱光潜先生的《西方美学史》实际利用了《美学史》的材料并借鉴了书中的观点。如重视美学史上的"古今之争"，强调康德对近代美学的调和与嵌合，表彰歌德统一浪漫主义古典主义的努力，推崇席勒和黑格尔，等等，我觉得都与鲍桑葵有关。

最具体的，当数对歌德的介绍。朱光潜讲了四点：1. 浪漫的与古典的；2. 由特征到美学；3. 艺术与自然；4. 民族文学与世界文学：历史发展观点。在第二点

1　朱光潜：《西方美学史》下卷，人民文学出版社1979年版，第747页。

2　[波]沃拉德斯拉维·塔塔科维兹：《古代美学》（1870），杨力等译，中国社会科学出版社1990年版，第7页。

中，朱的论据一是歌德早期在《论德国建筑》一文中说的"这种显出特征的艺术才是唯一真实的艺术"，二是歌德在成熟期的《收藏家和他的伙伴们》第五封信中说的："我们应该从显出特征的东西开始，以便达到美的。"再加上黑格尔引用过的歌德名言："古人的最高原则是意蕴，而成功的艺术处理的最高成就就是美。"朱光潜解释说：这里的"特征"和"意蕴"都是内容，内容经过"成功的艺术处理"才达到美，所以美是艺术处理的结果，表现在既已完成的那个显出意蕴或特征的整体，亦即内容与形式的统一上。"歌德的这前句话的前半吸收了希尔特的侧重内容的特征说，后半吸收了温克尔曼侧重形式的理想美说，可以说是两极端之中的一种调和。……黑格尔自己的美的定义（'美是理念的感性显现'）就是从批判温克尔曼和希尔特以及发挥歌德的思想而得来的。我们知道了特征说的这段渊源，就可以明白歌德的美学观点在近代美学思想发展中所处的地位和重要性。"[1]什么地位和重要性？一言以蔽之，协调古代的形式论和近代的特征论，统一古典主义与浪漫主义。歌德早年喜爱富有特征的哥特建筑，后来偏爱"更发达"的希腊艺术，但他始终认为，艺术作品的中心问题是意义、性格或意蕴，对艺术的理解，既需要当时的艺术史家希尔特（Aloys Hirt）的特征论，也需要美学家温克尔曼（Johan Joachin Winckelmann）和莱辛（Gotthold Ephraim Lessing）的（狭义的）美（即形式），他在《浮士德》中通过浮士德和海伦的结婚表现了这一理想，在"收藏家和他的伙伴们"中更明确地认为（广义的）美是"特征主义者"和"波纹曲线画者"的结合。

在朱光潜对歌德的介绍中，最具特色的就是对此特征论的分析，这里显然有鲍桑葵的启发。理由不只是因为他从鲍桑葵的书中引了希尔特的一段话，而且因为一般美学史较少用到这些材料并做出如此重要的判断，吉尔伯特和库恩的《美学史》就没有说到这一论题。只有鲍桑葵高度重视歌德的"特征论"："毫无疑问，歌德关于美的见解，尤其是关于艺术的见解，主要是由狭义的美和意蕴或性格（即特征——引按）的对比来决定的。"[2]《美学史》对歌德的所有分析都基于这一点。而鲍桑葵之所以重视这一点，是因为歌德的观点最具体地显示了

1　朱光潜：《西方美学史》下卷，人民文学出版社1979年版，第421页。

2　[英]鲍桑葵：《美学史》（1892），商务印书馆1985年版，第394页。

审美意识由古代向近代的转化，是黑格尔的先声。

朱光潜的《西方美学史》写于20世纪60年代初，时代烙印很深，政治倾向强烈。经济基础、政治标准、阶级分析等研究方法之外，选材上也具有时代特征。比如，朱著给俄国"革命民主主义者"别林斯基（Vissarion Belinsky，1811—1848）、车尔尼雪夫斯基（Nikolai Chernyshevsky，1828—1889）以极高评价和大量篇幅，且明确指出："黑格尔之后，美学的重要发展是在俄国。"[1] 这种评价来自苏联美学界。60年代初中国开始批判苏联"修正主义"，但这三位批评家的地位却没有受到影响。而更重要的是，朱著以美的本质、形象思维、典型人物性格、浪漫主义与现实主义为西方美学史的四大主题。其实，大概除第一个问题外，其他三个问题与其说是西方美学一以贯之的问题，不如说是当时中国文艺界讨论的热点，政治/时代性格非常鲜明。比如"形象思维"论是在1979年新版中增加的。"形象"论的前提是"本质"论，即文艺要反映现实生活的本质，而"本质"云云当然是一个政治问题：不同立场的人对社会生活的本质有不同看法。这是自毛泽东在《延安文艺座谈会上的讲话》以来中国文艺理论界的一个老话题：文艺要反映社会生活的本质，但又要形象地而不是概念地反映。正如李泽厚指出的："'形象思维'这个词本身就有要求艺术创作反映事物本质的意思。所以，这个词终于成为马克思主义的美学术语，解放后广泛流行，不是偶然的。"[2] 朱光潜立论的理由之一就是"马克思肯定了形象思维"，而在"文革"结束后着重提出"形象思维"，又有以马克思主义肯定过的观点批判"四人帮"所鼓吹的"从路线出发""主题先行""三突出"的创作原则以及由此而生产的公式化、概念化的"阴谋文艺"的政治动机。所以朱光潜一开始就引用毛泽东写于1965年、发表于1978年1月的《给陈毅同志谈诗的一封信》，因为这封信肯定了"形象思维"。关于典型问题，固然与马克思、恩格斯讨论文艺问题时提出的"典型环境中的典型性格"有关，但它如此重要还有现实的政治需要。典型论重在文学人物个性与共性的关系，而其中的"共性"又在很大程度上被理解为"阶级性"、政治性，这当然是社会主义文艺的首要问题。所以斯大林之后

---

1 朱光潜：《西方美学史》下卷，人民文学出版社1979年版，第673页。
2 李泽厚：《形象思维续谈》（1978），载李泽厚：《美学论集》，上海文艺出版社1979年版，第269页。

的苏联领导人马林科夫在苏共十九大的报告中认为专门提出了典型的理论原理，强调"典型是艺术中表现党的精神的基本领域。典型问题一直就是一个政治问题"。马林科夫下台后，苏联《共产党人》杂志1955年第18期发表《关于文学艺术中的典型问题》专论，批评了马林科夫的说法，指出艺术认识与反映现实有其特殊的形式和规律，典型性不能归结为党性，不能归结为政治，但这并不意味着典型问题与党性、政治性无关。周扬把一点讲透了："许多人都好引恩格斯的那句话：'典型环境中的典型性格'，……很少人去研究一下，恩格斯讲这句话是什么意思，……原来恩格斯写那句话的意思很清楚，英国女作家哈克奈斯把伦敦东头工人写得比较消极，恩格斯批评这作品写工人还不典型或不够典型，因为伦敦东头的工人，已经起来反抗了，要写典型就要写工人阶级的反抗。单写消极的一面，而不写积极反抗的一面，就不典型，至少不够典型了。恩格斯这封信，本来是引导我们向前看的，……"[1] 朱光潜在阐释恩格斯的观点时也是这样说的："……在《城市姑娘》问世的1887年，工人阶级在马克思和恩格斯直接参加和指导之下已经进行过五十年之久的不断斗争了，工人的觉悟已经提高了。作者把促使工人行动的环境倒退到五六十年之久，所以到今天便不够典型了，环境既不够典型，人物性格（如作者所写的那样被动）也就不能够典型了。"[2] 一般地说，直至"文革"期间，只要文艺作品中写了政治思想落后的领导干部或工农兵群众，通常都会受到"这个人物有典型性吗"的质疑甚至批判。至于"现实主义与浪漫主义"，当然主要与毛泽东在1958年提出的"革命的现实主义与革命的浪漫主义"有关，与"跑步进入共产主义"的"大跃进"运动有直接关系。1960年，周扬在第三次全国文代会的报告中说："为了文艺更好地反映我们的时代，更有力地为广大劳动人民服务，为社会主义、共产主义的伟大事业服务，我们提倡革命现实主义和革命浪漫主义相结合的艺术方法。这个艺术方法的提出，是毛泽东同志对马克思主义文艺理论的又一伟大贡献。"[3] 朱光潜参加了这次

1 周扬：《建立中国自己的马克思主义文艺理论和批评》（1958年8月），载《周扬文集》第三卷，人民文学出版社1990年版，第36—37页。

2 朱光潜：《西方美学史》下卷，人民文学出版社1979年版，第709页。

3 周扬：《我国社会主义文学艺术的道路——1960年7月22日在中国文学艺术工作者第三次代表大会上的报告》，载《中国文学艺术工作者第三次代表大会文件》，人民文学出版社1960年版，第42页。

文代会，并在会上当选为全国文联委员。《西方美学史》的最后一句话是："在我们的时代，文艺必须是为无产阶级革命服务的，所以毛主席的革命的现实主义与革命的浪漫主义相结合的创作方法的方针是最能适应全世界无产阶级革命要求的方针。"[1] 从这几个方面看，朱光潜的《西方美学史》是在毛泽东文艺思想指导下介绍西方美学，或者说是以西方美学的材料来论证毛泽东文艺思想。

那是一个高度政治化的时代，学术写作不可能避免那个时代的政治烙印。20世纪中期的美学、文艺理论名家，如蔡仪、李泽厚、何其芳等，都对形象思维、典型、现实主义与浪漫主义这些重大的文化政治问题进行过研究。略晚于朱光潜的《西方美学史》，蒋孔阳在其《德国古典美学》结束时，也大体参照朱光潜的体例，从美学的性质、美的本质、艺术的历史发展、典型四个问题说明"马克思主义经典作者对于德国古典美学的批判和继承"，同样反映了"古为今用"的政治要求。要说明的是，由朱光潜写作《西方美学史》，是在1961年周扬主持的文科教材会议上确定的，得到过周扬的支持。当周扬在"文革"中被打倒后，朱光潜也专门为此作出检讨："1956年之后的十年之中，我的编写和翻译工作乃至教学工作，都是由周扬亲自插手安排的。这十年之中我所编写和翻译的总量在两百万字以上，我勤劳地忠实地执行了周扬交给我的一切任务。"[2] 不过，我们并不能因此而否认《西方美学史》及《德国古典美学》的学术性，毕竟，它们在当时条件下最为详尽地介绍了西方美学思想，而且也尽可能地用西方文艺经验矫正中国文艺理论过分政治化的粗糙和简陋。这一点，可以在朱光潜"文革"期间的检讨中读出：

拿西方资产阶级的文艺思想来对抗和干扰毛泽东文艺思想，在为无产阶级政治服务的教育方针之下，高等学校文科根本不应开设西方美学史，研究文艺理论和美学的人首先要学习的是毛泽东文艺思想，特别是《在延安文艺座谈会上的讲话》，才可以抓住大方向。[3]

---

1 朱光潜：《西方美学史》下卷，人民文学出版社1979年版，第745页。
2 朱光潜：《自我检讨二》，载《朱光潜全集·欣慨室随笔集》，中华书局2012年版，第265页。
3 朱光潜：《自我检讨二》，载《朱光潜全集·欣慨室随笔集》，中华书局2012年版，第266页。

运动中检讨文章的通例，是给自己戴大帽子。即便在"文革"前，以朱光潜动辄挨批的"资产阶级学术权威"的身份，当然不敢也不可能"对抗和干扰"毛泽东文艺思想。但"文革"以此批判他以及布置他写作的周扬，确实也表明，西方美学理论在当时有对抗极左思想的特殊意义。

《西方美学史》是当时环境中难得的学术名著。写作过程中，朱光潜"用了较多的篇幅，以便多引一些重要的原始资料。编者在工作过程中，在搜集和翻译原始资料方面所花的功夫比起编写本身至少要多两三倍"[1]。这在中国学人对西方美学原始资料掌握极少的环境中是极有意义的，以至于一直有人把它当作工具书看待。当时的不少史学论著喜欢"以论带史"，其"论"往往是僵化的教条，所以时过境迁之后，这些史书就不再有任何价值，朱光潜当然也有自己的"论"，但由于这本书有很多原始资料，从而即使其"论"过时之后，它也仍然自有价值。除了资料丰富外，朱著的特征在于，基于其对西方文化艺术的深切理解和亲切感觉，能以简略而精当的文字对一些文化思潮、艺术现象作出概括介绍，清楚明白地交代各时期美学思想的渊源及审美观念的起源和演变，并对一些重要人物，如贺拉斯（Horatius）、朗吉弩斯（Longinus）、布瓦洛（Nicolas Boileau Despreaux）、康德等人作出较为深入的分析。因为有了深厚的美感陶铸和知识训练，所以即使在严峻时刻的政治高压下，朱也没有丧失对学术真理的执着信念，对一些重大理论问题作出了当时环境下所能进行的认真探索。《西方美学史》顽强保留了朱光潜前期思想的不少内容，第18章介绍"移情说"，第19章介绍克罗齐，基本内容与前期一致，第11章对维柯（Giovanni Battista Vico）推崇的也与他此前信奉克罗齐有关。与许多同时代著名学者相比，朱后期的著作艰难地保持了一定的学术思想性。这一"学术挣扎"再次证明：知识就是力量。而美学知识的基本来源之一，是西方美学名著，其中毫无疑问地包括鲍桑葵的《美学史》。

我个人觉得，朱光潜美学重要而持久的价值，不在其美的定义，不在其理论系统，而在其对中西文化艺术及其理论的品鉴和分析，以及在这种品鉴和分析之中表达出来的趣味、见识、能力技术。知识可以积累，理论可以更新，古

1　朱光潜：《西方美学史》上卷，人民文学出版社1979年版，第2页。

籍可以整理重印，西方美学论著的翻译可以在更大规模上展开，但在朱光潜其人其作中表达出来的文化感觉和审美趣味，特别是其艺术化的人生观等，却不是读书学习就可以形成的。在这方面，教育传统、社会气氛、个人追求等非常重要，这就是为什么在政治控制放松、思想较为解放的当代，我们仍然产生不了超越朱著美学史的原因。迄今为止，我仍然认为《朱光潜全集》（特别是其前期论著）是中外文化艺术知识最好的启蒙读物之一，仍然相信朱光潜的主要论著会有长远的生命力。

两代人的时间过去了，大量的美学著作翻译进来了，中国美学史也出版了多种，总体上说，中国学界对西方美学的研究已经超过了朱光潜当年的水平。如果说朱写作《西方美学史》时我们是无书可读，现在似乎是书太多而读不过来。我不能肯定，包括鲍桑葵《美学史》在内的几种美学史中所提供的材料和分析都已整合到我们的美学研究之中、转化我们的知识结构和解释能力。至少我个人在写《西方美学初步》时没有做到。

译成中文的几种美学史中，就我所知，只有鲍桑葵这本《美学史》印数最多，商务印书馆的版本至1997年已第五次重印，总印数可能有七八万。相对于中国总人口，这当然太少太少，但比起90年代其他学术名著，这又是天文数字，而且它的市场好像还没有饱和。最近，锋头甚劲的广西师范大学出版社谋划出它的新版，约请译者张今先生写序，先生以年事已高而辞，编辑知道我前年写过一本《西方美学初步》，转而嘱我就新版写几句话。在几种美学史著作中，我个人最喜爱这一本，十多年来也时时翻阅，所以就一口应承下来。其实我对西方美学还处于初学阶段，对鲍桑葵其人、对这本名著的深入理解也谈不上。不过感念张先生的辛劳，借此机会就自己喜爱的书说几句话，总是人生乐事。故甘冒浅陋之讥，略述拉杂感想于此。愿更多的读者来读这本名著，愿我们的生活不断美化起来。

（写于2001年2月，鲍桑葵《美学史》新版由广西师范大学出版社2001年出版）

2002年

哲人爱国之辩证：应当引申的与不应遗漏的

　　20 世纪的八十年代是读书的好时光。当时读得比较认真、后来也经常使用的是朱光潜翻译的《歌德谈话录》。此书当年影响之大，以至于出现了援引歌德名言的风尚。这一现象引起一个德国人的惊讶："这是不是说，在你们那儿，歌德语录已经代替了毛的语录呢？"（参见杨武能：《歌德与中国》第 222 页。）2000 年，在国家教育部第一次提出的中学生"课外阅读推荐书目"（随《中学语文教学大纲》一道颁布）中，《歌德谈话录》与《论语》是其中仅有的两本文化类书籍。歌德有什么魅力呢？ 1830 年法国七月革命的消息传到魏玛后，歌德一见爱克曼就说："你对这次伟大事件是怎么想的？ 火山终于爆发了，一切都在燃烧，从此再不会有关着门谈判的情况啦！"爱克曼理所当然地以为他说的是七月革命。难道还有什么事件可以和这场席卷欧洲的革命相提并论？ 然而，歌德所说却是指两个解剖学家在法国科学院一次会议上的争论。在他看来，一场学术争论比一场政治革命有意义得多。歌德赞同拿破仑的名言"政治即命运"，但他超越了这种君临现代世界的"命运"。

在九一八之后那悲惨的日子里，天津《大公报》文学副刊从 10 月 21 日开始，分期连载贺麟先生（1902—1992）的长文《德意志三大哲人处国难时的态度》。编者吴宓（1894—1978）先生——既是贺的老师，也是此文写作的动议者——特加按语说："当此国难横来，民族屈辱之际，凡为中国国民者，无分男女老少，应当憬然知所以自处。百年前之德国，蹂躏于拿破仑铁蹄之下，其时文士哲人，莫不痛愤警策。惟以各人性情境遇不同，故其态度亦异。而歌德、费希特、黑格尔之行事，壮烈诚挚，尤足发聋震聩，为吾侪之所取法。故特约请北京大学哲学系讲师贺麟君撰述此篇。"[1] 贺多年在国外学习德国古典哲学，甫一归来，即遭遇国难，他以此文来尽一个中国学人的职责，理所当然地受到欢迎。不久，贺又据此写成《德国三大哲人处国难时的态度》一书，1934 年由大学出版社出版。1989 年，该书略加增删后以《德国三大哲人歌德 黑格尔 费希特的爱国主义》为名由商务印书馆再版。

虽然国难时期的学术仍然循其自身的理路和规范，但它确实应当也可以用自己的方式配合时代的要求。哲学家金岳霖写了一本西化色彩很浓的讲形而上学的书，却取了一个"论道"的古名。或问：为什么要用这个陈旧的名字？他的回答是要使它有中国味。在当时的学人们看来，哪怕只是一点中国味，也是对抗战有利的。[2]

一、哲人的爱国行为

不过，细读贺著，除费希特之外，歌德、黑格尔两人的爱国行动却并不显得特别"壮烈诚挚"。歌德的爱国业绩是：战前建议魏玛公爵，或联合德意志诸邦协同抗战或解散联邦以免战祸。建议不被采纳，法军进入魏玛后，王公贵族走避一空，只有他镇静不动，处之泰然。开始时有法兵来家骚扰，后来出现了一个仰慕歌德的法国军官，不但保护了歌德一家，还派了一个艺术家来为他制

---

1 贺麟：《德国三大哲人歌德 黑格尔 费希特的爱国主义》，商务印书馆1989年版，"新版序"。下引此书，均据此版。

2 冯友兰：《怀念金岳霖先生》（1986），《三松堂全集》第13卷，河南人民出版社1994年版，第439页。

了一个铜像模型。歌德趁机要求对方保护耶拿大学，使这所名校在战乱之中也弦歌不断。"综观歌德身当此国家大难的前前后后，我们知道他事先与战与和双方均预有主见，虽因怙于形势，未能见诸实行，但他以一文人地位而能出此，总可以算得'谋国以忠'了。及眼见大难当前，别人莫不奔驰逃命，而他以一参议的闲职，乃能镇静以待，无所恐怖，为本地方维持幸福，不可谓非'临危毋苟免'了。"[1] 贺说固然在理，但就其行为来看，似乎不能说歌德是什么可敬的英雄。我读此书时，真正感兴趣的倒是法兵对文艺和教育的尊敬。黑格尔论著极多，其爱国行为却也很少。法军攻入耶拿的前一天夜里（10月13日），他刚刚完成《精神现象学》一书，"欲借以卖点稿费来维持生活"。贺麟把黑格尔处国难时的态度总结为："（一）对胜利者拿破仑表示佩服，（二）与朋友写信时发牢骚说俏皮话，（三）作小册子不得发表，（四）当新闻记者不敢作社论，还有（五）向着军人讲礼义，（六）抢起稿本避难……如此而已。此外他对于国家的大难，实在没有什么了不起的态度。"[2] 第三点所谓的小册子，是指"听说黑格尔为爱国心所激发，写了两本小册子，说明德国衰弱的原因及复兴的途径。但因找不到出版处所，因此从未发表过"[3]。这就是说，此时的黑格尔一方面对拿破仑表示敬意，另一方面却在写小册子批评德国，似乎有"带路党"之嫌。

三哲之中，只有费希特有惊人的表现。拿破仑兵临普鲁士时，费希特主动要求随军当宣讲员，为此准备了"告军人"的演讲词。此愿为普王很轻佻地拒绝，他连当一个宣讲员的资格都没有获得。法军进入柏林后，费希特出逃，次年8月和议已成后回到柏林，如贺著所说"就好像被什么天神鼓舞着似的，一心一意献身国家，寻一死所"。当时一位出版商帕尔姆因发行爱国小册子《深受屈辱的德意志》而被法军枪毙，费希特却毫无畏惧，对劝阻他的友人说："现在紧要的事情，是使国民自强奋发，至于我个人的危险，何足计较?！……假若我因此而遭不测，使我的家庭、我的儿子有一个殉国的好父亲，我的国家，多一个好公民，那倒是我求之不得的呢！"[4] 从1807年12月13日到次年3月20日，

1　贺麟：《德国三大哲人歌德 黑格尔 费希特的爱国主义》，第6页。

2　贺麟：《德国三大哲人歌德 黑格尔 费希特的爱国主义》，第20页。

3　贺麟：《德国三大哲人歌德 黑格尔 费希特的爱国主义》，第19页。

4　贺麟：《德国三大哲人歌德 黑格尔 费希特的爱国主义》，第19页。

费希特在敌军环伺之中公开发表《告德意志国民》演讲，号召国民接受"熊熊的爱国主义烈火"的考验。他为此付出了过多的热情，以至讲演结束后大病一场。1812年，法军衰象展露，普军乘势图谋恢复，费希特再次要求当宣讲员而不得，只得以曾任柏林大学校长的声望与地位而参加后备军训练处的操演，并再度在大学作《战争的意义》的讲演。他的夫人在护理伤兵时骤染热病，医生都说无救。"费希特眼见得他的夫人在几点钟内就有性命的危险，但一面他又须暂为离开她，往大学里讲两小时的'知识学'，心里当感到万分的难受。但哪知当他两小时课毕回来看视时，他夫人的病症的危险时期已经渡过，不至于死。他感动惊喜之余，不能自胜，跳到病榻上去拥抱着他死里回生的爱妻狂吻一阵。据说，就因为这样一来，他的夫人的病菌便传染到他自己这大病初愈的身上，第二天，他的病态就呈现危险的征象，……他死的时候是1814年1月27日夜间。"[1]费希特既是殉职，也是殉国。

以贺麟对德国哲人们生平行事的熟悉，写作这本数万字的小书也花了半年时间，足见他确实是在仔细搜集三哲的爱国行为以为国人楷模。显然，如果说三哲的行为不能使我们"过瘾"，那不是贺的责任。严格地说，除费希特外，以"爱国主义"来介绍歌德和黑格尔根本就是一件困难的事。认真研究他们在国难期间的言行态度，需要精严的传记式研究。我想以贺著的书名《德国三大哲人处国难时的态度》为线索，简要申述一下。

"德国"

歌德时代，并没有一个作为国家的"德国"，可以用来指称后来德国疆域的名称是"神圣罗马帝国"。这是一个没有共同政府和法律的松散联合体，当拿破仑1806年以武力结束其命运时，这块包括大约250个"邦国"和无数骑士领地的德意志版图就像一张疯狂的床罩那样，很多"国家"各有自己的军队、币制、宗教、风俗和服装，小邦分裂且残杀频仍。除了作为"神圣罗马帝国"的一分子，它们之间唯一的共同点是使用路德以来的近代德语。严格地说，德意志是有民族而无国家，贺麟在出书时把报上发表的《德意志三大哲人处国难时的态度》的标题中的"德意志"改为"德国"，是不准确的。

1　引自马采：《德国爱国哲学家费希特》（1937），《马采译文集》，广东人民出版社2000年版，第234页。

山河破碎，政治专制，民生凋敝，德意志正像恩格斯说的"一切都烂透了"，是"奥吉亚斯的牛圈"。从18世纪的莱辛（Gotthold Ephraim Lessing, 1729—1781）开始，这个民族每一个有思想的人，无不对自己的民族感到绝望；没有一种进步的潮流不以批判专制体制为前提。三大哲人此时都生活在魏玛公国，但他们都是外来者：歌德是法兰克福人，1775年应公爵之邀到魏玛；黑格尔是符腾堡人，1801年到耶拿大学；费希特是萨克森人，1794年到耶拿大学。当时的魏玛"全国"只有10万人，"首都"只有6千人，街上到处是牛粪，当时慕名而来拜访歌德的欧洲精英们，无不为诗人生活在这样一个环境而惊讶。诗人维兰（Christoph Martin Wieland, 1733—1813）在《论德意志爱国主义》一文中说：在德国至多只能提"边境地区的、萨克森的、巴伐利亚的、符腾堡的、法兰克福的爱国者"。"但是，德意志的爱国者在哪儿呢？谁指给我们看了？他们做了些什么？还能期待他们做什么？"[1]只是在反抗拿破仑的解放战争中，普鲁士作为全德最大的邦才成为德意志民族统一的象征，并终于在1871年排除了奥地利领导了德意志诸邦的统一。在此之前，德意志哲人们实在是无"国"可爱。

"三大哲人"

"三大哲人"同属代表德意志文化巅峰的古典文化群体。因为在德意志无"国"可爱，古典文化的大师们如戏剧家莱辛、哲学家赫尔德（Johann Gottfried Herder, 1744—1803）、诗人维兰等都自称是"世界主义者""世界公民"，他们认为自己首先是世界公民，然后才是国民；首先是人，然后才是德国人。这一观念在康德的"世界公民观点之下的普遍历史观念"中得到深刻的哲学论证，又在席勒作词、贝多芬作曲的《欢乐颂》中获得卓越的审美表现。在莱辛看来，政治爱国主义是一种不可理解的感情；赫尔德则声称："在一切形式的自豪感中，我认为民族自豪感是最愚蠢的。"[2]德意志古典文化的代表人物，基本上都不能笼统地称为爱国者。

与歌德齐名的诗人席勒（Johann Christoph Friedrich von Schiller, 1759—1805），

---

1 引自[德]莱奥·巴莱特、埃·格哈特：《德国启蒙运动期间的文化》（1935），王昭仁等译，商务印书馆1990年版，第153页。

2 参见丁建弘、李霞：《普鲁士的精神与文化》，浙江人民出版社1993年版，第89页。

1805 年已经逝世，国难期间再也听不到他的洪钟大吕。可以肯定的是，他从来也不是狭隘的爱国者。1789 年 10 月，他在一封信中说："为单独的国家而写作是不足取的理想；对一位哲学家来说这样的藩篱难以容忍。……历史学家仅为在文明进展上具重要因素的国家而激奋。"[1] 在另一处，他又说："我作为一个不替任何君王服务的世界公民而写作。我早就丢掉了祖国，以使拿它换取全世界。"[2] 席勒的哲学老师康德同样没有活到国难时节，但康德晚年津津乐道"永久和平论"，其含义是指人类经过自然阶段后所达到的世界公民状态下，消灭民族竞争实现国家的普遍联合，其可能性条件是建立一种公正的国际法律，人类从此进入一种持久的和平之中。从他们坚决否定民族主义来看，席勒和康德即使活到国难时期，也不大可能指望他们会有什么像样的反法爱国行为。古典哲学的另一个大家谢林（Friedrich Wilhelm Joseph von Schelling，1775—1854），得知法军入侵的消息后曾激动地说："大部分时间我神不守舍，魂系远方，……我生平第一次觉得，握剑胜似握笔一千倍。"他也曾计划写一篇小东西来召唤民族自豪感。然而，民族的需要并未能把他从正在进行的学术论战中召唤出来，"小东西"并未写成。而且，虽然巴伐利亚在 1805 年秋成为法国的同盟，虽然谢林因此而对慕尼黑怀有反感，但他仍然留在"沦陷区"，并积极争取成为慕尼黑科学院的院士，没有因为爱国就改变自己的生活计划。[3]

算来算去，古典文化的代表人物中，也只有歌德、黑格尔、费希特三人较能与"爱国主义"挂钩。

"国难"

当法国发生政治革命时，德意志发生了哲学革命。通过哲学论著和文艺作品，德意志精英分子表达了与法国革命同样的精神追求，他们绝大多数都是法国革命的同情者和颂扬者。康德砍下了上帝的头颅；歌德、席勒的作品表达了自由解放的理想；费希特因为宣传无神论而于 1799 年被迫放弃耶拿大学教授的职位；少数激进分子甚至要求在德意志直接模仿法国人的行动。然而，1793 年

---

1 引自［美］威尔·杜兰：《世界文明史》（1968）第11卷上册，幼狮文化公司译，东方出版社1999年版，第652页。

2 引自［美］科·S.平森：《德国近现代史》（1955）上册，范德一译，商务印书馆1987年版，第29页。

3 参见［苏联］阿尔森·古留加《谢林传》（1982），贾泽林等译，商务印书馆1990年版，第180—181页。

之后，被夸张了的"93年恐怖"冷却了德意志心灵，当年的欢呼一转而为批评，革命仿佛成了洪水猛兽。这时的情况是："没有一个国家自发地效仿法国；传播法国革命原则的，就是法国的军队。"[1] 大革命的原则，只是因为拿破仑的军事入侵，才成功地向欧洲输出。伴随着法军铁蹄的，不只是强权和压迫，还有自由、民主和法制的大革命理想。一个又一个由旧君主、旧贵族垄断的专制政体，在被改造为打上拿破仑家族印记的王国后，走上现代化进程。德国东部的莱茵兰地区，就因为接受拿破仑的统治达20年之久而成为德意志版图上最进步的地区，先进的"莱茵文明"是拿破仑的功劳。而且主要是因为丧权辱国的羞耻感和法国革命后新的社会政治体制的示范，才使施泰因（Heinrich Friedrich Karl Frhr Stein, 1775—1831）、哈登贝格（Karl August Hardenberg, 1750—1822）、洪堡（Wilhelm von Humbolt, 1767—1835）等眼界远大的政治家们认识到德意志旧的政治、经济、文化形式已腐朽不堪，德意志要想生存就必须进行改革。这就是被恩格斯称为德国"资产阶级革命"的"开始"的1808—1813年的普鲁士改革。改革是如此符合历史趋势，以至于在"神圣同盟"的复辟期，君主们也未能完全恢复旧秩序。因为拿破仑有此两面性，进步的德国人基本上都是他的崇拜者，而反对他的，基本上也都是反动的专制主义者。在这个意义上，1806年耶拿之战，不只是德意志诸邦毁灭的日子，也是德意志民族新生的开始。对行将被消灭的专制政体和当朝权贵而言，拿破仑是"克星"；对德意志民族的现代转换而言，拿破仑则是推动力，不宜笼统地称之为"国难"。

"态度"

明智的人们往往欢迎德意志诸邦的战败，因为他们早就要求改造这个国家。处于战争旋涡之中的歌德实际与战争保持距离，像一个中立者那样静观战事的进程，他明确认为耶拿之役不是耻辱而是历史新纪元的开始。为了感谢已经和他一起生活了18年的克里斯蒂娜（Christiane vulpius, 1765—1816）在法军骚扰面前的勇敢行为，歌德决定与之正式结婚，戒指上镌刻的日期是10月4日，即拿破仑大败普鲁士的这一天。歌德以此方式把国殇日化为喜庆时，透露出他对普法战争的真正态度。此前他认为拿破仑是制服了法国革命的人物，现在却认

1　[法]乔治·勒菲弗尔：《拿破仑时代》（1935），河北师大外语系翻译组译，商务印书馆1997年版，第7页。

定只有他能使四分五裂的欧洲大陆恢复秩序。1808年，拿破仑在爱尔福特召见歌德，以"你是一个人"开始，谈到了《少年维特之烦恼》、政治即命运、戏剧等，歌德把这一次会见看作他漫长一生中最重大的事件之一。

黑格尔正忙于结束《精神现象学》的写作。美国学者考夫曼（Walter Kaufmann）在《黑格尔：一种新解说》中有一段详细的介绍：根据与出版商的约定，"如果黑格尔到10月18日还拿不出全部手稿，他个人将支付全部印刷版本费。……在最后期限之前的10天，黑格尔寄出一半手稿。这时拿破仑大军入境，……10月13日占领了耶拿城。从12日到13日晚，黑格尔完成了全书。一想到寄出的一半手稿可能中途遗失，他就不寒而栗，犹豫着不敢把后一半手稿寄出去。"[1]生存危急之秋，黑格尔最关心的是自己的著作。直到10月30日，他还在通信中说："从各种迹象看，我很担心星期三和星期五寄出的稿件是否能够收到，若真如此，我的损失就太大了，我的其他熟人们都没有什么损失，难道就该我一个人受损失吗？"[2]无论如何爱国，以黑格尔一介书生也不能挽狂澜于既倒，但《精神现象学》确为西方历史上少有的几种最重要的论著之一。如果说学术是天下公器的话，那么我们不能对国难当头只想着自己的著作的黑格尔有任何浅薄之议。贺著没有提到的是，黑格尔此时还为一件纯个人的事情焦心：他的私生子路德维希快要出生了，而考虑到那个时代的成见，黑格尔正极力忘记这一韵事。[3]

费希特本是法国大革命在德意志的宣扬者，其《向欧洲君主索回他们迄今压制的思想自由》和《纠正公众对于法国革命的评论》两书是为法国革命所作的全面辩护，虽然在德法比较时他同样推崇普鲁士的"开明专制"："暴力革命始终是人类勇敢的冒险行为：它成功了，争得的胜利对于所遭受的苦难来说是值得的；它失败了，你们就通过苦难将自己推入更大的苦难。较为稳妥的是逐渐向规模更大的启蒙运动进步，并且由此走向国家宪法的改良。……人类在我们当今这个世纪，特别是在德国，就这样不知不觉地取得了巨大的进步。"[4]但他

---

1 ［美］沃·考夫曼：《黑格尔：一种新解说》（1966），张翼星译，北京大学出版社1989年版，第94页。

2 苗力田译编：《黑格尔通信百封》，上海人民出版社1981年版，第205页。

3 ［美］沃·考夫曼：《黑格尔：一种新解说》（1966），张翼星译，北京大学出版社1989年版，第94—98页。

4 ［德］费希特：《向欧洲君主索回他们迄今压制的思想自由》（1793），李理译，梁志学主编：《费希特全集》第1卷，商务印书馆1990年版，第140页。

对启蒙运动和法国革命的基本原则，是衷心认可的。在大革命进入"恐怖"时期后仍然认为革命是关于人权和人类价值这些伟大字眼的瑰丽的映象，他甚至能够接受"恐怖统治"的思想，承认"强迫人民得到解放"是必要的。但在国难期间，他却一转为反法急先锋，以其热诚的爱国行为成为德意志古典文化几大家中最具民族主义情绪的人物。

总之，国难来临之际，歌德、黑格尔并未焕发出一种特别的爱国精神，他们的所作所为不过是此前思想与行为的自然延伸。唯一因国难而确立起爱国主义态度的，只有费希特。如此，则"三大哲人的爱国主义"的书名就不一定准确了。贺当然意识到这一点，在谈到黑格尔时说：

> 据你所标的这个题目，是要告诉我们黑格尔处国难时的态度。然而你说了一大篇，尽说些抽象的哲学，连国难二字提都不提。我知道原来你乃是在假借新颖的题目以引诱我们来听你谈干燥无味的黑格尔哲学。我们真是上了你的大当！……总之，闲话少说，请即赶快直截了当，归到本题，告诉我黑格尔处国乱时的态度究竟如何：当法军占领德土时，黑格尔曾打电报没有？曾发宣言没有？他曾公开讲演若干次？他抗法救国的标语如何？想来，至少他曾发过传单无疑？不然，他总少不了要发出一封重要的快邮代电，以表示他爱国赴难的决心，而解释别人对他的误会？诸如此类问题，请你快快答复。
>
> ……
>
> 我早已重言申明黑格尔是一个很平常的足踏实地的散文式的人，像你所举出的那些轰轰烈烈的壮举，当然是他望尘莫及，万做不到的。[1]

打电报发宣言，游行示威，这是近代以降在中国盛行的爱国行为。据此标准，歌德、黑格尔爱国行为是要令中国读者失望的。

明知如此，贺麟何以还要写作此书？

1　贺麟：《德国三大哲人歌德 黑格尔 费希特的爱国主义》，第18—19页。

二、国难时节的哲学

其实，贺麟此论不止是替黑格尔辩护，而是要论说专业学人处国难时所应具有的态度，并以此来为国难时刻的哲学和哲学家申辩。证据有二。第一，就写作的动机来看，贺当时就在序文中明确指出："此篇之作虽系由于国难当前有所激发而成，而主旨却在于客观地描述诸哲之性情生活学说大旨。希望此书不仅是激励爱国思想一时的兴奋剂，而且可以引起我辈青年们尚友千古，资以求学与修养的良伴与指针。"[1] 歌德的人品是诗的，黑格尔是散文的，费希特是戏剧的。"由于性情思想的不同，他们三大哲人所以对于共同的爱国主义有不同的表现。"贺著的重点不是哲人的爱国行为，而是他们对国难的"特殊反应"，从而使读者领略知识的力量，学习哲人的风范。爱国是导引，诸哲的性情学问才是主题。1986 年，在贺麟学术思想讨论会上，贺以一句话概括此书："1931 年，我在《大公报》文学副刊上发表《德国三大哲人处国难时之态度》。三种人的态度，一是歌德的，二是费希特的，三是黑格尔的。"[2] 他完全不提此书的爱国主义。

第二，就书的内容来看，介绍哲人思想的篇幅也大于对其爱国行为的介绍。三人之中，至少费希特本有可歌可泣之事，但贺著的主要篇幅，却是费希特成为一个哲学家的过程及其知识学的主旨，对其爱国行为的缕述只占全书的十几分之一。在谈到费希特的爱国演讲时，贺也针对国人对哲学与政治的误解而强调爱国与哲学的关联："某些在这浅薄忘本的学术空气里住惯了的人，试一猜想他此次救国难的演讲的内容，也许会以为他大概第一讲首先就要宣布哲学的破产，于第二讲里他会宣布德国文化的破产，然后根据实验的证据，提出如何模仿法国文化和挽救国难的临时办法。哪知他的讲演却句句话差不多都是从他全部哲学思想出发，而且他认为发展自己的民族性，光大自己的文化，以求精神与道德的复兴，为复兴德意志民族的根本要图。这更足以见得他对于哲学之深造自得，

1　贺麟：《德国三大哲人歌德 黑格尔 费希特的爱国主义》，第5页。

2　宋祖良、范进编：《会通集——贺麟生平与学术》，三联书店1993年版，第417—418页。

不随时变更动摇，和他对于民族精神的自信力与对于本国文化根本的认识了。"[1]
这显然是借费希特而为国难时代哲学生存权利的辩护。

贺著对不那么"爱国"的德意志诸哲确具同情的了解，对国难时期哲学何为的申辩也是有理有力的。然而，不但以"爱国主义"来描述德意志哲学人仍有隔膜之感，就是以费希特为例说明哲学是复兴民族精神道德的根本要图，也还是把哲学政治化了。在小邦分裂的德意志，心怀高远的哲人们一般都游离于政治结构和世俗权威之外，只是在拿破仑入侵后，克服文化精神与政治权力分裂的意识才开始露头，不久即导致古典文化的终结。当贺以"爱国主义"为导引介绍德国古典哲学、在焕发民族精神的意义上把哲学与政治联系起来时，他没有充分意识到拿破仑时代德意志文化精神的断裂，而更多是以中国学人的体验来领略德意志哲人的精神追求的。1938 年，贺还以德意志为榜样，提出"学术建国"的主张。中国军备薄弱，要能对抗军力雄厚的日本并取得胜利，就必须要在军事、经济的抗战之外，又能于精神的抗战、道德的抗战、学术文化的抗战各方面，都有胜过日本之处。"譬如德国在欧战后，政治军力，虽一落千丈，但学术文化仍居一等国地位，故终将复兴为第一等强国。"[2]学术文化之所以与国运相关，是因为学术文化不只是抽象理念、逻辑游戏，它本身就是有历史内容、有精神价值的。贺后来在解释他长期研究黑格尔的理由时说："我之译述黑格尔，其实时代的兴趣居多。我们所处的时代与黑格尔所处的时代——都是：政治方面，正当强邻压境，国内四分五裂、人心涣散颓丧的时代；学术方面，正当启蒙运动之后；文艺方面，正当浪漫文艺运动之后——因此很有些相同。黑格尔的学说于解答时代问题，实有足资我们借鉴的地方。而黑格尔之有内容、有生命、有历史感的逻辑——分析矛盾、调解矛盾，征服冲突的逻辑，及其重民族历史文化、重超越有限的精神生活的思想，实振聋起顽，唤醒对于民族精神的自觉与鼓舞，对于民族性与民族文化的发展，使吾人既不舍己骛外，亦不故步自封，但知依一定之理则，以自求超拔，自求发展，而臻于理想之域。"[3]研究黑格尔就

1　贺麟：《德国三大哲人歌德 黑格尔 费希特的爱国主义》，第41页。

2　贺麟：《抗战建国与学术建国》（1938年5月），贺麟：《文化与人生》，商务印书馆1996年版，第20页。

3　贺麟：《五十年来的中国哲学》（1986），辽宁教育出版社1989年版，第118页。

是爱国，学好哲学就是爱国主义。鼓舞像贺麟这样的中国哲人在颠沛流离中专心致力于哲学的动力，一方面是他们自觉到哲人报国的方式与其他社会成员不同，手中一支笔是他们的全部武器，因此另一方面，纯粹的哲学并非与尘世无关的空谷幽兰，尤其是在国难时代，哲学可以提升滋养民族精神。

对哲人爱国方式的探讨，与贺对中国哲学研究状况的认识一脉相通。1945年，贺麟这样反省："我们学习西方哲学的经过，仍然是先从外表、边缘、实用方面着手。功利主义，实证主义，实验主义，生机主义，尼采的超人主义，马克思的辩证唯物论，英、美新实在论，维也纳学派，等等，五花八门，皆已应有尽有，然而代表西方哲学最高潮，需要高度的精神努力才可以把握住的哲学，从苏格拉底到亚里士多德，从康德到黑格尔两时期的哲学，却仍寂然少人问津。"[1]急功近利的习性使得现代学人太看重哲学的有用性而远离西方哲学的高峰。有鉴于此，1925年，还在清华大学就学的贺麟就选定西方古典哲学为终身志业；1926年赴美后就开始译述黑格尔；1930年又专门到德国柏林大学，以期学到德国古典哲学的神髓，在绍述与融会西方哲学方面提高一步。1931年8月由柏林学成归国时，他警觉到烽火遍地、万方多难的中国不是一个从容的治学环境。《德国三大哲人处国难时的态度》是他的第一本书，他必须思考一个哲学人如果不是从事简单的爱国宣传，又如何能贡献于民族复兴的大业。因而，此书有两个层面的意义：一是介绍三大哲人处国难时的态度，以为抗战服务；二是要表明哲人爱国不在于拿起刀枪效命沙场，也主要不在发传单做讲演，而是以学术文化上的努力从事民族精神的建设与提升。比较而言，第二义才是他的重心所寄，这是他对国难时节哲学研究所作的合理性论证。正因此，这本不大的小书才耗费了贺麟半年的光阴，原因当然不只是贺说的"材料多"，而在于如何从中引申出"爱国主义"的哲学方式。大概也正因此，贺麟后来相当重视德国古典哲学与宋明古儒哲学的融会，以重建中国人文思想。

贺麟的哲人辩护没有被紧迫的形势所淹没。虽然吴宓是从鼓舞爱国心来推荐此文的，但《大公报》11月2日的按语却换了一种语调："黑格尔之学，精深博大。为近世正宗哲学之中坚。……今贺麟君此篇虽为叙述黑格尔处国难时之

1　贺麟：《五十年来的中国哲学》（1986），辽宁教育出版社1989年版，第24页。

态度而作，其中已将黑格尔之性行，及其学说之大纲及精义，陈说略备。且黑格尔之学，夙已研之深而信之笃。更取中国古圣及宋儒之思想，比较参证，融会贯通。期建立新说，以为今日中国之指箴。"[1] 这位编者已看出贺著的真正内涵。

三、爱国主义与民族主义

把学术视为建国的一部分，把哲人爱国理解为提升民族精神文化，贺麟此论在救亡当前的现代中国是有积极功能的。也许贺着意强调这一方面，他对德哲人爱国主义的复杂性还缺少更深入一点的理解，无意中遗漏了德意志爱国主义的深层次问题。

歌德的"爱国"行为最少。他认为，诗人不应卷入政治生活。政治意味着利益集团之间的斗争，意味着偏狭与盲目仇恨，意味着同自由精神与公正见解告别。这是他所不具备的。1792 年正当法国革命高潮期间，德意志诸邦为扑灭革命火焰相约攻法，这是一场反革命的战争。歌德应魏玛公爵之邀随军参战，但在整个行动中的表现既不热烈也不勇敢。先是借机回家探视母亲，然后是在战事吃紧的时刻和普鲁士王子谈论他研究颜色的心得。9 月 20 日，即著名的瓦尔米大战之时，"当两军交绥正烈，炮声正浓，火焰滔天之时，他突然骑着马直驰入阵地。虽半途遇着几个德国军官，尽力劝阻，他也不听，一直到他在枪林弹雨中平心静气地把恐怖现象战斗情形观察领略饱满了，才慢慢骑马回大本营"[2]。这是贺麟的介绍，但歌德自己的回忆表明，他冒险前行的目的与其说是关心战争的进程，不如说是炮火轰击时产生的物理效果："在这样的情况下我很快就发觉，在我身上可能产生一些不寻常的东西。……看来人们好像在一个非常热的地方，并且同样被炎热穿透，以至于人们感到自己与其所处的同一个环境完全相同。眼睛无论在其功能方面还是在其清晰度方面均一无所失；然而这却好像世界具有某种程度的、红褐色的色调，这种色调使这种状态以及这些对象更加敏感。

1　引自贺麟：《德国三大哲人歌德 黑格尔 费希特的爱国主义·新版序》，第2页。
2　贺麟：《德国三大哲人歌德 黑格尔 费希特的爱国主义》，第4页。

关于血液的流动我什么也未能看出，相反我觉得一切都在那炎热中被吞掉。"[1]
歌德漫长的一生遭遇了欧洲历史上的天翻地覆，他必须费尽心思才能避开纷纭的政治以保持诗心宁静，其人生智慧之一，是每遇政治变动震动心目时，必全心致力于一种与此毫无关系的学问以收束其心，即使国难时分他也没有降到庸俗的"爱国"层次。国难时期无所作为，解放时期也无所贡献。洪堡在1914年的解放战争期间就发现："他根本就属于那种对政治对国家都无所谓的人。"与他交好的封·斯坦因夫人揭发说："大家都知道，歌德不愿意让自己的儿子跟志愿者一块儿活动，在有地位的年轻人中，他是唯一留在家里的。他的父亲似乎丝毫不为我们的时代激情所打动，和他根本不能谈政治，……他甚至不看报纸……"[2]1830年，爱克曼告诉歌德说，有人责备他没有在普鲁士解放战争中拿起武器，至少是没有以诗人的身份去参加斗争。歌德坦然地说："我写诗向来不弄虚作假。……本来没有仇恨，怎么能写表达仇恨的诗歌呢？……我并不仇恨法国人，尽管在德国摆脱了法国人统治的时候，我向上帝表示过衷心的感谢。对我来说，只有文明和野蛮之分才重要，法国人在世界上是最有文化教养的，我自己的文化教养大半要归功于法国人，对这样一个民族我怎么能恨得起来呢？""一般说来，民族仇恨有些奇怪。你会发现，在文化水平最低的地方，民族仇恨最强烈。但是也有一种文化水平，其中民族仇恨会消失，人民在某种程度上站在超民族的地位，把邻国人的哀乐看成自己的哀乐。这种文化水平正适合我的性格。我在60岁之前，就早已坚定地站在这种文化水平上面了。"[3]对于歌德来说，文明与野蛮之分超越国家民族之别，既然"德国受内部腐败的攻击远远比受到外来攻击要严重得多"[4]，那么德意志的爱国主义必须包括学习先进的法国并批判德意志的专制主义。

黑格尔的情况稍微复杂一些。拿破仑1806年10月30日进入耶拿，黑格尔当天写给尼塔默的信中说："我见到皇帝——这位世界精神——骑着马出来在全城巡察。看到这样一个个体，他掌握着世界，主宰着世界。"[5]贺麟介绍说，黑格

1 [德]歌德：《随军征法记》（1822），《歌德散文选》，钱春绮译，百花文艺出版社1995年版，第194页。

2 引自[德]约翰·雷曼：《我们可怜的席勒》（2005），刘海宁译，中央编译出版社2007年版，第192页。

3 [德]歌德：《歌德谈话录》，朱光潜译，人民文学出版社1980年版，第214页。

4 袁志英：《被责难的爱——歌德与克里斯典娜》，云南人民出版社2001年版，第247页。

5 苗力田译编：《黑格尔通信百封》，上海人民出版社1981年版，第204页。

尔后来对拿破仑有一句评论："拿破仑以盖世的天才来捋取武力的胜利，实正所以表示徒恃武力之究竟不值一文钱。"[1]但尽管如此，黑格尔并没有改变当初对拿破仑的印象，即使在复辟时代，他仍然在有关历史哲学的讲课中以极大的勇气歌颂法国革命是一次"辉煌的日出"，肯定拿破仑是"世界历史个人"，把自己的世界观的来源归于发生法国的民主革命，终身为保护和扩展这段历史的成果而努力。但黑格尔还有另一面，1818年黑格尔到柏林大学之后，思想倾向是更接近普鲁士、更"爱国"了，在法哲学的讲演中，他把国家和民族精神合理化、神圣化、永恒化，实际上是把权力理想化，客观上为处于改革过程之中还没有放弃专制本质的普鲁士唱颂歌。中国学者郭本道曾认为：黑格尔之所以推崇普鲁士政府，"盖以其山河之破碎，国家之灭亡，痛心疾首，故倡是说以造成一强有力之政府，非故意逢迎政府。观其以后所著之《法理学》一书，因其不肯牺牲自己之意见，以致触怒皇室，可为证明"。贺麟在20世纪80年代著文评论说："这样一种讲法是有一定的道理，很值得我们今天注意。"[2]如此，则黑格尔的国家崇拜论也是一种"爱国主义"。但其后果，却与德国历史的悲剧发生了关联，这就是梅尼克说的："德国强权国家的思想，其历史始于黑格尔，却在希特勒的身上体现了它的最恶劣的和最致命的应用高峰。"[3]

这方面，费希特的思想效果最为诡秘。他在给普鲁士领导人的信中表示："当战争的叫嚣似乎临近首都，国王家族携带珍宝仓促逃走似乎证明人们认为不能再保护他们时，我将试图以著作唤起我们时代的最大兴趣。如果我能够的话，我将通过生动有力的讲演激起德国人的良心，更高地激发他们的爱国热忱。"[4]《告德意志国民》正视德意志在政治、经济、军事上不如法国的事实，强调德意志的出路在于从道德、学问、文化上超过敌人，在精神上胜过敌人。民族之为民族，在其根本的民族性。而与其他民族相比，德意志乃是更富精神源始性

---

1 贺麟：《德国三大哲人歌德 黑格尔 费希特的爱国主义》，第19页。

2 贺麟：《五十年来的中国哲学》（1986），辽宁教育出版社1989年版，第108页。

3 ［德］梅尼克：《德国的浩劫》（1946），何兆武译，三联书店1991年版，第24页。

4 洪汉鼎、倪梁康译：《费希特书信选》，经济日报出版社2001年版，第260页。费希特的《告德意志国民》的中译本甚多，如臧渤鲸摘译本（中国文化服务社东北区社1931年版），张君劢摘译本（北平再生杂志社，1932年），马采译本（重庆独立出版社1942年版），等等，在中国抗战期间甚为流行。

（ursprunglich）的民族，如德语比法语更富精神源始性；路德新教比法国天主教更富精神源始性；康德哲学及他自己的"知识学"比英国经验主义更富有源始性，所以德意志民族的复兴的根源即在于发扬民族性。费希特的讲演奠定了德意志民族统一和复兴的精神基础，但因为他的爱国主义不但是民族主义，而且是德意志民族优越主义，因而其历史含义恰恰是可以讨论的。

德意志民族主义始于18世纪末，莱辛、赫尔德等人率先开路，但只是从反抗拿破仑开始，赫尔德等人的"文化民族主义"才演变为"政治民族主义"：德意志民族是最完美地代表着整个人类的"原始民族"，为了能够实现其克服一切自私和堕落的东西的使命，必须把这个民族教育成真正的共同体，从而形成一个作为人类理性王国核心的德意志民族国家。费希特是个哲学家，对理性和自由的忠实还可以平衡其对法国的敌意，但在他之后诗人阿恩特（Ernst Moritz Arndt，1769—1860）、"体操之父"雅恩（Friedrich Ludwig Jahn，1778—1852）、政治理论家米勒（Adam Muller，1779—1829）以及海德堡浪漫派作家等，却在德国人心灵中燃起了吞噬法国人的复仇烈火。战败的屈辱感及不断上升和加热的民族感情，引导德意志民族主义者把拿破仑的对外政策与其民主理想等同起来，把反对拿破仑的称霸野心等同于拒绝法国启蒙运动所奠基的现代性原则及大革命的政治目标。爱国主义转化为民族自我主义和权力国家的观念，压抑了世界公民/人道主义的古典理想，使德意志思想与现代主流政治文化之间产生了一道裂痕，强化了德意志特色、"普鲁士道路"更为优越的幻念。在反拿破仑、反"西方"的旗帜下拒绝现代性的普世原则，走向了军事技术和经济行为的高度理性化，而政治体制、文化观念依然非"理性化"这一分裂的现代性格局。[1] 历史已经显示，"普鲁士主义"与纳粹主义之间有一定的亲和力，而普鲁士主义正部分起源于国难时期的爱国主义、民族主义。尽管希特勒并不真正看重民族性，也抛弃了"普鲁士主义"中包含的部分、民族美德，他最关心的是权力/利益，但使纳粹成为一场社会运动的，主要是凭借民族主义的意识形态。正如英国学者艾伦·布洛克（Alan Bullock）所说："希特勒并不是只依靠任何特定阶级，他想利用的是德

1　单世联：《奥兹维辛的追问》，载陈平原等主编：《学人》第13辑，江苏文艺出版社1998年版。

国人对民族团结的渴望。"[1] 不能要求费希特及 19 世纪初其他的爱国者、民族主义者为此负责，但他们所怀有的德意志优胜于其他所有民族的信念确实在后来的历史中加剧了日益膨胀的德意志的民族主义。民族主义的肿胀和狂激，是德意志文化的病变和分裂，在古典哲学的明净天空中，未来的乌云已经开始涌动。

　　这就是英国哲学家伯林总结的："最早的真正民族主义者——德国人——给我们提供了一个例证：受伤的文化自豪感与一种哲学的—历史的幻象结合在一起，试图止住伤痛并创造出一种抵抗性的内在中心。一开始是一小撮受过教育的、不满意的反法分子，然后，因为备受法国军队和拿破仑的一体化所制造的灾难，大规模的民众运动兴起了，民族主义激情第一次巨大地高涨，随之而来的是狂野学生的沙文主义、焚烧书籍以及对叛国者的秘密审讯，巫师的学徒变得难以控制，并挑起像歌德与黑格尔这样冷静的思想家的情绪。"[2] 德意志的爱国主义推动并归结为民族主义，民族主义最终毒化了德国政治文化，终断了古典时代的人文理想。19 世纪 70 年代，一位德国史学家写道："当我们今天读歌德时代那些信件和日记时，那就仿佛我们和它隔离了不只是几十年，而是有几百年。"[3] 从 19 世纪末开始，一些敏感的人士就忧心忡忡地注视着民族感情的恶化和野蛮化，哲学家保尔逊 1912 年提醒说："一种过分激情的民族主义已经成了对欧洲一切民族的十分严重的危险，他们正因此而面临着丧失人类价值感的危险。民族主义被推到顶峰，就正像宗派主义一样也会迅速消灭道德的甚至于逻辑的意识。公正和不公、善和恶、真和假，都失掉了它们的意义；当别人这样做的时候，被人们称之为羞耻的和没有人性的事情，他们却转瞬之间就推荐给自己的人民去向外国那样做。"[4]

　　贺麟在追怀三哲的爱国主义时，纳粹的全部罪恶才刚露苗头，但即使在希

　　1　［英］艾伦·布洛克：《希特勒与斯大林》（1993）上册，钟宜审订，中国社会科学出版社1998年版，第179页。

　　2　［英］以赛亚·伯林：《民族主义——过去对它的忽视以及它现在的力量》（1979），载贺照田主编：《学术思想评论》第5辑，辽宁大学出版社1999年版，第114—115页。

　　3　［德］梅尼克：《德国的浩劫》（1946），何兆武译，三联书店1991年版，第97页。

　　4　引自［德］梅尼克：《德国的浩劫》（1946），何兆武译，三联书店1991年版，第39—40页。保尔逊（Friedrich Paulse，通译包尔生）的《伦理学体系》一书经蔡元培从日文译为中文后，毛泽东曾作过详细批注。

特勒肆虐欧洲的 1943 年，贺还是把歌德、黑格尔与费希特的古典传统称为"纯真的德国文化"，而把纳粹视为德国文化的歧途。这种一分为二的划分自有其根据，在纳粹恣意行凶的时代，由歌德所代表的理性的、自由的、宽容的，毫无民族主义气息的魏玛文化确实是热爱德国文化的世界人士的唯一安慰；在纳粹的"千年帝国"灰飞烟灭之后，人们确实也希望以歌德的德国来洗涤希特勒的德国，重归西方文化共同体。然而，第一，古典文化代表中，歌德只受到爱国主义的些微影响，而费希特的民族主义、黑格尔国家至上论等虽然导源于"纯真的德国文化"，它本身却并不纯真。在从古典时代的巅峰陡然跌入希特勒时代的渊薮的过程中，也即在从世界主义、人道主义、自由主义堕落为民族主义、专制主义、军国主义的过程中，黑格尔、费希特客观上都扮演了赞助者的角色。1984 年，贺麟再次著文谈费希特的爱国主义，虽然指出"对祖国优秀文化的民族自豪感和自信心，在费希特的爱国演讲里显然受到过分夸张，难免不会在后来引起流蔽和被歪曲利用"，但文章仍然从多方面论证"不可以把费希特简单地斥责为侵略性的民族主义者，大日耳曼主义者或沙文主义者"[1]。第二，因为没有注意到纳粹与德意志民族主义有一脉相承的一面，贺又把希特勒与拿破仑联系起来："总之，德国的先哲蔑视拿破仑的武力，认为一文不值，而希特勒反去模仿拿破仑。"[2] 希特勒承接了拿破仑的称霸野心，却没有怀抱拿破仑所负载的大革命政治理想，所以同样对德国史持一分为二态度的德国史学家梅尼克在《德国的浩劫》中，就把纳粹对古典文化的背叛具体理解为对启蒙运动的理性主义和法国革命的乐观主义的幻灭，意在说明，被纳粹背叛了的古典文化与法国文化直接相通，"纯真的德国文化"与其说是"爱国"的不如说是亲法的。因为没有注意到这两点，贺未能就哲人爱国的另一方面作出任何解释。

德意志古典文化博大精深，学者们尽可从中挑选自己愿意并有能力研究的方向和论域。学术是自由的，不能要求贺麟一定要探讨哲人爱国与民族主义及德国历史命运的关系。我之所以提出这一问题，是因为同时想到以研究德国文

1　贺麟：《费希特的爱国主义和民主思想》，《哲学与哲学史论文集》，商务印书馆1990年版，第660—661页。

2　贺麟：《纯粹毁灭与德国文化》（1943），《文化与人生》，商务印书馆1996年版，商务印书馆1986年版，第164页。

学著称的冯至，在其大量论著中也没有就德意志民族主义问题作出论说。从 20 世纪 30 年代到 80 年代，贺麟与冯至不但以其众多译著当之无愧地成为中国研究德国文化最有成绩的学者，而且培养了三代中国日耳曼学者，部分地塑造了介绍、研究德国哲学、德国文学的中国范式。如果他们都回避了此一与德国现代历史文化关系极为紧密的论域，那这就显现了 20 世纪中国在接受德国人文学术时的选择性特征。本来，德意志古典时代并不是一个政治化的时代，哲人与学术都拥有一个相对自由的环境，只是在 19 世纪以后，政治才逐步给思想文化打上越来越深的烙印，并终于在 20 世纪全面侵入。奥地利作家茨威格（Stefan Zweig，1881—1942）《昨日的世界》对此有详细生动的叙述。从理论上说，高度政治化时代的中国学者原可以对哲人行为及其学术思想中或隐晦或明朗的政治性有高度的敏感，但事实上，他们捕捉到的更多的是学术配合政治的积极性方面，而对学术思想与历史悲剧之间的曲折关系却没有清楚认知，因而尽管避免了政治权力对学术文化的庸俗利用，但学术如何超越政治制约的独立性、批判性仍缺乏深切体认，对德意志古典文化之于中国学术的真正重要的提示功能仍然没有发掘。究竟是国难深重的时代需要的是动员民族精神而无须担心民族主义可能走向的偏至，还是他们深情陶醉于德国文化的庄严华美而无视其为血腥杀戮而作的心理铺垫，抑或是他们的知识框架和学术视野欠缺民族主义及其政治效果的要素，我不能断定。

四、走向理性爱国

哲人爱国之所以具有这样的辩证法，一个基本的原因在于近代以来，发动"侵略战争"的常常是率先完成现代转换、有能力实行强权政治的西方国家，而受害的则多为长期跋涉于专制泥泞中的积贫衰弱之国，这就使得本来应当向西方学习的落后国家产生"老师为什么老是打学生"的问题。于是，热流汹涌的"爱国主义"极易导向维护专制传统、拒绝文明世界的基本价值的民族主义，爱国被简化为排外，不但抗拒外来的霸权，更拒绝与此霸权一道而来的政治民主、自由权利等现代价值观，民主的呼声经常被民族主义的浪潮所淹没，自由的追求每每为救亡的需要所取代。正因为爱国的口号包藏着多方面的历史内容，一些不愿放弃既有权威、不愿追随文明主流的当政者非常爱打爱国牌，以公民的爱国热情和牺牲精神来维持早就应该彻底改革的传统专制政体以及当政者的肆虐统治。在这方面,19世纪初受古典文化影响甚深的普鲁士改革者有着清醒的认识,哈登堡1807年给皇帝的信中说:"陛下!我们必须自上而下地做法国人自下而上的事。"[1]这就是说,对抗霸权与学习民主必须分开。事实证明,如果不是1808—1813年的改革,德意志就不可能赶跑拿破仑的铁蹄。然而,由高昂的民族精神所鼓舞的解放战争的胜利反过来又鼓舞了此后充溢于"复辟时期"的民族主义,导致了以1819年洪堡和博因(Hermann von boyen,1771—1848)去职为标志的改革失败,德意志古老的专制政体和权威主义因此延续了下来,不但一再与"西方"为敌、兴风作浪,也使德意志民族濒临灭顶,"爱国"与误国、害国曲折相通。

德意志哲人爱国的历史教训是,现代爱国主义,必须同时是民主主义的、自由主义的。专制落后国家的爱国主义,必须同时是对自身政治文化的痛切反省和彻底批判。任何封闭排他的、与特殊利益集团相联结的爱国主义,都不是理智的、负责的爱国主义,都极可能包藏着残害国家民族的危险种子。歌德在1832年去世前把这一点说得明白:"作为一个人和一个公民,诗人会爱他的祖国,但他在其中发挥诗的才能和效用的祖国,却是不限于某个特殊地区或国度的那种善、高尚和美。""什么叫作爱国,什么才是爱国行动呢?一个诗人只要能毕生和有害的偏见进行斗争,排斥狭隘观点,启发人民的心智,使他们有纯洁的鉴赏力和高尚的思想感情,此外他还能做出什么更好的事吗?还有比这更好的爱国行动吗?"[2]

不难理解的是,正如不能因为反抗法国霸权就拒绝其现代民主体制一样,也不能因为追求民主自由就无视国际政治领域的霸权主义。在理想的意义上,坚持自由主义与发扬民族主义是可以相互配合的。

(2002年4月,原载广州《东方文化》2002年第4期)

---

1 引自[美]科佩尔·S. 平森:《德国近现代史》(1955)上册,范德一译,商务印书馆1987年版,第54页。
2 [德]歌德:《歌德谈话录》,朱光潜译,人民文学出版社1980年版,第259页。

2003年
希特勒的"理想主义"

　　政治生活中的"理想主义"并不是一个单纯的正面概念，它可能，事实上也已经被用来为专制暴政和独夫民贼作辩护。一个在国家建设、社会繁荣、公民福祉方面有任何积极的、正面的事功的人，却可以用"理想主义"来为自己造成的灾难做挡箭牌，至少可以说是"好心办坏事"。其实，每个人，哪怕是精神病患者，总是有自己的想法和追求的，一定要说他们都有理想，当然也没有错，但绝不是任何理想都可助于国计民生，都有权利迫使芸芸众生赴汤蹈火。20世纪的教训告诉我们，即使是天堂，也不能用鞭子驱赶人们进入；而用暴力手段实施的，只会是地狱。对此主题的论述，我写过多篇。本文草于2003年，定稿于2015年修改《黑暗时刻》之时。

第二次世界大战结束后，面对一片废墟和国家分裂的现实，面对公开出来的纳粹暴行和野蛮，一些死硬的纳粹分子，一些受到纳粹洗脑的过来人，还有一些不了解历史或没有从历史吸取教训的后来者，知道无法继续在维护国家利益、推动民族复兴的意义上肯定希特勒，就另辟蹊径，将纳粹、希特勒与"理想主义"联系起来：德国破碎了，但纳粹主义的原初计划却不能被因此否定；希特勒死了，但他追求德意志"伟大"的理想依然值得珍视。只要是为纳粹、为希特勒体制辩护的人，都以"理想主义"为遁词。

1950年10月10日，希特勒青年团领袖席拉赫（Baldur von Schirach）的妻子亨里埃特在《南德意志报》上发文说："……他不是战犯，而是一个理想主义者……"[1]

1967年，纳粹德国的二号人物戈林（Hermann Goering）之妻艾米·戈林出版回忆录《在丈夫身边》，把戈林写成："他总是替别人着想，一贯无私奉献，带给别人的是爱、宽容、欢乐和帮助……"回忆录的最后，她一语道出了真相："如今再回过头看，我觉得自己似乎仅仅在1932年春天至1946年秋天这段时间才算真正地活着，14年就相当于一生！"[2]

1985年，奥地利记者西施罗夫斯基（Peter Sichrovsky）采访纳粹后人，其中之一的格哈尔特，其父曾是纳粹的市长，战后他常常说的一句话就是：他为理想奉献了一切。[3]

纳粹主义是理想主义吗？

纳粹主义当然是一种理想主义。20世纪极权体制不同于古代的专制体制的特点之一，就是有其意识形态或"理想主义"。纳粹体制是否为极权体制，还有争论。当代政治学家亨廷顿（Samuel Huntington）对极权主义的理解是："单一的政党，通常由一人来领导；一支无所不在的和权力庞大的秘密警察；一套高度发达的意识形态以提出一个理想社会，而这也是极权主义运动所致力于实现的；政府

---

1 ［奥］安娜·玛丽亚·西格蒙德：《纳粹女人》（1998），班玮等译，十月文艺出版社2004年版，第185页。

2 ［奥］安娜·玛丽亚·西格蒙德：《纳粹女人》（1998），班玮等译，十月文艺出版社2004年版，第55—56页。

3 ［奥］彼得·西施罗夫斯基：《生而有罪——纳粹子女访谈录》（1985），贾辉丰等译，中国对外翻译出版社公司1995年版，第58页。

对大众传播媒介和所有或多数社会经济组织的渗透和控制。"[1]据此，纳粹主义当然是不折不扣的极权主义，它当然有自己的理想。原英国空军元帅戴德尔勋爵，在为英国记者的《希特勒末日》写序时，就指出了希特勒在当代史乃至文明史上的特殊性："希特勒是一个不准备让历史跟着任何预定的政治或经济进程走的人。他在一个由差不多催眠的人格所激发的夸大狂中，决心由他本人来决定1000年中欧洲的历史形式。"[2]

希特勒的"理想"是什么？他自己有过说明。《我的奋斗》在比较雅利安人种与犹太人种时，希特勒认为雅利安民族是征服低等民族的"主人"和文化的创造者和维护者，但因血统的混杂，雅利安人逐渐失去了纯粹血统所独有的抵抗力，所以这个种族也堕落了。说到这里，希特勒提出了他的"理想主义"："在德文中有一个准备服从义务的要求（Pflichter Fullung）的形容词，这个字极能表明勇于负责、急公好义的意思。这种态度的基本意思，我们称之为理想主义，这是用以来区分利己主义的。因为这个主义，是指人为社会、为人类而牺牲自己的。当理想主义陷于灭亡的时候，我们可以立刻见到那种社会的精华，和文化之必要条件，也随之而低落了。于是利己主义，也就成为民族中的主要势力。每个人只是唯利是图，社会秩序立刻废弛，人类大都从天堂而坠入地狱中去了。"[3]这里的"勇于负责、急公好义"只能在一个非常抽象的意义上才能说是"理想主义"，因为它并不内含什么肯定性的、实质性的价值内涵，而更多的是一种工具性的品质和行为。问题还不在于希特勒对"理想主义"的界定，而在于他把理想主义指定为是雅利安人的品质，而把利己主义算作犹太人的特性，所谓"勇于负责"和"急公好义"也就成为种族主义与反犹主义的工具。希特勒的"理想"一是种族主义——消灭犹太人，实现德国的雅利安化。二是"生存空间"——为确保德国的强盛和在欧洲的霸主地位，德国必须向东扩展，清除乌拉尔山以西所有的大国。纳粹党的副元首鲁道夫·赫斯（Rodlf Hess）一语道破：从根本

1 ［美］萨缪尔·P.亨廷顿：《第三波——20世纪最后民主化浪潮》（1991），刘军宁译，上海三联书店1998年版，第11页。

2 ［英］H.R.特雷弗·罗珀：《希特勒末日记》（1946），导言，沈大等译，上海社会科学院出版社2015年版，第1页。

3 ［德］希特勒：《我的奋斗》（1924），陈式编译，香港文国书局2004年版，第110页。

上说，国家社会主义就是"实用的种族主义科学"。对希特勒来说，不但犹太人必须斩尽杀绝，其他的民族也不配有好的命运：

波兰人：反纳粹的军事谍报局局长卡纳里斯（Admiral Wilhelm Canaris）1939年9月12日的日记记载："已经制定了针对波兰的大规模枪杀计划，尤其必须斩尽杀绝的是波兰贵族和神职人员。"对于卡纳里斯提出反对意见，希特勒在一份密令中作了回答："……波兰上层必须不复存在。另外，所有波兰知识界精英也必须斩尽杀绝。听起来很残忍，不过，这正是生活的法则。"至于其他的波兰人，只能是第三帝国的奴隶。

斯拉夫人：1942年德军占领苏联西部广大地区后，希特勒提出了他的计划："今后斯拉夫人要服务于德国人。一旦他们对德国人没用了，可以让他们去死……让斯拉夫人接受教育是危险的，让他们数清楚一百以内的数就可以了……每一个受过教育的人都是德国未来的敌人……至于食物，维持在最低限度，只要他们能存活即可。一切由德国人说了算。"这当然不是说说而已。一年前的德军向苏联席卷而去的时候，纳粹二号人物戈林（Hermann Wilhelm Göring）就对意大利外交部长说过："俄国今年会饿死2000万到3000万人。也许这样更好，有些国家的人必须大量死掉。"

英国人：1940年9月9日，德国陆军总司令勃劳希奇（Walther von Brauchitsch）元帅签署了一项内部命令：所有体格健壮、年龄介于17到45岁的英国男性必须抓起来运往欧洲大陆的德占区。命令还指出：张贴反德标语，24小时内没有上交枪支和收音机的英国人，或将成为人质，或将处以死刑。

美国人：在纳粹德国采访过众多纳粹要员的美国记者夏伊勒（William L.Shirer）认为："希特勒对苏联有某种程度的尊敬，尤其对那个国家的独裁者斯大林，对美国和美国人，希特勒所有的不过是蔑视。"他提出，人们凭什么相信：希特勒对美国人会比对俄国人好些？[1]

希特勒确有理想，但这是以无数人，包括德国人的死亡为代价的种族乌托邦，是一个与文明人类的普遍价值相悖逆的狂妄臆想，也是一个根本不可能，也不应当实现的理想。所以即使是希特勒，也知道这些"理想"只是其反人类

---

1 ［美］威廉·夏伊勒《旅人迟归》（1992），卢欣渝译，中国青年出版社2014年版，第276—278页。

欲望的表达，也只能在极其小的范围内公开。而且即使是希特勒，对这一"理想"也不具有坚定的信念。他曾对电影导演里芬斯塔尔（Leni Riefenstahl）说过："我的愿望是建立一个强大和独立的德国——一座反共产主义的堡垒。这是只有在我有生之年才能实现的愿望。我的后人，没有人能实现这个目标。"[1] 临死之前，希特勒还为自己的不幸而抱怨：自己"领导了一个如此反复无常又易受影响的民族"，世界上没有第二个民族像德意志民族这样变化无常，在它的过去以少有的冷酷"从一个极端走向另一个极端"[2]。

战争后期，还存有一定独立思想，也了解内幕的高级将领和纳粹要员都不再相信这一套说教了，但长期的洗脑是有效的，希特勒的种族之梦与德意志民族主义也有相通之处，所以仍然有不少对纳粹德国的真实情形了解不够、对希特勒仍然迷信的人，还相信这一"理想"。希特勒临终之际，不但戈培尔一家愿意陪死，空军上将格莱姆（Robert Ritter von Greim）与传奇般的女试飞员汉娜·莱奇（Hanna Reitsch）也愿意在地堡里陪死。莱奇的一生就是信奉希特勒理想的悲剧。

莱奇具备一个理想主义者的人格特征。在纳粹的追随者与希特勒的支持者中，有两位最有才华的杰出女性，一位是电影导演里芬斯塔尔，另一位就是女飞行员莱奇。两人的一生，都可以用"美丽与恐怖"来概括。1912 年出生的莱奇，从小就想当飞行员。1931 年中学毕业后，在学医的同时又报名进入滑翔飞行学校，次年通过飞行员资格考试。在希特勒重整军备、戈林"以纳粹党特有的热情和韧性"发展空军的背景下，莱奇找到了用武之地，1935 年就开始从事危险的试飞工作，1937 年成为第一个驾驶滑翔机飞越阿尔卑斯山的女飞行员和世界上第一个女机长，是世界上首飞直升机、喷气式飞机和火箭推进式飞机的女飞行员，她争着抢着承担危险的任务，为纳粹空军装备的研制、测试做出了特殊贡献，理所当然地是"德国妇女的骄傲"，获得过二等铁十字勋章、一等铁十字勋章等最高荣誉。同时，莱奇还以英雄模范的身份到处发表演讲，鼓励

1　[德]莱尼·里芬斯塔尔：《里芬斯塔尔回忆录》（1987），丁伟祥等译，上海：学林出版社2007年版，第182页。

2　[德]约阿希姆·费希特：《帝国的崩溃——希特勒和第三帝国的末日》（2002），陈晓春译，上海三联书店2005年版，第87—88页。

听众为国效力。莱奇是机智勇敢的，也是单纯可爱的。在出席空军总司令戈林的招待会时：

帝国元帅戈林走进招待所大厅时，汉娜正站在几个将军中间。戈林四处张望着找她，发现汉娜后，戈林扯着大嗓门惊讶地说："啊，这难道就是咱们著名的机长吗？您的个头儿这么小怎么开得了飞机呢？"汉娜对自己个子矮很敏感，她模仿着大块头戈林迈大步走路的模样说，"难道要当飞行员就非得这样吗？"[1]

莱奇的倔强、聪慧、可爱都在这里表现出来了。她不赞同纳粹的反犹主义，但没有与纳粹发生冲突。她听说灭绝营的事情之后，当面责问党卫军领袖、大屠杀领导人希姆莱（Heinrich Himmler），当后者告诉她那都是恶意诽谤后，她没有多问一句就相信了。莱奇是单纯的，单纯的人容易相信他人，接受洗脑。

莱奇拥有一个"理想主义"的牺牲精神。1944 年 2 月 28 日，德国失败已成定局，希特勒在上萨尔茨堡的别墅里接见莱奇以祝贺她获得一等铁十字勋章，莱奇当场以多数战斗机飞行员的名义向希特勒建议，由那些明白没有其他办法可以挽救危局并愿意做自我牺牲的人，向英军发动自杀性攻击，以阻止盟军的诺曼底登陆。希特勒拒绝了："每个为他的祖国而战斗的人必须拥有幸存下去的希望，即便这种希望很渺茫。我们德国人不会像日本人的神风特攻队那样做自杀性袭击。"[2]这就是说，连从来不考虑生命代价的希特勒都不敢或不愿做的牺牲，莱奇都敢提并付诸实施。经过党卫军特种部队领导人、营救过墨索里尼的奥托·斯科尔兹内（Otto Skorzeny）的帮忙说项，希特勒最后同意莱奇搞一组试验。不到两周，这个代号"赖兴贝格"的计划就有了眉目：4 种载人的 V–1 尽弹装配完成，样机中有带滑板的可以降落，也有不带滑板的。莱奇和 70 名队员签署了生死状："我在此自愿报名担任载人飞弹驾驶员，参加自我牺牲行动。我明白，这次行动将以死亡告终。"[3]莱奇亲自组织这 70 人进行训练。在此过程中，莱奇的忠勇、义

---

1 [奥] 安娜·玛丽亚·西格蒙德：《纳粹女人》(1998)，班玮等译，十月文艺出版社2004年版，第299页。

2 [德] 莱尼·里芬斯塔尔：《里芬斯塔尔回忆录》(1987)，丁伟祥等译，学林出版社2007年版，第288页。

3 [奥] 安娜·玛丽亚·西格蒙德：《纳粹女人》(1998)，班玮等译，十月文艺出版社2004年版，第289页。

无反顾又一次显示出来。宣传部长戈培尔要为这些人授勋，莱奇认为这根本没有必要，为国牺牲本是自愿的，不是为了勋章；有关部门要求为参与者进行体能与射击训练，莱奇认为完全没有必要，这原本就是自杀性行为；一些教官满口爱国主义却不参加自杀行为，只能使她鄙视；希姆莱建议让"厌世者、病人或犯人"参加自杀行动，莱奇对此感到气愤，她认为这是一种非常光荣的爱国行为，只有健康男子，最好还是有家有口的正派人，才有资格操纵"赖兴贝格武器"，表现不良者没有资格为纳粹德国牺牲。真正令莱奇遗憾的是，这种载人V-1飞弹一直没有投入使用，她的为国捐躯的设想未能实现。诺曼底登陆后，希特勒下令用无人驾驶的V-1飞弹打击英国，一共发射了一千枚，每枚装有杀伤力极强的一吨重弹头。在英国的德国间谍提交了这种飞弹的破坏效果，1944年8月14日，负责法国西部防线的隆美尔（Erwin Rommel）元帅从希特勒那里看到后，一面打电话给他的部下，说"V-1飞弹的轰炸结果毕竟相当可观的"，一面写信告诉妻子，"我以比一个星期前轻松得多的心情展望未来。V型武器的攻势使我们如释重负……敌人想迅速向巴黎突破的企图现已不再可能"。[1]莱奇不是纳粹党员，但在英勇无情方面超过希特勒，在无私牺牲方面超过戈培尔、希姆莱。战争结束后，里芬斯塔尔在美国战俘营里见到莱奇，提到此事：

> 幸好历史上没有真的出现这血腥的一幕。我问汉娜："您真的会这样做吗？"
> "是的。"这个柔弱的女人用斩钉截铁的口气回答道。[2]

莱奇的"理想主义"还包括为希特勒陪葬。在决定留在柏林时，希特勒对身边人说："至于说到（和平）谈判，戈林搞得比我更好些。戈林是精于此道的。他很会与对方打交道。"身边人把这句话告诉空军参谋长卡尔·科勒（Karl Koller）将军，后者于4月23日中午赶到上萨尔茨堡，将此话告诉戈林。1945年4月23日，希特勒收到戈林用无线电发来的准备接班的电报，电报所述均为事实，且无特别无礼之处，希特勒阅后也很平静。但在他身边弄权的秘书马

---

1 ［英］戴维·欧文《隆美尔》（1952），钮先钟译，陕西师范大学出版社2005年版，第424、425页。
2 ［德］莱尼·里芬斯塔尔：《里芬斯塔尔回忆录》（1987），丁伟祥等译，学林出版社2007年版，第288页。

丁·鲍曼（Martin Bormann），却又转来戈林给外交部长里宾特洛甫（Joachim von Ribbentrop）的另一封信，并提醒希特勒信中的谋反之意。希特勒因此震怒，下令撤销戈林的职务，同时任命格莱姆上将为空军总司令。尽管柏林已被围困，希特勒却不是用电报或电话通知格莱姆就职，而是召其来地堡面谈。4月24日收到命令的格莱姆带上据说已是其妻子（一说是情妇）的莱奇，从空军基地驾驶Ju–188飞到柏林以北90英里的雷赫林（Rechlin）大空军基地，在那里耽搁了一天后，他们征用了一个飞行员和一架Fw-190式歼击机飞往唯一还掌握在德军手中的柏林西部的加图机场。这种飞机不但小而且只有两个座位，身高只有一米五、身材纤细的莱奇从紧急出口爬进去，蜷缩在后舱。此行有40架战斗机护航，到达加图机场时，座机机翼已被打得千疮百孔，半数以上护航的战机已被击落。4月26日，格莱姆驾驶一架侦察机完成从加图机场到地堡的路程，上面是盟军飞机的袭击，下面是正在开展的巷战，飞机几乎是贴着树尖飞过。途中油箱被击穿，打坏了驾驶舱地板，格莱姆的右腿受伤。在他因失血过多昏迷过去时，莱奇伏身过来越过格莱姆，抓起操纵杆和加油杆，凭借无数次训练飞行中所获得的辨别方向的知识，在猛烈的炮火下成功降落在柏林正中心。此时，那里的树木和路灯柱被清除一空，在勃兰登堡城门附近临时清理出了一条跑道。莱奇叫了一部车，把她和受伤的格莱姆一起送进地堡。希特勒见到莱奇时说："您真勇敢！这个世界上还是有忠勇之士的。"[1] 莱奇请求希特勒逃离柏林："我的元首，为什么你要留在这儿？为什么要使德国失掉你？元首必须活下去，德国才能活下去。人民要求你活下去。"在遭到希特勒的拒绝后，莱奇坚决要求与元首战斗到最后一刻。4月28日，应格莱姆之请，希特勒给他们各一瓶毒药："汉娜，你是那些准备与我同归于尽的人中的一个……我不希望我们当中任何人被俄国人活捉，也不希望我们的尸体被他们发现……爱娃同我决心把我们的尸体烧掉。你们想自己的办法吧！"[2] 大妇二人计划在最后一刻服毒，并在服毒之后将紧绑在身上的重型手榴弹的引线拉掉。4月28日，斯德哥尔摩电台的新闻，公开了希姆

1 ［奥］安娜·玛丽亚·西格蒙德：《纳粹女人》（1998），班玮等译，十月文艺出版社2004年版，第303页。
2 ［美］威廉·夏伊勒：《第三帝国的兴亡——纳粹德国史》（1960）下，陈廷祐等译，世界知识出版社1979年版，第1529、1530页。

莱通过瑞典政府向英美求和的消息。希特勒命令格莱姆夫妇离开地堡去抓捕希姆莱。午夜时分，他们再次冒险突破苏军封锁，到达雷赫林基地后，格莱姆接管了空军司令的指挥权，然后由莱奇驾机，到各地与陆海军将领会晤。如果不是希特勒的命令，他们一定会与希特勒一起死去。

莱奇的"理想主义"始终不渝，她的理想就是纳粹的理想，纳粹的理想就是希特勒的幻象。5月1日，希特勒自杀身亡，莱奇带着发烧的格莱姆赶到普伦（Ploen），希特勒指定的接班人邓尼茨（Karl Doenitz）已经在那里建立了新政府。也是在普伦，莱奇看到了希姆莱，她愤怒地指责他不应该背叛元首，后者反驳她说，他那样做是为了德国利益，历史会得出不同结论。在这个问题上，希姆莱其实是对的：没有必要让德国为希特勒陪葬。希特勒之所以能动员德国人为之赴汤蹈火，在于他把"德意志国家"抓在手里。按纳粹主义的原教旨，国家至上，民族至上，希特勒之重要、之值得崇拜，是因为他代表着德国，他就是德国。在希特勒已经把德国置于灭亡的边缘时，莱奇还在忠实于希特勒，毫无疑问是对德意志国家和人民的犯罪。德国投降后，格莱姆、莱奇夫妇被美军拘捕，并给他们看了集中营里如山的尸体。莱奇的反应是：这是天方夜谭。她觉得自己必须活下来，查清事实真相，为正直的德国人辩护。她也确实这么做了。即使在纳粹暴行大白于天下之后，莱奇还在以《巅峰和低谷》为名的回忆录中回忆自己当时的立场时说：

> 德国飞行员以最勇敢、最光荣、最不怕死的方式出生入死。他们这样做是为了拯救祖国，是出于对"元首"的信任，是出于对德国空军和国家首脑的自豪。国家的领导层可能做得对，也可能做得错，对此作出判断不是我的事情。然而一个人如果是领导层的重要一员，他就必须准备好和它共存亡。[1]

对于莱奇，除了无知、迷信与顽固，我们还能说什么呢？忠于国家，不怕牺牲，无怨无悔，其本身无所谓好坏，但在纳粹德国，这些品格都可能被用于邪恶的目的。真正的理想主义者不计成败，但不计个人成败可，不计国家民族的成败则不可。进而，不计成败可，不计是非则不可。没有是非的"理想主义"

1　[奥]安娜·玛丽亚·西格蒙德：《纳粹女人》（1998），班玮等译，十月文艺出版社2004年版，第305页。

其实是虚无主义，它肯定的只是忠诚、信念、服从和牺牲，它无法提供这种理想之于任何一个方面的积极意义。希特勒和纳粹的"理想主义"，早已被包括德国人民在内的文明人类所否定。他们所追求的"种族卫生"，当年法国作家贝克特（Samuel Beckett）就讽刺过：雅利安人的定义是："他必须像希特勒一样满头金发，像戈林一样苗条，像戈培尔一样英俊，像罗姆一样强壮，——而且他的名字是罗森堡。"[1]

战后的莱奇没有太大麻烦。1947年12月15日，非纳粹化法庭将她划入"非涉案人"行列，因为她不是纳粹党员，也不是其他纳粹组织的成员。莱奇认为，这一判决使她在所有被"无辜定罪"的朋友面前惭愧：因为和他们所有人以及千百万德国人一样，她仅仅是在自己的岗位上履行职责而已。活下来的莱奇一方面继续其飞行事业并创造出新的成就，1972年被评为美国"本年度最杰出的飞行员"，1979年还以67岁的高龄打破了她自己保持的定点滑翔世界纪录。另一方面，她写作回忆录，为自己，也为纳粹辩护。其中的一则轶事是，1958年，波兰人没有给出任何理由，就拒绝她参加在波兰举行的一项国际赛事，德国队最终没有让她参赛。由此发生争执，德国航空俱乐部分裂，支持莱奇的一派指责俱乐部副主席哈拉尔德·克万特（Harald Quandt，戈培尔夫人与其前夫所生之子）：当年是莱奇冒险从地堡中带出了他母亲（Magdalena Goebbels）给他的信，而现在他却对莱奇的困境不管不顾。这至少说明，连戈培尔夫人与前夫所生的人，也不认可莱奇的经历。在莱奇的身上，我们看到了纳粹"理想主义"实则是虚无主义的迷魅和可怕。

纳粹的理想主义其实是虚无主义。在希特勒种种的"反"（犹太主义、马克思主义、资本主义等）之外，他所肯定的只是自然性/生理性的"种族主义"，本身无所谓价值。希特勒确实追求德国的伟大，但其核心却是其权力欲的充分满足，更是与价值无关。希特勒的装备部长施佩尔（Albert Speer）已经注意到，希特勒一直就拒绝承认现实，直到在地堡的最后一刻："在我看来，他逃遁到自

1　[英]迈克尔·伯利：《第三帝国》（2011），李广才译，长江文艺出版社2014年版，第169页。罗姆（Ernst Roehm，冲锋队参谋长）是纳粹冲锋队队长，罗森堡（Alfred Rosenberg）是纳粹的意识形态专家、苏联东部占领区的帝国部长，著有反犹主义的《20世纪的神话》。

己未来的墓穴之中去，是具有象征意义的。在这个地下室的世界，周围上下全是水泥和土，而希特勒就被密封在这个与世隔绝的环境里，使他同光天化日之下正在发生的悲剧截然分开。他同外界的悲剧再也没有关系了。当他谈到终局时，他谈的是他自己而不是民族的终局。他已经达到了逃避现实的最后一站，这个现实，是他从青年时代就拒绝承认的。"[1]希特勒留下的是德国城乡的一片废墟和精神世界的一片荒芜。1945 年 5 月 2 日，一个五年前还对希特勒充满敬仰的纳粹分子也这样写道：

希特勒倒下了，现在他已经安息，这对他来说也许是最好的结局。但是我们呢？我们已经被抛弃，被交给所有人来审判了。整个一生我们再也无法重建被这场战争毁坏的一切。一开始希特勒的想法是正面的，而当时国内政策中出现了好兆头。但在外交政策上，他作为一个大军阀来说是完全失败了。"理想之路"——这是一条多么可怕的道路！现在要为此付出代价……多么痛苦的结局……希特勒已经死了，但是我们所有人整个一生都要承受希特勒丢下的重担。[2]

纳粹主义不是没有成功的理想主义，而是把一切真实要求扭曲的虚无主义；希特勒不是带来好消息的天使，而是把人间变成地狱的恶魔。1945 年在纽伦堡法庭上，美国记者夏伊勒再次看到五年前他在柏林经常看到的纳粹要人："我第一眼看到他们时真是震惊：他们个个无精打采，没有了往日耀武扬威的气势。这些纳粹恶魔，当他们所信仰的思想被清算，他们的权力被剥夺之后，看起来和普通人没有两样。我甚至在心里反问自己，这些看上去平庸、矮小、衣着简陋、坐立不安的人，真的就是他们吗？五年前当我离开德国的时候，他们还拥有令人恐惧的权力。我真的无法想象，眼前这些表情呆滞、连椅子都坐不稳的卑微的人，当年竟然掌控着整个德国和西欧的命运。"[3]从来就没有什么救世主，也没

---

1 ［德］阿尔贝特·施佩尔：《第三帝国内幕——施佩尔回忆录》（1966），邓蜀生等译，三联书店1982年版，第523页。

2 ［英］理查德·J.埃文斯：《揭秘第三帝国》（2008），蒋莉华等译，中国民主法制出版社2013年版，第622页。

3 ［美］威廉·夏伊勒：《噩梦年代》（2002），戚凯译，中国青年出版社2014年版，第626页。

有那么多的伟大英明。一旦其指鹿为马的权力被剥夺，这些纳粹要人不但成为普通人，甚至连普通人还不如。德国史家费舍尔（Klaus P. Fischer）总结说："希特勒通常生活在非法活动的阴影中，他的前30年的大多数时间是在'反社会的环境'中度过的。在通往权力的道路中，他不断地与合法的权力机构发生冲突，并受到了9个月的监禁，这些经历都强化和证实了他的犯罪倾向。希特勒亲密的随从都反映出他的种种倾向：戈林是一个聪明的反社会分子和吸毒者，他无耻地掠夺他人的财富和物品；戈培尔是一个心理变态的说谎者和骗子，他在结束自己的生命的时候命令妻子冷酷地杀害了自己的6个孩子；冲锋队首领恩斯特·罗姆（Ernst Julius Röhm）是一个残酷的军事冒险者，带有明确的反社会倾向；罗伯特·莱伊（Robert Ley）是劳工阵线的领导人，是一个酒鬼和自大狂；希特勒的副手赫斯精神混乱，可能患有精神分裂症；马丁·鲍曼是希特勒的私人秘书和幕后操纵者，他卷入了对他过去的小学老师的谋杀；尤利乌斯·施特莱彻（Julius Streiche）是黄色杂志《前锋》的编辑，是一个邪恶的种族主义者和性变态者；元首党卫队的领袖海因里希·希姆莱是一个神经质的忧郁症患者，他自封为检察官，冷酷地谋杀了600万犹太人；希姆莱的得力助手莱因哈特·海德里希（Reinhard Heydrich）是一个残酷的心理变态者，因为不符合军官身份的行为被德国海军开除。"[1] 戈林以下的这十来个人物，都是纳粹德国的政要，是希特勒统治德国的主要助手。如果真的如费舍尔所说，从希特勒到纳粹德国的党和国家领导人，都有不同性质、不同程度的精神病，我们能相信他们能为德国、为文明人类创造、实践什么理想呢？是他所掌握的权力、是群众对他的崇拜，才使得他成为一个神，使得他的种种狂想妄念成为一个民族的"理想"。当然，费舍尔的说法只是指出了这些人的一个方面，而不是说他们全都是疯子、全都是精神病人。事实上，这些人也各有能量，所以不但能夺权、能控制国家、能发动战争，更为全面的说法或许是，这些人有比普通人更好的智商、勇气和毅力，也有普通人所没有的精神特质乃至疾病，所以能够在特定的时空中翻江倒海，改变德国和欧洲。我们当然不能满足于费舍尔所作的评价，但同样不能把这些半是杰出、

1　[德]克劳斯·费舍尔：《纳粹德国——一部新的历史》（1998）下册，萧韶工作室译，江苏人民出版社2005年版，第388页。

半是疯狂者的理念和实践说成是"理想主义"。他们的言论与行为确实与普通人不一样，但绝非具有普遍历史意义的"理想主义"，因为他们是窃国大盗，是乱世枭雄，是浩劫元凶，他们的理想，除了权力和控制外，一无所有。

（原载广州《同舟共进》2016 年第 7 期）

2004年
秘书为什么"站在背后"？

1995 年后我就开始写作有关纳粹文化的文章。开始并无完整计划，看到一本书，觉得有意思、有想法，就写一篇。慢慢地，一个相对完整的写作计划浮现出来了，其中之一是要写几个希特勒身边的要人。苏联学者的《希特勒背后的人——马丁·鲍曼和他的日记》一书，不但给出一些新资料，而且特别点明秘书的位置——"背后的人"。独裁政治必然是阴谋政治，独裁者的至上权力必定为身边人所挪用和分割。希特勒固然是纳粹元首，但他并不召开内阁会议，其决策往往是心血来潮的产物，既不以命令形式公布于众，也未达及国家的各个领域，所以纳粹德国既非希特勒或中央政府全面动员、集中掌握的国家，而且，希特勒的领导艺术的特点，是在其亲密战友之间经常变换权力中心，他不允许出现任何可能限制其行动自由的体系、制度、机构和法律，所以纳粹德国又是持续变化的核心人物的多中心专制体制。即以党卫队这最令人生畏的严密组织来说，它也不是铁板一块，不但内部充满斗争和对立，而且也不是人人都效忠希特勒，甚至还有人参与了反希特勒的种种密谋。据此，德国学者海因茨·赫内（Heinz H·hne）的《党卫队——佩髑髅标志集团》认为，纳粹德国并非极权主义国家，而是极权主义国家的一幅讽刺画。此论可备一说。

1945年2月16日，希特勒在柏林地堡里说："万一发生了什么事，德国就没有元首了，因为我没有接班人。"[1]4月30日，希特勒自杀。在失去了这个唯一的领袖之后，纳粹运动也就突然地、绝对地结束了，曾经是20世纪最强大、最可怕的政治力量一夜之间便烟消云散了。正如没有希特勒，第三帝国便是不可思议的一样，只有希特勒，第三帝国也是不可思议的。希特勒需要那些完全听命于他的助手、帮手和追随者，才能统治国家发动战争。纳粹运动需要希特勒这种"卡理斯玛"（charisma）式的领袖、可以把谎言说成真理的戈培尔（Paul Joseph Goebbels）式宣传家、惯于争取上层社会同情的戈林（Hermann Goering）式活动家和冲锋队长罗姆（Ernst Julius Röhm）式街头打手，也需要马丁·鲍曼（Martin Bormann）式的秘书。信念、理想、运动、革命、战争等，都必须通过一部由各色人组成的政党/国家机器才能实现。在纳粹党的系统中，希特勒的前期秘书赫斯（Rudolf Hess）和后期秘书鲍曼地位最高，他们在不同时期分别成为纳粹党的具体负责人。作为秘书，他们确实很好地尽到了责任。在兰茨堡的狱中，赫斯根据希特勒的口述，代笔完成了纳粹主义的"圣经"《我的奋斗》。鲍曼继任后，随即安排了人员随时记录希特勒的谈话，后以《希特勒桌边谈话录》出版。

　　鲍曼年轻时参加自由军团，一度是魏玛纳粹党领导人绍克尔（Fritz Sauckel）的司机；1927年2月27日入党，同年11月担任纳粹党大区新闻负责人；1928年11月16日主管冲锋队"救济储金会"事务并将这个机构扩展为纳粹党的党内保险机构。1933年7月3日，升任副元首赫斯办公室主任，成为纳粹党的16个"全国领袖"（政治局委员）之一；希特勒任命鲍曼管理自己的财产，并让他负责上萨尔茨堡贝希加登（Berchtesgaden）镇的贝格霍夫（Berghof）别墅的建造。在此期间，鲍曼设计将希特勒当时的副官布吕克纳（Wilhelm Brueckner）从希特勒身边赶走。1941年5月赫斯飞往英国后，鲍曼任纳粹党办公厅主任，1943年4月12日又任"元首私人秘书"。1943年4月12日，鲍曼使希特勒在一份指派他为希特勒的官方"秘书"——给他掌管希特勒的安全和事务的特殊权力——的文件上签了字。从此，鲍曼有权主持党的所有会议，有权"把元首的决定和意见

　　1　[德]克里斯塔·施罗德：《在希特勒身边12年——希特勒女秘书回忆录》（1985），王南颖等译，作家出版社2006年版，第188页。

传达给帝国部长们以及其他部门和机构"。以秘书的身份，鲍曼坐在宽大的办公室中，通过党的系统，在纳粹德国呼风唤雨，参与了纳粹德国的全部罪恶。

纳粹德国毁灭后，希特勒集团的核心成员中，只有鲍曼下落不明，是死是活，长期众说纷纭。不断有人声称在某个地方见过他，直到1972年阿根廷警方还在萨尔塔省寻找他的踪迹。据《时代》周刊统计，战后共抓到15个"假鲍曼"。1972年底，西柏林当局在柏林墙附近大兴土木时，偶然在一个大坑内发现了两具尸骨，经严格的医学鉴定后证实，鲍曼1945年5月2日黎明死于柏林。

身后的谜团源自生前的隐蔽。鲍曼从来就没有完全暴露在阳光之下，他总是习惯于像阴影一样"站在背后"，不露真面——虽说他是纳粹党总部主任、帝国总管，但其本职也是其最关键的一个职务，却只是希特勒的秘书。

秘书是为主人服务的。鲍曼明白，在领袖独裁的极权体制中，任何功劳都不比令希特勒满意大，任何地位都不比在希特勒身边重要。无须在战场上冲锋厮杀，不用管理具体事务，他只要侍候好一个人，只要打打电话，发发文件，就可以掌握一切人。不过，独裁者狂妄任性像疯子，出尔反尔像孩子，冷酷无情像屠夫，不是谁都能伺候好的，人们羡慕秘书的风光，却不一定能体会秘书的艰难。鲍曼善于适应其环境的特殊性，他把希特勒凌乱的指示改写成连贯的命令，并使之立即得到贯彻落实；他把希特勒的意见按提示词汇整理成卡片目录，以后发布命令时，就可以查询卡片，从希特勒常常是自相矛盾的评语里找出他最满意的一句；他把需要希特勒采取行动或作出判断的事情进行简单明了的总结汇报，希特勒只要回答"可以""不可以"就行；他努力保护希特勒的创造天才，使之不受残酷现实的摧残，尽可能不让他听到任何令人不快的消息。鲍曼真心地认为，希特勒要他效劳的任何一件事都不是无关紧要的。如果他在汇报工作期间希特勒要求提供某一个或某一件事的情况的话，他的接到纸条通知的下属就必须通过电话或电传打字机送到答案，必要时就是在深更半夜也得搞清楚。如果元首随意地对一种调料表示好奇，他的助手肯定会为他找来配方；如果元首对某一本书感兴趣，第二天他就会发现这本书已经放在桌上了。事无巨细，鲍曼总是亲自过问，不但内容完善，而且从不拖延时间，别人需要一整天完成的工作，鲍曼两个小时便可完成。很多由他起草的报告，希特勒只要在上面签名就行了。希特勒曾对人说：如果我在见到他的时候对他说：半年以后提醒我这个或那个问题，我敢保证他会在我定下的那一天想起这事。"为了使党这部笨重的、与其说是设计好的，不如说是临时拼凑起来的机器高速运转，他每天都辛勤工作18个小时，往来奔忙于自己的和希特勒的办公桌之间。他做出的规定一直管到干部的私生活，要他们从党阀变成模范。""在第三帝国的最后阶段，在作出一切重大决定的过程中，鲍曼对希特勒的影响比其他任何一个人的都要大。尽管鲍曼因为缺乏才智和想象力很少向他的元首提出自己的崭新见解，但是他却可以通过他的极端狂热使希特勒采取极端措施。他还可以作为理想的官僚机器把命令拟得更为严厉和执行命令时毫不留情。"[1]

伴君如伴虎，"领导无小事"。即使是细微之处，鲍曼也从不疏忽。他是烟鬼，但在希特勒面前一支烟也不抽；他喜欢喝酒，但只要估计希特勒要叫他办事，他滴酒不进；他喜欢吃肉，但在素食的主人面前从来不沾荤腥。他掌管希特勒的私人财务，为希特勒准备特殊的饭菜，还精心收集有关一些纳粹高层官员的笑话讲给他听。当希特勒有时喜欢通过恶意讽刺身边的人而取乐时，鲍曼不仅感到有义务跟着一起憨笑，而且还觉得被当作嘲讽的对象是赐给自己的殊荣。这一点，也感染了他的妻子，他们夫妇一共生了9个孩子，为的是响应元首繁殖后代的号召。不越位，不缺位，不张扬，不显摆，鲍曼小心翼翼地站在希特勒的后面，几乎是寸步不离主人。"鲍曼从来不寻找抛头露面的机会，不希望自己的名字被人提起，因此他极少外出。他少言寡语，不善社交，或者说主动回避联系，埋头工作，一心一意为元首效劳。"[2]鲍曼只能生活在希特勒的身影之后，世人关注的是希特勒而非鲍曼，他的名字在纳粹德国舆论一律的新闻界很少被提到，以至于外界对其知之甚少。但希特勒离不开他。"虽然鲍曼只有躲在希特勒的背后才能起重要作用，但希特勒也同样非常需要这个帮手，以便用鲍曼的宽阔的脊背遮住他不愿看见的一切。"[3]鲍曼是希特勒的影子，也是他的代表。

---

1 [德]约亨·冯·朗格：《元首秘书博尔曼——一个能左右希特勒的人》(1980)，陈方全译，群众出版社1986年版，第450—451、470页。

2 [俄罗斯]列夫·别济缅斯基：《希特勒背后的人——马丁·鲍曼和他的日记》，徐锦栋、李春梅译，上海译文出版社2003年版，第21页。

3 [德]约亨·冯·朗格：《元首秘书博尔曼——一个能左右希特勒的人》(1980)，陈方全译，群众出版社1986年版，第335页。

希特勒为了行使他的独裁权力，先后设立了总统府、总理府、党总部和元首府等特设机构，政府的许多职能都被这些特设机构取而代之。第三帝国按照所谓的领袖原则治理，希特勒拥有至高无上而又广阔无边的权力，而鲍曼也就分享了他的无限权力。当上元首秘书之后，凡属于党务方面的事情，希特勒都交给鲍曼处理。他向希特勒建议或者亲笔写下许多指示，阐明二战后期的德国国内政策。他有权决定什么人可以在什么时候拜见希特勒，什么材料可以给希特勒看。他有步骤地让他的人占据了希特勒参谋部的所有重要位置，并不择手段地却又极其巧妙地渗透到所有部门中。他一点一点地在希特勒周围竖起一道高墙，用文件、法律、规章、命令、谈话纪要、秘密报告和告发机密地建筑起自己的城堡。由于他始终伴随希特勒，而希特勒本人则越来越将自己的注意力集中在战事上，鲍曼的权力很快就无法动摇了，终于成为帝国的"秘密统治者"，完全控制了第三帝国的所有部门。"他在那里用看不见的魔手进行统治，不受攻击，也不承担责任，因为他只和文件打交道。"[1]战争后期，鲍曼像个暴君一样统治着统帅部，几乎所有的人员都被他豢养的人替代，纳粹的高官中很少有不被他掌握的人。他比希特勒钦定的接班人、不可一世的帝国元帅戈林，比抛头露面、能说会道的戈培尔，比掌握国中之国的党卫队领袖希姆莱（Heinrich Himmler），都更有实际权力。在希特勒临死前的"私人遗嘱"中，他被称之为"党内最忠实的同志"，并指定他为"遗嘱"的执行人。而此前炙手可热的戈林和希姆莱则被开除出党，一度考虑为接班人的施佩尔（Albert Speer）也被淘汰出局。只有鲍曼，始终稳稳地坐在办公室中，秘密地控制着纳粹党、国家和军队。

鲍曼的发迹是客观需要与主观能力结合的产物。纳粹党原是在德国社会生活中无足轻重的小党。1930年9月14日的选举中获得全部选票的18.3%后，它才成为德国政治生活中的一个重要力量。在大萧条的动荡和危机中，纳粹党乘乱取得政权，于1933年1月开始主宰德国。"从现在起，领导班子里那些胡诌瞎扯的人、想入非非的人、蛮勇好斗的人和主张打内战的战略家们，必须由勤奋工作的组织家和运筹帷幄的人取而代之。也就是说，某些自认为在希特勒身边

1　[德]约亨·冯·朗格：《元首秘书博尔曼——一个能左右希特勒的人》（1980），陈方全译，群众出版社1986年版，第3页。

地位很牢固的慕尼黑老战士将被可靠而勤勉的官僚主义者所排挤了。"[1]鲍曼恰恰具有党务官僚的一切才能。他是怀着理想主义与利己主义的双重感情为党工作的，在纳粹党的大区新闻负责人的位置上，他学会了从办公桌上通过命令、表格、名单和通报来控制地方组织的能力，也学会了、增强了出谋划策、玩弄权术。到总理府没有几个月，他就以非凡的工作能力、勤奋和惊人的记忆力使自己成为希特勒身边不可缺少的人。"由于他不能以功勋或引人注目的才能出人头地，所以他不得不走一条艰难的、在党的机构内慢慢向上爬的道路。为此所需要的一切，他都得天独厚地具备了，或逐步发展起来了，这就是勤奋努力、坚忍不拔，有组织才能、思想敏捷、博闻强记，随遇而安，对上俯首帖耳，对下冷酷无情，胸怀韬略、诡计多端。……他丝毫没有真知灼见和一星半点天才的火花，而是凭上述本领不可阻挡地成为希特勒的最高官僚的。"[2]

在纳粹权力系统中，几乎没有人喜欢阴影中的鲍曼，希特勒身边不同立场的人都认为他是"希特勒的靡菲斯特"。戈林在纽伦堡审判时就说："即便在我最得宠的那些年中，我在希特勒眼中的分量也比不上马丁·鲍曼。我们都管他叫'小秘书''大阴谋家''脏猪'。"[3]习惯成自然，希特勒死后，鲍曼没有与元首同归于尽，而是谋划着如何与接班人邓尼茨（Karl Doenitz）元帅会合以保持自己的地位。刚刚被任命为希特勒接班人的邓尼茨长期主持海军作战，在中央层级基本没有人脉与影响力。对于纳粹党来说，他是一个局外人；对于国家机器来说，他也是格格不入的。鲍曼相信，当邓尼茨成为党和国家最高领导人的时候，他必然需要一个有实际管理经验的人，一个作为政治家懂得运用策略的人，一个在幕后穿针引线的人。只要邓尼茨还想按照希特勒设计的方式把国家继续领导下去，那么像鲍曼这样的秘书式人物就不可或缺。鲍曼没有真正独立的权力和地位，也没有自己的语言和思想，他的一切来自元首，他只想永远站在元首"背

1 ［德］约亨·冯·朗格：《元首秘书博尔曼——一个能左右希特勒的人》（1980），陈方全译，群众出版社1986年版，第74—75页。

2 ［德］约亨·冯·朗格：《元首秘书博尔曼——一个能左右希特勒的人》（1980），陈方全译，群众出版社1986年版，第2—3页。

3 ［俄］列夫·别济缅斯基：《希特勒背后的人——马丁·鲍曼和他的日记》，徐锦栋、李春梅译，上海译文出版社2003年版，第18页。

后"做一个指指点点的阴谋家。但好运没有惠顾他,从其死的地方来看,1945年5月1日的那个夜晚,他根本就没有逃出柏林。

没有办法,权力再大的秘书也只是秘书,他也只能做阴谋家。他的身份是主人指定的,他的权力主要是透过对主人的影响来实现的。"背后"的优越,是前面的人所不具备的。比如,站在前面会挡住视线或去路,令独裁者讨厌;站在前面也容易把自己的弱点暴露出来,使独裁者一眼看透。只有站在"背后",一不使独裁者感觉到对自己的威胁,二可以通过独裁者向前面的人发号施令,而使独裁者和前面的人都不感到突兀。在不透明的政治空间中,竞争的获利者经常不是那些时时露脸的活动家,甚至也不是公认的核心人物或早就被指定的接班人,而经常是那些不公开自己的政治行为,也不公开自己的脸面的秘书班子成员。"背后"就是秘密,秘密就是安全,所以站在"背后"不只是一个位置问题,更是一种权力角逐的艺术。在这个意义上,秘书权力的大小,是衡量一种政治理性化、民主化的一个标尺,一种秘书逞权的体制,一定是阴谋家的乐园。

(原载广州《羊城晚报》2004年6月5日,扩展后作为《黑暗时刻》第3章的一节)

2005年
释"文化对话"

　　20世纪80年代中期以后，"文化"逐步成为社会文化生活中使用频率最高的概念之一。我的读写原本限于美学、文艺与思想史，但我当时的身份并不受严格的专业约束，因此也写了不少文化评论，特别是岭南文化研究方面的文字。第一篇比较正式的文化研究，是《五四、新儒学与人的现代化》（载《学术研究》1989年第3期）。2000年读到珍妮弗·克雷克（Jennifer Craik）的《时装的面貌》、劳拉·斯·蒙福德（Laura Stempel Mumford）的《午后的爱情与意识形态：肥皂剧、女性与电视剧种》等书，开始对英国"文化研究"发生兴趣。但主要是由于知识背景和个人兴趣方面的原因，我的研究主要是文化理论与中西文化思想。2005年10月4日至7日，应霍英东基金会何博传老师之邀，我参加了由霍英东基金会、法国梅耶人类进步基金会、中国外交学院、欧华学会等单位主办的第一届中欧文化论坛。会议闭幕前，主办方之一要我作一个总结发言，我借机表达了自己的一些看法。

今天上午是"南沙中欧文化论坛"的总结，以在座的专家之多、领域之广，发表的各种见解、议论之深入和精辟，要进行总结是十分困难的。况且，在古希腊哲学家柏拉图的意义上，真正的对话和讨论是不可能有结论的。对于"21世纪的中国、欧洲与世界"这样一个宏大的、正在展开的论题，至少我个人无法形成一个概括性的认识。下面所说的，更多是我参加这次盛会、聆听许多高言说论之后的感想。因为昨天傍晚才知道要作一个发言，所以未能从容准备，不当之处，请大家指正。

　　我想说的第一点，是对话有各种方式。会议讨论或其他方式的语言／人际交往当然是对话的一种方式，但在现代中国，中欧对话其实是一项基本活动和日常行为。尽管我们可以广义地把中欧对话追溯到16世纪中国和葡萄牙有关通商的交涉和冲突，但应当说，中欧之间比较全面的接触和相互认知还是从19世纪中叶开始的。有一个值得重视的历史现象，那就是明末时大清铁蹄踏遍中原大地，汉族士大夫痛感亡国亡天下，但当时他们并不感到华夏文化必须否定。像顾炎武、黄宗羲、王夫之这样的大儒就从未失去文化自信，且处处明示贵华贱夷的态度。相反的是晚清以降，中国在遭遇欧洲时确实一败再败，不过版图仍大体完整，中央政府依然有效地保持着对绝大部分人口和土地的控制，然而，先进的知识人却一而再、再而三地认为中国武器不如人、制度不如人、文化不如人，终至丧失全部文化自信，尊西趋新之风持续一个多世纪。在一次次学习欧洲、改造中国的运动中，欧洲不再是遥远的西方、陌生的"他者"，它的若干理念、制度、符号等不断整合到中国社会文化乃至日常生活之中，深刻地内化为变革中国的力量和要素，参与着现代中国重新塑造。每一场重大的社会／政治运动，每一种重大的思想／文化主张，都有其特定的欧洲起源，自由主义、民主运动、平等主张、革命哲学等这些欧洲特产都不同程度地在中国落地生根并为一代又一代优秀的、坚忍不拔的中国人付诸实践。中国的"欧化"发展到今天，我们已难以在经济方式、科学技术、政治体制、文化风格等领域清晰地划出中欧界限。我们知道，一个多世纪以来中国的基本问题是如何处理古今中西，但是，古今中西四大成分不是并列的，今胜于古、西优胜于中几为国人所共识。近代欧洲的若干社会理想、价值取向、文化修辞，如法国的自由平等理想和大革命的暴力实践、德国古典哲学和马克思的历史理性、英美的自由主义理念与制度、苏俄的政党组织和意识形态等，都经由中国人的翻译和转换而成为现代中国的一种要素和资源，"现代中国"再也不是"古典的""纯粹的"中国。用一种夸张的语言，我们可以说，现代中国每日每时地都在进行着中欧对话，即使是一个独白式的话语，欧洲也始终是一个或隐或显的在场。甚至致力于保存发扬中国传统价值的文化保守主义，其思想论说在很大程度上是由欧洲哲学构造的。比如唐君毅先生（1909—1978）、牟宗三先生（1909—1995），其要弘扬的价值理想是儒家的，但其理论架构和论述程序却来自康德与黑格尔。可以肯定地说，就一般公民而言，中国人对欧洲的了解，已经超过欧洲人对中国的了解。一个中国的中学生都能背诵几段莎士比亚和马克思；一个中国的大学生基本知道卢梭的《论人类不平等的起源》和拿破仑战争；二战以来，几乎所有的中国人都对纳粹德国和希特勒有基本的了解。这种情况固然表达了经济社会相对落后的国家勇于自我否定的学习热情，同时也提示着我们在进行中欧对话时要注意到，这个"中"已经是包含许多"欧"的中国。

我想说的第二点，是对话需要前提。在 2005 年金色的秋天，我们会聚南沙举行"中欧文化论坛"有着特别重要的意义。八十八年前的秋天，俄国发生了十月革命，它使得已持续了半个多世纪的中欧对话从此进入了一个新的阶段。1840 年以后，学习欧洲已是先进中国人的共识，但学什么、如何学，争论很多，国人莫衷一是。"十月革命"标志着作为一个整体的欧洲"一分为二"，一部分中国人从此确立了学习社会主义的苏俄而抵制资本主义欧洲的发展道路。中国共产党"走俄国人的路"，建立了中华人民共和国，紧接着又以"一边倒"的国策与欧洲世界保持着深刻的对立。但从 20 世纪 50 年代末的中苏矛盾到 70 年代后毛泽东提出的"三个世界理论"，中国的外交政策逐步走出僵硬对立的两大阵营，在一定程度上缓和了中欧关系，70 年代初期，欧洲国家纷纷与中国建交，这就为 80 年代的开放埋下了伏笔。冷战结束后，分裂的欧洲合二为一，中国也基于惨痛的历史教训而打开国门，再次确认欧洲的"先进性"，不断增进与欧洲的经贸合作、文化交流。随着中国市场经济体制的形成、建设民主政治意愿的明确，中欧之间的差别越来越少。这里可以引用曾经吸取过欧洲理念又严厉批判欧洲资本主义的毛泽东的一句诗："萧瑟秋风今又是，换了人间。"大同的世界仍遥远，中欧之间也会有矛盾和冲突，但可以肯定的是，中欧将在对话、协商、妥协的过程中走向越来越多的合作与配合，两个古老的文明将携手推动人类文明主流。我想强调的是，不同文明之间的友好合作，部分地取决于各个文明自我更新。以法德为例，二战以后德国之所以选择合作的道路，是由于两次大战使德国内部狭隘的民族主义、极权主义灰飞烟灭。我们知道，近代德国文化在统一与自由、总体与个体等基本问题上充满着一系列的紧张和冲突：一面是理性主义、世界主义、和平主义的"歌德的德国"，一面是非理性主义、种族主义、极权主义的"希特勒的德国"；一面是文明的"魏玛传统"，一面是黩武的"波茨坦传统"。两次大战失败后，德国文化中光明的一面终于取代黑暗的一面，在希特勒"千年帝国"的废墟上，德法和解的基石牢固树立。在法国这一方，反德情绪也很深厚。我们都读过1871年普法战争后法国作家都德（Alphonse Daudet，1840—1897）的《最后一课》，在深深感动于这种悲怆的爱国感情的同时，我也会不自觉地想到中国的一句古语，叫"冤冤相报何时了"。第一次世界大战结束后的《凡尔赛和约》体现了法国的复仇情绪，包括英国经济学家凯恩斯（John Maynard Keynes，1883—1946）在内，西方的有识之士都认为其条款过于苛刻。当时还在长沙读书的毛泽东，也就《凡尔赛和约》写过几篇文章，认为不出20年，德国就会报复。后来的历史证明了这一点。4号上午，法国朋友说，创立北大西洋组织和欧共体的目的之一是"管住德国"，应当说，只有从"煤钢联盟"到"欧共体"这种和平发展、共荣互进的体制和方式，才是"管住德国"的不二法门，也为全世界化解恩怨、共同发展提供了一个典范。无论是中欧关系的演变，还是法德由敌人而伙伴的转变，都说明文明的人类越来越有智慧，越来越能驾驭自己、取信对方。正如德国哲学家哈贝马斯（Juergrn Haberma）说的，对话意味着对话的双方有一系列共同的预设和前提，有一个理想的言谈意境。显然，这一情境的获得需要对话双方的自我努力。假如中国现代依然"阶级斗争为纲"，则中欧对话难以进行。不再进行姓社姓资的争论的中国，已经拥有了与欧洲对话的能力。

　　我想说的第三点，是对话蕴含着差异。这次论坛是富有成果的，来自欧洲的政治活动家和专家们，详细介绍了欧盟的创立发展过程及其相应的社会政策，斯洛文尼亚前总统米兰·库昌（Milan Kucan）先生特别介绍了斯洛文尼亚加入欧盟的过程和意义。所有这些都更新了中国对欧盟的认知，而中国专家的发言和提问，也会有助于欧洲朋友对中国的理解。但是，至少中国专家认识到，中国的社会经济发展、政治制度与欧盟各国还有很大的不同，欧盟在国家关系上的经验也不能套用到中国的外交政策比如中日关系上来，中欧之间真正有效的对话和相互理解还有待进一步展开。这就提示我们，历史文化多样性的问题特别值得重视。正如欧洲议会议员、制宪大会成员让路易·布朗热（Jean-Louis Bourlanges）和巴黎十大教授莫利维耶·多尔（Olivier Dord）先生指出的，欧盟内部也面临着如何尊重属于欧共体的国家自己的多样性，又维护文明和政治的统一性问题。如果同属欧洲文明的欧盟各国都有这个问题，那么在具有不同历史文化的国家之间，这一挑战就更加严峻。现代中国的历史，在一定意义上就不断把自己置于文明的发展历程中、走进普通历史的历史。马克思的唯物论观以人类社会的普遍发展规律为原则，认为中国的落后不是因为中国与欧洲在文化上的不同，而是历史发展阶段上的先后之别；80 年代重新开始的现代化运动，也预设了由传统向现代的转化的普适模式，这一历史建构的目的在于把中国置于与欧洲相同的发展路线上并意欲赶超。在全球化浪潮日渐澎湃的今天，我们当然不会拒绝政治民主、市场经济、多元文化这一文明主流，但在此过程中，如何尊重并维护文化多样性，欧盟的理想和实践对中国启发很大。一方面，如果没有多样性，没有自己的文化传统，我们的世界将日趋单调划一，中国人的生活意义也将逐步稀释，人性的深刻性、丰富性也缺乏源泉活水；另一方面，不但德国 19 世纪反西方的"普鲁士道路"蜿蜒曲折地通向奥斯威辛集中营，实际上造成了德国的浩劫，而且"国情特别""国情不同"等也是现代中国夜郎自大、维护非民主体制的一个合理借口。真是进亦难，退亦难，然则何时而不难？则必待遵守经济、政治、文明的共同规则而又守护文化与生活世界的差异性。没有自主性的文化不具对话的资格，不能平等地对待他者的文化也不能进行对话。令我们感觉沉重的是，黑格尔可以通过"扬弃"而轻松地统一普遍和特殊，但我们今天要统一普遍价值和中国特色却绝非易事。前面说过，现代中国的各种政治理想、社会运动、文化风格几乎都有欧洲的起源，但它们在进入中国后又无不打上中国烙印，其间当然不乏现代中国人立足于现实面向世界的创造，同时也有原教旨式的借欧洲观念扭曲中国现实、实用主义地以传统毒素污染欧洲符号的惨剧。现在看来，在多样性问题上，有两点必须注意，一是不能以民族国家为多样性的唯一单元。文化共同体与政治共同体虽然关系密切，却是两个截然不同的概念，现代国家通常具有取消文化自由、以政治统一性强制文化统一性的特点。一些前现代威权国家的文化政策，对内是把某些狭隘的民族利益、阶级利益、集团利益放置在普遍利益之上，或径直把民族利益、阶级利益和集团利益等同于普遍价值并予以"神化"，对外是强调民族国家的特殊性，拒绝全球普适价值。内外贯通，这些国家以一种"特殊"为民族国家的"普遍"而掩护其他任何的"特殊"，其所成就的"国家文化"既无普适意义也无助于维护多样性。所以民族国家不是文化多样性的唯一单元，种族、地域、社群、阶级、性别、世代乃至个体等都是文化多样性的不同单元。二是不能以全球化为多样性的对立面。全球化固然弱化了民族国家的控制职能，但对一个相对封闭落后的专制国家来说，全球化也可能通过缩小国家限制国民的权力范围和深度，释放小群体和个人的自由空间，从而可能增加文化的多样性。一方面，某些普适性的国际惯例和制度的约束力、国际共同体的舆论压力在一定程度上又能够保护或缓和各种针对"异端"和"边缘"的压力；另一方面，全球市场的冲击导致意识形态型国家逐渐放松其强硬的意识形态立场，或冷却其意识形态狂热而实现文化的世俗化、商品化，在一定程度上消解其文化原教旨主义，这就可能为受压制的少数种族文化或同一种族内部亚文化的恢复和重建而挪出一定的空间。在此意义上，全球化不但不与多样化对立，而且打开了此前被国家意志刻意封锁的外部世界的形象和观念，展示了一个广阔的选择空间，使得政治共同体内部原本受到压抑的种种亚文化群体能够在国家控制之外传播自己的文化，在一统政治权威和意识形态内部争得若干缝隙伸展和抬头，进而反抗借国家力量推行的文化、价值和生活方式。在这个意义上，中欧对话首先是为了中国自身的改革和发展。

历时四天的论坛今天结束了，相对于中欧对话这样一个范围广阔而又事关重大的论题，我们的讨论远远不够，尤其是中国方面的专家还不能充分展开中国经验，但短短四天中表达出来的各种观点和意见，已足够我们双方消化相当一个时期，有一就有二，有二就有无数，这是中国的古语，我们期待着第二、第三次中欧文化论坛。奥利维耶·多尔先生说过，每一次接受新成员的时候，欧盟都要走向一个一体化的新阶段。依此推论，每次中欧文化论坛，也将毫无疑问把中欧对话推向一个新阶段。人类生生不息，文明光景常新，不同文明的对话也必将具有永恒的魅力。让我们保持对这四天讨论会的亲切记忆，让我们怀抱对下次论坛的乐观展望。

（2005年10月7日上午在欧华学会、法国梅耶人类进步基金会等主办的"中欧文化论坛"上的发言，收入《辽远的迷魅——关于中德文化交流的读书笔记》，上海教育出版社2008年版。）

2006_年
论"文化政治"

    因为我们经历过高度政治化的时代，所以讨论文化政治问题比较上手。本来，改革以来的中国已经摆脱了"政治挂帅"的理论与实践，相对自主的文化得以部分伸张。但很快，经济化的潮流席卷而来，已经放松的外在制约也明显回潮，文化艺术和人文学术因此而压力重重又多彩多姿。就文化与政治的关系而言，一方面是政治对文化的使用，另一方面是文化内含着政治（即文化政治），但即使是"文化政治"，与一般意义上所说的"政治"也判然有别，充其量也只是知识分子的抗议和批判，它具有政治性质或政治效果，但毕竟不是政治。我们需要讨论的是：知识分子为什么如此热衷于政治，即使是在屡遭政治打压之后？

作为人类经验的核心，文化既是人类行动与思想的产物又反过来塑造着人类的行动与思想，而政治则被视为控制人类命运的一种活动。尽管古今中外都有分离文化与政治的活动与话语，但实际上它们一直在相互缠绕，难分难解，有时干脆合二为一。只是文化并非天生的、永恒的就是政治，只有在某种历史条件下，即当文化陷入一个统治和反抗的过程并成为政治斗争场所的时候，它才具有政治的性质和功能，成为一种"文化的政治"（the politics of culture）。20 世纪 70 年代以来，急剧增长的智能技术、全球通讯和知识经济，不断膨胀的服务部门、消费主义和金融市场中的交换关系，日益崛起的价值体系、社会方向和文化的多元性等，开始有力地重组西方社会的组织制度、生活方式和文化图景，文化与政治的相互渗透和融合进一步加强。一方面，文化已不只是解决政治争论的一种途径，而经常是政治冲突本身的组成部分；另一方面，"后现代"景观下的政治以多样性、多元性和异质性之名抛弃现代政治的单一和同质，通过突出偶然性、临时性、可变性、试验性、转换性和变化性来实现政治的历史化、语境化和多元化，由此形成一种不同于现代政治的"文化政治"（culture politics）。

一、何谓"文化政治"？

从形式上看，"文化政治"就是由宏观政治转向"微观政治"。现代政治理论关注国家、民族、经济等"宏大的叙事结构"，意在改变统治制度结构并干预社会公共领域，其目标是诸如自由、平等、正义这样一些普遍性理想，其方式是一种联盟性和团结性的政治，被压迫的群体借此共同的利益而联合斗争，后现代则倾向于贬低这些宏观范畴并否认普遍进步的标准，将其视野转到了当下的、地方化的以及较为明显的日常生活。现代政治实践把政治变革和激进政治定位在阶级斗争、工厂车间或是国家之上，后现代则定位在微观社会及文化实践之中。现代社会源自对社会的理论建构，认为它依据核心价值上的一致而融合在一起，后现代则想象了一个不固定的共同体，它由许多无共同价值标准的语言游戏组成。总之，现代性的普遍价值没有被抛弃，而是借助特殊价值和一种不可归约的差异性逻辑获得一种新的表达方式，被用以挑战资本主义、政府权力、官僚机构和消费社会的日常生活中的压制性组织。从而"对集体斗争、联合、联盟政治的现代强调，让位于极端碎片化的方式，例如20世纪60年代的'运动'分化为为权利和自由而进行的各种相互冲突的斗争。早先对转换公共领域和统治制度的强调让位于新的、对文化、个人的身份和日常生活的强调，正如宏观政治被局部转换和主观性的微观政治所替代"[1]。微观政治的主要阐释者福柯（Michel Foucault）在研究诊所、学校、兵营、监狱这些通常认为远离政治的社会微观场域时，提出权力是分散的、不确定的、形态多样的、无主体的和生产性的，而诸如国家之类的宏观结构实际上是微观权力领域的衍生物，他提议最好不要从大群体或单一性集团的意义上，不要从阶级或国家这样宏观政治意义上来认识权力，而是从存在于社会各处的权力关系网络的微观政治意义上来认识权力。权力不仅在工厂，也在学校、监狱、医院和所有其他的组织中。德勒兹（Gilles Deluuze）和加塔利（Felix Guattari）两位法国哲学家也认为现代统治以弥散于存在与日常生活所有领域的规范化话语和制度的增殖为基础，而现代理性主义宏观政治恰恰对欲望、文化以及日常生活这些主体被生产和被控制的领域熟视无睹，所以改变人的日常生活就成为具有激进后果的政治行为。"后现代"的这些洞察既是令人压抑的，因为它认为权力充满在所有的社会空间和关系中，同时又是令人愉快的，因为它允许并要求有各种新的斗争形式。

从内容上看，"文化政治"就是从解放政治转向生活政治。"解放政治"是一种力图将个体和群体从对其生活机遇有不良影响的束缚中解放出来的行动，它力图打破过去的枷锁，也力图克服某些个人或群体想支配另一些个人或群体的非合法性统治，它所关心的是减少或是消灭剥削、不平等和压迫。这是一种面向未来的改造态度，是获得"生活机遇"的政治，相应地产生了正义、平等和参与等必须履行的责任。而"生活政治"则假定（一定水平的）解放就是从传统的僵化中以及从等级统治的状况中解放出来，所以改变人们的日常生活就成了具有潜在激进后果的政治行为。英国社会学家吉登斯（Anthony Giddens）认为：

<hr />

1 ［美］斯蒂芬·贝斯特、道格拉斯·科尔纳：《后现代转向》（1997），陈刚译，南京大学出版社2002年版，第362页。

"生活政治并不主要关涉为了使我们作出选择而使我们获得自由的那些条件：这只是一种选择的政治。解放政治是一种生活机遇的政治，而生活政治便是一种生活方式的政治。……生活政治关涉的是来自于后传统背景下，在自我实现过程中所引发的政治问题，在那里全球化的影响深深地侵入自我的反思性投射中，反过来自我实现的过程又会影响到全球化的策略。""生活方式"也即认同政治，它赋予那些受现代性的核心机制所压制的道德和存在问题以重要性，比如学生运动、妇女运动以及自我与身体、生殖、生态、全球系统等问题都是生活政治的主要论题。"生活政治"意义上的政治既是指国家的政府领域中的决策过程，也指用以解决趣味对立和价值观抵触上的争论和冲突的任何决策方式。[1] 如果说现代政治关注于改变经济与国家的结构，而文化政治关注日常生活实践，主张在生活风格、话语、躯体、性、交往等方面进行革命，目的在于推翻特殊机构中的权力与等级，将个人从社会压迫和统治之下解放出来，解放受到资产阶级社会现实性原则压制的创造性精神。

因此，"文化政治"不是指文化可能具有政治功能，也不是指文化革命作为政治革命的先导，而是文化本身就是一种至关重要的权力和斗争的场域，它既可以巩固社会的控制，也使人们可以抵制与抗争这种政治。第一，"文化政治"的"文化"不是阿诺德（Mattew Arnold）/利维斯（Frank Raymond Leavis）传统和席勒（Johann Friedrich Schiller）主义的那种普遍性的力量、共同人性、共享的价值观，而是从抑制特殊、逾越鸿沟的普遍性力量转成为冲突的地带和斗争的场所，是对一种特殊身份——国家的、性别的、种族的、地域的——的肯定而不是超越。这就是萨义德说的："文化不但不是一个文雅平静的领地，它甚至可以成为一个战场，各种力量在上面亮相，互相角逐。"[2] 第二，"文化政治"的"文化"不是先验存在的本质的表达形式，而是创造新的本质、新的社会形式、新的行为和思考方式、新的观念的社会和物质的力量，对"命运""自然""社会现实"这些似乎预先存在的东西进行重组，可以维护也可以质疑政治惯例、道德规范、社会实践和经济结构。第三，"文化政治"的"文化"不是反映现实的镜子或建基

---

1 [英]安东尼·吉登斯：《现代性与自我认同》（1991），越旭东等译，三联书店1998年版，第251—252页。

2 [美]爱德华·W. 萨义德：《文化与帝国主义》（1993），李琨译，三联书店2003年版，"前言"第4页。

于经济/政治的"副现象",而是在建构我们对现实的感受方面有着重要的作用,形象和符号就是我们所拥有的唯一的现实,随着文化大规模地扩展、渗透到生活的各个方面,文化的政治潜能也获得新的实现空间。要言之,文化不再是普遍的观念性存在,而是物质实践、政治斗争的一种形式。

二、文化政治的范例

以"微观化""生活化"为特征的文化政治领域众多,主题繁杂。其中比较容易概括的,一是"再现的政治",二是"话语政治",三是"认同的政治"。

再现政治(Politics of representation)。莎士比亚就提出了叙事的力量问题。哈姆莱特临终前对他的朋友霍拉旭说:"你倘然爱我,请你暂时牺牲一下天堂上的幸福,留在这冷酷的人间,替我转述我的故事吧。"[1]哈姆莱特清除了一个恶棍,世界却依然"冷酷",他相信他的故事对那些继续斗争的人会有帮助,而且这个故事只有通过霍拉旭的话语才能产生其扬善惩恶的力量。英国学者汤普森(John B.Thompson)指出:叙事是意识形态运作的基本模式之一。比如"对合法性的一些要求也可以通过叙事化的谋略来表达:这些要求包罗在描述过去并把现在视为永恒宝贵传统一部分的叙事之中。有时,传统确实被制造出来以产生一种社群归属感和一种超越冲突、分歧、分裂经验的历史归属感。这些叙事是由官方编年史家和个人在日常生活中述说的,其作用在于为掌权者行使权力作辩护,在于使无权的其他人顺从。讲话、纪实、历史、小说、电影被制作成叙事材料,用以描绘社会关系并提示行动结果,使之确立和支撑权力关系。"[2]马克思在分析法国小农为什么会拥护拿破仑三世时指出:农民是由许多单个马铃薯集合而成的"一袋马铃薯","他们不能以自己的名义来保护自己的阶级利益……他们不能代表自己,一定要别人来代表他们。他们的代表一定要同时是他们的主宰,是高站在他们上面的权威,是不受限制的政府权力,这种权力保护他们不受其

---

1 [英]莎士比亚:《哈姆莱特》,朱生豪译,《莎士比亚全集》九,人民文学出版社1991年版,第142—143页。

2 [英]约翰·B.汤普森:《意识形态与现代文化》(1990),高铦译,译林出版社2005年版,第69页。

他阶级侵犯，并从上面赐给他们雨水和阳光。所以，归根到底，小农的政治影响表现为行政权力支配社会"[1]。文中的"vertreten"即英文"representation"，意为"再现"或"代表"。当代文化研究一般认为，没有完完全全的"代表"，只有充满虚构与错误的"再现"；没有客观逼真的"反映"，只有按照一定的方式建构现实的"再现"。霍尔（Stuart Hall）说得最干脆："再现是一个非常不同于反映的概念。它意味着结构化与形塑，选择与呈现的积极运用，不只是传送既存的意义，而是使事物产生意义的积极劳动。它是意义的实践与生产——后来被定义为'表意的实践'。"[2]在宽泛的意义下，"文化"就是"再现"。"再现"不是一个语言／表达能力问题，而是一个权力问题。美国学者约翰·费斯克（John Fiske）认为，再现是建构不同于统治结构所推行的意义、快感和社会身份的一个重要领域："再现是使世界的意义合乎自己的利益的手段，是'赋予抽象的意识形态概念以具体的形式（即不同的能指）的过程。这是一个使意识形态物质化，从而自然化的过程，是一个高度政治性的过程，包含着赋予世界及人在其中的位置以意义的权力。"[3]无权者不能"再现"自己，他（她）们只能由权势者来"再现"，英裔美国学者佳亚特里·斯皮瓦克（Gayatri C.Spivak）的一篇文章的题目就是"底层人能说话吗？"。在男权中心的传统之下，女性的形象、特性通常是由男性来塑造的；而殖民地国家的历史文化，也主要是由殖民国作为"他者"来再现的，如"女人是温柔的"，"黑人是懒惰的"，等等。在激进的文化研究者看来，像阶级、性别、种族这些"政治领域"都是在再现与错误再现、统治与从属的意识形态斗争中建立起来的。不是"再现"与政治有关，而是这一行为本身就是政治。所谓文化生产中的政治斗争，说到底就是那些处于社会边缘的受压迫、受排斥、受统治的"边缘"群体的反文化霸权斗争，就是用一种对于自身及自身与他者的关系的更加真实、更加正确的"再现"来取代统治阶级和主流文化对

---

1 ［德］马克思：《路易·波拿巴的雾月十八日》（1851），《马克思恩格斯选集》第1卷，人民出版社1995年版，第693页。

2 ［英］斯图尔特·霍尔：《意识形态的再发现》（1984），黄丽玲译，薛毅编：《西方都市文化研究读本》第1卷，广西师范大学出版社2008年版，第102页。

3 ［美］约翰·费斯克：《大众经济》（1987），戴从容译，陆扬等选编：《大众文化研究》，上海三联书店2001年版，第142页。

自身错误的或歪曲的"再现"。于是，越来越多的被压抑的历史浩荡涌出，被排斥的文化生活和行为被打捞出来，以"文化研究"之名发起一场文化上的反抗。不但下层阶级的生活和行为成为文化研究的主题，20世纪80年代后，在人类学、心理学的支持下，性别、种族问题又成为文化研究的中心议题。在全球范围内，则是对国际不平等关系是如何被文化"再现"出来的过程的分析。从法朗茨·法侬（Frantz Fanon）的"善恶对立寓言"到爱德华·赛义德（Edward·Said）的"东方主义"，文化研究深入发掘了西方文化中的"东方"并非作为真实历史存在的东方的可靠"代表"，而是欧洲东方主义者想象的或构造的空间，是一种知识编码和制造，意在以文化上的"他者"来陪衬自己的优越。"在殖民者看来，黑人既不是安哥拉人，也不是尼日利亚人，因为他只说'黑鬼'。对殖民主义而言，这个辽阔的大陆是野人出没、迷信和狂谵盛行的地方，是个注定让人鄙视、让上帝诅咒的食人生番横行的地方，简言之，黑鬼之乡。"[1]"东方似乎并不是熟悉的欧洲世界向外的无限延伸，而是一个封闭的领域，欧洲的一个戏剧舞台。""像'东方'和'西方'这样的词没有与其相应的作为自然事实而存在的稳定本质。况且，所有这类地域划分都是经验和想象的奇怪混合物。就英国、法国和美国通行的东方概念而言，它在很大程度上来自于这样一种冲动：不仅对东方进行描述，而且对其加以控制并且在某种程度上与其对抗。"[2]

话语政治（discouse politics）。话语政治的观念可以明确地追溯到苏联理论家巴赫金（Mikhail Bakhtin）。在写于20世纪上半叶的论著中，巴赫金认为语言是社会性的，这不只是因为人们是一个语言共同体的成员，这个共同体基于对语言学程序的共同理解而建立的，这更是因为语言浸透在意识形态之中，为特定时期权力、政治、文化等多方面的其他力量所渗透。在语言实践中，一种语言共同体根据地位、职业、代际等划分为不同的"社会—意识形态的"语言，语言的多样性表明它是社会斗争的场所。所以一种语言共同体同时也是持续冲突的共同体，一方是向心的"一元化语言"，它是国家制度的产物，能够将口头—

---

1 [法]法朗茨·法侬：《论民族文化》（1967），马海良等译，罗钢等编选：《后殖民主义文化理论》，中国社会科学出版社1999年版，第279页。

2 [美]爱德华·赛义德：《东方学》（1978），王宇根译，三联书店1999年版，第80、426页。

意识形态的思想统一起来并形成中心；另一方是离心的"杂碎的"的语言，它向着主导的语言秩序的碎片化或颠覆的方向发展。单一语言与杂碎语言的区分，相应于也融合了"独白语言"与"对话语言"、"官方"与"非官方"话语的对立。巴赫金认为：

> 符号中反映的存在，不是简单的反映，而是符号的折射。意识形态符号中的对存在的这种折射是由什么决定的呢？
>
> 它是由一个符号集体内不同倾向的社会意见的争论所决定的，也就是阶级斗争。
>
> 阶级并不是一个符号集合体，即一个使用同一意识形态交际符号的集体。例如，不同阶级却使用同样的语言。因此在每一种意识形态符号中都交织着不同倾向的重音符号。符号是阶级斗争的舞台。
>
> 意识形态符号的这种社会的多重音性是符号中非常重要的因素，其实正是由于重音符号的这种交织，符号才是活生生的、运动的，才能发展。一个符号被排除出紧张的阶级斗争，仿佛站在阶级斗争的一旁，就必然会衰微，退化成一种寓意，成为语文学的客体，而不是活生生的社会意义的符号。……
>
> ……统治阶级总是力图赋予意识形态符号超阶级的永恒特征，扑灭它内部正在进行着的社会评价的斗争，使它成为单一的重音符号。[1]

在巴赫金的深刻影响下，当代话语理论强调，话语并非产生于一个权力和意识形态的真空中，而是由一个社会体系的经济和政治结构产生的物质条件所形成并复制着这一物质条件，它通过明确表达一个自身内部连贯的意义和它所描绘的世界来帮助再现这一物质条件，建立、维护和改变权力关系及权力关系实体，成为权力与等级制度的再生产机制。话语由社会所构成并受到社会结构的限制，同时又有助于社会身份、社会关系、知识和信仰体系的建构。话语即权力。比如，话语可以把一种封闭意识施加在它所建立的现实之上，突出对世

---

1 ［苏联］B.H. 沃洛希诺夫：《马克思主义与语言哲学》（1929），巴赫金：《周边集》，李辉凡等译，河北教育出版社1998年版，第365页。

界的某些体验而隐匿其他的体验过程；可以把"确定性"意识强加于社会行动者的世界，同时遮蔽现实由多种因素确定的方式；也可以把序列强加于现实之上，从而模糊这一现实为主要的群体利益所驱动的程度，等等。赛义德指出：女权主义和妇女研究、黑人或种族研究、社会主义和反帝国主义研究，所有这些都依赖于一种话语伦理："把从前无代表或错误地被代表的人类团体的权利作为出发点，在政治和知识上过去将其排除在外、盗用其指意和再现功能、否认其历史真相的领域，为自身辩护并表现自身。"[1] 话语政治的重要形式之一是"后殖民主义"。赛义德对发端于19世纪西方"东方学"（一译"东方主义"）讨论的中心就是话语如何调动政治权力的问题以质疑这种文化研究的内在矛盾和困境。他发现，"东方学"（Orientalism）中虚构了一个与西方（Occident）有本体论的差异东方（Orient），"东方"不是西方的对话者，而是西方为自己的经济、政治、文化利益将东方打碎后按西方的趣味和利益重组一个容易被驾驭的"单位"。虽然在历时两百多年的时间中这种话语的策略发生了很大改变，但其中心神话却没有变化，这就是东方文化是一种发展受阻的文化。所以，"东方"并非一种自然的存在，而是在帝国主义扩张的过程中，西方为着自己的经济、政治、文化利益而构造出来的一种话语，一种"想象的地理学"。"东方学"也不是装饰性的话语，更不是无能的表象，相反它产生出一系列进行干预的戒律，包括政治、经济、军事、宗教、管理等各个方面，为帝国主义统治服务。东方学是一种知识／权力运作的结果，是一种文化与政治的现实。在赛义德看来，这意味着作为一种权力和控制形式的"东方学"没有消除民族主义和宗主国中心主义的偏见去解释人类文化的总体体系，而是通过对东方的文化研究参与着种族歧视、文化霸权和精神垄断。推而广之，如果不研究其力量关系特别是权力结构，观念、文化和历史这类东西就不可能得到认真理解。

认同的政治（politics of identity，一译"身份的政治"），是指对于个体／社会的认同与相关政治理念、政治实践的有机联系。亨廷顿（Samuel P. Huntington）对美国文化多元主义的批判就是基于"认同政治"的理念。认同，也即"我是谁"

---

[1] ［美］爱德华·W. 萨义德：《东方主义再思考》，曹雷雨译，罗钢等主编：《后殖民主义文化理论》，中国社会科学出版社1999年版，第5页。

的问题，有一个长长的历史。从语源上说，认同包括两组且潜在地相互对立的含义：它标示着单个个体或群体而言独一无二的东西；它也界定了对于一个群体和组成该群体的个人而言具有共同性的东西，它意味着这些人所共享的共同性。在当代社会，认同三重性（社会性别、种族和阶级）也正是三种政治议题。越来越多的经验表明，在我们生活的这个时代，个人认同的寻找及个人命运定向的私人体验本身，都变成了一种主要的颠覆性政治力量。越来越多的理论认为：一切当前的斗争，全都围绕着一个问题，即我们是谁？诸如"谁说话"？谁有权对文化发表意见？谁的声音被边缘化了？谁的（哪种形式的）愉悦得到支持？谁的（哪种形式的）愉悦被认为是毫无意义的、腐朽的甚至危险的等，都被认为具有确定的政治含义。20世纪60年代的"学生运动"已经对不同领域和层次统治权力——性别、种族、大学的等级结构、殖民统治、美国在越南的帝国主义、工作异化和日常生活中的压制性组织等提出挑战，到70年代，此一"运动"很快分裂为包括女权主义、黑人解放、男女同性恋、和平与环境组织等"新社会运动"，各自为他们自身利益而战。80年代后，"新社会运动"已远离一般社会、政治、经济问题而转向关注文化和个人身份的斗争，各种边缘化的群体都以之来言说他们立场的特殊性，并强调他们与其他团体与个人的差异。"针对文化的全球化，人们竭力抗争，以保护和提升民族的认同性；针对那些被迫接受的现代国家的认同性（常常是帝国主义的产物），个人和群体就从宗教、族群和地域等方面来构建认同性，以反对以往的国民认同性；针对所有的集体认同性，其他的个体就试图打造其自身的认同性。"[1]虽然阶级肯定是一种主要的身份形式，但身份政治典型地被界定在与阶级政治相反的地位上，有色人种、女人、同性恋、有障碍者开始重新划定其疆域，他（她）们认为只要我们能够认识到那些塑造我们之主体性的各种话语与主体立场，我们就有能力去发现那些禁锢着我们的思想和行为的多重束缚，发现那些应力争铲除的压迫性话语与主体立场，进而建立新的政治团体，为各种各样的运动和团体提出关键问题，着手创建出一种多议题的政治运动。认同政治的重要形式是性别政治（Sexual politics）。在女性

---

1 ［美］道格拉斯·凯尔纳：《媒体文化——介于现代与后现代之间的文化研究、认同性与政治》（1995），丁宁译，商务印书馆2004年版，第438—439页。

主义看来，性别、主体性等都是在社会历史中形成的，有关身份的本质主义是一种神话。现代性假设了一种作为人类构成要素的普遍本质，并将在社会历史和文化传统中形成的男性特征和活动（理性、生产、权力意志等）推崇为人类的本质，男性成为典范，而女性则成为附属。尤其是大写的"人"（Man）字直接掩盖了男女之别，支持了男性对女性的统治。女性主义要追问："妇女"是如何在不同的对话过程中被建构为一个范畴的？性别差异如何在社会关系中造成了特定的差别？依附关系如何通过这样一种差别被建构起来？它的目标是通过斗争，反抗那些使"妇女"范畴在其中被置于依附地位的多种多样的形式，创造有效的妇女平等条件。为此，女性写作尝试使用新的词语、新的拼写、新的语法结构、新的意象和比喻，以及一些"文字游戏"（wordplay），旨在超越父权语言的成规，揭示被传统经验研究掩盖了的性别问题，关注传统经验证明中女性"经验的缺失"。

三、文化政治的非政治性

文化政治渊源于西方历史上文化与政治的深刻联系，它回应了当代西方的社会文化变化，在政治思想上强调了重建社会、文化、主体和理论的必要性，在法律和经济模式之外对权力和斗争作了新的思考，为社会改造提供了新的主体、运动和策略，不仅拓展了政治对抗的空间，而且增加了反抗主体与群体的数量以及反抗的机会。但文化政治只是当代政治的一种形式，而不可能是政治的全部领域。

从理论上说，文化政治的后现代主义根源是对"外在实在"的否定。由于后现代主义否认任何种类的独立于个体精神过程和主体间沟通的实在观念，因而在解释一切社会现象时，它所关注的就不是现实，而是各种隐喻性的谈论"现实"的方式。这种置换的逻辑是：在解构语言所指过程中把语言本身当成实在，所指的实在性只是在语言的上下文中确立起来的，话语最终被赋予超越制度性生活的特权，以致宏观的经济与政治结构从视野中消失了。这种唯心主义思路在政治问题上无法贯彻到底，后现代的文化政治事实上总是超出文本上下文关系和话语范围去谈论社会的本质和变迁，对客观的、可观察的、可触知的、可控制的空间提出了质疑和挑战。面对这些他们无法回避的实在问题，这种回避态度恰恰表现出他们对现实权力结构的无能，因为他们否定了建立新的合理权力替代不合理的现代权力的可能性。进而，文化政治的极端主张实际上导致政治的解体。以福柯的权力概念为例，就有论者认为："一方面，他采用的权力概念容忍他不去谴责现代性的任何不良特征；另一方面，他华丽的修辞泄露出，他已经判定了现代性的缺陷是无可挽回的。显然福柯需要并且迫切地需要的是把可接受的权力和不可接受的权力区分开来的规范尺度。"但福柯没有提出任何替代性概念。[1] 把一切都视权力的后果恰恰可能取消进行批判的基础。"如果所有的事物都能从政治来理解，那么，在对抗政治学看来，这常常等于说，再也没有什么东西真正或有效地具有政治性。"[2] 事实上，即使在后现代条件下，仍然存在着体验的共同基础、共同利益关系和不同群体共同遭受到的压迫形式。"各种群体和个人都遭受着资本主义经济与国家的剥削和压迫，这一事实提供了把无数受压迫社会群体团结起来的根本性的共同支点。尽管妇女、工人、黑人、亚裔人、男女同性恋者等所遭受的压迫不能被还原为经济条件，但是只要他们仍然生活在资本主义社会中，他们就必然都受到这些经济条件的制约。"[3] 相应地，话语并非只是再现其所处的居支配地位的权力关系，它还具有潜在的转换性和构造性，能够在它的解释和人们体验的世界之间形成一种裂痕，可以成为一种作为社会行动者借以改变对他们所处的社会结构认识的工具。比如，在"后现代"的挑战面前，哈贝马斯（（Jürgen Habermas）仍然可以构思以"普遍语用学的有效性要求"为标准的话语伦理学，论证在理想的言语情境下，真正的共识是有可能获得的，它可以与虚假的一致意见区分开来，因此话语行动并不都是权力意志或意识形态。如果结合现代文化的独立性来看，文化政治论对文化与政治之间的疏离、差异没有给予应有的重视。美国学者波特（Dennis Porte）在评论萨义德时指出："萨义德是从一大批文本中发现有霸权的统一性的，而这些文本实际上复

1　[法] 南希·费雷泽：《福柯论现代权力》，李静韬译，汪民安等编：《福柯面面观》，文化艺术出版社2002年版，第142页。

2　[美] 史蒂文·康纳：《后现代主义文化》（1997），严忠志译，商务印书馆2002年版，第346页。

3　[美] 斯蒂芬·贝斯特、道格拉斯·科尔纳：《后现代理论》（1991），张志斌译，中央编译出版社1999年版，第372页。

杂多样，这就提出了在上层建筑领域内文学例证的特殊性问题。这类文学作品不同于政论性小册子或者政治家们的回忆录，它们具有内在的疏离意识形态的潜能，对此萨义德没有予以考虑。"[1]"文化政治"既不能覆盖全部政治领域也不能囊括全部文化领域。在充分认识到文化与政治日益加深的互动且越来越多地交叉重叠的前提下，我们仍然可以对它们作分别研究。

　　从实践上看，作为对所有权力都源于国家这一观点的矫正，强调权力关系的多元性和分散性是必要的，但如果因此而夸大导致统治性的不同场域的自主性，忽略国家在协调不同权力关系场域方面的功能，就可能无视许多更为紧迫的政治论争，如罢工、反战示威、反腐运动等，它们并非与文化毫不相干，但文化对它们并不那么重要。文化政治固然重要，但它只有在社会整体性变革中才能获得真正意义。如果"没有这个重点，文化政治和身份政治就依然限制在社会边缘，并且处在退化到自恋、快乐主义、唯美主义或者个人治疗的危险之中，……在这种情况下，政治仅仅是个人化的"，甚至被界定为无关痛痒的"风格政治"（politics of style）和个人认同。[2] 当代社会确实产生了庞大的权力结构，它目前渗透在社会存在的每一个方面，包括职业、家庭、性，以及日常生活的全部，政治不能没有文化的参与，但正因此，"如果统治结构体现在一系列等级制度、商品化社会和压制人类需要的社会安排中，那么，只有普遍的、影响深远的变革过程才能成功地推翻这一过程的整体结构"[3]。比如身份政治，它本身并不必然使人们进入公共领域，从而使他们面对面地讨论物质条件和社会变革问题。认同问题如果过分碎片化，就只能关注一个特定的群体经验和政治争端，甚至进一步分解为独特的亚群体，使政治所必需的联盟、共识、妥协成为不可能。并非文化研究者的德伯（Charles Derber）以美国为例指出：认同政治"把拥有共同目标的社会群体分裂为若干阶层，并且创造了一种政治理念——这种政

---

　　1 ［美］丹尼斯·波特：《东方主义及其问题》，黄开发译，罗钢、刘象愚主编：《后殖民主义文化理论》，中国社会科学出版社1999年版，第47页。

　　2 ［美］斯蒂芬·贝斯特、道格拉斯·科尔纳：《后现代转向》（1997），陈刚译，南京大学出版社2002年版，第372页。

　　3 ［美］卡尔·博格特：《政治的终结》（2000），陈家刚译，社会科学文献出版社2001年版，第210页。

治理念使得任何有关社会公益的观点都似乎成了一种愚蠢的危险品"[1]。身份政治并不能导致社会中阶级和权力关系的变更,无视或轻视这一点,把权力和统治分解为多元的、无固定界限的制度、话语和实践,固然提供了一种比经典阶级斗争理论更为复杂的当代社会模型及其统治模式,但也容易低估资本和国家这些主要的、仍在发挥着重要力量的统治力量,掩盖资本主义在当代社会组织形式的生产和再生产中持续的建构作用,难以把握资本主义的社会中的各种基本力量和统治模式。例如,尽管许多后现代理论正确地指出了媒介体与信息的力量,但它却低估了统治集团支配和影响这些新生社会力量的程度。很显然,"如果认为一个国家的政治和经济机构的权力在于对文化的压制,因此一旦这种压制一扫而光之时,这种权力便会转到其他人的手中,甚至会改变其本质,那就大错特错了"[2]。

人类还没有完全走出现代。虽然后现代主义、新社会运动和文化政治在某些方面确实在挑战现代性,但全球性权力结构及其对官僚机构和科学技术的依赖也完全可以说是现代性的新阶段;文化、生态、健康和性领域的反霸权话语已经进入公共领域,但广泛的民众参与、社会正义和社会治理的普遍形式也没有退出公共领域。完整的政治需要将革命政治的团结、联合、共识、普遍正义和制度斗争与后现代的差异、多元、多维透视、身份、话语政治结合起来,微观政治与宏观政治、生活政治与解放政治应当结成真正的同盟。用吉登斯的话说:"解放政治不会走向死路,因为生活政治会要求获得更多的整体政治议事日程;实际上,所有的生活政治问题也会出现解放政治的那种问题。在晚期现代性中,对自我实现途径的需要,本身变成了更一般的不平等的阶级分化和分配的主导核心之一。作为现代性扩展中的巨大驱动之一的资本主义,便是一种阶级的体系,这一体系在一个全球化的范围中以及在寻求经济发展的社会中,都会促进派发主要的物质不平等。因此,有助于减轻'自由的'资本主义市场的极化效应,直接地是与对生活政治的竭力追求相关联的。"[3]没有对构成性别和种族斗争

---

1 [美]查尔斯·德伯:《公司帝国》(2000),闫正茂译,中信出版社2004年版,第322页。

2 [美]戴维·斯泰格沃德:《六十年代与现代美国的终结》(1995),周朗等译,商务印书馆2004年版,第274—275页。

3 [英]安东尼·吉登斯:《现代性与自我认同》(1991),赵旭东等译,三联书店1998年版,第267页。

的文化实践的政治经济基础及语境的分析，就不能理解围绕着性别、种族所进行的斗争的起源、形式和利害关系，说到底，文化政治只是当代政治的一种形式，文化之外，政治系统仍然在权力、制度、经济利益等领域展开。

（2004 年 9 月稿，原载《天津社会科学》2006 年第 3 期）

2007年

纯粹的艺术与不纯粹的世界

奥地利作家茨威格的自传《昨日的世界——一个欧洲人的回忆》，不但文字精美如泣如诉，而且通过回溯 19/20 世纪的转换，提示了 20 世纪种种灾难的根源：国家权力的强化，个人自由的丧失。对非专业读者来说，茨威格丰富细致的个体经验，可以提供无数政治学和历史书所没有的真切感、具体性。比如，由音乐家理查·施特劳斯陷入政治旋涡这一事件，我们可以联系到德国文化的一个根本矛盾：音乐杰作与专制暴政并行不悖，伟大艺术并未刻意遮蔽极权主义，它们同时存在且共生共荣。对德国文化艺术的观察，不能停留在其高雅文化和伟大艺术自身，还要看到与之紧密相连的专制政治、暴力行为乃至种族屠杀。对文明的反思，不能满足承认它还存在着暴力，而应当探究文明与暴力之间的真实关系。

19世纪初，德国诗人歌德（Johann Wolfgang von Goethe）写过一首小诗《憧憬》："是什么迷住我／引我去外边？是什么缠住我／要离开家园？／瞧那边的白云／绕山岩飘浮？／我心想去那边，／我真想前去。"这一"憧憬"使歌德在逼仄庸俗的生活中创造出一个理想的境界。对于那些有着文化艺术传统的人来说，没有了相对独立的文化艺术，人生是多么的难捱！德国人是善于逃避的，科学、哲学与文艺，是他们经常用以摆脱日常环境影响的方式。作为一种心理体验，在艺术与审美的境界中摆脱实际生活中的困扰，无疑是真实的。但艺术的逃避需要条件，在政治尚未完全主导生活的18、19世纪，可以产生歌德，而在政治权力可以严密控制社会生活时，艺术的逃避就有一定限度。艺术和审美的价值部分地存在于它们与现实的对立。但真正强有力的，仍然是现实的规范和强制。在纳粹德国，我们看到的更多是艺术对现实的无奈。

作曲家、指挥家理查·施特劳斯（Richard Strauss）是晚期浪漫主义音乐的主要代表之一。1888年，施特劳斯的名字随交响诗剧《唐·璜》而传遍世界，此后更以《莎乐美》《玫瑰骑士》《厄勒克特拉》等征服了歌剧舞台，是"纯德意志血统音乐家的伟大后裔中最后一位"。施特劳斯也是伟大的指挥家：在柏林皇家歌剧院首席指挥席上，他以其高雅的、几乎超人的指挥风格指挥了大量作品。仅1898年的第一个音乐节，他就指挥了25部不同的歌剧，共71场演出。当时世界上没有一个在世的音乐家能够在音乐活动的强度与活力方面与他相比，而从当时的社会状况来看，施特劳斯也是个真正的"成功人士"。音乐史家理查德·A.列奥纳多（Richard Anthony Leonard）指出："这个音乐家首先是个在现实世界中生活的人：有教养，对自己的社会声望充满信心，为自己的艺术感到骄傲。此外，他也很富有，因为他的作品在世界各地的广泛传播很快地为他带来丰厚的版税。施特劳斯与过去许多作曲家的差别实在令人吃惊。巴赫是一个可怜的教堂领唱者，海顿和莫扎特的社会地位仅仅相当于仆人或穿号衣的侍从，贝多芬和舒伯特都只能住在维也纳贫穷的公寓里。如果他们看到富足的施特劳斯能与他们时代中任何贵族相媲美，他们肯定会惊诧不已的。在欧洲战前的伟大时代，他与大多数最著名的科学家、教育家、政治家和军事家们并驾齐驱，而且，整个德意志民族都为他感到骄傲。音乐界的人物终于得到了自己应得的一切。"[1] 施特劳斯是幸运的，他属于了"欧洲战前的伟大时代"。

但施特劳斯也是不幸的，他的后半生遭遇了纳粹。

对于意在对德国社会文化生活实施总体性控制的纳粹来说，施特劳斯的显赫地位和巨大声望是必须拉拢、俘获并为之所用的。1933 年 11 月 15 日，纳粹在宣传部的下面设置了一个官方机构"帝国音乐协会"。纳粹意识形态总管戈培尔（Paul Joseph Goebbels）根据希特勒的指示，在未与施特劳斯本人协商的情况下，任命他为协会主席（指挥家富特文格勒为副）；1934 年 6 月 11 日，施特劳斯 70 岁大寿，希特勒和戈培尔都拍了贺电：向伟大的作曲家理查·施特劳斯表示诚挚的敬意。投桃报李。1933 年初，原计划出任柏林管弦乐队指挥的布鲁诺·瓦尔特（Bruno Walter）受到威胁，未能指挥，施特劳斯前往指挥；1933 年 6 月，意大利指挥家托斯卡尼尼（Arturo Toscanini）拒绝到拜洛伊特指挥以表示政治抗议，施特劳斯知难而上，在拜洛伊特指挥瓦格纳的《帕西发尔》和《纽伦堡的名歌手》，表明自己对新生的纳粹政权的支持；1936 年 8 月 1 日，第 11 届奥运会在柏林开幕，施特劳斯身着白衣，指挥一个由 3000 人组成的合唱团演唱了德国国歌、纳粹党歌后，最后演唱专门为奥运会创作的《奥林匹克颂歌》以迎接柏林奥运会，希特勒对作曲家的这一合作深表满意；1938 年创作的歌剧《和平日》获得最高国家元首奖。施特劳斯的合作者、作家茨威格（Stefan Zweig）就此说道："当时不但最优秀的作家们，而且那最著名的音乐家们都愤怒地对纳粹分子嗤之以鼻。那些与纳粹分子沆瀣一气或投奔纳粹的少数人，在那些最广泛的艺术家圈子里不过是无名小卒。在那样一个难堪的时刻，这位德国最有名气的音乐家竟公开倒向他们一边，从粉饰现实意义上说，他给戈培尔和希特勒带来了不可估量的好处。"[2] 这话或许过头：并不是所有优秀的作家、音乐家都对纳粹分子"嗤之以鼻"，施特劳斯的行为并不孤立。不过施特劳斯确实过于顺从。

然而，也就在 1933 到 1936 年期间，施特劳斯已与纳粹发生冲突。他之所以与纳粹往来，既非基于意识形态的认同亦非出于追逐私利的需要，而仅仅是实用

1　[美]理查德·A.列奥纳多：《音乐之流》（1943），文朴译，商务印书馆2004年版，第494页。

2　[奥]斯蒂芬·茨威格：《昨日的世界———一个欧洲人的回忆》（1944），舒昌善等译，三联书店1991年版，第413页。

主义与利己主义的权宜之策，他毕竟是音乐家，对纳粹的种族主义从根本上说不是相信的。纳粹上台后，迅速推出一系列排除犹太人法律，首先是排除出法官、律师、教师和行政机构的岗位，接下来是排除出评估员、陪审员、商业法官、专利律师、与国家保险机构相关的医生、牙医、牙科技师、大学教师、公证人等专业岗位，最后排除出艺术、文学、戏剧、电影、新闻、出版等文化娱乐领域。这种排除一方面剥夺了犹太人权利和生存机会，另一方面也对相关专业领域带来巨大的损失。施特劳斯与纳粹的分歧集中表现在他与犹太作家茨威格的关系上。施特劳斯对合作者要求甚苛，在当时欧洲作家中，只有两个人能够写出与施特劳斯的音乐理想及个人趣味相匹配的歌词，这就是诗人雨果·冯·霍夫曼斯塔尔（Hugo von Hofmannsthal）和茨威格。当前者于1929年去世后，施特劳斯竟感到要与歌剧告别了。是茨威格的出现，是他与茨威格合作成功的《沉默的女人》，使之重新成为歌剧作曲家。但茨威格完成脚本后两天，希特勒走进了德国总理府，反犹浪潮滚滚而来。施特劳斯的剧作者（霍夫曼斯塔尔、茨威格）、出版商、儿媳妇与孙子都是犹太人，他当然不能接受反犹政策。1935年6月《沉默的女人》演出前，施特劳斯住在旅馆，突然想到要看看海报清样。当他看到上面删除了茨威格的名字，他非常愤慨，当即拿起笔，加进了茨威格的名字（原来底稿上有茨威格的名字，后来被盖世太保偷偷删掉了）。他声称，除非贴出去的海报重新把茨威格的名字印上，否则他不会参加首次公演。纳粹当局在开了一连串会议后，作了妥协，破例允许歌剧上演，但希特勒和戈培尔都不出席首场公演，同意加上茨威格名字的剧院负责人不久也被解除了职位。

茨威格认为，把从不过问政治的施特劳斯与纳粹联系起来的根本原因，还是艺术。希特勒还在维也纳流浪时，就看过施特劳斯的《莎乐美》；在希特勒贝希加登（Berchtesgaden）的别墅贝格霍夫（Berghof）的节日晚会上，除了瓦格纳（Richard Wagner），就是施特劳斯。希特勒尊敬他，他也没有必要拒绝希特勒。"……当阿道夫·希特勒上台之时，我们的歌剧《沉默的女人》第一幕的钢琴总谱已全部完成。可是几个星期后，当局下令，严厉禁止在德国舞台上演出非雅利安人的作品或者有一个犹太人以某种形式参与的那些作品。……我以为理查·施特劳斯自然会放弃和我继续合作而和别人另搞一部作品。可是他并没有这样做，他给我写了一封又一封的信。相反，倒是他在提醒我，说我应该为他的下一部歌剧准备歌词，因为他当时正在为第一部歌剧配乐。……当然，他也采取了一些预防措施，但对我来说自然是格格不入——他接近权贵，常常和希特勒、戈林（Hermann Goering）、戈培尔等纳粹要人晤面，当指挥家富特文格勒（Wilhelm Furtwängler）还在公开对抗希特勒的时候，他竟接受了纳粹的国家音乐局总监的任命。"其次是家庭生活上的考虑，他的儿子娶了一个犹太女子，他害怕他最喜欢的孙子被学校赶出来，他原来的合作者霍夫曼斯塔尔是非雅利安人，他的出版商也是犹太人，"他觉得，给自己找一个靠山是越来越迫切了，于是坚决地迈出了那一步"[1]。茨威格是对人类行为，特别是杰出人物的心理有极准确的把握的作家，以他对施特劳斯理解之深，此论当是最有权威的。

如果不考虑施特劳斯保护家人的"自私考虑"，茨威格此论的重要性在于，他指出了一个纯粹艺术家与政治的特殊关系："对他任何时候都真诚、执着信奉艺术唯我主义来说，哪一个政权对他都一样。"[2]施特劳斯只是一个音乐家，对世俗政治毫不关心。他可以为德国皇帝服务，也担任过维也纳宫廷乐队指挥，还是魏玛共和国最受欢迎的音乐家，当然也就不会怀疑"第三帝国"会没有自己的音乐。因此，施特劳斯不认为自己在纳粹德国指挥了几场音乐就是在投身政治。1935年6月17日，施特劳斯致信茨威格，说明自己的动机：

你觉得我历来所为是由我是个"日耳曼人"的思想指导的吗？你认为莫扎特是作为"雅利安人"作曲吗？我只知道两种人：有天分的人和没有天分的人。人们只有在成为观众的那一刻在我看来才算存在。至于他们是中国人、巴伐利亚人、新西兰人还是柏林人我则漠不关心。……谁告诉你我投身政治了？就因为我取代布鲁诺·瓦尔特指挥了一场音乐会？我是看在管弦乐队的份上才去干的。因为我替代了托斯卡尼尼？那是我看在拜洛伊特的分上才去干的。这些与政治无关。街头报纸怎么解释我的所作所为跟我没关系，也跟

---

1 ［奥］斯蒂芬·茨威格：《昨日的世界——一个欧洲人的回忆》（1944），舒昌善等译，三联书店1991年版，第412—413、414页。

2 ［奥］斯蒂芬·茨威格：《昨日的世界——一个欧洲人的回忆》（1944），舒昌善等译，三联书店1991年版，第413页。

你没关系。因为我就任"帝国音乐协会"主席？我是出于好意才当的，为避免更大的灾难才当的！[1]

这封信被盖世太保截获并呈送希特勒，因此茨威格并未看到这封信。从施特劳斯在纳粹统治时期的行为看，他的解释是真诚的。施特劳斯的一切言行，都是围绕着艺术这一中心。1933 年到达拜洛伊特的当天，他说道："完全生活在艺术之中，完全听不到关于政治的事情，真是太好了。"他在任内拒绝支持禁止日耳曼人听门德尔松（Felix Mendelssohn）音乐的活动；在他的努力下，戈培尔同意施特劳斯一直争取而在魏玛时期未能实现的愿望，即把版权保护期从作曲家死后的 30 年延长到 50 年；而《和平日》的主题是对手之间的宽容与和解，而非纳粹主义。严格地说，施特劳斯为茨威格的辩护也不一定具有政治意义，他只是觉得茨威格是一个最佳的合作伙伴、是一名艺术家罢了。施特劳斯后来与纳粹发生冲突，也是基于他良好的艺术家的感觉：他受不了纳粹官僚的无礼。1935 年 7 月 6 日施特劳斯奉命辞去帝国音乐协会主席一职后，于 7 月 10 日写下备忘：“我并不知晓‘帝国音乐协会’主席的我竟在州警察的直接监视之下。我，一生创作不朽作品‘得到整个世界承认’之后，连‘好日耳曼人’都称不上。接着发生的事闻所未闻；戈培尔部长先生连我对那封被没收的信的解释都不听就打发了我。”[2]此前的 7 月 3 日，在《〈沉默的女人〉小史》一文中，施特劳斯也有类似的抱怨：“可悲啊，我这样档次的艺术家得向部长小心请示什么可以谱曲，什么可以演出。我也属于‘仆人与侍者’的国家。”[3]艺术家服从政党政治，不只表现为以音乐配合其政治行动，也包含着接受党的领导，哪怕是一个对艺术完全无知的人，只要他是领导，再大的艺术家也得服从，而这是施特劳斯受不了的。辞职后的施特劳斯也没有离开艺术。他上书希特勒，希望能够允许他继续

---

1 《秘密的事情：施特劳斯与茨威格来往书信（1931—1935）》，潘小松译，东方出版社2002年版，第124、127页。

2 《秘密的事情：施特劳斯与茨威格来往书信（1931—1935）》，潘小松译，东方出版社2002年版，第125页注。

3 ［德］施特劳斯：《〈沉默的女人〉小史》，《秘密的事情：施特劳斯与茨威格来往书信（1931—1935）》，第140页。

登台指挥，但从未得到答复。此后大抵相安无事：施特劳斯1936年为奥运会谱写颂歌、1940年为日本皇室谱写《日本欢乐》；纳粹对他也有良好的照顾。战争期间，施特劳斯的儿子和儿媳曾经短暂被捕，有个妹妹死于奥斯维辛，他共有26名亲属死于纳粹之手。但最令施特劳斯绝望的，是1945年3月12日盟军飞机对德累斯顿的轰炸。施特劳斯15部歌剧中的9部是在这里首演的，他为此感到绝望："世界上最神圣的寓所歌德故居被炸毁了，我的美丽的德累斯顿、魏玛和慕尼黑都不复存在了！"大教堂、歌剧院的毁灭当然是令人无限痛心的，但纳粹统治12年，遭到破坏的又岂止是艺术！

作为一个不问政治的"唯艺术主义者"，施特劳斯与纳粹合作是为了艺术，与纳粹冲突也是为了艺术。在他的音乐中，施特劳斯也处理过英雄的主题。1898年，他创作了一部交响诗《英雄的一生》，这里的英雄不是任何真实的或虚构的特定英雄人物，而是一种更加普遍、更自由的关于伟大而有男子气的英雄主义的理想。诗中有所有音乐中最庞大的战斗场面，勇敢的、高贵的、敏感的英雄胜利了，卑鄙的、邪恶的敌手失败了。"在与自己的敌手进行了另一次短暂战斗后，英雄达到了自己隐遁的时刻。他的死是宁静的，想到自己的情人，他变得温柔了，但是，最后则出现了闪烁着光芒、辉煌灿烂的管弦乐队的庞大场面。"[1]显然，这个英雄的血液中，很少有现实性。艺术史家吉廉（Bryan Gilliam）在其施特劳斯的传记中这样说："……有一件事情是清楚的：在那严酷的12年间，施特劳斯并没有表现出多少的反抗精神。尤其是在纳粹当政的前三年里，他作出了妥协，与当局进行了合作——其实，他以前和政治权威们（大公、皇帝、总统、总理）打交道时也是如此。但他既不是纳粹的支持者，也不赞同他们的反犹主义。在1933年以前，施特劳斯一直是一个置身于政治之外的作曲家。可是，当新政府在1933年上台后，他以前的那种策略——一方面远离政治，另一方面为了艺术的利益又对政治进行利用——就会带来严重的后果。"[2]纳粹时期，施特劳斯备受精神折磨；纳粹之后，81岁高龄的施特劳斯受审于慕尼黑特别法庭，没有判刑，但在生命最后的4年中痛苦不堪。

1　[美]理查德·A.列奥纳多：《音乐之流》（1943），文朴译，商务印书馆2004年版，第492页。

2　[美]布赖恩·吉森：《理查·斯特劳斯传》（1999），黄建松译，广西师范大学出版社2001年版，第162页。

艺术是永恒的，精神是超越的，但在某种形势下，艺术、精神不但不能改变现实世界，甚至可能与丑陋的现实世界相遇而安。德国社会学家沃尔夫·雷彭尼斯（Wolf Lepenies）也认为，德国问题的根源在于，日耳曼民族长期以来形成的一种灾难性的习惯：重文化而轻政治，甚至于以文化代替政治——以文化的态度对待政治问题，雷彭尼斯称之为"德国人的政治冷漠灵魂"（the apolitical German soul）。德意志文化界一直有超越政治的传统。一个私人品德甚为高尚的人，很可能在公共事务中、在政治活动中袖手旁观，甚至成为邪恶势力、专制极权的帮凶，有相当多的受过良好教育的人参与纳粹罪恶，双手沾满无辜平民的鲜血，却并不认为道德上有愧。他们可以在公共领域之外求得道德上的完成的传统，实际上是让个人满足于个体修养而放弃对公共领域的责任，最终把国家政治交给一些流氓政客。当纳粹建立起集权政权时，许多文化人认为，公开反对新的政权这一行为本身，就已表明降低到肮脏的政治活动中去了，而公开支持或暗中默认却被认为是某种意义上的不问政治和保持客观。作曲家普菲茨纳（Hans Pfitaner）的座右铭是"艺术遗世独立，不受人类存在的困惑和鲜血沾染。"他因此能愉快地与纳粹合作，并在施特劳斯辞职之后取代其位置。在崇尚"德意志精神高于一切"的信念支配下，一些艺术家能够心安理得地与纳粹合作，甘心情愿地为第三帝国的宣传工具加以利用。纳粹不只是一般的政治集团、专制集权，而是整个文明传统的谋杀者，是有计划、有目的地使用现代管理和技术手段大规模屠杀平民的恐怖组织，正是在此一意义上，即使是自视高尚的德国人也应对希特勒暴政负有一定责任。关键不是像施特劳斯这些一流的音乐家在大是大非问题上犯了多大错误，而在于这种坚持艺术与政治分离的理念和实践，在一定程度上放弃了对现实政治的介入，使得纳粹乘虚而入，捕获了德意志心灵。

　　艺术的纯粹性和相对独立地位是近代以来的社会文化建构。施特劳斯是19世纪的人，在他的一生中，从来没有激动人心的不平凡经历。他一生都在不间断地创作音乐：夏天到乡间避暑别墅，在安静的环境中完成作品的主要部分，冬季回到柏林，做些轻松的配器和润色工作。德国文化传统中，艺术高于政治的观念是绝大多数艺术家的共识。施特劳斯的音乐世界是由莫扎特、贝多芬和瓦格纳塑造的，这里没有战争、没有群众、没有政治，有的只是艺术独立、人性塑造（Bildung）、精神生活。他坚持尼采的观点，基督教与民主思想与个性是矛盾的，它们把个人思想降低到庸众的水平。在施特劳斯看来，政治是短暂的，音乐却是不朽的；政治是党派的，音乐却是普遍的。20世纪50年代，匈牙利指挥家索尔蒂（Georg Solti）与施特劳斯之孙交谈："我们坐在一个朋友家的花园中，他告诉我，他祖父对战后德国歌剧院的前途很悲观，大部分歌剧院毁坏了，幸存下来的歌剧院在艺术上和管理上一片混乱。施特劳斯认为这是世界末日，在某种意义上讲，是这么回事，因为在以后的十年间，古老的德国抒情戏剧传统丧失殆尽。"[1]施特劳斯属于19世纪，他始终未能理解20世纪。这是两个世界。第一次世界大战以后，西方进入一个新的历史时期。从音乐上说，就是浪漫主义时代的结束。

在迟暮之年，他经历了一种忧郁的情感：眼睁睁地看着曾是现代音乐中杰出荣耀的那些东西缓慢地崩溃了。在20世纪开始时，他是音乐艺术中的超人。他的交响诗是新奇一时的事物，稍后，他的两部歌剧成了到那时为止抒情戏剧舞台上最有刺激性的作品。对施特劳斯来说很不幸的是，他生活的时代已经步入一个新时期，时间几乎把他创造的一切都抛在后面了。但是，这并不是说，他所有的音乐都已被人们忘却，……但是，任何人都不再对施特劳斯的音乐感到敬畏，甚至感到困惑了。非常明显，这是德国音乐浪漫主义运动中一个纪元的终结而不是任何崭新时代的开始。[2]

从一个更广泛的意义上说，从19世纪到20世纪，是艺术作为一个独立王国的观念受到严峻挑战并终于为权力所控制的过程。这一过程始于法国大革命。拿破仑1808年约见歌德时说过：政治就是命运。这一预言迅即为19世纪以降的欧洲历史所证实。这是欧洲连续发生革命、政治日益强劲地控制社会生活的时代，但毕竟刚刚开始，所以艺术家、诗人还可能有所抗拒。比如在其与席勒携手合作的"伟大十年"（1795—1805）及此后的岁月中，歌德就总是虽费尽心思却也

1　[英]乔治·索尔蒂：《回忆录》（1997），卜大伟译，中国青年出版社2002年版，第90页。

2　[美]理查德·A.列奥纳多：《音乐之流》（1943），文朴译，商务印书馆2004年版，第481—482页。

大体可以避开纷纭的政治以保持诗心宁静。在"老歌德"的生活中，政治基本上没有位置。1830 年法国七月革命的消息传到魏玛后，歌德一见秘书爱克曼（J. P. Eckermann）就说："你对这次伟大事件是怎么想的？火山终于爆发了，一切都在燃烧，从此再不会有关着门谈判的情况啦！"[1]爱克曼理所当然地以为他说的是七月革命。难道还有什么事件可以和这席卷欧洲的革命相提并论？然而，歌德所说却是指两个解剖学家在法国科学院一次会议上的争论。在他看来，一场学术争论比一场政治革命有意义得多。歌德始终认为，政治与艺术是对立的，诗人不应卷入政治生活。

我们现在最好赞成拿破仑的话——"政治就是命运"，但是不应赞同最近某些文人所说的政治就是诗，认为政治是诗人的恰当题材。……一个诗人如果想搞政治活动，他就必须参加一个政党；一旦加入政党，他就失其为诗人了，就必须同自由精神和公正见解告别，把偏狭和盲目仇恨这顶帽子拉下来蒙住耳朵了。[2]

这种超然静观的人文立场在政治扩张、党派嚣张、国家至上的 19 世纪当然是不讨好的，歌德生前即有寂寞之感。1805 年席勒去世以后，他感到几乎无人可以说话。由于他在 1813—1814 年解放战争中的冷淡和对拿破仑的尊敬，又特别引来愤怒和仇恨，以至于 1830 年 3 月 14 日他痛苦地对爱克曼说："一个德国作家就是一个德国的殉道者啊！"歌德逝世后，德国史上的"艺术时期"——"即在老歌德的影响下，艺术被赋予一种超脱于社会政治斗争之上的完全具有自身独立意义的那个时期"——随之结束。[3]政治包括政党、民族、阶级之间的斗争广泛进入文化生活。

然而，19 世纪只是过渡，近代以来建立的文化自律仍在发挥作用。更重要的

---

1 ［德］爱克曼：《歌德谈话录》，朱光潜译，人民文学出版社1980年版，第221—222页。

2 ［德］爱克曼：《歌德谈话录》，朱光潜译，人民文学出版社1980年版，第258—259页。

3 ［匈］卢卡契：《作为文艺理论家和文艺批评家的恩格斯》，汪建译，《卢卡契文学论文集》，中国社会科学出版社1980年版，第1页。另参卢卡契：《德国文学中的进步与反动》，范大灿译，范大灿编选：《卢卡契文学论文选》第1卷，人民文学出版社1986年版。

是，19 世纪的政治，还不是 20 世纪的政治。就纳粹德国而言，这种政治就是极权政治。这是一种普遍的控制和操纵，权力、意识形态如水银泻地般地进入个人生活世界。显然，施特劳斯在纳粹时代的行为，是其利用政治的一种惯用伎俩。他也许以为像以前那样配合一下、应付一下就可保住自己的音乐和地位，但 1935 年，他突然发现，对于这个与此前都不同的政府，自己完全无能为力。正像戈培尔对他说的："这个世界并不是你在加米施和书房里看到的那个样子。"对于艺术与政治上的复杂变化，施特劳斯是不能理解的，因为他仍然生活在"昨日的世界"虚构中。纳粹时期，茨威格在给施特劳斯的信中说：

政治是过眼云烟，艺术则会永存，所以我们应该为永恒的东西奋斗，把宣传留给那些于此感到成就与满足的人。历史告诉我们，艺术家最聚精会神工作的时候是在动荡的岁月。

希望目前这股狂野的政治激情能消退，艺术能再度成为他人和我们的主宰。[1]

政治确实是过眼云烟，而施特劳斯的音乐、茨威格的小说却光景常新。然而，就是这过眼云烟般的政治，不但迫使施特劳斯屈服，迫使茨威格自杀，而且挪用了艺术。1945 年 2 月 13 日夜，盟国军飞机轰炸了"施普雷河上的雅典"之称的德国名城德累斯顿，当时纳粹空军的战斗机已在斯特拉斯堡上空盘旋，希望从地面收到飞往准确目的地的命令，但命令始终没有来。突然，地面侦察站转播了电台的一个节目，即施特劳斯的《玫瑰骑士》中的一段华尔兹舞曲。飞机上受过良好教育的战士便明白了他们的目的地是维也纳，因为《玫瑰骑士》的背景就是维也纳。他们越飞越远，疑虑也越来越深：维也纳是否真的为盟军的轰炸目标？机枪手想起来了，德累斯顿才是目的地，因为 1911 年 1 月 26 日，《玫瑰骑士》首次在此公演。当他们飞回德累斯顿时，盟军的轰炸已经结束。[2] 音乐与战争、诗歌与政治、精神与暴力已经难分难解，这就是 20 世纪的政治和音乐，

1 《秘密的事情：施特劳斯与茨威格来往书信（1931—1935）》，第45、48页。

2 参见［德］沃尔夫·勒佩尼斯：《德国历史中的文化诱惑》（2006），刘春芳等译，译林出版社2010年版，第2页。

这就是施特劳斯音乐的另一重价值。

音乐家屈从于世俗权威并不意味着他的音乐就毫无价值，如果文明世界不会因为毁灭文明的希特勒激赏瓦格纳就摒弃瓦格纳，那么同样也不能因为政治上的过失就取消施特劳斯作为音乐家的权利。文明进步的内涵之一，就在于使人不仅在艺术中"感到"这种幸福，而且要在现实世界中享受这种幸福。只有拥有现实自由的前提下，艺术才能是自由的。1973 年，德国作家格拉斯（Günter Wilhelm Grass）在讲话中说得好："艺术的自由只存在于重视全社会和个人的人权的地方。无论在什么地方，凡是艺术的相对自由或者艺术家的特权地位是通过使自己摆脱潜在弊端的社会状况来换取，那么，艺术家就会作为精英而自我孤立，就会满足于游戏场的自由，倘若他们的艺术以迷惑和遮掩的方式美化束缚自由的关系，那么，这个艺术家就可能与世浮沉并为邪恶的权力所利用。"[1] 艺术和艺术家是不自由的，假如没有政治自由的话。

（原载《广东艺术》2007 年第 6 期）

---

1 ［德］格拉斯：《我们社会艺术家的言论自由——在欧洲委员会举行的佛罗伦萨学术交流会上的讲话》（1973年6月），《和乌托邦赛跑》，林笳等译，上海译文出版社2005年版，第124页。

2008年
悲歌同性恋

　　同性恋行为遍及中外古今。潘光旦先生翻译蔼理士的《性心理学》时，以注释的方式钩沉中国古代的性学资料，其中包括同性恋、影恋现象、意恋现象、尸恋现象等多种性爱形态，丰富了我们对人性的认知。罗瑞卿大将的女儿罗点点在《点点记忆》(发表于《当代》1998 年第 4、5 期)中，也说到她在延安插队时，当地婆姨女子睡一条炕搞同性恋的现象。读到让·勒比图《不该被遗忘的人们——二战时期欧洲的同性恋者》一书后，我才知道纳粹集中营中也有同性恋，且与权力、迫害相关。

在纳粹集中营，所有的囚犯都有标记。犹太人是黄色六角星，刑事犯是绿色三角，不适应社会生活者是黑色三角，"耶和华见证人"（Temoins de Jehovah，1874 年成立的宗教团体）是紫色三角，流亡者是蓝色三角，茨冈人（吉普赛人）先是棕色后改黑色三角，同性恋者是粉红色三角星。奥斯维辛的犯人回忆："某些初到集中营的同性恋囚犯，必须在屁股上围一块黄颜色的布，上面要缝一个大写字母'A'字。它的原文是'Arschficher'，译过来是'喜欢吻屁股的人'。"[1] 在集中营社会中，同性恋者是次等人群。那些思想和政治上的反对者尽管他们遭到残酷迫害，但他们仍然是集中营社会的重要成分，人们迫害他们，但也有点怕他们。对同性恋者以及那些"不适应社会生活者"，人们从不进行真正的打击，而是认为他们是非正常的人，是害群之马，是多余的人。是社会渣滓，人们包括囚犯可以正常地表示对他们的仇恨。对这些人，赐给他们嘲笑、蔑视和死亡率就可以了。奥地利前同性恋囚犯海加茵茨·黑格尔（Heinz Heger）记得："1942年，为了减少犯人的数量，经常采用的办法是，每个集中营在不同时间，送规定数量的囚犯到最后解决集中营去，在那儿囚犯或被赶入毒气室或被注射毒针。对被遣送的挑选权，由集中营囚犯秘书处负责，……当这位头头是一位政治犯时，人们就会看到绝大多数被送往最后解决集中营的人，都是佩戴粉红色三角标记的囚犯。"战后，黑格尔遇到了一位曾担任此职的老政治犯，他的解释是：当时是要把那些最没有价值、体能也不很好的囚犯送走，还说这是可以理解的。"这说明，在集中营所有的被禁囚的犯人中，我们被认为是最低等的。他们是我们的同伴，虽然与我们同在一条苦役船上，却仍把我们送去处死。"[2] 一个有点女人气的男青年，被迫在党卫军面前跳舞，跳完舞后再把他吊死。奥斯维辛集中营司令霍斯（Rudolf Hoess）就明白说过："同性恋者应该白天、黑夜不停地干活，他们很少有能活着出去的。"[3] 送到苦役劳动营干最艰苦、最危险活的人，男同性

1　[法]让·勒比图：《不该被遗忘的人们——二战时期欧洲的同性恋者》（2002），邵济源译，中国人民大学出版社2007年版，第81页。

2　[法]让·勒比图：《不该被遗忘的人们——二战时期欧洲的同性恋者》（2002），邵济源译，中国人民大学出版社2007年版，第88页。

3　[法]让·勒比图：《不该被遗忘的人们——二战时期欧洲的同性恋者》（2002），邵济源译，中国人民大学出版社2007年版，第84页。

恋者所占比例要大得多。与犹太人和茨冈人不同，同性恋囚犯从未被当成有步骤的消灭对象，比如送往真正的死亡工厂，但是他们在集中营中存活的百分比，远远低于上述两个种族团体之外的其他种类的犯人。这一是因为他们又在无休无止的苦役中死亡了，二是因为他们更多地被用作医学试验并最后死亡。而且，由于同性恋者的唯一共同点就是被打上粉红三角的记号，而在政治立场、宗教信仰、职业、国籍、社会地位等方面都不一样，所以无法形成团结一致、共同抗争的觉悟和力量。萨克森豪森（Sachsenhausen）集中营不完整的记录表明，从1940年春到1942年，就有约400名同性恋者死亡。此后，这里的同性恋囚犯被遣送到一个特别惩罚班从事制砖工作，仅1942年7月，就有79名被故意杀害，平均每天3—4人，到1942年9月12日，遇害者超过200名。研究表明，在纳粹集中营，戴粉红色标记的犯人的死亡率为60%。[1]

"同性恋"这一概念出现于1896年，但作为现代城市的一种生活风格，同性恋早在18世纪初就已逐步形成。在柏林，有胖子俱乐部、秃子俱乐部、光棍俱乐部，当然也有专门为仇视女人的人提供相聚场所的俱乐部。到1933年，仅柏林就有130家同性恋酒吧，30多家同性恋报刊，每年出版200种左右的图书。在20世纪30年代初相对宽松的社会气氛中，大量同性恋者生活在一起，通宵达旦地纵情声色，享受娱乐。有当事人回忆："我1930年起，就生活在柏林。我们有自己的夜总会，我们可以约会，可以跳舞。也有另外一些场所，远离喧闹的人群，更为高雅，更加清净。我同一个男孩子生活在一起，我认识他的时候他21岁。靠他母亲的关系，我们常常参加一些豪华的大型化装舞会，……晚会快结束的时候，人们打开大门，面向马路上值勤的警察，让他们看见我们的所作所为。那时很宽松，彼此相安无事。"[2] 20世纪30年代的柏林，与伦敦、巴黎并列为欧洲同性恋的三大首府。

正如欧洲其他国家一样，同性恋在德国也被视为粗鄙下流的行为而受到严厉惩罚。1871年，德国《国家刑事法典》第175条款特别规定："任何一个男性，对

1　参见［美］杰弗里·吉勒斯：《干吗为同性恋操心？纳粹德国的同性恋恐惧和性政治》，文童嵩译，载《新史学》第8辑《纳粹屠犹：历史与记忆》，大象出版社2007年版，第236—237页。

2　［法］让·勒比图：《不该被遗忘的人们——二战时期欧洲的同性恋者》（2002），邵济源译，中国人民大学出版社2007年版，第15页。

另外一个男性或动物做出猥亵行为，或同意参加这类性质的活动，将被判刑。"[1]该法典没有对女人爱女人作出规定。这一条款从未改变，对它的抗议和修改的呼声也一直未断。魏玛时期的民主体制对个人生活干扰不多，因此在执行这一条款时不如威廉帝国时期那样认真，同性恋者享有了一定的自由。丰富的同性恋文化是生气勃勃的魏玛多元文化的一部分，也随着魏玛的崩溃而结束。纳粹极权体制，不但要掌握国家政权，而且要管理社会生活，要按照自己的意识形态改造人的思想和世界观。就其对同性恋行为采取的严厉态度而言，固然是想争取保守势力的支持，同时也是基于其种族主义幻念：德国人应大量生孩子，以建立雅利安人统治的千年帝国及其他。正如纳粹报刊所说的："……我们德国人必须活着。我们活的唯一条件就是要战斗。要战斗就要有国人刚强气概。要保持刚强气概就需要严格的纪律，特别是在做爱这件事情上。自由爱情和畸形心态都是同纪律相违背的……因此，我们反对一切形式的淫乱，尤其是同性恋，……"[2]"为元首多生孩子"是纳粹对女人的要求之一。1933年1月，柏林文化丧钟敲响之后，同性恋者也面临灭顶之灾。在纳粹所列的"血统玷污者"的名单中，不仅包括犹太人，也包括吉普赛人、"莱茵兰的私生子"、精神病患者和同性恋者。1934年，在德国《血统与荣誉》的法律范围内，修改了"175条款"，加强了对同性恋的打击：在对男人与男人之间和人与牲畜之间进行违反本性的性行为判罚监禁的同时，也要宣布剥夺其公民权。徒刑从5年到10年。1934年1月28日，突然又规定：男人的相互拥抱、接吻，甚至做同性恋爱的性幻想，都在打击范围之内。随后的解释扩大了范围：从鸡奸到明显身体挤压，从同性恋分子到同性恋倾向，均属非法。根据这项条款，在1933年到1944年间，被判刑的同性恋者达48082人。[3]

在一个有深厚广泛的同性恋气氛中对同性恋实施严厉惩戒，纳粹政治因此与同性恋发生了若干奇特的纠缠。

---

1 ［法］让·勒比图：《不该被遗忘的人们——二战时期欧洲的同性恋者》（2002），邵济源译，中国人民大学出版社2007年版，第19页。

2 ［法］让·勒比图：《不该被遗忘的人们——二战时期欧洲的同性恋者》（2002），邵济源译，中国人民大学出版社2007年版，第25页。

3 ［法］让·勒比图：《不该被遗忘的人们——二战时期欧洲的同性恋者》（2002），邵济源译，中国人民大学出版社2007年版，第36页。

以政治之名镇压同性恋。1933年2月27日夜的"国会纵火案",为帝国总统颁布剥夺公民权利和政治权利的第一道法令提供了借口。被纳粹认定为纵火犯的荷兰人冯·德尔·卢贝(Marinus Van der Lubbe)是同性恋者,因此大量的舆论都围绕其同性恋者身份而展开,如说他是仇视自由的同性恋者,在德国煽动布尔什维克革命;他与纳粹头头的同性恋关系,使他听命于要他放火的意志,等等。而纳粹则借机掀起一轮镇压同性恋者的浪潮。

以同性恋之名攻击政敌。1938年2月4日,魏玛末期的陆军总司令弗里奇上将(Frh.Werner von Fritsch)随国防部长勃洛姆堡元帅(Werner von Blomberg)一起被清洗出局,原因是他被指控为同性恋。这为希特勒直接掌握国防军、实施战争计划扫平了道路。纳粹冲锋队长罗姆(Ernst Julius Röhm)是一个铤而走险、喜欢激烈战斗的痞子,他最喜欢去的地方就是军营、乱糟糟的会堂和喧闹的啤酒馆,在同性恋的圈子中也如鱼得水。在通往权力的道路上,冲锋队曾是希特勒主要依靠的力量,他当然不会去过多地干涉其同性恋行为。罗姆更是积极为同性恋者说话。1934年4月16日,他成功地阻止了内政部长瓦格纳(Adolf Wagner)根据"175条款"对冲锋队内部同性恋者进行惩治的法律决定。此前几个月,他又与纳粹反同性恋的主要发言人和执行人、党卫队全国领袖希姆莱(Heinrich Himmler)会谈,想阻止后者全面清洗同性恋的计划。当罗姆于1934年被任命为内阁大臣后,双性恋者、西里西亚总督布卢克纳(Helmuth Bruckner)认为:"国家社会主义不但以一种权威而明显的方式确认了最高法院就相互手淫问题反复重申的观点,还清楚地认可了这种行为,甚至通过公开赏识罗姆而取缔了种种限制。"[1]1934年6月30日,希特勒为了结束革命的浪漫之梦,与保守力量特别是传统军事/工业体结成同盟以控制并管理国家的实际事务,无情血洗了要求继续革命的冲锋队。第二天,宣传部长戈培尔(Paul Joseph Goebbels)在新闻招待会上说,冲锋队"把自己的利益、自己的野心,尤其是自己的反常性爱,放在首要地位。……他们的行为,到了一个危险的地步,引起人们对全党领袖的怀疑,怀疑他们有可耻和令人恶心的反常性行为"。1934年7月13日,希特

1　[美]杰弗里·吉勒斯:《干吗为同性恋操心? 纳粹德国的同性恋恐惧和性政治》,文童嵩译,载《新史学》第8辑《纳粹屠犹:历史与记忆》,大象出版社2007年版,第244页。

勒在讲话中暗指罗姆的同性恋："最恶劣的是，由于某种共同的嗜好，在冲锋队内部形成一个邪恶团体，他们成了阴谋的核心，而且也威胁着国家的安全。"[1]

以种族身份覆盖性别身份。1938年11月9日的"水晶之夜"（对犹太商店的破坏），是纳粹德国迫害犹太人的新高峰：几百所犹太教堂被付之一炬，数千所犹太人的商店和办公室被捣毁，他们的住所也被焚烧，几十人被杀，2万—3万人被捕，更多的人受到攻击。此一暴行是对两天前犹太青年赫尔彻尔·格林斯潘（Herschel Grynszpan）在巴黎枪杀德国驻法使馆一等秘书恩斯特·冯·拉特（Herschel Grynszpan）的报复。11月12日下午，戈培尔宣布："犹太人格林斯潘是犹太人的代表，德国人冯·拉特是德国人民的代表。"[2]对凶手的审讯最后流产了，因为格林斯潘声称：他与冯·拉特有同性恋关系——他利用他的同性恋者身份而阻止了纳粹利用他的犹太人身份。

在纳粹领袖中，对同性恋问题最为关心的是纳粹党副元首赫斯（Rodlf Hess）和党卫队领袖希姆莱。罗姆被清洗之后，希特勒开始支持对同性恋的严厉处置。1937年2月18日，希姆莱发表了一次有关同性恋问题的谈话，他专门指出："在同性恋者中，有人采纳以下观点：'我所做的事同别人无关，这是我的私生活。'但这绝不是私生活，因为性领域的问题关系到我们人民的生死存亡，关系到我们的世界支配权，关系到我们的重要性是否会降低到瑞士一样的水平。"[3]希姆莱为此建立了中央登记处，将所有的已知同性恋者登记在册，并将其中的许多送进集中营。希姆莱进而发现，仅仅把同性恋者送上法庭并关起来是不够的，因为当他们从监狱中出来后仍然故我。唯一有效的办法是把他们除掉。1941年11月5日，希姆莱推动制定了新条例——要求对警察部门和党卫军中的同性恋犯罪判处死刑，并要求所有党卫军成员签署一份声明："我已被告知，元首在1941年11月5日下令，为了让党卫军和警察免遭同性恋本性的一切毒害，党卫军成

1　[德]鲁道夫·赫尔佐克：《希特勒万岁，猪死了——政治笑话与第三帝国兴亡史》（2006），卞德清等译，花城出版社2008年版，第78页。

2　[法]让·勒比图：《不该被遗忘的人们——二战时期欧洲的同性恋者》（2002），邵济源译，中国人民大学出版社2007年版，第53页。

3　[法]让·勒比图：《不该被遗忘的人们——二战时期欧洲的同性恋者》（2002），邵济源译，中国人民大学出版社2007年版，第33页。

员和警察如果与另一男子发生下流行为，或听凭自己被他下流地猥亵，将被处死，无论年龄大小。"[1] 保安局局长卡尔登布鲁纳（Ernat kaltenbrunner）要求帝国司法部颁布一项特别法令来强行阉割所有同性恋者。此一要求虽被拒绝，但确有一批又一批的同性恋者被阉割，仅 1941 年就实施了约 2100 例阉割，还用腌在瓶中的被割下的睾丸来奚落被阉割者。另有更多的同性恋被抓进集中营遭受迫害致死。特别值得提出的是，在这一方面，希姆莱原则很强。他的一个侄子是同性恋者，送到惩戒营后积习不改，被他下令枪毙。只是因为希特勒的干预，才撤销了死刑令。

然而，主要有两个原因，使得纳粹的反同性恋政策落实起来困难重重。德国原是同性恋的大本营之一，同性恋行为却又是基于一部分人的内在需要，有其深刻的人性——心理基础。希特勒及其纳粹势力代表了德国社会的边缘和底层，不但其普通成员多是在街头四处寻找工作的绝望的男人，其领导核心中也多有吸毒者、心理变态者、说谎者、精神错乱症患者、忧郁症患者、酒鬼、自大狂、精神错乱者以及性变态者等。纳粹运动原为清一色男性的、准军事化的世界，其中易于滋生同性之间的情欲。在灌输国家社会主义思想和信念的"希特勒青年团"中，大量青年周末都要参与集体活动，进行集体训练。男人集中的地方无疑是同性恋倾向滋长的土壤。青年团员、冲锋队员、党卫队员都可能是同性恋者，国防军也不例外，从而反同性恋的纳粹本身也无法与同性恋划清界限。专门监视柏林同性恋的特别警察局的领导人约瑟夫·迈辛格尔（Josef Meisinger）就是一个做过阉割术的同性恋者。因而，无论希姆莱如何讲政治，都始终未能让同性恋在德国甚至在死亡集中营灭绝。而且，希特勒需要信徒狂热的爱慕与崇拜："我一直说，我是从年轻冲锋队队员闪闪发亮的眼睛中汲取力量来继续我的工作的。"他认为，只要不堕落为性接触，两个男子之间，特别是成年男子和青少年之间的拥抚行为是有益的。[2] 这种宽容可能导致同性之间的亲密接触，培育同性恋倾向。

1　引自［美］杰弗里·吉勒斯：《干吗为同性恋操心？纳粹德国的同性恋恐惧和性政治》，文童嵩译，载《新史学》第8辑《纳粹屠犹：历史与记忆》，大象出版社2007年版，第246页。

2　引自［美］杰弗里·吉勒斯：《干吗为同性恋操心？纳粹德国的同性恋恐惧和性政治》，文童嵩译，载《新史学》第8辑《纳粹屠犹：历史与记忆》，大象出版社2007年版，第236—237页。

同时，惩罚同性恋者的集中营同时也是同性恋行为活跃的空间。若干男性集中在一个拥挤而幽闭的空间内，增加了同性恋的威胁。粉红色三角出现后，这一威胁更加严重，即使严惩也收效甚微。究竟是把他们集中起来还是分散开来才较为有效，这一难题令监管者大为头疼。每个营区都选择特殊的监督方法。在萨克森豪森集中营，大约有200名同性恋者，灯火通宵燃烧，看守要求他们把双手明显放在被子上面。对囚犯可以这样要求，但如果集中营世界中的党卫军、各管区的"领导"以及囚犯中选出的头头、监工等执法犯法，凭借权力要求犯人提供性服务，那就无法控制了。纳粹越是禁止同性恋，掌权者的享受同性恋的欲望就越强，冠冕堂皇的政策无法制止，甚至怂恿着隐秘的放纵。因此集中营的同性恋者也分成两类：有权力与无权力的。当同性恋作为一种被禁止的行为时，它同时也就成了以权谋私的对象。一些囚犯为了活下来，不得不向各类"领导"提供性服务，特别是苏联和波兰的男青年，他们在其主人面前表现得特别乖巧柔媚，以获得一些特殊赠品和特别关照，如一碗汤之类。海因茨·黑格尔回忆说："我除了寻求一位头头或卡波保护外，别无他法。他把其他前来要求我提供性服务的人拒之门外。他保障我更多的食品和保护我的岗位。作为回报，我必须成为他的'朋友'，在他有性要求时，上他的床。"[1]这当然不是严格意义上的同性恋，因为不存在双方分享的快乐，而是完全的屈就和顺从。自我的内在的欲望被禁止了，却要被动地迎合各级领导人的性虐待。为了实现被纳粹禁止的欲望而利用纳粹赋予的权力，这些同性恋者是可鄙的；为了活下去而接受同性的纵欲，这是可悲的；真情的同性恋被禁止、真诚相爱的同性恋者被迫害，这是集中营最黑暗、最丑陋的一页。

　　纳粹迫害同性恋者的历史表明，真正使这种性取向"变态"的是极权体制对公民生活的扭曲。同性恋倾向是无法根绝的，但同性恋者却是软弱无力的。虽然同性恋者在集中营中的表现不比其他群体逊色，但解放后，却没有任何一个团体出来对这种压迫现象施以援手，他们作为被迫害者的身份却一直不被承认，没有享受法律方面的自由，依然在不同国家接受继续惩治同性恋的法律，以至

1　[法]让·勒比图：《不该被遗忘的人们——二战时期欧洲的同性恋者》（2002），邵济源译，中国人民大学出版社2007年版，第91页。

某些同性恋者还要回到监狱去，接受根据"175"法律条款的判决，且其刑期还不扣除他们在集中营待的那些年月。在暴政之下，同性恋者比其他人付出更多；暴政结束之后，他们仍然无法言说自己。

野火烧不尽。2001 年 4 月 26 日，专为纪念被纳粹迫害的同性恋者大会在巴黎召开。会前，法国总理在一次会上宣布："……我们国家完全承认，在被德国占领期间发生过对某些少数群体、西班牙的难民、茨冈人和同性恋者残酷迫害的事实。"会议期间，巴黎市长致函表示支持："我明确地再次强调，纪念会是为所有曾经被囚人员举行的，无一例外，他们都应受到尊重。"[1] 这次会议不仅正式认可同性恋群体作为纳粹受害者的身份，而且也表明经过长期斗争之后，文明人类逐步告别专制及其与专制俱来的偏狭、歧视和凌辱，开始理解并尊重同性恋者。让我们向他们表示敬意。这不只是宽容，而且因为他们面对禁令而勇敢地公开自己的身份，以自己的牺牲为人类争得了一种公民权利。

（原载《南方周末》2008 年 7 月 10 日）

---

1 [法]让·勒比图：《不该被遗忘的人们——二战时期欧洲的同性恋者》(2002)，邵济源译，中国人民大学出版社2007年版，第268、269页。

2009年

长沟流月十五年

工作 30 多年，岗位只变动过两次。积极地讲，这与我从小就接受的"干一行爱一行"的思想教育有关。消极地讲，也可能是受到一篇小说的影响。那是 1979 年发表的中篇小说《调动》，说的是主人公大学毕业生被分到贵州山区的工厂工作，为了调回江南，费尽心机、用尽办法，付出极大代价，终于成功后，却毫无喜悦之情。我从此认识到调动之困难，以至于在环境早已变化、调动不是麻烦而是能力表征的当代，我也很怕动。因此，在这个快速变化的时代，在一些不断转换工作、单位、城市的友人面前，我只能感觉到自己的低能。

1994—2009 年，我的工作生涯是在广东省社会科学院度过的。办好调动手续的一周前，科研处长梁军指明要我写这样一篇文章。我没有理由拒绝他的雅意，何况事情就是这么凑巧：前两天，去国数年的前同事任春明回来了。等到叙旧谈新之后挥手作别时，我忽然意识到，这恰好是一个相对完整的阶段：1995 年我刚到院工作不久，就和他一起在中山大学进修英语。

弹指一挥间，十五年过去。这是我的生活方式趋于稳定、学思取向逐步明确的时期，在此期间出版的十多种论著和若干论文，既代表了我在文化思想方面的努力也显示了个人无法回避的局限。中年人的生活原是平淡无趣，而在当前的环境下，又加上粗糙和忙碌。只是过去一点浅薄的文学训练，培养了我的一点记忆能力。但在潮水般涌来的往事中，我却想不出有什么值得细说的大事要事。一件小事，是 2000 年 6 月初，我偶遇詹天庠和陈实两位兄长，他们得知我刚刚做了父亲，就毫无保留地跟我讲起育儿经验，他们讲得热诚，我也听得认真，以至耽误了去医院的时间，受了一顿责备。一件稍大的事是，2006 年我去英国访学，意外地未能及时获得签证，外事办的游蔼琼、周平两位为此作了认真努力，郁芳、赵细康两位先行者也给予了具体的帮助。院内多有秀异干练之士。1995年在中大进修英语期间，同学之间偶有聚餐。有一次我喝多了，醉意朦胧之中听到任春明正在高谈阔论，话题是如何在一个小人成堆的环境中维护个人的品性。我一下子清醒过来，心中极为感动。现在回顾起来，我和同事之间，除礼节性问好、工作性交谈及活跃空气的玩笑之外，坦率的、个性化的交流还是不多。即如任春明，他是北京大学图书馆学系 1979 级的学生、中国社会科学院历史研究所 1985 级的研究生，起点比我好得多，后来似未能在专业上发挥，一度改从律师后，又到异国他乡施展身手去了。我遗憾向他、向同事们请益的机会太少。

严格地讲，研究者也只有自己的学思过程可堪一说。1996 年，应海南大学（曾）萌萌女士（这位优秀女哲已经离世，愿她安息）之邀，我写过一篇《十年心路：走向批判理论》的文章，收在她主编的《独白》第 1 卷（上海远东出版社 1998 年版）中。所谓"批判理论"当然首先是指我其时正在阅读的法兰克福学的批判理论，但考虑到中国思想文化的状况，我意欲追求的批判理论似乎范围更广大些。"……启蒙的任务尚未完成，反抗现代性的要求又已明确提出，重申现代启蒙就是为中国社会的现代转进开辟道路，以科学理性重组公共秩序；

而反抗现代性则是揭发、解构工具理性的偏至，维护人的完整性的生命意义之源，它们虽各有追求却完全并行不悖且相互制衡。这可以从两方面理解：一是形式和内容之分，启蒙即是建构形式上的普遍伦理和交往规则，而解构则保护实质意义上的自由和多元；二是功能不同，启蒙意在政治、经济等制度方面和公共话语的规范有序，反抗现代性欲图精神文化方面的自由独立。两条思路之间的勾连和交错需要仔细分析，但在目前，'批判'是可以把这两方面沟通起来的途径之一：前现代的权威和迷信、蒙昧和专制必须批判，现代性无边界的扩张后的物化机制、技术操纵也应批判。两种批判具有不同的性质和功能：一是在社会学的层次上，推进现代化的完成；一是在精神现象学的层次上，矫正现代性的可能导致的内在痼疾。""通过形式和意义、社会公共领域和个体精神领域的分界，反抗现代性的'大拒绝'被限定在个体心理、精神文化领域，这样的分离当然既过于清晰又过于机械。所以如此，正是鉴于科学理性包揽精神生活可能使人'物化'；而反抗现代性成为政治主张又可能戕害世俗民间。历史的二难选择常常非人的自觉行为所能避免，知识分子的意义也许就是在参与某一方面时又揭呈此一对峙，并对每一方面都怀有警惕。"这一点，大体也就是我从戏剧家协会进入社会科学院时的思想状况。

然而，尽管当时我希望批判理论在中国不再"像一匹受伤的狼，当深夜在旷野中嗥叫，惨伤里夹杂着愤怒的悲哀"（鲁迅）。但在广东省社会科学院，我基本未在批判理论上下多少功夫，因为我更多地意识到反现代性思潮在中国可能造成的另一种后果。20世纪90年代中期，我已计划写一本《中国现代性与德意志文化》，其大体思路是，从"狂飙突进运动"（18世纪70—80年代）开始的德国现代文化有其鲜明的反启蒙、反"西方"的内涵和风格，在反抗拿破仑的民族主义支持下，德意志与"西方"的对立贯穿19—20世纪，形成了一种不同于其他西方国家的思维方式、行为风格与价值理想，由此形成的文化意识仿佛德国森林的紊乱复杂和神秘诡异，既迷人又使人不安，它至少部分地通向纳粹极权体制和大屠杀。尽管在无情剥夺公民权利、肆意践踏生命方面，纳粹德国并非20世纪之最，但其以集中营为代表的屠杀方式依然有其独特性，它向人类理智和文明的价值提出了挑战。晚清以来，中国的政治强人几乎都是不同程度、不同意义上的德国崇拜者，而人文学术思想领域，中国学人对德国思想的热情也特别健旺。一些德国文化的专业术语，在中国几乎是妇孺皆知。通过政治人与知识人的双重努力，德国思想有力地塑造了中国以反（西方、资本主义）现代性为特征的现代性，实际上构成"文革"浩劫的一个文化背景。因此，无论反现代性是多么有助于提炼民族特色、维护意义之源、展示批判情怀，但至少德国和中国的经验表明，反现代性的政治/历史后果更为复杂，值得我们警觉。在这个意义上，阅读德国文化是现代中国自我理解的需要。2005 到 2008 年，我比较集中地完成了《中国现代性与德意志文化》一书的初稿，与此相关的部分散篇文章已收集成《辽远的迷魅——关于中德文化交流的读书笔记》出版（上海外语教育出版社 2008）。这一用心得到学术思想界许多朋友的关心。其中的一些观点，也为法国政治与思想研究中心研究员 Chen Yan 的大著 *L'éveil de la Chine*（《中国之觉醒——"文革"后中国思想演变历程 1976—2002》，熊培云译，香港田园书屋 2006）一书所引用。我希望在有了这些理解之后，再来对批判理论用一点功夫。

虽然我的研究是中国现代化进程中的一个重要论题，但我也明白，这与我的岗位责任仍有一定距离。这些年，我和我的同事们一起遭遇到地方社会科学院的"改制转向"，即科研机构转为地方政府的"智库"。不再是孤立个体的学术研究，而是集体性地调研和讨论；不再是上午睡觉夜间工作的自由风格，而是规范化、机关化的制度在日益强劲地规范着我们。既要完成"上面"交办的任务以期在地方权力格局中获得发言权，又要争取社会上的课题以实现更好的经济效益，社会科学与社会科学家都在重新界定自己在社会生活中的位置并据此来设计自己，也越来越忙起来。2005 年，我在奉命为院 2003—2004 年学术年报起草的序言中说："我们仿佛回历七百多个春暮秋晓、月落日出，再度经验那南岭大地的奔波劳顿、书库里的检索、会议室的论辩、电脑前的苦思，以至那无言的委屈和不易的坚守。"[1] 或许有所夸大，但大体是实情。从文学研究到经现代化发展战略研究所再到文化产业研究中心，我也越来越多地参与到地方文化建设之中，其主要形式是不断地参与各类调研、决策报告的写作。这本来不是我擅长的文类，但在集体的熔炉中，我居然也习惯了起草领导讲话，根据"现状""问

1　参见《广东省社会科学院·年报：学术研究 2003—2004》，广东经济出版社 2006 年版。

题""对策"的三段式写作应用性报告等，也因此对当代中国政治文化有了一点亲切的了解。不过，即使如此，我也仍然尽可能地作一些任务之外的研究，我仍然以为科研机构也好，"智库"也好，总得以个体专长和学术研究为基础，我仍然赞成英国批评家贝尔（Clive Bell, 1881 — 1964）的观点：社会如果需要文明，就得为它支持代价，就得养一些有闲暇的人。[1] 也是在给2003—2004年院学术年报起草的序言中，我说过："科研机构不只是个人的聚合，它本身就是一个有机体。虽然我们还不能说广东省社会科学院已经形成了有自己独特传统和稳定地位的'学派'，但研究机构的优势之一，是可以比较方便地针对现实问题迅速组织力量进行突击性、攻关性研究，迅速取得初步成果以应现实之急需。事实上，本书不少集体成果确实也为解决广东发展中的具体问题提出了方案和建议，这样的成果可能不那么精致，但其敏捷性、应用性正是其不可取代的价值和意义。今后我们还要在这方面多下功夫。事情的另一面是，我们也要承认社会科学的特点之一，是研究对象不能脱离研究主体，我们每个人自身就是社会的一员，我们的日常感觉、我们的喜怒哀乐、我们的知识语境、我们的言语习惯，具体地规定了我们对社会的理解和研究对象的确定，这才有了所谓'诠释学'的出现。因此，我们在热爱集体的同时也要注意集体的'共名'可能会把个体席卷而去，使得我们的成果缺少个体深入研究的基础。"[2]

我感到高兴的是，广东省社会科学院毕竟还有一个相对自由、宽松的环境，在引导、鼓励、支持应用性决策研究的同时，毕竟没有人禁止我作一些个人的独立研究。我即因此完成了两本自以为较有个性的读书笔记。上世纪末，我曾比较集中地阅读革命史料。现代中国危机深重，问题丛结。革命代表了走出困境、克服矛盾的努力，也不可避免地带有其环境的印记；革命改变了中国命运，却不应也不可能是解决中国问题的唯一方式；革命不是请客吃饭，革命者是特殊材料制成的人，天地翻覆，文献缺失，我们能够哪怕是部分地理解这场"斧头镰刀打江山"的壮烈行动吗？历史和理论建构了一些过程和解释，传说和文艺编纂着各种故事和形象，它们的真实性和真实感程度不一，一些权威著述有时

1　参见［英］克乃夫·贝尔：《文明》（1928），张静清等译，北京：商务印书馆1990年版，第129—130页。
2　参见《广东省社会科学院·年报：学术研究2003—2004》，广东经济出版社2006年版。

也难免失真。我以毛泽东等人的自述与回忆为线索，参照其他文献和当代成果，从亲历者的角度再现革命生活的多样性和丰富性，局部地重建革命时期的情境、场面、气氛和革命者的感受、认知、判断。转述革命故事，走进非常世界；记忆血雨腥风，体验非常人生——此即《革命人》一书的内容。在准备《中国现代性与德意志文化》的过程中，我同时写作以大屠杀为中心的纳粹文化评论。纳粹是人类文明史，也是德国历史上的一场浩劫，围绕着纳粹是德国历史的必然发展还是偶然例外问题，学术思想界有过深入讨论。对于纳粹大屠杀，有两种解释思路：一种是功能主义的思路，即将之与现代性联系起来，大屠杀是西方现代文明破坏性体制和技术能力的产物；二是文化主义的思路，它重在它与德国独特传统的联系，大屠杀被证明是德意志民族的原罪。重心不同、解释各异而各有价值，我的阅读体会是，任何一种单一的原因都不足以透彻解释纳粹大屠杀。根据这样的认识，我比较广泛地阅读了我所能看到的有关纳粹德国的研究成果，包括文学作品，特别关注 19 世纪以来的德国"文化批判"、反现代性思潮与纳粹崛起的关系，关注纳粹浩劫在精神世界和文化艺术中的破坏性后果。现在，这两组读书笔记均已完成。在我自己，很有些完成多年心愿的喜悦和对广东省社会科学院的感激。

在院工作的十五年中，2003 年 4 月文化产业研究中心的成立，是一个分水岭。此前，大体还是传统的个人研究占主体，忙碌而自由，文人气还能保留。此后，在二号楼 7 楼的一间小屋里，我和十来位转行做文化产业研究的同事一起以写报告和做课题为主业。因为每天要来上班，资料员陈丹茹不得不经常把她的电脑让出来，使我一边听着走廊上的嘈杂声一边完成着岗位责任。2005 年秋，因为参与《广东百科全书》的编纂工作，我们搬到了 9 楼，另两位同事不常来，我差不多是一个人使用着靠东边的第二间小屋，在这里度过了最紧张、我觉得也最有成效的三年（2006—2007 年我离院到英国访学）。粗糙的或精微的工作，热烈的或清凉的感受，卑微的一得之喜、并无多大意义的争执、无谓的牢骚、不时涌现起的愤懑、多彩多姿的人面桃花、沁人心脾的意外，等等，都使我觉得生活和工作着是美丽的。有时周末和节假日，我也会独自待在那里，凄清、寂寞而又不能自已，甚至涌动着温热的冲动。我经常在这种心境下琢磨要做的事。我不想把这段经历矫情为"当时只道是寻常，今宵一刻值千金"，但这段时光确实令我感激。我没有因此得到什么名利，但也没有虚掷太多时间，基本没有耽搁应当做的事和我想做的事，虽然事后看来还可以做得更好。我自觉自己比较低能，不敢也无法为难过任何人，不敢也无法和任何人竞争过任何名利资源，因此没有得到过什么"好处"，比如我曾想编一份刊物，想分到越秀北的一套住房，想争取一些奖项等，这些琐碎的欲望均未得到满足。在我们的环境下，这些东西是给不给你的问题。明白这一点，我丝毫没有为此而沮丧，也因此而得以和同事及一些对我的工作毫无理解的领导们保持着良好关系。文化产业研究中心存在的时间还不长，却有过多次的人员进出，我们的成绩不足以骄人，但按流行的标准，我们参与起草的各类报告多次得到省委省政府领导的肯定性批示，我们都顺利地转向文化研究，每年都顺利通过考核，我们还发表了几十篇文章，出版了七八种著作，更重要的是我们一直维持着宽松愉快的工作环境。2004 年开始的《广东百科全书》的编纂工作动员了里里外外好多人，其中陈欣坚持得最久，古丹凤后来留在文化产业研究中心，他们两位都很好地支持了我的工作。事完人散，好几位青年已飘落四方。似乎是巧合，7 月底我在办理调动手续时，9 楼办公室因为要重新装修而被拆除。8 月初一个闷热的中午，我独自上楼，在废墟垃圾中兀立良久，幻觉中还有友人倾谈的声音。我明白，这间小屋已经成为我的记忆。没有不散的筵席，但每次筵席都融化为生命的一部分。

到文化产业研究中心工作是上面的安排，但我却因此培养了对"文化研究"的兴趣，不但多次参加了国内的活动，还到国外学了点皮毛。20 世纪 80 年代以来我在美学、中外哲学方面的一点储备，特别是对法兰克福学派的兴趣，都因"文化研究"而被重新激活。我由此感到学过的知识、积累的体会，总是有用的。从 2002 年开始，我写了若干文化研究论文和评论，新世纪以来的一部分已结集为《因为现状可以改变》(江苏教育出版社 2005) 出版。较为长期的设想是，以若干关键词为中心的"当代文化研究基本观念"研究和从"文化失败"到"文化复兴"的中国文化思想研究。这将成为今后几年我的主要读写范围。上月底，我在请调报告中说："1994 年 10 月，我从省文联来到我院文学研究所工作，此后一直得到领导和同事们的亲切关怀和巨大帮助，各方面都有所进步。回顾这十多年来的工作和生活，我对院的感激是由衷的，对同事们的依恋是深沉的。在联系工作调动期间，院领导和同事们也表示了理解，令我非常感动。到上海工作后，我仍从事文化研究与教学工作。如有需要，我将努力以其他方式参与院文化产业研究中心的研究工作，以回报相处十多年的领导和同事。"最近几年来，文化研究在中国正如日之升，各大学和地方社会科学院纷纷成立以文化产业为中心的教学和研究机构，广东省社会科学院文化产业研究中心是较早成立的一个，也应当是有较大作为的一个。山高水长，心心相印，我希望我能看到这个中心的发展并愿意继续为此做点什么。

文化研究部分地促成了我的移动。我有一个朋友肖宁，在一个春节前夕要我转交一张她为朋友代购的机（车？）票，因为她要出差。数日后，广东省文联的陈娟来取票，我们得以相识。陈娟后来到广东人民出版社做编辑，多次约我写一本书。我本不想老在一个出版社出书，但2000年烦躁的春末，还是决定把相同类型的文章编集起来，结果就是陈娟编辑的《现代性与文化工业》。此书首印4000册，读者之一是上海交通大学的胡惠林教授。2002年底，我到上海交通大学参加一个论坛，此后即有到上海工作的动议。时隔六年之后，在许多偶然因素的作用下，现在终于成行。"应念岭表经年，孤光自照，肝胆皆冰雪"（张孝祥）——在如此高洁的诗境面前，我感到惭愧：从青春少年到庸俗中年，我在岭南的作为至少与自我期望还有很大距离。

26年前初来广州时，我曾有过种种不安和抱怨。现在要离开这里的工作了，却又生起诸多犹豫和不忍。从岭南回江南，说起来应当有些回家的感觉，但在26年的广州生活，早已把我重新塑造。我还是广州的居民，还是把广州当作家，还想着有一天再来广州，再来工作了15年的广东省社会科学院。谁能说，没有这种可能呢？"人生到处知何似，应似飞鸿踏雪泥。泥上偶然留指爪，鸿飞那复计东西。"我无法拥有苏轼的这种达观。江南好，风景旧曾谙。可不是每个回江南的人都有明月朗照的，岭南的热诚当会伴我前行？

以此文，致谢并作别广东省社会科学院的同事们。

（2009年8月22—23日）

下面是1994年为《现代仪式》（戏剧评论集）写的后记，因与自己经历有关，附录于此：

1986 年到 1994 年，我在广州文德路 79 号广东省戏剧家协会度过了 24 到 31 岁的华年。深秋作别，在收拾那张靠门的办公桌时，我收集整理了八年中写作发表的戏剧文章，编为一集，题曰"戏边人语"，以为纪念。

匆匆数年过去了，我一直忙于他事，对这些有不少近乎表扬性、配合性的地方文艺评论无意顾及。最近得到旅游出版社的支持，我就增加了 1994 年以来新写的几篇文章，并改为《现代仪式》出版。

34 岁是告别青春的年龄，"方人生之中途"。整整一年，除了写作哈贝马斯的评论，我大部分时间都是在整理旧作。春天编了一本德国文化方面的论文集《反抗现代性》，夏秋间编了一本文化随笔集《寻找反面》，年底便是这一本。我是在十年浩劫中接受教育的，起点之低迄今仍受其害。不过也正因此，使我一直保持了比较广泛而浓厚的学习兴趣。即使在剧协工作期间，戏剧也并非我的第一爱好。作为文化机关的小职员（契诃夫曾作过出色描写），我在卑微局促的世界中仍然驰骋着无边的想象。从古典文学到西方美学，从哲学到艺术，我都想作些研究；因为工作关系，后来对加尔德隆（Calderon de la Barca，1600—1681）、易卜生（Henrik Johan Ibsen，1828—1906）、斯特林堡（Augllst Strindberg，1849—1912）也兴味盎然。那段时间我对古典文学、思想史、西方美学等均有较多的阅读和写作，并由此形成了研究以"反抗现代性"为中心的中德现代进程的思路。我感念这段凝冻了很多艰难和苦痛的时光。

说起来，我与戏剧的结缘并不始于 1986 年。1981 年，我在扬州师院读书期间，因为爱好文艺理论，曾写过一篇《论席勒式》习作（这是我开始写作的第二篇文章，第一篇是 1980 年秋季写的《论文艺的人民性》），比较过莎士比亚与席勒的不同风格，文章得到"马列文论"课老师王家骏先生的好评。1997 年春天，我有机会回到老家，却未能找到这篇文章。在研究生期间，两个学期的论文我都选择与戏剧有关的，这就是收入本书的关于悲剧冲突和喜剧欣赏的文章。现在看来已相当肤浅幼稚，我不知道这是否暗示了后来与戏剧那点有限的缘分。工作后较多地写戏剧文章，得归功于《广州日报》的劳崇光先生，1986 年秋天我们在一个会议上认识后，有时是他来组稿，有时是我看戏有感，在《广州日报》上发表过若干篇戏剧文章。劳先生早已退休，我愿这位好人一生平安。至于一些电视剧评论，大多是电视台宣传活动的一部分。感谢剧团和电视台给我提供了看戏的机会。

这些文章的写作，得到文艺界许多朋友的关心。由于这些文章具有工作任务的性质，虽然我尽量注意到客观性、学术性，但毕竟不是真正个体性写作。加之写作时间跨度大，文化立场和评价标准不可能完全一致，一些重复性议论也未能尽免。为尊重自己的过去，收入本书时，全部文章均未作大的改动。如果说它们居然产生一些影响，也只说明这个园地亟待耕耘。我为自己未能在戏剧研究上有像样的建树而歉然。"坐觉清秋归荡荡，眼看白日去昭昭。"华年不再，今后也许不再有机会以戏剧为业了，但我仍愿做一个忠实的戏剧观众，仍愿保持那八年的勤奋和热情。

2010年

走德国人的路：20 世纪初的一种主张

　　没有哪个国家真的走另一个国家的路，"走……路"云云其实只是一种态度和理念上的认同和选择。中国确实有人想"走德国人的路"，那是 20 世纪 30 年代主张法西斯主义的人们。其时，不但中国内忧外患，亟须强心针和兴奋剂，即使是曾经引领全球潮流的西方，似乎也老大疲惫、危机重重。只有法西斯主义，特别是德国纳粹，以其极权政治、民族主义、领袖崇拜、血腥暴力、军事扩张等，在西方的一片衰败中似乎显示出茁茁生机。在全球范围内的民主与自由的政治选择一再被拒绝、一人统治或一党独裁甚受欢迎的背景中，一些中国人，包括一些曾经的自由思想者，也认民主为落伍、以自由为古董，不同程度地相信法西斯主义是能够解决国家困境、走向富强的有效途径，因此跃跃欲试，或著书立说，或结社组团，以不同方式拥抱独裁和极权。但历史是有意的，仅仅十多年，法西斯主义就被文明人类所埋葬，中国的法西斯主义思潮也只是昙花一现。结合后来的事情，看看 20 世纪初张君劢的德国论述，我们或许可以更好地认识社会主义在中国的必然性和多样性。

从 19 世纪末到 20 世纪初，欧洲无产阶级政党多以社会民主党或社会主义工人党为名。德国社会民主党是国际社会主义运动的组织典范和理论导师，直到第一次世界大战前都发挥着"盟主"的作用。苏俄"十月革命"后，以俄国布尔什维克为代表的第二国际左派与中、右派决裂，把党的名称改为共产党并组建共产国际（第三国际）。一方面，列宁认为，坚持改良主义、议会道路和合法斗争的德国社会民主党是无产阶级的叛徒，社会主义只有通过暴力革命和专政方式才能实现；另一方面，德国社民党领袖谢德曼（Philipp Scheidemann，1865—1939）在回忆 1919 年 11 月 9 日宣布德意志共和国诞生的情形时说："现在我清楚地看到所发生的事情。我知道李卜克内西的口号——最高权力归工人委员会。这样，德国成了俄国的一个省，苏维埃的一个分支。不，不，一千个不！"[1]国际社会主义运动从此分途发展，各国的社会主义运动必须在德俄之间，也即和平改良与暴力革命、民主与专政之间作出选择。

一、选择：德国与俄国之间

中国共产党人主张以俄为师。1920 年下半年，远在法国的蔡和森在与毛泽东的通信中，列表对比俄德两种社会主义：俄国的出发点＝唯物史观，方法＝阶级斗争＋阶级专政，目的＝共产主义；德国多数社会党的立足点＝修正派社会主义及中产阶级的德谟克拉西之上，方法＝与帝国政府通力合作（入战时内阁），目的＝劳资合组的德谟克拉西。结果＝延长资本政治的危险。"我以世界革命自俄国成功以来，已经转了一个大方向，这方向就是'无产阶级获得政权来改造社会'。……我以为一定要经俄国现在所用的方法，无产阶级专政乃是一个唯一无二的方法，舍此无办法。试问政权不在手，怎样去改造社会？"[2]1921 年 5 月，陈独秀在广州演讲，他在排比了苏俄阶级战争、直接行动、无产阶级专政、国际运动与德国社民党劳资携手、议会政策、民主政治、国家主义的一系

1　转引自［德］克劳斯·费舍尔：《纳粹德国——一部新的历史》（1998）上册，萧韶工作室译，江苏人民出版社2005年版，第60—61页。

2　蔡和森：《给毛泽东——共产党之重要讨论》（1920年9月26日），《蔡和森文集》（上），湖南人民出版社1978年版，第35页。

列对立后提问："我们中国人对于这两种社会主义，究竟要采用哪一种呢？"他的观点是："中国若是采用德国社会民主党的国家社会主义，不过多多加给腐败贪污的官僚政客以作恶的机会罢了。"[1] 尽管中国本无德国式的资本主义生产方式和议会民主的政治环境，也不像俄共那样受到德国社会民主党的深刻影响，但作为共产国际的一个支部，中国革命者也必须通过批判社会民主党以为引进苏俄式科学社会主义的前奏。值得注意的是，毛泽东在"深切赞同"蔡和森主张时，同时指出选择暴力是一种无可奈何："我看俄国式的革命，是无可如何的山穷水尽诸路皆走不通了的一个变计，并不是有更好的方法弃而不用，单要采取这个恐怖的方法。"[2] 蔡、毛后来都成为坚定的苏俄式"恐怖"的信仰者和追随者，但在他们选择社会主义的初期，对苏俄革命并非单纯的热情拥抱。

蔡、毛之论足以表明，以俄为师只是当时一部分人的主张。对新文化人和激进分子来说，要不要走社会主义道路是热烈争论的一个话题；而对那些选择社会主义的人来说，走什么样的社会主义道路也还需要做进一步比较。比如，同样欢呼十月革命、期待中国革命的哲学家张君劢，就在1920年7月与哲学家张东荪（1886—1973）的通信中，以比较德俄革命的方式提出以德为师的主张。

中国需要革命，革命需要外来典范。张君劢对此毫不怀疑："吾侪居今日之中国，束缚于四千年陈陈相因之旧历史，凡属革命，不论其所争为思想，为政治，为民族，为社会，吾以为当一概欢迎之，输入之。何也？所以改造此旧时代以入新时代之法当如是也。"问题不在于要不要革命，而是要什么样的革命。是以革命为教主、为天神而对之顶礼膜拜，还是以革命为"可暂而不可常，可偶而不可久"的非常手段？张君劢持后一种态度，因此要剖析德俄革命的"前后经过，而以可遵循之涂示之国人"。就革命者的气魄、天才和勇猛精进而言，德不如俄："德之革命领袖，出身议会政治，蹈常习故，视蓝（列）宁之一鸣惊人者，远不逮矣。德之革命制度，绝无创造之天才，视监（列）宁之凿空探险者，远不逮焉。"就脚踏实地、持之以恒地从事社会运动而言，俄不如德。所以"其于蓝

1　陈独秀：《社会主义批评——在广州公立法政学校演讲》（1921年1月），任建树等编：《陈独秀著作选》，第2卷，上海人民出版社1993年版，第253—256页。

2　毛泽东：《致蔡和森》（1920年12月1日），《毛泽东书信选集》，人民出版社1983年版，第5—8页。

（列）宁，则佩其主义之高，进行之猛，字之曰社会革命之先驱。然于根基之深厚，践履之笃实，则独推崇德之社会党"。德俄革命是不同类型的革命，各有所长，但德可学而俄不可学。革命者以亡命客而于数日之内夺取政权、不惜敌一世而与德国言和、恃劳动界不平之心理以为世界革命且夕可成、不顾生计上的影响毅然实行国有主义，等等，这些"赫赫之功"实有赖于列宁的天才和自信。"以为他人所可学或他人所能学，则吾未之敢信。"而"德之革命则异乎是，建筑于50年训练之上，酝酿于4年战事之中，有国民为之后盾，无一革再革之反复"。这是有规矩、有计划、有秩序的革命，所以"世界国民之有志者，未有不能学，学焉而未有不能至者"。张君劢的比喻是，孟贲之勇、离娄之巧举世所羡，但他们都是旷世一遇的非常之人，不是其他人可学的。"圣人亦有言，教人者示人以中庸之道，其过于中庸者，圣人不欲以之率天下焉。诚如是言，则吾国人之所当学者，厥在德社会民主党之脚踏实地，而不在蓝（列）宁氏之近功速效焉。"[1]

俄国革命当然不可能在中国重演。自觉走俄国人的路的中国共产党人，后来在革命过程中也不得不反对照搬苏俄模式，探索中国革命的道路。不过，张君劢所谓的德可学而俄不可学，其意非指不同国家需要选择不同的革命道路，而是指革命需要社会基础，需要有一个渐进的过程。德俄革命都以社会主义为旗帜，比较起来，德国革命更能保存自由民主的成果且更具社会公正的原则，而俄国革命更像暴力夺权的天才杰作。"脚踏实地"与"近功速效"之别，不只在于革命速度和效率，而更多在于革命的不同性质。因此，可学不可学之外，还有应学不应学或可取不可取的问题。"仆于德俄革命以左右之者，不在其社会主义之实行，而在其取采之手段。仆为希冀以法律手段解决社会革命问题之一人，故对蓝（列）宁式之革命，不敢苟同。""两国革命之异点，可以法律手段与非法律手段衡之。"俄国革命后解散国民议会而以全俄苏维埃代之，德国革命初期也召开过苏维埃，但不久即代之以国民议会；俄国的苏维埃仅限于劳动阶级，德国国民议会，一切国民都有选举被选举权；俄国一切权力归苏维埃，德

---

1 君劢、东荪：《中国之前途：德国乎？俄国乎？（三封信）》（1920年4月17—18日），载上海：《解放与改造》第2卷第14号。1922年3月，周恩来亦在《西欧的"赤况"》一文中指出："老实说，俄罗斯要没有列宁、托洛茨基、金诺维夫（通译季诺维也夫——引按）等几个人，1917年的革命也早塌台了。"（《周恩来早期文集》下卷，第451页。）

国除国民议会外，还辅以苏维埃参与立法；俄国由苏维埃认可将土地和工业强征为国有，不作赔偿，德国的宪法虽然承认国有主义，但其施行的方法由议会决定，且采取赔偿主义；俄共数十年不与资产阶级合组政府，德国社会民主党却与资产阶级组成联合内阁；俄国实行无产阶级专政，严格限制公民权利，德国则没有这些限制。要之，德以法律手段，俄以暴力手段。所谓"法律手段"包括两个方面：一是平等主义。19世纪以来的民主政治主张法律面前人人平等，这是"形式的或法律的平等"；苏俄宪法规定只有劳动者才有政治参与权，这是一种"工业民主或生产意味的民主"，本有合理性，但推尊劳动过度以至于摈弃其他国民，"则大非平等之义，此自法律平等上吾不敢歌颂蓝（列）宁式之革命者一也"。二是法统主义，即依法治国。"国之所以立，必赖法律，苟无法律，国且不存，所谓法者，其成立也，必有一定之机关，一定之顺序；若苟焉以少数人之力，从而更易之，则法为非法，国必乱。诚以今日吾以强力推翻人，则明日人亦得以强力推翻吾，如是两相推翻，虽有利国福民之美意，亦且变为祸国祸民之暴举矣。……此自法律系统上，吾不敢歌颂蓝（列）宁式之革命者二也。"总之，苏俄革命"其勇猛固可佳，若谓所学取法在此，则吾未之敢承"[1]。即使俄国革命可学，也不应学。

二、根据：革命与宪政之间

舍俄就德的判断蕴含着两个选择：革命期的手段是暴力的还是法律的？革命后的制度是专政的还是宪政的？

革命不可能守法。破坏秩序的革命如何能采取法律的手段呢？张君劢认为革命有两种程序：一是鼓动国民，求得议会多数，然后组织政府而行革命，此即德国社民党的议会道路；二是以暴力方式夺取政权而后实行革命，此即苏俄的革命手段。两种程序各有得失："德以偏于议会政略故，失于社会主义，而得于法律主义，俄以偏于革命手段故，得于社会主义，而失于法律主义。"张君

---

1 君劢、东荪：《中国之前途：德国乎？俄国乎？（三封信）》（1920年4月17—18日），载上海：《解放与改造》第2卷第14号。

劢认为，社会革命是一个长期过程，一时得失并不重要；唯合法手段必须坚持，否则连带其革命理想也一并丧失。"天下往往有主义甚正当，徒劳无功手段之误，而流毒无穷。亦有主义虽不完满，徒以手段不误，反得和平中正之结果者。俄德之革命，是其比较也。"正是在这里，张君劢与同样持社会民主主义立场的张东荪发生分歧。张东荪认为，俄德革命之不同在于国情之不同："若移德之社会民主党而于俄难保不主张贫民激进制，若移多数派于德亦难保其不取缓和态度。故俄德之不，全由于国情，……德为常，而俄为变。……盖蓝（列）宁知俄国上中阶级全体之无希望，岂但无希望，并为文化之障害。于是思设法为之洗涤。其所以提出贫民而对于上中阶级大加杀戮者，乃对于旧俄罗斯加一番洗刷耳。"革命的不同性质源自革命的不同历史环境，张东荪以此而把革命相对化了，同时也把暴力手段合理化了："于此弟不议蓝（列）宁之惨忍而盛感蓝宁之大仁。蓝（列）宁亦知贫民专制之不能久也，然非借力于贫民专制则不能洗涤旧日污点。乃不恤以毒攻毒，于此可见其心之大功，盖非存心至公不能用非常之手段也。"张东荪认为，杀人究竟是"惨忍"还是"大仁"，判断的标准应当是革命理想。革命者可以为了"大仁"而舍"小仁"："即为革命则绝无不杀一人不流滴血者。而革命之价值亦决不以杀人流血之有无与多寡而定。无杀人流血之革命未必即为有理想之革命。……弟以为人非不可杀，而杀之贵有道；不当以杀人与否定其功罪，而当以杀人之理由而定其是非也。"以目的和理想而为手段辩护，这是革命者惯用的修辞。张君劢坚决反对这一辩护："既评革命，自然评其事实，而不评其理想。……诚如公言，理想高者高之，理想低者低之。此为学说比较，党纲比较，而非革命批评矣。"[1] 20世纪革命的特点，是大多有一套堂堂正正的"理想"和主义，如仅仅从有无理想、理想高低来评论，恐怕没有哪一个恐怖制造者不会提炼出一套像模像样的说法，很少有杀人者不会以"大仁"自居。关键是，如何判断暴力手段如何与崇高理想的内在关联？为了一个辉煌的终极理想而牺牲当下在伦理上、人道上是否可取？张君劢虽然欢呼过十月革命，并第一次把"Soviet"译为"苏维埃"，但对苏俄革命的暴力

---

1 君劢、东荪：《中国之前途：德国乎？俄国乎？（三封信）》（1920年4月17—18日），载上海：《解放与改造》第2卷第14号。

手段及其非法律方式一开始就不赞成。1919 年在德国时，当地共产党领导告诉他：俄共及第三国际曾许诺只要德共立即暴动，俄共便立即出兵援助，但德共暴动之后，俄共却并不出兵，所以德共迅速失败。"我听他这么一说，即已认识到国际共党之间的这种相互欺骗。"[1] 张君劢没有明言的是：即以"理想"而论，俄国的暴力也很难得到辩护。

因为德国革命"偏于议会政略"，所以没有给社会造成大的震荡。推翻帝制后，德国社会民主党迅速制定宪法，恢复法制，使经历了战败和革命的国家稳定下来；而俄国虽亦拥有新宪法，但其一个阶级、一个政党的专政却有悖社会主义的平等精神。有法无法，这是一个根本性区别。张君劢强调："要变成近代国家，非先变成法治国不可。所谓法治国者，是以法律治国，不是以人治国。""我们所谓法治国，并不仅是以法律来治国，而是看重人民的权利。"[2] 张认为，《魏玛宪法》既是德国革命成就的凝聚，也是 20 世纪社会革命的体现。"德之革命，后吾十年，吾宪法至今未成，而德宪已先吾而颁布。不独颁布已焉，其国中之议宪者，又能为世界法制上开无数法门，此则吾望于国人，以德为鉴而倍加策励者也。"[3] 还在与张东荪通信比较德俄之前，张君劢就发表《德国新共和宪法评》一文，后来又发表《德国及其邦宪法对于世界法制史上之新贡献》（1923 年 1 月）、《德国新宪法起草者柏吕斯之国家观念及其在德国政治学说史上之地位》（1930 年）等文，他希望对《魏玛宪法》的评论能够为中国民主宪政建设提供经验和示范。其中最重要的有两点。一是和衷共济的精神。《魏玛宪法》之所以能在单一国制与联邦国制、总统制和责任内阁制、代表民主制与直接民主制、苏维埃政治与代议政治、个人主义与社会主义、劳工阶级与资产阶级等方面折中调和，其立法家的技能、度量和智识固然重要，但德国人争而能让、团结合作的精神则是其基础和前提。张认为，中国之所以一革再革而不上轨道，其重要原因就是中国人在发生政治分歧时仍习惯于诉诸武力，处处讲矛盾，时时搞斗争，事事凭枪杆子说话。中国如果要制定一部能够体现国民思想的一致性的宪法，

1　张君劢：《社会主义思想运动概观》，台北：稻乡出版社1988年版，第4页。

2　张君劢：《法治与独裁》（1934年），《宪政之道》，清华大学出版社2006年版，第376、377页。

3　张君劢：《德国及其邦宪法对于世界法制史上之新贡献》（1923年1月），《宪政之道》，清华大学出版社2006年版，第313页。

就必须改造这种恶习，以德为师，培养、增进国民的"道德智识"和政治品质。所以"如欲学德意志者，当学其交让之精神，和衷共济之精神"[1]。另一个是长期斗争的精神。"社会主义"是社会革命而不仅仅一次暴力行动，它需要长期的社会运动以为酝酿。张君劢强调，《魏玛宪法》不是1918年"11月革命"的产物，而是长期以来德国社会运动的结果："有拉萨尔、马克思倡于先，有勃勃尔（通译倍倍尔）、黎伯克尼（通译李卜克内西）奔走于后；有无数仁人志士为之后先疏附，虽触刑纲而不悔，乃以造成此有宗旨有纪律之团体，去君主，去军阀，如摧枯拉朽。如是，彼之所以得有今日，其种子实伏于数十年之前。……宪法者鱼也，社会民主党之奋斗，则结网之功也。若徒羡其得鱼之易，而忘不了其结网之苦，又未足与语学德意志也。"[2]此论意在矫正近代以来中国人的急躁心理，强调一次性革命不能完成社会革命。

以和平方式实现社会革命，这是19、20世纪之交社会民主主义的精髓。张君劢以德为师，目的是要在中国推行社会民主主义。德国社会主义的精义体现在《魏玛宪法》中。"社会主义之精神安在乎？吾以一言蔽之，则尊社会之公益，而抑个人之私利是矣。惟其然也，故重社会之公道，而限制个人之自由；故废私有财产，而代以社会所有制；故去财产承继而以遗产归之国有；故欲化私人营业而归诸国有。德宪法第五章之生计的生活，社会主义之精神所寄，而此次革命成败之由决也。考其各条之规定，无在非个人自由主义与社会主义之兼容并包。"[3]1787年的美国宪法代表了18世纪的个人主义潮流，1793年的法国宪法代表了19世纪民权自由之精神，1919年的德国宪法代表着20世纪社会革命的潮流。如果说承认私有财产是德国社会民主主义区别于苏俄社会主义的核心，那么直接民主政治则是德国社会民主主义不同于资本主义民主制的关键。《魏玛宪法》中有七项涉及国民公决，其原因在于"政党之蹈常习故，爱私利而忘公益，不独国民病之，即本党领袖之欲毅然而有所作为者，无不受其钳制。于是时也，大政治家之有所改革者，舍直接自诉于国民以外，殆无他法"。各国大势趋于直

1 张君劢：《德国新共和宪法评》（1920年），《宪政之道》，清华大学出版社2006年版，第283页。
2 张君劢：《德国新共和宪法评》（1920年），《宪政之道》，清华大学出版社2006年版，第284页。
3 张君劢：《德国新共和宪法评》（1920年），《宪政之道》，清华大学出版社2006年版，第270页。

接民主，但只有德国以七千万人口之大国而行直接民主，如此则"非复少数政党代表，议会代表，所能假名窃号，而自以主人公自居"。在张看来，中国宪政建设的教训，在于采用了英法的"绝对的议会政治"，而没有考虑到如果政府与议会发生冲突时，如何提供求助于人民的办法。其结果是议会仅由几个政党控制，这些政党只从自身的权力欲望出发，一面是各政党在议会里争吵不休，一面是议会与政府相持不下。"而主人翁之国民，则隔岸观火，做袖手人而已。""夫号称共和国，而全体人民，舍商会学会之发一电开一会外，殆无主权民意表示，是得谓之真民主真共和乎？"解决人民主权缺失的办法，就是"步德国宪法之后，实行直接民主"。当议会不能满足人民的需要时，人们便可以越过它，求助于公民直接投票。"绝对的直接民主虽不可行，则相对的直接民主，不过胜于数百议员之所谓民意乎？"[1] 历史已经证明，德国人的制度创新并未成功；而在广土众民的现代国家，如何把代议制民主与"直接民主"结合起来也困难多多，但张君劢此论实际提出了如何以法律形式保障公民政治参与的问题。

三、申论：德国与中国之间

张君劢对德国革命的分析是可以讨论的。1919 年的德国革命及共和国的成立，并非水到渠成。正如德国学者说的："德国决定性的权力变化发生在战争的最后一个月，那时由贵族阶级、中上层资产阶级和武装部队的高层指挥官构成的统治的中坚分子，一下子就被社会民主的力量，特别是国会中得到工人和一部分中产阶级运动的政党在政治上所取代。"[2] 在这个问题上，张东荪的看法更为准确："既曰革命则决不能于安稳成熟中行之，德之社会民主党坚忍以待者垂五十年矣。吾知设无欧战，又设德不战败，虽再俟五十年未必即有成熟之期也。然则德之社会民主党仍为利用时机。无既为利用时机，则利用之道各有不同。……

---

1 张君劢：《德国新共和宪法评》（1920年），《宪政之道》，清华大学出版社2006年版，第268—270页。

2 ［德］克劳斯·费舍尔：《纳粹德国——一部新的历史》（1998）上册，萧韶工作室译，江苏人民出版社2005年版，第56页。

苟有充分之可能性，虽立刻利用之，亦奚不可。"[1] 革命是历史进步的一种方式，是社会矛盾的一种解决，它需要积累，需要酝酿，但作为历史连续性中断，革命也需要从未来吸取诗情、从外部输入动力、从偶然事件中寻找契机，真正"水到渠成"的革命可遇而不可求。此即卢森堡说的："革命的生存规律是：它必须非常迅速和坚决地向前猛进，用铁腕克服一切障碍，日益扩大自己的目标，否则它就会很快地倒退到它的软弱无力的出发点，并且被反革命扼杀。"[2] 德国革命也有其爆发性、偶然性，因此不能简单地认为革命是德国社民党五十年斗争的成果。尽管较之俄国，德国社会民主运动源远流长波澜壮阔，但在西方诸国中，德国仍然是专制传统强大、民主基础薄弱的国家。德国社会民主党是伟大的选举斗士和组织艺术家，但它没有指出连接乌托邦理想与日常实践的道路，没有制定必要的行动战略和前进路线，既无坚毅的革命行动（如大罢工），因为这太危险了，也无切实的议会行动（如在议会中的结盟、妥协等），因为这太微不足道了，所以它没有深入真正的政治。"在帝国的最后几年里显露出一个问题：社会民主党人卓越的组织能力与他们的无权状态形成鲜明对照。他们史无前例地组织了大批党员，赢得了选举，编织起了由联合会、协会和俱乐部构成的引人注目的网络。德国社会民主党从拉萨尔主义的宗派发展成为一个强有力的群众性政党。然而，社民党并没有使这个群众党更接近政权。……社民党是一个处于等待状态中的巨人。"[3] 1918年革命后，德国社会民主党拥有了政权，但它从来没有在全国选举中获得绝对多数，因此就没有也不能对资本主义秩序进行深刻干预，没有制定并实施激进的经济和社会改革计划，没有实施国家机构的民主化和军队的共和国化，总之没有为共和国创造一个稳定的社会基础。因此"德国社会民主党实际的成就就是创建了魏玛共和国。如果考虑到魏玛共和国的悲剧性结局，我们可以说社会民主党给自己喝了一杯毒酒。新的民主宪法确立了共和制，并扩大了社会权利（普选权、基本自由、全民教育权，等等），但经济和社会秩

1　君劢、东荪：《中国之前途：德国乎？俄国乎？（三封信）》（1920年4月17—18日），载上海：《解放与改造》第2卷第14号。

2　[波]卢森堡：《论俄国革命》（1918年），《卢森堡文选》下卷，人民出版社1990年版，第489页。

3　[德]弗兰茨·瓦尔特：《德国社会民主党：从无产阶级到新中间》（2002），张文红译，重庆出版社2008年版，第21页。

序依然没有受到触动"[1]。1920年后，社会民主党离开了政府，当它于1928年在"大联盟"中重新执政时，虽不惜与保守的右翼妥协而终于不能抵制纳粹的进攻，"通过议会道路走向社会主义"的尝试最终被纳粹改写为"通过议会道路走向法西斯主义"。魏玛共和国外有《凡尔赛条约》的束缚、内有汹涌澎湃的左右激进主义挑战，它的最终失败，源自许多难以克服的内在危机以及一种悲剧性巧合：经济衰退演变成一场大灾难与不放过任何一次机会打击共和国的极右势力，特别是纳粹的增长同时发生；各种个人错误和各种社会缺点竞相交织，偶然事件和历史传统的有力互动等，但德国社会民主党的软弱也是重要一条。正是因为德国社会民主党缺少坚定的政治行动，所以前德国社会民主党领袖卢森堡才热情赞颂列宁："他们的十月起义不仅确实挽救了俄国革命，而且也挽救了国际社会主义的荣誉。"[2]

当然，张君劢对《魏玛宪法》的评价是客观的。20世纪20年代早期，无论是魏玛德国还是苏俄实验都才刚刚开始，张君劢没有因为敏感地发现苏俄在民主法制建设方面的严重不足就把魏玛德国理想化。正如社会民主党人"蹈常习故"而非苏俄革命者的勇猛精进一样，《魏玛宪法》也因其折中调和之功而少苏俄宪法的惊奇之处，因此未能充分体现社会主义理想。1920年在给张东荪信中他觉得这是正常的："然规模具在，循此轨道以行，则民意成熟，自然水到渠成矣。"[3]但1922年他已发现："俄以进行过猛，乃由'公'复返于'资'（指列宁的新经济政策——引按）；德人踌躇四顾，足虽举而不前。"[4]此论实已包含对《魏玛宪法》的批评。其实1920年，他就对《魏玛宪法》提出两个重要批评。一是总统制与内阁制的调和，这在理论上虽不成问题，但在实际运作中可能出现矛盾。总统与议会同为民选，故总统可以反对议会，议会可以反对总统，当议会与总统发生冲突时，双方都可以民意为口实，形成两不相下之局。"故吾以为德新宪法中

---

1 [英]唐纳德·萨松：《欧洲社会主义百年史》（1996），姜辉等译，北京：社会科学文献出版社2007年版，第57页。

2 [波]卢森堡：《论俄国革命》（1918年），《卢森堡文选》下卷，人民出版社1990年版，第483页。

3 君劢、东荪：《中国之前途：德国乎？俄国乎？（三封信）》（1920年4月17—18日），载上海：《解放与改造》第2卷第14号。

4 张君劢：《国宪议》（1922年），张君劢：《宪政之道》，清华大学出版社2006年版，第87页。

最使吾怀疑者，莫此为甚。……今欲使内阁与总统同时负责，而各以发挥其所长，吾英恐利未呈而害先见。"[1] 二是没有提供基于民主的建军方法。德国社会民主党人数十年来一直反对军国主义，革命成功后本来应当"改此奴隶军队而为国民军队，改此军阀政治而为国民政治，改此军阀外交而为国民外交，夫而后此民主政治，此社会革命，乃能久存。"但协约国抄袭拿破仑的老办法，徒以限制德国军队为满足。"致令德宪法中少此国民的精神之军制之色彩，而世界军阀政治因得藉此为藏身之固。"[2] 这两个缺憾都为魏玛共和国后来的崩溃所证明。由于魏玛共和国建立在彼此之间缺少合作的诚意和方式的政党联合基础上，难以协调一致，第48条（总统有权在公共安全和秩序受到扰乱和危害的紧急情况颁布法令）、第25条（总统有解散国会并宣布新的选举的权力）实际沦为没有妥协能力的政客们处理日常政务的廉价处方，以致政府屡屡瓦解，权力越来越向总统集中，最终导致民主政府垮台。在此过程中，由于没有清理旧军队中的反民主力量，国防军没有成为共和国的基石，这一"国中之国"实际上默许甚或支持了纳粹上台。1930年3月27日，在不具备议会多数的情况下，总统兴登堡任命布吕宁（Heinrich Bruning）组织总统内阁，议会民主实已破产。同年7月18日，布吕宁在政府紧缩金融、降低工资、削减福利的财政立法没有得到国会通过时，即利用总统法令解散国会以实施自己的计划，破坏了作为共和国基础的内阁责任原则。1930年9月14日大选，纳粹党由原来的2.6%的选票和12个席位一举上升到18.3%选票和107个席位。"解散1928年选举出来的国会（最后一届共和派占多数的国会）是在魏玛共和国史上最严重的事件之一。它打开了大门，让灾难先是倾泻到全国，而后又倾泻到整个欧洲。"[3]

更重要的是，张君劢的主张不可能在中国实现。社会民主主义是继18、19世纪自由民主革命之后兴起的社会革命思潮，在争取民主自由、个性解放、基

---

1 张君劢：《国宪议》（1922年），张君劢：《宪政之道》，清华大学出版社2006年版，第265页。《魏玛宪法》（1919年），载肖蔚云等编：《宪法学参考资料》下册，北京大学出版社，2003年。《魏码宪法》赋予总统以独立于议会的权力，源自韦伯的设计。参见［德］玛丽安妮·韦伯：《韦伯传》（1926），阎克文译，江苏人民出版社2002年版，第730—734页。

2 张君劢：《国宪议》（1922年），张君劢：《宪政之道》，清华大学出版社2006年版，第283页。

3 ［瑞士］埃里希·艾克《魏玛共和国史》下册（1956），高年生等译，商务印书馆1994年版，第267—268页。

本人权和形式平等等方面，它与自由主义是重叠的，它们都承认资本主义较封建主义是一个进步，但在自由秩序和民主体制建立以后，社会民主主义与自由主义的差异日益突出，它更重在社会公正、国家福利和政府干预，意在用社会主义取代资本主义。因此在西方，包括在自由民主的社会基础比较脆弱、专制主义依然强大的德国，社会民主主义都有其现实基础和实现机会。德国社会民主党之所以能够选择议会道路、取和平改良手段，是因为德国有议会、有法制、有可以进行和平改良的制度框架，工人阶级可以在其中进行合法的斗争。即使在俾斯麦《反社会党人非常法》的压制下的帝国时期，"社会民主党人作为个人并没有被完全剥夺权利；作为国家公民，他们完全可以享受法律和宪法的可靠保障，肉体上也没有受到真正的威胁。他们的党是被议会多数通过的决议所禁止的，但作为补偿，他们能够毫无问题地建立和维持他们的社交性团体。他们还拥有议员，因为在帝国时期人们选举的是个人，而不是党派。所以，社会民主党人能够以个人名义成为候选人、当选并最终在议会担任议员发挥作用"[1]。然而，现代中国不具备这样的条件。张东荪说得好："中国自辛亥以来谓之无法律，谓之无国会，弟尚觉其不切。直可谓此九年间形式之法律固未尝一日有，乃并习惯法而破坏之；国会制度固未尝一日存，乃并未来之国会制度之信念而破坏之。而兄犹以法律手续为言，真弟闻之而心痛也。……总之，于各国有法律基础者其由法律手续上谋改革，弟安得非之；独于中国则本无法律，本无议会，则法律手续之说无所附丽。至于中国之前途，以弟观察之止有革命，且革命，或不止一次。"[2]在反专制、争自由的政治革命尚未进行的社会空间中，社会民主主义的基本价值更多与自由主义，而不是与社会主义更为接近。如果不能以和平方式反专制、争自由，则暴力革命就是唯一选择，从而社会民主主义也就分享了自由主义的失败命运。张君劢在英美自由主义与苏俄社会主义之间寻找第三条道路努力未能获得现实成功，其分别使用德、俄经验的理想方案——"对于军阀之扑灭，当取革命手段；对于劳动者地位之增进，与政权之转移，当取议会

1　[德]弗兰茨·瓦尔特：《德国社会民主党：从无产阶级到新中间》(2002)，张文红译，重庆出版社2008年版，第12页。
2　君劢、东荪：《中国之前途：德国乎？俄国乎？（三封信）》(1920年4月17—18日)，载上海：《解放与改造》第2卷第14号。

政略"[1]——始终只是纸上构想。俄式"恐怖"因其导致了1949年的成功而成为中国革命的正统教义，而社会民主主义则一再受到批判和清理。事后看来，其以德为师的实际成果，是不同程度地表现在由他起草的《国是会议宪草》（1922年）、《中华民国宪法》（1945年）中的调和社会公正与个人自由的折中精神。当然，毫无疑问的是，在后革命的中国，张君劢对革命的反思、对民主法治的期待，却是值得珍视的论题。

（2009年3月30日，原载《广东社会科学》2010年第1期）

---

1 君劢、东荪:《中国之前途: 德国乎? 俄国乎? (三封信)》(1920年4月17—18日), 载上海:《解放与改造》第2卷第14号。

2011_年

梁启超的"文化自觉"

　　梁启超是现代中国用心讨论过"文化"概念及其历史的思想家。与康有为、严复、章太炎、王国维等人相似，梁启超也有"早年激进、晚年保守"的思想转折。仅仅从进步—革命政治的角度评论这一转向是不够的，其中还有丰富的文化内涵，涉及 19 世纪末以来西方文化的危机和中国文化的现代价值等问题。如果说，从"文化失败"经"文化革命"到"文化复兴"是现代中国文化的历程，那么，这些领时代风潮的人物从激进到保守的思想过程，表达的正是如何综合平衡古今中西这一至今仍困扰我们的难题。而更重要的是，通过反思进化论以及由此而来的以西化取向，梁启超在人文—科学、文化—自然、中国—西方的辨析中完成了他的"文化自觉"。

始于19世纪的现代过程，在一定程度上可以理解为"普遍历史"扩展的过程。尽管中国人对西方世界及其所实践的现代性价值观怀有非常复杂的情感、态度与理解，甚至是批判与拒绝，但从建设"民国"的不成功尝试到"无产阶级革命"的胜利，从成为社会主义阵营的一员到世纪末的改革开放，中国总是努力进入"普遍历史"。中国现代性的主流叙事却是普遍主义。首先是由西方而来的进化/进步论的时间叙事：世界必定从低级向高级、由简单到复杂进展，人类也将随之而不断完善。然而，现代中国的复杂性在于，对普遍性的质疑也始终回荡在现代中国的进程之中。继章太炎基于多元文化的理论与实践质疑进化论之后，梁启超（1873—1929）后期也从文化个性的角度质疑进化论并从中形成"文化自觉"和"中国自觉"。

一、历史不是科学

　　现代性论说的典范是"进化论"和"进步论"。这一信仰可以追溯到遥远的古代，但只在现代西方才成为中心概念。一个几乎成为共识的观点是："西方历史思想最重要，或至少是最显著的特点在于它对发展或进步的强调，换言之，在于它看待过去的'线性'观点。"所谓"进步"的广义是"指变化是累积的观念（一代人站在另一代人肩上），或指变化是不可逆的观念（体现在'你不能使钟倒转'这一俗语中）"[1]。率先把进化论引进中国的严复也认为，中西文明的根本区别即在进化观："尝谓中西事理，其最不同而断乎不可合者，莫大于中之人好古而忽今，西之人力今以胜古。中之人以一治一乱、一盛一衰为天行人事之自然，西之人以日进无疆，既盛不可复衰，既治不可复乱，为学术政化之极则。"[2]进化/进步论蕴含着历史的目的性，这种目的并非内在于历史过程，即并非同某个时代，同过去、现在或未来的某个时期联系，而要超越于时代的前进方向。唯其如此，它才能断定那种隐藏于历史过程的东西有意义。进化/进步论在中国，不

　　1　[美]彼得·伯杰：《全球视野中的西方历史思想：十个命题》（2002年），载陈启能、倪为国编：《历史与当下》，上海三联书店、华东师范大学出版社2004年版，第5页。
　　2　严复：《论世变之亟》（1895年2月），《严复集》第1册，中华书局1986年版，第1页。

仅是一种自然与社会的普遍规律，还包含着一种使中国人惊醒的宿命论和催人奋进的激进主义。引领时代潮流的重要人物，如康有为、梁启超、谭嗣同、孙中山、鲁迅等均以不同方式、在不同程度上宣传了进化／进步论。1898年严复译《天演论》出版后，"物竞""争存""优胜劣败"等词，几成口头禅。据胡适回忆："数年之间，许多进化名词在当时报章杂志的文字上，就成了口头禅。无数的人，都采来做自己儿辈的名号，由是提醒他们国家与个人在生存竞争中消灭和祸害。"[1]进化／进步论处理的是古／今关系，它一旦成为指导中国自强保种的价值观和行动纲领，也就被认为是涵盖中西的普遍规律，并合理地通向黑格尔／马克思的普遍历史理论。所以"20世纪中国历史学的发展，主要体现在两种历史观上。一为进化史观，发生在20世纪初，以梁启超的《新史学》（1902）为代表；一为唯物史观，发生在20世纪20年代，以李大钊的《史学要论》为代表。这两种史观有内在的联系，因为马克思主义也曾受到过进化论的影响。因而，进化史观的引进是中国20世纪历史学的显著标志"[2]尽管章太炎发表过"俱分进化论"的言论，梁漱溟以意欲向前、意欲持中、意欲向后概括西、中、印文化，批评那种认为世界各种文化都按一条直线进化的"独系演进论"，但这种声音较少被人倾听。值得注意的是，章太炎、梁漱溟的反进化论主要取资于庄子、佛教等东方思想。在这种背景下，曾经信仰过进化／进步论，后期又对进化／进步论作出深入反思的梁启超，就特别值得我们关注。

梁启超的反思源于对德国新康德主义的吸收。20世纪20年代，德国新康德主义哲学家李凯尔特（Heinrich Rickert，1863—1936）所论及的自然与文化的区别、普遍化方法与个别化方法的对立、理论的价值联系及其对历史认识客观性的制约等问题，开始引起中国史学家们的关注与思考，并部分地促成了中国历史意识的变化。史学家何炳松（1890—1946）指出："故历史者，研究人类活动特异演化之学也，即人类特异生活之记载也。大人类之特异生活，日新月异，变化无穷。故凡属前言往行，莫不此往彼来、新陈代谢。此历史上所以不能有所谓定律也。盖定律以通概为本，通概以重复为基。已往人事，既无复现之情，

1 胡适：《我的信仰》（1931年），欧阳哲生编：《胡适文集》1，北京大学出版社1998年版，第12页。
2 吴丕：《进化论与中国激进主义1859—1924》，北京大学出版社2005年版，第112页。

古今状况，又无一辙之理，通概难施，何来定律乎？"[1]另一位史家朱谦之（1899—1972）则开始介绍新康德主义史学观，认为"历史论理学"（Logic der Geschicht）这一概念是从德国西南学派 Rickert 才开始使用的，"要从根本上理解历史科学之论理的本质，恐怕在 Windelband 以前，也实在是没有罢"[2]。1933 年，朱又在《历史哲学大纲》中较详细地介绍了文德尔班（Wilhelm Windelband，1948—1915）、李恺尔特的历史哲学。何、朱均是现代史学理论的重要人物，他们在史学原理的框架中宣讲新康德主义，重在探讨史学的性质和方法，并无直接有现实文化关怀。把李凯尔特的史学理论转化为文化论述的理论工作，主要是由梁启超来完成的。

在西方进化论中，无论是 18 世纪的孔多塞（Condorcet）还是 19 世纪的孔德（A. Comte）、斯宾塞（H. Spencer），进化的"主语"都是不分种族 / 民族的整体的"人类"，进化论从根本上是普遍主义的、世界主义的概念。在康有为的"三世"论及严复译《天演论》的影响下，梁启超接受了进化论。戊戌变法前后，梁将进化论与传统的公羊"三世"说结合起来，提出"三世六别"之说，强调人类历史也和宇宙万物一样，是不断地由低级向高级演化："春秋立三世之义，以明往古来今万物递变递进之理。"比如，"由莓苔之世界变而进为海绒螺蛤之世界，由海绒螺蛤之世界，变而进为大草大木之世界，飞鱼飞鼍之世界，由彼世界变而进为骨节脊袋动物之世界，由彼世界变而进为立兽之世界，由彼世界变而进为人类之世界，此其中有三世之理焉。以莓苔为据乱，则海绒其升平，草木其太平也；以草木为据乱，则禽兽其升平，人类其太平也。如是演之不可纪极。……要之，天地万物之情状虽繁虽赜，而惟三世可以驭之"[3]。流亡日本后，梁进一步认为，达尔文进化论使人们懂得"所谓天然淘汰、优胜劣败之理，实普行于一切邦国、种族、宗教、学术、人事之中，无大无小，而一皆为此天演大例之所范围，不优则劣，不存则亡，其机间不容发，凡含生负气之伦，皆不可不战竞

---

1 何炳松：《历史研究法》，上海商务印书馆1927年版，第2页。

2 朱谦之：《史学概论》，《朱谦之全集》第6卷，福建教育出版社2002年版，第138页。

3 梁启超：《读〈春秋〉界说》（1897年冬），汤志钧、汤仁泽编《梁启超全集》第1集，中国人民大学出版社2018年版，第310—311页，下引《梁启超全集》，均据此版。

惕厉，而求所以适存于今日之道”[1]。人类普遍进化，历史永远向前，各个国家、各种文明都在同一条发展路线上，所异者只是发展的快慢而已。

> 进化者，向一目的而上进之谓也。日迈月征，进进不已，必达于其极点。凡天地古今之事物，未有能逃进化之公例者也。[2]

> 中国苟自今日昌明斯义，则数十年其强亦与西国同，在此百年内进于文明耳。故就今日视之，泰西与支那诚有天渊之异，其实只有先后，并无低昂。而此先后之差，自地球视之，犹旦暮也。地球既入文明之运，则蒸蒸相逼，不得不变，不特中国民权之说即当大行，即各地土番野瑶亦当丕变，其不变者即渐灭以至于尽。[3]

> 泰西学者分世界人类为三级，一级曰野蛮之人，二级曰半开化之人，三级曰文明之人，其在春秋之义则谓之据乱世，升平世，太平世，皆有阶级，顺序而生，此进化之公理，而世界人民所公认也，其轨度与事实，有确然不可假借者。[4]

流亡日本期间，梁的进化论又得到日本思潮的支援。比如福泽谕吉就认为，文明乃是一种全人类追求的普遍价值，由于文明是进化的，其发展是有阶段的，所以世界各国的发展呈现出"文明""半开""野蛮"三种状况。[5] 受其普遍主义的影响，梁启超不但以"世界主义""超国家主义"说中国文化，[6] 而且在大倡破坏主义和革命的激进期，以"破坏"为古今万国进化的普遍规律："破坏主义，又名突飞主义，务摧倒数千年之旧物，行急激之手段。……饮冰子曰：甚矣，破

1　梁启超：《天演学初祖达尔文之学说及其略传》（1902年3月10日），《梁启超全集》第3集，第5页。

2　梁启超：《中国专制政治进化史论》（1902年5月22日至1904年6月28日），《梁启超全集》第3集，第424页。

3　梁启超：《致严复书》（1897年），《梁启超全集》第19集，第532页。

4　梁启超：《文野三界之别》（1899年9月15日），《梁启超全集》第2集，第52页。

5　参见郑匡民：《梁启超启蒙思想的东学背景》，上海书店出版社2003年版，第61页。

6　参见梁启超：《论中国学术思想变迁之大势》（1902）、《先秦政治思想史》（1922）等著作。

坏主义之不可以已也！"[1] "淘汰复有二种：曰'天然淘汰'，曰'人事淘汰'。天然淘汰者，以始终不适之故，为外风潮所旋击，自撕自毙而莫能救者也。人事淘汰者，深察我之有不适焉者，从而易之使底于适，而因以自存者也。人事淘汰，即革之义也。"[2] 改良、破坏等手段不同，要皆为一种"普遍主义"。

20世纪初，梁启超与夏曾佑等人率先把进化／进步论引进历史学，发动了中国"史界革命"。梁认为，进化论不但是历史演变的规则，也是史学得以成立的根据。在1901年的"中国史叙论"中，梁认定中国数千年之所以没有"良史"，就在不明"进化之现象"。中国虽有数千年灿烂的史学传统，但一方面"不过记述人间一二有权力者兴亡隆替之事，虽名为史，实不过一人一家之谱牒，近世史家必探究人间全体之运动进步，即国民全部之经历及其相互关系"[3]，另一方面则是循环论："孟子曰：'天下之生久矣，一治一乱。'此误会历史真相之言也。苟治乱相嬗无已时，则历史之象当为循环……而历史学将不能成立。孟子此言为螺旋之状所迷，而误以为圆状，未尝综观自有人类以来万数千年之大势。"[4] 在1902年的"新史学"中，梁进而指出以旧史学"知有朝廷而不知有国家"，"知有个人而不知有群体"，"知有陈迹而不知有今务"，"知有事实而不知有理想"，"能铺叙而不能别裁"，"能因袭而不能创作"。由此六弊而生三难：一是难读，二是难以选择，三是"无感触"。[5]

对于梁启超的这些批评意见，许冠三指出："六病三难的评析虽不无道理，'知有朝廷不知有国家'一节尤具卓识，但大体说来，总嫌'卤莽疏阔'。旧史家又何尝完全'不知有群体'？或只知有古而不知有今？又何尝但知述事实而不知辨因果？传统史学的优劣得失，固然不是'新思想界的陈涉'所能见，更不是短短数百字议论所易明。任公日后亦渐有所觉并时作修正与补充。太史公的'全史'概念，刘知几的实录史义与批评门径，以及章实斋的方志之学，都受到他的重视与推扬，确认他们的成就远在西方同行之上，其论学要旨亦多与近代

1 梁启超：《破坏主义》（1899年10月15日），《梁启超全集》第2集，第71页。
2 梁启超：《释革》（1902年12月14日），《梁启超全集》第4集，第93页。
3 梁启超：《中国史叙论》（1901年9月3、13日），《梁启超全集》第2集，第310页。
4 梁启超：《新史学》（1902年2月8日至11月14日），《梁启超全集》第2集，第502—503页。
5 梁启超：《新史学》（1902年2月8日至11月14日），《梁启超全集》第2集，第501页。

欧洲史学思潮不谋而合。然则，这里值得注意的是，倒不是任公见解的得失正误，而是这些指责所衬托出的'新史学'雏形。"[1] 这个"雏形"就是以进化的"公例"组织中国史料，把中国历史置于人类普遍发展的进程之中。因此在 1901 年到 1905 年的若干史学论著中，无论是述国家兴衰还是传英雄业绩，梁总是频繁使用"人群学之公例""世界进化之大理""天演日进之公理""天演之公理""天演学物竞天择优胜劣败之公例""进化之哲学""进化之大理"等概念。"新史学"之"新"，在其进化论。

梁的进化论史观大体有三个方面。首先，史学的对象就是人类社会的进化。1902 年，梁为"新史学"下了三个界说："历史者，叙述进化之现象也"；"历史者，叙述人群进化之现象也"；"历史者，叙述人群进化之现象而求得其公理公例者也"。第一个界说意在区分循环和进化，因为有些自然现象包括人的生命是循环发展的，但这些不是史学的对象。"进化者，往而不返者也，进而无极者也。"这才是人类历史。第二个界说意在区分个体与社会，个体的生命是循环，但群体则在不断进化。"故欲求进化之迹，必于人群。"第三个界说意在说明公理公例是主客观的统一。"夫所以必求其公理公例者，非欲以为理论之美观而已，将以施诸实用焉，将以贻诸来者焉不。历史者，以过去之进化，导未来之进者也。"史学既是事实的描述，也是理想的表达。"史者何？记述人类社会赓续活动之体相，校其总成绩，求得其因果关系，以为现代一般人活动之资鉴。""叙述数千年来各种族盛衰兴亡之迹者，是历史之性质也，叙述数千年来各种族所以盛衰之故者，是历史之精神也。"[2] 其次，社会进化有其因果关系和内在动力。"历史者无间断者也，人间社会之事变，必有终始因果之关系。"[3] "凡一国今日之现象，必与其国前此之历史相应，故前史者，现象之原因，而现象者，前史之结果也。"[4] 史学的任务就是"求得前此进化之公理公例，而使后人循其理率其例以增幸福于无疆也"[5]。这个"公理"就是竞争."竞争为进化之母""竞争绝，则进化亦将

<hr>

1 许冠三：《新史学九十年》，长沙：岳麓书社 2003 年版，第 11 页。
2 梁启超：《新史学》（1902 年 2 月 8 日至 11 月 14 日），《梁启超全集》第 2 集，第 505、511 页。
3 梁启超：《中国史叙论》（1901 年 9 月 3、13 日），《梁启超全集》第 2 集，第 319 页。
4 梁启超：《中国四十年来大事记》（1901 年 12 月 26 日），《梁启超全集》第 2 集，第 390 页。
5 梁启超：《新史学》（1902 年 2 月 8 日至 11 月 14 日），《梁启超全集》第 2 集，第 505 页。

与之俱绝"，等等。梁认为，西方近代社会所以发展迅速是因为竞争，中国之所以落后是因为长期以来都有"上天下地唯我独尊之概"，没有危机感和竞取心。再次，社会进化的阶段性即历史分期的论据。《中国史叙论》按照生产工具的进化把古代社会分为石刀期、铜刀期、铁刀期，"论中国学术思想亦未可知。何则？历史为人类心力所造成，而人类心力之动，乃极自由而不可方物。心力既非物理的或数理的因果律所能完全支配，则其所产生之历史，自亦与之同一性质。今必强悬此律以驭历史，其道将有时而穷，故曰不可能。不可能而强应用之，将反失历史之真相，故曰有害变迁之大势。"按照生产方式的进化把人类社会分为由渔猎进而为畜牧，进而为耕桑，"终进为工商时代"；《尧舜为中国中央君权滥觞考》按照政治制度的进化把西方史划分为野蛮自由、贵族帝政、君权极盛、文明自由四个时期，把中国史分为黄帝以前的第一级野蛮自由时代、自黄帝至秦始皇的第二级贵族帝政时代、自秦始皇至乾隆为第三级君权极盛时代，而自今以往则是第四级文明自由时代，等等。其中最重要的《中国史叙论》中依照西方古代、中世纪、近代的模式，把中国史划分为"上世史"——自黄帝至秦统一的"中国之中国"，是中国民族自发达、自竞争、自团结的时代；"中世史"——自秦统一后至清代乾隆末年的"亚洲之中国"，是中国民族与亚洲各民族交涉频繁、竞争最烈时代，又是中央集权制度日趋完整、君主专制政体全盛时代；"近世史"——自乾隆末年以至今日的"世界之中国"，是中国民族合同全亚洲民族，与西人交涉竞争时代，又是君主专制政体渐就湮灭，国民立宪政体将嬗代兴起之时代。[1]四种分期标准都是普遍的，但前两种（生产工具和生产方式）不具有明显的文化属性，而后两种（政治制度和上、中、古模式）却是以西方封建、帝制及立宪的发展阶段为中国史的分期标准。此论意在强调中国是世界的一部分，西方的进程实为人类社会不可逆转的"普遍规律"。

进化既是普遍规律，中国当然不能游离其外。问题是，把不同的人类社会排列为不同的进化阶段，就有一个何者为"低"（落后）何者为"高"（先进）的问题。西方的进化论均以19世纪欧洲的"文明"状态，特别是以生产力水平、物质财富和科学技术等为标准去评判其他社会的"进步"程度，从此不但得出

---

1 梁启超：《中国史叙论》（1901年9月3、13日），《梁启超全集》第2集，第320页。

西方文明是全人类最"先进"的文明的结论，而且建构了一种"合理的"西方文化中心论。因此，"进化论"普遍性就蕴含着"西方"的普遍性，对"进化论"的态度和理解，也就与对"西方"的态度和理解密不可分。1918—1919 年，梁启超考察战后的欧洲，敏锐地认识到由世界大战所暴露出来的西方的分裂，并由此关注历史文化的特殊性，完成了思想上的一次重大变化。第一，没有完整齐一的西方文化，"西方"是一个矛盾、冲突的集合体。"近代的欧洲，新思想和旧思想矛盾，不消说了。就专以新思想而论，因为解放的结果，种种思想同时从各方面迸发出来，都带几分矛盾性。如个人主义和社会主义矛盾，社会主义和国家主义矛盾，国家主义和个人主义也矛盾，世界主义和国家主义又矛盾。从本原上说来，自由平等两大主义，总算得近代思潮总纲领了，却是绝对的自由和绝对的平等，便是大大一个矛盾。分析起来，哲学上唯物和唯心的矛盾，社会上竞存和博爱的矛盾，政治上放任和干涉的矛盾，生计上自由和保护的矛盾，种种学说，都是言之有故持之成理，从两极端分头发展，愈发展得速，愈冲突得剧。消灭是消灭不了，调和是调和不来。"在这种情况下，向西方学习就有一个学哪个西方的问题。第二，中西各有长短，应当在综合中西的基础上创造新的文明。在战后的废墟上，梁亲身感受到欧洲人因"物质万能梦"和"科学万能梦"的破灭而生发的怀疑、失望和悲观；柏格森（Henri Bergson，1859—1941）、倭铿（Rudolf Christoph Eucken，1846—1926）等人对现代西方文明的反思和批评，也使梁启超受到刺激。他调整了自戊戌变法以来学西方（英国、法国、德国）的思路，考虑如何以中国文明补助西方文明。这不是以中国文化拯救西方文化，而是中西化合，建设一个新文化系统以使人类全体都受益："我们的国家有个绝大的责任横在前途，什么责任呢？是拿西洋的文明来扩充我们的文明，又拿我们的文明去补充西洋的文明，叫它化合起来，成一种新文明。"[1] 这两个判断将从根本上动摇由进化论和普遍论支撑起来的历史文化解释模式，也就是从此开始，梁启超开始了他的文化自觉和中国自觉。

---

1 梁启超：《欧游心影录》（1919年10月至12月），《梁启超全集》第10集，第83页。

二、文化不是自然

为了在西风东来的时代发挥"我们的文明",梁启超后期全力从事于中国历史文化的研究,相继完成《清代学术概论》(1920)、《中国历史研究法》(1922)、《先秦政治思想史》(1922)、《历史统计学》(1922)、《中国近三百年学术史》(1924)、《中国历史研究法(补编)》(1926—1927)等著述,大体仍以寻找历史发展的"公理公例"为目标,但其目标已由迷信西学的"史学革命"转向对西学择善而取,中国传统的自觉日益清晰。在由西而中、由激进而保守的过程中,梁启超接受并运用了新康德主义的一些基本观念。

新康德主义的理论起点是历史文化的特殊性。历史文化的差异性既是一个事实也是一个常识,没有一个认真的史家可以回避。还在1902年的《新史学》中,梁启超就比较"循环"与"进化"两个概念,说明进化只是人类社会的普遍规律,实际上已注意到历史学的特殊性。"何谓循环? 其进化有一定之时期,及期则周而复始,如四时之变迁,在体之运行是也。何谓进化? 其变化有一定之次序,生长焉,发达焉,如生物界及人间世之现象是也。循环者,去而复来者也,止而不进者也,学问之属于此类者,谓之'天然学'。进化者,往而不返者也,进而无极者也;凡学问之属于此类者,谓之'历史学'。天下万事万物,皆在空间又在时间,而天然界与历史界,实分占两者之范围。天然学者,研究空间之现象者;历史学者,研究时间之现象者也。就天然界以观察宇宙,则见其一成不变,万古不易,故其本为完全,其像为一圆圈;就历史界以观察宇宙,则见其生长而不已,进步而不知所终,故其体为不完全,且其进步又非为一直线,或尺进而寸退,或大涨而小落,其像如一螺线。明此理者,可以知历史之真相矣。"[1]1920年以后,梁启超明确使用李凯尔特的历史思想,由"普遍史"转向"文化史",并重新解释中西文化的一些问题。

第一,文化不同于自然。梁启超的"文化"概念源自新康德主义。"……'文化'这个概念,原是很晚出的,从翁特(Wilhelm Wundt,1832—1920,通译冯特)

1　梁启超:《新史学》(1902年2月8日至11月14日),《梁启超全集》第2集,第502-503页。

和立卡儿特（即李凯尔特）以后，才算成立。""我们拿价值有无做标准，看来宇宙间事物，可以把它们划分为两系：一是自然系，二是文化系。自然系是因果法则所支配的领土，文化系是自由意志所支配的领土。"文化与非文化，以有无价值为断，价值是人类基于自由意志的选择，是"应该如此"的东西。梁以"价值"释文化，而其"价值"的根本又是"自由意志"（"心力"），因此并非人的所有活动都是文化，比如生理上的受动、心理上无意识的模仿等就不属于文化。"就全社会活动而论，也有属于这类的。例如社会在某种状态之下，人口当然会增值，在某种状态之下，当然会斗争或战争，乃至在某种状态之下，当然发生某种特殊阶级。这都是拿因果法则推算得出来的。换一句话，这是生物进化的通则，并非人类所独有，所以不能归入文化范围内。"人类之所以是文化的动物，在于其能创造且能有意识地模仿。"创造者，人类以自己的自由意志选定一个自己所想要到达的地位，便用自己的'心能'闯进那地位里去。"自由意志既是人的特征也是文化的特征。强调自由意志，实即强调文化的特殊性。人的"自由意志怎样的发动和发动方向如何，不惟旁人猜不着，乃至连他自己也猜不着明天怎么样，这一秒钟也猜不着后一秒钟怎么样。他是绝对不受任何因果律之束缚限制，时时刻刻可以为不断的发动，便时时刻刻可以为不断的创造"。人类依赖自己的创造而独立于自然，开拓出文化的领域。文化与创造有关，这不难理解。那么，梁何以要在"创造"之外提出"模仿"的概念来解释文化呢？"'模仿是复性的创造，有模仿才有共业。''复'有两义，一是个体的复集，二是时间的复现。假如人类没有这两种性能，那么，虽然有很大的创造，也只是限于一时，连业也不能保持，或者限于一人，只能造成'别业'，如何会有文化呢？"创造是瞬间的行为，在此之前，创造者不能不受其环境的影响，因此任何创造都不能绝对地不含有模仿的成分；创造之后，一方面创造者经常在心理上复现其创造性成果，使创造的成果更为丰富，另一方面这些创造性的成果感染、影响到他人，这些人吸收了这些成果，成为其"心能"的一将。这两种作用都是有意识的模仿。这种模仿行为是经过自由意志选择的，因此其本质与创造同类。创造是开发，模仿是积累，缺一不可。"人类有创造、模仿两种'心能'，都是本着他的自由意志，不断地自动互发，因此'开拓'其所欲得之价值，而'积厚'其所已得之价值。随开随积，随积随开，于是文化系统以成。所以说：'文化者，人类心能所开积出来之有价值的共业也。"[1] 佛教的"业"指人的一切身心活动随起随灭，但每活动一次，他的魂影便永远留在宇宙间，不能磨灭。比如茶壶泡茶，茶叶随泡随洗，便是活动的起灭，但每泡一次，茶壶便发生一次变化，茶精日积日多，这就是业力不减。人的活动也是如此，除了自己积下"魂影"并遗传给子孙的"别业"外，还有一部分像雾一样霏洒在社会乃至全宇宙中，这就是"共业"，其中含有价值的部分就是"文化"。人类的创造心、模仿心及其表现出来的活动就是业种，此即"文化种"；这种活动的结晶就是业果，也即"文化果"，文化种与文化果共同构成文化。

区分自然与文化，是对进化论的一种矫正。进化论的进步观与启蒙主义的进步观不同，据当代哲学家柯林伍德（Robin George Collingwood，1889—1943）的看法，"19世纪末叶进化论的形而上学认为，一切时间—过程其本身在性质上都是进步的，而且认为历史所以是一场进步仅仅因为它是在时间中的一系列事件。因而，按照这些思想家的见解，历史的进步性只是进步的或自然进步性的一个事例。但是18世纪把自然看作非进步的，而且认为历史的进步性是一种使历史区别于自然的东西"[2]。进化论是遍及自然与人类社会的普遍规律，强调文化与自然的区别当然也就限制了进化论的范围，因此而提出的历史由人类的自由意志所创造的观点，实际上又指出了人类历史的特殊规律问题。

第二，史学唯求"不共相"。文化既然不同于自然，因此就不能用自然科学的方法来研究历史。首先，归纳法只能用于整理史料，而不能解释"历史其物"。因为"归纳法最大的工作是求'共相'，把许多事物相异的属性剔去，相同的属性抽出，各归各类，以规定该事物的内容及行历如何。这种方法应用到史学，却是绝对不可能的。为什么呢？因为历史现象只是'一趟过'，自古及今，从没有同铸一型的史迹。这又是为什么呢？因为史迹是人类自由意志的反映，而人自由意志之内容，绝对不会从同，所以史家的工作，和自然科学正相反，专务求'不共相'"。历史的精魂，也就是人类自由意志的精魂，正表现在"不共相"上。而"要把许多'不共相'堆叠起来"，"成为一种有组织的学问"显出整个历史，

1　梁启超：《什么是文化》（1922年12月），《梁启超全集》第16集，第6页。

2　[英] 柯林伍德：《历史的观念》（1946年），何兆武译，中国社会科学出版社1986年版，第101、103页。

归纳演绎是完成不了的，十有八九要"从直觉得来"。其次，历史不循因果律。在 1922 年的《中国历史研究法》中，梁虽坚持"说明事实之原因结果，为史家诸种职责中之最重要者"，但他重视的却是自然科学与历史的区别。如自然科学的事项常为反复的完成的，历史事项常为一度的、不完成的；自然科学的事项常为普遍的，历史事项常为个性的；自然科学的事项为超时空的，历史事项恒以时空为主要基件等。所以"严格论之，若欲以因果律绝对的适用于历史，或竟为不可能的而且有害的，亦未可知。然则吾侪竟不谈因果可乎？曰：断断不可。不谈因果，则无量数繁赜变幻之史迹，不能寻出一系统，而整理之术穷；不谈因果，则无以为鉴往知来之资，而史学之目的消失。故吾侪常须以炯眼观察因果关系，但其所适用之因果律，与自然科学之因果律不能同视耳"[1]。此论已经对历史中的"因果"作了审慎的限制。不但如此，梁在次年的讲演中又反省说："我去年著的《中国历史研究法》内中所下历史定义，便有'求得其因果关系'一语。我近来细读立卡儿特著作，加以自己深入反复研究，已经发觉这句话完全错了。我前回说过：'宇宙事物，可中分为自然人文两系，自然系是因果律的领土，文化系是自由意志的领土。'两系现象，各有所依，正如鳞潜羽藏，不能相易，亦不必相羡。历史为文化现象复写品，何必把自然科学所用的工具扯来装自己的门面？非惟不必，抑且不可。因为如此便是自乱法相，必至进退失据。"文化现象是人类自由意志的创造品，因此不能用自然科学上因果律求出他"必然的因"。"历史现象，最多只能说是'互缘'，不能说因果。互缘怎么解呢？谓互相为缘。佛典上常说的譬喻'相等如交芦'，这件事和那件事有不断的连带关系，你靠我我靠你才能成立。就在这种关系状态之下，前波后波，衔接动荡，便成一个广大渊深的文化史海。"当然，这不是说历史中全无因果关系。文化种是自由意志，非因果律所能束缚，但文化果是创造的结晶，与自然物同类，可以用因果律驾驭它。再次，历史进化要重新理解。梁曾反对循环论，但现在"平心一看"，中国历史其实就是一治一乱在循环，很难说是在进化。文化思想上，孟子、荀子一定比孔子进化？顾炎武、戴震一定比程式朱陆王进化？但丁（Alighieri Dante，1265—1321）一定比荷马（Homēros，约前 9—前 8 世纪）进化？黑格尔比康德

1　梁启超：《中国历史研究法》（1922 年 1 月），《梁启超全集》第 11 集，第 346 页。

进化？物质文明似乎确在进化，但如果要问这些物质文明对人类有什么好处，比如电灯火船比起油灯帆船，实在看不出有什么特别舒服，而且这些东西只是像电光石火一样霎时发达，根柢脆弱得很，得到了还会再失掉，也没有什么进化可言。真正说来，历史进化只表现在两个方面：一是人类平等及人类一体的观念越来越被真切地认识到并向上进行；二是人类心灵所开辟出来的"文化共业"一天比一天地扩大且永远不会失掉。"只有从这两点，我们说历史是进化的，其余只好编在一治一乱的循环圈内。"梁编了一个表来显明其文化观：

	自然系的活动	文化系的活动
第一题	归纳法研究得出	归纳法研究不出
第二题	受因果律支配	不受因果律支配
第三题	非进化的性质	进化的性质[1]

否定归纳法和因果律在历史理解中的权威地位，用"直觉法"来理解历史"不共相"，这些都与新康德主义的历史哲学相通相近。实际上，梁此前的史学论著也就不以"科学性"见长。胡适认为："史学有两个方面：一方面是科学的，重在史料的搜集与整理；一方面是艺术的，重在事实的叙述与解释。"[2]以此来评价梁启超，则正如张荫麟所说，"任公所贡献于史者，全不在考据"，其《春秋（载记）战国载记》《欧洲战役史论》等书，"元气磅礴，锐思驰骤，奔砖走石，飞眉舞色"，"使人一展卷不复能自休"，堪与文学名著相比。[3]因此，虽然梁曾经以进化论而开中国的"新史学"，而其历史书写却更重在具体事件的体验和描述，这是其接受李凯尔特史学观的内在根据。

1　梁启超：《研究文化史的几个重要问题：对于旧著〈中国历史研究法〉之修补及修正》（1926年10月至次年5月），《梁启超全集》第11集，第364页。关于"文化共业"的概念，可以借用张东荪1943年的一段话来理解："文化之流愈长的，其表面上那一部分愈成为化石，变为硬壳而死去。但其内部必尚有一些余留，沉淀下去，这沉留的一部分变为无形的影响力依然在暗中支持着这文化的生命。"（《思想与社会》，辽宁教育出版社1998年版，第175页。）

2　胡适：《介绍几部新出的史学书》（1926年），《胡适文集》10，北京大学出版社1998年版，第750页。

3　张荫麟：《跋梁任公别录》（1941年11月），陈润成等编：《张荫麟全集》下卷，清华大学出版社2013年版，第1848页。

无论是介绍还是运用，梁启超与李凯尔特历史哲学的关系都还比较简单。而且，即使其有关历史个性的叙述，也有旧中国的理论资源。如黄克武指出："任公晚期史学思想的变化，固然受到'从翁特和立卡尔特以后'所提出的'文化'概念，以及欧洲唯心哲学之影响，但是他却以源于佛学的'心能''共业''业种''业果''薰感''识阈''互缘'等概念，'业力周遍不灭'的原则，以及儒家'既济未济''立人达人'的想法，说明科学现象与人文现象，亦即自然系与文化系的区别。以及历史文化现象的独特性，和人类的自由意志、主体抉择，在历史演变过程中的关键地位。在表面上，这个区别与新康德主义哲学家的自然科学与文化科学的区别很类似，但背后的论证基础却截然不同。两者的差异不能简单说任公误解西方思想，或为了针对当时的论敌，或看到西方观念的缺陷，而作辩护，更重要的任公自觉地建立一套融合中西的文化理论。这一套理论是从任公学术思想的脉络里面自然衍生的，与他一生的学术关怀若合符节。"[1] 梁启超的论述还没有全部展开历史文化的多样性与统一性的关系。历史文化本来是多种多样、各具个性的，但史学目的绝不是只停留在个别性的描述之中，在承认了个别性和多样性之后，如何建立统一性和连续性，才是德国历史主义的中心议题。比如，伟大的史学家兰克（Leopold von Ranke，1795—1876）就以基督教的"万有在神论"（上帝超越世界，但又在其中无所不能）对抗黑格尔的"泛神论"（上帝与历史等同），相信"每个时代都与上帝直接联系"，即"每一时代在其决定性时刻都有一些事物出现，我们称之为偶然（Zufall）或是命运（Geschlick），但其实，它们是上帝的手指"[2]。并进而把对个别事实的研究和思考整合为对西方民族国家连续性与相关性的判断；李凯尔特虽然像康德一样，以为历史理性不可能从任何经验的历史研究中获取，但也要以先验的规范为根据，设置先验的价值作为经验的先天形式，然后才可能讨论"历史理性"。晚年梁启超退隐学园，其对新康德主义的初步使用并未在当时引起足够注意，而同时期兴盛的实用主义、马克思主义都是以"普遍"囊括"特殊"的。

1　黄克武：《梁启超与中国现代史学之追寻》，载台湾"中央研究院"《近代史研究所集刊》第41期，第202页。

2　引自［德］格奥尔格·G.伊格尔斯：《德国的历史观》（1968年），彭刚等译，译林出版社2006年版，第87页。

三、中国不是西方

梁从普遍进化论转向历史文化的个性，不但提出了建立中国文化研究与建设的自主性的问题，实际上也提出了一个政治议题：既然不同的历史文化有其特殊性，则中国现代性就不能简单地模仿西方。自戊戌变法以来，梁启超的政治主张一直以学西方为主导。除间或认同法国卢梭（Jean-Jacques Rousseau，1712—1778）的民主主义和德国伯伦知理（Johann Caspar Bluntchli，1808—1881）的国家主义外，其西方典范主要是英国的君主立宪，因此他主张颁布宪法、建立议会，通过自上而下的制度改革实现君民共主的理想。直到辛亥革命前夕1911年9、10月间，他还在"新中国建设问题"中认为英国式的虚君共和政体最适合中国。但是，梁同时意识到，清廷冥顽不化，已完全丧失自我转化的意愿和能力，以至于人心丧尽，不但错失君主立宪的机会，虚君共和的希望也很渺茫。"呜呼！以万国经验最良之虚君共和，吾国民熟知之，而今日殆无道以适用之，谁之罪也？"[1]1920年3月，梁启超欧游归来，所得不但是对中国历史文化特殊性的确认，更在于克服了中国学英国而不成的沮丧。甫一回国，他就发表讲演：欧游扫清了他的悲观情绪而感到精神振作，"何能致此，则因观察欧洲百年来所以进步之故，而中国又何以效法彼邦而不能相似之故"。"考欧洲所以致此者，乃因其社会上政治上固有基础，而自然发展以成者也。其固有基础与中国不同，故中国不能效法欧洲。"在政治上，欧洲可行代议制而中国不能。因为必有贵族地主，以政权集中于少数贤人之手以为交付群众之过渡，如此方能立宪，而中国久无阶级，集权与中国民性最不相容，故欲效法英、日而不能成功。梁以德国为例说明："……其先分为两派，一为共和统一派，一为君主统一派，迨俾士麦出，君主统一乃成。假定无俾氏，又假定出于共和统一之途，吾敢断言亦必成功，特不过稍迟耳。又假定其早已采用民本主义，吾敢决其虽未能发展如现在之速，然必仍发达如故，则可见此五十年乃绕道而走，至今须归原路，则并非幸也可知矣。总之，德国虽学英而成，然其价值至今日仍不免于重新估定，如

---

1 梁启超：《新中国建设问题》（1911年11月），《梁启超全集》第8集，第345页。

中国早为学而失败者，然其失败未必为不幸。"这段话涉及问题甚多。就历史言，1848 年民主统一德意志的方案能否"稍迟"而"必成功"，这只是一个假设；就现实言，梁在发表此论的背景是魏玛共和国的成立，所以他说共和国为德国"原路"的延伸而君主专制的普鲁士德国则是效法英国的"绕道"而行。从后来魏玛共和国的命运来看，判断应该是相反的：德国民性与共和国并不相容；至于说俾斯麦主导的君主统一是效法英国，只是因为德意志帝国有一个形式上的议会，实际上正如康有为在《日耳曼沿革考》中说的，德国的议会与英国的议会其实是两种类型，真正掌握德意志帝国权力的，是君主而非议会。就这些情况来看，梁对德国的分析并不准确，但其核心主张是明确的：不同国家有不同的国情，学习英国的失败并不一定是不幸，各个国家应当走自己的路。政治而外，梁还对比了西方社会重竞争、中国社会讲互助，西方经济发展全由于资本主义，而中国以农业经济为基础，资本不宜集中，等等。虽然梁认为中国"不宜学他人之竞争主义，不如就固有之特性而修正与扩充之也"，资本主义"乃系一种不自然之状态，并非合理之组织，……中国学资本主义而未成，岂非天幸"，等等，但他并不认为中国不需要变革，如中国的民本主义只限于反对方面，而不在组织方面，中国的互助主义只限于家庭方面，等等，关键在于，中国的发展"当将固有国民性发挥光大之，即以消极变为积极是也"[1]。

所以，中国不但不宜采美、法的民主共和，连英国的君主立宪也学不了，中国只能走自己的路。梁启超晚年的思想具有明确的反革命、"反西方"性。在《先秦政治思想史》的结论中，梁提出两个问题：一是精神生活与物质生活的调和问题。人有物质生活亦有精神生活，科学勃兴后物质畸形发展，现代人所受的物质压迫更加深重，而西方的唯物、唯心、资本主义、社会主义等，都不能解决物质问题。二是个性与社会性，也即个人与社会的调和问题。现代社会日益复杂而庞大，如何使社会不沦为机械的、使个性能够实现，又是一个难题。梁确信"此合理之调和必有途弃可寻，而我国先圣实早已予吾侪以暗示"。如针对前一个问题的有儒家"均安主义"，针对后者的有儒家的欲立立人，欲达达人，能尽其性，则能尽人之性，等等。然而，梁并未因此陷于特殊主义。他提出上

---

1 丁文江、赵丰田编：《梁启超年谱长编》，上海人民出版社2009年版，第578—580页。

述两个问题的目的，是要与"普天下人士"共同讨论，这不但意味着不同文化间仍然是可以对话，而且意味着中国文化价值具有普遍性，可以解决西方现代性的种种弊端。1923 年，梁发起成立文化学院，因为他"确信我国儒家之人生哲学，为陶养人格至善之鹄，全世界无论何国、无论何派之学说，未见其比，在今日有发扬光大之必要。……确信欲创造新中国，非赋予国民以新元气不可，而新元气决非枝枝节节吸收外国物质文明所能养成，必须有内发的心力以为之主。……确信当现在全世界怀疑沉闷的时代，我国人对于人类宜有精神的贡献，即智识方面亦宜有所持与人交换"[1]。回到中国文化，就是反对任何搬用外国主义来解决中国的尝试。梁启超曾坚决反对过民主革命，当然也反对共产革命，由此也坚持反对用西方理论解释中国历史的"普遍化"论说，认为这是苏俄的阴谋："原来在第三国际指挥下的共产党，他们唯一目的就是牺牲了中国，来做世界革命的第一步。……到他们计画全部实现时，中国全部土地变成沙漠，全国人民变成饿殍罢了。"[2] 梁对共产革命的态度并不正确，但其反革命、反西方的立场所包含的对中国特殊性的认识、对中国现代性的期待，却有其长远的合理性。而且，以"国情特殊"为由而反对中国实行共产革命的主张，此后一再为人重复。事实上，在 20 世纪中国政治文化，中国特殊论、国情论一直是拒绝西化的主要根据。

梁启超在转向中国特殊性时，没有充分考虑到如何由"特殊"到"普遍"的问题，也没有展开为一种政治论述。在他之后，中国共产党的创始人之一李大钊在评论李凯尔特的历史哲学时，同时承认民族文化的特殊性和历史的规律性，从而为中国共产革命提供了一种学术上的根据。后来的郭沫若等人以他所理解的唯物史观解释中国古史，破除了中国历史特殊、国情不同的观念，把中国历史整合到人类发展的普遍进程之中，建立了从原始社会到社会主义、共产主义的历史进步模式，不但在历史的连续与变动中论证中国革命的必然性，而且建立了以人类社会发展的普遍规律论和终极目的论为核心的现代意识形态。从此，把中国纳入普遍历史，走俄国之路成为中国革命意识形态的基石。

所以在现代中国，"普遍历史"不只是学术论题，也是政治选择，其核心就是

1 丁文江、赵丰田编：《梁启超年谱长编》，上海人民出版社2009年版第632—633页。

2 丁文江、赵丰田编：《梁启超年谱长编》，上海人民出版社2009年版第727页。

能否或应否把中国纳入普遍历史。马克思主义者的回答是肯定的，所以中国可以也必然要进行社会主义革命。在中国走向"普遍历史"的过程中，重在"特殊"的新康德主义没有直接发挥作用。历史的复杂性在于，中国革命叙事中的"普遍"不是黑格尔式的以自由为动力、以西方现代性为标准的普遍，而是以革命为动力、以社会主义共产主义为理想的马克思式的普遍，这是西方"普遍"之外的另一种"普遍"。从而，就黑格尔意义上的"普遍"而言，中国革命叙事的"普遍"仍然是"特殊"，就这种"特殊"的起源是外在于中国历史现实的德国构想和苏俄实践而言，它又只能以"普遍"的权威才能参与到中国中来。20世纪30年代以来革命理论的主要工作，就是从历史观、世界观、文化观等方面把马克思主义（社会主义、无产阶级）的"普遍"理论转化为中国自己的要求，成为普遍真理与具体实践相结合的中国马克思主义。

梁启超由历史不同于科学的特性进入，通过文化与自然的区分，最后落实到中西之别，这是一个"文化自觉"论述逻辑。差不多一个世纪后，费孝通正式提出"文化自觉"的概念，说明这是指生活在一定文化中的人对其文化有"自知之明"，明白它的来历、形成过程、所具的特色和它发展的趋向，不带任何"文化回归"的意思。不是要"复旧"，同时也不主张"全盘西化"或"全盘他化"。自知之明是为了加强对文化转型的自主能力，取得决定适应新环境、新时代时文化选择的自主性。[1] 按照我的理解，现代中国的"文化自觉"有三个内涵。第一是"中国自觉"，即中国文化的自我认识，但这种认识只有在全球交往、文化比较中，只有在对各种文化的实体/载体——不同民族、国家、社群、代际、性别的价值观、行为模式、再现符号、商品、服务及由此形成的稳定联系的文化整体的把握中，才能获得。不同文化的交往过程必然蕴含着冲突。只是因为冲突，一种文化的内在幅度才能打开，一种文化的局限性才能外显。不同文化之间是相互交流、和谐相处的一面，也有相互对立、加剧冲突的一面。冲突无可避免，我们不但不能回避，也不能将之视为消极现象。第二是"现代自觉"。中华复兴是对中国文化价值的肯定，但要看到中国文化的局限、弊端、恶劣以及种种不适应现代生活的方面。我们要反思五四新文化运动的"西化"取向，但也要继承五四以来对中国文化传统的重新评价，以西方现代性，特别是启蒙计划中的普遍价值批判中国专制政治及其文化。而这一

1　费孝通：《反思·对话·文化自觉》，《费孝通论文化与文化自觉》，群言出版社2007年版，第190页。

过程要有积极意义，就必须同以中国传统为资源，批判西方现代的"工具理性"及其破坏性后果。如此方能避免如严复所理想的"不为无理偏执之顽固，则为逢迎变化之随波"。第三是"文化自觉"。这就是要认识什么是"文化"。在现代社会整体中，经济、政治、文化是三个并列且有相对独立的三大领域，维护文化自主性，就是要充分正视文化与经济、政治之间既相互关联又各有独立性的辩证关系，承认文化是资本又是意义，文化是权力又是价值，从而警惕资本与权力对文化的扭曲，以人文矫正市场，以社会正义规范发展效率；是以文化引领政治发展，驯化过于生硬的权力结构，推动政治的民主化、人性化，最终实现经济、政治、社会与文化的和谐发展。如果完整的"文化自觉"的论说系统确实是包含这三个含义，那么，梁启超的论述包含了中国自觉和文化自觉，而缺少"现代自觉"。在这个意义上，过去对他的评价，即梁启超晚年转向保守或回归传统，就是正确的和必要的评价。

（2006 春初稿，原载《中原文化研究》2016 第 4 期）

2012年

"二二得几"的引申

正如许多文化议题一样,人文与科技究竟有什么区别,也是没有答案的。由"二二得几"这一讨论所得出的结论,只能是文化需要自由。但科学技术不需要自由吗?没有选择、探索、讨论和发表的自由,哪里会有什么科技创新?如此说来,则即使在科学技术领域,二二也不一定得四。问题的另一面是,即使文化领域,哪怕是最不循逻辑的诗歌,也不能完全不理"二二得四"的逻辑。在这个意义上,本文其实没有说清任何问题。但我还觉得重提"二二得几"的问题有助于理解文化艺术。

狄更斯（Charles Dickens，1812—1870）是 19 世纪英国资本主义黑暗面的揭露者，陀思妥耶夫斯基（Fyodor Mikhailovich Dostoevsky，1821—1881）是发掘人性的曲折、反常、乖谬乃至疯狂的俄国人，奥威尔（George Orwell，1903—1950）则是因其政治寓言《1984》而深得当代读者欢迎的英国记者。他们的生活和创作，原无什么直接关联，把他们放在一起讨论的起因，在于他们都不约而同地基于不同目的说到过"二二得几"的问题。二加二等于四，二乘二等于四，这还有什么疑问？还真的有，至少这三位作家是这么以为的。而今天之所以重温这个话题，是因为其中所包含的意义，与我们今天的文化生活直接相关。

一、"二二得四"的市侩性

狄更斯生活在一个光明的时代。维多利亚时代的西方登上了全球权力高峰，而率先完成工业革命的英国，又是世界上最现代、最进步的国家，英帝国权势熏天，大伦敦一片繁荣，有产者欢欣鼓舞。给这个盛世良辰画龙点睛的是，在女王的夫君（也是其表弟）阿尔伯特亲王的主持下，1851 年在伦敦成功举办了"万国工业成就大博览会"（即第一次世界博览会），如此巨大规模的产品展示与人口汇聚，在文明史上还是第一次。新产品、新成果、新科技、新玩意……全都值得夸示，全都令人陶醉，真乃"烈火烹油，鲜花着锦"。这不只是英国的骄傲，也是现代西方世界自我庆祝的仪式。当后人记诵着"一切始于博览会"时，大多淡忘了博览会前后的爱尔兰大饥荒和克里米亚战争的灾难。但狄更斯出现了。在他的小说《老古玩店》（1841）中，工业城市伯明翰的景象仿佛但丁笔下的地狱；而在另一部小说《艰难时世》（1854）中，工业小镇焦煤镇的场景也并不比地狱好："这是个到处都是机器和高耸的烟囱的市镇，无穷无尽的蛇似的浓烟，一直不停地从烟囱里冒出来，怎么也直不起身来。镇上有一条黑色的水渠，还有一条河，这里面的水被气味难闻的染料冲成深紫色，许多庞大的建筑物上面开满了窗户，里面整天只听到嘎啦嘎啦的颤动声响，蒸汽机上的活塞单调地移上移下，就像一个患了忧郁症的大象的头。镇上有好几条大街，看起来条条都是一个样子，还有许多小巷也是彼此相同，那儿的居民也几乎个个相似，……"[1] 一边是美轮美奂的博览会，一边是浓烟污水的人间地狱，光明的盛会是以无数人的贫困和无数地方的烟灰为代价的。

也是在《艰难时世》中，狄更斯以并非漫画式的手法刻画了"二二得四"的非人性。商人出身的国会议员葛擂硬有一句口头禅叫"二二得四"：

> 我要求的就是事实。除掉事实之外，不要教给这些男孩子和女孩子任何东西。只有事实才是生活中最需要的。除此之外，什么都不要培植，一切都该连根拔掉。要锻炼有理性的动物的智力就得用事实：任何别的东西对他们全无用处。
>
> 我这个人为人处世都从这条原则出发：二加二等于四，不等于更多，而且任凭怎样来说服我，我也不相信等于更多。……我的口袋里，……经常装着尺子、天平的乘法表，随时准备称一秤、量一量人性中的任何部分，而且可以告诉你那准确的数量和分量。这只是一个数字问题，一个简单的算术问题。[2]

没有人否认，资本要增值，资本家要赢利，社会要提高经济发展水平。没有人否认，金钱交易必须量化、数字化，利益计算必须加减乘除，现代经济少不了"二二得四"。但当葛擂硬的尺子和乘法表把工人换算为一连串的数字时，我们不能不犹豫一下。狄更斯评论说："葛雷硬先生哲学的一个基本原则就是，什么都得出钱来买。不通过买卖关系，谁也决不应该给谁什么东西或都给谁帮忙。感谢之事应该废除，由于感谢而产生的德行是不应该有的。人从生到死的生活的每一步都应是一种隔着柜台的现钱买卖关系。"[3] 这是一种"事实哲学"，是一种有助于经济发展和财富积累的哲学，但人，包括工人只是一种可以为资本家生产价值的工具吗？一个奉行"二二得四"的社会，是一个一切都由买卖关系塑造的社会，是一个没有同情、理解、尊重和自由的社会，是一个没有人的社会。这种社会可能是富裕的、繁荣的，也是令人沮丧的、唯利是图的社会，它绝不是文明人类所理想的社会。

1　狄更斯：《艰难时世》（1854），金增嘏、胡文淑译，上海译文出版社1978年版，第28页。

2　[英]狄更斯：《艰难时世》（1854），金增嘏、胡文淑译，上海译文出版社1978年版，第3、4页。

3　[英]狄更斯：《艰难时世》（1854），金增嘏、胡文淑译，上海译文出版社1978年版，第349页。

西方现代性、资本主义向全球扩张的过程，就是这种"事实哲学"日益主导文化生活的过程。此即马克思在《共产党宣言》中说的："资产阶级在……无情地斩断了把人们束缚于天然尊长的形形色色的封建羁绊，它使人和人之间除了赤裸裸的利害关系，除了冷酷无情的'现金交易'，就再也没有任何别的联系了。它把宗教虔诚、骑士热忱、小市民伤感这些情感的神圣发作，淹没在利己主义打算的冰水之中。它把人的尊严变成了交换价值，用一种没有良心的贸易自由代替了无数特许的和自力挣得的自由。"马克思是极而言之，绝不能因此就以为西方社会的道德、宗教、艺术、人情和家庭关系已全部受控于交换关系、利益原则，政府机构、公民运动、文化传统、社会组织等都在以各种方式保护生活资源，现代西方依然有热诚、有伤感、有表现真善美的文化艺术。但确实存在的是，经济是现代社会最主要的动力，它创造了繁荣也带来了灾难。反思早期资本主义的教训，首先就要反对这种顽强的、残酷的"事实哲学"，把人而不是经济当作现代化的目标。再引用马克思《政治经济学批判（1857—1858年手稿）》中的一段话："根据古代的观点，人，不管是处在怎样狭隘的民族的、宗教的、政治的规定上，总是表现为生产的目的，在现代世界，生产表现为人的目的，而财富则表现为生产的目的。"

不但赤裸裸的功利是反人类的，即使是真实的事实也不能满足人类的理想。以月亮为例。中国人之所以喜欢月亮，因为月亮上面有嫦娥与吴刚。"嫦娥应悔偷灵药，碧海青天夜夜心"——这是寂寞的嫦娥；"吴刚捧出桂花酒"——这是热情的吴刚。一轮圆月，在寄托了我们美好想象的同时也开拓了我们的情感世界。虽然我们现在知道，月亮上既无嫦娥也无吴刚。但我们不会喜欢这一事实，我们还要仰望星空，还要美化现实。事实和现实是物的世界，希望和美化才是人的世界。文化始于对物的超越，精神始于对物的克服。这样说，并非要凌虚蹈空、眼中无物，而是要说明人的价值、人的尊严。理想与现实、精神与事物，也即文化与自然的关系，正如游泳者之于水、骑手之于马的关系，没有水、没有马，不成其为游泳和骑马，但不驾驭水和马，也不成其为游泳和骑马。水和马只是凭借，真正使游泳和骑马得以成功的，还在于人的力量、技术和理想。道理是简单的，但举世滔滔，多为利狂；黄钟毁弃，瓦釜争鸣。当我们满眼所见皆是心满意足的葛播硬们时，社会公正、文化建设如何才真正提上日程呢？第一次博览会之后，英国社会在消灭贫困、肮脏方面取得了巨大成就，狄更斯复生，再也写不出《老古玩店》或《艰难时世》了，但如果只是歌颂博览会的辉煌而无视伯明翰和焦碳镇的丑陋，只讲经济成就而省略社会苦难，英国的发展也许会多一些曲折。所以，尊重事实而又不唯利是图，才有人的价值可言，才有精神生活可言。从狄更斯这里，我们得到的教训是：现代理想和文化精神如果不是反对功利主义的，至少也是在功利主义之上的。

二、"二二得三"的自由感

"二二得四"是资本家残酷的功利主义的表达，那么二二得几呢？它可能是五，也可能是三，总之不等于四。把这个话题提出来的，是俄国作家陀思妥耶夫斯基。

现代性就是理性化，这里的理性是相对于传统的天启、迷信、权威、偏见而言的人的思维能力，它发端于伽利略—牛顿的分析与综合的方法，并主要表现为科技理性。科技理性最简单的表示方式，就是二二得四。这是一个普天之下概莫能外的普遍公式，它蕴含的是世界的可计算性。无论是什么文化传统，无论什么国家政府，只要通过启蒙进入现代，它就要遵守这个公式。18世纪的启蒙主义相信，只要按照理性的原则重组人类社会，我们就能进入一个理性的王国，进入一个天堂般的城市。从此，科学成为现代人的宗教，理性成为组织生活的准则。把启蒙思想引进俄国的车尔尼雪夫斯基，在其教育小说《怎么办》（1862）中把人类社会概述从游牧时代、古希腊、中世纪、18世纪最终走向"光明而美丽"的未来，这是科学技术高度发达、物质财富极大丰富、人人充分就业、男女平等、"对于所有人都是一个永恒的春天和夏天"的极乐时代。如果说这还比较遥远的话，那么女主人公薇拉创办的具有公社性质的缝纫工场就是一个具体而微的理想社会，它展示了一种完全按照数学的精确性计算出来的崭新的社会经济关系，这里的一切都经过很精确的计算，一切问题都通过理性来解决。如果自私，也是"合理的利己主义"：有理性的人能够把自己的私利与他人的私利协调起来。这难道不是人类苦苦追求的理想社会吗？

然而，照陀思妥耶夫斯基来看，历史和人性都不是如此地单纯与合理。在

《卡拉马佐夫兄弟》中，丽萨不是对她的恋人阿辽沙说："我想把我的一个愿望告诉您。我愿意有人折磨我，娶了我去，然后就折磨我，骗我，离开我，抛弃我。我不愿意成为有幸福的人！"谁能说，这不是人的欲求之一？在《地下室手记》（1864）中，陀思妥耶夫斯基的理由有两条。第一条是理性不能解释人的行为，科学、利益不能保证人的幸福。经常出现的情形是，人们在明明知道也完全懂得自己的真正利益的情况下，依然会把自己的利益撇在一旁，闯上另一条路，去冒险，去碰运气，甚至会干下最愚蠢的、最荒唐的事。与其说人的行为受理智的指导和利益的驱使，不如说人更喜欢按照自己的意愿行事：人不仅仅喜爱幸福与和平，或许他还同样喜爱苦难和混乱；人可以在感受一切"美好与崇高"的同时做出最可恶的事情。没有任何人、没有任何东西强迫他们这样做，其原因只是在于，这种执拗和任性比任何利益都能带来愉快。这不是人的堕落，而是人生存的最正常的状态。克娄巴特拉女王（Cleopatra VII）喜欢用金针扎人，根本不需要什么理由，也没有任何理由可以让她不这么干。人性的深奥诡秘在于："即使事情会给我们带来明显的危害，而且有悖于我们的理性在利益问题上所做出的最明智的结论，它仍可能不失其为最重要最有利的利益，因为它为我们保留了最主要和最宝贵的东西，那就是我们的人格和我们的个性。"[1]因此，第二条理由是，以为理性可能改变人性、数学可以安排生活，以为人类有一个普遍的、统一的目的，这种信念无论动机如何美好，实践的结果也只能是取消人的自由，让自由的人成为呆板的琴键。科学理性不能兼容人性的差异性、多样性、矛盾性、荒谬性。一定要把人理性、利益化、数字化，就必然遗漏某种从来没有被也不可能被任何分类所包括的东西。这些纳不进任何分类、列不出任何清单的"利益"就是人的愿望、意志和任性和个人所经常面对的诸多欲求与价值的冲突。所谓"最大多数人的最大利益"，不但是一个神话，而且与多数人的暴政直接联系在一起；如果有人以此为由来改造人性，那不过是以权力来否定差异、压迫个性。每个人都只能按照自己的欲望生活，除非改造人性，否则无法用"二二得四"的公式来安排生活；除非权力强暴，否则无法改造人性和生活。

1　[俄]陀思妥耶夫斯基：《地下室手记》（1864），顾柏林译，载《陀思妥耶夫斯基作品集·赌徒》，上海译文出版社1988年版，第161页。

"二二得四"太整齐了，人性却总有差异；"二二得四"太明确了，人性却还想保留黑暗，它与其说是人的理想，不如说是动物的理想。人之所以为人，在其自由；自由之所以为自由，在于差异和个性。剥夺了差异和个性，就是剥夺了人的生命。现代人类的梦想之一，是改变人性使之符合理性或理想，其方式是科学、意识形态、革命，等等，而执行这一使命的主要是拥有知识、道德或权力优势的强人、领袖或集团，因此而来的乌托邦实践所造成的，多是一些兵营式社会和警察国家。

所以，在关于人是什么、人类追求什么之类与人联系在一起的任何问题上，都没有什么规律或公式。在人类生活中，二二得四是不对的：

当事情发展到只有表格和算术的时候，当唯有二二得四流行于世的时候，还有什么个人意志可言呢？即便没有我的意志，二二总是得四。个人的意志能是这样的吗？

总之，人就是滑稽可笑的；一切笑话，显然盖源于此。不过，二二得四终究是极其令人不能容忍的东西。依我看，二二得四无非是蛮横无理的化身。二二得四双手叉腰，吐着唾液，神气活现地挡住你们的去路。我承认，二二得四是高明的东西，但要不得对所有的东西都一律赞美的话，二二得五有时也是非常可爱的东西哩。[1]

"二二得四"只是数学公式，但人不是物，生活不只是求平方根，在如何生活、什么才是幸福之类的问题上，除了我们自己，没有任何先验的公式和权威的导师可以代替自己的选择。自由意味着不受限制地表现自我、创造自我，只要我们是自由的人而不是敲一下响一下的琴键，我们就必须挑战一些公式化的普遍规则。"二二得四"，当然，但那与我无关，真要凭我个人作选择，更可爱的倒是"二二得三"或"二二得五"。是的，这是不对的，但我就愿意这么说，难道我没有做错事、说错话的自由？

在数字化管理的当代社会，还真没有做错事、说错话的自由。所谓自由，

1　[英]狄更斯：《艰难时世》(1854)，金增嘏、胡文淑译，上海译文出版社1978年版，第164、166页。

也只是法律框架和社会规范内的自由。各种制度编组和条理了千差万别的个人，使得整个社会合理而有效率，但人性并没有因此而改变，陀思妥耶夫斯基道出了现代人性的另一面。只要我们反躬自省，哪个人的生活不是充满冲动、幻想、无所事事的发呆、难以解释的荒唐乃至邪恶？功利主义固然庸俗，科学理性也不近人情，从陀思妥耶夫斯基这里，我们明白理想社会和文化精神如果不是反科学理性的，至少也是超越科学理性的。

三、"二二得五"的残酷性

那么，"二二得四"就一定是限制自由的吗？也不一定。英国作家奥威尔的寓言小说《1984》（1949）虚构了一个始终在"老大哥"目光范围内的大洋国，这是一个极端膨胀的权力已经无孔不入地渗透到公私生活各个方面的社会。所有人的所有活动都在电幕的监视之下，政治生活是被指令的，经济生活是被配给的，文化生活是被组织的，所有人都又被反复告知：他们的一切都事关国家和政治。任何与众不同的行为都会受到怀疑，任何与众不同的物品都会带来危险。怀疑和警惕是社会的唯一原则，忠诚和奉献是个人的唯一义务。生活在这里的人不但其日记，而且连下意识的心理活动也受到严密监控，感情、回忆、希望、欲求、感觉以及一闪而过的念头和稍纵即逝的表情，都有人在侦察、在报告、在记录、在算账，这些人就在你的身边：同事、朋友、配偶、儿女、路上的照面者、啤酒馆的侍者、杂货铺的老板以及一切可能与你发生一点直接或间接接触的人。在令人窒息的环境中，"老大哥"控制深入人心。

大洋国的恐怖不但是严密而高效的，也是有创新和发展的。与历史上其他的专制制度、独裁社会、极权政治相比，这个社会最有创意的是消灭历史与改造语言。历史是胜利者写的，胜利者写的历史当然是按照胜利者的希望写的。但"老大哥"比所有改写历史的胜利者更高明，他在消灭历史。目的之一，是表明自己和核心党永远正确。"真理部"的日常工作就是根据每天变化的形势和现实需要，不断销毁或篡改各种讲话、文件和报刊，以其为永远正确。目的之二，是封闭过去、冻结历史，把"现在"永恒化。在大洋国，个人的记忆被清理，以往的遗迹被铲除，所有人都生活在千篇一律、没有差别的环境中，不再有任何可供比较和判断的标准，不再有自由思想的必要资源。主人公温斯顿想找个人了解一下此前的啤酒是什么味道，也无法做到。历史之外是语言，大洋国有一个部门在编纂《新话词典》，主要方式是消灭旧语言、创造新语言。前者是为消灭历史，后者是为语言设界：词意由复杂而简单，词汇由多而少。除了"新话"，人们没有其他语言来思考并传达自己的思想，语言的界限就是思想的界限，"新话"完善之时就是思想统一之时：从此不再有异端的或错误的思想，而正统的或正确的思想就是无思想。一切听"老大哥"的，永远跟"老大哥"走。

没有人受得了这个一切都被控制的世界。"老大哥"最大的也是最可能的危险在于：这个社会中无数的监视者与被监视者，死硬分子与被动胁从者，以及被抓捕者、被处决者，他们都是人。老大哥如何能保证监视者和追随者永远像钢铁一样意志坚定、立场鲜明，而被监视者和被动胁从者又总是心甘情愿、服服帖帖？人当然不可能是完全自由的，但没有人喜欢被监控、被操纵，自由不需要理由。即使在大洋中，也有人心不死，还在憧憬着自由。温斯顿就在日记中写下："自由就是可以说二加二等于四。"你不能否定"二二得四"，你也就不能否定人的自由。"二二得四"是事实哲学、科学逻辑，因此它就不是权力逻辑。

"老大哥"不是不明白，思想监控的效果有效而有限，对思想的控制离不开对身体的控制。在大洋国，支持、配合着思想控制的是国家机器所体现的赤裸裸的暴力。这就是"友爱部"的工作：这里有电击、饥饿、毒打、鼠噬等各种折磨身体的酷刑，可以轻而易举地消灭一个人，就像他从来过这个世界上一样。在没有自由的环境中，还想自由，还参加了反对派活动的温斯顿被捕了。审讯者奥布赖恩一边握着可以控制温斯顿痛苦程度的转盘，一边和温斯顿进行着这样的对话：

"你还记得你在日记上写过的话吗？"他接着说，"'自由就是可以说二加二等于四？'"

"记得。"

奥布赖恩举起左手，伸出四个手指，大拇指屈起来，不让温斯顿看见。

"我竖起来的手指有多少？"

"四个。"

"如果党说不是四个，是五个——那你说有多少？"

"四个。"

话未说完，温斯顿已痛得喘着气。控制盘的指针指着五十五。他浑身冒着冷汗，吸进肺里的空气化作痛苦的呻吟声吐出来。他咬着牙，但一点也减不了身上的痛楚。奥布赖恩目不转睛地望着他，还是竖着四个手指。他按了按把手，温斯顿的痛苦稍微减轻了点。

"多少个？"

"四个。"

指针跳到六十。

"多少个？"

"四个！四个！你要我怎么说？四个！"

指针一定又跳高了，但这次他没有看。他看到的只是奥布赖恩严肃的面孔和他竖起的四个手指，手指像擎天的巨柱一样挺立在他眼前，有时朦胧且摇摆不定，但数目错不了的：四个。

"温斯顿，多少个手指？"

"四个！别再用那东西折磨我了！四个！四个！"

"温斯顿，多少个？"

"五个！五个！五个！"

"那没用，温斯顿，你在撒谎，你还是相信看到四个。好，再来一次，多少个手指？""四个！五个！四个！你要我说多少就多少吧，只要不让我受苦就是。"[1]

这个场景就是中国成语"指鹿为马"的现代版。权力就是影响、操纵和控制的力量，它的最高要求，是无条件地服从，是不计利害、不计生死地为之赴汤蹈火。在通常情况下，权力的运行是柔性的，并受到文明生活中其他力量的稀释、分散和平衡。但"老大哥"的权力是刚性的、绝对的、没有任何含糊的，为了彰显它的权威性、至上性，它可能甚至必须不承认事实、不承认科学。强

---

1 [英]乔治·奥威尔：《1984》(1950)，刘绍铭译，北京十月文艺出版社2010年版，第236—238页。

权即真理，权力之外无真理。这就是大洋国核心党的三句口号"战争即和平、自由即奴役、无知即力量"的真实含义。"二二得四"，那是人所皆知的数学公式，核心党没有必要把它当回事，它只承认"二二得五"，你不信，那就得死。所以当温斯顿也不顾事实和数学，跟着奥布赖恩说四不是四，而是"五"或奥布赖恩所说的任何一个数字时，权力的效用和后果才真正突显，温斯顿也才真正明白什么叫权力。

既然二加二不等于四，那么自由也不是人性的自然或当然。在暴政、酷刑和死亡面前，自由和二二得四一样，都不是不可更改的、自明的事实和道理。温斯顿的选项只有一个：或者二二得五，或者去死。活着比自由重要，他选择了活着。这是人类无法避免的脆弱，因为我们有一副臭皮囊。虽然古今中外，即使在追求自由可能丧失生命的制度下，也有人如裴多菲所说的："生命诚可贵，爱情价更高。若为自由故，两者皆可抛。"但真正可行的不是期待每个人都去做烈士，而是要约束骄横恣意、无所不在的权力，改造以暴政和役使为社会生活的组织原则、以支配与服从为判断标准的文化。权力绝非真理，服从绝非自由。繁荣我们的文化生活，需要自由的激情，需要像尊重二二得四那样尊重人的自由，需要陈寅恪所说的"独立之精神，自由之思想"。从奥威尔这里，我们明白，人文精神如果不是对抗暴政，至少也是不以权力之所是为是、不以权力之所非而非的。

说到最后，二二究竟得几的问题是没有确切答案的。这不是要推翻数学公式，而是要借此展开有关人、有关文化问题的复杂性和多样可能性。近年来，有关文化的各种论说在我们的生活中膨胀开来，但千言万语，似乎也还没有给出多少新的认知和体验。有关"二二得几"的三种回答当然也提不出什么具体意见，但上述三位作家的议论至少提醒我们文化不是什么：它不是功利、不是公式、不是权力。反论可以转成正论：文化建设需要超越功利的理想、突破公式的自由和反抗权力的勇气。

（原载《社会学家茶座》第 4 期，山东人民出版社，2012 年 11 月）

2013年
蒋介石与法西斯主义

　　蒋介石既一度接近法西斯主义，又领导了中国反法西斯战争，弄清他思想中的法西斯成分非常重要。这也是我在写作《中国现代性与德意志文化》一书时的考虑之一：不是德意志文化"影响"了中国，而是中国选择和创造了这种"影响"。中国的德意志论述是在"西方"之外探索以"反（西方）现代"的中国现代性的思想努力。作为后发现代国家，中国在遭遇西方挑战之后，也在批判"西方"现代性的基础上探索与实践了具有"反西方"和"反现代"特色的现代性方案。通过创造性诠释和有意识挪用，现代中国在道路选择、革命理念、人文规划三个核心论域都追求既学习"西方"又试图超越"西方"的中国特色。中国接受德国思想的过程既是在不同程度上中国化的过程，也是与苏俄、法国、英美等其他外来资源相互矫正的过程。因此，以中德思想关系为线索，可以深入探索中国现代性的价值关怀、意义结构及其方法依据，讨论历史传统与不平等的国际空间对中国现代方案的刻画，评论中国现代社会思想的意识形态特征及其"反现代性"的内涵和历史效果。

现代中国的危机在 1931 年九一八事变前后达到顶点。1935 年，著名报人张季鸾沉痛地说道，九一八之后的中国，"一切事业，都算无基础；一切生命财产，都是不可靠。北方有句俗话：不能混。国家现状就是这样，中国人不能混了，以四万万人的大国，落到这样不能混的地步，……细想起来，焉能不羞愧欲死！"[1] 国运维艰，一些中国人意识到，中国要走出这亡国灭种的惨祸，哪怕只是"混"下去，也须采取非常措施，直至放弃正在追求的个人权利和自由。作为民族救亡的一种方案，中国也有过一场模仿"法西斯主义"的运动。而一些没有直接打出"法西斯主义"旗号的运动、主张和实践，实际上也具有法西斯主义的某些性质。无疑的，权威主义、国家至上、领袖崇拜、暴力手段等并不一定就是法西斯主义，但在现代世界，显然又以法西斯主义最公开地提倡这些政治主张并最善于使用这些控制方式。

一、也是一种救亡？

法西斯的崛起和衰落是 20 世纪最重要的政治事件之一，但在有关"法西斯主义"的一系列重大问题，如有没有统一的法西斯主义，法西斯主义起源何时，甚至何谓"法西斯主义"等，大量研究也没有达成某种共识。需要指出的是，尽管随着希特勒"千年帝国"的灰飞烟灭，其种种野蛮行径逐步公之于世，"法西斯主义"即成为一切暴行的代名词，成为政治文化中的咒语，但是，至少在德国，纳粹是凭借其解决魏玛共和国政治、经济和社会难题的许诺而赢得选民的同意而掌权的。在战争、革命和国家耻辱给德意志民族造成深重创伤的危机时刻，在魏玛民主近乎自杀的政治乱局中，希特勒出色地利用了这些条件，为选民描绘了一个崭新而美好的社会，使自己成为德国新生的象征。在其 12 年统治的前 6 年，纳粹政权确也取得了一系列让其敌人与朋友都感到意外的、几乎没有人相信它能取得的成就。当然，这一成就的真实性是可以质疑的，而且它付出了希特勒个人独裁的不可替代性和有意识地摧毁国家功能的代价，付出了公民权利的丧失、公民成了政治废人的代价，而且这一成就后来又在战争中葬送了。不过，

1　张季鸾：《我们有甚么面子》。载天津：《民闻周报》第12卷第2期（1935年1月17日）。

在希特勒的无数暴行还没有公开于世的 1938 年之前，纳粹在重建德国方面的巨大成就确是显赫的，不但多数德国人是满意的、陶醉的，国际舆论也是同情的、羡慕的。因此应当以发动第二次世界大战为界，区分纳粹的两个不同阶段，并对前一个阶段有历史性的理解。

意大利法西斯领袖墨索里尼（Benito Mussolini）于 1922 年 10 月"进军罗马"，标志着法西斯主义登上历史舞台。此后不久，法西斯主义即传入中国。20 世纪 20 年代后期，不但意大利法西斯党人和德国纳粹分子在上海等地从事宣传活动，中国也有人组织了"醒狮社""国魂社""大江社""大神州会""少年自强会""独立青年党""国家主义青年团"等具有法西斯主义色彩的团体。在由曾琦（1892—1951）发起、成立于 1923 年的"中国国家主义青年团"中，也有人主张墨索里尼式的一党专制。1924 年陈独秀就针对这一现象指出："意大利法西斯党穷凶不法，世界上哪一国不知道！"[1]但法西斯主义成一种社会思潮，则是在九一八之后。如陈穆如所说："'法西斯主义救中国'，自上海及东北中日战后，我们就常常听到这样的话。自然法西斯主义经过无数的报纸与杂志介绍之后，已成为大家所注目的东西了。"[2]从 1929 年到 1938 年，中国大量出版有关法西斯主义的论著，共有二百多种刊物对法西斯主义作了广泛的介绍，相关文章每年有数百篇。既有热烈赞扬，也有严词痛斥，较多的是同情性理解。当然，一直有反法西斯主义的声音。中国共产党和左翼知识界一直坚持批判立场，其中最值得注意的是周恩来《论中国的法西斯主义——论新专制主义》一文和 20 世纪 30 年代初邹韬奋旅欧时有关对纳粹德国的批判性报道。[3]

孙中山的"联德"政策是国民政府前期（1928—1937）外交政策的基础。青年蒋介石在留日期间曾学习德语并两度伺机赴德留学，虽未成行，但对普鲁士的

---

1 陈独秀：《法西斯党与中国》（1924年7月2日），任建树编：《陈独秀著作选》第2卷，上海人民出版社1993年版，第724页。

2 陈穆如：《法西斯蒂与中国出路》（1933年9月1日），刘健清：《中国法西斯主义资料选编》一，中国人民大学中共党史系1987年印，第450页。

3 周恩来：《论中国的法西斯主义——论新专制主义》（1943年8月13日），《周恩来选集》上册，人民出版社1984年版；邹韬奋：《一党专政与以党治国》《法西斯作风的罪恶》，1934年欧游途中又据其实地考察写了《所谓领袖政治》（1934年6月2日）、《褐色恐怖》（1934年6月3日）等文，上述诸文均收入吉少甫、陈敏之、欧阳文彬编：《韬奋选集》，上海三联书店1994年版。

"铁血政策"及德国军事技术一直怀有好感。南京政府建立后，蒋实行了孙中山设想"联德"方针，大量借用德国的"物质"和"人才"。从1928年到1938年，中德之间建立了较为稳定的军事—经济合作，留德学生、赴德考察的党政军高级人物（仅1930年就派出176人）、应邀来华的德国军事顾问先后共有42人（最多时达43人）等，其中包括泽克特（Johannes Friedrich Leopold von Seeckt, 1866—1936）、法肯豪森（Alexander von Fallenhausen, 1878—1966）两位上将，对国民政府的军事、工业建设有重要影响。此时也正处于纳粹在德国由反对党成为执政党进而成为独裁党的过程中。1929年的经济危机使纳粹由一个边缘小党迅速崛起，一路凯歌迅速登上权力高峰。从希特勒1933年1月上台，到1933年8月初帝国总统兴登堡去世和紧随其后的"罗姆事件"引起的危机结束之后，纳粹权力之巩固和扩展之迅速，令人震惊。"……仅仅一个月，魏玛宪法里所规定的公民自由，就被取消殆尽。在两个月里，一切活跃的政治上的反对派或是被关进监狱或是逃亡国外，连议会也将其控制权拱手相让。在4个月里，曾经权力很大的工会被解散。在不到6个月的时间里，所有的反对党或被镇压或被解散，只留下纳粹党成为唯一政党。在1933年3月已经事实上被打碎的邦，1934年1月被正式废除。其后的夏天，来自希特勒运动内部的日益增长的威胁在1934年6月30日'长刀之夜'被残忍地消灭。"[1]这是一个充满暴力、恐怖与血腥的过程，但极权体制拥有遮蔽真相而营造一种光明强盛的外观的能力与资源，因此纳粹德国呈现给外部世界的是振奋民族精神、统一国民思想、走向民族复兴的历程。

面对遥远德国的精进向上，中国的内忧外患却一直在持续加深。首先是分裂。1928年国民政府定都南京，次年张学良归顺中央，中国完成了形式上的统一，但国民党内有以"改组派"（以汪精卫、陈公博为首）、"西山会议派"（以邹鲁、谢持为首）、"胡汉民派"（以胡汉民、邓泽如、古应芬为首）、"再造派"（即以孙科为首的"太子派"）的公开对立，蒋集团内部又有政学系、C.C系及黄埔系的明争暗斗，党内、军内"反蒋"的呼声不断。汪精卫、胡汉民都凭借其雄厚的政治资本与蒋分庭抗礼，直至组织中央和政府来对抗南京的中央和政府；西南、华北的地方领袖也以割据称雄为常，1931年竟然有三个国民党第四

---

1 [英]伊恩·克肖：《希特勒》（1998）上卷，廖丽玲等译，世界知识出版社2005年版，第343页。

次全国代表大会分别在南京、广州、上海召开。蒋既无"总统"之名亦无"总裁"之实，甚至两度被逼下野。然后是腐败。北伐成功后国民党及其政府迅速腐败，"军事北伐，政治南伐。党军可爱，党人可恶"传诵一时。党国要人既乏执政能力，亦缺革命精神。黄埔系军官滕杰 1931 年为筹组"三民主义力行社"（即俗所谓"蓝衣社"）而拜访黄埔同学时，发现"几乎每家都在打牌，还有些朋友在家抽鸦片的，人人普遍过的无非是醉生梦死的生活，没有一点忧患意识。我每次和他们说起日本可能要侵略中国的问题，……他们动辄就说：'算了吧，老滕，你是个理想主义者，所说的脱离现实，有谁听得进去？'"[1] 分裂加腐败，国民党政权无法应对外有强敌、内有革命的双重挑战。

于是，从上到下都有一些人认为，法西斯主义，特别是纳粹主义，可以为我所用，可以用来解决中国危机："德国的地位，自大战以来，殖民地的丧失，交通及军事的限制，巨额赔款的负担，和中国目下的受帝国主义者所宰割，如出一辙。因此更使我们不得不对于最近法西斯在德国突飞猛进，加以深切的注意。"[2] 回到当时的历史情境中，这种观点并不是不可理解的。这既是近代以来中国人追求富强、向往"整齐严肃"的最新表达，也是国难深重时节所作出的一种理性的选择。纳粹当政之初，国际社会基本上没有认识到它隐秘的罪恶和潜在的危险，举世瞩目的，只是纳粹的作为所导致的德国的重新崛起。这大体也是中国人的观感。

二、蒋介石的"法西斯观"

判断蒋介石认同法西斯主义的重要证据是其 1931 年 5 月在"国民会议"上的开幕词。不过细读此文，却不能得出这样的结论。开幕词中，蒋首先评论了当时流行的法西斯主义、共产主义和自由主义三种统治理论，认为"法西斯蒂之政治理论，本超象主义之精神，依国家机体学说为根据，以工团组织为运用，认定国家为至高无上之实体，国家得要求国民任何之牺牲，为民族生命之绵延，

---

1 滕杰口述、劳政武辑注：《力行社的创立》，台北《传记文学》第48卷第4期（1986），第36页。

2 琳初：《法西斯蒂在中国的社会基础》（1933年4月18日），刘健清：《中国法西斯主义资料选编》（一），中国人民大学中共党史系1987年印，第533—534页。

非以目前福利为准则，统治权乃与社会并存，而无先后，操之者即系进化阶段中，统治最有效能者"。这是一种中性介绍，其中固然有肯定法西斯主义"效能"的意思，但蒋紧接着就说："国家主权，既为神圣，纵横发展，遑论其他，国际上之影响，是否符合大同原则，不待智者而知。"蒋已经意识到法西斯主义的扩张本性易致国际纠纷，不合中国"大同"精神。更重要的是，"每国各有其客观的环境，世间决无可以完全移植之政治"，只有融合中外学说，根据中国情况所得的孙文学说，才是唯一适合中国的政治理论。

蒋介石与法西斯主义的共同点，在于他以国情不同为由，否定中国可以实行民主政治："英美民治，本其长期演进之历史，人民习于民权之运用，虽有时不免生效能迟钝之感，然亦可以进行，若在无此项历史社会背景之国家行之，则意大利在法西斯蒂党当政以前之纷乱情形，可为借鉴。他邦议会政治之弱点，已充分暴露，而予论者以疑难。自由必与责任并存，自由乃有意义，否则发言盈庭，谁执其咎。"既然法西斯主义、民主政治都不适合中国国情，那么中国只能走自己的路，这就是先经"训政"后入"宪政"："所以致民治之道，则必经过训政之阶段，挽救迫不及待之国家危难，领导素无经验之民族，是非借经过较有效能的统治权之行施不可。况既明定为过渡之阶段，自与法西斯蒂理论有别。至民族主义，必与民权民生相提互证，则绝无流于国际侵略之危险，而以大同为鹄的可知矣。"[1]就注重统治效能而言，"训政"与法西斯主义有相通之处，但因为"训政"时期的意识形态是"三民主义"，其"民族主义"受到民权主义、民生主义的制约，不会像德、意那样恶性膨胀，而且"训政"只是走向"宪政"的过渡阶段，所以，蒋的这篇开幕词至少在其主观上，恰恰是欲划清与法西斯主义的界限。从此时到11月之间，蒋多次以接受记者采访的方式，公开声明中国不需要法西斯主义。

就这些公开材料看，蒋介石并不认为中国需要法西斯主义。相反，他强调三民主义是现代中国唯一合法的意识形态，孙中山的学说有法西斯主义的优点而无其缺点，因此他要求其部属"在思想上，言左，不能学共产党；言右，不能

　　1　蒋介石：《国民会议开幕词》(1931年5月5日)，载刘健清：《中国法西斯主义资料选编》(一)，中国人民大学中共党史系1987年印，第104—105页。

学法西斯蒂"[1]。所有这些，不只是虚伪和谎言。据有关回忆，"很多力行社成员，包括蒋中正在内，对法西斯制度曾有过浓厚兴趣。……但这种兴趣自三十四年（1935）起已开始减退。蒋中正在那些年对有关法西斯资料常批'不值一看'字样"[2]。纵观蒋介石一生，虽然在不同场合也会逢场作戏、言不由衷，但他对各种外来的主义基本上不抱热情，也没有正式使用过"法西斯"这个名词。

但政治人总是复杂的。也是在1931年至1934年期间，蒋在一些内部场合确实表达了对法西斯主义的好感、对采用法西斯主义方案的兴趣，并直接组织、领导了被认为是中国法西斯组织的"三民主义力行社"（即俗谓"蓝衣社"）。这固然可以用政治家言行不一来解释，同时也可以认为，蒋对法西斯主义有自己的解释。1933年9月，蒋在讲演中把"法西斯主义共同的基本精神"概括为三条："第一是民族的自信。凡是一个法西斯蒂一定相信自己的民族是一个最优秀的民族，认识自己民族过去的历史是最光荣的历史，自己民族的文化是最优秀的文化。所以我们认识'格致诚正修齐治平'为我们民族最高的文化，忠孝仁爱信义和平——就是'礼义廉耻'，为我们民族固有的道德，智仁勇三者为我们民族传统的精神，三民主义为我们民族革命唯一的原则，而归纳之于'诚'。因此我们要做革命党员必先要以精诚来保持固有的道德和传统的精神，才能复兴民族最高的文化。""第二是要一切军事化，凡是法西斯蒂，其组织，其精神，其活动，一定统统能够军事化。……换句话说，统统要服从、牺牲、严肃、整齐、清洁、确实、敏捷、勤劳、秘密，质素朴实，共同一致，坚强勇敢，能为团体、为党为国来牺牲一切。""第三是领袖的信仰。法西斯蒂最重要的一点，就是绝对信任一个贤明和有能力的领袖。除他之外，再没有什么第二个领袖或第二个主义，就是完全相信一个人。……法西斯蒂的特质，就是只有领袖一个人，除这一个人之外没有第二个。"[3]在此，蒋把法西斯主义抽象化，使之脱离德、意的历史情

---

1 良雄（唐新）：《戴笠传》，台北传记文学出版社1980年版，第54页。引自冯启宏：《法西斯主义与三十年代中国政治》，第95页。

2 邓元忠：《国民党核心组织真相——力行社、复兴社暨所谓"蓝衣社"的演变与成长》，台北联经出版事业公司2000年版，第164页。

3 蒋介石：《如何做革命党员——"实在"为革命党员第一要义》（1933年9月20日），秦孝仪主编：《先"总统"蒋公思想言论总集》卷11"演讲"，台北"中国国民党中央委员会党史委员会"1984年版，第565、567页。

境而运用于中国，并与三民主义接近。其实，法西斯主义，特别是德国纳粹虽以民族主义、军事化、领袖崇拜等为特点，但民族主义等又并非只有法西斯主义所独具。这就是说，当蒋公开否认中国需要法西斯主义时，实际上又肯定中国需要法西斯主义的"基本精神"；当他用自己的语言解释法西斯主义时，他所说的其实是现代专制政治、集权政治的一般主张。

因此，蒋对法西斯主义的态度和理解是复杂的，他所取之于法西斯主义的，是其抽象的普遍理念，即民族主义、军国主义和领袖崇拜。蒋之借重法西斯，既有确立国民党、国民政府及其个人的统治权威的动机，也有整合全国力量准备抗战的愿望。九一八事变前后，国民政府对内不能有效控制，对外不能坚决抵抗。危机如此深重，无论对法西斯主义有何认识和评价、无论是否采用法西斯主义之名，蒋介石都需要在其治党、治国、治军的实践中贯彻民族主义、军国主义、领袖崇拜等原则，以求得党/国统一。因此，对于法西斯主义在德、意成功镇压共产党时所显示出来的效能，蒋当然怀有浓厚的兴趣。如滕杰所说："回顾世界反共史，真正用内政方法打败过共产党的是墨索里尼的法西斯及希特勒的纳粹。"[1] 1932年初，在筹备成立"三民主义力行社"的几次小型会议上，蒋介石几次谈话的大意是："要攘外必先安内。就是必先要内部团结统一，全国一致来从事生聚教训，以求具备对日长期抵抗的条件，然后再实行全面抵抗，那才有获得全面胜利的把握。我们只有在这一次战争中能得到胜利，然后也才有机会去放手建设我们的三民主义的理想国家。"[2]

三、"新生活运动"的法西斯性

从北伐成功到抗战军兴，蒋介石及国民政府的中心工作是"民族复兴运动"（即"第二次革命"，包括"新生活运动""国民军训运动""劳动服务运动""经济建设运动"）。运动的发起和目标设置都受到德国及法西斯主义的直接启发，但

1　滕杰口述、劳政武辑注：《力行社的任务和改组》，载台北《传记文学》48卷6期（1986），第26页。

2　邓元忠：《国民党核心组织真相——力行社、复兴社暨所谓"蓝衣社"的演变与成长》，台北联经出版事业公司2000年版，第82页。

它作为中国现代化运动，与法西斯主义运动还是有根本性的区别。以"民族复兴运动"的中心"新生活运动"为例，蒋介石对它的解释主要是借用德国和法西斯的经验，赋予儒家礼教以军事化、现代化的内涵。

"新生活运动"是以德国为典范的文化复兴运动。蒋以武力取得政权，但他并未满足于"马上治天下"，而是以增进国民知识与道德为国家统一与强大的基础。他以德国为例说明："我们晓得，德国自从欧战失败，签订《凡尔赛和约》以后，整个国家在各个战胜国压迫干涉之下，一动也不许动，尤其是关于军备更受严格的限制。……但是还不到15年工夫，居然就能够复兴起来，与世界上最强的国家并驾齐驱。……德国何以能和其他各上强国平等，就是因为他们一般国民的智识道德，能和各国国民平等，或许比人家还要好些。我们中国何以至今不能和各国平等，也就是我们一般国民的智识道德，不能和人家的国民平等，赶不上他们。"[1]在蒋的视野中，"知识"不是与科学文化相关的个体能力，而是个体对权威和秩序的尊重，"道德"也不是与自由相关的行为规范，而是对纪律和领袖的服从。"新生活运动"以恢复固有道德、改良生活习惯为手段，以使人人准备为国牺牲为目的，对克服凌乱自私、散漫无纪的作风当然有一定意义，但因其所倡导的"知识与道德"更多是消极的尊重和服从且始终以"国家"为中心，所以这运动实际上并无助于国民知识与道德的增进。

"新生活运动"是以儒家礼教为动员的全民军事化运动。德意志的成功在其军国主义，而中国要实行军国主义，必须寻找本土资源，这就是儒家礼教。蒋在20世纪30年代初的政治思想，就是儒学理念与德国武化，是道德化与军事化的结合。"我们今后一切的教育要有一个中心目标，就是要养成'军国民'的风尚！……什么叫'军国民教育'呢？照从前德国俾斯麦宰相说的所谓'铁与血'为军国民教育的精神，但是我们中华民族古来的军国民教育不仅是'铁与血'，还是重在'武德'与'武艺'，这才算是完全的军国民教育。"[2]蒋当然明白，在强敌逼近之际，传统道德是不够的，所以要赋予它以新的内涵。从而，"礼"由"规

---

1 蒋介石：《新生活运动之要义——二十三年二月十九日在行营扩大纪念周讲演》，载《蒋委员长言论集》，上海中国文化建设协会1935年版，第318—320页。

2 蒋介石：《现代国家之生命力》（1935年8月），刘健清编：《中国法西斯主义资料选编》（一），中国人民大学中共党史系1987年印，第152页。

规矩矩的态度"进为"严严整整的纪律","义"由"正正当当的行为"进为"慷慷慨慨的牺牲","廉"由"清清楚楚的辨别"进为"实实在在的节约","耻"由"切切实实的觉悟"进为"轰轰烈烈的奋斗"。[1]赋予"礼义廉耻"以军事化内涵这是一方面,另一方面,蒋也以"礼义廉耻"作为军事武备的规范,其理想是统一道德与武备,实现文武合一。比如他指出:"军事并不是专属于哪一个特殊阶级的学业,在现代的国家说,全国各界民众的一切事业的进行,可说都是为军事,一切学术都是应用于军事,……不过最要紧的,我们研究军事,讲究武备,一定要以礼义廉耻做精神的基础,如果离开了礼义廉耻而讲军事武备,那这种军事武备,便是野蛮罪恶,只知道人与人相互残杀。所以我们一定要文武合一,六艺并重,一切的生活和行动,都是军事化,都要合乎礼义廉耻……"[2]但是,既然文明因战争而生,"六艺"都是军事,它们又如何能约束、规范军事化的"野蛮罪恶"呢?所以,蒋的论述其实是礼教其外,军事其内,文化其外,国家其内。

"新生活运动"是以"军国民化"为中心的现代化运动。1928—1937年是中国现代化的重要阶段。蒋所理解的"现代",是中国的现代,是在国家危机达于顶峰的中国的20世纪30年代。在这样的背景下,蒋把现代化等同于军事化:"我们知道现代是'科学的时代',所谓'现代化'者,就是要'科学化'、'组织化'和'纪律化'。概括地说,就是'军事化'。"[3]"我屡次说过我所要提倡的新生活运动就是要我们国民厉行战时生活,而所谓战时生活亦就是现代生活,凡不合乎战时要求的生活,就决不能适应生存于现代的世界。凡不能实行战时生活的国民,就决不配做一个现代的国民。"[4]如此等等,这就忽略甚至无视现代化与军事化的差异,把应急方案作为现代常规。把国难时节所需要的举国体制、国民军事化等同于现代化,虽有准备抗战的积极功能,同时也是为了建立糅合儒家礼教和

---

1 蒋介石:《新生活运动五周年纪念训词——二十八年二月十九日重庆纪念大会广播》,载萧继宗主编:《革命文献》第68辑《新生活运动史料》,台北中央文物供应社1975年版,第67—68页。

2 蒋介石:《新生活的意义和目的——二十三年三月十九日在赣行营扩大纪念周讲演》,载《蒋委员长言论集》,上海中国文化建设协会1935年版,第357—358页。

3 蒋介石:《新生活运动第二期的目的和工作的要旨——二十五年二月十九日在首都新生活运动二周年纪念会讲演》,载萧继宗主编《革命文献》第68辑《新生活运动史料》,台北中央文物供应社1975年版,第49页。

4 蒋介石:《新生活运动八周年纪念告全国同胞书——三十一年二月十九日》,载萧继宗主编:《革命文献》第68辑《新生活运动史料》,台北中央文物供应社1975年版,第85页。

独裁政治的"新专制主义"。

从上述三方面看,"新生活运动"的法西斯性质,也就是蒋所解释的民族主义、军国主义和领袖崇拜,而军国主义又是其核心。在近代以来被"瓜分"的恐惧气氛中,文化思想界的反省多感国人缺乏血性、缺少勇气、缺少力量,进而认为儒学礼教应对中国积弱负责,所以鼓吹尚武精神和暴烈行为,蒋介石的言论当然也是这一传统与现实的产物。"新生活运动"的指导思想,就是对儒学进行积极的、军事化解释,把德国及法西斯主义与中国传统融合起来,以此作为国家政策和社会运动以推动中国现代化。不能完全否认这一方案在抗战动员中所发挥的作用,但第一,这只是对儒学的一种解释,且很难得到普遍认同;蒋对法西斯主义的解释也忽略甚至无视纳粹与德国传统、中国文化的差异,似乎法西斯主义并没有什么特殊含义,无非就是尊重传统、整齐严肃之类任何国家、任何时代都可以提倡的东西,这种解释也是对法西斯主义的抽象化、泛化。第二,这种现代计划以国家压倒个人、以责任取代权利、以服从取消自由为内涵,确实与法西斯主义有一定关联。现代化当然需要一场社会动员并重建权力结构与社会秩序,但它所包含的政治民主、个人自由却与领袖操纵的"整齐划一"无关。

四、法西斯主义,还是专制主义?

蒋介石对法西斯的矛盾态度也为其他国民党人士所具有。理论家陈立夫、胡汉民等都反对法西斯主义,但同时又主张借用法西斯主义,特别是德国纳粹的语言和行动方案;一些较少意识形态束缚的地方领袖,如李宗仁、白崇禧、张学良等,都仿效法西斯,组织秘密团体以加强社会控制。尽管如此,但法西斯主义在中国远远没有取得其在德、意的成果,主要原因还真的在于国情不同。

纳粹史专家费舍尔(Klaus P.Fischer)指出:产生相似于纳粹的运动须有五个先决条件:1.存在着半封建和半工业的混合社会,这个社会还带有长期存在的军事化和集权主义的传统。2.作为社会控制和国际侵略的工具,民众被国家化。3.生物—种族的信仰得到了尊重。4.军事上的失败和经济上的崩溃引发了极端的压力,这种压力产生了创伤性的结果。5.反社会的任务和排外的运动同时出现。[1]严格地说，现代中国只具备这些条件中的第4条和1条的部分（缺军事化传统），蒋介石对此是清楚的。在解释日本不能独裁、不能法西斯化时，蒋认为："一个国家要组织法西斯党，至少要有两个条件：第一，国内民族性不坚强，即民族性很散漫，然后法西斯组织才可以成功，使散漫的民族性组织紧张起来。第二个条件是国民教育不普及，一般国民的智识程度不够，所以他一个党能够专政，一个党可以组织智识阶级，强迫的要一般国民受教育。必须这两个条件完备，才可以成功法西斯蒂。"[2]德意志民族坚强，希特勒是借助19世纪以来强烈的、复仇的民族主义并在20世纪20年代末魏玛德国严重的政治/经济危机中获得成功的；德国的教育普及程度也是西方国家中最高的。当蒋介石以民族性散漫和智识程度低来解释产生法西斯主义的条件时，他想到的其实是中国的现状：帝制中国崩溃后中国才开始建构现代意义上的民族国家，国民的智识程度更不能与德国相比。中国不同于德意，蒋所理解的法西斯主义也与德国纳粹有较大差别。比如当时一些法西斯主义的宣传者还对其种族主义、帝国主义做出批评，认为意大利的法西斯主义较适合中国。

国情不同的另一个方面，西方法西斯主义是公开的政治组织，可以以合法和不合法的手段在脆弱的民主政治的结构中取得政权，进而实施严密的社会控制和大规模的社会改造。纳粹的集权制度确是一种更有效的控制方式，但这种制度是一场革命的产物，在其"整齐划一"的作风背后，是一种破坏魏玛民主制的社会力量，特别是在经济危机时失去财产的底层民众。纳粹主义的精髓是民族主义与民粹主义的结合，其实质是独裁领袖以民族主义（种族主义）动员群众以建立"一体化国家"。自1928年掌握全国政权以后，国民党及其政府在推行一党制和中央集权方面始终遭遇到各种政治、社会乃至军事力量的抵制，它不愿也没有进行广泛的社会动员，国民政府的社会整合力极低，蒋介石与国民党始终未能真正"极权"起来。即使在1935年汪精卫赴欧养伤、胡汉民去世，蒋完全掌握了党政军的领导权之后，在党内也仍然有公开的批评者，在国内还有

1　[德]克劳斯·费舍尔：《纳粹德国：一部新的历史》（1997）上册，萧韶工作室译，江苏人民出版社2005版，第21页。
2　蒋介石：《军队政治工作方法的改善》（1932年5月19日），载秦孝仪主编：《先"总统"蒋公思想言论总集》卷10"演讲"，台北"中国国民党中央委员会党史委员会"1984年版，第574页。

共产党这样拥有武装的对手，远远没有取得希特勒式的独裁地位。同时"力行社"也不能像纳粹那样走上街头，它始终是国民党内的一个秘密组织，既不可能从根本上克服国民党的统治系统疏漏、意识形态粗糙的固有顽疾，却又需要以党政军的若干组织和机构为依托和凭借，这就使它常陷于矛盾和困境之中。因此，尽管极权主义在现代中国有其深厚的社会基础，但在现代激烈冲突的政治环境中，法西斯主义的主张毕竟不能成为社会共识。"力行社"的种种呼号与行动并不构成统一的"世界观"，他们尚处于法西斯主义的"见习期"，所论所为多是集权体制下秘密组织的普遍作风，更多是因缘时会借用法西斯主义口号。且由于其语言夸张、行动激烈，结果不但为自由主义、共产党人一再批判，也受到国民党内其他派别的掣肘和指责，没有成为一个持续性的运动。

总之，正如周恩来 1943 年所指出的，中国的法西斯主义，就是新专制主义。需要补充的是，蒋介石关于法西斯主义的言论均发表于 20 世纪 30 年代初，其时中德关系正处蜜月期。抗战开始后，德国与日本结盟并承认"满洲国"，中德关系迅即冷却。1940 年 7 月 1 日，在国民党五届七中全会上，孙科、白崇禧等人鉴于欧洲战场上英法一再败于德国的现实及中国的艰难处境，提出"亲苏联德"、加强与纳粹德国合作的提议，得到与会多数的赞同，但蒋表示："此次则决不能因德大胜而更求交好，徒为人所鄙视也。"1942 年初，蒋还派员与德国内部反纳粹的力量联系，策动德国军队推翻希特勒。[1] 因此，尽管蒋曾对纳粹一度好感并企图有所借鉴，但在二战期间，他却坚持了反法西斯的政治路线和外交政策。由于蒋坚持联合英美的外交政策，中国因此成为世界反法西斯主义同盟的重要一员，蒋也属于反法西斯主义的政治家。

（原载《南方都市报》2013 年 4 月 17 日）

1　参见杨天石：《联德还是联英美？——抗战时期中国外交的重要抉择》，载广州：《同舟共进》，2010 年第3 期；《蒋介石策动德国军队推翻希特勒》，载广州：《南方都市报》2010 年 1 月 26、28 日 RB15 版。

2014年
"文化多样性"的意思

　　文化多样性是我在文化理论领域最为关注的议题之一。现阶段具有"全球意义"的文化不是也不可能是全球各种文化的抽象和平均，而是经济技术发达的西方国家通过一些支配程序而展开的全球作业，它理所当然地在全球各地激活了反全球化、维护民族传统的文化抵抗。在此背景下形成的种种"多样性"论述，一般地具有民族/国家主义的政治基调。但全球化的含义之一，就是去边界、去疆域，特别是冲击、模糊、破除民族/国家的界限，因此，以民族/国家为单位的"多样性"并不能完全回应全球化的论述。中国文化要走向世界，中国要在全球范围内塑造自己的新形象，必须赋予"多样性"以更丰富的内涵和外延，这里有几个重要的思路：必须在尊重文化差异的同时肯定文化包容；必须在表达文化自信的同时保持文化自谦；必须在强调文化交融的同时接受文化冲突；必须在坚持文化交流的同时进行政治对话。

文化多样性的内在结构和意义内涵，是讨论"文化多样论"的首要问题。概括地说，文化多样性是客观事实也是价值观念，既是现实存在的也是变迁演进的，既存在于不同文化之间也存在于个别文化之内，既是一种文化伦理也是一种政治论述。

一、多样性既是一种事实也是一种理想

　　只有在一般的或抽象的意义上，才有"文化"这一概念：它是一种社会现象，是人类经验的一部分。而在事实上，文化是与特定的某个社会或人群、某个历史时期相联系的实体。不存在统一的文化，而只有各种不同的文化。作为一个事实，文化"多样性"是指文化间的差异，是指不同文化的"共在"。不同民族、国家、社群等都可能有自己的文化形态和文化个性，不同历史时期都有不同的文化标准、趣味和风格，即使在同一社会空间、同一历史时间内，文化也有多种多样的样式、形态和种类。相互区分的文化既是特定群体亲和力和民族/国家凝聚力的重要源泉，也是个体生命、生活的意义之源和价值依托。文化多样性体现着人类不同的生活方式、价值取向和表现方式，体现着人的需求与价值的歧异与冲突，它可能是人类这一物种继续生存下去的关键。当然，各种文化与价值不但是相对独立的，也是相互依存的，没有一种文化是完全孤立封闭、不受任何外来影响的，跨文化的共同元素始终在支撑着共享的价值观和相互主体性，完全可以把人类文化史理解为不同文化之间在种种接触、对话、互动中消除疏离、对立和敌意，增加理解、欣赏和交融的历程，这一历程既促进了人类和谐关系的建构，也推动着不同文化的变迁和演进。但正如不存在与其他文化没有任何交流的孤立的文化一样，也没有一种现实存在的文化因为吸纳其他文化的成分而"异化"为非我。说文化多样性是一个事实，包含着两点：文化本来就是多样的；多样的文化本来就是相互影响的。

　　作为一种理想，"多样性"是文明人类对各种文化自由发展、和平竞争的肯定和期待。不同文化之间有历史长远之分、表现形式之异，却无简单的高低优劣之别，它们都在演变过程中自我净化、自我完善，原则上都有其存在权利和特殊价值，都应受到尊重和保护。确认多样性是值得追求的状态，基于这样一

种意识：存在着与我不同的其他文化，这种多样并存文化状态对人类的存在与幸福来说，是积极的、可欲的。这当然是在人类文明的较高阶段形成的一种意识。比如在中世纪的欧洲，拉丁文化是正统、是标准，其他文化则受到贬斥。这种文化上的不平等观又一次现出于现代早期。法国学者阿芒·马拉特（Armand Mattelart）指出："'多元'一词在欧洲帝国时期重新找到通用于拉丁文中的定义，而且古法文及中古世纪法文也沿用该定义，那就是野蛮、低劣、粗暴。"[1]但在20世纪，至少文明世界的主流都意识到，第一，没有一个民族、国家、社群或个人有权利声称他掌握了全部真理，没有一种文化可以完美地回答人类和社会的一切疑难，可以给全人类指出一条康庄大道。解决人类面临的各种问题需要全人类的努力，每个民族、每种文化都在文明人类的生活中有其位置和贡献，都有其值得尊重的视野、经验、价值和智慧。第二，人的自由蕴含着多样性。至少在现代文化中，多样性和差异性已被认定为世界与人生的真实面貌，而且各种价值可能相互冲突，这并不意味着某些价值是真实的、某些价值是虚假的。在什么是可欲的、人应当如何生活等基本问题上，没有普遍有效的标准，各种选择并无客观原则可为绝对依据。不同文化的相互配合才能达到最优状态，不同文化的和谐相处才是文化的理想。

文化多样性是客观事实，即人类文化本来就是丰富多彩的，文化间的相互影响并没有取消文化间的差异。认识这一事实，需要文化自觉：我们本来是与其他文化共存于世的。但现代以来，不同文化相互影响，全球化在带来新的文化的同时也带来同质化甚至同一化的压力，多样性又成为人类追求的一种理想。把多样性当作一种理想，基于一种潜在的危机：文化多样性有可能丧失。这两个意义上的文化多样性有不同的内涵和性质，须作清晰厘清。多样性是一个事实，但也只是一个事实，差异本身并不是价值，标新立异不是文化的目的，所以没有理由认为与众不同、自树　帜就一定是好的、值得追求的。多样性是一种价值，这是在比较、对话过程中，经过我们反思后依然认为值得保持、需要保持的特性与差异，现实存在的各种文化中，都各有其需要在演进的过程中加以克服、扬弃的特性和差异。

1　[法]阿芒·马特拉：《文化多元性与全球化》（2005），缪永华等译，台北麦田出版社2011年版，第13页。

二、多样性既是现存的也是演变的

文化以差异的方式存在，这是事实，但这些差异本身就是在生活变迁、在文化持有者的创造中历史地形成并建构起来的，任何一种文化都不是固定的、僵化的。"演变"有二义。其一，文化是"变"的，即某一文化因应时代与环境的变化而更新、调适，或因吸收外来的养分而扩张、丰富。其二，变是某一"文化"的变，即某一文化基本价值的延伸、曲折和自我革新。所以，一方面不能把文化间的差异本质化、实体化、永恒化，那种认为不同文化只能处于"冲突"或敌对的状态的观点，是取消文化的可变性和历史性，是一种宿命论。另一方面也不能把某一文化的"演变"看成是某一文化的解体或衰落，正是在文化的"演变"过程中，文化多样性才展开其全部的可能性。比如从古到今，中国文化都有不同于其他文化的独特风貌与内涵，同时又与时俱进，形成不同的历史阶段。"周虽旧邦，其命维新"，从文武周公孔子到当代，中国文化始终抱有"日新，又日新，日日新"的创造精神，而且事实上也在吸收新质、转化传统，但无论怎样"新"，中国文化植根于远古，还是中国文化。这一演变的过程就是中国文化吐故纳新的过程，一些核心的价值观念仍然一脉相承，而一些失去了生命力的价值、规范和属性也因此解体。文化演变有时会采取非常激烈的方式，比如中国在遭遇西方挑战后，落后的一面更为清晰，因此需要"五四"新文化运动来激浊扬清，以自我否定的方式来实现自我新生。

现代文化理论的一个重要内容，就是阐释文化的演进和发展。比较整齐的理论是维柯—黑格尔—马克思的历史阶段论和规律论。维柯（Giovanni Battista Vico）认为，任何一个民族都要经历神治时代、人治时代和平民统治时代。黑格尔以自由为理解历史的线索，东方世界只知道一个人的自由，希腊和罗马人知道少数人是自由的，日耳曼人受基督教的影响知道全体人是自由的。马克思以"生产方式"划分人类历史的发展阶段，并以不太确定的语气说："大体说来，亚细亚的、古代的、封建的和现代资产阶级的生产方式可以看作是社会经济形态演进的几个时代。"[1] 从 19 世纪的实证主义到 20 世纪的逻辑实证主义、现代化理论等，虽然都在不同意义上提倡"历史演进一元论"，但基本都是一些抽象的主张和原则，其所处理的历史经验基本上限于西方，并不能有效地延伸到其他国家或地区。马克思在用"生产方式"划分历史阶段以概括自希腊、罗马以来的西方历史时，不但同时提出"亚细亚生产方式"以说明中国、印度和某些回教国家的政治经济形态，而且在晚年一再对将其关于西欧历史的概述抽象为一套历史哲学的做法表示反对，都表明他们的"规律论""一元论"都不是对全人类的历史概括。而且，即使在西方，不同地区、不同民族进入这些历史阶段的具体时间也并不相同，其所走的道路、表现的方式也并不一样。比如马克思就认为"在法国和英国行将完结的事物，在德国才刚刚开始。（英国和法国）这些国家在理论上反对的，而且依旧当作锁链来忍受的陈旧的腐朽的制度，在德国却被当作美好未来的初升朝霞而受到欢迎"[2]。德国之所以落后于英法，就在于其历史文化的特殊性。马克思明确指出"工业较发达的国家向工业较不发达的国家所显示的，只是后者未来的景象"[3] 时，固然是说明工业化的普遍性，同时也是在指出德国之于英法的差异性。历史已经证明，工业化的德国，也依然与工业的英法保持着文化上的差异。

因此，不能因发展的规律性、普遍性而忽略文化的差异性以及因这而来的多样性，不能用"先进 / 落后"单向解释模式而忽略文化的复杂内容和文化内的变化。比如，德国哲学家赫尔德（Johann Gottfried von Herder）是文化多样论、文化民族主义的奠基者，但他却把中国描述为全面停滞的文明："这个帝国是一具木乃伊，它周身涂有防腐香料，描画有象形文字，并且以丝绸包裹起来；它体内血液循环已经停止，就如冬眠的动物一般。""中国人以及世界上受孔子思

1　[德] 马克思：《〈政治经济批判〉序言》（1859年1月），《马克思恩格斯选集》第2卷，人民出版社1972年版，第38页。

2　[德] 马克思：《黑格尔法哲学批判导言》（1844），《马克思恩格斯全集》第1卷，人民出版社1957年版，第457页。

3　[德] 马克思：《〈资本论〉第一版序言》（1867年7月25日），《资本论》第1卷，人民出版社2004年版，第8页。

想教育的其他民族仿佛一直停留在幼儿期。"[1] 秉持历史进步论的黑格尔，同时认为中国的始终保持自立，始终像它以往那样存在着。战争、杀戮、掠夺、篡位、改朝换代、改革或革命等都不过是重复那终古相同的庄严的毁灭，既无进步也无所谓停滞或衰退，它还处在历史之外、时间之外，是一个只属于空间的帝国，还没有进入"世界历史"："在任何情况下，它都把自己的特性一直保持下来，因为它始终是独立的帝国。这样，它就是一个没有历史的帝国，只是自身平静地发展着，从来没有从外部被摧毁。其古老的原则从来没有被任何外来的原则所取代，因此说它是没有历史的。"[2] 马克思也以"木乃伊"来形容中国："历史好像是要麻醉这个国家的人民，然后才能把他们从世代相传的愚昧状态中唤醒似的。""与外界完全隔绝曾是保存旧中国的首要条件，而当这种隔绝状态通过英国而为暴力所打破的时候，接踵而来的必然是解体的过程，正如小心保存在密闭棺材里的木乃伊一接触新鲜空气便必然要解体一样。"[3] 可见，只要从"普遍规律"的标准看中国文化，"木乃伊"的比喻就会出现，而"木乃伊"显然不能概括中国历史与文化的实际情形。那么如何在坚持普遍规律的同时又尊重文化的多样性和差异性呢？这里可以借用冯友兰的解释。在《新事论》中，他根据逻辑的原理从"类型"（共相）与"个体"（殊相）两个方面讨论文化问题，说资本主义文化、社会主义文化，是从类型的观点论文化，所见是同，所得是科学；说中国文化、西洋文化，是从个体的观点论文化，所见是异，所得是历史。一

1　[德]赫尔德：《关于人类历史哲学的思考》（1784—1791），引自夏瑞春编：《德国思想家论中国》，陈爱政等译，江苏人民出版社1995年版，第89页。

2　[德]黑格尔：《世界历史哲学讲演录（1822—1823）》，刘立群等译，商务印书馆2014年版，第114页。黑格尔的同时代人谢林（Friedrich Wilhelm Joseph Schelling）认为中国不像其他民族那样进入过神话、宗教等阶段，其中没有本质性的变化和"自由发展"，因此从这里发展不出更高的形态，不具有作为历史起点的资格。"中国人是绝对史前人类所留存下来的一部分，是一块独特的活化石。"（夏瑞春编：《德国思想家论中国》，第136、164页。）值得注意的是鲁迅也以"人"的权利为标准，认为中国历史处于时间之外，"实际上，中国人向来就没有争到过'人'的价格，至多不过是奴隶，到现在还如此"。中国历史无非两个时代的无限循环："一、想做奴隶而不得的时代；二、暂做稳了奴隶的时代。"（鲁迅：《坟·灯下漫笔》，1925年4月29日，《鲁迅全集》第1卷，人民文学出版社1981年版，第212—213页。）"试将记五代、南宋、明末的事情的，和现今的状况一比较，就当惊心动魄于何其相似之甚，仿佛时间的流逝，独与我们中国无关。现在的中华民国，也还是五代、是宋末、是明季。"（鲁迅：《华盖集·忽然想到四》，1925年2月16日，《鲁迅全集》第2卷，人民文学出版社1981年版，第17页。）

3　[德]马克思：《中国革命与欧洲革命》（1853年5月13日），《马克思恩格斯选集》第2卷，人民出版社1995年版，第691—692页。

个民族或国家的文化，既是特殊的，又同时属许多类型。比如西洋文化（个体）可以是中古的也可以是近代的，中国文化可以是中古的也可以是近代的。从这个角度看，近代以来中国一般人心目的中西之分，大部分是古今之异。冯友兰强调："所谓西洋文化之所以是优越底，并不是因为它是西洋底，而是因为它是近代底呈现代底。……我们近百年来之所以到处吃亏，并不是因为我们的文化是中国底，而是因为我们的文化是中古底。"中国文化正由中古向近代转型，需要向已经完成这一转型的西方学习。我们对于西方文化的注意点，在于它是一种文化类型（现代化），而不是它的殊相（西方的），我们要向西方学习的，是西方文化中的现代化，而不是西方文化中的西方化。"照此方向以改变我们的文化，则此改变是全盘底。因为照此方向以改变我们的文化，即是将我们的文化自一类转入另一类。就此一类说，此改变是完全底、彻底底，所以亦是全盘底。此改变又是部分底。因为照此方向以改变我们的文化，我们只是将我们的文化自一类转入另一类，并不将我们的一个特殊底文化，改变为另一个特殊底文化。我们的文化与此类有关之诸性，当改变，必改变；但其与此类无关之诸性，则不当改变，或不必改变。所以自中国文化之特殊底文化说，此改变是部分底。"[1]冯友兰观点的核心是区分西方文化的共相（近代化）与殊相（西方化），说明我们应学习的是西方文化有共相而非个性。引申开来说，这也就是文化的时代性（中古的、近代的）与文化的民族性（中国的、西洋的）是可以统一的，中国现代化需要向西方文化学习，但不需要也不可能改变我们的民族性。中国文化的特殊性依然可以在现代化进程中保持和发扬。这样，中国文化既遵循了文化发展的普遍规律，又不失其民族特性。这也就是本文指出的"演变"的两个意义。

三、多样性既存在于文化间也存在于文化内

文化的单位并不只有国家、民族，它也可以是社群、阶级、性别、代际以至个体。费孝通即指出："一个国家不能自命为某一文明的代表或化身，说成是某一文明的卫士；各种政治集团也不该盗用文明、文化的名义，制造民粹运动

---

[1]　冯友兰：《新事论》（1939），载《三松堂全集》第4卷，河南人民出版社2000年版，第205、206—207页。

来为自己的政治利益服务。"[1] 此论表明，文化与国家是不同性质的概念外，文化可能大于国家，比如儒家文化就不限于中国；也可能小于国家，比如在现代中国，就有多种不同的文化。因此在承认不同的国家、民族或区域的文化差异的同时，也应当承认在国家、民族或区域内更加多样、更加丰富的文化差异。

多样性议题的提出，并不始于当代，但显然只有"全球化"成为一个不可抗拒的潮流的当代，多样性的重要性才突显出来。必须看到，现阶段确实更多体现为西方文化的强势扩张，包括像中国这样拥有几千年一贯的传统的文化，也受到美国文化的深刻影响而发生巨大的变化。但全球化之于多样性，并非只有压制和同化。在漫长的岁月中，人类只能生活在被民族、国家等文化建构起来的边界之中，这些边界保护了也限制了人的交往。当代学者阿尔布劳（Martin Albrow）认为："全球时代给文化观念带来的最大的新意义，实际上就是使种种界限失效，并使许多成分从以前的话语强加在它们上面的种种限制中解放出来。"[2] 种种界限之中，最强硬、更难逾越的是民族/国家的界限，而全球化进程则部分地破除了这些界限。因此全球化与本土化是同一进程的两个方面，本土化固然是多样性的一种表现形式，全球化也给一个文化共同体带来了新的、不同的成分，它也是多样性展开的一种形式。这里至少有两个议题。其一，全球化激活了本土化。在封闭和孤立的环境下，各种文化的自我意识并不总是清晰和强烈，全球化使不同文化之间拥有更多的体认、交流、沟通的机会，尤其是各文化共同体成员在本传统内学习、模仿之外更多地学习、模仿其他文化的机会，将使不同文化趋于接近，甚至可能破坏民族国家意义上的文化自主性，但去边界意义上的全球化也可能凸显了各种文化的历史传统和特殊价值，唤醒非民族/国家意义上的文化的自觉。其二，全球化增加了文化内部的多样性。全球化以来的中国文化生活的极大丰富从经验上证实了这一点。我们引进了大量外国文化产品与服务，拥有前所未有的多样化的文化享受和消费。所以考恩（Tyler Cowen）认为："认为全球化破坏了文化多样性，这一说法其实预设了一个集体主义的多

---

1 费孝通：《"美美与共"和人类文明》（2004年8月），载《费孝通论文化与文化自觉》，群言出版社2007年版，第440页。

2 ［美］马丁·阿尔布劳：《全球时代》（1996），高湘译，商务印书馆2001年版，第228页。

样性概念。它是在对一个社会与另一个社会，或一个国家与另一个国家进行比较，而不是比较一个人与另一个人。它还预设了多样性一定是以不同地理空间的文化差异形式出现的，而且肉眼应该能观察到这种差异。"[1] 只要我们不是僵硬地坚持一种集体主义的多样性概念，我们就会发现存在着两种类型的多样性："文化内的多样性"与"文化间的多样性"。比如中国文化不但不同于西方文化，而且在其中国文化内部，在不同阶段、不同地区、不同性别之间，"中国文化"也是内涵差异、充满变化的。当一种文化传播介入到另一种文化时，后者内部的多样性上升了（消费者有了更多的选择），但两种文化间的多样性反而下降了（两种文化更相似了）。问题的关键不是多样性的程度高低，而是带来了哪一种多样性。跨文化交流能够增加文化内的多样性，而不是文化间的多样性，因此不能简单地说全球化只能造成文化趋同甚至同质化。

对于文化内的多样性，印裔经济学家阿马蒂亚·森（Amartya Sen）在分析文化身份时有一个比较充分的论述。在森看来，实际生活中的每个人都同时归属于许多群体：公民身份、居住地、籍贯、性别、阶级、政治立场、职业、工作状况、饮食习惯、所爱好的运动、音乐鉴赏水平、对社会事业的投入，等等。其中任何一种归属都赋予个人以一种具体的身份，但没有一种能够被视为此人唯一的身份，或者一种单一的成员划分。宗教或文化的身份确实重要，但它只是多种身份之一。世界上所有的人，哪怕他是狂热的恐怖分子，都可以依据其他的标准来进行分类。仅仅以宗教和文化来划分个体身份，忽略了人们所实际拥有的其他身份，把每一个人都牢固地嵌入某一种社会联系之中，就会窒息了其他理解人类的方式，把原本多元、丰富的个人缩减到某个单一的维度。这种狭隘的、危险的"单一性幻象"在建立与他人的信任关系的同时，也在建立与更多人的不信任，造成了人们更深的偏见和对抗，使世界更加易于被操纵、被煽动。所以，应该倡导和强调多元的身份认同，用相互竞争的身份认同来挑战单一的好战的身份认同观。"代替这种支配性分类观及其所造成的对立的，不是不现实地声称我们都是一样的。我们肯定是不一样的。相反，在这个多灾多难

1　[美]泰勒·考恩：《创造性破坏——全球化与文化多样性》（2002），王志毅译，上海人民出版社2007年版，第140—141页。

的世界上实现和谐的主要希望在于承认我们身份的多重性。这种多重性意味着人们同时具有相互交叉的不同身份，它有利我们反对按某一坚硬的标准划分人们而导致的、据说是不可克服的分裂。"[1] 承认身份具有普遍的多重性，意味着一种身份的重要性与否不必抹杀其他身份的重要性，因为不同身份之间可能不存在任何冲突。基于个体身份的多元性，森的论述一方面提示了文化内的丰富性、差异性，另一方面指出了不同文化求同存异的一种具体途径。一个人有多重身份，一种文化也有许多内容和方面，人与人之间、文化与文化之间，既有差异也有相同，构建和谐世界，不能只看到文化之间的差异，而更应当看到文化之间的相同、相通，世界和谐需要我们更多地关注文化、身份之"同"，更多地发现文化间和平相处的契合点和相通处，这样我们才能求同存异、和而不同。

四、多样性既是一种文化伦理也是一种政治论辩

作为一种文化伦理，"多样论"是处理不同文化间关系的规则。多样性在创造着世界和生活的丰富性，世界上的一切事物都是包含着差异、矛盾、多样性的对立统一物，不同事物、相反方面的存在及其激荡融合、和合演化才构成了无限丰富多样、永恒发展着的世界。一种文化，只有与其他文化和平共处相互学习时，才能保证自己的生存发展；只有承认和理解不同文化的存在权、文化个性表达权和文化演进选择权，才能使自身获得更高层次的理性化和开放性，才能更好地发展自己。对不同文化的包容与欣赏，这是一种文化伦理、文化修养。当代文化已经日益摆脱作为经济与政治附庸的被动地位，不但具有塑造经济与政治的巨大作用，还直接形成了文化产业、文化政治。由于生产力提高和生活方式的改变，文化在社会生活中的地位也越来越重要，它不再是生产之余的休闲和生活之中的点缀，它就是一种生产方式和生活方式。维护多样性，就是维护生活和世界的多样性，就是维护人的自由，由此而形成的文化生态，这种生态不仅有利于弱势文化，也有利于强势文化。

---

1 ［印］阿马蒂亚·森：《身份与暴力——命运的幻象》（2006），李凤华等译，中国人民大学出版社2009年版，第14—15页。

作为一种政治论辩，"多样论"可以为不同立场的国家所用。一方面，这是发展中国家坚持民族文化的主要论证根据。尽管文化并不等同于一个主权国家，但现代国家大多有其核心价值观和相对独立的文化形态，文化的实体经常就是民族／国家或国家集团相联系，有关文化多样性议题往往与不同的国家主权、社会制度、政治体制相联系，"多样论"的所指既是文化也是国家，它是一个国家维护其权力和利益的一种话语。冷战结束之后，"软权力"的概念及相关实践被日益自觉地运用到国际竞争之中，文化在不同程度上成为全球化时代的国家战略。比如"美国的生活方式"和"好莱坞"实际上成为美国权力的一部分。把美国文化简单等同于服务美国霸权主义的工具是不对的，但美国文化确实参与、加强了美国的霸权政治。在此国际环境中，"多样论"的政治意义就在于它以文化的名义，反抗各种形式的国际强权政治，强调历史文化、社会制度和国家利益的差异不应成为各国交流的障碍，更不应成为相互对抗的理由。尊重文化多样性已成为当今世界大多数国家所普遍接受的国际文化关系准则，并成为发展中国家自我辩护、自我肯定的一种理论，它内在地要求代表着不同文化的国家应当承担尊重其他民族国家文化的政治责任。另一方面，一些发达国家，比如美国，也以"多样性""多元化"为自我表彰和文化扩张的根据。20世纪70年代，美国总统卡特就将新成立的美国"国际交流署"的使命定义为"将我国的社会和政策——尤其是我们对文化多样性和个人自由的信念传达给全世界"。[1]作为一种国家文化政策，此论所说的"多样性"，当然包括不同民族、国家的文化多样性，但更多地是指一个民族、国家内部的文化多样性，它与民主体制下个人权利与文化自由直接相关，反抗民族／国家的大一统文化。作为美国价值观的表达，这种主张在现实运用中可能参与美国的文化的霸权。所以，"多样性"的政治内涵有两种：一种是相对不平等的国际文化秩序，发展中国家以此来为自己的发展方式辩护；一种是针对部分发展中国家文化受到限制的现实，发达国家以此为自己的文化输出作辩护。

在文化伦理与文化政治两种话语中，多样性的意义是不同的，但并不相互

1　[印]阿马蒂亚·森：《身份与暴力——命运的幻象》（2006），李凤华等译，中国人民大学出版社2009年版，第14—15页。

背离。维护多样性，并不蕴含着文化冲突和文化对抗。"多样论"不但重在差异，也逻辑地要求不同文化／国家把自己相对化；相对化不但要求反抗文化—国家霸权，也要求反对霸权的国家不把自己绝对化。在各种文化与价值之间，没有一种可以被辩护为唯一正确的，但这决不是说，坚持某一文化或某一价值就必然要反对其他的文化或价值。我们不能按照种族、国家、宗教信仰和文化传统的区别，把差异建构为僵化的、绝对的对立。既要承认多样性，也不能把自己绝对化，我们所能做的努力，就是通过全球社会的多样性压力，改变具有全球行动能力的行动者的自我意识，使之把自己视为一个只能相互合作和相互兼顾利益的共同体成员。此即文明人类建构人类命运共同体的使命。

（原载《中国社会科学报》2014 年 4 月 8 日）

2015年
洛水片思

　　当代文化价值冲突的现状和趋势是，权力与资本在日益强劲地支配着文化产业。如果说到目前为止的文化史，基本上可以描述为金钱、权力对文化的压迫史以及文化些微的反抗史，那么这一压迫与反抗已经内化到文化产业体系之中。当代有太多的文化产品和行为，或由权力主导，或由金钱堆砌，而且它们也都具有必要的意义内涵和完美形式。毕竟，掌握着权力和资本的人们，也完全可能拥有充分的文化资本，可以在一定程度上把政治、经济和文化诸价值统一起来。但无论是作为政治工具的文化还是作为利益手段的文化，都不是我们理想的文化。为了在文化、政治、经济之间取得平衡，为了在权力、资本的高压和诱惑面前维护文化价值，我们必须坚持文化的非经济、非政治的内涵和功效并在此基础上追求文化自由。

五月的中原，莺歌燕舞，满眼苍翠。我们在洛河边的巩义市参观访问。两天中的所见所思，恰好与本书所欲表达的观念非常接近。因此我就把在巩义一个会议上的发言略作整理发挥，以为本书诸文作一概括。

巩义市的文化遗产，以康百万庄园、刘镇华庄园和杜甫故里最为重要亦且知名。三者又分别与财富、权力与文化三者紧密相关，其中隐含着我们需要怎样的文化的问题。

"康百万"是明清以来当地巨商康应魁家族的统称，"康百万庄园"是集家居、经营、生产于一体的大型传统庄园。在400余年的漫长岁月中，康氏家族前后12代人在"康百万庄园"生活。康家发迹始于贩盐业，其顶峰是清中叶的康应魁，此人目光敏锐，在清廷镇压白莲教之时，他主动服务于官府，取得所有与布匹有关的军需品订单，"尽忠发财"长达十年之久。在其鼎盛时期，康家亦农、亦商、亦官，富甲豫、陕、晋三省，土地达18万亩，被称为"活财神"。正像古中国所有的巨富之家一样，康家的富贵尽显于"康百万庄园"：背依邙山，面对洛水，靠山筑窑洞，临街建楼房，濒河设码头，据险垒寨墙。有钱可以任性，"康百万"的任性造就了一处真正的文化遗产：其整体结构所洋溢的壮观气势，其主宅区所蕴含的等级制度，其栈房区所体现的精细管理，其作坊区所反映的多样产业，其33个庭院、571间房所拥有的牌坊、雕刻、园林、书画、楹联等传统艺术，均达到北中国民间工艺、文化的极致，因此被当地誉为"豫商精神家园，中原古建典范"。在弘扬地方文化、开发古典遗产的今天，它也理所当然地成为巩义市最重要的文化景观。

与"康百万"有钱有文化不同，刘镇华庄园则是权力的衍生物。生于1883年的刘镇华早年参加辛亥革命，后以"镇嵩军"为实力支持，从豫西起步，累官至陕西督军兼省长、安徽省主席等。1936年精神失常，1949年到台湾，7年后在台北去世。刘镇华的"英雄期"在从辛亥革命到抗战前，他东征西讨，一心扩充地盘，为害豫陕两地。"刘镇华祸陕"（1918—1926）早已载入史册。在陈忠实的《白鹿原》中，有这样一段描写："一队士兵开进白鹿原，……他们大约三十几号人，一人背一支黑不溜秋的长枪，黑鞋黑裤黑褂黑制服，小腿上打着白色裹缠布，显得精神抖擞威武严肃。人们很快给他们取了个形象的绰号：白腿乌鸦。"从此白鹿原再也不得安宁了。[1] 这段话说的是 1926 年，刘镇华率军 7 万攻打西安，与当时的守军杨虎城部对打了大半年，不允许城中居民逃难，以迫使守城军队投降，最终导致数万西安市民活活饿死，一度出现人吃人的现象。在现代中国军阀中，刘镇华实力不强，只能属于二等军阀，也正因此，他依违于各大军阀之间，以翻云覆雨、没有政治操守著称，先后投靠孙中山、袁世凯、段祺瑞、吴佩孚、冯玉祥、阎锡山，最后归附国民党蒋介石。作为乱世枭雄，刘镇华在豫陕两省历史上留下了并不光彩的烙印，他当然可以进入巩义的名人之列。但刘镇华庄园的价值，却不仅仅是因为刘镇华，而是因为它自身。庄园依神都山而建，坐北朝南，前为花园，后为主宅，上下三层 6 个院落，计有石砌窑洞 30 孔、楼房 210 间、平房 30 间，总面积约 1 万平方米，两侧设寨门。整个建筑中西合璧，有传统风水也有西式设施，尤其因其规模宏大且保存完好而被列为国家文物保护单位。遗憾的只是现在所看到的主要是整体性的建筑而没有内部设施。但更重要的是如果刘镇华是一个清官、一个爱民如子的将军，那么他的庄园就不会像现在留下来的那样浩大。因为他到处争地盘、争利益，所以才能用搜括来的钱财置业建房，才给我们留下一处有中国北方的窑洞也有西式楼房的庄园。实际上，各个时代留下来的官员府第，基本上都是民脂民膏的结晶。当我们欣赏甚至惊叹于这些"层峦耸翠，上出重霄；飞阁流丹，下临无地"的宏伟建筑时，当我们领略"画栋朝飞南浦云，珠帘暮卷西山雨"的设计艺术时，我们不难想到这一切的背后，是多少的血泪和苦难。

因此，看过品位不俗的康百万庄园和宏大开朗的刘镇华庄园，再走进杜甫故里，我们只能为文人悲哀了。诗人的故里已无当年的遗留，除了传说中诗人出生的一孔寒窑外，其余的所有建筑都是市政府在 2007 年投资 1.5 亿元新建的。其实，以一个贫穷的诗人，不但身后，即使生前，也不可能有什么值得一说的物质文化可言。富商巨贾留下至今仍气势逼人的庄园，纵横多年的军阀亦有确具文物价值的故居，唯伟大的诗人除了姓名和诗作外别无所留。虽说杜甫的名篇佳作至今仍在哺育着无数中国的青少年，但要到巩义旅游，游人更想去看的恐怕是两个庄园而不是故里。这让我们说什么才好？

1　陈忠实：《白鹿原》，人民文学出版社1993年版，第165页。

要说对中国文化的贡献，康百万也好，刘督军也好，统统不能和杜甫相比。不过这样说似乎也只能是狭隘的文人立场。对今人来说，"康百万庄园"的文化不只表现在它的建筑、园林、雕刻和楹联，更在于康家所体现的明清中国商人伦理。我们也许无法证实康家世代经商过程中可能存在的商人通病，但就其庄园所表现的文化来说，康家至少在理论上是秉持诚信、勤俭、中庸、留余这些儒家伦理和中国人的处世原则的。比如"克慎厥猷""知所止""书忍字""旷世怀""敬直义方"等院名，"博学仁风""爱人以德""情深施济""德橘行芳"等匾额，"拜师求艺""尊老爱幼""立志成才"等雕刻图案，"船行六河须防不世风浪，耕耕三省当思创业维艰""志欲光前唯是读书教子，心存裕后莫如勤俭持家""俭能养家兼能养德，文可会友亦可辅仁"等楹联，所有这些虽是儒学的老生常谈，但如此认真地把这些教训写在家中、刻在房上，不但表明康家并非今日之"土豪"，也表明康家的成功良有以也。"士人如何运用他们从儒家教育中所得来的知识以治理国家，商人便运用同样的知识来经营他们的商业。"[1] 宋代以降，中国富商巨贾多如过江之鲫，但大多"富不过三代"，康家能延续12代400多年，非有过人的智慧、严格的规范不能臻此。最值得注意的是，康家的繁荣一直延续到民国时代，这就是说，这个家庭在一定程度上完成了现代转折。中外学者都曾讨论过"中国为什么没有产生资本主义"的问题。德国思想家韦伯、海上学者余英时都曾以专著讨论过这个问题，史学家何炳棣先生更具体研究了明清时代两淮盐商的生产、销售、组织、利润和财富等情况，其结论是全部两淮盐商年均总利润约500万两白银，18世纪后半叶总利不少于2.5亿两，远远超过广州十三行的总利润。两淮盐商之家必有资产超过千万上者，资产数百者亦有数十家。那么，何以这个资财雄厚的商团不能产生资本主义？何先生认为，首先是两淮盐商与其他社会的"新富"往往犯有"炫耀式消费"的心理情结，其次是盐商子弟中中试成为进士、举人、生、贡的人数越来越多，家族成员中经商的比率越来越小，巨富之家财很少能保持到四五代之上。再次，"传统中国社会里最不利于资本积累的基本因素——两千年来无论贵族或平民，财产继承

1　余英时：《中国近世宗教伦理与商人精神》（1985），安徽教育出版社2000年版，第222页。

诸子均分的法律、制度和习惯"[1]。相比于两淮盐商，康家更具生命力。其奥秘何在，值得今人研究。在这个意义上，"康百万庄园"作为文化遗产，是名副其实的。

甚至刘镇华，也有他的另一面。像许多旧军阀一样，刘镇华也有尊师重教、造福桑梓的一面。在陕西，他大力支持创办西北大学，前来讲学的鲁迅等人受到他的热情款待。在家乡，他也做过一些善事。我们在参观中，当地人还介绍说，刘镇华每次回家都老远就下车，步行回家。五弟刘茂恩是在刘镇华的培养下成长起来的，在追随刘镇华多年后，率部参加过平型关战役、忻口战役、中条山战役等，以身许国，有功于民族和国家。

我们不能在狭隘的民粹立场上评论康百万庄园、刘镇华庄园。它们都是文化遗产，有其超越其主人营造动机和当时实用功能的文化价值。它们的存在，提示着我们注意财富、权力在参与文化创造方面的重要作用。尽管如此，我们仍然应当看到，在财富、权力创造的文化之外，还有一个相对独立的文化世界。而这个世界，却一直没有得到财富和权力的切实支持。以杜甫为例，其一生尽可以用穷困寂寞来形容。"……伤时愧孔父，去国同王粲。我生苦飘零，所历有嗟叹。"（《通泉驿南去通泉县十五里山水作》）这就是诗人的一生。早期在长安，循惯例的科学应试失败了，向权贵们投赠干谒的努力也没有达到效果。十载长安，杜甫"朝扣富儿门，暮随肥马尘；残杯与冷炙，到处潜悲辛"（《奉赠韦左丞丈二十二韵》）。艰难困苦、颠沛流离固然造就了杜甫的悲悯博爱的人道精神和深郁顿挫的卓越诗风，但以一代诗圣而如此受苦受难，世道和人心也过于残酷了。宋人欧阳修有云："……生焉一身穷，死也万世珍；言苟可垂后，士无羞贱贫。"（《子美画像》）那么，在杜甫之后，人们是否就不再"羞贱贫"呢？

让我们再回到康百万。余英时的研究表明，从朱熹到王阳明的三百年间，中国社会结构和价值系统发生了重要变化，其基本特征是商人阶层的崛起，形成一个具有近代性格的"早期现代"。在此期间，儒家和商人都在重估商人阶层的腐朽价值。儒家伦理重视个人道德的物质基础，不再毫无区分地对商人抱鄙视态度。"治生"如果不是比"读书"更重要的话，那至少也与之并列而为儒者所学之事。而迅速崛起的商人群体也逐步确立一个相对"自足"的世界观，以

1　何炳棣：《读史阅世六十年》，香港商务印书馆2004年版，第285页。

"良贾何负闳儒""贾何后于士哉"的自负和傲慢来表现其存在，且向社会、政治、文化方面扩张，取代了一大部分此前属于"士大夫"的功能。"弃儒就贾"、士商合流蔚成风气，以至于士、商界限日益模糊，商人不但在传统"士农工商"的等级序列中晋身"老二"，甚至还有超过"士"的气焰。清代即有士不如商的说法。余著引清中叶的洪亮吉《又书三友遗事》一文记述他与汪中在扬州的故事：

> 甲午（1774），余馆扬州榷署，以贫故，肄业书院中。一日薄晚，偕中至院门外，各骑一俊猊，谈徐海东所著《读礼通考》得失。忽见一商人，三品章服者，肩舆访山长。甫下舆，适院中一肄业生趋出，足恭揖商人曰：昨日前日并曾至府中叩谒安否，知之乎？商人甚傲，微颔之，不答也。

故事的后半段是：汪中见状甚为愤激，折辱了这位大商人。余英时发挥说："像汪中、洪亮吉这样的士人恐怕是少数，那个肄业生倒是有代表性。这岂不是18世纪士商关系一幅绝妙的白描图吗？不用说，商人的'三品章报'当然是捐纳得来的。"[1] 既然有财富有官名，商人当然可以不把穷书生当回事。

就中国社会来说，明清商人的崛起有其重要的意义，只是因为他们毕竟没有最终突破传统走向现代，因此他们的社会地位和作用长期未获充分评价。在中国现代化全面展开，商业和财富已经得到全面肯定，甚或受到追捧、崇拜的今天，我们当然要对类如康百万之类的传统商人表示尊重。但这绝不是商人就是中国文化的主体，更不是说与商业无关、无财富可言的文人就该受穷挨饿。鄙薄商人的积习已成过去，而轻视文人的风气却几近形成。这种现象似乎是传统价值观的颠倒，实也是中国现代性还未完成的表现。套用传统术语，士、农、工、商皆为现代社会所需要，他们各有所能、各有其位，其间不存在等级差异。诗人白居易在感叹李白、杜甫的遭遇时说："翰林江左日，员外剑南时；不得高官职，仍逢苦乱离。……吟咏流千古，声名动四夷。……天意君须会，人间要好诗。"（《读杜诗因题卷后》）"人间要好诗"，能够写出好诗的只能是李、杜等诗人而不是康百万、刘镇华之类。

1　余英时：《中国近世宗教伦理与商人精神》（1985），安徽教育出版社2000年版，第213—214页。

康百万、刘镇华都已成为历史，但由参观其庄园而生的联想却并非发思古之情。近十多年来在发展文化产业、开发地方遗产的潮流中，各地都把老家底翻出来，似乎曾经有过的一切都是好的，都是值得开发、值得重建的。一个并非隐晦的现象是，以秦始皇为符号的官场文化和权力崇拜，以西门庆为代表的腐朽文化和奢侈做派，也在当代文化生活中沉渣泛起，"五四"新文化的一些基本价值观，似乎已经被我们抛弃。我们的文化建设还是非常严重地受到财富和权力的挤压甚至污染。比如以权力为中心的管控方式仍顽强存在，政府强有力地主导着文化的各个领域，把发展文化当时髦，有条件没有条件一起上。只问政绩，不问需求；只重生产，忽视消费。注重大项目大企业，而忽视民营企业。"一言堂"仍可决定一个文化项目、一件文化产品的命运，书画作品的价格依赖于作者官位的高低，风景旅游区到处是领导的题字。再如把文化当作经济的附庸，不尊重文化生产的特殊规律，大量的文化空间实则是地产开发区；同时忽略公共文化服务体系的建设，放弃政府部门的职责，等等，文化的相对独立性至今仍未树立。这就使得一部分文化人没有面对富贵和权力的坦荡心理，周旋于权贵之间，竟走于富豪之门，谋一些项目经费，落一点杜甫当年就深以为悲的"残杯冷炙"，却欣欣然、陶陶然地以"建构型知识分子"自居。这不是一部分文化人的生命／精神状态吗？洪亮吉所说的扬州故事不也一再重演吗？我们又怎能不记起鲁迅当年深沉的悲哀："试将记五代、南宋、明末的事情的，和现今的状况一比较，就当惊心动魄于何其相似之甚，仿佛时间的流逝，独与我们中国无关。现在的中华民国，也还是五代、是宋末、是明季。"[1]

中国社会仍在演变之中。当代中国不但不是五代、宋末、明季，也不是民国。康百万庄园、刘镇华庄园固然是需要珍视的文物，杜甫的诗也同样被更多的人所赏爱。在此多元文化的景观中，我相信，绝大多数中国人也不会认为富商和军阀的庄园在文化价值上超过杜诗，我也期待，"怅望千秋一洒泪，萧条异代不同时"的悲剧不会重演。但所有这一切的前提是，我们必须严肃地思考：我们的文化如何才不是权力的仆从和金钱的玩偶。权力，即使是关进笼子里的权力，

1　鲁迅：《华盖集·忽然想到四》（1925年2月16日），《鲁迅全集》第2卷，人民文学出版社1981年版，第17页。

也免不了它的张狂和强暴；金钱，即使是参与文化建设的金钱，也免不了它的放肆和计较。当权力和金钱任性、自恋、暴虐时，我们需要信念、道德、审美来抵抗和平衡。不是圈一块地建几幢楼就是文化园区，不是花巨资找明星就能拍电影电视，不是茶余饭后涂几笔就能成为书法家，不是在 KTV 包房唱几晚就能成为音乐家，不是把自己的字印成书就是作家，不是跟着领导做几个项目、有钱出几本书就可以成为学者。文化是价值而不是工具，创意是生活而不是商品；文化表达自我而又塑造自我，文化是自由也是对自由的约束。总之，文化不是任性，它自有其规范、价值和标准。当代文化中太多的任性之举，不是表明我们的文化是多么的自由和活跃，而是说明我们文化的一部分还停留在权力仆从和金钱玩偶的阶段。改变这一现象、走出这一阶段，不是文化自身的事情，也不能在文化领域本身解决。我们讨厌权力和金钱，却始终无法摆脱它们，这是没有办法的。但有一点是肯定的，日益文明化的中国公民，不会容忍权力和金钱的任性而为。如果说，领导是公仆、经济发展应以人为本等作为一种理念已经得到确认的话，那么，中国文化能否健康发展，在很大程度上取决于权力和金钱能否为文化所用，而不是相反。

（根据 2015 年 5 月 21 日在"巩义市传统村落保护发展研讨会"上的发言整理，后作为《文化不是任性》的自序，该书由新星出版社 2015 年出版）

2016^年
西方文化理论的三种类型

在西方世界，狭义的文化"理论"与"文化产业"同时兴起。"理论"多起源于哲学、社会理论和语言学，具有自觉的批判精神，而文化产业研究则更多与各种类型的实证主义相联系，前者属于"人文学"，后者更属于"社会科学"。所以我们只能在比较抽象的"理论"层次，才能把文化理论与文化产业理论打通起来。文化产业加剧了社会和世界的文化化，也推动了各个学科与研究领域中的"文化转向"，举凡经济、政治、社会、文化、生态等，人类生活的每一个方面都因为文化产业的发展而得以更新、丰富甚至改变。因为文化产业研究无法形成一个界限分明、议题确定的学术领域，文化产业不可能形成一套"理论"，而只能有诸多论域和话语的集合，需要我们对之进行系统性重建和组织。20世纪中叶以来，与文化相关的"理论"特别茂盛，我们既需要理论来分析处理当代文化，也需要警惕理论遮蔽我们对文化的感知和认知。

20 世纪中叶以来，与文化相关的"理论"极为丰富多样。比如在"文化研究"这个旗帜下，就有近百种次/亚研究领域。鉴于理论的泛滥，当代学界多有"理论终结""理论之后""理论的危机""后理论时代"之说。但美国批评家文森特·里奇（Vincent B. Leitch）认为："如果理论指的是后结构主义，或者是所有当代思潮与学派，或者是后现代话语，那么我们可以设想一种历史意义上的消逝，一个结束。然而，这样的理论的某些特征会毫无疑问地继续生存下去。……对某人来讲，如此谈论理论的消逝暗含了一种希望理论消亡的愿望，而对另一些人来讲，则是对理论令人兴奋陶醉的早期时光已经逝去而发出的怀旧的哀叹。……悼念理论既表达了对其早期某些例证的辩护，又表达了在当前因为前途未卜而焦虑的时候对更好时光的期盼。"[1]随着全球范围内的理论旅行的加速和中国文化研究的兴起，文化理论也成为中国人文社会科学领域的新兴学科。我们需要理论来分析处理经验，无论是理论的概念、问题和争论的历史，还是其对有效方法和实用规矩的探索，或者是经久不衰的理论文本的影响力，或者是对相邻学科的借鉴，或者是对现状的批判，都是不可缺少的。同样不可缺少的是，我们需要对"理论"保持必要的警觉，以防它们格式化我们的经验并在我们与文化现实之间形成阻隔。但我们首先要讨论的是，究竟什么是文化理论？

一、当代"理论"

在现代人文社会科学中，所谓"理论"，通常是指那些可以作为普遍规律的代表的观念和论说。如 19 世纪黑格尔的辩证法、马克思的唯物史观、美国"现代化理论"等，它们大多是宏观的历史解释系统，具有高度的概括性和抽象性。20 世纪中期以来，"理论"更多是指可以覆盖不止一项经验的或历史事件的任一种解释模型。比如人们可以谈论一项关于革命的理论或关于工业化的理论，这类理论的目标是从通常的意义上解释这些现象是如何发生的，但不能将之化约

1　[美]文森特·里奇：《当代文学批评——里奇文论精选》，王顺珠译，北京大学出版社2014年版，第212—213页。

为一个单一的例子，如法国革命或日本工业化。[1]

目前学术界所说的"文化理论"，主要是指20世纪中叶以来兴起的一种思潮，其兴起与人文社会科学的两个趋势直接相关。

一是"文化转向"（culture turn），它不但横扫人文社会科学，而且囊括了从意义生产到商品消费等各种形式的人为行为。简言之，就是世界"文化化"——文化经济、文化政治、文化资本主义等。20世纪60年代后，文化概念的地位在学术系统中不断上升，在大量理论中占有核心地位。如果说传统的、狭义的"文化"（艺术）理论主要是美学、艺术理论的话，那么在"文化转向"之后，文化理论所讨论的文化已经包括人类生活的许多方面。因此，文化理论的意义是双重的：它是对各种文化形式的研究，也是对种种现象的"文化研究"。这一点，由英国学者西蒙·冈恩（Simon Gunn）点明："'文化的'意义表现在以下方面：就它的实践者们把文化形式，如文本、宗教仪式、实践，以及最重要的形式——语言，视为他们的研究对象而言，它是'文化的'。但是，就其强调解释学，研究解释问题以及意义生成问题，以及它同时具备的对于实证主义的或者'科学主义的'社会科学传统的批判而言，它也是'文化的'。"[2] 后一种作为方法的文化理论，与批判理论相通；而前一种研究诸种文化形式的理论，也多取一种批判视角。

这就要说到人文社会科学的另一个趋势，即"理论"的独立。这与当代人文社会科学领域中的"语言学转向"（Linguistic Turn）有关，一旦人们意识到概念、思想和知识不能离开语言而独立时，"理论"便开始排挤原来的哲学、批评和各科体系。比如，在文学中，理论原是为了理解文本而建立起来的，因为文本不能充分自我解释，它如何被解释取决于理论上的选择。这样一来，理论的重要性就显示了出来。在哲学中，分析哲学的一个共识是，哲学不应再致力于描述世界，而是描述我们用来对世界加以分门别类时使用的概念。因此"哲学可以视为某种高层次的谈论或谈论的谈论。简言之，哲学思考的是思考方式，哲学谈论的是谈论的方式"。"对我们使用的种种概念进行分析，归根结底又是对我们所在的世界的分析。只要我们所认识的世界是一个有意义的世界，对其

1　[英]西蒙·冈恩：《历史学与文化理论》（2006），韩炯译，北京大学出版社2012年版，第3页。

2　[英]西蒙·冈恩：《历史学与文化理论》（2006），韩炯译，北京大学出版社2012年版，第3页。

意义的分析就是我们对这个世界的分析。"[1] 不同于以体系性和严密性为特征的 19 世纪理论，当代理论不但无休止地追求创新，而且表现为日益强烈的反思取向，对权威性和合法性，尤其是对各种意识形态内容的各种阐释形式的溯源和批判。"这就是说，理论——作为一种伴随唯物论者的语言而降临的术语——将涉及一种类似语言警察的事务，它是一个无情的搜索，以及对于我们语言实践中那些未经证明的意识形态所隐含的意义进行摧毁的任务。"[2] 一方面，语言独立，意味着艺术语言独立于它所指称的对象而自有其意义结构，意味着语言学是人文科学的"元科学"，意味着最狭义的"理论"就是以结构语言学为基础的结构主义—后结构主义，也意味着此前的种种文化论说必须经过语言学的转向才能获得当代的有效性。另一方面，语言独立并不意味着语言世界与现实世界脱节，相反，"理论"的目的正是分析社会如何建构、文本如何生产又如何实施的过程。因此，20 世纪 60 年代以来，"理论"这个词已经成了各式文学社会批评、女权主义、新马克思主义、左翼后结构主义、流行文化研究等的同义词，文化理论更需要关注的不是具体的文本和实践，而是马克思、尼采（Friedrich Wilhelm Nietzsche）和海德格尔（Martin Heidegger）这样的批判现代性的思想家。

在"文化转向"与理论独立的背景下，我们才可以谈论当代"理论"。英国学者雷蒙·威廉斯（Raymond Williams）认为："一直到最近几年，还存在着这种难以理解的事情，即围绕着什么叫作'理论'而打转。它没有理解到文化理论是何种理论。因为文化理论'是'与方法有关的，那方法将把作品的各种特性与并非作品的那些结构联系起来，那就是文化理论。"具体地说，"在作品的细节中，去发现某种社会结构、某种历史如何揭示它自身，是一项非常漫长而艰难的工作。这并不是对作品所作的任何歪曲。它正是要发现各种形式和构成按非常复杂的方式相互作用、相互联系的各种途径。"[3] 把作品、文本与更广泛的社

---

1 ［美］H.G. 布洛克：《美学新解》（原名 Philosophy of Art, 1979），滕守尧译，辽宁人民出版社1987年版，第3、4页。

2 ［美］弗里德雷克·詹明信：《理论的症候或症候的理论？》，吴娱玉译，载《上海文化》2015年6月，第43页。

3 ［英］雷蒙·威廉斯：《现代主义的政治——反对新国教派》（1989），阎嘉译，商务印书馆2002年版，第262页。

会结构、历史进程联系起来的理论，就是"文化理论"，其目的是通过作品、文本来揭示社会历史的构成。易言之，文化理论就是通过文本谈论社会与历史，谈论社会、历史是如何构成和如何再现的。重要的是，"文化理论"虽与社会、历史相关，但并不是外在性的关于"文化"的社会研究，而毋宁说是从文化研究社会，它在分析上以文化与社会结构脱钩为起点，以便对社会生活（特别是政治）进行文本性理解。

威廉斯的"文化理论"是原来的"文学理论"的扩张。从20世纪30年代到60年代，文学界盛行的是脱离语境地研究文学，把文学研究从其他学科（特别是语言学、历史学与哲学）区分开来以建立独立的文学学科，但从20世纪60年代开始，新的时尚则是重新建立文学研究与其他学科之间的联系，也就是威廉斯所说的"把作品的各种特性与并非作品的那些结构联系起来"，由此导致"理论话语"的全面增生。这一现象，已经成为我们理解20世纪中叶的西方文化的重要线索。美国史学家托尼·朱特（Tony Judt）在分析当时的文化时特别指出：

> 20世纪60年代是理论的伟大时代。有必要说清楚这句话的意思：这里的理论当然不是指当时在生化、天文物理或基因学上的那些创造性突破，因为这些都不是一般老百姓所关心的。同时也不是指欧洲社会思潮的复兴：20世纪中期没有产生像黑格尔、康德、马克思、穆勒、韦伯或涂尔干那样的社会学理论家。"理论"也不是指哲学：当时最广为人知的西欧哲学家……不是死了、老了，就是已经做别的事情，而东欧的思想领袖，……在其国门之外仍鲜为人知。至于在1934年前曾一度蜚声中欧的一帮有朝气的经济学家、哲学家、社会学理论家，大部分幸存者都已永久移居到了美国、英国或大洋洲，……
>
> "理论"一词的时髦用法是另外一番含义，主要是指拷问学术领域的方法与目的：首先是社会科学，……同时也包括人文科学，甚至在后来也包括了实验科学。在大学迅速扩张的年代，各种期刊、杂志和讲师们迫切搜罗"本子"，各种"理论"都有市场——这些理论并不是因为知识的改进而产生的，而是被无法满足的消费需求催生的。[1]

---

1 ［美］托尼·朱特：《战后欧洲史》（2005）上，林骧华等译，新星出版社2010年版，第362页。

易言之，"理论"就是批判理论。在政治上，"理论"批判西方现代性的基本要素（如资本主义、市场经济、民主政治等），特别是 19 世纪以来自由主义的种种理论。20 世纪是充斥着暴力、灾荒和大规模战争的时代，也是科技进步、民主化和大规模社会变革的时代，通过媒体的报道，地球上的大多数人都感受到它们的实际形式，传统的断裂、习惯的脱节以及基于各种理由的对现存秩序的挑战，深刻地动摇了文艺复兴以来西方文化的基础。英国学者彼得·巴里（Peter Barry）在总结当代理论时指出："二战之后，批评理论的发展中出现了一系列'浪潮'，每隔十年都会出现某个浪潮，而所有浪潮的共同敌人就是我在上面已经阐述的自由人文主义。"[1] 所谓"自由人文主义"（Liberal humanism）就是文艺复兴以来西方的自由主义，它是"理论"兴起之前主流文学批评的概称："这个称谓中的'自由'一词往往意味着不采取激进的政治立场，故而在政治问题上往往言辞闪烁、立场模糊。'人文主义'的含义也大致相近，往往指向一系列负面特征，如'非马克思主义''非女性主义''非理论化'，等等。此外，还有一层含义，自由人文主义者大多相信'人类天性'，视其为永恒不变，而伟大的文学表现出这种永恒不变的'人类天性'。无论在过去，还是在现在，所谓的自由人文主义者并不用这个名称称呼自己。不过，正如一个颇具影响的思想派别所言，如果你干的是文学批评，却不肯称自己为马克思主义者、结构主义者，或其他什么主义者，那你八九不离十就是个自由人文主义者。至于你自己承认不承认，已不再重要。"[2] 作为 20 世纪 60 年代"文化革命"的一部分，诸种"理论"不但激烈批判现存社会秩序，也坚决解构"人文主义传统"的一些基本观念。诸如优秀作品具有永恒意义，作品有其自身价值，理解作品必须摆脱意识形态和政治先决条件，延续文化传统要比变革文化传统更有意义，文学表现人物特有的个性，文学的目的是美化生活，内容与形式统一为有机整体，文学形式的有机性体现在文学的"诚挚"（经验的真实、对自我的诚实、广博的同情心和感受力等），文学要避免解说或直言，批评的任务是阐释文本，充当文本与读者的媒介，以

---

1 ［英］彼得·巴里：《理论入门——文学与文化理论导论》第三版（2002），杨建国译，南京大学出版社2014年版，第31页。

2 ［英］彼得·巴里：《理论入门——文学与文化理论导论》第三版（2002），杨建国译，南京大学出版社2014年版，第4页。

及传统的精英化的等级观念与体制，等等，都受到诸种"理论"的攻击。诸种"理论"尤其谴责艺术与人文学科将艺术孤立、丰碑化和神圣化的实践，谴责文化特别是文艺中唯美主义、形式主义和寂静主义，转而寻求对文本的社会基础、体制参数和意识形态效应的查证和勘探，关注文化—利益—权力的关联。这些反自由人文主义的理论包括：马克思主义、精神分析、语言学批评、女性主义、结构主义、后结构主义、新历史主义、文化唯物主义、后殖民主义、后现代主义等。对于这些"理论"来说，"自由人文主义"的理念是以特定阶级（如资产阶级）、种族（欧洲白人）、性别（男性中心）的价值标准为基准的意识形态，而这些"理论"中所坚持的思想是：政治无所不在，语言构建现实，真理非无条件，意义有偶发性，普遍人性是神话。[1] 它们强调知识分子的社会和政治责任，不同程度地在政治上的反资本主义、反自由民主体制，在方法上的反科学主义，反各种类型的实证主义。

20世纪60年代以来的社会变迁和文化转型，需要"理论"来解释和说明这一切；而诸种理论本身也在不同程度和不同意义上回应着时代主题。两方面结合，形成了一个几乎无法满足的"理论市场"以及为此而构建的"理论帝国""理论写作"，它广泛涉及人文社会科学的各个领域却很难归于某一学科话语。这就提示我们，60年代以来的"理论"并不只是对文艺作品和文化实践的阐释和分析，而有太多的语境制约和政治纠缠。从积极的方面看，这类"理论"有助于我们对现实的理解。意欲终结"理论"的左翼学者特里·伊格尔顿（Terry Eagleton）也承认："如果理论意味着对我们指导性假设进行一番顺理成章的思索，那么它还是一如既往地不可或缺。"[2] 从消极的方面看，这类"理论"的盛行或许正掩盖着文化的贫乏和感受性的丧失。如美国批评家乔治·斯坦纳（George Steiner）指出："我认为当前理论在文学、历史、社会学等论述中的胜利，其实是自我欺骗：无非是因为科学占上风，人文学科为了背水一战而发展出来的。"[3]

理论与批判紧密相联。自苏格拉底把自己塑造为"牛虻"之后，知识分子对其生存环境特别是其社会、经济、政治秩序的批评以及因此而来的疏离和对

---

1 ［英］彼得·巴里：《理论入门——文学与文化理论导论》第三版（2002），杨建国译，南京大学出版社2014年版，第34页。

2 ［英］特里·伊格尔顿：《理论之后》（2003），商正译，商务印书馆2009年版，第3页。

3 ［美］乔治·斯坦纳：《勘误表——审视后的生命》（1997），李根芳译，台北行人出版社2007年版，第6页。

抗，就一直贯穿着西方文化史。在西方观念中，知识分子活动的主要方式之一，就是通过反思、质疑和批判来探索文明和人类生活的更好的选择。而且，他们也能够将他们的所思所想表达出来。我们现在所能读到的理论文本，大多数由学院知识分子所书写，那些将其他活动，如游玩、打猎、角斗，或肉体享受看得比沉思与理论活动更有价值的人，那些沉浸于文化娱乐、从文化产业获利的人，不会有心思也不可能留下文字记录。"理论"自有价值，它不但是知识分子社会角色和文化使命的表现形式，也是我们理解当代文化的指南以及由文本而社会、而政治的导引。不过，在"理论"已经拥有相对独立性和一定范围的市场并因此而具有自我生产的动力和机制之后，我们也要警惕过于繁茂、过于复杂的理论可能会遮蔽现实，钝化个体经验与感受能力。总之，没有"理论"不能理解文化，仅有"理论"也不能理解文化。

二、现代文化思想

当然，20世纪60年代以来的"理论"只是狭义的文化理论。如果我们不局限于当代"理论"，那么文艺复兴以来，随着政教分离、文化独立而逐步形成的现代性文化观念、文化标准、文化评论等，已经形成了一个深厚的思想传统，其核心是三个奠基者、两个关键人物、四大流派。上述当代"理论"也应当在这个传统内才能得到充分理解。

三个奠基者是指意大利的维柯（Giovanni Battista Vico，1668—1744）、法国的卢梭（Jean-Jacques Rousseau，1712—1778）和德国的赫尔德（Johann Gottfried Herder，1744—1803），他们的共同点在于反对经典启蒙主义假设，维柯反抗笛卡尔，卢梭与百科全书派决裂，赫尔德反对法国启蒙主义，在狭义的启蒙理性、逻辑理性之外，他们发现了、打开了广大的文化世界。

为现代哲学奠基的法国哲学家笛卡尔（Rene Descartes），其思维是数学式的思维。笛卡尔认为，数学直觉与数学演绎是认识的唯一来源，他的最高目的是把所有的科学，不管是物理学还是"后物理学"即形而上学，都转变成数学。据此，逻辑体系是真理与认识的重要条件，没有体系就没有科学。在体系之外，只是一些不相关的事实堆积，我们不能从中发现任何东西。但在维柯看来，反对笛卡尔的数学模型，因为它忽视了人类经验中最丰富、最重要的部分，就是不属于自然科学的一切，包括日常生活、历史、人类的法律和制度，以及人类自我表达的各种方式。对维柯阐释最有力的当代思想家伯林（Isaiah Berlin）评论说："维柯实际上发明了社会知识的一个新领域，它包括社会人类学，以及对语文学、语言学、人种学、法理学、文学、神话学的比较和历史研究，实际上就是最广义的文明史。""如果说有一个人独自创立了一个伟大的研究领域，涉及神话学、人类学、历史考古学、语文学以及语言学、艺术的历史批评，那么这个人就是维柯。"[1] 如果说笛卡尔式的哲学是从永恒的观点出发思考宇宙，那么维柯的"文明史"则意味着从时间和进化的观点来看待世界。由于维柯的"文明史"几乎包括了人类生活的所有领域，而不像后世狭隘化了的政治经济和战争史，因此其"新科学"也就是"文化科学"，他的一些重要观点实际上成为文化理论的基础。比如人的本质不是静止不变的，它甚至并不包含一个历经变化而仍能保持同一性的核心或本质；人的创造物，如法律、制度、宗教、仪式、艺术、语言、音乐、行为法则等，并非被创造出来供人愉悦、使人赞美或传授智慧的人造品，也不蓄意发明出来操纵或统治人们或促进社会稳定或安全的武器，而是自我表达或与其他人类或上帝交流的自然形式。人们创造自己的历史，因而也能理解自己的历史，恰如他们不能理解而只能观察和解释外部自然，因为自然不是由他们所创造的。"因此，人们对于外部世界的知识原则上不同于他们对自己所创造的那个世界的知识。对外部的世界，他们能够观察、描述、分类、反思，并且能够记录它在时间和空间中的规律性；而他们所创造的那个世界则遵循他们自身加之于他们的创造物的法则。……所有人类活动的知识都是如此，因为人既是创造者，又是演员和旁观者。历史既然涉及人的活动，是努力、奋斗、目的、动机、希望、恐惧、态度的经历，因此，它能够被以这种高级的（"内在的"）方式被认识，我们关于外部世界的知识不可能成为这种方式的范式——在这个问题上，笛卡尔主义者因此一定是错误的……"[2] 因为笛卡尔派清晰明确的观念不能被有效地应用到数学和自然科学之外的领域，所以人类的知识如果不想局限

1　[英]以赛亚·伯林：《启蒙的三个批评者》，马寅卯等译，译林出版社2014年版，第22、118页。

2　[英]以赛亚·伯林：《启蒙的三个批评者》，马寅卯等译，译林出版社2014年版，第9页。

在自身的抽象的概念领域，就必须超越数学。维柯创造了"理解"（understanding）的概念，这一概念后来成为德国"精神科学""人文研究"的基础。

需要说明的是，长期以来维柯被认为是"反启蒙"的思想家，但 20 世纪中期以后，就有学者认为，维柯并不是处于思想的旷野中，他与英国启蒙运动代表人物的关系，他像洛克与牛顿一样试图界定人的能力，他对 18 世纪欧洲文化的影响（其渠道一度没有受到关注）等，都表明他是 18 世纪启蒙运动不可缺少的人物。他与逻辑主义、与数学的对立不能理解为与启蒙运动的对立，甚至也不能简单地理解为与笛卡尔的对立。英国哲学家科林伍德（Robin George Collingwood）甚至认为，在某种意义上，我们可以把维柯的著作看作不是运用于数学与物理学，而是运用于历史的新的《谈方法》。这里的关键，是要阐释一种足以容纳像维柯这样一位思想家的拓宽了的启蒙运动概念。意大利学者科斯塔（Gustavo Costa）指出："把《新科学》作为启蒙运动的一个产物来解释，我们就能够把维柯看作是在各门社会科学和人类科学领域里发展洛克思想的一个独创性哲学家。"[1] 解释维柯的这种方法，也恰好可以用来解释卢梭。科斯塔就认为："在法国，维柯的哲学被认为是卢梭思想的先驱。"[2] 卢梭的观念和主张，与法国启蒙的主流尖锐对立。在其第一篇论文《论科学与艺术》（1749）中，卢梭就以原始社会与文明社会、野蛮人与文明人、雅典与斯巴达的对立为方法，对文明展开了一次伟大的控诉。卢梭理想的社会是斯巴达和古罗马，为后人景仰的雅典则为他一再拒绝。在他看来，无论是伟大的艺术、严肃的科学、社交礼仪、有规则的商业还是高效的近代政府，都无助于道德的进步。他以古代共和政体下善良市民与现代追逐私利的资本家相对比，认定自私自利、贪婪无义、奢靡浮华、追逐浮名等都是文明社会的副产品。在《致达朗贝尔》中卢梭搬出清教徒数百年来反对戏剧的全部武器，斥责戏剧在社会生活中的不良影响，认为它不但不是什么道德学校，也不是什么正当的娱乐，而是导致社会风气和道德水准下降的罪恶的渊薮。它也许适合堕落的巴黎人，却会腐蚀纯洁的日内瓦人。自古希

1　[意]古斯塔夫·科斯塔：《〈维柯选集〉中译本序》（1991），[英]利昂·庞帕编译：《维柯选集》，陆晓禾译，商务印书馆1997年版，第11页。

2　[意]古斯塔夫·科斯塔：《〈维柯选集〉中译本序》（1991），[英]利昂·庞帕编译：《维柯选集》，陆晓禾译，商务印书馆1997年版，第14页。

腊以来，戏剧及整个文明从未遭受如此严厉的攻击和拒绝。反艺术、反戏剧的实质是对文明的敌意和反叛。面对腐败、虚伪的文明体制，卢梭高高树起了一面大旗：自然。自此"回归自然"的呼号一直在文明世界萦回不已。由于这些揭发，卢梭成为文化艺术的伟大批判者和文明社会走向衰落的预言家，但作为"百科全书派"的一员，他仍然是启蒙巨子。

我们还可以通过维柯、卢梭与启蒙的关系来理解赫尔德。赫尔德是民族主义、历史主义的先驱，其思想一直被认为是与启蒙理性相对立的"非理性主义"，其论宗教、语言和历史文化的著作被英译者定名为"反纯粹理性"。但赫尔德所反对的，是压制经验的形而上学，他所提倡的是经验主义理性；人不是纯理性的人，而是历史中的人。所以他仍然是非形而上学意义上的"理性主义"者。在文化上，赫尔德以其对文化多元主义的阐释与表彰而知名。根据伯林的考察，赫尔德有三个重要观念。一是民粹主义。人们如果想充分实现他们的能力，进入其最佳状态，他们就需要属于可识别的社群，这些社群中的每一个都有自己的态度、风格、传统、历史记忆和语言。二是表现主义。人类的活动，如语言、艺术与文学、宗教与哲学、法律与科学、游戏与工作等，表现了个体或群体的完整个性，人们能够做到什么程度，也就能够对它们理解到什么程度。人类的所有作品，都是一种自我表现形式，其目的不是提供客体或产品，而是人们之间活生生的交流过程的一部分。自我表现是人类自身本质的一部分。三是多元主义。既然每一种文明都有自己的态度和思维、感情和行动方式，都创造其自身的集体理想，而正是由于这些理想，它成其为一种文明，那么只有根据其自身而不是其他某个民族的价值尺度、思想和行动准则，它才能够被正确理解。人类历史不是线性的进步过程，而是各种独特的、异质的文明的演替，这些文明相互影响，它们各自拥有内在的统一性，是单个的社会整体，可以从本身得到理解，而不是主要作为通向其他某种更完善的生活方式的诸多步骤。伯林认为，对赫尔德来说，"人就是人，在所有的时代都有其共同的特征，但是他们的差异是最为重要的，因为正是差异使他们是其所是，使他们成为自己，不同的人和文化的独特性正是表现在这里。"这种文化多元主义"，不仅是对多重性的信仰，而且是对不同文化和社会的价值的不可通约性的信仰，此外，也是对同样有效的理想的不相容性，以及暗含的革命性后果的信仰，也就是说关于理想的人和理想的社会的古典观念，在本质上是不连贯且无意义的。"[1]维柯等三个奠基者在自然科学方法和逻辑理性之外，看到了人性与历史的多元复杂性，提出研究全部社会生活的必要性，奠定了"文化"作为一个相对独立的研究领域的基础。进而，他们反对科技理性至上，批判资本主义市场体制，并据此探索文化艺术、精神生活及人文价值的独特性、创造性，提出了现代文化的主题。但他们毕竟没有建构一套文化理论。

两个关键人物是指德国社会理论家韦伯（Max Weber，1864—1920）和西美尔（Georg Simmel，1858—1918），他们的共同点在于提出了文化的自主性。韦伯所发现的西方的理性化，即统一的、支配性的世界观与价值观逐步瓦解，多元价值领域（政治与经济、智力和科学、性爱与个人）是在社会发展中获得自主性。现代社会的特征不再是一统天下的整合性的意识形态，而是由各种相对自主的领域、各种相互竞争的价值观所构成的网络。在这个去中心化的世界中，各个领域的活动都由其自身的内在价值来评判，各个领域都成为专家的禁区。尽管韦伯为文化自主性所作的论证没有提供可用来分析文化联系于其他社会因素的分析概念和范畴，但他仍然强调了文化自主性的社会历史根基："文化的自主性不是由外界赋予的；自主性必须是个体和集体共同努力的结果。首要的是，自主原则一定不能被变成非历史的抽象物，而应该牢牢地扎根在历史的特殊性中。"[2]西美尔把握了文化的重要性，他认为历史唯物主义看到了经济在社会生活中的真正重要性，却没有理解文化具有不可化约为经济的复杂性。面对科技、客观知识的惊人增长和主观的、个体的文化日益萎缩之间的紧张，西美尔分析了文化这一有关意义和目的领域，如何变得外在化、客观化的"悲剧"，对后来卢卡奇（Ceorg Lukacs）等人的文化理论影响很大。不过一般认为，西美尔的"文化悲剧"论比较抽象，过多局限于美学，缺少必要的概念和分析。相对而言，他的一些具体研究，价值更大。这就是以"现实的偶然的碎片"为出发点，处理资本主义剧变所产生的人们感受和体验方式的演变。在此过程中，西美尔开拓

---

1 ［英］以赛亚·伯林：《启蒙的三个批评者》，马寅卯等译，译林出版社2014年版，第15、188页。

2 ［英］阿兰·斯威伍德：《文化理论与现代性问题》（1998），黄世权等译，中国人民大学出版社2013年版，第33页。

了都市生活和文化研究，对现代社会的空间、时间、机器、商品世界、货币交换、时尚、装饰及若干文化产品进行了卓越分析。

英、法、德、意历来是西方的文化大国，其中德、法分别主导了19、20世纪的文化理论，英国率先塑造了影响全球的当代"文化研究"，意大利在20世纪70年代之后也有别树一帜的理论建树，它们构成了现代文化理论的四个传统。

德国的"批判传统"。18世纪末开始的浪漫派致力于发掘德意志传统以对抗启蒙理性和"西方文明"，由赫尔德开始的民族主义在比较研究中探索不同民族的文化个性，由兰克开始的"历史主义"（Historismus）反对有关普遍人性和一切民族、时代和文化的统一性和永恒性的观点，主张从多样化的个性中去理解历史。[1]在浪漫主义、民族主义、历史主义奠定的信念、方法和资料的基础上，19世纪末的狄尔泰（Wilhelm Dilthey）、文德尔班（Wilhelm Windelband）、李凯尔特（Heinrich Rickert）等人以史学为典范，以自然/历史、普遍/特殊、事实/价值之分为起点，试图在自然科学典范之外建设相对独立的"精神科学/文化科学"（Geisteswissenschaften、Kulturswisshenschsften）。这一传统一直延续到胡塞尔（Edmund Husserl）、海德格尔、舍勒（Max Scheler）、伽达默尔（Hans-Georg Gadamer）的现象学—诠释学对"理解""意义"的探索，成为西方"人文学"的正宗。19世纪中叶兴起的马克思主义揭发批判资本主义的异化劳动和"商品拜物教"，追求人的自由全面的发展，经由卢卡奇（Georg Lukacs）和法兰克福学派的理论化和系统化，马克思主义成为20世纪最具竞争力的文化理论之一。19世纪末由尼采奠基的"文明批判"不但遍及全欧的文化艺术，如瑞士文化史家布克哈特（Jacob Christoph Burckhardt）、挪威剧作家易卜生（Henrik Johan Ibsen）、西班牙哲学家奥特加·伊·加塞特（José Ortega y Gasset）等人，而且在20世纪与其他思想传统相融合，发展为社会性的文化批评。直到20世纪中叶，德国理论都一直是西方文化理论的基础，其特征是一系列的批判：批判自然科学方法对科学方法的垄断，批判资本主义对人文艺术的伤害，批判"庸众"对个体精

1　[德]威廉·文德尔班：《哲学史教程》（1892）下卷，罗达仁译，北京：商务印书馆1993年版，第86页。简单地说，"历史主义"有三义：一是重在从发生发展的过程中考察对象的原则和方法；二是历史决定论（Historicism），如马克思的唯物史观，波普尔（Karl Popper）在《历史决定论的贫困》所评论的历史主义即指后者；三是重视历史文化个性，反对普遍规律的德国历史主义（Historismus）。

英的压迫，等等。

法国的"符号学—结构主义—后结构主义"。巴黎是现代主义的中心，波德莱尔以降的法国文学艺术通过对语言、媒介、形式、风格的探索，为文化世界的独立进行了伟大的实验。在结合了结构语言学之后，法国理论以其对语言、符号、文本的深入阐释而成为20世纪文化理论的主要起源。英国批评家伊格尔顿（Terry Eagleton）认为："文化理论必须能叙述其缘起、兴衰的历史。严格说来，这样的理论可以回溯到柏拉图。然而，以我们极为熟悉的形式来看，文化理论确实是非同凡响的15年——大约从1965年至1980年的产物。"[1] 巴黎是20世纪文化理论的中心，在这个伟大的"理论时代"充当先锋和主角的，是列维－斯特劳斯（Claude Levi-Strauss）、阿尔都塞（Louis Pierre Althusser）、拉康（Jacaueo Lacan）、巴特（Roland Barthes）、福柯（MichelFoucault）、德里达（Jacques Derrida）、德鲁兹（Gilles Deleuze）、德波（Guy Ernest Debord）、利奥塔（Jean-Francois Lyotard）、波德里亚（Jean Baudrillard）、布尔迪厄（Pierre Bourdieu）、塞都（Michel de Certeau）以及此后的巴丢（Alan Badiou）、朗西埃（Jacques Rancière）、斯蒂格勒（Bernard Stiegler）等人，都是使用新语言、创造新概念、提出新理论、引领全球潮流的能手，其中每个人都值得专门研究。这些义理精深、话语独特的"理论"，不一定直接使用"文化"这个概念，它们或主要研究社会、政治、文化的理论问题，如意识形态、主体、表征（再现）、叙述、资本等，或具体分析讨论各种文化形式，如媒体、广告、摄影、电影、电视等，但都以当代文化生产—流通—消费为中心；他们对符号、文本、景观的分析，也有助于克服文化研究中盛行的外在性和总括性。特别值得注意的是，在远离西方中心的加拿大，麦克卢汉（Marshall McLuhan）对传播技术的研究，通过波德里亚而成为技术主义研究范式的基础。社会学家布尔迪厄（Pierre Bourdieu）把经验调查与宏观理论结合起来，把社会意义、权力和统治关系的重构引入文化研究，有力地拓展文化研究的格局。由于法国理论的高度独创性和广泛影响力，它们几乎成为"文化理论"主体甚至代名词。

英国的"文化与社会"传统。在率先完成工业革命的英国，诗人、宗教家、

1　[英]特里·伊格尔顿：《理论之后》（2004），商正译，商务印书馆2009年版，第24页。

政治家、教育家都以各自的方式对工业革命新的社会状况作出了反应。1958年，雷蒙·威廉斯在《文化与社会》一书中通过考察19世纪至20世纪的英国文化思想，试图说明文化观念及其各种现代用法是如何以及为何进入英国思想，探讨文化观念从那时直到当代的演变过程。"一言以蔽之，我是有意识地去揭示'文化'作为一种抽象与绝对的浮现过程，这个过程以极其复杂的方式融合了两种普遍的反应——第一种反应是，承认某些道德活动和知识活动实际上区别于那些推动一种新社会的力量；第二种反应是，强调这些活动，作为吸引人类兴趣的一个领域，其地位既高于实际社会判断的过程，而且本身是具有一种缓冲和振奋人心作用的另一种途径。但是，在上述两种意义上，文化就不只是针对新的生产方法、新的'工业'的反应。它所涉及的超出这两者之外，涉及了各种新的人际关系和社会关系；而且，所涉及的也是承认文化区别于实际社会，并且强调文化是实际社会以外的可行途径。"[1]威廉斯重建"文化与社会"的思想传统，意在为当代文化研究开拓历史资源。20世纪70年代以来，源自英国伯明翰大学"当代文化研究中心"的文化研究持续分析意义生产的政治效果，探究文化能否摆脱资本主义商品逻辑支配的问题，并特别关注文化如何为特定的政治、经济利益服务的问题，目前已成为一个庞大的学术产业。但尽管英国文化研究是全球文化研究的起点和典范，尽管雷蒙·威廉斯、斯图尔特·霍尔等人都极具理论思维能力，但英国文化研究的主要贡献，却不是理论的原创而是对法、德文化理论的灵活运用、丰富与调整。20世纪晚期以来，这一传统在向全球扩展的过程中不断得到修正。比如"从20世纪80年代和整个90年代，文化研究在美国大学文学研究系科中是上升的，越变越大，并被宽泛地定义，在兼并的同时也取代了主导一时的文学后结构主义、某些女权主义者、后殖民理论家、种族批评家、酷儿理论家和因惧怕被忽视或兼并而不愿结盟的左翼分子"[2]。

在这些"大传统"之外，还有规模与影响较小的意大利学派。这是由意大利"自主主义运动"（Autonomia）的主要参加者安东尼奥·奈格里（Antonio Negri）、

1　[英]雷蒙·威廉斯：《文化与社会》（1958），吴松江等译，北京大学出版社1991年版，第20页。

2　[美]文森特·里奇：《当代文学批评——里奇文论精选》，王顺珠译，北京大学出版社2014年版，第193页。

保罗·维尔诺（Paolo Virno）、毛里齐奥·拉扎拉托（Maurizio Lazzarato）、佛朗哥·皮帕尔诺（Franco Piperno）等人提出并加以论证的批判理论。他们对后现代条件下"非物质劳动"及"生命政治"的阐释，从更为激进的立场更新了我们对后现代社会与文化的认识。这一流派除迈克尔·哈特（Michael Hardt）与安东尼奥·奈格里合著的《帝国》一书而出名外，在文化理论中没有受到应有重视。

作为对现代性的反思，维柯以来的文化思想流派众多，内容丰富，它包括了上述的当代"理论"，后者是以语言、意识形态和权力为焦点对现代文化思想所作的一种凝练和延伸。当然，20世纪也有并不属于诸种"理论"的文化思想。比如德国哲学家卡西尔（Ernst Cassirer）、英国哲学家维特根斯坦等人、法国哲学家列维纳斯（Emmanuel Levinas）、美国批评家乔木治·斯坦纳等大思想家、批评家那里，都有独创性理论系统，他们或直接提出，或蕴含着一套文化理论。在这些典型的"理论"之外，还有文化各部门如艺术、音乐、影视、传播、设计等都有各自的"文化"议题；在狭义的"文化"之外，还有经济、政治、社会、科技、管理等领域的文化研究。比如传统工业特别是制造业衰落后，文化产业在就业与经济增长方面的作用进一步突出，文化政策与经济政策的关联日益突显；后现代生产方式的形成，提出了文化企业组织、管理模式、制度变迁等多方面的议题；传播技术特别是互联网的发展，改变了文化版图，带来了文化与技术、国家与市场、集中化与分散化、公共服务与独立制作等多方面的关系问题。

从17世纪到20世纪，西方的经济形态、技术手段、生活方式与政治形势持续变化，文化也由一个相对独立的专门领域，一个据以反思、批判经济、政治的"飞地"，演变为渗透到整个社会生活、重塑人类世界的强大力量。文化重要性的日益显著，文化理论也日益丰满，它既反映了也部分地解释了西方经济、政治和社会的变迁；它从人文社会科学、自然科学、技术研究中吸取资源，也参与这些学术领域的创新。完全可以说，文化理论是我们了解今日西方社会文化的便捷途径。

三、广义的文化理论

文化艺术与文明俱生。虽然系统的"理论"是当代的结晶，自觉的文化思想是现代性的后果，但至少从古希腊起，就有许多理论资源和传统迄今仍在塑造着我们对文化的理解和实践。上述当代理论、现代文化观念也都在不同程度上，以不同方式与这个大传统保持密切关系。

在古希腊以来的两千多年中，文化世界早已发生了巨大变化。其中之一是媒介在文化传播中发挥着重要的，甚至是主导性的作用。美国文化研究者劳伦斯·格罗斯伯格（Lawrence Grossberg）就此指出："人类一直生活在传播的世界里，但只有我们生活在媒介传播的世界里。……客观地说，媒介似乎支配着且越来越吸引人们的目光，它自己也愈发成为新闻的中心。越来越多的政治议题和争论围绕着媒介本身在进行；大量关于说唱音乐、暴力、色情（在虚拟空间或电视里）的封面故事，媒介在选举中的角色，如何策划新闻，电信法规的出台或废除，还有新技术，等等。如果说我们生活在一个媒介建构的世界里，那么记住我们并非生活在一个媒介世界里——记住这一点很重要。媒介把世界观带给我们并塑造了这个世界，但是依然存在一个外在于媒介的真实世界。"[1] 在各种辞典中，"大众文化""流行文化""文化产业"等和"媒介文化"几乎是同义词。理解当代文化，很大程度上就是理解媒介，而古希腊的智慧，就恰恰可以成为媒介理论的重要基础。根据德国学者西格弗里德·齐林斯基（Siegfried Zielinski）的研究，前苏格拉底哲人恩培多克勒关于"吸引与排斥"的学说，他的感知理论，都是一种媒介理论，其中甚至包含着媒介未来发展的方向。[2] 这里，我们以柏拉图的《斐德罗篇》为例，说明古希腊哲学与当代媒体研究的亲和性。这篇对话的主题之一是文字：

> 文字还有一个很奇特的地方，斐德罗，在这一点上它很像图画。画家的作品放在你面前，就好像活的一样，但若你向它们提问，那么它就会板着庄严的面孔，一言不发。书面文字也一样，你可以把这些文字当作有知觉的，但若你向它们讨教，要它们把文中所说的意思再说明白一些，那么它们只能用老一套

---

1 ［美］劳伦斯·格罗斯伯格等：《媒介建构——流行文化中的大众媒介》（2005），祈林译，南京大学出版社2014年版 第3—4页。

2 ［德］西格弗里德·齐林斯基：《媒体考古学》（2002），荣震华译，商务印书馆2006年版，第42—60页。

来回答你。

现在请你告诉我，是否还有另外一种谈话，它是我们刚才说的这种文字的兄弟，但却有着确定的合法性呢？我们能够看出它是怎样起源的，为什么它比书面文字更加好，更加有效呢？

我说的是伴随着知识的谈话，写在学习者的灵魂上，能为自己辩护，知道对什么人应该说话，对什么人应该保持沉默。[1]

文字是死的，谈话和思想是活的，文字不但不能准确表现思想，而且还妨碍思想的表达。对当代学者保罗·莱文森（Paul Levinson）而言，柏拉图此论是对媒介"集中化"的批判，而媒介进化史是集中化与非集中化交织的历史。如印刷术就启动了书籍和报纸的大众媒介时代，粉碎了罗马天主教的垄断。而20世纪的新媒介更是非集中化的强大拉力："单向媒介有局限，它们使对话僵死，苏格拉底认识到这样的局限。他在《斐德罗篇》里忧心忡忡地说，书面词语只能够作千篇一律的回答，也就是问题提出之前就已经确定地回答。我们已经看到，书面词语使信息得到空前的传播，以后的印刷机使信息的传播更加前所未有。文字和印刷机都具有强大的非集中化和民主化效应。言语之后的一切媒介，尽管具有传播和非集中化的性质，但是它们同时又具有集中化的属性，因为它们事先就排斥了对话。在这些媒介中，只有两个例外：电报和电话。我们看到，20世纪之前，非集中化的趋势大体上占优势。同时我们又看到，在20世纪大部分的时间里，单向的集中化媒介使天平向另一个方向倾斜。"[2]电话是强有力的非集中化设备，但它太个性化了，不利于培养社会共识。电脑的出现改变了这一点，书面文本可以长期储存，成为能够容许一群人分析批语的储备所，有利于理性的话语交流，而网上的交流原则上允许任何地方的任何人参与，所以电脑是抗衡集中化的决定性媒介。

柏拉图的潜力当然不止这些。也是在这一篇对话中，苏格拉底讲述了萨姆

1　[古希腊]柏拉图：《斐德罗篇》，王晓朝译，《柏拉图全集》第2卷，人民出版社2003年版，第198—199页。
2　[美]保罗·莱文森：《媒介革新与权威的非集中化》（1997），载何道宽编译：《莱文森精粹》，中国人民大学出版社2007年版，第290页。

斯与文字发明者塞乌斯的一段对话：

多才多艺的塞乌斯，能发明技艺的是一个人，能权衡使用这种技艺有什么利弊的是另一个人。现在你是文字的父亲，由于溺爱儿子的缘故，你把它的功用完全弄反了。如果有人学了这种技艺，就会在他们的灵魂中播下遗忘，因为他们这样一来就会依赖写下来的东西，不再去努力记忆。他们不再用心回忆，而是借助外在的符号来回想。所以你发明的这帖药，只能起提醒作用，不能医治健忘。你给学生们提供的东西不是真正的智慧，因为这么一来，他们借助于文字的帮助，可以无师自通地知道许多事情，但在大多数情况下，他们实际上一无所知。他们的心是装满了，但装的不是智慧，而是智慧的赝品。这些人会给他们的同胞带来麻烦。[1]

对于当代学者波斯曼（Neil Postman）而言，此论启示我们：那种认为技术革新只会产生片面效应的观点是错误的观点。每一种技术都既是包袱又是恩赐，不是非此即彼的结果，而是利弊同在的产物。但当代世界满是独眼龙似的先知，他们只看到技术之所能，想不到技术帮倒忙的后果。有鉴于此，波斯曼重申并发展了萨姆斯的观点，阐释新技术带来的包袱："比如他说文字会改变'记忆'和'智慧'的意义。他担心，人们会把记忆的意义和他鄙视的'回忆'的意义混为一谈。他担心智慧和纯粹的知识的区别会变得模糊不清。我们一定要把这个评判牢记在心，因为截然不同的技术会使旧词产生新的定义，而且人们往往没有充分意识到这个创造新词义的过程。因此这个机制是阴暗而危险的。"有两种情况，新技术创造新词汇，这并不可怕，因为新事物需要新词汇。但新事物也可能修正旧词汇的意义，这就很危险了：电报和廉价的"便士报"改变了我们所谓"信息"的意思；电视改变了"政治辩论""新闻""公共舆论"等词语的意义；文字改变了"真理"和"法律"原来的意义；印刷术也改变了语词的意义，如今的电视和电脑又再次改变它们的意义。"词汇学家不需要在这个问题上搞公民投票，谁也不愿意花时间写一本教科书来解释真正发生的词义变化，学校不

---

1 ［古希腊］柏拉图：《斐德罗篇》，王晓朝译，《柏拉图全集》第2卷，人民出版社2003年版，第197—198页。

注意词义的修正。然而，这些词汇不再具有原来的意义，有的时候甚至获得了完全相反的意义。这是萨姆斯希望教导我们的地方——技术专横地支配我们最重要的术语。技术重新界定'自由''真理''智能''事实''智慧''记忆''历史'等语汇的意义。所有这些语词都是我们生活必须依靠的词汇。"[1]在波斯曼看来，柏拉图笔下苏格拉底所说的传奇，正是当代传播学家哈罗德·伊尼斯（Harold Innis）试图给我们提供的教益：

> 比如萨姆斯警告说，塞乌斯的弟子获得的智慧可能名不符实。他的意思是说，学会新技术的人成为精英，没有学会新技术的人赋予这些精英权威和声望，但盛名之下，其实难副。这个事实隐含的命题有多种不同的表达方式。现代传播学之父伊尼斯反复论述重要技术造成的"知识垄断"，他的意思和萨姆斯心里想说的意思完全相同：控制技术运行机制的人积累权力，必然要密谋防备那些无法获取专门技术知识的人。[2]

　　莱文森与波斯曼都是当代最重要的传播学者，他们对新技术的态度完全不同，但都在使用着柏拉图的观点，而其所论，似乎也并不比柏拉图更高明。

　　西方文明具有高度的连续性。现代文化理论可以，也必须在漫长历史中寻找其渊源、灵感与合法性根据；通过古典诠释学，传统观念也确实在现代文化理论中发挥着重要作用。柏拉图的《理想国》不但预见到葛兰西的"领导权"理论，其中对寡头政治家节俭的描述几乎与韦伯对早期资本家心理的描述完全一致，[3]而他对模仿艺术的谴责奠定了文化管理与文化审查的理论基础；奥古斯丁对艺术妨害信仰的"忏悔"一再以改头换面的形式出现在禁欲主义、革命文化的实践中；英国作家弥尔顿（John Milton）反对书刊检查制度的著述为文化自由提供了

---

1 ［美］尼尔·波斯曼：《技术垄断——文化向技术投降》（1992），何道宽译，北京大学出版社2007年版，第4页。

2 ［美］尼尔·波斯曼：《技术垄断——文化向技术投降》（1992），何道宽译，北京大学出版社2007年版，第9页。

3 M.A.Rafey Habib, A History of literary Criticism : From Plato to the Present. Oxford : Blackwell Publishing Ltd，2011.p p 27，33.

出色辩护；当代消费文化批判的基础，至少可以回溯到 18 世纪卢梭所揭发的文明与道德"二律背反"；康德时代还没有"文化工业"一说，但从霍克海默、阿多诺到当代的斯蒂格勒（Bernard Stiegler），这些重要理论家都是以康德认识论的"图式论"作为其分析的理论基础。黑格尔曾经为艺术唱出了一曲挽歌，但如果我们把艺术的解体与"文化"的兴起联系起来，想来这位 19 世纪的大哲是不会反对的。马克思把艺术等意识形态理解为经济基础的上层建筑，固然否定了艺术的独立性，却为艺术研究开拓了更为广阔的空间。尼采对"超善恶"的观念并非直接针对文化艺术，但却真正道出了文化产业时代文化产品的特征：它只是一种商品，而不必一定内含什么善恶美丑；至于尼采的"末人"（最后之人）概念与"娱乐至死"这类文化悲观主义之间，更是存在着一条明显的线索。所有这些，都提示着我们，在相对独立的文化理论成立之前，就有一个长远的"前史"。

文化不只是观念、审美、价值观与意识形态，也不只是经济现象，它还是一个关系到社会演化、政治议题和生态变迁等整体性过程的"索引"。在 19 世纪以来的社会理论、政治文化、历史研究等领域中，多有重要的文化观念与解释，如马克斯·韦伯的"新教伦理命题"以及西方文化"理性化"的历史重建，西格蒙德·弗洛伊德（Sigmund Freud）对文明（宗教、社会伦理）与文化（文学艺术）的区分，马塞尔·莫斯（Marcel Mauss）把一切浪漫的东西（礼物、牺牲、礼貌、宴请、礼仪、服役、女人、孩童、跳舞、节庆等）经济化的人类学研究，丹尼尔·贝尔（Daniel Bell）解剖资本主义"文化矛盾"，卡尔·波兰尼（Karl Polanyi）分析市场体制如何"脱嵌"于社会文化的整体系统等，都对我们理解文化、现代文化提供了重要的观念和必要的概念。无视或忽略这些理论观点，文化理论就极为贫乏。

所以，西方文化理论并不局限于当代"理论"，甚至也不能局限于维柯以来现代性论说。实际存在的是三种意义上的文化理论：

作为当代左翼事业的"理论"。

作为现代性反思的文化思想。

从古到今有意义的文化论说。

根据上面的简述，三种理论之间不是并列的，而是相互包含的关系，即当代"理论"是现代文化思想在文本化、政治化方向的激进发展，现代文化思想又挪用了、引申了自古以来既有的各种文化观念。对我们学习借鉴西方文化理论而言，重要的有三点。第一，当代"理论"极大地突出了批判性、政治性，但其偏至不只表现为对西方核心价值的批判甚至拒绝，也表现为忽略了文化的共享性和普遍性，必须使用第二种、第三种理论来纠偏。第二，我们也要看到，20世纪末以来，全球化、新技术带来的革命已经在改变着社会结构、知识样式、身体经验和文化形式。面对极为多样的事件、逻辑和层出不穷的行动路线，新型的主体和运动，网络的无限潜能、信息传播与贸易，等等，上述三种建立在传统的身份、感知方式、差异与再现基础上的理论，有的可能已达到其概念与历史的上限而丧失了叙述的准确性、解释的有效性和批判的尖锐性。由持续创新的技术、日益细密的权力和运行不已的资本所参与并推动的文化大转型正在展开，对这一转型的学习、认知、解释与批判也正在展开。第三，作为西方理论，也有一个中国化转向以回应更为本土性和区域性的问题和挑战；作为中国读者，理所当然需要根据中国经验和需要来对西方理论进行选择、批判和使用。20世纪30年代清华任教过的英国学者燕卜逊（William Empson）有一个比喻："你喜欢什么理论就用什么理论，但是得跟着你的鼻子走。……不是每个人都有这个意义上的鼻子——这里是借用酿酒学的一个比喻——而如果你在这两方面都没有鼻子的话，你就该去找另一种工作。"[1] 西方文化理论是一项学术工程，也是一项批判事业。对我们来说，学习、了解西方文化理论，必须有自己的"鼻子"、眼光和立场。

理论是对过去的反思，它也是指向未来的——这不是说，它可以预测未来、引导未来，而是说，这些理论有助于我们理解正在发生的文化大转型，也有助于增强我们的主动性和自觉性，有效参与中国的文化复兴。

（原载《天津社会科学》2017年第3期）

1　转引自张隆溪：《对文化价值的信念》（2010），载张隆溪：《一毂集》，复旦大学出版社2011年版，第297页。

2017_年

文化、技术与正在到来的"非人"

　　今天讨论文化问题，离不开科技。广义地说，技术毫无疑问地是文化的一个方面，人类总是利用技术来改变自己的生产和生活，离开了科技发展，文化发展史就是不完整的。在人类文化这个大范围之内，科技是人类认识外部世界（包括作为对象的人自身）的工具和成果，文化是人类表达自我的象征符号，主要涉及价值观与文学艺术等方面。这种狭义的"文化"概念的形成，与 19 世纪的浪漫主义有关。作为对工业化过程中各种恶劣的社会和环境状况的回应，浪漫主义奋起反抗工业科技对人类心灵和精神所造成的伤害，"文化"因此被定义为从工业和科技的工具性恐怖中解放出来的非工具性、非功利性的精神的、知识的和美学的领域，科技多被视为文化之外的工具性手段。今天的认识当然要超越浪漫主义，相信日益精进的科技会让我们的未来变得更好，所以不能简单地重复"文化向科技投降"的论调。但好莱坞科幻电影式的忧患意识也绝不是杞人忧天，科技的后果取决于它能否受人类的控制，而这个"人类"，只能是有道德理性人文关怀的人类。

科技带来进步、变革和无数梦想，但其社会含义暧昧复杂，其效果甚至令人恐惧。1818 年，英国诗人雪莱（Percy Bysshe Shelley）的第二位妻子玛丽·雪莱（Mary Shelley）在阿尔卑斯山中与另一位名诗人拜伦（George Gordon Byron）谈话后，出版了《科学怪人》（Frankenstein），讲的是一个科学家创造了人造生物又失去了对它的控制后所造成的混乱。从那时到现在，人类不但努力于技术的精进和创新，更希望掌控技术，希望技术只是造福于人类的工具而不是加害于人类的魔鬼。还在技术刚刚开始塑造社会文化生活的 18 世纪末，德国浪漫主义诗人诺瓦利斯（Novalis）就有以审美艺术对抗技术的构想：

> 如果数字和图形不再是
> 众生的钥匙，
> 如果那些歌手和亲吻的恋人
> 胜过知识渊博的学者，
> 如果世界返归自由的生活
> 返归世界，
> 如果光与影
> 再次结合为真正的清明，
> 而我们在童话和诗歌中能认识
> 真实的世界历史，
> 那么整个被颠倒的本质
> 就会在一句密语面前飞逝。[1]

科技发展的趋势，似乎不是人类掌握技术，而是科技的成果如"机器人"在逐步掌握人类；不是文化制约科技，而是科技改变文化。越来越清楚的是，在文化所面临的各种挑战中，科技可能是最难对付的。

---

1 [德]诺瓦利斯：《如果数字和图形》（1798—1801），引自伍尔灵诗：《诺瓦利斯的属灵诗歌》，贺骥译，刘小枫编：《夜颂中的革命和宗教——诺瓦利斯选集卷一》，北京：华夏出版社2007年版，第248页。

一、多面的"技术"

在现代文化思想中，关于"技术"，有两种明确且对立的态度，这就是"乌托邦"（utopian）与"恶托邦"（dystopain），前者认为科技进步越来越多地满足了人类需要也推动了文化创新，后者认为科技进步造成了精神萎缩和价值崩溃。技术究竟是人类的福音还是人类的厄运，这是一个现在也很难回答的问题。

文化史自成系统，一般意义上的文化讨论并不一定要涉及技术。但文化产业的兴起、发展却与制作/传播技术直接相关，无视本雅明说的"复制技术"、斯蒂格勒说的"超复制技术"就不能谈论文化工业与超工业。在数字技术更为深刻细密地进入文化生活，技术成为文化产业的第一生产力的 21 世纪，技术不但从整体上参与了文化的生产、传播与消费，而且深刻影响了文化内容、意义和形态。技术之于文化的积极意义，至少可以有三个方面。其一，技术在摧毁了神话、宗教、传统的符号和形式之后又催生出新的意义、符号和形式。技术为文化与非文化设立了同样的目标，即按机器的程序和功能来行事，而不是利用某种毫不相关的或神秘的方式在原材料上表达自己的个性。最好的例证是，中世纪关于浮士德医师的民间传说到了歌德手中，就成为一个开凿运河、抽干沼泽，在行动中寻找生命意义的人。在这个意义上，浮士德的永恒追求才是现代人的象征。在文化产业系统中，一些新的文化形式和产业业态，如网络文化、电脑文化、数字文化等都是技术的产物。其二，技术为人类提供了新的世界、经验和趣味。技术不但提供了一条更有效的征服外部环境的途径，也提供了一条控制自我的渠道，拓展了人类认识、预测和控制的范围，这是一个为全人类都开放的世界。技术利用、呈现了事物的性质和功能，任何不加修饰的物体有其自身的美，任何艺术的修饰都不能比物体本身的美更好地揭示其个性。自然界仍然存在，但它并不会因此而获得某种最终的、不容挑战的权威，它只能作为人类集体体验的结果，作为人类运用科学、技术和艺术进一步创作的主题。其三，技术将文化产品、服务与日常生活行为融合起来改变人的生活，使文化覆盖全部生活世界。比如互联网技术不但可以使需要者随时随地获得个性化的文化产品和服务，而且在接受产品与服务的同时参与文化生产，使生产与消费合一，而频繁的文化消费／生产也可以促进文化产品和服务的持续升级和更新。微软创始人比尔·盖茨（Bill Gates）认为：未来人们的居室既无油画亦无石印画，它们纯属多余，取而代之的是与艺术博物馆相连的"大型超薄屏幕"。美国在线公司的史蒂夫·凯斯也声称，未来人们对艺术品的需要，"就像牙医弄点装饰材料来装点他的客厅一样"[1]。类似的设想很多，有的已经进入实践阶段。

当代文化生产力由内容、科技、资本三个要素构成。由内容反映和塑造的社会需求和文化价值，由科技推动和制约的产业结构与形态的变化，由资本所加强和调节的产业与市场规模，三者缺一不可。正因此，着重从技术上解释文化产业演变的，比较容易肯定技术的积极作用。比如本雅明相信复制技术可以解放大众，麦克卢汉则预言电子传播带来文化的民主化。在数字化的当代世界，技术可能带来的美妙前景也一再为人们所描绘。澳大利亚学者 Jeff Lewis 注意到一个现象："对于传播科技的研究而言，决定论的观点将世界的历史标记为'传播革命'：亦即以某些特定传播科技的出现作为时期的标记或定义。因此，当代科技的分期将历史视为一个迈向先进与优越科技文化的进程。然而，不仅如此，科技决定的观点也倾向'未来主义式'的观点，透过数位与电脑网络传播的使用，而得以参与未来社会与文化的趋势潮流。对于未来主义式的科技决定而言，新电脑科技不仅将改变传播方式，其革命效果也将横跨所有人类生活的领域。……无疑地，这些新科技的进程将带领我们，抵达一个必然比过去更美好的未来。"[2]由于现代艺术大规模使用技术，一些关注文化与技术关系的理论也都认同并借用了某些现代艺术。芒福德（Lewis Mumford）欣赏立体主义（Cubism）、构成主义（Constructivism），本雅明（Walter Benjamin）倾心于超现实主义（Surréalisme）、弗洛伊德主义和布莱希特（Bertolt Brecht），麦克卢汉（Marshall McLuhan）则对现代主义文学和布莱希特热情有加。无论他们如何评论技术的社会后果，但都以现代艺术为支持，认为技术至少有一面是人性化的、文化化的，可以被整合到未来人类生活之中。

---

1 ［法］《星期四事件》周刊文章：《对世界的新主人的一项调查》，《参考消息》转载时改题为《因特网时代的文化特征》，北京：《参考消息》，2000年4月5日第9版。

2 ［澳］Jeff Lewis, Cultural Studies：The Basics，中译《细说文化研究基础》，邱志勇等译，台北：韦伯文化国际出版有限公司2008年版，第639—640页。

显然，所有这些积极的技术论，都并不是就技术谈技术。在根本上，对技术的肯定，主要还是基于对人、人类的信念，对人、人类掌握技术以为我所用的信心。在法国哲学家莫兰（Edgar Morin）看来，大众文化（文化产业）已经实现了文化与技术的融合。一方面，技术改变了人之间的关系和人与世界之间的关系，它产生客体化、合理化和非人性化；但另一方面，技术也使我们摆脱了技术世界，如周末驾车出游可以找回失去的自然，体育运动可以找回自然的身体，游戏可以找回童心，等等。"大众文化是现代技术的产物，它通过形象代替实体带来了它的抽象化的产物，但它同时是对抽象关系的世界的反抗。它用对生动性质和具体事物的想象来报复抽象的和被物化的现实。它通过使各种感性表现——声音、音乐、形象充满技术的世界，以技术的手段反对技术来实现人性化。……在这个意义上，大众文化可以被看作一种反异化（当然这是一种异化驱赶另一种异化）。它与其说是把我们引入一个技术世界，不如说是把我们引进怎样非技术化地生活在一个技术化的世界里。"[1]技术所产生的一切都有其相反的方面。比如技术把一切都划归为客体，必然也会增长那些支配、占有或消费客体的人的主体的成分。世界越变为客体的，人越是变为主体性的：

> 人在他们本身的存在中忍受着客体化的过程，但同时在他们的个人生活中通过更多地个人主义化而主体化。客体变成了对象、工具、手段，但同时浸透了主观的、感情的、美学的价值。因此大众文化的双重本性——技术的和反技术的、抽象的和具体的、起客体作用的和起主体化作用的、工业的和个人主义的——在技术的基础本身中找到了它的基础。[2]

这种"辩证法"还有争论的可能，因为莫兰无法论证，这种因技术的客体化而激活的主体性，是否就是真正的主体性。在他之前的芒福德认为，这种"非技术化的生活"只是技术化世界的"代偿"，实际上不能摆脱机器体系的桎梏。以性为例，这是20世纪原始崇拜的一个重要的也是基本的表现形式，也是文化

1 ［法］埃德加·莫兰：《时代精神》（1962），陈一壮译，北京大学出版社2011年版，第194—195页。
2 ［法］埃德加·莫兰：《时代精神》（1962），陈一壮译，北京大学出版社2011年版，第195页。

产业最热衷的主题之一。但芒福德却发现："玻利尼西亚人的性感舞蹈和非洲黑人部落的性感音乐迷住了有着机械思维的西方城镇群众，并主宰了他们的休闲活动，特别是在机械文明发展得最快、机械小玩意最多、机械陈规最顽固的美国。过去男性往往酗酒以求解脱，现在又加上了性感舞蹈和色情拥抱的娱乐，两种过去属于隐私的性动作现在却在公开表演。白天劳作的压力越严重，这方面的反应也就越强烈。然而，这引起代偿措施不但没有丰富性生活的乐趣、没有满足感，反而让人的性欲不断受到挑逗甚至刺激。因为性刺激的例行仪式不仅遍及休闲业，甚至成为一种生意。它深入广告业和办公室之中，不断挑逗着世人却不提供积极的解放途径。"[1] 所以，应当分清作为生活方式一部分的性，以及在单调、受限的生活中起代偿作用的性：

简而言之，大部分的性代偿不过略强于可怜的性幻想而已。性被认为是生活方式的一部分，情人们拒绝无力的二手替代品，把他们的思想和精力都用在求爱和自我表现上了：这是性的丰富和升华的必要步骤，既保持了种族，也强化了整个文化遗产。是矿工的儿子 D. H. 劳伦斯，分清了两种不同的性：退化的性——仅仅作为逃离工业城镇的肮脏环境和令人窒息的单调的性，以及令人愉快的性——真正让人尊重、值得庆贺的性。[2]

文化生活提供了非技术化的世界。芒福德和莫兰都承认这一点，但前者认为这种主体化只是一种逃避，后者认为这就是人的价值的实现。这就是说，即使是积极地看待技术的文化效果的观点，也属于技术的"社会建构论"，即人类可以掌握技术、文化并非单向度地为技术所控制。英国文化理论家雷蒙·威廉斯（Raymond Williams）指出：

技术决定论的基本设想是：一种新技术——一种印刷的报纸，或者一颗通信卫星——"产生"于技术研究和实验。接着，它会改变它从中"出现"的社会或者部门。

1　[美] 刘易斯·芒福德：《技术与文明》（1934），陈允明等译，中国建筑工业出版社2009年版，第264页。

2　[美] 刘易斯·芒福德：《技术与文明》（1934），陈允明等译，中国建筑工业出版社2009年版，第265页。

"我们"要适应它，因为它是新的现代方式。

然而，实际上，所有技术研究和实验都是在早已存在的社会关系和文化形式之内进行的，很典型的是为了早在一般预见中的各种目标。此外，技术发明本身比较说来具有社会意义。只有当它被挑选来进行生产投资时，只有当它为了特定的社会用途而被有意识地发展时——即当它从作为一种技术发明转向可以恰当地称为一种可以得到的"技术"时——其普遍的意义才开始。挑选、投资和发展的这些过程，明显属于一种一般的社会过程和经济过程，是在现存的社会关系和经济关系之内，也是在一种特定的社会秩序之内，而它是为了特定的用途和利益而设计的。[1]

据此看来，技术发明本身并不能带来文化变化，要理解任何一种大众传播技术，就必须将其历史化，就必须考虑它们在某种具体的社会秩序内与那些具体的利益形式的接合，技术应被视为由于一些已在意料中的目的和实践而被寻求和发展的东西。威廉斯还以电视为例，说明电视是多种技术发明和发展的复合体，这些先行技术本身往往早已被人们发现、发明，但其发展的可能性却总是要等待某一个必要时刻才能被整合进社会系统中。这个时刻就成了技术发展的历史与社会动因。就此而言，不是传播系统的历史创造了一个新的社会或新的社会状态，相反，传播系统，包括电视，都是后者内在的结果。另一方面，电视技术在现代社会的广泛运用，主要不在于社会需要，而在于它在现存社会构成中的地位。电视技术的运用针对的是现代城市工业化生活，一种既流动又以住宅为中心的生活方式，这是一种相当广泛的社会需要。所以，电视技术的产生与运用都关系到社会意向的问题，它是否与决策集团的考虑相一致，是否恰当地回应了社会生活趋势，都决定了它能否得到官方的许可与赞助、人们的接受与拥护，从而保证其顺利诞生及发展。威廉斯认为，麦克卢汉把技术从社会中抽象出来，忽视了控制和使用媒介的机构和人，不能解释不同媒介的特征与特定的历史文化情境及社会意图之间的相互关联，似乎传媒由谁来控制、使用，控

---

1 [英]雷蒙德·威廉斯：《现代主义的政治——反对新国教派》(1989)，阎嘉译，商务印书馆2002年版，第171—172页。

制者或使用者插入什么内容等，对传媒效果都无关紧要，人们尽可忘却日常世界中政治与文化的冲突而让技术自行运作。这当然是一种抽象之论。

对技术、对技术与文化关系的考察，当然应当置于社会历史的总体结构之中。除麦克卢汉外，文化理论中基本上没有"技术决定论"。社会建构论的困难在于：社会能否建构技术？

从社会这一方面来说，社会不是抽象的，社会的主体就是人类，就是具体的个人、组织、机构和国家等。当技术迅速发展并越来越深刻地重组人性和社会时，各种社会主体是否有能力掌握技术呢？我们对此显然并无把握。正如精神分析的创始人弗洛伊德（Sigmund Freud）所说："很久以前人类就形成了一种全知全能的和无所不包的理想概念，并把这个概念体现在他的诸神中。凡是他的愿望所无法达到的东西，或者对他禁止的东西，人类都归因于这些神。因此，我们可以说，这些神祇是人类文明的理想。现在人类已经非常接近实现了这个理想，人类几乎使自己变成了一个神。"这位对人性从不持简单理解的心理分析家同时又提醒我们："但不是完全实现，有些方面一点也没有实现，在另一些方面只实现一半。……当人类装备上他的所有辅助器官时，就会非常神奇了。但是，这些器官并不只是长在他身上，而且还常常给他制造麻烦。……未来的时代将在这个文明领域中取得可能令人难以想象的伟大的进步，并将人类和上帝更加相似。但是，……我们千万不要忘记，今天的人类虽然和上帝相似，却仍然并不幸福。"[1] 为什么不幸福？因为人类还不能掌握他所创造的"怪物"（Frankenstein）。达·芬奇没有公开他发明的潜水艇，因为他担心这种武器在不知悔改的人手里，会变得非常邪恶和危险。然而，人类会有一天成熟起来以至于他可以掌握技术以为我所用吗？迄今为止，人类经历了三次工业革命，分别以机械生产、电力和生产流水线、计算机为代表，其共同点是"机器代替人"，包括互联网、虚拟平台等，都是替代人的部分功能且为人类掌握的机器。第一、二次革命主要对人的体力替代，第三次革命部分地替代了人的智力，当代的人工智能研究和生物技术正在生产能够取代甚至超过"人脑"的"机器人""基因人"，它（他）们终将替代"自然人"

1　[奥]弗洛伊德：《文明及其缺憾》（1930），杨韵刚译，车文博主编：《弗洛伊德文集》第8卷，长春出版社2004年版，第185页。

而成为未来社会的"人类"。到那时，我们还能存在，还能控制、指挥它们吗？历史已经表明，从体力到智力，"机器"增加多少功能，人类就减少多少功能。我们现在还可以说，技术的后果取决于被谁控制，但长期来看，则取决于我们能否控制得住。技术进步无止境，"人"越来越"无产阶级化"，遑论建构技术？

从技术这一方面来说，现代技术越来越具有自我导向的趋势，越来越在挣脱社会的掌握。让·拉特利尔（Jean Ladriére）指出：

> 诚然，技术要为社会所接受，就必须迎合某种动机，必须至少给人以满足了某种需要这种印象。但是显然，需要可以"创造出来"，因而具有与相应的技术体系同样的人为性质。通过某种转换，到某个时刻，就不再由决定于人类体或心理特性的"需要系统"来支配技术的发展，反倒是技术的进步本身支配了需要系统（当然这要先假定有整个社会系统的中介作用。电话并非通讯所必不可少的器具，但是，在一个电话使用非常普遍的社会里，有些活动若无电话通讯实际上就不能进行）。现代技术的发展似乎已经达到这一点。……一言以蔽之，技术领域，正如科学领域，就其将自身组织成一个相对自主的由相互依赖的部分的系统组成的网络，就这一网络自身能够逐渐提高组织化和综合化的水平而言，看来正沿着自我导向目标的方向进化。[1]

技术并非一开始就是自主的，传统社会的技术不过是人们使用的工具，其存在与发展依赖于文化和社会。此时人们关注的是如何使用工具，是使用工具之人，是人使用工具的技艺、方式和才能。只是在现代技术社会，技术才获得自主性，才有其内在逻辑。由于现代技术的自主性，技术与文化的关系发生了根本性的变化，它主导了一切文化领域包括知识的、艺术的和道德的。现代技术不是在原有文化基础上加入新内容，而是彻底打破传统文化的原有结构，动摇、瓦解、改变了传统文化。所以技术总是在、事实上确实部分地挣脱了社会建构和文化约束。对于一些怀有悲观情绪的理论家看来，技术确实是历史和社会的设计，但它自身也包含了一种统治的先验性和控制的欲望，因此是服务于

1　[法]让·拉特利尔：《科学和技术对文化的挑战》（1977），吕乃基等译，商务印书馆1997年版，第47页。

统治者需要的。赫伯特·马尔库塞（Herbert Marcuse）在《单向度的人》一书中就认为，在发达资本主义社会中，"技术中立"、技术是工具的传统观点已不再有效，考察技术不能把技术与使用它的人以及它的用处区分开来。技术的社会是一个统治体系，它已在技术的概念和构造中起作用；统治的既定目的和利益，不是后来追加的和从技术之外强加的：它们早已包含在技术设备的结构中。当代技术构成了一套完整的组织并延续（改变）社会关系的模式，体现了统一思想和行为的模式，及控制和统治的工具。

所以，目前的问题是，技术的社会建构体制还未完善，而技术的自我导向却日益强烈。技术越是深入地进入人类生活和生命过程，就越是引起反弹、批判甚至拒绝，各种技术批判理论纷纷提出。与此同时，计算机与数字技术的惊人发展又在滋长着一种技术决定和乐观主义。它们都没有看到，当代科技的发展，已经向文化的根基——人性——提出了质疑和挑战。

二、脆弱的"人性"

西方文化确有其普遍的、一以贯之的文化价值，比如真善美。这些价值的基础是"人性"。尽管无数的暴力、战争、灾难都在摧毁着脆弱的"人性"，但至少在理论上、在文化上，西方思想的主流一直认为，人性的自我实现是人类有意识行为的目的，而对人自身的关爱，则是全部人类活动的目的。伟大的诗人歌德早就指出："对于人来说人是最令人感兴趣的，并且也许只对这一个人感兴趣。我们周围的其余的一切要么只是我们赖以生存的环境，要么就是供我们使用的工具。我们对这些事物流连越久，我们对它们注意关切越深，对我们自己的价值的感觉以及对社会的感觉就越淡薄。凡看重花园、楼房、衣服、首饰或别的什么财产的人往往不那么合群、不那么讨人喜欢，他们忽略了人，而愉悦人、联络人却只有很少的人能做到。"[1]

一些学者认为，古希腊马其顿王国的亚历山大（亚里士多德的学生）就提

---

[1] ［德］歌德：《威廉·麦斯特学习时代》，张荣昌译，杨武能主编：《歌德文集》5，河北教育出版社1999年版，第100页。

出这样的理论：所有人本质上都是相似的，无论他们的种族和文化多么不同。[1]近代以来，有关这一主题的论述更多：

18世纪的英国哲学家休谟（David Hume）指出："人们普遍承认，在各国各代人类的行动都有很大的一律性，而且人性的原则和作用乃是没有变化的。同样的动机常产生出同样的行为来，同样的事情常跟着同一目的而来。野心、贪心、自爱、虚荣、友谊、慷慨、为公的精神，这些情感从世界开辟以来，就是，而且现在仍然是，我们所见到的人类一切行为和企图的源泉；这些情感混合的程度虽有不同，却都是遍布整个社会中的。……历史的主要功用只在于给我们发现出人性中恒常的普遍的原则来。"[2]

20世纪美国心理学史家墨菲（Gardner Murphy）、柯瓦奇（Jeseph K.kovach）以共同人性为心理学研究的前提："同类人猿和哪怕是最原始人类间的巨大差距相比，人种的进化实际是表明人类种族的基本统一，这种进化可以从出土文物、骨化石、早期工具、武器、殡葬习俗、技能完善的遗迹，以及人民的迁移等表现出来。现代人类种族在大的属性上是一致的。……有理由相信，确实存在可以称为'人性'的这样一种东西——一种从幼年到成年充满人性的'独特'发展途径。确实存在这样一种东西，可以称为人的智力和学习能力的成长过程，唯独人才具有的气质、情绪和本能属性的成长过程。而且，从当代未开化的人类社会确实可以得到广泛的证据表明，这些社会的人们在根本上是非常相似的，说明我们现代种族自身未开化的祖先同他们或同我们也并没有什么大的差别。"[3]

当代系统论哲学家 E. 拉兹洛（Ervin Laszlo）甚至指出一个令人乐观的现象："当代文化人类学家们正在制定一张基本的、普遍的、世界各地的人共同遵循的价值标准的清单。尽管其表现方式往往是根本不一样的，但是，所有文化实体都表现出同样的基本价值标准——生存、相互合作、养育儿童、崇拜卓越的存在物、避免苦难、避免非正义和痛苦。表面的形式不同，而内在的结构是异质

---

1 参见［美］威廉·麦克尼尔：《西方文明史手册》（1949），盛舒蕾等译，浙江大学出版社2016年版，第102—103页。

2 ［英］休谟：《人类理解研究》（1748），关文运译，商务印书馆1995年版，第75—76页。

3 ［美］加德纳·墨菲、约瑟夫·柯瓦奇：《近代心理学历史导引》（1972）。林方等译，商务印书馆1980年版，第16页。

同型的。人类分散居住在各处，但作为一种生物的、社会的和文化的存在，人类追求他的目的。"[1] 拉兹洛还在普遍人性论的基础上进而解释了人性的实现："实现的意思是，作为一个生物的和社会文化的存在物，人所具备的潜能发挥出来了。它既指身体健康，又指精神健康。实现意味着适应环境，人作为生物机体，他的等级结构的各部分构成了一个不能降低的整体，在这个意义上，人要适应环境；人作为社会文化角色的承担者，协力合作构成了很多现存社会中的由许多人组成的系统，在这个意义上，人也要适应环境。实现还意味着作用于环境，既要作用于生物机体的内环境，又要作用于社会的外环境，并且还要把环境创造得适合于人发挥他的潜能。实现要求一个组成整体和进行调节的能动过程，创造出使人身上存在的所有潜能得以在现实中发挥出来的条件。"[2] 事实也确是如此，最近几十年来，各种形式的文明对话，大都讨论过如何建立全球普遍伦理的问题。

从古希腊到 20 世纪，休谟、墨菲、拉兹洛以及其他更多的人，身份、背景各异，相互之间亦无思想关联，但都不约而同地认为存在着一种共同人性。这其实也是一种经验性常识：既然都是人，当然也就有人之为人的共性。实际上，文明人类一直是在有一个普遍的人性，有若干共同的价值观，即使有冲突至少在理论上也是可以解决的信念下，从事政治、经济和文化活动的。但是，18 世纪以来的普遍人性论和普遍价值论似乎没有充分正视它所面临的持续的质疑和挑战。

首先是近代以来一系列经济、社会与政治的变迁，瓦解着这个传统观念。工业革命带来的社会变革和经济竞争，政治革命激活的社会矛盾和暴力行动，加上各种意识形态所构思的不同的历史解释和未来规划，都使得现代性充满矛盾和冲突。马克思的阶级斗争，迪尔凯姆（Emile Durkheim）的社会失范现象，弗洛伊德的性压抑，帝国主义引发了东西对立，纳粹主义强化了种族差异，社会

---

1 ［美］E. 拉兹洛：《用系统论的观点看世界》（1978），闵家胤译，中国社会科学出版社1985年版，第97页。

2 ［美］E. 拉兹洛：《用系统论的观点看世界》（1978），闵家胤译，中国社会科学出版社1985年版，第100—101页。关于西方的人性论和价值观，参见［德］弗里德里希·包尔生：《伦理学体系》（1899），何怀宏等译，中国社会科学出版社1988年版。［美］理查德·塔纳斯：《西方思想史》（1991），吴象婴等译，上海社会科学院出版社2007年版。

主义实施了阶级斗争，资本主义拉大了贫富差距……当马克思说"人是一切社会关系的总和"，就已经否定了有一个抽象的、完整的人性。20世纪中期，美国社会研究者米尔斯（C. Wright Millis）指出："'人性的本质'这一从启蒙时代传承下来的人的类属意象在我们的时代，由于极权主义政府的出现，由于族群相对主义，由于发现人们身上潜在的强大的非理性，由于男女众生们似乎可以被非常迅速地历史性改造，逐渐成为问题。"[1] 20世纪是极权主义大规模改造人性、剥夺人性的世纪，也是种族、阶级尖锐对立，人性脆弱无力的世纪。1947年，从纳粹魔掌中走出来的意大利作家普里默·莱维（Primo Levi）回忆奥斯维辛集中营的生活时写道："没有任何东西是属于我们的：他们剥夺了我们的衣服和鞋子，连头发也给剃光了；……他们把我们的名字也剥夺了：倘若我们想留住它，主就得在我们身上找到能够保留它的力量，让我们名字背后的我们的些许东西，曾经的我们的些许东西，还能得以保存下来。""现在请想象一下，一个人被剥夺了所有爱他的人，被剥夺了他的家，被剥夺了他的习惯、他的衣服，被剥夺了一切，最后被彻底剥夺了他拥有的一切：他将会是个虚无的人，沦为只有痛苦与需要的人，忘却了尊严和判断能力，因为谁失去了一切，就往往容易失去自我。因此，没有和同他人的亲密关系，他就会更轻易地抉择自己的生死；最幸运的情况是，出于一种纯粹功利来判定其生死。这样，一个人就会理解把集中营称作'毁灭之营'一词的双重含义了。"[2] 莱维这本书的名字就叫《这是不是个人》。

其次是文化领域的价值分裂。在马克斯·韦伯阐释了西方理性化所导致的价值分裂之后，真善美已不再是连贯性的和谐整体。从而，是否承认文化/价值的普遍性，成为文化理论交锋的焦点。有些理论家对不同文化的巨大差异极为敏感，因此比较关注那些人性中较为可塑的那些方面。但另外一些人发现这些差异只是表象，他们被全人类具有共同性这一点所征服，因此致力于寻找全人类的普遍特质。现在的危机在于，一方面，我们迫切需要建立新的共同的价值

1　[美]C.赖特·米尔斯：《社会学的想象力》（1959），陈强等译，北京三联书店2001年版，第170页。

2　[意]普里莫·莱维：《这是不是个人》（1947），沈萼梅译，人民文学出版社2016年版，第18、18—19页。
参见单世联：《黑暗时刻：希特勒、大屠杀纳粹文化》下卷第20章，广东人民出版社2015年版。

观来应对文化转型。如拉兹洛所指出的：

> 在希腊文明的黄金时代，起指导作用的思想是过美好的生活。继之发挥作用的是西方的基督教教义，上帝的天国接替美好生活成为下一个指导思想。……直到近代，事物的外部秩序成为精神和理性寻幽探胜的对象，人类才开始采用新的价值标准。最初他是在做"总和是零的博弈"；他进行的这种博弈是基于这样一个设想：商品的数量就那么多，要尽可能平均地分配。一个人赢得的，就是另一个人失去的东西。……不过，随着近代科学的兴起，在商品生产中采用了转换能量的新技术，"总和是零的博弈"被"增长博弈"取代了。……近代资本主义使经济生产能力取得了前所未有的增长，这个社会的价值标准转向了物质主义：按人口平均计算的产量高就是美好，按人口平均计算的产量更高就是更美好。
>
> 但是，经济发展带来一些内部问题，促使许多思想家建立替代的理论。……我们已经开始领悟到，进步不在于更多和更大。必须对进步做出新的定义，而那就意味着新的价值标准体系。可是，现在有什么可以作为我们建立价值标准的基础呢？这成了我们时代头等重要的问题。[1]

另一方面，当代文化理论重在差异和斗争，着力从各种文化文本中发掘不同的国家、阶级、种族、性别、代际之间的对立和冲突。美国批评家杰拉尔德·格拉夫（Gerald Graff）在评论文学理论时指出："人们常常发现，关于那些核心的价值观，并不存在一致的意见。更糟的是，人们对这种核心的价值观的共识，是用十分含混的词句解释，结果变得没有意义了。最糟的是，这种共识一开始就全靠把一些重要团体排斥于讨论之外而获到的。这种做法更加剧了四面八方的怨恨。不管结果如何，其所产生的效果都将加深瘫痪之感，从而促使了向勉强维持的隔离状态和武装对峙式的休战状态的回复。在这种情况下，承认没有（如果原先曾经有过的话）任何一套令人感兴趣的思想或价值观，可以把所有那

---

1 ［美］E. 拉兹洛：《用系统论的观点看世界》（1978），闵家胤译，中国社会科学出版社1985年版，第92—94页。

些被称为'人文科学'（或'文学传统'）的毫无联系和相互冲突的活动联系起来。"[1] 把"人文科学"联系在一起的竟然是否定共同价值观，这是过去不能想象的，而这又正是当代文化的理论的特征：文化研究是政治事业，政治是冲突的领域，它不可能承认有共同价值观。所以文化理论不但没有承担责任，反而在为虚无主义推波助澜。

再次也是最严重的，我们的信念还受到新的科技成果和新的哲学理论的打击。赫胥黎（Aldous Huxley）的《美丽新世界》虚构了一个技术造人的故事，这已经由生物技术和人工智能所完成，对人的设计、改造、美化、模拟和建构已经是当代科技的重要趋势。克隆技术不仅能创造出一个新的基因级别的结构，而且能对人类自身进行全新的仿真模拟，人性看上去首次成为唾手可得之物。当人、人性成为产品、商品，"人工人"可以大批量出现之时，我们现在的"自然人"也就消失了。美籍日裔学者福山（Francis Fukuyama）在《我们后人类的未来》一书中提出了"后人类"的概念："本书的目的，是论证赫胥黎是正确的。当代生物技术所造成的主要威胁在于它可能改变人类的本性，并因此使我们进入一个'后人类'的历史时期。我将论述，这是非常重要的，因为人类的本性不但存在，而且是一个有意义的概念，它为我们作为一个物种提供了一种稳定的连续性。它与宗教一起，界定着我们最基本的价值观。人类的本性塑造着并且制约着政治体制可能有的种类，所以，一种强大到足以重新塑造我们是什么的技术，将来可能对自由民主和政治本身的性质产生有害的结果。"[2] 在美德合拍的电影《我，机器人》中，警察认为谋杀只是人对人的行动，机器人不存在谋杀的问题，因此，杀了创造者的机器人桑尼被无罪释放，并为其他机器人所钦佩。这是虚构，也是离我们并不遥远的现实。如果我们的生活中布满这样的"电子人""机器人""基因人"等"人工人"，所有的社会组织、生活方式、伦理道德、法律制度还能维持吗？

1　[美]杰拉尔德·格拉夫：《理论在文学教学中的未来》，[美]拉尔夫·科恩主编：《文学理论的未来》（1989），程锡麟等译，中国社会科学出版社1993年版，第355页。

2　[美]Francis Fukuyama, Our Posthuman Future：Consequences of the Biotechnology Revolution. Londom：Profile Books.2003.7.

三、"非人"的来临

当代哲学、文化理论提出了一种非常重要的"人性论",它认为"人性""人的本性"等,不是由它"是什么"而是由它"不是什么"来界定的。比如根据德里达（Jacques Derrida）的解构哲学,人性这一范畴的建构本身就极端地依赖于非人性所属的范畴,以使通过两者之间的差异而界定它。如此,人性也总是由它所不是的东西来预示,人性所到之处,它的他者也必在那里。比如说,纳粹暴行是非人性的,对身边的苦难无动于衷是非人性的,以强凌弱是无人道的,等等。"这些说法也都肯定了人性,其方法是从其术语中排除了恶劣的人性行为。结果就是,折磨、冷漠以及权力都是不正当的,不属于人性的层面,因而,其潜在含义则是,真正的人不会从事这类事情。"[1] 所以,离开了非人性,就是"人性";至于什么是非人性,则要依据一定的文化价值观。人性是一种可能的思想范畴,但也是不稳定的范畴。由于渗透着非人性的内容,人性将永远被异于他自身的幽灵所困扰。所以,"人性远非是文化的先验之物,反而是文化之'正当的'效果。所以,本来无可辩驳的人性,也不过是常识而已,是就某一特定的价值观而达成的一种恰如其分的一致。因此,人性也是意识形态。"[2] 这样说来,既不是权力/政治,也不是科学技术导致了人的"非人化",而是本来就没有"人"或"人性",传统意义上的"人"或"人性"不过是基于特定价值观或意识形态的文化产品。

这在理论上也许是成立的。另一位后现代理论家利奥塔（Jean-Francois Lyotard）对此说道:"我们把人类中的什么东西称之为人性? 是人类童年最初的痛苦,还是其获得第二'本性'的能力,第二本性由于语言的帮助使得人们得以分享集体的生活、成年人的意识和理性? 后者依赖于前者,并以前者为前提,这是每个人都会赞同的。问题只是在于要弄明白这一辩证法,不管我们冠之以何种名称,是否留下了任何剩余物。"英国学者凯特·麦高恩（Kate McGowan）就此发挥说:

---

1 ［英］凯里·麦高恩:《批评与文化理论中的关键问题》（2007）,赵秀福译,北京大学出版社2012年版,第148页。

2 ［英］凯里·麦高恩:《批评与文化理论中的关键问题》（2007）,赵秀福译,北京大学出版社2012年版,第150页。

这里，人性"正当的"内容既不内在于意识，也不内在于其物质性，它既不是思考能力，也不是其有机存在的机能。换言之，它不能径直简化为技术意义上的软件或硬件。童年的痛苦，存在在意义中的异化，导致了人性的产生，但是用这些术语所描述的人性之产生的条件本身却使得人性成为模糊不清的，无论我们把这一过程冠以何种名称，争论的焦点都是多余物。如果没有任何多余物，那么机器就可复制人之为人。如果有的话，那么机器就不能复制。在利奥塔看来，关键是多余物而非异化。[1]

这样，问题就转化为：在我们这些"自然人"中，是否还有某些为种种新的技术如生物技术、人工智能等所不能制造、生产的"剩余"？如果有，则人和人性还有一线继续存在的希望；如果没有，则人和物、人性与物性也就没有根本性差别，则人为"非人"：

> 弗洛伊德已经列举了三大著名打击：人不在宇宙的中心（哥白尼）；人不是第一次活物（达尔文）；人不是感觉的主宰（弗洛伊德本人）。通过当代科学技术，人懂得了自己不是精神的垄断者，就是说不是复杂化的垄断者，但是这种复杂化不是注定录入物质的，而是可能在物质中，它在有人类之前很久就已经发生了，偶然地发生了。但这种复杂化是能够明确地表述的。人还特别地懂得了其自身的科学也是一种物质的复杂化。可以说，在这种复杂化中，能量本身得到反映，但人并不必然地从中获得特权。因此，人不应该自认为是一种原因，也不是一种结果，而应将自己看作一种可靠的转换器，一种由其技术科学、艺术、经济发展、文化及其带来的新的记忆方式即宇宙中新增加的一种复杂性支持的转换器。[2]

这就是"上帝之死"之后真实的"人之死"。传统的文化观念以"人性"观念

---

1 ［英］凯里·麦高恩：《批评与文化理论中的关键问题》（2007），赵秀福译，北京大学出版社2012年版，第156页。所引利奥塔的原话，参见让—弗朗索瓦·利奥塔：《非人——时间漫谈》（1988），罗国祥译，商务印书馆2000年版，第3页。

2 ［法］让—弗朗索瓦·利奥塔：《非人——时间漫谈》（1988），罗国祥译，商务印书馆2000年版，第49页。

为前提，不管我们如何理解"人性"（理性、劳动、语言、欲望、阶级、种族、性别等都曾被用来解释人性），但只有承认一个共通的、基本的人性，才能进而讨论文化和价值问题。面对"非人化"的挑战，人类的文化已经被从根上拔起。即将到来的问题，不是自然人还能不能独立于技术之外，而是技术已经独立于人而有了自己的生命体。在这种情况下，我们还能再谈论一直与人一起的文化、价值吗？

当代人类处于一种奇特的位置。以色列史家尤瓦尔·赫拉利（Yuval Harari）的《人类简史——从动物到上帝》一书，从人类起源一直写到当代，而以一段极不确定的担忧结束：

虽然现在人类已经拥有许多令人赞叹的能力，但我们仍然对目标感到茫然，而且似乎也仍然总是感到不满。我们的交通工具已经从独木舟变成帆船、变成汽船、变成飞机，再变成航天飞机，但我们还是不知道自己该前往的目的地。我们拥有的力量比以往任何时候都更强大，但几乎不知道该怎么使用这些力量。更糟糕的是，人类似乎也比以往任何时候更不负责。我们让自己变成了神，而唯一剩下的只有物理法则，我们也不用对任何人负责。正因如此，我们对周遭的动物和生态系统掀起一场灾难，只为了寻求自己的舒适和娱乐，但从来无法得到真正的满足。

拥有神的能力，但是不负责任、贪得无厌，而且连想要什么都不知道。天下危险，恐怕莫此为甚。[1]

尽管弗洛伊德（Sigmund Freud）也早就说过类似的话，但这段话还是可以质疑的：现代人既然"不负责任、贪得无厌，而且连想要什么都不知道"，那么我们在什么意义上说他"拥有神的能力"？对照古典人论，我们甚至可以说，现代人不但不是神，甚至也不是古典意义上的"人"。

但，所有这些，不但不能阻止我们来讨论人性、探索文化价值，而且还激发了这种需要。正如，"上帝"是我们仍然可以在社会与公共领域中寻找节庆和休闲以及整个文化生活的基础。同样，在"人将不人"的危机面前，我们仍然

---

1 ［以］瓦尔·赫拉利：《人类简史——从动物到上帝》（2012），林俊宏译，中信出版社2014年版，第408页。

可以谈论人性与普遍价值，甚至正因为"人将不人"，我们才更需要谈论人性与价值——生物技术可以生产"人"，那么如何是"人"？解构哲学认为人性是机器不能复制的"剩余物"，那么这剩余物是否就是共同的人性？科技进步也好，自我认识深化也好，都在召唤着我们建立人性的或文化的价值基础。德国哲学家克劳斯·施瓦布（Klaus Schwab）在研究第四次工业革命时，提出这样一个问题："技术进步将我们推到了新的伦理边界。我们是将生物学领域的巨大进展仅仅用于治病疗伤，还是同时也用于提高人类自身能力？""人工智能同样面临着复杂的伦理问题。例如，机器人的思维可能比人类更超前甚至更深入。亚马逊和网飞公司已经掌握了能预测我们可能喜欢的电影和书籍的计算机算法。相亲和就业网站为我们推荐由它们的系统计算出来的适合我们的伴侣和工作，可以就在附近，也可在世界任何地方。我们应该怎么办？"然而，我们还能控制、掌握技术吗？"当我们思考上述实例以及它们对人类的潜在影响时，我们踏入的是未知领域，是前所未有的一场人类转变的起点。……如果我们在任何情况下的行为都是可以预测的，那么为了不偏离这种预测，我们还能拥有或感觉自己拥有多少个人自由呢？这一能力的发展是否可能导致人类行为最终变得和机器人一样？这又引出一个哲学问题：在数字时代，我们如何保持我们的多样性和民主的根源——自我？"[1]

所以，尽管传统伦理所依赖的基督教神学已经解体，尽管当代科技在瓦解着人性的根基，但即使是克隆人，也还需要群居共处的准则和艺术，探索文化产业伦理有其必要性和可能性。我们需要自我提醒的是：这是一个需要我们持久探索的漫长历程。在联合国教科文组织负责编写的《人类文明史》的最后一卷，作者写道：20世纪的特点之一是普泛世界观的衰退，在最后的几十年中更是如此。"现在我们不得不面对构建一种新的普世性的挑战，这一普世性将比欧洲中心主义更广泛、有效。在构建过程中，我们应当铭记这一新概念将不是最终的定义：实际上永远没有完成的一天，一直会受到新的影响。"[2]

克劳斯·施瓦布在研究第四次工业革命时，指出了新的技术进步所带来的

1　［德］克劳斯·施瓦布：《第四次工业革命——转型的力量》（2016），李菁译，中信出版社2016年版，第102—103页。

2　［印］萨维帕里·戈帕尔等主编：《人类文明》第7卷，中文版编译委员会译，译林出版社2015年版，第708页。

一系列问题，在依然相信我们可以掌握未来时又强调了这种信念的不确定性："一切都取决于我们。我们站在第四次工业革命的起点展望未来。更重要的是，我们拥有影响其发展过程的能力。知道如何实现其繁荣发展是一回事，能否做到又是另一回事。一切最终会走向何方？我们又该如何做好万全的准备？……伏尔泰曾经说过：'不确定让人不舒服，可确定又是荒谬的。'只有天真幼稚的人才会宣称，他们非常清楚第四次工业革命将带领我们走向何方，但若因方向不明而感到恐惧惊慌则同样幼稚可笑。"[1]

面对不确定的未来，我们能做哪些准备呢？

（原载《南方论丛》2017 年第 3 期）

---

1 ［德］克劳斯·施瓦布：《第四次工业革命——转型的力量》(2016)，李菁译，北京：中信出版社2016年版，第116页。

2018年

论文化效益的结构与矛盾

文化效益，特别是文化产业的效益问题，是近20年来与文化有关的各界（产、官、学）都在关心的问题。其实，这是一个古老的论争，主题有二：一是文化有没有“用途”或“效益”？西方古典文化在19世纪达到一个高峰。这个世纪不但出现了一大批文化杰作，而且对文艺的社会效益有更为自觉、更为清晰的认识。一方面是马克思主义以及各种社会论强调文化与社会经济的联系，强调社会经济在解释文化上的优先性甚至决定性的作用；另一方面是一些文艺家对文化独立性、自律性的阐释。这一分歧，具体展开为文化“有用”还是“无用”的对立。另一个问题是，文化如果有“用”，这个“用”是值得追求的还是应该舍弃的？多数论者持前一种观点，但中国的老子、庄子和西方的柏拉图，却持后一种观点。我在2014—2018年完成的《文以教化——文化产业社会效益研究》一书中对此有详尽评论。通过对这两个问题的历史回顾，我在此书中着力阐述了一个经常被忽视，且在当代文化研究中几乎无人关注的问题——不同的文化效益之间以及同一效益内部的矛盾。这就是本文的主题。

在社会生活的整体中，文化与经济、政治、社会等并列而为一相对独立的领域；在文化领域中，艺术与科学、道德等并列而为一相对独立的领域。文化艺术之所以相对独立，在其有不同于其他领域的价值，我们称之为"真善美"。任何一种价值，它之所以值得肯定和追求，在于它能产生各种各样的效益，在于它的"有益"。当然，文化，特别是其核心艺术，是否有用，一直是有争论的。从德国浪漫派到法国现代主义，都重在文艺的"无功利性"，而从19世纪别林斯基等的文学批评到马克思主义，则强调文艺之于经济、社会、政治的积极作用。这其中涉及众多理论问题，而最基本也最重要的则是：什么才是"有益"？在浪漫派作家路德维希·蒂克（Ludwig Tieck）的小说《施特恩巴尔德的游历》中，当一位年轻的铁匠认为艺术无用时，主人公弗兰茨质问：

> 你用"益处"这个词表达什么？难道一切都必须归结为吃、喝、穿吗？或者说，我为了更好地操纵一艘船，发明了更方便的机器，难道又仅仅为了吃得更好吗？我再说一遍，真正的崇高不能也不可实用；实用为它的神性所不容，要求实用，即取消崇高的性质，降低为人类的一般需求。人自然需要许多东西，但是人不可把精神降低为它的仆人即躯体的仆人，……[1]

德国浪漫派等认为艺术无"用"，但其"用"是指实际利益、物质财富等，俄国批评家强调艺术有"用"，其用也不是实际利益、物质财富等。就此而言，对立的双方其实是可以对话的。关键是是否承认文化艺术有其自身的目的或价值。在其美学讲演中，黑格尔专门就艺术的目的是否为道德教益问题做过一番辨析。他的结论是："艺术的使命在于用感性的艺术形象的形式去显现真实，去表现上文说的那种和解了的矛盾，因此艺术有它自己的目的，这目的就是这里所说的显现和表现。至于其他目的，例如教训、净化、改善、谋利、名位追求之类，对于艺术作品之为艺术作品，是毫不相干的，是不能决定艺术作品概念

---

1 [德] 路德维希·蒂克：《施特恩巴尔德的游历》(1798)，胡其鼎译，《施特恩巴尔德的游历——蒂克小说选》，上海译文出版社2010年版，第137、138页。

的。"[1]黑格尔这里所说的艺术作品自身的目的，就是艺术的价值，就是对真善美的追求和表现。

对此，古今中外有过无数讨论和研究。全面说明文化价值，那几乎等于写一本文化史。这里且从中国学者王国维谈起。在《论哲学家与美术家之天职》一文中，他对中国文化传统有一个反思性分析：

> 披我中国之哲学史，凡哲学家无不欲兼为政治家者，斯可异已！……岂独哲学家而已，诗人亦然。……至诗人之无此抱负者，与夫小说、戏曲、图画、音乐诸家，皆以侏儒、倡优自处，世亦以侏儒、倡优畜之。所谓"诗外尚有事在""一命为文人便无足观"，我国人之金科玉律也。呜呼，美术之无独立之价值也久矣！此无怪历代诗人，多托于忠君爱国、劝善惩恶之意，以自解免，而纯粹美术上之著述，往往受世之迫害而无人为之昭雪者也。此亦我国哲学、美术不发达之一原因也。[2]

王国维的判断蕴含两点：其一，古中国的文化人（哲学家、文学艺术家）不认为其文化产品有独立的价值和地位，它必须依托于政治、道德才有存在的资格。这一观点在现代中国的许多文学批评史、艺术史和美学史中都有阐释。当然也有例外，在文学"自觉"的魏晋南北朝时期，时论就多强调文学的审美功能，而且在无数艺术家的论述中，文学艺术的审美的、形式的意义也得到充分的肯定。比如清人汪琬就委婉地否定"文以载道"，肯定文章的价值与效果来自作者之才与文章之气：

> 尝闻儒者之言曰："文者，载道之器。"又曰："未有不深于道而能文者。"仆窃谓此言亦少夸矣。古之载道之文，自六经、《语》《孟》而下，惟周子之《通书》、张子之《东西铭》、程朱二子之传注，庶几近之。虽《法言》《中说》，犹不免后

1　[德]黑格尔：《美学》第1卷，《朱光潜全集》第13卷，安徽教育出版社1990年版，第65页。

2　王国维：《论哲学家与美术家之天职》（1905），周锡山编校：《王国维集》第一册，中国社会科学出版社2008年版，第181—182页。

人之议，而况他文乎？至于为文之有寄托，此则出于立言者之意也，非所谓道也。如屈原作《离骚》，则托诸美人香草，登阆风，至县圃，以寄其佯狂；司马迁作《史记》，则托诸游侠、货殖、聂政、荆轲轻生慕义之徒，以寄其感激愤懑者皆是也。今足下当泛靡之日，独侃侃持论，以为文非明道不可，洵乎豪杰之士，超越流俗者也。而顾以寄托云云者当之，又谓惟道为有力，则仆不能无疑。仆尝遍读诸子百氏大家名流与夫神仙浮屠之书矣，其文或简练而精丽，或疏畅而明白，或汪洋纵恣，逶迤曲折，沛然四出而不可御，盖莫不有才与气者在焉。惟其才雄而气厚，故其力之所注，能令读之者动心骇魄，改观易听，忧为之解颐，泣为之破涕，行坐为之忘寝与食，斯已寄矣。而及其求之以道，则小者多支离破碎而不合，大者乃敢于披昌磔裂，尽决去圣人之畔岸，而剪拔其藩篱，虽小无忌惮之言，亦常见于中，有能如周、诸书者，固仅仅矣。然后知读者之惊骇改易，皆震于其才，慑于其气而然也，非为其于道有得也。……夫文之所以有寄托者，意为之者，其所以有力者，才与气举之也，与道果何与哉？[1]

"文以载道"是中国文化的核心观念，至宋明理学而近于完备，但明清以还，多有否定之论，汪琬所说不过是其中的代表。但尽管如此，王国维的分析仍然是正确的：就正统儒家观念而言，就是文艺历来受到政治和伦理的控制与束缚而言，古中国并不认为文艺有什么独立之价值，它所重视的是文艺在政治、道德上的"效益"。其二，文化应当有其"神圣之位置与独立之价值"。这一观点取自西方现代性并由康德、席勒（Johann Friedrich Schiller）和叔本华（Arthur Schopenhauer）等人深入阐释。王国维以极为尊崇的语气写道："天下有最神圣、最尊贵而无与于当世之用者，哲学与美术是已。……世人喜言功用，吾姑以其功用言之。夫人之所以异于禽兽者，岂不以其有纯粹之知识与微妙之感情哉？至于生活之欲，人与禽兽无以或异。后者政治家及实业家之所供给，前者之慰藉满足非求诸哲学及美术不可。就其所贡献于人之事业言之，其性质之贵贱，固以殊矣。至就其功效之所及言之，则哲学家与美术家之事业，虽千载以下，

1　汪琬：《答陈霭公论文书一》，郭绍虞主编：《中国历代文论选》第三册，上海古籍出版社1980年版，第321页。

四海以外，苟其所发明之真理，与其所表之记号之尚存，则人类之知识感情由此而得其满足慰藉者，曾无以异于昔。而政治家及实业家之事业，其及于五世十世者希矣。此又久暂之别也。"[1] 在西方文化史上，艺术自由、审美独立、文化自主的观念源自现代性的价值分化，其经典性论述见之于康德与马克斯·韦伯。对于接受了西方现代性的王国维来说，哲学与艺术等文化活动及其产品神圣而无用、无用而神圣。此论一反中国传统观念，把艺术／文化从现实社会的各种利害关系中提升出来，并据此批判中国传统文化，探索中国文化的现代性。

王国维的观点来自中／西、古／今的比较分析，其论包含了有关文化价值的两个传统：传统文化依附于政治伦理，现代文化有其自身价值。如果我们承认文化有其自身的相对独立性、自主性或自律性，则其在政治、伦理方面的效果其实是文化的"效益"。中文"价值"在英文中有两个对应词，一为"价值""价值观"（value），一为"效应"或"影响"（impact or implication）。"文化价值"（value, i.e., cultural values）是指文化之所以为文化的基本属性和内涵。无论在何谓文化价值、文化价值包含哪些等问题上有多少争论，但正如上章所论，确实存在着相对独立、相对自主的文化价值，这就是真善美，它们蕴含于各种文化产品、活动、服务之中，使文化与非文化区分开来。但文化不是孤立地存在，它在经济、政治、社会、生态等方面产生的"效应""影响""功能"等，即为其经济效益、政治效益、社会效益、生态效益等。区分文化"价值"与"效益"，既是为了维护文化的相对独立性，又可以解释文化的多种效益：有价值的东西就会有其特定的效益。

文化史的演变也许可以理解为上述诸效益的持续展开。在理想的意义上，文化发展必须以文化价值为基础，兼顾各种效益，追求诸效益之间的动态平衡，但在文化发展，特别是文化产业兴起之后，我们看到的是三种过程和事实：文化的"价值"也经常被其"效益"所遮蔽；各种效益之间相互冲突；各种效益内部，也呈现为一种矛盾的结构。

---

1 王国维：《论哲学家与美术家之天职》（1905），周锡山编校：《王国维集》第一册，中国社会科学出版社2008年版，第181页。

一、"效益"有压倒"价值"的趋势

文艺复兴以来，政教分离为文化艺术的自由发展提供了空间，以世俗化为中心的现代化加剧了传统伦理的解体与人性的解放，文艺摆脱了政治、宗教、伦理的直接控制。文化现代性，说到底就是文化的独立性。但与此同时的另一个普遍性的现象是，现代社会普遍要求文化"有用"。不是文化的独立性，而是文化的有用性，不是文化价值，而是文化效益，成为现代人的主要关切。在俄国作家扎米亚京（Yevgeny Zamyatin）的"反乌托邦"小说《我们》中，一个生活在工业化和集权化整合一起的"大一统国"的设计师有过这样的感慨：

> 我想过，古代人怎么没有发现他们的文学和诗歌是极度荒诞可笑的呢？文艺无比巨大的力量，竟被他们白白地浪费掉了！作家想写什么就可以写什么，这简直可笑！同样滑稽、荒唐的是，在古代世界，海洋竟毫无目的、不分昼夜地拍击海岸，那潜藏于水中的巨大能量只用来激发恋人的爱情，而我们却从海浪的絮絮情语中索取电力。我们把如野兽狂啸发威的海洋变成了温驯的家畜。对狂野不羁的诗歌，我们也如法炮制，驯服了它。现在的诗歌不再是夜莺无所顾忌的啼鸣，而是国家的工具，诗歌带来效益。[1]

"大一统国"是文学虚构，但所论完全有其真实情境。早在 16 世纪，法国红衣主教黎塞留（Armand Jean du Plessis de Richelieu）在担任路易十三的宰相（1624—1642）期间，就坚持"民族国家利益至上"的原则，把文化艺术纳入王权专制的制度之中。他一方面奖励创作，保护文人，另一方面建立出版检查制度，规范文化艺术活动。黎塞留最重要的文化举措是于 1635 年创立"法兰西学院"，把当时第一流的文人组织起来，直接为专制王权服务。循黎塞留的文化制度和政策而来，路易十四也非常重视且善于文艺作为权力工具的职能。1663 年，他在给年仅两岁的王储的《致王储训言》中这样说："一个法兰西的

1　[俄]叶·伊·扎米亚金：《我们》（1921），顾亚玲，南京：江苏文艺出版社2013年版，第68页。

王子或国王应该在这些娱乐中看到表演以外的其他东西，子民在演出中尽享其乐……通过此举我们控制他们的思想，抓住他们的心，有时会比奖赏和恩惠更有效；而对外国人来说，这些看似多余的消耗会在他们身上产生不同凡响的印象，那便是辉煌、强盛、富丽和宏大。"[1] 路易十四时代是西方文化的鼎盛期之一，其作为政治宣传工具的文化制度和政策，也为后世提供了示范。当然，经过启蒙运动，现代国家制度也为个体性、多元性保留了空间，但要求文化"有用"，却始终没有变。所以现代性既塑造了相对独立的文化领域，也对文化提出了政治、社会以及经济方面的要求，文化自身的价值因此也就经常受到各种效益的挤压。比如在文化产业时代，对文化经济效益的追求就可能压倒文化价值的实现。

二、诸"效益"之间的分裂

尽管文化有其相对独立的属性和内涵，但其诸效益之间却是不连贯的、不和谐的。古希腊的柏拉图指控史诗、悲剧和音乐，因为它们不符合他所期待的政治 / 伦理准则；亚里士多德为悲剧辩护，认为它有"净化"（katharsis）效果，其立论基础也是伦理的。当卢梭（Jean-Jacques Rousseau）指控文明与道德的二律悖反时，他表达并不只是对古罗马德行的怀旧，而是指控现代文化的道德缺失。当伟大的托尔斯泰（Lev Tolstoy）以宗教、道德为文化的指导时，他所表达的也不只是一个宗教徒的信仰。贯穿中外文化史的各种类型的文化审查、文化管理，其基本理由之一，就是鉴于文化艺术的非道德性或反权威性。历史一再表明，对一种效益的追求，可能会妨碍其他效益的实现。诸效益之间的冲突，有四种情形：

1. 追求经济效益可能导致唯利是图，从而突破政治制约、社会规范和环境限制。

2. 独尊政治价值效益能无视其他效益。文化为政治服务，其极端或者是"算

　引自［法］阿兰·克鲁瓦、让·凯尼亚：《法国文化史》第二卷（1997/1998），傅绍梅、钱林森译，华东师范大学出版社2006年版，第284页。

政治账不算经济账",或者是不顾社会价值（权力制定标准）。

3.注重社会效益可能对抗政治控制、轻视经济效益、压迫个性创造。

4.固执生态效益可能妨碍文化及经济社会的发展。

文化产业的兴起，突出了文化的经济效益，也加剧了诸效益的冲突。各种权力水银泻地般地渗透到文化生活的各个方面，金融资本有力地控制着文化企业，社会期待文化能够发挥社会整合的作用，而生态环境的危机也对文化提出新的要求。文化产业的各种效益之间的矛盾和冲突，其实是当代世界文化、经济、政治与社会冲突的表征和后果。提出"社会效益优先"，很大程度上就是为了平衡、缓和这些冲突。

三、也是我们这里要重点论述的，是不同效益内部也有一个矛盾的结构

首先来分析一下经济效益的双重要求。

文化参与交换并获得经济效益，自古已然。正如中国清代文人李渔所说："我以这才换那财，两厢情愿无不该。"但只有在现代文化市场形成之后，文化的经济效益才系统实现。文化的经济效益首先就是文化商品与服务所具有的交换价值，间接的是文化之于投资环境的改变、文化之于人力资本的贡献、文化之于购买力的提升、文化之于非文化商品的附加值的贡献等。狭义的"文化产业"概念，基本是经济意义上的概念。同样，文化的商品化意味着以经济效益、以赢利的视角看待文化，文化从此成为永无止境的资本流动一个领域。如此，则文化产业就是文化的经济化、资本化。当文化产业基本上与文化具有相同的范围时，意味着在商品之外，已经很少有独立的文化生产。美国马克思主义理论家詹姆逊（Fredric Jameson）指出了这一趋势。在分析晚期资本主义的文化逻辑时，詹姆逊指出："当前西方社会的实况是：美感的生产已完全被吸纳进商品生产的总体过程之中。也就是说，商品社会的规律驱使我们不断出产日新月异的货品（从服装到喷射机产品，一概得永无止境地翻新），务求以更快的速度把生产成本赚回，并且把利润不断地翻新下去。在这种资本主义晚期阶段经济规律的统辖之下，美感的创造、实验与翻新也必然受到诸多限制。在社会整体的生产关系之中，

美的生产也就愈来愈受到种种规范而必须改变其基本的社会文化角色与功能。"[1]
总之，文化产业受到经济规律的统辖，文化产业的经济效益就是文化能够赚钱，
能够参与经济发展。

但另一方面，文化产业如果要提供优秀的产品与服务，则其生产者和企业
又不能"一切向钱看"。这并不是基于社会效益的考虑，而是强调文化产业的"文
化"特性。文化产品之所以"值钱"，在于它具有不同于其他物质产品的文化价值。
为了确保产品的文化价值，从生产到传播到消费，都要有经济、市场之外的追求。
有两个理由是经得起讨论的。一是法国社会学家布尔迪厄（Pierre Bourdieu）提
出的"文化资本"与"文化场域"理论。一种资本总是在既定的具体场域中才
灵验有效，一种资本的价值，取决于某种使这项技能得以发挥作用的场域的存
在，因此"资本"与"场域"相互界定。布尔迪厄指出："只有在与一个场域的
关系中，一种资本才得以存在并且发挥作用。这种资本赋予了某种支配场域的
权力，赋予了某种支配那些体现在物质或身体上的生产或再生产工具（这些工
具的分配就构成了场域结构本身）的权力，并赋予了某种支配那些确定场域日
常运作的常规和规则，以及从中产生的利润的权力。"[2]在这个意义上，场域就是
一个围绕着特定的资本类型或资本组合而组织起来的结构化空间，比如知识场
域就是指符号的生产者，如作家、艺术家以及学术界等争夺符号资本的机构母
体、组织母体和市场母体。资本不断分化，自主场域也日益增生，各种不同场
域的重要性和合法性都必须予以考虑并加以协调。布尔迪厄认为，一个分化了
的社会并不是由各种系统功能、一套共享的文化、纵横交错的冲突和一个君临
四方的权威整合而成的整体，而是各个相对自主的"游戏"领域的聚合，这种
聚合不可能被压制在一个普遍的社会总体的逻辑下。每个场域都规定了各自特
有的价值观，拥有各自特有的调控原则，这些原则界定了一个社会构建的空间。
所以自主性是"场域"建构的前提条件：

1　[美]詹姆逊：《后现代主义，或晚期资本主义的文化逻辑》（1984），张旭东编：《晚期资本主义的文化逻辑——詹姆逊批评理论文选》，陈清侨等译，北京：三联书店1997年版，第429页。

2　[法]皮埃尔·布尔迪厄、[美]L.华康德：《实践与反思——反思社会学引论》（1992），李猛等译，北京：中央编译出版社1998年版，第139页。

在高度分化的社会里，社会世界是由大量具有相对自主性的社会小世界构成的，这些社会小世界就是具有自身逻辑和必然的客观关系的空间，而这些小世界自身特有的逻辑和必然性也不可化约成支配其他场域运作的那些逻辑和必然性。例如，艺术场域、宗教场域或经济场域都遵循它们各自特有的逻辑：艺术场域正是通过拒绝或否定物质利益的法则而构成自身场域的；而在历史上，经济场域的形成，则是通过创造一个我们平常所说的"生意就是生意"的世界才得以实现的，在这一场域中，友谊与爱情这种令人心醉神迷的关系在原则上是被摒弃在外的。[1]

现代性的艺术自律的形成过程，也就是艺术场域的建构过程。文化"场域"是一个与经济完全相反的领域，它与经济场域完全相反。在其作为艺术的纯粹形式中，文化生产场域是根据颠倒了一切普通经济的基本原则的体系来运作的。比如，文化排除了对于利润的追逐，不保证任何形式的投资与获利的一致性，等等，这就是颠倒了商业原则等。强调文化场域的自主性，一是反对把文化解释为更为广泛的经济和权力关系的副产品，二是反对把文化趣味看作是自发的创造物。一句话，就是强调"文化资本""文化场域"的自主性。但是，布尔迪厄同样强调不同形式的资本，比如文化资本可以转化为经济资本。这种转化之所以能够进行，在于文化资本有不同于经济资本的独立价值。[2]

另外一个理由是詹姆逊提出的。西方社会因此已经从一个以物质生产为基础的社会向以文化生产为基础的社会进行了历史性的转变，后现代社会是文化主导的社会。那么，"文化领域的'半自主性'到底是否让晚期资本主义整体逻辑所摧毁？这正是我们当前必须正视的问题。虽然，相对的自主性确曾在一定程度上出现于资本主义的早期社会里，但说这种自主性不再存在于我们今天的文化，并不等于说就完全否定了'自主性'的价值。反之，我们要继续肯定的是，一个独立自主性在文化范畴里的消失，其实可以视之为轰动文化的一种爆炸效应。而文化的威力，在整个社会范畴里以惊人的幅度扩张起来。文化的威力，

---

1 [法]皮埃尔·布尔迪厄、[美]L.华康德：《实践与反思——反思社会学引论》(1992)，李猛等译，北京：中央编译出版社1998年版，第135页。

2 参见单世联：《文化大转型：批判与解释——西方文化产业理论研究》，中国社会科学出版社2017年版，第12章第2节。

可使社会生活里的一切活动都充满了文化意义（从经济价值和国家权力，从社会实践到心理结构）。在这种诠释下，文化的意义是崭新的，并未受到理论的消化和演述"[1]。文化不再自主，但它没有毁灭，而是与整个社会同在。如果文化没有独立于经济社会的价值，它当然不可能使社会生活中的一切都充满意义。

所以，讨论文化产业的经济效益，不但要说明文化产品也是经济产品，内容、美感、独创、个性等也可转化为商品，甚至就是为市场而生产出来的商品，而且也要说明经济应当具有文化的性质和功能，说明所有的经济行为都植根于特定的社会文化环境之中，经济已经越来越多地具有文化的属性。这样，不仅艺术家、科学家、工人和手工艺者应该从事文化工作，所有公民都应该发展并扩大其自由进行其文化活动，为此，就需要鼓励更多生产及提供使用价值及文化价值的物品和服务，并改善工厂和办公区的工作环境。进而，公民的日常生活需要具有艺术性。这就是说，在确保公民有足够的收入及自由时间实现富足之外，高质量的消费品必须价格合理，人们可以以较低的价格欣赏到如表演艺术等文化艺术活动。所有这些都表明，追求文化产业的经济效益，恰恰要以创造文化价值为前提，需要遏制把一切文化行为都转化为经济行为的错误倾向。在文化领域反对"一切向钱看"，正是更好地、更精准地实现文化经济效益的不二法门。

其次，我们来讨论政治效益的不同指向。

中外文化理论多是文化工具论或意识形态论。此论认定文化就是意识形态和政治工具，要求文化为政治、为权力服务。此论主要为权力拥有者所持有，其表现方式，一是重视文化，把文化当作宣传的工具，完全取消文化相对政治的独立性、取消各种文化形式之间的差异。在这种压力下，即使是赞同文化具有政治功能的文艺家，也不得不为文艺的特殊性而辩护。但文化并不只是在赞助现实秩序，它也有另一方面，即揭露现实的不合理性和不公正性，描绘另一种社会远景和社会理想，召唤着人们行动起来，进行变革社会的实践。以毛泽东的两段话为例：

---

1 ［美］詹姆逊：《后现代主义，或晚期资本主义的文化逻辑》（1984），张旭东编：《晚期资本主义的文化逻辑——詹姆逊批评理论文选》，陈清侨等译，三联书店1997年版，第504页。

在现在世界上，一切文化或文学艺术都是属于一定的阶级，属于一定的政治路线的。为艺术的艺术，超阶级的艺术，和政治并行或互相独立的艺术，实际上是不存在的。……文艺是从属于政治的，但又反转来给予伟大的影响于政治。革命文艺是整个革命事业的一部分，是齿轮和螺丝钉，和别的更重要的部分比较起来，自然有轻重缓急第一第二之分，但它是对于整个机器不可缺少的齿轮和螺丝钉，对于整个革命事业不可缺少的一部分。

革命的文艺，应当根据实际生活创造出各种各样的人物来，帮助群众推动历史的前进。例如一方面是人们受饿、受冻、受压迫，一方面是人剥削人、人压迫人，这个事实到处存在着，人们也看得很平淡；文艺就把这种日常的现象集中起来，把其中的矛盾和斗争典型化，造成文学作品或艺术作品，就能使人民群众惊醒起来、感奋起来，推动人民群众走向团结和斗争，实行改造自己的环境。[1]

上一段说的是文艺从属于政治，这是对文艺的意识形态性的确认；下一段说的是文艺要鼓舞人民起来进行社会变革。在文艺服务于革命政治上，两点是一致的。但在如何服务上，两种要求却是相对的，一是配合现实，二是批判现实。

意识形态是马克思主义文化理论的基础性概念。在马克思看来，意识形态作为一个批判性概念，它是"虚假的观念体系"，是统治阶级为维护其统治地位而生产的信仰系统，作为一个分析性概念，它是以经济为基础的上层建筑的一部分。列宁第一次赋予了意识形态以肯定的意义，其核心是意识形态有阶级性，现代世界有无产阶级和资产阶级两种意识形态。就其批判的意义而言，意识形态是统治阶级建构的一套虚假的思想体系，其目的是掩盖其自身真实的、特殊的利益，使其统治具有普遍性因而获得合法性。因此似乎消极的意识形态具有十分积极的意义，它执行着把统治秩序合法化的功能。法国哲学家利科（Paul Ricoeur）在马克思的基础上，深入且明确地考察了意识形态的三个层次/功能。

---

1 毛泽东：《在延安文艺座谈会上的讲话》（1942年5月23日），中央文献研究室编：《毛泽东文艺论集》，中央文献出版社2002年，第69—70、64页。

其一，意识形态作为"扭曲—异化"，其功能是掩盖现实。其二，意识形态作为"合法化"，它是辩护者而不是寄生虫或伪造者。马克思宣称统治阶级的各种观念通过使自己被视为普遍观念而成为统治观念，这样，特殊阶级的利益就成了普遍利益。这就涉及意识形态依附在统治现象上的辩护企图。在此，利科把语言的修辞功能，理解为虚假观念的供应者。他认为，从柏拉图到当代文化社会学都指出了统治和修辞之间的关系：如果没有规范、规则和整个社会的象征系统，任何社会都不能运行。公共话语通过不断地使用辞格和比喻来达到它的说服目的，而当这种修辞被用来服务于权力的合法化时，它就是意识形态。"合法化"不同于"掩盖"："我们可怀疑这个现象，而且应该一直怀疑它，但是我们不能回避它。所有的权威系统都包含着对合法的要求，这个要求超越了它的成员可以通过信仰的方式所能给予它。"[1]其三，意识形态作为"融合"，其功能比合法化功能更加根本。以各种纪念仪式为例，如北美自由宣言、攻占巴士底狱、十月革命等，在所有这些情况中，正是在纪念事件的时候，给定的某个共同体在起始事件中保持了与它自己的根源的关系。"那么在这里意识形态起了什么作用呢？是通过传播信念，这些起始事件对于社会记忆是构成性的，通过社会记忆，从而对共同体的身份本身也是构成性的。如果我们每一个人都已经与我们关于我们自己可以叙述的历史是同一的，那么对于整个社会也是如此，但是区别在于：我们需要与这样一些事件同一，即这些事件不再是任何人的直接记忆，而且它们曾经只是限于奠基祖辈们这个团体的记忆而已。那么这就是意识形态的功能，即用作集体记忆的中继站，以便奠基事件的起始价值成为整个集团的信仰目标。"[2]

在马克思主义理论中，乌托邦是一个消极的、批判的概念，它大致等于"空想"。这就是恩格斯的名著《社会主义从空想到科学的发展》所取的含义。但在现代社会科学与文化理论中，乌托邦也可以是一种积极的、至少是中性的概念。德国社会思想家卡尔·曼海姆（Karl Mannheim）对意识形态与乌托邦的关系的研究，比较清楚地显示了它们的不同意义和性质。曼海姆的研究非常复杂。简单地说：

---

1 ［法］保罗·利科：《从文本到行动》（1986），夏小燕译，华东师范大学出版社2015年版，第425页。
2 ［法］保罗·利科：《从文本到行动》（1986），夏小燕译，华东师范大学出版社2015年版，第427页。

"意识形态"这个概念反映了一个来自政治冲突的发现，那就是那些统治集团在思维过程中强烈的利益制约使他们只关注某种情境而再也不可能进一步看到可能破坏他们的支配感基础的那些事实。"意识形态"这个词隐含着一种见解，认为在一定条件下，某些群体的意识会对它自身和对其他人遮蔽了真实的社会条件从而使社会得到稳定。

　　"乌托邦式的思维"这个概念反映了对政治斗争的相反的发现：某些受压迫的群体在理智上强烈地关注摧毁和变革某种既定的社会条件，以至于不知不觉地只看到社会情境中那些需要加以否定的成分。他们的思维不可能正确地诊断现存的社会条件，他们全然不关心实际存在的东西；倒是可以说，在他们的思维中，他们早已在寻找改变现存的情境了。[1]

　　意识形态是肯定现状维持稳定，乌托邦倾向于发现问题破坏现状。两种思维方式的划分是基于它们对现状的不同态度，而不同态度的背后是"实际利益"。这里特别要注意的是，乌托邦不是一般意义上的脱离现实。"如果一种思想与产生这种思想的现状不符，这种思想就是乌托邦式的。在经验、思想和实践中，如果这种思想以实际中并不存在的目标为取向，那么这种不相符往往就很明显。然而，我们不能把所有不符合或者超越实际情况的思想都说成是乌托邦式的，这些取向一旦转化为行为，往往会部分地或整个地破坏当时处于优势的事物的秩序。"[2]乌托邦是从业已存在、只有从给定的社会秩序观点出发才无法实现的思想，它与现存秩序之间的关系是辩证的：它产生于现存秩序之中，反过来又破坏了现存秩序的桎梏，使它得以朝着下一个现存秩序的方向自由地发展。如此说来，所谓意识形态，是指维持现行秩序活动的思想体系，所谓的乌托邦，是指产生改变现行秩序活动的那些思想体系。简言之，意识形态肯定现实，乌托邦指向未来。

　　曼海姆强调，意识形态和乌托邦之间的界限并不清晰。其一，它们本身都是超越性的思想，都与现存秩序不相适应。不是所有超越现存秩序的思想都是

　　1 ［德］卡尔·曼海姆：《意识形态与乌托邦——知识社会学导论》（1954），李步楼等译，商务印书馆2017年版，第66—67页。

　　2 ［德］卡尔·曼海姆：《意识形态与乌托邦——知识社会学导论》（1954），李步楼等译，商务印书馆2017年版，第234页。

乌托邦，这些思想如果被组织化地和该时期的世界观特征结成一体，不提供革命的可能性，那它就是意识形态。处于上升阶段的阶级的乌托邦很大程度上浸透着意识形态因素（如资产阶级"自由"的观念）。其二，它们在历史进程中不是分别产生的。"一般总是由与现行秩序完全一致的、占主导地位的群体是决定什么应当被看成是乌托邦的；与现存秩序有冲突的、处于上升地位的群体是决定什么应当被看成意识形态的群体。"[1]但尽管如此，什么是乌托邦、什么是意识形态也还是有客观标准的，即后来者能够看到它们"能否实现"。如能实现，就是意识形态，如不能实现，就是乌托邦。乌托邦并不消极，人类生活总是充满美好的想象，如果这些想象在现实中无法得到满足，它就会遁入由想象所构建的空间（"乌托邦思想"）和时间（"千禧年主义"）。今天的乌托邦可能成为明天的现实。

　　文化艺术的意识形态性，早已由马克思主义所深入阐释，而其乌托邦性质，也历来受到关注。比如新马克思主义的法兰克福学派，就长期致力于分析艺术的乌托邦性质。"艺术创造出一个并不存在的世界，一个'显现'、幻象、现象的世界。然而，正是在这种把现实变为幻象的转化中，也只有在这个转化中，表现出艺术倾覆性之真理。在这个天地中，任何词语、任何色彩、任何声音都是'新颖的'和新奇的，它们打破了把人和自然围蔽于中的习以为常的感知和理解的框架，打破了习以为常的感性确定性和理性框架。由于构成审美形式的语词、声音、形状，以及色彩，与它们的日常用法和功用相分离，因而，它们就可逍遥于一个崭新的生存维度。"[2]包括马尔库塞在内的批判理论家们，高度评价文学艺术的乌托邦意义，同时又深入揭发文化工业的安抚、欺骗、操纵等意识形态功能，没有或者极少分析文化商品中批判性和激进性。美国后现代批评家詹姆逊（Fredric Jameson）认为，文化研究需要一种同时选择意识形态和乌托邦的双重阐释："大众文化的作品必须同时含蓄或明显地是乌托邦的，否则它们不可能是意识形态的：它们不可能进行操纵，除非它们向即将被这样操纵的公

　　1 ［德］卡尔·曼海姆：《意识形态与乌托邦——知识社会学导论》（1954），李步楼等译，商务印书馆2017年版，第246页。
　　2 ［美］赫伯特·马尔库塞：《艺术与革命》（1973），李小兵译，《审美之维——马尔库塞美学论著集》，三联书店1989年版，第170页。

众提供某些真正的内容作为幻想的诱饵。甚至非常可怕的纳粹主义现象中的'错误意识'，在'社会主义'和民族主义的掩饰下，也曾得到某种类型乌托邦的集体幻想的滋养。我们关于大众文化作品吸收权力的主张，暗含着这种作品不能处理关于社会秩序的焦虑，除非它们首先重现这些焦虑并进行某种程度基本的表达：我们现在会提出焦虑和希望是同一集体意识的两个方面——或某种更坏的秩序——的合法化，如果它们不在后者的帮助下使集体的最深刻、最基本的希望和幻想改变方向，它们也不可能完成自己的工作。因此，不论它们采取一种多么扭曲的方式，它们也会对集体的希望和幻想发出自己的声音。"[1]詹姆逊肯定大众文化隐含着真实的希望和幻想，强调它在压制这些希望和幻想的同时又在唤起希望和幻想。此论虽是针对法兰克福学派文化工业有操纵性而言，但就其指出文化工业的双重性格而言，代表了文化研究的主流观点。

文化产业的不同政治指向，实际上也代表了一个社会的两种需要，我们既需要认同现实、维持稳定，同时也需要批判现实、推动改革。

再次，我们研究社会效益的矛盾结构。

文化在凝聚和支撑着社会。在人类学中，文化与社会有时就是同义词，每个社会都有区别于其他社会的文化。任何一个熟悉文化史的人，都会赞同美国学者艾伦·布鲁姆（Allan Blooum）的这一段话：文化是与自然相对的人类性，它几乎等同于人民或民族，譬如说法国文化、德国文化、伊朗文化，第二是指艺术、音乐、文学、教育电视节目、某些种类的电影等，简言之，一切可以鼓舞精神、陶冶情操的东西，它与商业活动相对。"两者之间的联系在于，文化使高层次上的丰富的社会生活成为可能，这种社会塑造了民族、他们的习俗、风格、兴趣、节庆、礼仪和神明——所有这一切把个人联结为有共同根基的群体，联结为一个共同体，在这个共同体中，人们有共同的思想和意愿，民族是一个道德统一体，而个人也具有内在的统一性。文化是艺术的产物，其中的美术表达着崇高的境界。""作为艺术的文化，是人的创造力的最高体现，是人冲破自然的狭隘束缚的能力，从而摆脱现代自然科学和政治科学对人的贬低性解释。文化确立了人

1　[美]弗雷德里克·詹姆逊:《大众文化的具体化和乌托邦》(1990)，载《快感：文化与政治》，王逢振等译，中国社会科学出版社1998年版，第259—260页。

的尊严。文化作为共同体的一种形式，是一个关系网络，置身其中的自我得到了多彩多姿而又细腻的表现。它是自我的家，也是自我的产物。它比只管人们的肉体需要、逐渐退化为纯粹经济的现代国家更为深厚。"[1]

这种有助于共同体与整体利益的功能，是通过两种方式实现的。一种是积极的。如鼓舞信心、寄托理想的效果。音乐家莫扎特一生悲苦，但即使"在这样悲惨的生活中，莫扎特还是终身不断地创作。……他的作品从来不透露他的痛苦的消息，非但没有愤怒与反抗的呼号，连挣扎的气息都找不到。后世的人单听他的音乐，万万想象不出他的遭遇而只能认识他的心灵——多么明智、多么高贵、多么纯洁的心灵！音乐史家都说莫扎特的作品所反映的不是他的生活，而是他的灵魂。是的，他从来不把艺术作为反抗的工具，作为受难的证人，而只借来表现他的忍耐与天使般的温柔。他自己得不到抚慰，却永远在抚慰别人。但最可欣幸的是他在现实生活中得不到的幸福，他能在精神上创造出来，甚至可以说他先天就获得了这幸福，所以他反复不已地传达给我们。精神的健康，理智与感情的平衡，不是幸福的先决条件吗？不是每个时代的人都渴望的吗？以不断的创造征服不断的苦难，以永远乐观的心情应付残酷的现实，不就是以光明消灭黑暗的具体实践吗？有了视患难如无物、超临于一切考验之上的积极的人生观，就有希望把艺术中美好的天地变为美好的现实。假如贝多芬给我们的是战斗的勇气，那么莫扎特给我们的是无限的信心"[2]。但也有另一种偏于消极的方式，这是遏制个体、取消想象的控制性。电影产业是文化产业的代表。我们进入电影院，很大程度上就是接受它的安抚。克拉考尔（Siegfried Kracauer）甚至认为，电影观众在很大程度上是被催眠的人："毒品招来吸毒者。看来也完全可以说，电影有它的瘾君子，他们完全是出于生理要求才上门的。促使他们去看电影的，并不是想看某一特定的影片的愿望，或者为了寻求快乐，他们真正渴求的，是暂时摆脱一下自觉意识的管束，在黑暗中忘掉自己的身份，让感觉器官做好接收的准备，沉浸在银幕上依次出现的画面之中。"[3]放松心理、摆脱现

---

1 [美]艾伦·布卢姆：《美国精神的封闭》（1987），战旭英译，译林出版社2007年版，第143、144页。

2 傅雷：《独一无二的莫扎特》（1956年7月8日），《傅雷文集·文艺卷》，当代世界出版社2006年，第662页。

3 [德]齐格弗里德·克拉考尔：《电影的本性——物质现实的复原》（1961），邵牧君译，中国电影出版社1987年版，第202页。

实的心态并无特定的政治意识，但它却使电影成为最好的宣传工具。电影可以直接绕过理智，作用于感官和无意识。观众可能会在理性上拒绝一个思想，但在情感上却无意识地接受了它。因此在宣传某种思想的时候，反而传递的方式越曲折越容易产生效果。布景造型，拍摄角度，镜头选择，蒙太奇剪接，背景音乐，等等，都可能对电影表意产生深刻影响。电影院的特殊空间形态又强化了这一点，黑暗切断了观众同周围事物的联系，使观众置身于一个脱离日常生活的独特空间。电影成为梦想的替代品，为观众呈现出他们被排除在外的变化无穷的生活，赋予观众一种参与的幻觉。银幕上瞬息万变的生活和纷繁复杂的景象刺激着观众的感官，使观众迷恋于事物的表面，从而移开了对生活核心部分的关注，得到一种暂时的解脱。"意识形态的衰落使我们所生活的世界处处布满了碎片，而一切进行新的综合的尝试也都归于无效。在这个世界里，不存在任何完整的东西，这个世界毋宁说是由零碎的偶然事件组成的，它们的流动代替了有意义的连续。因此，个人的意识必须被认为是信仰的断片和形形色色的意识形态，它们填满了一切空隙。碎成片片的个人在碎成片的现实里进行自己的活动。"[1] 克拉考尔将共同信仰的瓦解和技术主义的上升视为现代社会的重要特征。技术关注的是机能和手段，而非目的和存在方式。因此在现代社会中人失去了存在和信仰的根基，变得无可凭依。

　　社会由个体组成，个体与社会、与他人既有和谐合作的一面，也有矛盾冲突的一面。文化艺术因此也有批判社会、挑战社会的一面。消极地说，文化艺术也有逃避社会的功能。德国诗人歌德有云："要想逃避这个世界，没有比艺术更可靠的途径；要想同世界结合，也没比艺术更可靠的途径。"[2] 这句话最简明地指出了文化艺术的社会效益。爱尔兰作家乔伊斯（James Joyce）的小说中，主人公斯蒂芬深切地感到："当一个人的灵魂在这个国家诞生的时候，马上就有许多张网在他的周围张开，防止他飞掉。你和我谈什么国籍、语言、宗教，我准备要冲破那些罗网高飞远扬。"[3] 而积极地说，文化艺术具有理想的性质，因此就

1 　[德]齐格弗里德·克拉考尔：《电影的本性——物质现实的复原》（1961），邵牧君译，中国电影出版社1987年版，，第376—377页。

2 　[德]歌德：《歌德的格言和感想集》，程代熙、张惠民译，中国社会科学出版社1982年版，第91页。

3 　[爱尔兰]詹姆斯·乔伊斯《青年艺术家的画像》（1915），黄雨石译，外国文学出版社1998年版，第231页。

是突破社会的陈规陋习、推动社会变革的意义。英国美学家科林伍德（Robin George Collingwood）是美学艺术理论中"表现论"的代表，但在其名著《艺术原理》的最后，他强调的却不是"自我表现"而是"社会价值"："艺术必须具有预言性质，艺术家必须预言，这并不是说，他预报即将来临的事态，而是说，他冒着使观众生气的危险，把观众自己内心的秘密告诉他们。作为一个艺术家，他的任务就是要把话讲出来，把心里话完全坦白出来。但是艺术家必须说的东西，并不像个人主义的艺术理论要我们相信的，是他自己的私人秘密。作为社会的代言人，艺术家必须讲出的秘密是属于那个社会的。社会所以需要艺术家，是因为没有哪个社会完全了解自己的内心，并且社会由于没有对自己内心的这种认识，它就会在这一点是欺骗自己，而对于这一点的无知就意味着死亡。对于来自那种愚昧无知的不幸，作为预言家的诗人没有提出任何药物，因为他已经给出药物了，药物就是诗歌本身。艺术是社会疾病的良药，专治最危险的疾病——意识腐化症。"[1] 在文化史上，几乎每一个伟大的知识分子，都曾以不同方式、在不同程度上向社会庸众、陈腐道德、僵化习俗提出挑战，而其效果，则是引领社会走向新生。

保持社会凝聚与批判社会堕性，是文化社会效益的两种方式。如美国社会学家丹尼尔·贝尔（Daniel Bell）所总结的："文化中反对遵从道德法规的一面是人类社会中时常出现的特点，在人类社会中，收与放的辩证法最初是在宗教上，然后是在世俗的道德进程本身表现出来。事实上，反对遵从道德法规的态度是自我不断力求'向外'伸展的努力：要想达到某种形式的狂喜（得意忘形）；变得自我无限化或偶像崇拜；自命不朽或全能。其根源在于生命寿命之有限而自我却想否认死亡的现实。那是激进的'我'提出不朽的生存而反对迫切的命运。人们发现这在古代的酒神狄奥尼索斯的欢宴中表现出来，也在基督教时代的早期诺斯替教中表现出来（这种教派认为自己可以免除对道德法规的义务）。在现代社会里，这种心理学唯我论最为激烈地反对资产阶级社会对自发的冲动欲望的强制约束。19世纪的反对遵从道德法规的冲动在这种反资产阶级的态度中找到了自己的文化表现：浪漫主义、'华丽主义'、'唯美主义'以及把'自然的人'

---

1 ［英］罗宾·乔治·科林伍德：《艺术原理》（1938），王至元等译，中国社会科学出版社1985年，第343页。

同社会相对立的或者把'自我'同社会相对立的其他方式。在波德莱尔、洛特雷阿蒙、兰波这样的作家的作品中最显著地表现的主题是'真正的'自我。它放手探索人类经验的一切方面，并且不顾常规和法律而追求这些推动力。在19世纪时是私人的与世隔绝的东西，在20世纪现代主义的光辉中却成了公众的和意识形态的了。当代文化，随着现代主义的胜利，已成为反体制和反对遵从道德法规了，……很少作家会在'帝王般的自我'面前捍卫社会或体制。古老的艺术想象，不论多么狂妄或反常，都被艺术的塑造格律所约束。新的情感打破了一切流派风格并且否认艺术和生活之间有任何差别。过去的艺术是一种经验；现在所有的经验都要成为艺术。"[1]文化与社会的融合，正是文化产业时代的特征，但在贝尔看来，这是以艺术家的"自我"甚至反常的个性取代，取消习俗、道德和法律的"反社会"潮流。

最后评估一下生态效益的两种可能。

文化生产主要依靠传统资源、个体创意和技术手段，而不是靠物质资源和环境消耗，文化企业也确实在资源节约、环境保护和生态修复上用功。在互联网、信息技术高度发达的今天，文化产业的发展更是与大数据、人工智能技术等"硬科技"紧密相关。因此，文化产业是绿色产业、低碳产业、环境友好型产业。这一点，已成为文化理论的共识，也是社会各界齐心合力推动文化产业的重要理由。

但另一方面，文化渗透生活，提高了生活的外在美感与内在品质，也可能刺激消费主义。这一矛盾在中国文化产业表现得最为突出。电影产业是"造梦工业"；电视所呈现的是奢华、美丽和梦幻；媒介产品把消费者沉浸在符号与信息的海洋中，成为一个孤立的原子而被操纵为消费机器；旅游业就是生产快乐的产业；无孔不入而又短暂易逝的形象商品、文化景观意在刺激人们对变化不居的时尚的追逐；城市更新的方式是毁灭真实的地方性而代之以趋同的建筑、广场、娱乐场所和青年酷文化；蓬勃兴起的文化园区、特色小镇、文化地产等，

---

1 ［美］丹尼尔·贝尔：《后工业社会的来临——对社会预测的一项探索》（1973），高铦译，北京：商务印书馆1986年版，第528—529页。引文中的洛特雷阿蒙（Comte de Lautreamont）为19世纪法国诗人，后被超现实主义者奉为先驱，其代表作是1869年问世的《马尔多罗之歌》；兰波（Jean Nicolas Arthur Bimbaud）是19世纪法国诗人，早期象征主义的代表，也为超现实主义所推崇。

在传播文化艺术、倡导美感生活的同时又在营造一种高雅的甚至奢侈的生活方式，直接间接地鼓励了一种消费主义。

消费主义指公开的、无节制的消耗物质财富和自然资源，并把消费看作是生活的主要内容和人生最高目的的价值观。消费主义倡导消费是拉动经济的主要动力，因此消费品要持续地、快速地更新换代；消费主义以对物的消费和占有体现消费者的生活方式、身份地位和优越感……消费主义就是物质主义、拜物主义，但在消费社会与消费文化中，被消费的又不是物品本身包括的使用价值和交换价值，而是这些物品所代表的符号价值。一些文化产品也就刻意渲染符号价值。比如电视广告着力于把浪漫、奇异、欲望、美丽、满足、归属感、科学进步和好生活"粘"到它所推销的商品上，而这些美感符号又以诱惑、刺激消费欲望为目的。各种广告和传媒、文化产品和视觉艺术的各种手段，包括广告、电影、电视、文学作品等，通过与所欲推销的商品有关或无关的形象来操纵人们的欲望和趣味，构造消费意识形态。这已经成为文化产业的内在特征。

在这样的消费社会中，生产企业的重点不是物质商品的生产，而是对资本的操作和对"消费需求"的生产。这一过程也就是从制造业过渡到服务业。这种服务消费包括教育、健康、信息服务，也包括娱乐、休闲服务等。这些文化产品渲染和塑造的是一种享乐主义的道德观。呈现给受众的，是新的大众英雄。他不再是有力量、有功勋的战士、科学家、发明家、艺术天才、扶危济困的道德家，而是电影明星、歌星以及奉行享受哲学的种种"达人"。与此同时，节俭苦行、勤劳朴素的传统美德被排斥，而那些惯于节俭苦行的劳动者则被迫通过再教育、再启蒙来接受享乐主义的生活方式。在此过程中，广告就是老师，看电视就是上课，能享受就是有成绩。比如，在电视广告上，一个男青年满身头皮屑，女孩都纷纷避开他，而使用了某种洗发水后，局面立刻改变。而家庭主妇则在焦虑地看着镜子中的自己是否像广告中的那位 35 岁的太太一样，因为不用 Leisure Hour 电子洗衣机、洗碗机而憔悴不堪。作为唯一的时代神话与强势逻辑，消费不仅用性、梦想和暴力等满足人们的欲望，还用商品化、娱乐化的方式解构经典规范、稀释文化价值。俗滥的电视剧与通俗小报成为社会公众的宠儿，流行艺术以"娱乐"的方式承担了精神宣泄与慰藉的功能，而严肃高雅文艺的作用反而受到冷落。在强大的消费文化中，芜杂的民间草根文化和僵硬的主流文化均无平衡、矫正之力。

应当说，确有不少产品并未赤裸裸地宣传消费主义，但当它们以精致的、优雅的方式呈现某种美的生活方式、美的品位时，其实是以"更好更美"来实施社会分化工程。正如布迪厄指出："品位是分配的实践性控制，它让个体感受到在特定的社会空间位置可能发生什么，由此知道怎么去适应。它就好像一个社会引导器，指导着处于不同社会空间位置上的行动者选择自身地位的实践与商品。"[1] 美学品位反映了文化区隔，也加剧了社会区分：一方面达成本群体的社会认同，另一方面与其他品位的外群体相区隔，更进一步实现阶级区分。即便在同一群体内部，由于所拥有的资本结构的差异，各个阶层之间的惯习也各不相同，从而形成的消费行为模式与品位也有所差异。布迪厄就对支配阶级内部的差异作了分析。在统治阶级内部，经济相对富足的人们对艺术消费采取一种"享乐主义审美"，这种审美往往以"大剧院或印象派的绘画"为象征；而文化资本相对富足但经济资本较少的群体，则更多地采取"禁欲式"的审美，追求金钱花费较少但同时却能满足相应的审美需求以及愉悦的消费方式。在中国的文化产品消费中，也有分化、极化和固化的趋势，违背了社会化正的理想。

文化产业是后工业社会、后现代社会、消费社会的典范产业。在这个社会，至少在理论上，已经没有物质匮乏意义上的"穷人"。但人与人、群体与群体之间在文化消费上仍有重大差异。所以，英国社会学家齐格蒙特·鲍曼（Zygmunt Bauman）在探讨社会转型中穷人被社会化生产和文化界定的新路径时，提出了"新穷人"（new poor）的概念。在后工业时代，随着生产社会向消费社会的过渡转变，生产能力提高，社会产能过剩，传统的工作伦理逐渐从社会和日常生活中退场，继而被消费美学所取代。"穷人"的含义也随之发生改变："消费社会里的穷人，其社会定义或者说是自我界定，首先且最重要的就是有缺陷、有欠缺、不完美和先天不足的——换言之，就是准备不够充分的——消费者。"[2] 新穷人并不一定是物质生活上的真穷人，而是远离主流消费市场，无力参与到消费符号

---

1 ［法］Bourdieu P. Distinction : A Social Critique of the Judgement of Taste, Harvard University Press, 1984, p.466.

2 ［英］齐格蒙特·鲍曼：《工作、消费、新穷人》（2005），仇子明、李兰译.吉林出版集团责任公司 2010年版，第85页。

的生产扩散机制当中的人群。相对而言，他们的文化水平低下、审美品位庸俗、价值观狭隘，处于社会审美秩序和价值鄙视链的底端，在公共话语场域中被当作边缘的他者进行言说。简言之，他们是文化上的穷人。

这是文化产业的危险：一般地说，它的生产可能是资源节约型、环境友好型的，但如果它的消费参与了消费主义享乐主义的再生产，参与了社会区分直至生产"新穷人"，那么应该如何评估其生态效益？美学生活不是奢侈生活，而是简单生活；幸福人生，不是拥有和占用，而是自我控制与自我调适；文化产业不是利润主导而是价值主导。

（本文为 2018 年完成的研究课题《文化产业社会效益研究》中的一章。全部成果将以《文以教化——文化产业社会效益研究》为名，由科学出版社出版）

2019 年

东岸绿荫少　杨柳更须栽
——学术集刊《中国文化管理研究》序

在 2016 年《西方文化理论的三种类型》中，我指出（西方）现代文化理论有三个奠基者（维柯、卢梭、赫尔德），但进一步思考后，我觉得有必要加上英国保守主义思想家埃德蒙·伯克（Edmund Burke）。这四位奠基者开创了文化理论中的四个传统。维柯首创的"文化哲学"以文化/自然、人文/科学之分为基础，探讨文化的特性、存在方式、功能和研究方法。从神学家施莱尔马赫（Friedrich Schleiermacher）到哲学家保罗·利科（Paul Ricoeur）的诠释学，从新康德主义的"精神科学""历史科学"到恩斯特·卡西尔（Ernst Cassirer）的"人文科学"，都是这一传统的展开。二是卢梭奠基的"文化批判传统"，经过浪漫主义的弘扬，文化批判聚集于现代性（工业化、城市化、资本主义、科学主义、"大众文化"等）批判，尼采的"奴隶道德""末人"，托克维尔（Alexis de Tocqueville）的"平均化"，布克哈特（Jacob Burckhardt）的"庸众"，一直到法兰克福学派的"文化工业"，都是批判性概念。三是始于德国哲学家赫尔德的"文化科学"传统。文化不是关于普遍人性和精神价值的规范，而是多样性的具体生活方式，也就是民族的生活方式。赫尔德的文化多样性、文化民族主义成为现代人类学与社会学的研究主题之一。自 1871 年爱德华·泰勒（Edward Teller）出版《原始文化》以后，人类学理论的重要组成部分就是"原始文化"以及广义的文化研究。在社会学中，文化概念提供了在其生活方式与信仰之多样性中理解人类之同一的可能性，"文化"与"社会"交叉甚至部分重叠。心理学、语言学和历史学等也有文化分支，所有这些形成了庞杂的"文化科学""比较文化"等学术领域。四是基于埃德蒙·伯克的"文化研究传统"。在批判那种在理性的、抽象的原则上创立一种全新结构的革命心态时，伯克强调的是传统、习俗等之于社会和国家存在的必要性，把社会黏合在一起、使国家得以存在的是未明言的习惯性信念和感情。19 世纪中叶，面对工业化、城市化带来的社会失序，英国诗人马修·阿诺德（Matthew Arnold）主张以文化代替宗教，以文化克服无政府主义。这一传统的当代形式是 20 世纪 70 年代以来的"英国文化研究"。我们今天所说的"文化理论"，基本上都是这四种传统的不同形式或新的拓展。我们今天的形势和处境是文化领域的全面扩张，是"文化经济""文化政治""文化社会"的新的现实，文化理论的进一步发展，应当也必须在"文化管理"上下功夫。这也是我们编辑《中国文化管理研究》的根本动机。

文化与人类共生，管理为社会机能。从有记载的时候开始，人类便有组织、调节、控制文化活动的行为，并且积累了许多值得尊重的经验和观念。回顾人类过去的管理尝试，其中当然有很多关于文化的荒诞看法，但由于人类的极端复杂性和文化价值的世代延续，漫长历史中提出的若干经验和观念现在仍以各种不同的形式反复出现。有关文化"管理"的理念和实践理所当然地也是文化传统的基本内容之一。

文化管理有一个漫长的过去，却只有一个短暂的历史。古希腊就有自发从事艺术推广活动的艺术家经理人（artist-manager）的角色，他们推销艺术作品，帮助艺术家实现其作品的经济价值。与此同时，以崇文著称的雅典城邦也查禁渎神的或无神论的、诽谤中伤的两种文字，柏拉图的《国家篇》《法律篇》则从理想城邦公民教育的角度，检讨模仿性文艺的认知价值、伦理效果和政治影响，提出了一套包括官方审查在内的文化管理思想。中世纪的文化生活由宗教神学所主宰，教会既鼓励支持服务宗教、传播福音的文化，也严禁各种世俗异端文化。近代以来，文化与民族国家建构及资本主义市场体制直接相关。17世纪法国红衣主教黎塞留坚持"民族国家利益至上"的原则，以国家权力直接介入文艺生产，既保护文人也规范创作。1710年英国议会颁布人类史上第一部著作权法案《安妮法令》，成为现代知识产权制度的基础。启蒙运动展开之后，剧院被普遍认为是道德学校，文艺生活中的国家意志逐步制度化；19世纪资本主义市场原则向文艺领域扩展，艺术的经营管理、市场管理趋于成熟。20世纪60年代以来，北美和欧洲各国政府基于培养公民的国民意识、身份认同和文化归属感的考虑，积极投资建设公共及非营利的艺术组织，如博物馆、剧院、艺术中心、图书馆等，大量需要策略性的规划者、艺术机构财务管理者、人力资源管理者、艺术市场营销者、博物馆藏品保育及策展人员等管理类人才。有见及此，一些国家纷纷设立专业艺术管理教育课程，创立专业同行评审的学术期刊，定期召开艺术行政学术会议，出版艺术管理教科书，形成国家或国际专业联系网络，所有这些都标志着艺术管理作为一门现代意义上的学科领域和专业的诞生。20世纪末全球化进程加速，文化交流、文明互鉴日益深刻地影响经济社会的发展，文化产业兴起，创意阶层崛起，文化议程被逐步整合到经济社会发展的动力、方式和目标之中。随着"文化资本主义"的兴起和人文社会科学领域"文化转向"的开展，艺术范畴扩大到整个文化领域，曾经相对独立的审美与艺术日益扩展到整个社会生活，精英艺术、商业艺术、应用艺术、业余艺术和文化遗产之间的界限逐渐模糊，行政管理扩大到经营管理，文化机构/组织的集中化与社会化同时展开，艺术赞助/补贴体系的不断更新，所有这些，都使得文化管理进入经济和社会政策体系，传统的"艺术管理（行政）"演化为"文化管理"，并以不同的方式进入学科学术体制。概括地说，西方文化管理的发展有三个阶段，这就是从活跃于市场的艺术中间人的"艺术推广"出发，到管理公共及非营利文化机构／组织管理为核心的"艺术管理／行政"学科的出现，再到支持具经济效益的文化创意产业为重点的"文化管理"领域。"文化管理"的自觉及其体系的构建是一个涉及政府权力、政治和意识形态、国家战略、全球文化交流、学科专业调整、新经济的崛起、新技术的推广、社会与发展方式的转型等诸多方面的过程。

古老的中国文化为文化管理提供了另一种更为丰富的经验和智慧。"管理"当然是晚清以来，特别是改革以来出现在汉语中的新词汇，但也有其古典含义。"管"为乐器之一，而"乐者，天地之和也"，故"管"是一种形成和谐秩序的管道和力量，引申开来就是使事物（如乐）或事情达到合理秩序的行为方式。"理"则指的是一种自然的条理，玉石之理。作为动词，它表示的是"理顺"之意，即使事物或事情更为合理的意思。"管"和"理"都包含着一种自然秩序或人的秩序要求。虽然没有直接使用"文化管理"的概念，但从周《易》的"人文化成"的理念，到刘勰"文之为德也大矣"的说法，古中国从来都高度重视文化艺术的社会—政治功能，从周代的"采诗"制到宋代的画院，人文与艺术也间接被纳入国家管理的整体体系之中；从孔子的"删诗""正乐"到后世儒家的诗教、乐教，以诗（乐）为教，古中国的文化管理其实极为周密和深刻，它涉及各种文化形式的内容、风格和修辞。文化管理要处理的基本问题是"一"和"多"的矛盾，也即统一的政治—伦理准则和充满差异的艺术—文化事件的矛盾。古中国的"和而不同，谐而不一"不但是处理文化间关系的原则，也是文化管理的原则。恰如钱锺书所释："盖全同而至于'壹'，绝异而至于'睽'，则不能'感'；必异中有同、同中有异始可。"[1] 从中西对比的角度看，以儒家为主体的中国文化，历来重视以德治国、以文养德。"发乎情止乎礼义"，中国文化管理离不开伦理，伦理也离不开管理。中国的文化管理不止是控制理论、权力行使，更多的是一种心性与行为的协调理论，一种沟通人际的关系学说。老子的"治大国若烹小鲜"的说法，近年来多有论者提及，但更具精意的是，古中国还有一种由文艺而国家的管理思想。先是汉人蔡邕在《琴赋》中率先提出"治国譬如张瑟"的观念，此后《淮南子·缪称训》亦说"治国譬如张瑟，大弦絚则小弦绝矣。故急辔数

1　钱锺书：《管锥编》第一册，三联2007年版，第46—47页。

策者，非千里之御也"。据钱锺书说，佛经（《四十二章经》《杂阿含经》《出曜经》等）、《礼记·杂记》及唐人刘禹锡的《调瑟词》等，其中均有"同《淮南》之旨"的论述。钱锺书据此指出：荀悦《申鉴·政体》篇："睹孺子之驱鸡也，而见御民之方；孺子驱鸡，急则惊，缓则滞"；《后汉书·鲍永传》"永以吏人痍伤之后，乃缓其衔辔"，章怀注："喻法律以控御人也"；《晋书·李雄载记》杨褒曰："夫统天下之重，如臣乘恶马而持矛也，急之则虑自伤，缓之则惧其失"；堪相发明。"调瑟喻治国，亦西方古人常言；或论尼罗（Nero）失政，以弦柱急张、缓张为譬，尤类《淮南子》等语意。"[1]"治国譬如张瑟"是一个比"治大国若烹小鲜"更具中国特色的治国理念，据此我们可以对中国"文教立国"的传统获得更深入的理解。近代以来，中国引进西方现代性的文化自律理论，文化艺术拥有一定的独立性，与此同时，国家权力向文化艺术领域的扩张也是现代民族国家和现代治理体系建设的内容之一。1949年新中国成立以后，中国建构了一套完整的文化管理体系，从意识形态管理到文化行政管理，从公共事业管理到企业经营管理，都鲜明体现了马克思主义意识形态、社会主义文化理想和中华文化传统，有效地推动了中国文化繁荣发展和对外文化交流。改革以来，现代化进程迅猛推进，公民文化权利逐步落实，文化成为公民的生活方式与经济社会发展的引擎，公共文化服务体系日益完善，文化产业融合文化与经济，改变了中国文化与经济的版图，创意经济推动了中国经济的转型，如此等等，我们迫切需要建设与中国国家治理现代化要求相适应的系统完备、科学规范、运行有效的文化管理体系，而文化管理学科建设也成为繁荣中国人文社会科学的内在要求。

中外实践表明，文化管理作为人类促进、规范、引导文化发展的制度性实践，是文明人类的自觉行动。文化是表达希望、创造理想的自由领域，在现代社会，它具有否定现存资本主义社会秩序、提供另一种可能、另一种选择的乌托邦功能。对于20世纪的批判理论家来说，生活在一个"被管理的世界"是一个令人悲哀的事实。但是，在文化已经成为文明人类的生活方式，文化成为共同体凝聚力和国家软实力，文化生产传播和消费已成为一个庞大产业的当代世界，系统的、合理的、有效的管理是文化发展的重要前提。韦伯指出："现代文化变得越

1　钱锺书：《管锥编》第三册，三联2007年版，第1615页。

复杂、越专业化，它的外在支撑组织就越是需要不带个人感情，越需要严格客观的专家，以取代旧时社会结构中依靠个人投契与宠信，依靠施恩与感恩行事的领主。官僚制以最有利的结合方式提供了现代文化的外在组织所需要的这种态度。"[1] 尽管韦伯看到也认为组织管理官僚化是现代社会生活中令人窒息的力量，但技术上有效、有专业化知识支撑、稳定的、分工合作且运作协调的组织体制，是对大规模社会群体进行有效管理的基本形态，是现代社会不可避免的"命运"。所以，文化管理势在必行，问题只是在于，我们的文化管理如何在政府、市场与社会的互动中实现权力与市场、规范与自由、整体需要与个体创造之间的平衡？在这方面，列宁在一个多世纪之前说的话仍然是我们的指导思想："无可争论，写作事业最不能作机械划一，强求一律，少数服从多数。无可争论，在这个事业中，绝对必须保证有个人创造性和个人爱好的广阔天地，有思想和幻想、形式和内容的广阔天地。这一切都是无可争论的，可是这一切只证明，无产阶级的党的事业中写作事业这一部分，不能同无产阶级的党的事业的其他部分刻板地等同起来。这一切决没有推翻那个在资产阶级和资产阶级民主派看来是格格不入的和奇怪的原理，即写作事业无论如何必须成为同其他部分紧密联系着的社会民主党工作的一部分。"[2] 在当代中国，文化管理的使命，就是通过对文化的系统管理、依法管理和综合管理，尊重文化的特殊性，维护文化价值的尊严，坚持正确导向，凝聚社会共识，校正文化发展轨道，繁荣文化生产与文化生活，实现民族文化的复兴。

文化管理当然有其约束、规训的内涵和效果，但从积极的方向看，它更是一种文化自觉和文明追求：我们必须选择我们所需要的文化，创造我们所理想的文化。我们生活在现实环境之中，我们承继着过去的传统，但我们不只是被动地接受环境与传统。改造我们的环境、转化我们的传统是今天的使命。不是文化决定论、文化宿命论，而是文化选择论、文化创造论，是文化管理的前提和基础。管理是我们自发的或自觉的行为的干预和介入，相对于自发的文化行为，管理是文化的自觉；相对于自觉的文化行为，管理是基于特定的目标和原则的更

1　[德] 马克斯·韦伯：《经济与社会》第二卷上册，阎克文译，上海人民出版社2010年版，第1114页。
2　[俄] 列宁：《党的组织和党的出版物》，《列宁选集》第一卷，人民出版社1995年版，第648页。

高自觉。无论如何，文化管理就是以我们今天的需要、理想来处理传统、改造现实，创造我们今天的文化，选择我们的未来。人类创造了文化又生活在文化之中，文化是人类生活实践的结晶又规范着人类生活实践。借用马克思的话说，人类创造自己的文化，但他们并不是随心所欲地创造，并不是在他们自己所选定的条件下创造，而是在直接碰到的、既定的、从过去继承下来的条件下创造。这就意味着，现代意义上的"文化管理"也有其传统根基，中国文化管理不同于西方文化管理，不同的文化管理模式，反映的是不同的文化传统，文化多样性表现为文化管理的多样性。我们要实现文化管理的现代化，要吸收外国特别是西方文化管理的理念、体制和技术，但文化多样性意味着文化管理的多样性，中国永远有自己的特色和自己的做法。如果说文明表达的是人类进步的共性，而文化则是体现着不同共同体的差异，那么中国的文化管理，既应当有现代文化的共同价值和现代治理体系的普遍标准，也应当具有中华传统的内涵并体现社会主义的核心价值观。在此意义上，文化管理是现代文化体系建设的必然要求，也是我们追求理想文化和美好生活的必要规范。

自 20 世纪 90 年代以来，上海交通大学文化产业管理专业就以培养文化管理人才、构建文化管理学科为目标，并为此作了不懈努力，包括编著专业教材、出版学术集刊、组织学术研讨等。我们有幸参与了、见证了"文化产业管理"作为二级学科逐渐成形的历程，在此基础上，我们还应当继续推进"文化管理"作为独立学科的建设。根据我们的实践和认识，文化管理既有跨学科、交叉学科的性质，也应当是社会科学领域与工商管理、公共管理等并列的一门独立学科，这是经济建设、政治建设、文化建设、社会建设和生态文明建设"五位一体"总体布局的必然要求，这是坚持社会主义先进文化前进方向，树立高度的文化自觉和文化自信，建设社会主义文化强国这一宏伟目标的必然要求。在这门独立的学科之下，至少应当包括文化史论、艺术管理、文化遗产管理、公共文化管理、文化产业管理、创意管理六个二级学科。加强文化管理学科的建设，培养合格的、优秀的文化行政管理人才、公共文化与文化企业经营管理人才和文化管理研究人才，是高等学校的重要使命之一。今天，中国特色社会主义已经进入新时代，13 亿中国人民正奋力追求美好生活，文化发展和文化管理学科建设也进入了一个新的历史阶段。为此，在上海交通大学媒体与传播学院和东方出版社中心的支持下，我们以"上海交通大学全球文化管理研究中心"的名义，创办了《中国文化管理研究》学术集刊，期望在会聚国内外同行，阐释、提炼中国文化管理的丰富实践，借鉴外国特别是西方文化管理的理论、方法和学科建设经验，深入持久地开展中国文化管理的学科体系、学术体系和话语体系的研究和构建，推动文化管理作为中国人文社会科学领域的一门独立学科的建设。"东岸绿荫少，杨柳更须栽。"期待我们的同志——文艺文化工作者，高等学校文化管理类学科的同仁——都来参与这项共同事业。

（2019年10月12日，《中国文化管理研究》第一卷，东方出版中心2019年版）

2020年

论"除魅—赋魅"的文化悖论

　　西方现代文化理论中，马克思与马克斯·韦伯是两个关键人物。马克思无意于专门谈论文化，但其意识形态理论揭示了文化与经济、政治的关系，对现代文化理论和实践的影响至深且巨。韦伯的重要性在于：他几乎承接、深化了西方现代文化理论的所有传统。其"新教伦理命题"对文化与经济的关系提出了不同于马克思的看法，其比较宗教研究拓展了社会学—人类学中的文化比较，其社会科学方法论扩展了人文—科学之分的理论传统，其对西方理性化、"除魅"的论述则为文化批判传统提供了新的活力。1920 年 6 月，56 岁的马克斯·韦伯死于肺炎。在新冠疫情肆虐且引爆很多社会—政治冲突的今天，重温韦伯另有一番滋味。比如他所说的各种价值之间无法通约和还原的"诸神之争"，就有助于理解种种"政治正确"所引起的冲突与骚乱。在关于学术与政治的讲演中，韦伯尖锐地指出，讲坛不能布道，学术研究不回答生命的意义问题。在不存在作为整体的、统摄的超验价值的现代，那些在讲台上激情洋溢意在指点迷津的"伪先知"，不过是在编织迷人的谎言和幻觉。"在课堂里，唯有理智的正直诚实，才是最有价值的美德。"这些观点都可能在更充分的展开中回应当代文化的新问题。

"除魅"——"世界被祛除了迷魅"（Entzauberung der Welt，disenchantment of the World）——是马克斯·韦伯对现代性所做的根本判断之一。一般认为，"除魅"及相关概念"铁笼"与18世纪末德国诗人席勒（Friedrich von Schiller）有关，而席勒美学的主题，却是以艺术来为现代世界"赋魅"。事实上，韦伯同时也指出了"除魅"之后的一些"返魅"行为，尽管他是以不屑的、批评的语气来谈论这后一方面的。参照席勒的有关论述，可彰显韦伯所约略提及的"返魅"的重要性。韦伯之后，批判理论家瓦尔特·本雅明（Walter Benjamin）与提奥多·阿多诺（Theodor Adorno）就"复制艺术"与"灵晕"的关系的讨论，也涉及这个问题。根据这样的语境并结合现代文化实践，我们有理由认为，"赋魅"（包括"返魅"）不但是"除魅"的后果之一，而且是与"除魅"同时展开的另一个过程。现代文化的内在动力与方向应当在"除魅—赋魅"的悖论逻辑上来理解。

一、席勒："诸神"之后有诗人

　　据《韦伯社会学文集》的英文编者汉斯·格特（H.H.Gerth）与米尔斯（C.Wright Mills）说："理性化原理是韦伯历史哲学中最一般的元素。……韦伯在思考这个过程引起的人的态度和心智的变化时，总喜欢引用弗里德里希·席勒的一个说法：'世界除魅'。"[1]但无论是在1917年的演讲《学术作为一种志业》中，还是1919—1920年修改《新教伦理与资本主义精神》时所增加的有关"除魅"的论述中，善于使用文学作品的韦伯都没有提到席勒。当然，任何一种重要观念都不是凭空而起，真要追溯"除魅"论的源头，不但席勒，甚至16世纪的加尔文主义也可以包括进来。奥地利学者弗里德里希·希尔（Friedrich Heer）就指出加尔文主义的"除魅"后果。他指出：人类长期与世界融为一体，"……圣方济还和鸟说话。一直到18世纪，人们还认为：动物和人一样，应对自己的行为负责，对动物的审判屡见不鲜。罗马公教徒在物体面前常抱一种仿佛是对魔法的敬畏或对圣事的恭敬，深怕侵犯了自然中的神圣秩序；……"但加尔文主义改

　　1　[英]汉斯·格特、赖特·米尔斯：《导读 韦伯其人其作》（1946），汉斯·格特、赖特·米尔斯编：《马克斯·韦伯社会学文集》，阎克文译，人民出版社2010年版，第52—53页。

变了这种不合理性的传统看法。希尔指出："加尔文主义使宇宙失去了精神上的魅力，……人被从物的世界中分割出来，物的世界被看为纯粹物质；个人又和其他人分割开，成为孤立的人。在古代社会中，宇宙被看成是受魔法控制的；在罗马公教会统治下，宇宙被看成是一个和圣事相联的世界秩序。加尔文主义却发展一种对事物、商品、武器和人的崭新的看法。这种看法的特点在于就事论事，这种思想在古代社会或罗马公教会之下是难以想象的。"[1] 韦伯的新教伦理研究，主要的经验材料和思想依据就是加尔文主义，他当然理解希尔所说的这一切。

不过，自觉地以"除魅"作为一个历史判断，确实始于席勒1788年的《希腊的群神》一诗。根据席勒的看法，西方文化有三大阶段。希腊神话所叙述的是群神统治的美丽世界，那时"万物都注满充沛的生气"，"人们把自然拥抱在爱的怀中，给自然赋予了一种高贵的意义"，万物"都显示出神的痕迹"。[2] 奥林匹斯的诸神并不是彼岸世界的神祇，他们没有超越人性、超越人间，而是人的投影、人的升华。神人混处，神庙像王宫一样辉煌，诸神像人一样享受生活。那时的宗教仪式也消除了一切可悲的克制和沉郁的严肃："每一颗心都要幸福地跳动，/因为幸福者就是你们的亲属。/那时只有美，才被奉为神圣，/天神不会由于快乐而自惭。"希腊人的天国，是阳光普照之下永远不散的筵席，他们的宗教则是一顿快乐的酒宴，他们最隆重的赛会是上演戏剧，用悲剧表现世界与人生的伟大庄严，用喜剧发泄生活中的滑稽和色情。没有不散的筵席。基督教来临后，诸神退隐，上帝成为唯一的神。这个神不再是人与自然的朋友，也不再关心生命与爱："那一切花朵都已落英缤纷，/受到一阵阵可怕的北风洗劫；/为了要抬高一位唯一的神，/这个多神世界只得消灭。/我望着星空，我在伤心地找你，/啊，塞勒涅（即月神——引者按），再不见你的面影，/我在树林里，我在水上唤你，/却听不到任何回音！"

近代以降，笼罩万物、禁抑感性的上帝也逐步退隐，新的上帝即"科学"更强力地清除了世界的神道和神迹。在由科学理性所发现的规律的支配下，曾

---

1 ［奥］弗里德里希·希尔：《欧洲思想史》（1953），赵复三译，香港中文大学出版社2003年版，第414—415页。

2 ［德］弗里德里希·席勒：《希腊的群神》（1788），钱春绮译，《席勒文集》Ⅰ，人民文学出版社2005年版，第38—44页。下引此诗，均据此版。

经美丽的世界终于成为刻板的机械。下面一段诗就是席勒的"除魅"论：

> 被剥夺了神道的这个大自然，
>
> 不复知道她所赐与的狂欢；
>
> 不再沉迷于自己的妙相庄严，
>
> 不再认识支配自己的精神，
>
> 对我们的幸福不感到高兴，
>
> 甚至不关心艺术家的荣誉，
>
> 就像滴答的摆钟，死气沉沉，
>
> 屈从铁一般的规律。

　　从诸神统治到上帝一统再到科学支配，这是席勒历史叙事的三个阶段。根据这种叙事，西方文化史最重要的事件，不是基督教的衰落和现代科学的兴起，而是诸神的退隐和古典世界的消失。就给世界"除魅"而言，从基督教到现代科学是一个连续的过程。18、19世纪之交，科学与工业两大革命已经显示了改造世界的巨大威力，而启蒙运动与法国革命进一步荡涤了生活中神圣、迷魅和诗意。对这一过程的意识与反思，是席勒时代的诗人、哲学家的基本作业。德国古典文化的卓越之处，在于它据此规划了现代文化的思维空间和基本使命。

　　哲学家黑格尔充分理解席勒在《希腊的群神》中所表达的悲情，但他认为，这种对希腊艺术的哀悼之情，源于诗人"对基督教世界持对抗的态度"，而这种态度又源于一种艺术的观点，即"认为从艺术的观点来看，古典时代文化的衰亡毕竟是很可惋惜的"[1]。这种"艺术的观点"没有看到古典的局限，因而也就没有历史的辩证的观点。黑格尔认为，艺术的根本概念就是精神内容和感性形式的有机统一，希腊是理想的艺术，其形式成为内容圆满而完全的表现，而内容除了这个形式之外再也找不到更合适的表现。希腊艺术是神的精神在具体的人的形象中显现，是人的形象与神的和谐统一，因此"没有什么比它更美，现在

　　1　［德］黑格尔：《美学》第2卷，朱光潜译，《朱光潜全集》第14卷，安徽教育出版社1990年版，第249—250页。

没有，将来也不会有"[1]。然而，神圣的东西应当是自由的和无限的精神，而古典艺术用以表现精神的人体毕竟是有限的、不自由的，古典型艺术必然要解体而让位于浪漫型艺术，这才是精神生活的更高阶段。席勒的问题在于他没有这种发展的观点，没有看到基督教的肯定方面。席勒诗中有云："难道这凄惨的寂静 / 就使我认识到我的造物主？ / 他的罩衣像他自己一样阴暗，/ 对他的礼赞中是我的忍让。"[2] 黑格尔认为，这里所说的"忍让"，其实只是僧侣们和启蒙运动对基督教的一种误解，真正的基督教并无如是主张。他说：

> 忍让当然是基督教的一个重要的因素，但是只有按照僧侣的观念，基督教才要求人要摧残他的性情、情感和自然冲动，不让他参与伦理的、理性的现实世界，家庭的和国家的活动，——这正是启蒙运动以及它的宣扬不可知的自然神的宗教观念所强加于人的最高的忍让，这种忍让要人不去认识神和掌握神。但是按照真正的基督教的观点，忍让只是中介作用和转捩点的一个因素，通过它来消除一般是纯自然的，感性的和有限的事物之中不适合的因素，以便使精神达到更高自由的必然要求。这是希腊人所不曾知道的一种自由和幸福的境界。[3]

这也就是说，真正的基督教并不全然否定自然世界和现实社会，是僧侣们的扭曲，是启蒙主义的误解，才把神弄成一种单纯的思想方面的东西，不相信神的精神在具体现实中的体现，从而把思想中的神与一切现实分割开来。因此，席勒此诗"是由对当时思想抽象起反感而回到留恋古典型艺术时的心情所产生的。……他首先赞扬希腊的世界观，因为它把整个自然界看作全是生活灌注的，充满着神的。接着他转到现代以及它对自然规律的散文式的理解和人对神的态度，……"[4] 黑格尔进而认为，不只是席勒，歌德的《科林斯的未婚妻》（Fiancee

---

1　［德］黑格尔：《美学》第2卷，朱光潜译，《朱光潜全集》第14卷，安徽教育出版社1990年版，第66页。

2　我们现在读到的《希腊的群神》是黑格尔所说的"改正版"，这句话应当出自此诗的初稿。

3　［德］黑格尔：《美学》第2卷，朱光潜译，《朱光潜全集》第14卷，安徽教育出版社1990年版，第251—252页。

4　［德］黑格尔：《美学》第2卷，朱光潜译，《朱光潜全集》第14卷，安徽教育出版社1990年版，第250—251页。

of Collins）也有同样错误。歌德此诗叙述人鬼相爱的故事。一个雅典青年到科林斯（基督教最早传播的地方）访问他的未婚妻，但那里的人在此期间都已成为基督徒。"新的信仰萌生，/什么爱和忠诚，/就常被当作莠草一样拔除。"未婚妻的母亲得了病，她许诺把女儿的青春和肉体献给上帝以换取自己的痊愈。男青年不知道这一切，他一整夜都在黑暗中拥抱着他的未婚妻，"彼此都不愿离开，相亲相爱"。拂晓时母亲进入房间，真相大白：她是从坟墓里逃出来的死神，她把未婚夫也拉入死亡，一对有情人将在火葬中获得宁静："一待冒出火星，/一待烧成灰烬，/我们就急忙去见古代的神灵。"歌德肯定了古典时代的自然人性并以此控诉基督教一神论的禁欲主义："形形色色的古神立即离去,/剩下空空的房屋，沉寂无声。/我们崇拜十字架上的救主，/不可见的、唯一的在天之神。"[1]此诗的历史观念、伤怀情调甚至语言选择，都与席勒一致。所以，黑格尔说，歌德"在这幅生动的画面里更深刻地描绘了爱情的抛弃。这种抛弃并不根据真正的基督教义，而是根据对忍让和牺牲精神的要求所作的曲解。歌德拿人类的自然感情和这种虚伪的禁欲主义作了对比，这种禁欲主义诋毁女子结婚，认为强迫的独身生活比结婚更为神圣。正如在席勒的诗里，我们看到希腊幻想与近代启蒙运动的知解力的抽象产品之间的矛盾对立，在歌德的这首诗里，我们也看到希腊人从伦理和感官两方面要求出发所得到的一些错误观念这两方面的矛盾对立"[2]。

黑格尔和席勒的差异，集中在对基督教的评价上。18世纪的法国启蒙主义卓越地论证了自然秩序是绝对统一的，它不受任何奇迹或其他形式的神所左右。宇宙不过是一架机器，受着不可改变的规律所支配，人不能凌驾于这些规律之上。对此启蒙世界观，席勒持一种辩证的态度。就其反对基督教的禁欲主义而言，席勒与歌德都属于启蒙主义；就其认为现代科学是继基督教之后世界"除魅"的另一个阶段而言，席勒又是反启蒙主义的。对于更为辩证的黑格尔来说，席勒的启蒙主义和古希腊崇拜都必须被超越。

黑格尔不同意席勒所说的基督教"为了要抬高唯一的神"而消灭"多神世界"

---

1 [德]歌德：《科林斯的未婚妻》（1797年6月4—5日），《歌德诗集》上，钱春绮译，上海译文出版社1982年版，第314—325页。

2 [德]黑格尔：《美学》第2卷，朱光潜译，《朱光潜全集》第14卷，安徽教育出版社1990年版，第253页。

的判断，因为基督教一神论是诸神的融合。黑格尔认为，这种本身无限和绝对普遍的东西（一神）确实是对一切特殊性的否定，但这是一种积极的消化、融合。因为"它把一切特殊的神分解在真纯的无限的自己与自己的统一体里。在它这种神宫里，所有的神们全被推翻了，由主体性的火焰把他们焚化了，从此艺术所承认的不是多神教的许多神而是唯一的神，唯一的精神，唯一的绝对独立自足性，这唯一的神，作为对自己能有知识和起意志的绝对，自己与自己处于自由的统一体，就不再分化为许多特殊的性格和功能，而仅凭一种隐蔽的必然来迫使它们联系在一起。"[1]"一神"既是诸神的融合，就不能简单地以为基督教是禁欲主义。实际上，基督教对自然的、人性的、世俗的东西的否定，本身就是精神完善的过程。在这个意义上，基督教是比希腊宗教更高的一个阶段，由"群神"而"一神"，体现了精神发展的必然要求。

黑格尔也不同意席勒希腊诸神"比人还更富于人性"的说法。席勒《希腊的群神》初稿中，曾有"神们既然比人还更富于人性，人们也就比神更富于神性"[2]一句。黑格尔认为，这是完全错误的，因为希腊群神并不比肉身化的基督教上帝更像人。希腊诸神是审美想象的产物，是希腊人以理想化的方式对人的礼赞，基督教的上帝则在基督这个历史形象中，在通过基督的爱而被结合在一起的人类共同体中，揭示了他自身。所以赋予人性以尊严的是基督教而不是希腊宗教，是基督教赋予了人实现圣爱的角色。希腊诸神并不"比人还更富于人性"，基督教才是绝对的人道主义。

尽管有这两点不同，但黑格尔与席勒也有共识。席勒《希腊的群神》此诗改正版中最后一段是："他们获救了，摆脱时间的潮流，/在品都斯山（神话中文艺诸神的圣山——引按）顶上面飘荡；/要在诗歌之中永垂不朽，/必须在人世间灭亡。"诸神已经告别人间，他们只能在诗中永生。黑格尔对此表示赞赏："这

1　[德]黑格尔：《美学》第2卷，朱光潜译，《朱光潜全集》第14卷，安徽教育出版社1990年版，第268页。

2　这句话出现在席勒《希腊的群神》的第一版中。我们现在读到的是黑格尔所说的"改正版"，其中已无这句话。可以参考的是席勒在1785年《曼海姆的古代艺术珍品陈列室》一文中的一段话："人在这里把某种东西引入比他曾经有过的状态更好的状态之中，把某种伟大的东西作为他的同类来回想……希腊人仅仅是把他们的神当作比较高尚的人来描绘，同时他们的人也就接近神了。"张玉能译，《席勒散文选》，百花文艺出版社1997年版，第17页。

几句诗完全证实了我们上文所说的话：希腊神们的宝座是在人的观念和想象里；他们在现实生活中并没有地位，也不能使有限的精神获得最高的满足。"[1] 不过，黑格尔是认为诸神必然死亡、必须死亡，而席勒不但对此充满哀悼之情，还想在诗歌中重建像希腊神话那样生气勃勃的世界场景，以为"荒凉"的现代生活提供理想的精神生活为使命。席勒认为，艺术家所处理的从来就不是实在的东西，而是理想的东西；艺术品只遵从它自身的美学法则，而并不服从其他要求。就在写作《希腊的群神》后不久，他又以长诗《艺术家们》《理想与生活》等来礼赞人和艺术。包括真善美在内的人类全部的价值都蕴含在艺术之中，艺术家和艺术没有改变现实世界，但它们给人们带来一个"崭新的美的人间天堂"。在这里，人的尊严得以保持，人的理想得到实现[2]。就诗人和艺术家摆脱现实无中生有地创造一个世界而言，他们所从事的是"神"的工作。在诗歌和艺术中，人们仿佛重返希腊群神的世界："奥林匹斯的和谐的天乐之声，/ 欢迎超凡入圣者升天归位，/ 面颊红得像蔷薇一样的女神 / 嫣然向他献上酒杯。"[3] 席勒的这些观点和思想，后来在 1795 年的《美育书简》中得到系统的、理论化的表达。美育通向政治自由，美育协调因现代分工而造成人性的分裂。现代人无法倒转历史重回希腊，也无法改变这个"除魅"的世界，但我们依然可以在诗歌中、在艺术中找到理想和自由。诸神离开了世界，但没有离开人类；世界已经"除魅"，但诗和艺术正在"赋魅"。这就是现代文化中"除魅—赋魅"这一悖论逻辑的经典起源。

因此，分析席勒诗作及黑格尔对他的批评，主要不是追溯"除魅"的观念起源，而是要说明，席勒所构建基督教—科学的"除魅"不但是一个有争议的叙事，而且席勒也充分意识到，恰恰是"除魅"激活甚至召唤了反抗理性化的"赋魅"。席勒所维护的诗和艺术的自律性，其真实涵义是相对于已经"除魅"的现实世界的独立性；自律艺术的逻辑，就是"赋魅"的逻辑。借助席勒，我们可以更充分地认识并评估韦伯思想中幽微之处。

1　[德]黑格尔:《美学》第2卷，朱光潜译，《朱光潜全集》第14卷，安徽教育出版社1990年版，第252页。

2　所引弗里德里希·席勒《艺术家们》中的诗句，均据张玉能中译。译文见《秀美与尊严——席勒艺术和美学文集》，文化艺术出版社1996年版，第364—382页。

3　[德]弗里德里希·席勒:《理想与生活》(1789年2月25日)，钱春绮译，《席勒文集》Ⅰ，人民文学出版社2005年版，第64—65页。

二、韦伯："除魅"之后的"返魅"

　　以"理性化"为主题，在各大宗教的比较中把握西方的特殊性，并在西方文明演变中探索西方理性化的命运，是韦伯社会理论及其经验研究的基本内容。理性化的伟大成就，在经济领域是现代理性资本主义，在制度领域是现代官僚制。以效能和生产力来衡量，现代理性资本主义肯定是最先进的经济体系；从技术观点来看，现代官僚制是最合理的形式。但庞大的经济组织和国家的官僚制度结合而成的非人格的管控体制，足以把社会中所有个人的自由和创造性消灭殆尽。韦伯的关切是，在由理性化发展而来的现代文明中，公民的道德、个人观念、自由创造等是否还能存在？为个人带来发展机会的现代社会能否为个人的生活提供明确的价值指导？易言之，在一个以自由和富裕为自豪的世界上，我们是否还能有尊严、有意义地活着？1917年发表的"以学术为志业"的演讲，是韦伯"除魅"论的基本文本，其阐释包括两个含义。

　　其一，世界没有神秘，万物只是计算的对象。韦伯指出："理知化与合理化的增加，并不意味着人对他的生存状况有更多一般性的了解。它只表示，我们知道或者说相信，任何时候，只要我们想了解，我们就能够了解；我们知道或者说相信，在原则上，没有任何神秘、不可测知的力量在发挥作用；我们知道或者说相信，通过计算，我们可以支配万物。但这一切所指唯一：世界除魅。我们再也不必像相信有神灵存在的野人那样，以魔法支配神灵或向神灵祈求。取而代之的，是技术性的方法和计算。这就是理知化这回事的主要意义。"[1] 这段论述涉及两个历史时期的转换。在前一个时期，世界由神灵或其他不可知的力量所支配，我们通过魔法支配神灵或向神灵祈祷来与世界发生关系。在后一个时期，世界没有任何神秘或不可知的力量，我们通过技术和计算来支配万物，即以科学来认识世界支配万物。无论是希腊诸神还是各种精灵、鬼怪，无论是原始的"万物有灵"还是中世纪的"上帝"，都是非感知的"超验"的存在。人们不但生活在物质中，也生活在神秘的、"超验"的世界之中，更准确地说，人们是透过种

---

1 [德]马克斯·韦伯:《学术与政治》，钱永祥等译，上海三联书店2019年版，第176页。

种"超验"的存在来认识、体验"世界"的。这既使人们感到敬畏、恐惧，也使他们与超越人世的更高存在、与宇宙万物连成一体，并通过宗教信仰及相关行动获得生存的意义和生命的价值。现代以来，人们认识到这个世界是受非人格的规则和规律所支配的，进而又通过知识、特别是以数学为基础的系统化科学获得了支配世界万物的权力。但是，经验知识的增加、判断能力的提高、控制经验过程的工具和组织的完善等，只是表明行动者的考虑纯粹以效果最大化为原则，而并没有增加我们对生命和生活的意义的理解，也并不意味着人对他的生存状况有更多的理解。这不是因为科学的局限或计算的无能。当合理的知识只限于可观察的事实和逻辑推理之后，不可见的神灵和上帝在这个世界上就没有容身之处；当世界的"迷魅""神秘"等被祛除之后，剩下的就只是物、事实等。韦伯认为，东西方宗教都是"拒绝现世的方式"，东方佛教采取"拒绝现世"的终极伦理，个人的救赎是清除一切欲望和自我而沉思来世，这是一种"神秘主义"。基督教的"禁欲主义"主张个人的救赎需要现世的行动（作为上帝的工具），即通过主宰现世、驯服俗人与恶人来完成它的"天职"——存在于现世而不属于现世。韦伯有关西方的"除魅"起源和动力的论述极为丰富，但宗教禁欲伦理是最重要的因素。结合这一点来看，"神秘主义"有两种作用。一个作用是"为了人类的目的而操纵来世（可能是神的）力量的努力"。这种"目的"可以是现世的，也可以是来世的。就目的是"现世"的而言，则神秘主义是相对无效的原始技术，合理的计算、科学的技术对神秘主义的克服，不会造成"除魅"——为来世的目的而操纵世界的努力仍然可以存在。神秘主义的另一种作用，是作为来世救赎的手段（技术），而禁欲主义的新教就特别敌视神秘主义的救赎技术。英国学者迈克尔·H.莱斯诺夫（Michael.H.Lessno）指出："这是从现代世界观中消除神秘主义的另一个方面——但是，只要对宗教伦理有着坚定的信仰，它也不会带来除魅的危险。在现代科学中达到顶点的理智的合理化，所毁灭的正是这种信仰。"[1] 所以，"除魅"说到底就是消除对来世的信仰，就是我们只有眼前这样一个世界——除了可计算的物以外，这个世界一无所有。

1　关于神秘主义两种作用的论述，引自［英］迈克尔·H.莱斯诺夫：《二十世纪的政治哲学家》（1999），冯克利译，商务印书馆2001年版，第30—31页。

其二，世界不再有终极意义，价值判断只能是一个主观选择问题。韦伯指出："我们的时代，是一个理性化、理知化，尤其是将世界之迷魅加以祛除的时代；我们这个时代的宿命，便是一切终极而崇高的价值，已自公共领域隐没，或者遁入神秘生活的一个超越世界，或者流于个人之间直接关系上的一种博爱。"[1]先知亚伯拉罕或古代的农民可以"年高而享尽了生命"，因为他生活在生命的有机循环的过程中，可以从中获得他的生命所能给他的一切；柏拉图的"洞穴"隐喻表明，哲学家能够通过发现"概念"来获得关于真实存在的知识；文艺复兴时代在古希腊"概念"的基础上增加了理性的实验，达·芬奇、16世纪的音乐实验者等都把这一方法看成是通往"真正的艺术"、"真正的自然"的道路；到了科学革命的17世纪，科学家们有了更高的期待。如荷兰博物学家斯瓦姆默丹（Jan Swammerdam）就理直气壮地说："我借解剖跳蚤，向你证明神的存在。"根据这种世界观，世界有其最后的真实，生活有其整体的意义，人类有其统一的价值。但现代科学的发展趋势却是解构这一终极真实和普遍价值，现在没有人会相信科学能够告诉我们任何有关世界的意义的东西。所有科学都有其预设前提：宇宙万物的规律值得我们认识，但这个前提是科学所无法证明的，科学也无法证明描述的世界是值得存在的；科学帮助我们支配世界，但它们无法证明我们应该这样做。比如医学假设生命应该维护，但它不回答生命是否值得活着。历史性的文化学科试图解释历史文化现象，但它们无法证明这些现象是否自身就有价值，也不会告诉我们是否值得去理解这些现象。"照这些自然科学的倾向，一旦它们真要涉及这些问题，那么有所谓世界的'意义'存在这种信念，将会被它们从根铲除。"[2]科学日益精进，人们对各种事实的认识是越来越清晰了，但生命的价值和生活的意义却越来越暗淡，由此滋生"生命倦怠"之情。科学不回答不等于人们不追求。既然没有终极信仰和普遍价值，那么应当如何生活的问题，就只能依赖个体的选择。"除魅"所带来的价值多元，不仅意味着差异，也意味着不同意义和价值之间不可通约、无法兼容。比如人类最基本的价值真善美之间，就不是和谐统一而是相互矛盾的。借用英国哲学家穆勒（John Mill）晚年的说法，

1　[德]马克斯·韦伯：《学术与政治》，钱永祥等译，上海三联书店2019年版，第199页。
2　[德]马克斯·韦伯：《学术与政治》，钱永祥等译，上海三联书店2019年版，第180—181页。

韦伯将不同价值之间的关系阐释为"诸神之争":"……昔日众神从坟墓中再度走出来,由于已遭除魅,他们不再表现为拟人的力量。他们企图再次主宰我们的生命,并且又一次展开他们之间的永恒斗争。"我们一旦选择了某一"神"(价值),就必然要排斥其他"神"(价值),"诸神之争"永远不可能有最后的结果。[1]我们甚至不能对伦理、价值、道德等议题进行理性思考,所谓"选择"其实是科学和理性不予支持、也无法支持的非理性行为;因为世界已经"除魅",我们的选择就可能、事实上也经常是重新"遁入神秘生活的一个超越世界"。"诸神之争"同样意味着价值领域的神秘性。

从自由和创造性这些西方文明的伟大价值来看,"除魅"使人陷入"铁笼"而丧失自由;从西方文明"一切终极而崇高的价值"的隐没来看,"除魅"使人陷于无休止的斗争而丧失意义。现代性是一分为二的结构:经济、社会、法律等制度性的理性化,导致"秩序过度";意义和价值的主观化、相对化,造成"冲突过度"。自由和意义双重丧失意味着虚无主义的到来,韦伯用"黑夜"、"寒冬"等不祥字眼来比喻"除魅"后的世界与人生。在彻底揭露现代性的虚假幻象和现代人的自鸣得意时,韦伯始终保持着清明的理性:他不喜欢这个世界,但始终正视这个世界。

其实,自以为文明进步的现代人也并不只是洋洋得意。之所以有人会在价值选择时"遁入神秘生活的一个超越世界",或"流于个人之间直接关系上的一种博爱",不全是因为麻木或自欺,也基于其内在的深切需要。韦伯指出了价值选择中的非理性、神秘性,也批评了现代生活中的"返魅"现象。这类论述也呈现为现代性论述中"除魅—赋魅"的悖论逻辑。

首先,存在着挣破官僚制"铁笼"的可能性。现代性"铁笼"坚强无比且不可回避,我们所面临的,不是如何推进这一过程(它一经发动,即无需精神动力),而是如何自我保护、如何摆脱这一进程的灾难性后果问题。1909年,韦伯在一次演讲中表达了这一忧思:"想一想那是多么可怕,整个世界有朝一日将只充斥一种小齿轮,亦即孜孜于一官半职并朝思暮想升迁的小人。这种事态在古埃及文献中有所记载,而将来还会再现,它在我们当今行政系统的精神中,

---

1 [德]马克斯·韦伯:《学术与政治》,钱永祥等译,上海三联书店2019年版,第194页。

特别是对学生——这种系统的后代——的精神中发挥着愈来愈大的影响。对官僚制的热情……足以使人绝望。……在政治上，我们似乎刻意变成了除了'秩序'别无所求的人；变成一旦秩序动摇，就神经紧张、不寒而栗的人；变成一旦脱离沉醉其中的秩序就六神无主的人，整个世界将只剩下这种人，因为我们已深陷于这种演变当中。"[1]稍晚于韦伯的捷克作家卡夫卡（Franz Kafka），以其卓越的小说更为直观地呈现了这种现代困境。对于如何摆脱这种机器的控制，韦伯没有给出答案，但在分析19世纪以来的德国政治状况时，他提出两种选择："挟'机器'以俱来的领袖民主制，和没有领袖的民主，也就是没有使命召唤感，没有领袖必具的那种内在精神性的、卡理斯玛要素的'职业政治家'的支配。"[2]韦伯主张民主制，但不是基于民主本身的价值，而是因为这是选择有能力的政治领袖的唯一方法。民主制是官僚政治的天敌，人民的直选能够在官僚体制之外选出负责任的"领袖"，而"领袖"也可以在选民中获得他的社会基础并因此而建构并控制官僚制的政党机器。以德国为例，其"实质问题就在于产生一位无可置疑地依靠全民意志的国家元首，中间无需插进任何中介。……只有一位获得数以百万计的人民投票支持的帝国总统，有发起社会化进程的权威"[3]。韦伯用"卡理斯玛"(charisma) 这个有超自然、超人类的"非凡品质"、"神奇力量"和"魅力"等意涵的术语，来说明直选"领袖"异常的、英雄的或有值得信仰、追随的特征。从先知到勇士、从古代的萨满到现代的革命文人，都具有这类品质、禀赋以及因此而来的革命性、破坏性。按韦伯的观点，历史上有过三种支配类型：传统型、法理型和"卡理斯玛型"。"卡理斯玛型"支配的正当性基础是一个群体对该群体中具有非凡品质或禀赋之人的普遍信奉，而其品质或禀赋的来源可能是"巫术的"，其证明或显示通常是一项奇迹，因此它与理性的、特别是官僚型的支配鲜明对立，也与传统型支配对立。三种权威并非线性进步的三阶段，而是分析性的三种类型，但就一般"进步"的趋势来看，现代权威主要是法理型的，它

1 引自［美］莱因哈特·本迪克斯：《马克斯·韦伯的思想肖像》(1960)，刘北成等译，上海人民出版社2002年版，第501页。

2 ［德］马克斯·韦伯：《学术与政治》，钱永祥等译，上海三联书店2019年版，第260—261页。

3 ［德］马克斯·韦伯：《帝国总统》(1919年2月25日)，载［英］彼得·拉斯曼、罗纳德·斯佩尔斯编：《韦伯政治著作选》，阎克文译，东方出版社2009年版，第243页。

意味着"卡理斯玛"以及与之相连的个人行为重要性的衰落。韦伯指出："就其最强有力的形式而言，超凡魅力却会同时打破理性规则和传统，颠覆一切神圣性概念；它不是要人们崇敬悠久而神圣的习俗，而是迫使人们由衷地服从那些史无前例，绝对独一无二，因此是神性的事物。"[1] 韦伯认为，官僚制操纵着一个行之有效的行政系统，其极端状态可能是比古埃及更严厉的专制主义，唯有"卡理斯玛"式的领袖才不受其控制且有力量从中拯救个人自由。这一可能存在的希望，反映的是对"除魅"世界的无法忍受，因而是一种"返魅"现象。对此，沃尔夫冈·蒙森（Wolfgang J.Mommsen）解释说："在韦伯看来，由于一切政治联合体都在趋向于官僚化，有组织的物质利益集团在政治领域不断扩张，只有个人直选领袖以及利用大众煽动手段的影响力，才有可能继续为人们提供自由和负责任的政治领袖。……他希望一个由政党机器、联合体官僚和利益集团支配的社会能够允许那些独立不羁的天才领袖人物脱颖而出。考虑到现代工业化大众社会条件下民主的含义所受到的限制，韦伯认为，这就是遏制普遍的官僚化进程和保障最低限度个人流动自由——就这个词的普遍意义（不仅仅是政治意义）而言——的唯一手段。"[2]

韦伯发表"学术作为一种志业"的演讲后不久，德国在第一次世界大战中败北，举国上下弥漫着一种绝望情绪，各种反理性、反现代性的思潮甚嚣尘上。这方面的材料很多。时事评论家、《德意志人民》杂志主编威廉·施塔珀尔（Wilhelm Stapel）批判性地分析了德国政治文化的倒退："理性的成长以牺牲整体人类本体为代价。感觉变得清醒确凿，幻想变得虚弱无力、千篇一律，想象力渐渐枯萎。但理性却在生长，并且通过算计、衡量、思考、策划等等试图取代奔放的感觉、幻想、本能和想象。当人越来越习惯于理性的王国，他的生存也行将就木。取代了直截了当、不假思索的……是大脑伦理。"左翼的批判指向各种反动的、好战的民族主义，而右翼论者则公开地期待"卡理斯玛型"领袖的到来："真正的国君本身统合了父性、战斗精神和魅力（Charisma）。他如父亲般

---

1 ［德］马克斯·韦伯：《经济与社会》第二卷下册，阎克文译，上海人民出版社2005年版，第1268页。

2 ［德］沃尔夫冈·蒙森：《马克斯·韦伯与德国政治 1890—1920》（1959），阎克文译，中信出版集团2016年版，第392页。

统治甘心受其保护的民众。当他的民众成长壮大，他会聚集民众的战斗力，为他们创造生存空间。得上帝之宠信，民众虔诚地信任他、膜拜他。于是这个国家领袖将战争与和平权衡在指掌之间，并与上帝对话。他本人的思考成了祷告，成了决策。他的决策不仅是理性的抽象计算，还是历史力量的总和。他的胜利与失败不是人类的偶然，而是神的旨意。所以，真正的国家领袖同时也是统帅、战士、教士。"[1] 没有证据表明，这些言论是在自觉地回应韦伯，但他们所描述的现象，特别是对理性、计算和"Charisma"等术语和概念的使用，与韦伯确是一致的。

后来的历史证明，这种对"卡理斯玛型"领袖的渴望，正是纳粹运动兴盛的文化心理的支持。韦伯一再给当时德国青年对假先知、伪救世主的期待泼冷水，显然是预见到了当时流行的这种非理性主义的危险性。但他对现实中的"新卡理斯玛"很可能是一个剥夺更多人的个性和自由的独裁领袖这一点，没有充分注意。沃尔夫冈·蒙森就认为："我们在法西斯极权主义统治下活过来的人，却认为这是一个极为严重的问题，在韦伯本人的术语学意义上说，这种统治当然应被看作是一种卡理斯玛现象。"[2] 蒙森此论当然有根据，但如果径直把韦伯的设想，与后来的伪先知、伪救世主联系起来，又是把"理想型"的分析观念与现实政治等同起来，把一种复杂思想简化了。因为在这个问题上，韦伯也持有理性的谨慎。他在1919年关于政治的演讲中说："……让我们约定，十年之后再来讨论这个问题。很遗憾，我不能不担心，到了那个时候，由于一系列的原因，反动的时期早已开始，……"[3] 十年后的1929年，世界性的经济大萧条波及德国，多年处于边缘的纳粹党乘机扩张，在1930年9月14日的大选中成为国会第二大党。1933年1月，希特勒在德国整体性危机中以"救世主"的形象走上权力顶峰。这当然是韦伯十年前所预言的"反动"。

无论是韦伯对"卡理斯玛型"支配可能具有的积极价值的设想，还是德国政治中"卡理斯玛型"领袖的灾难性现身，都表明在高度发达的现代社会，种

---

1 这两段言论转引自［德］库尔特·松特海默：《魏玛共和国的反民主思想》（1962），安尼译，译林出版社2018年版，第27、173—174页。

2 ［德］沃尔夫冈·蒙森：《马克斯·韦伯与德国政治1890—1920》（1959），阎克文译，中信出版集团2016年版，第401页。

3 ［德］马克斯·韦伯：《学术与政治》，钱永祥等译，上海三联书店2019年版，第285页。

种"奇迹"、"天意"、"神启"、"魔法"等并未告别人间，受着"铁笼"制约的现代人，在遭遇危机的困境中，依然会或公开或潜在地渴望着诸神复活，先知重现。反思这类"返魅"所带来的如德国般的浩劫，就不能简单地说这是"除魅"的不彻底，而是要正视"除魅"的多重后果及现代人的不同反应。

其次，韦伯在做出"除魅"这一历史文化的判断时，也简要分析了"赋魅"的普遍性。世界不再迷魅，人生已无信仰。身处这一人性与文化的危机，人对救赎的需求仍然存在，对"与神合一的生活"的渴望仍然存在。有人选择一些属于自慰性质的行为：搜罗些小圣像拼凑出一座私人小教堂作为宗教解体后的替代；有人赋予各种各样的体验以神秘的神圣占用感，如创造一个代用品拿到书市上去贩卖；有人逃避到爱欲主义之中："恋爱关系似乎是提供了爱的追寻之最高实现——亦即人与人的灵魂之直接交融——的保证。"爱欲"实奠基于形成一共同体——感觉完全一体化、'你'消融于其中——的可能性。此一共同体是如此具有压倒性的优势，以至于吾人要将它诠释为'象征性的'，就像是个神圣祭典那样。"[1] 还有人"以一种天真的乐观，歌颂科学——也就是以科学为基础的支配生活的技术——是达到幸福之路"[2]。韦伯认为，诸如此类的"返魅"行为，从根本上说都是自欺欺人，没有理智的诚实，因为他们没有正视"除魅"的现实。不过，既然价值选择是个人的事，那么如果有人牺牲理智而返魅，他人也不能指责。韦伯说：

> 对于我们时代的这种命运，谁若无法坚毅承担，让我们对他说：您还是安静地、不要像一般回头浪子那样公开宣传，而是平实地、简单地回到旧教会双臂大开而仁慈宽恕的怀抱中去吧！……如果他确实能够做到这一点，我们不会因此而责骂他。因为这种为了无条件的宗教皈依而采取的知性上的牺牲，从伦

---

1. [德]马克斯·韦伯：《宗教与世界》（1920），康乐、简美惠译，广西师范大学出版社2004年版，第534—535页。韦伯的同时代人弗洛伊德也认为："在恋爱状态的最高阶段，好像是要清除自我和对象之间的界限，……这个爱恋中的男人声称'我'和'你'是一个人，并准备照此行事，好像这是一个事实似的。""当一种爱情关系处于高峰时期时，它对周围世界就会丝毫不感兴趣；这一对恋人已经足够了，甚至连一般说来能使他们感到幸福的孩子也不需要。"《文明及其缺憾》（1930），杨韶刚译，车文博主编：《弗洛伊德文集》第八卷，长春出版社2004年版，第166—167、196页。

2. [德]马克斯·韦伯：《学术与政治》，钱永祥等译，上海三联书店2019年版，第181页。

2020 年 | 论"除魅—赋魅"的文化悖论　　453

理的角度看，和规避智性诚实这个平实的义务并不是一回事。[1]

　　韦伯认为，作为个体选择，放弃理智的诚实而选择宗教是无可厚非的，应当非难的是那些讲台上的"假先知"。当他们在课堂中热情洋溢地宣传某种价值观、充当生活导师时，他们没有认识到，在一个没有神也没有先知的时代，教师不是领袖，讲坛不能布道。而无论有多少教授，以其特殊地位而在课堂上努力扮演先知或救世主的角色，也绝对无法在世界上硬逼出一个先知或救世主来。但显然，韦伯之后种种"假先知"依然充斥讲台。这不只是因为，世界"除魅"之后只有少数人能够坚持理智的诚实，而是因为真神绝迹、先知无踪，人们只能通过种种假神和假先知来维持着对消逝的神和先知的怀念。

　　再次，韦伯也指出了另外一种更为合理、更为积极的"赋魅"行为。理性化的内涵之一是事实与价值的区分，原来统一的基督教世界观分化为经济、政治、审美、性爱与知性五个独立的"自律领域"。审美和艺术与社会生活中的规则化、功利化保持距离，而艺术杰作也有吸引人们沉浸于审美的境界之中的力量，这就使艺术具有一种把现代人从理性化、秩序化世界中拯救出来的功能。韦伯指出："如此一来，艺术便逐渐自觉地变成确实掌握住其独立的固有价值之领域。艺术从此具有某种（无论在何种解释之下的）此世之救赎的功能，亦即将人类自日常生活之例行化中——特别是处于理论的、实践的理性主义压力愈益沉重的情况下——解救出来的功能。"[2]确认自律艺术具有"准宗教"的救赎功能，这是席勒美育思想的承续，也是浪漫主义以来种种"以艺术代宗教"实践的总结。

　　既然艺术具有准宗教的性质，则"进步"的观念也即"除魅"的观念就不能简单运用到艺术领域。韦伯认为，艺术领域不存在进步这回事。某一时期的艺术作品并不因为它采用了新技法（如透视法），就高于对这些技法一无所知的艺术作品。只要后者的形式充分表现了它所欲表现的题材，它就具有充分的艺

　　1　[德]马克斯·韦伯：《学术与政治》，钱永祥等译，上海三联书店2019年版，第200页。

　　2　[德]马克斯·韦伯：《宗教与世界》（1920），康乐、简美惠译，广西师范大学出版社2004年版，第526页。

术性。"完满"的作品永远不会被超越，也永远不会过时[1]。艺术的"进步"只能限定在"技术性的手段"上："对于经验性、因果性的考察而言，艺术之最重要的，可以一般地加以确定的发展环节，却恰恰就是'技术'的改变。"[2]在其方法论的文章以及未完成的《音乐的社会基础与理性基础》一书中，韦伯对艺术的"技术"在艺术史上的意义进行了若干考察。如哥特式建筑中的特定的"架拱方式"，绘画中的透视法，音乐中的记谱法、乐器制造、复调歌曲的创造等，相对于艺术品的美学评价而言，所有这些都是"他律的"。艺术中技术的进步与否，不会影响艺术的审美价值。由此我们得出这样一个结论：艺术中的"除魅"或审美理性化，主要是其技术的进步。这一点，对我们理解后来本雅明等人的思想非常重要。

艺术的内容和价值无进步可言，而且现代审美还具有一定的"反现代"特质并与传统保持内在关联。1904年，韦伯在美国演讲"农村共同体对社会科学其他分支的关系"时指出："在一个拥有古老文明的国度里，'受过教育的贵族'……总是用更为怀疑的目光看待资本主义的胜利推进，对它的批判也总是更为尖锐，……一旦知识教育与审美教育成为一种职业，它们的代言人，必然会与所有古代文化的担纲者之间，发展出一种内在的亲和关系。"[3]此论再次表明，"除魅"并非斩钉截铁地一分为二，传统与现代实际上始终纠缠在一起。席勒、歌德以古希腊艺术为理想，浪漫派有回归中世纪的追求，"文艺复兴"（包括意大利文艺复兴、17世纪的法国"新古典主义"和18世纪末的德国古典文化运动等）的目的是复兴古希腊罗马的世俗文化。持续的进步，一再的返古，正是现代文化中"除魅—赋魅"悖论逻辑的强大力量。不同于席勒把"除魅"追溯到基督教，更不同于黑格尔把"除魅"定时在"近代市民社会"，韦伯的"除魅"是一个更为漫长的历程。他认为："学术的进步，是人类理知化过程的一部分，并且是最重要的一部分，此一过程已持续数千年之久。""在西方文化中已持续数千年之久的除魅过程……"[4]由于现代与古代之间存在着"内在的亲和性关系"，所以即

1　[德]马克斯·韦伯：《学术与政治》，钱永祥等译，上海三联书店2019年版，第173页。

2　[德]马克斯·韦伯：《社会学与经济学的诸科学之"价值中立"的意义》（1917），《韦伯方法论文集》，张旺山译，台北联经出版事业股份有限公司2013年版，第520页。

3　[美]弗里茨·林格：《韦伯思想评传》（2004），马乐乐译，北京大学出版社2011年版，第151页。

4　[德]马克斯·韦伯：《学术与政治》，钱永祥等译，上海三联书店2019年版，第175、176页。

使在韦伯发表演讲的 20 世纪初，这个过程也没有完成。这一事实所蕴含的意思，不只是理性化是否完成的问题，而是理性化"除魅"能否最终完成，甚至是"除魅"是否真实存在的问题。[1]

在韦伯所指出的三种"赋魅"现象中，"卡理斯玛型"支配的重现和日常生活中的救赎行为，属于"返魅"，但所返之"魅"已经包含着理性化时代的选择和重组，实质上仍然是基于现代需要的"赋魅"，因此与代替宗教的自律艺术的"赋魅"是同一性质。需要再次说明的是，韦伯从来没有把"赋魅"当作一个重要问题或重要概念。没有席勒，我们可能看不出韦伯论述中"赋魅"的重要性；没有韦伯，我们不可能把席勒的美育概括为与"除魅"相对的"赋魅"。所以，即使是像韦伯这样理智清明且有方法论自觉的思想家，其思想的丰富性和重要性，也需要借助其他的思想资源才能充分理解。

三、批判理论：复制艺术的"灵韵"

韦伯不认为"理性化"仅仅是 18 世纪启蒙运动，当然也不认为此前的人们不具有理性行动的能力，但无论如何，以 17 世纪的科学革命为基础且从文化上推动了工业革命和法国大革命的启蒙运动是西方理性化的高潮，因而有力地推进了"除魅"的进程。在更广泛的意义上，应当把"除魅—赋魅"悖论逻辑理解为两次工业化—现代化的文化反应。

席勒美学是对第一次工业化与法国大革命的反思，而其"除魅—赋魅"的论述则可以成为分析 19 世纪西方文化艺术的框架。在这个世纪的两大文艺流派中，现实主义失望于启蒙主义的华美诺言，精细地描写世界"除魅"的现实和人生。比如巴尔扎克（Honoré de Balzac）、狄更斯（Charles Dickens）的小说就写尽了现代社会的功利与冷酷，而屠格涅夫（Turgenev）、陀思妥耶夫斯基（Dostoevsky）则一再讲述那些寻找生命意义的绝望故事。与此相应，浪漫主义不甘于社会的技术化和生活的功利化，在想象中为世界"赋魅"。与席勒同时代的"耶拿浪漫派"的全部企图，就是赋予艺术以形而上学的地位，将审美经验作为认识终极

---

1 ［美］埃里克·沃格林：《新政治科学》（1952），段保良译，商务印书馆2018年版，第19—32页。

实在或绝对的尺度和媒介，最终"把诗变成生活和社会，把生活和社会变成诗"[1]。诺瓦利斯（Novalis）本来对歌德的《威廉·麦斯特》评价极高，但1798年夏末之后，他却认为这部小说"毫无诗性"，并指责其中的"商业主义"（gospel of economics）："《威廉·麦斯特的学习时代》从某方面来说全然是乏味的——也是现代的。浪漫主义在当中消亡了——一同消亡的还有自然、诗和奇迹——这部小说只说到寻常人类的事——自然和神秘主义被完全忘却。它只是一个诗化了的关于资产阶级和家庭的故事。奇迹被公然当作诗和热忱。美化无神论就是这部作品的灵魂。太多商业——诗歌效果出现在一个乏味廉价的主题基础上。"[2]诺瓦利斯认为，这不是歌德一个人的庸俗。从宗教改革经启蒙运动到法国大革命，其文化表达是现代无信仰："真理与占有"代替了信仰与爱，民族国家的政治原则取代了古代的普遍主义，所有行为都倾向精于算计的理性主义，"被一连串意外所驱使的无限磨石所发出的单调噪音"取代了"宇宙中无限创意的乐章"……这是一个"除魅"的过程，人们"孜孜不倦地忙于将诗从自然、大地、人的灵魂和科学中清扫出去，消除神圣之物的每一道痕迹，用冷嘲热讽打消对一切崇高的事件和人物的怀念，并且剥掉世界的一切五彩装饰。"诗被诋毁，至圣受到嘲讽，只有"光"则因其遵循数学规律而得到启蒙运动的偏爱。[3]与启蒙的"除魅"，也与歌德的世俗化相对，诺瓦利斯主张破除艺术与生活的区隔，还生活以诗，返世界之"魅"。他的方法是："当我给卑贱物一种崇高的意义、给寻常物一副神秘的模样、给已知物以未知物的庄重、给有限物一种无限的表象，我就将它们浪漫化了。"所谓世界的艺术化，就是"给"现实中的一切赋予它本身所没有意义和形象，而这些意义和形象原已被理性化清除殆尽。是谁在"给"呢？只能是诗人和艺术家，因为只有他们还相信自然通向上帝，他们自以为自己的使命就是找回已经消失的世界的意义。诺瓦利斯明确指出："如果上帝曾经能够成人，他也能变成石头、植物、动物和元素，以这种方式，自然之中也许有

---

1 ［德］弗·施莱格尔：《雅典娜神殿断片集》，李伯杰译，三联书店1996年版，第72页。

2 ［德］恩斯特·贝勒尔：《德国浪漫主义文学理论》（1993），李棠佳、穆雷译，南京大学出版社2017年版，第195—196页。

3 ［德］诺瓦利斯：《基督教或欧洲》（1799），林克译，《夜颂中的革命与宗教——诺瓦利斯选集卷一》，华夏出版社2008年版，第200页。

种持续的救赎。"[1] 卑贱／崇高、寻常／神秘、已知／未知、有限／无限之间不是相互对立的双方，而是和谐统一的整体，生活在此世的诗人可以在日常世界和自然万物中发现并体验超越、绝对和神性，从而摆脱生活的机械刻板和无聊乏味。由于这个世界事实已经被"除魅"，因此这种"赋魅"其实就是以诗意来代替真实。如果说歌德的《威廉·麦斯特》叙述的是现实战胜诗、个体适应社会的故事，那么诺瓦利斯《奥夫特尔丁根》中的"蓝花"则是现实之外而又为现代人永远追求的"超验"、"乡愁"、"无限"和诗。诺瓦利斯说："哲学本是乡愁、处处为家的欲求。"[2] 浪漫派以来现代文化的主题之一，就是对世界之"魅"的"乡愁"。

韦伯生活的时代，正是现代化的第二波（电力革命）的伟大时代，世界之魅被更有力地清除，而对这个时代的文化反应，就是马克·里拉（Mark Lilla）所指出的："在整个 19 世纪，人们或正确或错误地认为黑格尔发现了世界历史的理性进程，其终点便是现代官僚制国家、中产阶级市民社会、新教公民信仰、资本主义经济、技术进步以及黑格尔哲学本身。……在这预言即将于 19 世纪末被实现之际，德国与其他受到黑格尔思想影响的国家纷纷陷入了恐惧和文化上的深层反抗。表现主义、原始主义、对于神话和超自然事物的痴迷……这种恐惧是真真切切的：倘若黑格尔和他的追随者是正确的，人类的全部体验就都已经被从历史的角度理性地解读，这既麻痹了人类的精神，也排除了一切真正新颖的、个人的或神圣体验的可能。用马克斯·韦伯的令人毛骨悚然的话来说，这意味着'世界的去魅化'。"[3] 第二波现代化"除魅"愈干净、愈彻底，表现主义、原始主义的"赋魅"冲动就更强烈、更夸张，几乎就是一场反理性化、反现代性的文化革命。韦伯所说的"艺术据有某种此世之救赎的功能"，不但是对席勒和浪漫派的肯定，也是对当时文化中种种超验的向往和深层渴望的概括。在此语境中，韦伯所说的那些"赋魅"行为就不能简单地认为是倒退和反动，而是一种具有普遍意义的文化选择。

---

1 ［德］诺瓦利斯：《新断片》，林克译，《夜颂中的革命与宗教——诺瓦利斯选集》卷一，华夏出版社2008年版，第134、158页。

2 ［德］诺瓦利斯：《新断片》（1799—1800）林克译，刘小枫编：《夜颂中的革命和宗教——诺瓦利斯选集卷一》，华夏出版社2007年版，第133页。

3 ［美］马克·里拉：《搁浅的心灵》（2016），唐颖祺译，商务印书馆2019年版，第26—27页。

但有一个问题，韦伯没有来得及关注。第二波现代化的技术革命，不但改变了世界也改变了艺术。按韦伯的说法，艺术的进步在其技术，而技术进步与否不影响艺术的本质。但熟悉韦伯著述的瓦尔特·本雅明却认为，技术确实在改变着艺术。比如1900年左右的复制技术，不但能够复制所有留传下来的艺术作品，而且在介入艺术生产后从根本上取消了艺术作品的本真性和唯一性。从这一事态之中，本雅明提炼出"灵韵"与"复制"两个概念来分析艺术的演变。他对"灵韵"（Aura）的论述有两个思路：《摄影小史》（1931）和《机械复制时代的艺术作品》（1936）两文重在从作品本身的特性来说明何为"灵韵"；《讲故事的人》（1936）和《波德莱尔的几个母题》（1939）两文重在从"经验"的角度说明"灵韵"。就艺术作品的"灵韵"而言，大体上是指传统艺术作品的本真原创、距离美感、仪式根基和崇拜价值四种品质，并因此而具有"不可接近性"[1]。"不可接近"与时空距离有关但又不限于时空距离，而更多是指艺术作品的某种神圣感、仪式性。本雅明指出："艺术作品的可机械复制性有史以来第一次把艺术品从其对礼仪的依赖中解放出来。""原始时代的艺术作品是由于对其膜拜价值的绝对推崇而首先成为一种巫术的工具，人们是后来才在某种意义上将其视为艺术品的。与此相似，如今艺术品通过对其展示价值的绝对推崇而成了一种具有全新功能的创造物，……"[2]这两段话表明，本雅明的"灵韵"源自巫术礼仪与宗教仪式，与韦伯所说的理性化之前世界的"迷魅"（enchanted）之说相当接近，而"灵韵"的式微也就相当于艺术的"除魅"，如巫术礼仪的分解、神秘体验的瓦解、崇拜价值的丧失等。

把本雅明与他并未直接使用的"除魅"观念联系起来，必须辨析不同的"艺术"的观念。席勒所说的艺术是现代自律艺术。在早期的《优秀剧院能起什么作用》（1784）等文中，席勒还在论证剧院是社会批判和道德教育的手段，但在康德无功利美学的影响下，席勒后期重在艺术的独立性和自主性，相信以古典和谐为典范的自律艺术蕴含着克服人格分裂、对抗异化的功能。同样，韦伯所

---

1 ［德］彼得·比格尔：《先锋派理论》（1982），高建平译，商务印书馆2002年版，第94页。

2 ［德］瓦尔特·本雅明：《机械复制时代的艺术作品》（1935—1939，第三稿），载《艺术社会学三论》，王涌译，南京大学出版社2017年版，第56、60页。

说的具有救赎功能的艺术，也是指统一世界观分化后的现代"自律艺术"。这种独立于理性化、世俗化的世界，以自身为目的的艺术，代表着另外一个世界，是提升人性、寄托理想的"准宗教"或宗教的替代品。当复制技术全面介入文化生产、艺术也具有技术理性之后，已经"除魅"的艺术，就不可能再给世界"赋魅"。本雅明并非自觉地承接席勒、韦伯的研究，但其相关论述，特别是在与阿多诺的争论中，他也涉及复制艺术的"赋魅"问题。

本雅明的艺术概念不像席勒、韦伯那样明晰，但在其"灵韵／复制"艺术史框架中，世俗的自律艺术与巫术艺术都属于"灵韵"艺术，文艺复兴以来，艺术的仪式基础日益瓦解，但对美的世俗崇拜却盛行起来。从浪漫主义到唯美主义，都主张"为艺术而艺术"，把艺术再仪式化、"灵韵"化，以反抗资本主义艺术商品化、审美功利化。就此而言，自律艺术与宗教艺术是一致的，所以本雅明称自律艺术为"艺术神学"，并明确指出："一件艺术作品的唯一性完全植根于其所嵌入的传统关联。"[1] "灵韵"的式微不是发生在艺术的现代性转折，而是发生在复制技术对艺术的"去审美化"之后。对本雅明来说，复制技术造成的艺术"灵韵"的丧失是决定性的，而从宗教艺术向世俗艺术的转变却不那么重要。不过，在一个注释中，本雅明也指出两种艺术的区别："在观赏者的脑海中，膜拜形象里居主导地位的独一无二显现，越来越被切实可感的创作者或其创作成就的独一无二性所取代。……随着艺术的世俗化，真实性便取代了膜拜价值。"[2] 巫术艺术有崇拜价值，世俗艺术有"本真性"的价值，它们各有其构成"灵韵"的基本要素——也可以说有其"赋魅"的潜能。就此而言，自律艺术仍具的看法与席勒、韦伯并无不同。

本雅明果然看到了艺术的"赋魅"。在不成功的艺术家希特勒、以研究歌德为博士论文的纳粹宣传部长戈培尔的构思和组织下，纳粹德国以艺术渲染暴力、神化种族、美化战争、颂扬领袖；一些文化杰作如北欧神话、中古传说、瓦格纳歌剧、莫扎特音乐等都被改造、挪用为纳粹权力的一部分，其中也包括席勒

---

1 ［德］瓦尔特·本雅明：《机械复制时代的艺术作品》（1935—1939，第三稿），载《艺术社会学三论》，王涌译，南京大学出版社2017年版，第54页。

2 ［德］瓦尔特·本雅明：《机械复制时代的艺术作品》（1935—1939，第三稿），载《艺术社会学三论》，王涌译，南京大学出版社2017年版，第55页注释2。

的《威廉·退尔》。政治与审美的关联并不需要纳粹来实现，但纳粹确实是文明史上第一个大规模地、持续性地、依赖性地把权力艺术化、政治审美化的政党。在本雅明看来，"纳粹主义证明自己很可能是历史上具有最强烈的审美自我意识的政体——是'为艺术而艺术'的发展顶峰，就法西斯主义将人类的自我毁灭变成了盛大而奇异的审美庆典而言，它已经把对美学思辨的渴求升华到了一个新高度。"[1] 纳粹意识形态包括反资本主义、反现代性的内容，因此也就反对艺术的商品化、市民化。纳粹艺术不是个体创造和自由静观，而是种族的神话和群体的狂欢。纳粹艺术有其功利性、政治性，但不是资本主义文化市场上的功利，也不是传统的为政治服务，而是组织个体、改造人性的一种方式，即通过气势逼人、整齐一律的壮观场景把孤立的个体整合到严密的组织体制之中，使其为纳粹设置的种族目标奉献和牺牲。不提供更不满足大众的任何利益要求，这是纳粹艺术的非功利性或者说是"为艺术而艺术"；在审美的陶醉中诱使大众崇拜领袖献身种族，这是纳粹艺术的政治目的或者更准确地说是艺术与政治的合一。"崇尚艺术，哪怕摧毁世界"——纳粹主义确实崇尚艺术，也确实摧毁了欧洲世界。

这就是为什么本雅明肯定复制艺术政治潜能的原因。复制艺术摧毁了从巫术艺术到自律艺术的"创造力和天才，永恒价值和神秘"观念，建立了文化参与的平等性；复制技术改变了人类的感知方式，解放了"视觉无意识"，扩展了大众对事物的了解；复制技术破除了"灵韵"艺术的"不可接近性"，培养了大众的批判态度。通过对复制艺术民主性、解放性和批判性的阐释，本雅明不但坚信复制艺术在政治上的积极意义，还以之为对抗法西斯主义的武器。这就是他说的："人的自我异化走到如此之远，以致将人的自我残杀当作最高和审美享受去体验。法西斯主义谋求的政治审美化就是如此，而共产主义则用艺术政治化来回应。"[2] 本雅明的论文到这里结束了，他没有具体说明"政治审美化"与"艺术政治化"有何不同。我们能够设想的是，他在纳粹"政治审美化"中看到了"灵韵"艺术在政治上的反动性，这就是它施之于大众的"不可接近性"以及由

1　[美]理查德·沃林：《瓦尔特·本雅明——救赎美学》（1994），吴勇立等译，南京：江苏人民出版社2008年版，第190页。

2　[德]瓦尔特·本雅明：《机械复制时代的艺术作品》（1935—1939，第三稿），载《艺术社会学三论》，王涌译，南京大学出版社2017年版，第95页。

此而来的压迫性。正是基于这种政治考虑，本雅明在理论上告别了传统的"灵韵"艺术而拥抱"复制"艺术，我们当然可以把这一点理解为他对现代"赋魅"的拒绝。

但是，纳粹艺术仅仅是"为艺术而艺术"吗？纳粹把"政治审美化"仅仅凭借艺术的"灵韵"吗？本雅明没有回避这一点。他看到纳粹美学的秘密："法西斯主义的逻辑是让政治生活审美化。他们用领袖崇拜迫使大众伏地叩拜；对于机器，他们同样进行强制，因为他们将其用于生产膜拜价值。"[1] 这就是说，机械不只可以用来生产以"展示价值"为目的的"复制"艺术，也可以用来生产作为"灵韵"艺术基础的"膜拜价值"。复制艺术的典范是电影，本雅明的"复制"艺术理论基本上就是电影理论。并非巧合的是，电影也是纳粹艺术的代表。在里芬斯塔尔（Leni Riefenstahl）的纪录片《意志的胜利》中，首先呈现的是希特勒银白色的专机在如山如浪的云海中飞翔，然后是中世纪古城纽伦堡的塔楼和三角建筑，再接着是专机降落，希特勒在气韵沉雄的瓦格纳音乐声中，像天神一样从天而下。在里芬斯塔尔另一部电影《奥林匹亚》中，观众首先看到的不是开幕式或运动员，而是古希腊竞技者优美的雕像，是奥运火炬从希腊到柏林的传递。作为复制技术典范的电影不是清除而是更好地营造着"灵韵"，也眩惑、震惊、捕获了无数观众。纳粹电影不但证实了本雅明机器"生产膜拜价值"的观点，也否定至少是部分地否定了他有关复制艺术的进步性和民主化的观点。正如阿多诺在给本雅明的信中所说的，认为电影是"去灵韵"的艺术的观点是不辩证的，"……如果一切事物都具有灵韵特征的话，那么使之趋于极端以至到了值得怀疑的程度的，一定是电影"[2]。电影工业中的明星崇拜、虚假画面、迎合媒体与观众的各种策略等，都是要在复制时代重建"灵韵"。

本雅明没有讨论机械复制艺术的"灵韵"问题，但在其"拱廊街研究"中，他不仅把拱廊街看作是除魅的具体化的建筑物，也将之看作具有魅力的关于美梦和幻想的商店。拱廊和其中的商品被看作是商品崇拜，也被用来唤起梦想，尤

1　[德] 瓦尔特·本雅明：《机械复制时代的艺术作品》（1935-1939，第三稿），载《艺术社会学三论》，王涌译，南京大学出版社2017年版，第92、93页。

2　[德] Adorno to Benjamin,18.3.1936,in Theodor W.Adorno, Walter Benjamin, *The Complete Correspondence 1928—1940*.edt by Henrilonitz, trans by Nicholas Walker, Polity Press，2003.p.130.

其是"具有魅力的千变万化般的商品的共同梦想"。一般说来，在商品化的过程中，"希望的化身凝结成恋物"，这些希望的化身也可以被看作石化或固化为"化石"，就此而言，它或者就是商品和把它们置于其中销售的建筑物。而且，拱廊街被看作"没有外观的房子"，它们本身"就像一个梦"，它容纳了消费者的梦想世界。[1] 本雅明固然已经走出了这种怀旧的浪漫传统，期待着在历史的爆破中发现新世界。但他在浓墨重彩地分析了"灵韵"式微之后，毕竟还在不自觉地缅怀、体验商品世界的"灵韵"。本雅明和韦伯一样，保持了理智的诚实。

重在分析"复制"是如何导致"灵韵"式微的本雅明，也不能完全回避复制技术时代"灵韵"复归的踪迹，所以"除魅"的"技术"也有"赋魅"的能力。这不但再次支持着"除魅—赋魅"的文化逻辑，而且将这一逻辑延伸到自律艺术之后的文化工业之中。阿多诺明确指出："文化工业的相貌实际上是两方面的混合：一方面是流线型的、摄影的硬性与精确度；另一方面是个性化的残余，感伤的、经过理性处理和改造之后的浪漫主义。用本雅明在定义传统艺术作品时使用的灵韵概念——一种不在场的在场——来说，文化工业事实上并没有另立一个与灵韵相对的原则，而是保存了一种薄雾般的衰败的灵韵。"[2] 这里所谓的"薄雾般的、衰败的灵韵"，就是还没有被工业理性清除干净的诗意和美感，或者说，是工业化生产所能制造的一种"灵韵"形式。

从席勒、韦伯到本雅明，我们看到"除魅"进程的步步深入和"赋魅"行动的无处不在。席勒可以有理有据地论证如何在科学—工业时代建立"美的王国"，韦伯也可以明确地把自律艺术视为"除魅"之后的"救赎"，而本雅明却已看到复制技术所导致的艺术的解体，尚存的"灵韵"只是衰落后的余韵。然而，无论是席勒的信心，还是韦伯所看到的大量"返魅"现象，抑或是阿多诺在与本雅明争论时所强调的文化工业的"造魅"功能，都表明在这个醒悟了的物质世界，虽然"天命""神秘""终极价值"之类的理念没有存在的可能，但人类依然希望世界有迷魅，如果这个世界没有，那就造出一个有迷魅的文化世界来；

1　[美]乔治·瑞泽尔：《赋魅于一个祛鬼魅的世界——消费圣殿的传承与变迁》（2000），罗建平译，社会科学文献出版社2015年版，第97页。

2　[德]Theodor W Adorno, Culture Industry Reconsidered, in The Culture Industry, Selected essays on mass culture, ed. J.M.Berndtein. London and New York: Routledge, 2001. pp.101—102.

人们依然希望生活有意义，如果现实生活没有，那就在艺术中创造出来。理性化的"除魅"体现在形式理性、法治权威、现代官僚制和资本主义经济体系以及全部文化艺术中，但这一进程不可能真正完成，因为人类还在不断地"赋魅"，哪怕这所赋之"魅"只是阿多诺所说"薄雾般的衰败的"。

四、现代文化："除魅"与"赋魅"的纠结

在现代文化理论中，席勒、韦伯和本雅明都是能够发现新问题、提出新概念、建构新理论的思想家。尽管他们各有其特殊的语境、问题和观点，但都围绕着"除魅—赋魅"这一现代文化的根本问题展开。这并不是理论的说明和纸上文章，而是现代文化持续不断的作业。下面我们简要地概括一下当代文化生活中"赋魅"的主要形式。

德国浪漫派的抱负远大，虽壮志未酬却准确表达了现代文化的深切需要。"除魅"与宗教衰落有关，这并不是说现代人不需要宗教和精神生活，而是指宗教不再是生活的唯一中心，天国不再是人类的最高理想。正是西方走向全球权力之巅的19世纪初，现代机械的力量也带动了基督教文化的复苏。"'铁路时代'亦是基督教昌明的时代。传教士与工程师一道踏遍世界的各个角落。身处变化迅速的时代，人们意识到自身的脆弱，渴望回到早先的虔诚与修行。而对冥顽不灵的机器，顺应日益高涨的浪漫主义浪潮，人们越发认为必须恢复对神的信念，也更乐于接受超自然现象，更渴望体验'生命的奥秘'。"[1] 从19世纪到20世纪，科技—工业在更大规模上彻底地改变了人类的生活方式，传统之"魅"日益消失，但人性的基本需要并没有完全改变。约翰·麦奎利（John Macquarrie）在分析了20世纪种种不利于宗教的形势和事件后指出："尽管本世纪发生了这一切破坏性的事件，尽管浅薄的世俗主义已经吞没了这么多的东西，但是宗教思想仍然还是生气勃勃，而且提供了表明它将继续充满生机的一切迹象。……20世纪的人在对待宗教问题时的诚挚认真与清晰明白的程度，并未降到他们的前辈的水

1　［英］诺曼·戴维斯：《欧洲史》（1996），郭方等译，世界知识出版社2007年版，第776页。

平以下。"[1] 宗教思想的生机源于现代人的精神需要和信仰追求。科技、工业和世俗化摧毁了宗教信仰的传统形式，但人的心灵并不只是荒原，人们还在以新的形式来创造希望、价值、信念和美感，如何继承并赓续传统精神财富的需求推动了当代"去世俗化"或"再神圣化"。比如20世纪50年代的美国，就出现过"有神信仰的爆发"（rush hour for gods）的现象。丹尼尔·贝尔（Daniel Bell）在分析后工业社会时指出："现代性的真正问题是信仰问题。用一个不时兴的话来说，它是精神危机，新的支撑点已经被证实是虚幻的，而旧的铁锚也已沉落水底。如此情势将我们带回到虚无主义；没有过去和未来，只有无尽虚空。"诸如"后现代主义"、"解构主义"、"结构主义"和"新弗洛伊德主义"之类都是文化危机的症候。如果现代主义有一个中心，那就是"没有神圣"；如果世俗的意义系统已被证明为虚幻，那么人们只能靠"重新向某种宗教观念回归"来把握现实。因此克服现代危机的"冒险的答案"之一就是向宗教的回归："尽管现代文化步履蹒跚，某种宗教答案终将出现，因为宗教……是人类意识的构成部分：对存在之'普遍'秩序的认知寻求；对建立仪式和将此观念神圣化的情感需求；对跟他人产生联系，或跟一套意义建立联系的原始需求——这套意义能建立对自我的超验回应；以及面对痛苦和死亡的最终来临的生存需求。"[2] 现代人需要宗教，但宗教不是理性的创制；信仰是有机的，它需要很长的时间才能重新生长起来（因为它的土壤是经验），并重新发挥效用。贝尔所期待的"新宗教"尚未出现，但各种传统文化的复兴、宗教原教旨主义的抬头、民族主义国家主义的兴起等，都不同程度地具有世俗宗教的性质，它们并不限于韦伯当年所说的"私人领域"，也相激相生成为全球社会运动和政治冲突的一部分。[3] 社会生活的理性化，特别是工业和科技的发展，破除了宗教的传统形式，又压迫人类以新的形式表达自己的救赎需要。这就是我们提出以"除魅—赋魅"作为现代文化逻辑的根本依据。

实际上，现代"赋魅"有两种类型。一种是"强赋魅"，如德国浪漫派对超验、绝对和神性的追求和呈现，贝尔的"新宗教"的构思等，它们都有明确的"返魅"、

---

1 ［美］约翰·麦奎利：《20世纪宗教思想》（1981），高师宁、何光沪译，上海人民出版社1989年版，第471页。

2 ［美］丹尼尔·贝尔：《资本主义文化矛盾》（1976），严蓓雯译，江苏人民出版社2007年版，第27、178页。

3 参见范丽珠、陈纳：《全球宗教复兴时代的到来：现状与前景》，《文化纵横》2015年第2期。

"复魅"的性质。当然，即使是老宗教的复兴，其中也不同程度地经过了现代理性与科学的清理与转化，所以这是一种包含着"除魅"的"返魅"，说到底还是"赋魅"。照韦伯的看法，"除魅"后的任何宗教行为，不是对过去的缅怀就是对未来的憧憬，总之都无法维持宗教的原来面貌。也就是韦伯所说的"只凭企盼与期待，是不会有任何结果的"[1]。另一种是非宗教、非"乡愁"的"弱赋魅"，而这又有两种形式。

首先是日常生活的"赋魅"。在生活世界中，传统、惯习和自发性仍有很大的支配力量，迷信与神秘也并未完全消失，我们在很多时候甚至不需要严格的理性和清晰的目的。从"现代"进入"后现代"在很大程度上就是"除魅"后的"赋魅"。比如齐格蒙德·鲍曼（Zygumnt Bauman）就以反抗"除魅"来定义后现代："对人类的自发性和反对预测和理性辩护的动力、本能和倾向的不信任已经差不多完全被对无感情的、计算的理性之不信任所代替。感情已重获尊严，'不可解释'而且可能是非理性的同情心和忠诚重新获得了合法性，它们是不能按照它们的效用和目的去'解释它们自身'。人们在做任何事情的时候都不再疯狂地追求明显或潜在的效用。后现代世界是这样一个世界，在这个世界中，神秘之物不再是一个赤裸裸的等待着找出规则的沉默的外在异物。在后现代世界中，事情之发生可能并没有使它们具有必要理由，人们行事几乎不需要通过可以说明的目的检验，更不用说通过'合理性'的目的检验。……一些人甚至可能会认为，正是这些事实和行为构成了人类困境中的坚硬的、不可消除的主要部分。我们又一次学会了尊重模糊性，注意关心人类之情感，理解没有效用和不可计算的酬劳之行为。"[2]作为对后现代生活的概念性说明，鲍曼此论指出了日常生活世界根本就没有完全"除魅"，而是相反的"神秘之物"持续的改头换面。理性化的管控系统、科技手段不但不能笼罩全部社会生活甚至可能激活反抗，富裕丰饶的生活环境和几乎过剩的商品不但满足了而且还"物化"了人的需要，在这样的世界上，自由、个性和人性化的表现等反而是稀缺的。如此则如何使生活有意义，就成为日常实践的主题。后现代文化通常就是指消费文化，消费之所以

1　[德]马克斯·韦伯：《学术与政治》，钱永祥等译，上海三联书店2019年版，第200页。

2　[英]齐格蒙特·鲍曼：《后现代伦理学》（1993），张成岗译，江苏人民出版社2003年版，第38页。

成为一种"文化"，在于消费行为被赋予了美感、仪式和"灵韵"。乔治·瑞泽尔（George Ritzer）所提出的"消费圣殿"这个概念，就是要阐明理性化的"除魅"与有意识的"赋魅"是如何统一在消费工具和环境中的。首先，理性化与魅惑力并不对立。消费理性化包括五个要素：效率、可计算性、可预测性、可控制性以及"理性的不合理"（即"铁笼"概念的通俗版）。这五个要素都有其魅惑性。如理性化系统的高效率、大规模及其可预测性等，都令人称羡或震惊。过去的魅惑来自巫师和魔法，现在的魅惑则来自科技。其次，"消费圣殿"还有意识地造"魅"，其方法是创造"奇观"——即法国学者德波（Guy Ernest Debord）的"景观"（spectacle）。如通过提供越来越多的、越来越大规模的铺张华丽的表演和模拟创造，新消费工具已经变得越来越引人入胜。"为了继续吸引、控制和剥削消费者，消费圣殿经历了一个重新赋魅的过程。当然，这些重新赋魅方面所做的努力从一开始就被理性化了。甚至是，如果它们没有被理性化，那么这个重新赋魅的进程将是对整个理性化过程的重现。"[1] 理性化的消费文化既"除魅"又"赋魅"，"除魅"只是"赋魅"的前奏。因此所谓"除魅"，说到底不过是以"新魅"代"旧魅"。

其次是文化工业的"赋魅"，就是以艺术美化现实，实现艺术与生活的融合。尼采在以"上帝已死"的宣言指出现代生活的基本危机就是"去神化"后，又接着说："只有作为审美对象，人生和世界才显得是有充足理由的。"[2] 通过文化产业，尼采的形而上学原理被落实为文化生产的原理。一方面是艺术与工业的融合，此即英国学者费瑟斯通（Mike Featherstone）所指出的普遍现象："在工业主义时代中，为生产大众化，作为幻觉的艺术权力，艺术真迹的权威，'灵韵'之源，都已转化到工业之中：绘画进入了广告，建筑进入工程技术，手工业品和雕塑成了工业美术。"[3] 所谓"文化经济""知识经济""体验经济""符号经济""审美经济"等概念，其所指都是这种融合了艺术的经济抑有美感内容的产品。另

1　[美]乔治·瑞泽尔：《赋魅于一个祛魅的世界——消费圣殿的传承与变迁》（2000），罗建平译，社会科学文献出版社2015年版，第105页。

2　[德]尼采：《悲剧的诞生》（1802），周国平译，《悲剧的诞生——尼采美学文选》，三联书店1986年版，105页。

3　[英]迈克·费瑟斯通：《消费文化与后现代主义》（1991），刘精明译，译林出版社2000年版，第106页。

一方面则是"日常生活的审美化"。这一理论与实践当然可以与现代美学中的"人生艺术化"有关，但费瑟斯通在提出这个概念时，重点不在美学而在日常生活，不在艺术的功能而在生活的改变。科幻作品的奇异经验、游戏产品的神魔鬼怪、网络文学的时空穿越、日常用品的美感形式、商品世界的艺术符号等，都使得我们的生活世界不只是物、事实、数字，而是人与物、事实与价值、数字与人文的融合。在美国作家辛克莱·刘易斯（Sinclair Lewis）的小说《巴比特》中，几个孩子对汽车"进行了热烈地而详尽地讨论，谈到了车身的流线型，车的爬坡能力，车的加幅条轮，车的铬钢，车的点火系统，乃至车身的颜色。这已经不止是对一个运载工具的探究，而是对一种骑士地位的向往。在泽尼斯，在粗俗张狂的 20 世纪，拥有家族小汽车就标志着一个家庭的社会地位，就像贵族头衔能决定一个英国家庭的社会地位一样"[1]。在孩子们的对话中，汽车并不只是可供使用的交通工具，而是一种生活品质与社会地位的符号。亚特兰蒂斯（Atlantis，一译大西岛）是一个传说中的高文明城市，在很久之前突然沉入深海消失。柏拉图在《蒂麦欧篇》《克里底亚篇》中都说到这个强大的帝国因可怕的地震和洪水而沉入海底的故事。[2]这个消失的文明留给后人的是对古老之魅的惆怅回忆。2008 年，中东迪拜王国耗资 15 亿美元在人造棕榈岛上建成亚特兰蒂斯超豪华酒店，其美轮美奂远超柏拉图的描绘。它表明，现代人类可以凭借金钱和技术，无中生有地创造出比任何神话、传说中的建筑、场面都更壮观的、更辉煌的景观。《巴比特》中孩子的认知是所有商品广告的诉求手段，而亚特兰蒂斯酒店不过是所有赋予财富以奢华和壮观的"造魅"行为的代表。以此为典型，文化工业似乎就是为生活、为财富、为权力等等的"赋魅"。要特别指出的是，新科技不但是"除魅"的力量，也是"造魅"的手段。所谓文化与科技的融合，就是种种创意、虚构、想象等物化为商品，这个商品并不只是物质产品，也包括像"真""新""独特性"之类的品质和价值。循韦伯的思路而来的早期文化批判曾经认为，文化工业摧毁了一些本真的价值和经验，但现在，文化产业已经凭借新科技的力量

1　[美] 辛克莱·刘易斯：《巴比特》（1922），蔡玉辉等译，译林出版社2003年版，第77页。

2　[古希腊] 柏拉图：《蒂麦欧篇》《克里底亚篇》，王晓朝译，《柏拉图全集》第3卷，人民出版社2003年版，第276—277、349页。参见 [法] 马特：《柏拉图与神话之镜——从黄金时代到大西岛》第9章，吴雅凌译，华东师范大学出版社2008年版。

重新生产出一些似乎本真的价值和经验。在效果和力量上，"新魅"并不比"旧魅"逊色。

应当说，传统宗教的复兴、日常生活的审美化、文化产业的造魅等，同时也包含着"除魅"的程序，新宗教不是老宗教，生活的审美化不是传统的自律艺术，文化产业的造魅虽不完全但肯定服务于市场逻辑和商业目的。如果说席勒和浪漫派的"真"是指非人工的自然，那么文化产业中的"真"则是"显得真"，是"真"的表演；如果韦伯的"迷魅"是巫术和宗教信仰，那么文化工业的"迷惑"就是符号、景观和幻觉；如果本雅明的"灵韵"主要是指巫术艺术和自律艺术的"本真性"，那么文化工业的"灵韵"则是技术与艺术融合后产生出来的营销策略。总之，种种文化行动所赋之"魅"，已非传统之"魅"，在这个意义上，我们当然可以认同韦伯的"除魅"说。但大量理性化"赋魅"行为的存在，证明仅仅"除魅"并不足以把握现代性的性质和趋势，"除魅—赋魅"的悖论逻辑是现代文化乃至现代生活的根本矛盾所在。由此可以发现两个问题。就韦伯的论述而言，当他在"新教伦理命题"中强调宗教信仰在生活中的关键作用时，实际上也就是强调文化的重要性。但当他指出理性化"除魅"是现代性的基本事实，人的行动主要受工具理性的支配时，似乎又在把文化排除在社会分析之外。这一矛盾的原因，就在于他没有充分正视"赋魅"的存在。进一步的问题是，巫术也好，宗教也好，所有的传统之"魅"又何尝不是人类在特定历史文化环境中创造出来的？既然从现代浪漫主义到后现代文化产业，从精神世界的宗教复兴到日常生活的审美化，都存在着"赋魅"行为，那么我们当然要问：现代性确实是"除魅"的故事吗？或者，人类能够"除魅"吗？这是我们下一篇文章要讨论的问题。

2019 年 8–9 月初稿，2020 年 7 月修改。
原载《天津社会科学》2021 年第 2 期。